中国古典名著译注丛书

四书章句集注今译

上

〔宋〕朱熹 撰

李申 译

中华书局

图书在版编目(CIP)数据

四书章句集注今译/(宋)朱熹撰;李申译. —北京:中华书局,
2020.9(2025.5重印)
(中国古典名著译注丛书)
ISBN 978-7-101-14646-2

Ⅰ.四… Ⅱ.①朱…②李… Ⅲ.①儒家②四书-注释③四
书-译文 Ⅳ.B222.12

中国版本图书馆 CIP 数据核字(2020)第 125249 号

书　　名	四书章句集注今译(全二册)	
撰　　者	〔宋〕朱　熹	
译　　者	李　申	
丛 书 名	中国古典名著译注丛书	
封面题签	徐　俊	
责任编辑	石　玉	
封面设计	许丽娟	
责任印制	陈丽娜	
出版发行	中华书局	
	(北京市丰台区太平桥西里 38 号　100073)	
	http://www.zhbc.com.cn	
	E-mail:zhbc@zhbc.com.cn	
印　　刷	三河市中晟雅豪印务有限公司	
版　　次	2020 年 9 月第 1 版	
	2025 年 5 月第 6 次印刷	
规　　格	开本/880×1230 毫米　1/32	
	印张 31½　插页 4　字数 880 千字	
印　　数	24001-28000 册	
国际书号	ISBN 978-7-101-14646-2	
定　　价	99.00 元	

目　录

孟子集注

中庸章句

前　言

一　朱熹和《四书集注》

朱熹,字元晦,晚年自号晦庵,生于公元 1130 年（宋高宗建炎四年）,卒于公元 1200 年（宋宁宗庆元六年）。他是中国历史上三五个最有影响的思想家之一。他一生命运坎坷,死后先被作为"先儒"从祀孔庙,此后又不断晋升"先贤""先哲"之列,成为仅次于颜回、孟子等"四配"❶,而和子路、子贡等并列的儒者,其地位不仅高于汉唐诸儒,而且高于孔子弟子七十贤人中的大多数。汉唐以下所有儒者之中,获得如此殊荣的,只有朱熹一人❷。

《四书》,即四部儒家著作的合集。其中,《论语》在汉代就受到了特殊重视;《中庸》,南朝梁武帝时曾把它从《礼记》中分离出来,和佛经同等看待。唐代后期,韩愈等人又推崇《孟子》

---

❶　唐宋时代逐步形成的孔庙从祀制度,以颜回、曾子、子思、孟子四人为"配享",称"四配";其下是子路、子贡等十位先哲,称"十哲"（后加朱熹、有若为"十二哲"）;孔门其他七十贤人为"先贤";汉唐著名儒者为"先儒",依等级陪同孔子享受后儒祭祀。

❷　王安石死后曾作为"配享"之一,和颜回等并列,但为时不长,即被逐出孔庙。《四书集注》是朱熹一生用力最多的一部书。据朱熹自述,他从三十岁开始注释《论语》《孟子》等书,到六十七八岁还在修改,前后经过近四十年,逝世前几天还在修改《大学章句》。因此,《四书集注》乃是朱熹的代表作,是朱熹哲学及其他思想的集中体现。

和《礼记》中的《大学》篇。宋代，程颢、程颐将《大学》《中庸》《论语》《孟子》并提，南宋朱熹将它们合集，并倾毕生精力为之作注。朱熹生前曾建议把《四书》作为国家考试的必考课目。朱熹死后，因为《四书集注》，他被宋理宗追封为信国公，赠太师，并作为"先儒"，从祀孔庙。元代，《四书集注》成为国家考试的必考内容和标准答案。明代继承了这一制度，并加以彻底地贯彻执行，直到清朝末年取消科举制度为止。在数百年的时间里，《四书集注》几乎成为每一个读书人指导言行的思想基础，并经过他们，影响着所有人的思想行为，因此可以说，《四书集注》是朱熹之后到清朝末年的中国第一书。

二 《四书集注》的宗旨

依朱熹所说："《大学》之书，古之大学所以教人之法也。"（《大学章句序》）在这个"教人之法"中，包含着教学的目的。朱熹对古代大学的教育目的是这样表述的：

> 盖自天降生民，则既莫不与之以仁义礼智之性矣。然其气质之禀或不能齐，是以不能皆有以知其性之所有而全之也。一有聪明睿智能尽其性者出于其间，则天必命之以为亿兆之君师，使之治而教之，以复其性。此伏羲、神农、黄帝、尧、舜所以继天立极，而司徒之职、典乐之官所由设也。（《大学章句序》）

意思是说，上天降生了下界的民众，并且赋予每人一个仁义礼智的本性。但是因为他们禀受的气质不同，所以并不是每个人都能知道自己本性的内容而加以保全。于是，一旦他们中间出现了一个聪明睿智能够充分发挥自己本性的人物，上天就会任命他来做民众的君主或者导师，治理和教化民众，使民众复归那天赋的善良本性。这是上天设置君、师的目的，也是大学教人的目的。

《四书》及其《集注》，是朱熹为大学编定的教材，是大学教学的内容。因此，《四书集注》也当服务于这一目的，即教育学生复归那天赋的、善良的本性。这个目的，也是朱熹终生学术活动的目的。

依朱熹所说，在夏商周三代，从王宫、国都，直到社会基层，都有学校。人到八岁，都必须入小学，到十五岁，进入大学。通过学习，人人就都知道了自己本性中固有的东西，知道自己该做什么不该做什么，从而都各自安分地尽自己的职责。这是古代政治隆盛于上、风俗和美于下的原因，是后世所无法企及的。

但是到了周代，政治衰落，贤圣的君主不出现，学校教育无人过问，教化陵夷，风俗颓败，在这种情况下，出现了孔子这样的圣人。孔子没有君和师的职位去尽统治和教化的责任，于是就拿来了先王的法度，诵念并加以传播，希望能有那么一天，先王的法度能在后世的人们那里发扬光大 ❶。

依朱熹的意思，《大学》的内容，是曾参从孔子那里学得并加以传述的；《中庸》是孔子之孙、曾参之门生子思，根据从父师那里学得的、尧舜以来列圣一脉相承的传心之言而著述的。它

---

❶　以上参见《大学章句序》。

们和《论语》《孟子》，所讲的都是先王的法度，是古代大学里教授的基本内容。

朱熹深为孟子以后俗儒只知记诵章句而不满。他的《四书集注》，讲述的乃是"大道之要"（《大学章句序》）。这个大道之要若归结为一句话，那就是"复归自己的本性"。

三　格物致知是《大学》的灵魂

朱熹认为，读《四书》，应从《大学》开始，所以《大学章句》是《四书集注》的第一部。

朱熹把《大学》分为经、传两个部分。从开头"大学之道"到"未之有也"这 205 字是经，是曾参传述的孔子之言。

经文讲了《大学》所谓的"三纲领""八条目"。三纲领是：明明德、亲民、止于至善。这是大学教育要达到的目标；八条目是：格物、致知、诚意、正心、修身、齐家、治国、平天下，讲的是达到目标的途径和步骤。

八条目的开端，是"格物、致知"。在朱熹看来，这说的是，认识乃是道德修养、直到治国平天下的基础和根本。一个糊涂人，不可能有高尚的道德修养。假如这样的人听到了几款道德律条就照着去做，那么，他越是诚心诚意，就越是事与愿违，甚至会走到危害社会的邪路上去。所以朱熹特意补上"格物""致知"这一章，着力强调格物致知的根本意义。

在朱熹思想的影响下，以后的儒者都纷纷把格物或"格致"（格物致知）作为自己思想进程的出发点。对格物、致知的强调，是朱熹对中国哲学乃至对整个中国传统文化最重要的贡献之一。

四　《论语》的仁是天理

《论语》最重要的思想是仁。《大学章句》说，仁，是上天赋予民众的本性，所以，仁就是天理：

> 仁者，爱之理，心之德也。（《论语集注·学而》第二章）

"爱之理"，也就是说，仁是合乎天理的爱；或者说，只有合乎天理的爱，才能称为仁。怎样才是合乎天理的爱？就是合乎礼。因为：

> 礼者，天理之节文，人事之仪则也。（《论语集注·学而》第十二章）

这就是说，人们各种活动的仪式、法则，只是外部表现。它们的内在本质，和仁一样，乃是天理。所以，孔子才说："克己复礼为仁。"（《论语·颜渊》）

孔子曾经说过："吾道一以贯之。"（《论语·里仁》第十五章）朱熹注道：

> 圣人之心，浑然一理，而泛应曲当，用各不同。……

这就是说，在朱熹看来，所谓"一以贯之"，就是天理贯穿一切。

借助朱熹的天理人性之论，孔子的学说在新的时代获得了新的生命。利用传统文化资源为现实服务，朱熹的《四书集注》是一个成功的范例。

五　《孟子》的人性也是天理

朱熹《孟子集注》在卷首引二程的话说：

> 孟子有大功于世,以其言性善也。

在朱熹看来,整部《孟子》都贯穿着一个思想,那就是"性善说"。而人的本性之所以善良,因为它是得自上天的天理:

> 性者,人之所得于天之理也。生者,人之所得于天之气也。

人的性就是天理,天理的内容就是仁义礼智,人禀得了这天理的全部,所以人性本善。这就是从二程到朱熹对孟子人性论的重新阐释。

孟子主张王道仁政,主张君主要讲仁义而不要讲利,从而开辟了中国思想史上著名的义利之辩。朱熹对此注道:

> 此章言仁义根于人心之固有,天理之公也。利心生于物我之相形,人欲之私也。循天理,则不求利而自无不利;徇人欲,则求利未得而害已随之。……
>
> 程子曰:"君子未尝不欲利,但专以利为心则有害。惟仁义,则不求利而未尝不利也。当是之时,天下之人惟利是求,而不复知有仁义。故孟子言仁义而不言利,所以拔本塞源而救其弊,此圣贤之心也。"(《孟子集注·梁惠王上》)

讲仁义,不求利而"自无不利",而"未尝不利",也就是说,仁义也是利,区别仅仅在于是谁的利。仁义所维护的,是以君主为代表的国家利益;利所指称的,是一家或个人的利益。义利之辩,实质是两种不同的利益之辩。

应该说,朱熹对义利之辩的理解是深刻的。

六　《中庸》论循理即是道

《中庸》开头说道："天命之谓性，率性之谓道，修道之谓教。"朱熹解释说：

> 命，犹令也。性，即理也。天以阴阳五行化生万物，气以成形，而理亦赋焉，犹命令也。于是人物之生，因各得其所赋之理，以为健顺五常之德，所谓性也。率，循也。道，犹路也。人物各循其性之自然，则其日用事物之间，莫不各有当行之路，是则所谓道也。

儒者们从孔子开始，如果把他们的事业集中在一个点，那就是"求道"。孔子说"君子谋道不谋食"（《论语·卫灵公》），说"朝闻道，夕死可矣"（《论语·里仁》）。那么，什么是道？《中庸》的回答是："率性。"朱熹的解释是：性，就是天理。率性，就是循理。因此，循理即道。也就是说，按照天理行事，就是儒家的道。而道，也就是"中"：

> 道者，天理之当然，中而已矣。（《中庸章句》第四章）

所谓"中庸"，就是按照天理行事，不偏也不倚，不过分也没有不及。

那么，怎样才能循理行道，做到中庸？《中庸》认为，基本条件是要心诚。因为：

> 诚者，天之道也；诚之者，人之道也。（《中庸》第二十章）

怎样才能心诚？《中庸》说：

自诚明,谓之性。自明诚,谓之教。诚则明矣,明则诚矣。
(《中庸》第二十一章)

朱熹解释说,由诚而能明察的,是圣人;由明达到诚的,是贤人。
这里对于明与诚的论述,"与《大学》相表里",也就是《大学》
所说的格物致知和诚意正心的关系。

至此为止,朱熹就借助对《四书》的注释,完成了他以天理
为灵魂的思想体系。

七　本书选用《四库》本的理由

本译本采用《四库全书》本作底本。理由有二:

一、《四书集注》从元朝末年开始作为国家教学和考试的标
准教材。明朝初年,国家编定《四书大全》。清朝前期,《四书章
句集注》沿袭明代编法,按照《大学》《论语》《孟子》《中庸》的
顺序,载入《四库全书》。此后直到清朝末年,《四库全书》本都
是官方确定的版本,也应当是学生受教、赴试的标准版本,因而
是古代最重要的版本。

二、和现今通行的、也是最好的中华书局点校本相比,《四
库全书》本的文字更加准确:

1.《论语集注·宪问》第十二章:杨氏曰:"知之弗豫,枉其
才而用之……"

"杨氏",中华书局本作"胡氏"。《西山读书记》《论语集注
大全》等均作"杨氏"。宋人蔡节的《论语集说》甚至明确指出是
"龟山杨氏"。

2.《论语集注·宪问》第十四章："公叔文子，卫大夫公孙枝也。……"

"公孙枝"，中华书局本作"公孙拔"。元金履祥《论语集注考证》卷七："公孙枝，按《左传》及注，当从'公叔发'。《集注》或传写之误。"清张尚瑗《左传折诸》卷十八："公叔发即公叔文子也《论语》孔氏注作'公孙拔'，疏作'公孙枝'，《集注》从之。"

公叔文子，是公叔发、公孙拔，还是公孙枝，可另考，但《论语集注》就是公孙枝。至于中华书局本所据底本认定就是公孙拔，且断定就是《集注》本之错（见中华本《附录：四书章句附考序》），则不敢苟同。

3.《中庸章句》第一章："盖人知己之有性，而不知其出于天；知事之有道，而不知其由于性；知圣人之有教，而不知其因吾之所固有者裁之也。故子思于此首发明之，而董子所谓'道之大原出于天'，亦此意也。"

这一段，元朝的版本作"盖人之所以为人，道之所以为道，圣人之所以为教，原其所自，无一不本于天而备于我。学者知之，则其于学知所用力，而自不能已矣，故子思于此首发明之，读者所宜深体而默识也"。

明代《四书大全·中庸章句大全》对比二者以后论道："今以后来本校之，疏密浅深，大有间矣。然'无一不本于天而备于我'，此语亦包括要切。《或问》所谓'其本皆出乎天而实不外乎我'，与此语无异，是仍存之于《或问》中矣。他本多依元本，惟祝氏附录从定本耳。盖尝论之，前圣如舜，首言道言教，而未言命性。至商汤君臣，始言天之明命。又曰上帝降衷于民，若有恒性,克绥厥猷。虽包涵命性道教之意,未始别白融贯言之。至孔子传《易》,曰各正性命,一阴一阳之谓道,继善成性,习教事,教思无穷。然言命自命,性自性,道、教亦然。至子思子,始言性本于命,道率乎性,教修乎道。发前圣未发之蕴,以开示后世学者于无穷。朱子于此三言,既逐字逐句剖析于先,复融贯会通于后。元本含蓄未尽,至定本,则尽发子思之意,无复余蕴,故今一遵定本云。"

　　今存《四库全书》本,即《四书大全》本,亦即所谓"定本"。且《大全》所辩,义理以定本为胜,故本译本从之。这一段文字,中华书局本同元本,且有所据底本之校刊者清代吴英的长篇辨析附于书后。然而在译者看来,吴氏之辨析,不如《大全》本之辩。当然,见仁见智,各存其便。

　　还有一些,不一一列举。总之,《四库》本自有其优胜之处。

大学章句

大学章句序

《大学》之书，古之大学所以教人之法也。

盖自天降生民，则既莫不与之以仁义礼智之性矣。然其气质之禀或不能齐，是以不能皆有以知其性之所有而全之也。一有聪明睿智能尽其性者出于其间，则天必命之以为亿兆之君师，使之治而教之，以复其性。此伏羲、神农、黄帝、尧、舜所以继天立极，而司徒之职、典乐之官所由设也。

三代之隆，其法寝备，然后王宫、国都以及闾巷，莫不有学。人生八岁，则自王公以下至于庶人之子弟，皆入小学，而教之以洒扫应对进退之节，礼乐射御书数之文。及其十有五年，则自天子之元子、众子以至公卿大夫元士之适子，与凡民之俊秀，皆入大学，而教之以穷理、正心、修己、治人之道。此又学校之教、大小之节所以分也。

夫以学校之设其广如此，教之之术，其次第节目之详又如此，而其所以为教，则又皆本之人君躬行心得之余，不待求之民生日用彝伦之外，是以当世之人无不学；其学焉者，无不有以知其性分之所固有，职分之所当为，而各俛焉以尽其力。此古昔盛时所以治隆于上，俗美于下，而非后世之所能及也。

及周之衰，贤圣之君不作，学校之政不修，教化陵夷，风俗颓败。时则有若孔子之圣，而不得君师之位以行其政教，于是独取先王之法，诵而传之，以诏后世。若《曲礼》《少仪》《内则》《弟子职》诸篇，固小学之支流余裔，而此篇者，则因小学之成功以著大学之明法，外有以极其规模之大，而内有以尽其节目之详者也。三千之徒，盖莫不闻其说，而曾氏之传独得其宗，于是作为传义以发其意。

及孟子没，而其传泯焉，则其书虽存，而知者鲜矣。自是以来，俗儒记诵词章之习，其功倍于小学而无用；异端虚无寂灭之教，其高过于《大学》而无实。其他权谋术数一切以就功名之说，与夫百家众技之流，所以惑世诬民充塞仁义者，又纷然杂出乎其间，使其君子不幸而不得闻大道之要，其小人不幸而不得蒙至治之泽。晦盲否塞，反复沉痼，以及五季之衰，而坏乱极矣。

天运循环，无往不复。宋德隆盛，治教休明。于是河南程氏两夫子出，而有以接乎孟氏之传，实始尊信此篇而表章之，既又为之次其简编，发其归趣，然后古者大学教人之法，圣经贤传之指，粲然复明于世。虽以熹之不敏，亦幸私淑而与有闻焉。顾其为书犹颇放失，是以忘其固陋，采而辑之，间亦窃附己意，补其阙略，以俟后之君子。极知僭逾无所逃罪，然于国家化民成俗之意，学者修己治人之方，则未必无小补云。

　　　　　　　　淳熙己酉二月甲子新安朱熹序

【今译】《大学》这本书❶，讲的是古代大学里如何教育学生的方法。

自从上天降生下民众，无不给他们一个仁义礼智的本性。然而由于他们气质的禀受往往不能相同❷，所以不能够都有条件知道自己本性的内涵从而加以保全。一旦有聪明睿智能穷尽自己本性的人出现在他们中间，上天必定任命他做亿万民众的君主和导师，让他治理并且教化民众，以恢复他们的本性。这就是伏羲、神农、黄帝、尧、舜继承天命、创立准则的根据，也是设置司徒、典乐等官职的原因❸。

三代隆盛❹，制度逐渐完备，所以从王宫、国都直到乡村，都有学校。人到八岁，从王公以下直到庶人的子弟，都要送入小学，教他们洒水扫地、接人待客、出来进去的规矩，礼仪、音乐、射箭、驭车、写字、计数等文化知识。到十五岁，从天子的太子、庶子，直到公、卿、大夫、元士的嫡长子❺，以及普通民众的优秀子弟，都要送入大学，教他们穷理、正心、修身、治人之道。这又是学校教育分为大学、小学，教学内容有所区别的情形。

古代学校的设置，是这样的广泛；教人的方法、次序、课程又是这样的详尽；教育的内容，又都是根据君主亲自实践有所心得的结晶，而不必到民众的日常生活秩序以外去寻求，所以当时的人没有不学的；

---

❶ 《大学》是"四书"第一部书的书名，原是《小戴礼记》中的一篇。"章句"，是从汉代开始注释古籍的学者们常用的程序和方法，意为分析古书章节、字句的意思。这个《大学章句》，即朱熹对《大学》一书分章、逐句的注释。

❷ 朱熹认为，天赋予人的本性是善的。由于气聚为形质以成人，气所聚成之质就障蔽了本善之性。人们禀气清浊不同，对本性障蔽的程度也不同。

❸ 司徒、典乐：上古官职名。

❹ 三代：指夏、商、周三个朝代，是儒者所向往的政治优良的盛世。

❺ 元士：士是次于大夫的官职。元士是天子之士，地位高于诸侯之士。

那些学过的，无人不能以某种方式知道自己本性天分中所固有的内涵、自己职责本分中所应做的事情，从而各自埋头勤勉尽自己的力量。这就是往古盛世朝廷上政治兴隆、社会上风气和美的原因，不是后世所能赶得上的。

到周朝衰落的时期，贤圣的君主未能出现，学校教育不被重视，教化荒废，风俗颓败。那时才有孔子这样的圣人，得不到君主和导师的地位来推行他的治理教化，于是特意选取了先王的法度，加以诵念并且传播，以此教导后世。《礼记》中像《曲礼》《少仪》《内则》《弟子职》等篇，本是小学的内容而流传下来的部分。而这一篇，则是在小学学成的基础上编写的有关大学的明文规定。外在的，有关于大学规模的明确说明；内在的，有关于课程安排的详细讲解。孔子的三千弟子，没有人不知道这些，但只有曾子的传授是得到了正宗❶，于是作了传❷，来解释《大学》经文的本义，阐发《大学》经文的意蕴。

到孟子逝世以后，这样的传授就中断了，虽然他们写的书还在，可是能懂的人就很少了。从此以后，俗儒对于词句、章节的反复诵读、记忆，功夫比古代小学加倍却没有用处；异端虚无寂灭的教导❸，持论高于《大学》却没有实际内容。其他权谋、术数，以及所有为求功名的学说，加上诸子百家、各种技能之类，用来欺骗世人、愚弄群众、堵塞仁义的东西，又纷纭庞杂地出现于他们中间，使得君子不幸不能得知大道的要领，小人不幸不能蒙受政治隆盛的恩泽。黑暗、盲目、

---

❶　曾子：即曾参，孔子最年轻的弟子之一，受到朱熹等宋代儒者特殊的推崇。

❷　传：读 zhuàn，对经的解释。

❸　异端：指佛教、道教。虚无：指道教《道德经》的宗旨。寂灭：指佛教以涅槃为目的的基本教义。

颠倒、堵塞反复发作并且沉淀为痼疾，直到五代时期 ❶，败坏、混乱到了极点！

上天的运行循环往返，没有逝去而不复归的。大宋德行隆盛，政治教化优良而清明。于是河南程氏两位夫子出现 ❷，才有可能接续孟子的传统，真正开始尊崇、信仰这一篇并加以表扬和宣传 ❸，接着又订正了章节次序，阐发它的宗旨和归宿，然后古代大学教育学生的方法、圣人之经和贤人之传的宗旨要义 ❹，才光芒四射地重新显现于人世。虽然我才能不足，还是有幸私淑并闻知二程夫子的学说 ❺。只是二程夫子有关《大学》的论说多有散失，所以不顾自己的狭隘浅陋，搜集了他们的言论并加以编辑，有时也加上点个人的意思，补充他们的缺漏和疏略，并寄希望于后世的君子。深知自己的行为是僭越妄为而一定会受到责难，只是对于国家教化民众、移风易俗的意愿，学者修养自身、管理别人的方法，就未必没有一点点补益了。

淳熙己酉年（1189）二月甲子日 ❻ 新安朱熹序 ❼

---

❶　五代：唐宋之间的五个朝代，即后梁、后唐、后晋、后汉、后周。

❷　指程颢、程颐兄弟二人，家乡是河南伊川县。下文均称为“程子”。

❸　实际上，唐代后期，韩愈等人已开始尊崇并表彰《大学》。

❹　朱熹分《大学》为经、传两部分，认为经是曾参传述的孔子的话，所以是“圣人之经”；传是曾参的话，所以是“贤人之传”。

❺　私淑：未能亲自接受教诲，但崇拜该人的学问和为人，叫私淑。

❻　淳熙：南宋孝宗的年号。己酉：1189 年的干支纪年号。甲子：干支记日号。

❼　新安：朱熹家乡江西婺源县，宋初及其以前称新安郡。

大学章句

【章句】大，旧音泰。今读如字。

子程子曰："《大学》，孔氏之遗书，而初学入德之门也。于今可见古人为学次第者，独赖此篇之存，而《论》《孟》次之。学者必由是而学焉，则庶乎其不差矣。"

【今译】大，过去读泰（tài），现在读本字：大。

程子说："《大学》是孔子的遗著，初学者增进品德的入门书。今天还能得知古人求学的先后次序，就是依赖这一篇的存在，而《论语》《孟子》还在其次。求学者必须由此而学，方有可能不误入歧途。"

经

大学之道，在明明德，在亲民，在止于至善①。

【章句】① 程子曰："亲，当作新。"

大学者，大人之学也。明，明之也。明德者，人之所得乎天，而虚灵不昧以具众理而应万事者也。但为气禀所拘，人欲所蔽，则有时而昏。然其本体之明，则有未尝息者。故学者当因其所发而遂明之，以复其初也。新者，革其旧之谓也。言既自明其明德，又当推以及人，使之亦有以去其旧染之污也。止者，必至于是而不迁之意。至善，则事理当然之极也。言明明德、新民，皆当止于至善之地而不迁。盖必其有以尽夫天理之极，而无一毫人欲之私也。此三者，大学之纲领也。

【今译】① 程子说：“亲，应当是新。”

大学，就是成年人的学问。第一个明字，是发扬光大的意思。明德，是人从天那里禀受的、空灵光明、具备所有的理以应接一切事情的品德。只是被禀受的气所局限，被人欲所障蔽，有时昏暗。不过它本身的光明，却有不曾熄灭的。所以求学者应当借助它所发出的光辉而去发扬光大，以恢复它的本来面目。新，就是革除旧的。这是说，自己发扬光大了自身的明德，还应该推广到别人，使他们也能够去掉以往沾染的陋习。止，就是一定要达到这里并且坚持不动的意思。至善，就是事理当然的极点。说的是明明德、新民，都应当达到至善的地步并坚定不移。这必定是自己能够穷尽天理的极致，而没有一丝一毫人欲的私念。这三条，是《大学》的纲领。

知止而后有定，定而后能静，静而后能安，安而后能虑，虑而后能得①。

【章句】① “后”与“後”同，后放此。

止者，所当止之地，即至善之所在也。知之，则志有定向。静，谓心不妄动。安，谓所处而安。虑，谓处事精详。得，谓得其所止。

【今译】① 后，就是“以后”的后❶，下同。

止，应该停止的地方，就是至善的所在地。知道了至善所在地，志就有确定的方向。静，就是心不妄动。安，就是安于所处的地位。虑，就是处事精明周密。得，就是达到自己应该停止的地方。

---

❶ “前后”的后，繁体一般写作“後”。繁体字的“后”，本义是君主或君主正妻。此处繁体原文也用“后”字表示“以后”，所以朱熹加了这个注。

物有本末，事有终始。知所先后，则近道矣①。

【章句】明德为本，新民为末。知止为始，能得为终。本始所先，末终所后。此结上文两节之意。

【今译】① 使德行发扬光大为本，使民众革除陋习为末。知道停止在何处是始，能够达到应该停止的地方是终。本、始，是在先的；末、终，是在后的。这是总结上面两节的意思。

古之欲明明德于天下者，先治其国。欲治其国者，先齐其家。欲齐其家者，先修其身。欲修其身者，先正其心。欲正其心者，先诚其意。欲诚其意者，先致其知。致知在格物①。

【章句】① 治，平声，后放此。

明明德于天下者，使天下之人皆有以明其明德也。心者，身之所主也。诚，实也。意者，心之所发也。实其心之所发，欲其必自慊而无自欺也。致，推极也。知，犹识也。推极吾之知识，欲其所知无不尽也。格，至也。物，犹事也。穷至事物之理，欲其极处无不到也。此八者，《大学》之条目也。

【今译】① 治，zhī❶，下同。

"明明德于天下"，就是使天下人都能够发扬光大自己的明德。心，是身体的主宰。诚，是实有。意，是心所发出的。使自己的心所发出的实实在在，为的是使自己必定真诚而不自我欺骗。致，推到极点。知，

---

❶ 古汉语读音分平、上、去、入四声。其中平、上、去分别对应于现代汉语的一、二（平）、三（上）、四（去）声。本书一般只注明现代汉语读音。

就是认识。把我的认识推到极点，为的是使自己的认识没有不穷尽的。格，就是到。物，就是事。使认识达到穷尽事物的理，为的是使认识无处不达到极点。这八条，是《大学》的条目。

物格而后知至，知至而后意诚，意诚而后心正，心正而后身修，身修而后家齐，家齐而后国治，国治而后天下平[①]。

【章句】① 治，去声，后放此。

物格者，物理之极处无不到也。知至者，吾心之所知无不尽也。知既尽，则意可得而实矣。意既实，则心可得而正矣。修身以上，明明德之事也；齐家以下，新民之事也。物格知至，则知所止矣。意诚以下，则皆得所止之序也。

【今译】① 治，zhì，下同。

物格，物理的极点没有不到之处。知至，我心所认识的没有不穷尽的。认识既然穷尽，意就可以做到实实在在。意既然实在，心就可以做到端正了。修身以上，是明明德的事业；齐家以下，是新民的事业。物格、知至，也就知道要达到的目标了。意诚以下，都是要达到目标的次序。

自天子以至于庶人，壹是皆以修身为本[①]。

【章句】① 壹是，一切也。正心以上，皆所以修身也。齐家以下，则举此而错之耳。

【今译】① 壹是，就是一切。正心以上，讲的都是如何修身。齐家以下，就是修身的应用。

其本乱而末治者否矣。其所厚者薄，而其所薄者厚，未之有也^①。

【章句】① 本，谓身也。所厚，谓家也。此两节，结上文两节之意。

【今译】① 本，说的是身。所厚，说的是家。这两节总结上面两节的意思。

【章末】右经，一章❶。盖孔子之言而曾子述之。（凡二百五字。）其传十章，则曾子之意而门人记之也。旧本颇有错简。今因程子所定，而更考经文，别为序次如左。（凡千五百四十六字。凡传文杂引经传，若无统纪，然文理接续，血脉贯通，深浅始终，至为精密。熟读详味，久当见之，今不尽释也。）

【译文】上面是经，一章。这是孔子的话而曾子传述的。（共二百零五字。）传文有十章，则是曾子的意思而弟子们记录的。旧本文句多有错乱。现在根据程子所订正的，并进一步考订了经文，重新编定次序如上。（共一千五百四十六字。所有的传文，都广泛征引经传，好像没有条理，但文义衔接，就像血脉贯通，它的深、浅、始、终，安排得都非常精密。反复诵读，详细玩味，长此下去就会明白，这些现在就不详细解释了。）

传

【第一章】《康诰》曰："克明德。"^①《大甲》曰："顾諟天之明命。"^②《帝典》曰："克明峻德。"^③ 皆自明也^④。

---

❶ 朱熹把《大学》分为经、传两部分。在经及传的每章之后，朱熹都有一些说明，并自作注释，即括号内的文字。

【**章句**】①《康诰》，《周书》。克，能也。

②大，读作泰。谑，古"是"字。

《大甲》，《商书》。顾，谓常目在之也。谑，犹此也，或曰审也。天之明命，即天之所以与我而我之所以为德者也。常目在之，则无时不明矣。

③峻，《书》作"俊"。

《帝典》，《尧典》，《虞书》。峻，大也。

④结所引书，皆言自明己德之意。

【**译文**】①《康诰》，《尚书·周书》中的一篇。克，就是能够。

②大，读泰（tài）。谑，古"是"字。

《大甲》，《尚书·商书》中的一篇。顾，就是经常关注。谑，如同"这"，有人认为是"明察"。天之明命，就是上天赋予我，而我能够成就德行的原因。经常关注着，就没有什么时候不去发扬光大。

③峻，《尚书》作"俊"。

《帝典》，就是《尧典》，《尚书·虞书》中的一篇。峻，就是大。

④总结所引用的书，说的都是自己发扬光大自身德行的意思。

【**章末**】右传之首章。释"明明德"。（此通下三章，至"止于信"，旧本误在"没世不忘"之下。）

【**译文**】上面是传的第一章。解释"明明德"。（本章直到第三章"止于信"，旧本误放在"没世不忘"之下。）

　　【**第二章**】汤之《盘铭》曰："苟日新，日日新，又日新。"①《康诰》曰："作新民。"②《诗》曰："周虽旧邦，其命维新。"③是故君子无所不用其极④。

【章句】① 盘，沐浴之盘也。铭，名其器以自警之辞也。苟，诚也。汤以人之洗濯其心以去恶，如沐浴其身以去垢，故铭其盘。言诚能一日有以涤其旧染之污而自新，则当因其已新者而日日新之，又日新之，不可略有间断也。

② 鼓之舞之之谓作。言振起其自新之民也。

③《诗》，《大雅·文王》之篇。言周国虽旧，至于文王，能新其德以及于民，而始受天命也。

④ 自新、新民，皆欲止于至善也。

【译文】① 盘，沐浴的盆。铭，刻写在器物上并用来警诫自己的文字。苟，就是诚。汤认为，人洗濯自己的心以去掉恶习，就像沐浴自己的身体以去掉污垢，所以在盆上刻下这样的铭文。意思是说，假如真能有朝一日洗掉自己往日沾染的陋习而自新，就应借助这已经自新的品德而天天使它自新，再天天使它自新，不可有一点间断。

② 鼓动、引导称为作。说的是振奋起那些自新的民众。

③《诗》，《诗经·大雅·文王》篇。说的是周国虽然古老，但到了文王，能使自己德行常新并且推广到民众，而开始接受天命。

④ 自新、新民，为的都是达到至善。

【章末】右传之二章。释"新民"。

【译文】上面是传的第二章。解释"新民"。

　　【第三章】《诗》云："邦畿千里，惟民所止。"①

　　《诗》云："缗蛮黄鸟，止于丘隅。"子曰："于止知其所止，可以人而不如鸟乎！"②

《诗》云："穆穆文王，於缉熙敬止。"为人君止于仁，为人臣止于敬，为人子止于孝，为人父止于慈，与国人交止于信③。

《诗》云："瞻彼淇澳，菉竹猗猗。有斐君子，如切如磋，如琢如磨。瑟兮僩兮，赫兮喧兮。有斐君子，终不可諠兮。""如切如磋"者，道学也。"如琢如磨"者，自修也。"瑟兮僩兮"者，恂栗也。"赫兮喧兮"者，威仪也。"有斐君子，终不可諠兮"者，道盛德至善，民之不能忘也④。

《诗》云："於戏，前王不忘。"君子贤其贤而亲其亲，小人乐其乐而利其利，此以没世不忘也⑤。

【章句】①《诗》，《商颂·玄鸟》之篇。邦畿，王者之都也。止，居也，言物各有所当止之处也。

②缉，《诗》作"绵"。

《诗》，《小雅·绵蛮》之篇。绵蛮，鸟声。丘隅，岑蔚之处。"子曰"以下，孔子说《诗》之辞，言人当知所当止之处也。

③"於缉"之"於"，音乌。

《诗》，《文王》之篇。穆穆，深远之意。於，叹美辞。缉，继续也。熙，光明也。敬止，言其无不敬而安所止也。引此而言圣人之止，无非至善。五者，乃其目之大者也。学者于此究其精微之蕴而又推类以尽其余，则于天下之事，皆有以知其所止而无疑矣。

④澳，於六反。菉，《诗》作"绿"。猗，叶韵，音阿。僩，下版反。喧，《诗》作"咺"；諠，《诗》作"谖"，并况晚反。恂，郑氏读作峻。

《诗》，《卫风·淇澳》之篇。淇，水名。澳，隈也。猗猗，美盛貌，兴也。斐，文貌。切以刀锯，琢以椎凿，皆裁物使成形质也。磋以鑢锡，磨以沙石，皆治物使其滑泽也。治骨角者，既切而复磋之；治玉石者，既琢而复磨之。皆言其治之有绪，而益致其精也。瑟，严密之貌。僩，武毅之貌。赫、喧，宣著盛大之貌。諠，忘也。道，言也。学，谓讲习讨论之事。自修者，省察克治之功。恂栗，战惧也。威，可畏也。仪，可象也。引《诗》而释之，以明明明德者之止于至善。道学、自修，言其所以得之之由；恂栗、威仪，言其德容表里之盛。卒乃指其实而叹美之也。

　　⑤於戏，音鸣呼。乐，音洛。

　　《诗》，《周颂·烈文》之篇。於戏，叹辞。前王，谓文、武也。君子，谓其后贤、后王。小人，谓后民也。此言前王所以新民者，止于至善，能使天下后世无一物不得其所。所以既没世，而人思慕之，愈久而不忘也。此两节，咏叹淫泆，其味深长，当熟玩之。

【今译】①《诗》，《诗经·商颂·玄鸟》篇。邦畿，王者居住的城市。止，居处，意思是事物都有应当居处的地位。

　　②缗，《诗经》作"绵"。

　　《诗》，《诗经·小雅·缗蛮》篇。缗蛮，鸟叫声。丘隅，小山上草木茂盛的地方。"子曰"以下，是孔子讲解《诗经》的话，意思是人应当知道自己所应处的地位。

　　③"於缉"的"於"，音乌（wū）。

　　《诗》，《诗经·大雅·文王》篇。穆穆，深远的意思。於，赞叹辞。缉，继续。熙，光明。敬止，意思是没有不虔敬的时候，并且安于所处的境地。援引这首诗，以说明圣人所达到的境地，无非是至善之处。这五条，是条目所含内容中较为重要的。求学者在这些地方，能认真钻研其中精微的底蕴，并且加以类推，从而穷尽其他的一切，对于天下的事情，就都能够知道它们所应当达到的境地而不疑惑了。

④ 澳，yù。菉，《诗经》作"绿"。猗，叶韵法读 ē（阿）❶。僩，音 xiàn。喧，《诗经》作"咺"；諠，《诗经》作"谖"，都读 xuān。恂，郑玄《礼记注·大学》读峻（jùn）❷。

《诗》，《诗经·卫风·淇澳》篇。淇，河名。澳，河水弯曲的地方。猗猗，秀美茂盛的样子。这是诗篇开始的兴❸。斐，有文采的样子。切割用刀锯，雕琢用椎凿，都是裁修器物使之成形。�用锉刀，磨用沙石，都是打磨器物使之光滑。制作骨角一类器物的，切割以后再用锉刀剒；制作玉石的，雕琢以后再用磨石磨。说的都是制作有程序，越来越达到精致。瑟，严密的样子。僩，雄武刚毅的样子。赫、喧，显著而盛大的样子。諠，忘记。道，说。学，指讲习讨论的事。自修，是反省和修剪、研磨自己的功夫。恂栗，颤抖恐惧。威，令人敬畏。仪，可见的形象。援引《诗经》来解释，以说明明明德的人达到至善的地步。道学、自修，说的是他得以达到至善地步的途径。恂栗、威仪，说的是德行形象表里的充沛。最后指出他的实在内容而加以赞叹。

⑤ 於戏，音呜呼（wū hū）。乐，音洛（lè）。

《诗》，《诗经·周颂·烈文》篇。於戏，感叹辞。前王，指周文王、周武王。君子，指后代的王和贤臣。小人，指后代民众。这说的是前王让民众自新的方法，是能达到至善地步，能让天下后世没有一个事物不自得其所。所以虽然已经去世，人们仍思念、仰慕他们，时间愈久而愈是难忘。这两节，咏叹充沛甚至有些过分，意味深长，应当反复体会。

【章末】右传之三章。释"止于至善"。（此章内自引《淇澳》诗以下，旧

❶ 叶（读 xié，协）韵：古人把古韵和今韵相协调的一种读法。
❷ 郑玄：东汉学者，著述众多，有《礼记注》等。
❸ 兴，《诗经》中借景生情的表现手法。先写景物，叫兴。然后再写本意。

本误在"诚意"章下。）

【今译】上面是传的第三章。解释"止于至善"。（本章内从《诗经·淇澳》篇引文以下，旧本误放在"诚意"章之后。）

　　【第四章】子曰："听讼，吾犹人也。必也使无讼乎！无情者不得尽其辞。大畏民志，此谓知本。"①

【章句】① 犹人，不异于人也。情，实也。引夫子之言 ❶，而言圣人能使无实之人不敢尽其虚诞之辞。盖我之明德既明，自然有以畏服民之心志，故讼不待听而自无也。观于此言，可以知本末之先后矣。

【今译】① 犹人，没有不同于别人的。情，实际情况。援引孔子的话，以说明圣人能使不讲实情的人不敢讲完他的谎话。那么，我的明德既然已经发扬光大，自然能够使民众的心志敬畏而服从，所以诉讼不必审理就自己消失了。看到这句话，可以知道本末先后了。

【章末】右传之四章。释"本末"。（此章旧本误在"止于信"下。）

【今译】上面是传的第四章。解释"本末"。（这一章旧本误放在"止于信"下。）

　　【第五章】此谓知本 ①，此谓知之至也 ②。

【章句】① 程子曰："衍文也。"

　　② 此句之上别有阙文，此特其结语耳。

【今译】① 程子说："这是衍文 ❷。"

---

❶ 本书中除特指外，凡称"夫子"的都是指孔子。

❷ 原来没有，在传抄过程中多出来的文字叫"衍文"。

② 这一句前面有缺失的文字，这只是一个结束语。

【章末】右传之五章。盖释"格物""致知"之义，而今亡矣。（此章旧本通下章，误在经文之下。）间尝窃取程子之意以补之，曰：

所谓"致知在格物"者，言欲致吾之知，在即物而穷其理也。盖人心之灵莫不有知，而天下之物莫不有理，惟于理有未穷，故其知有不尽也。是以大学始教，必使学者即凡天下之物，莫不因其已知之理而益穷之，以求至乎其极。至于用力之久，而一旦豁然贯通焉，则众物之表里精粗无不到，而吾心之全体大用无不明矣。此谓物格，此谓知之至也。

【今译】上面是传的第五章。解释"格物""致知"的意义，但现在遗失了。（这一章旧本中和下一章相连，误放在经文之后。）我自己曾根据程子的意思补上这一章，即：

所谓"致知在格物"，意思是我要想获得知识，在于就事物本身穷尽它的理。因为人心的灵明没有不具备认识能力的，而天下的事物没有不具备理的，只在对于理未曾穷尽的时候，他的认识才不完全。所以大学开始教学，必定使学者就天下的一切事物，全都要在他已经认识的理的基础之上进一步探究，以求达到穷尽的程度。直到由于长时间的努力，一旦豁然贯通，所有事物的表、里、精、粗无所不到，而我心全部的伟大作用也就无所不知、无所不明。这就叫作"物格"，这就是认识的顶点。

【第六章】所谓诚其意者，毋自欺也。如恶恶臭，如好好色，此之谓自谦，故君子必慎其独也①。

小人闲居为不善，无所不至，见君子而后厌然，掩其不善，而著其善。人之视己，如见其肺肝然，则何益矣。此谓诚于中，形于外，故君子必慎其独也^②。

　　曾子曰："十目所视，十手所指，其严乎！"^③

　　富润屋，德润身，心广体胖，故君子必诚其意^④。

【章句】① 恶、好，上字皆去声。谦，读为慊，苦劫反。

　　诚其意者，自修之首也。毋者，禁止之辞。自欺云者，知为善以去恶，而心之所发有未实也。谦，快也，足也。独者，人所不知而己所独知之地也。言欲自修者，知为善以去其恶，则当实用其力，而禁止其自欺。使其恶恶则如恶恶臭，好善则如好好色。皆务决去，而求必得之，以自快足于己，不可徒苟且以徇外而为人也。然其实与不实，盖有他人所不及知而己独知之者，故必谨之于此，以审其几焉。

　　② 閒，音闲。厌，郑氏读作黡。

　　閒居，独处也。厌然，消沮闭藏之貌。此言小人阴为不善，而阳欲揜之，则是非不知善之当为与恶之当去也，但不能实用其力以至此耳。然欲掩其恶而卒不可掩，欲诈为善而卒不可诈，则亦何益之有哉？此君子所以重以为戒而必谨其独也。

　　③ 引此以明上文之意。言虽幽独之中，而其善恶之不可掩如此。可畏之甚也。

　　④ 胖，步丹反。

　　胖，安舒也。言富则能润屋矣，德则能润身矣。故心无愧怍，则广大宽平，而体常舒泰，德之润身者然也。盖善之实于中而形于外者如此，故又言此以结之。

【今译】① 恶、好，前面那个字都读去声：wù、hào。谦，读为慊，qiè。

使自己的心意诚实，是自修的开端。毋，是个禁止的词。自欺的意思是，知道应该行善和抛弃恶，但心所发出的意念则有不诚实的。谦，快意、满足。独，别人不知道而只有自己知道的地方。说的是想自修的人，知道应该向善和抛弃恶，就应当实实在在地努力，而禁止自己的自欺行为。使自己讨厌恶就像讨厌恶臭，爱好善就像爱好美色。都一定要果断地抛弃，而力求必定得到，用以使自己快意和满足，不可只是苟且应付，被外界左右，而做给别人看。但是自己的真实还是不真实，往往有一些是别人所无法知道而只有自己一个人知道的言行，所以一定要在这种地方特别严谨，以审察那冒出的苗头。

②闲，音闲（xián）❶。厌，郑玄注读作黡（yǎn）。

闲居，独处的意思。厌然，受阻碍而掩盖躲藏的意思。这里说的是小人暗中作恶，表面上却要掩盖。这就不是不知道应当向善和应当抛弃恶，只是他不能真实地尽自己的努力，以致到了这个地步。然而想掩盖自己的恶却到底掩盖不住，想假意行善却终究不能虚假，这又有什么益处呢？这就是君子为什么再次引以为戒，而一定要在独处时特别严谨的原因。

③引用这句话以说明上文的意思。意思是虽然在无人知晓的独处之中，自己的善恶也是这样的不可掩饰。可怕得很呢！

④胖，pán。

胖，安然舒适的意思。说的是富能滋润房屋，德能滋润人身。所以心里没有惭愧和对不起人的，胸怀就宽阔而平和，身体也就永远舒适、安泰，这就是德行对身体的滋润啊！善实实在在地存在于心里并表现

❶　繁体闲、间都可写作"閒"，所以朱熹有此注。

于外部是这个样子,所以再次强调诚意以总结全章。

【章末】右传之六章。释"诚意"。(经曰:"欲诚其意,先致其知。"又曰:"知至而后意诚。"盖心体之明有所未尽,则其所发必有不能实用其力而苟焉以自欺者。然或已明而不谨乎此,则其所明又非己有,而无以为进德之基。故此章之指,必承上章而通考之,然后有以见其用力之始终,其序不可乱,而功不可阙如此云。)

【今译】以上是传的第六章。解释"诚意"。(经文说:"要诚实自己的心意,需要先完成自己的认识。"又说:"认识达到了透彻,然后心意就诚实。"假如心自身的认识能力没有发挥到极点,那么由心所发出的念头意志就必定有不能如实运用心的能力因而苟且行事自我欺骗的成分。或者是心的认识能力已经充分发挥,却不能谨慎地保存这个认识,那么心所获得的认识就又不是自己所有,因而也无法作为增进道德的基础。所以本章的宗旨,一定要和上一章一起进行考察,然后才有可能明确努力的开始与终结,其中的顺序不可紊乱,而功夫也是这样的不可缺失等等。)

【第七章】所谓修身在正其心者,身有所忿懥,则不得其正;有所恐惧,则不得其正;有所好乐,则不得其正;有所忧患,则不得其正①。心不在焉,视而不见,听而不闻,食而不知其味②。此谓修身在正其心。

【章句】① 程子曰:"身有之身,当作心。"忿,弗粉反。懥,敕值反。好、乐,并去声。

忿懥,怒也。盖是四者,皆心之用,而人所不能无者。然一有之而不能察，则欲动情胜，而其用之所行，或不能不失其正矣。

　②心有不存，则无以检其身。是以君子必察乎此，而敬以直之，然后此心常存，而身无不修也。

【今译】①程子说："身有之身，应当是心字。"忿，音 fèn。懥，音 zhì。好，音 hào。乐，音 lè。

　忿懥，发怒。忿懥、恐惧、好乐、忧患这四条，都是心的作用，也是人所不可避免的。然而一旦有了却不能辨别，就会使欲望萌动，感情压过理智，心的作用的发挥，就不可能不失去那正确的原则。

　②心若是不集中注意力，就无法约束身体。所以君子必须弄清这一点并且虔敬地使心正直，然后这个心就可以永远注意力集中，而自身也可以提高修养。

【章末】右传之七章。释"正心""修身"。（此亦承上章以起下章。盖意诚则真无恶而实有善矣，所以能存是心以检其身。然或但知诚意而不能密察此心之存否，则又无以直内而修身也。自此以下，并以旧文为正。）

【今译】以上是传的第七章。解释"正心""修身"。（这一章也是承接上章而引起下章。因为心意诚实就真的无恶而确实有善，所以能保存这个端正之心以约束自己的行为。然而也有只知诚实心意，却不能细致辨明这个端正之心是否存在的，也就不可能使内心正直而修养自身。从此章开始，下面就都以旧本为准。）

【第八章】所谓齐其家在修其身者，人之其所亲爱而辟焉，之其所贱恶而辟焉，之其所畏敬而辟焉，之其所哀矜而辟焉，之其所敖惰而辟焉。故好而知其恶，恶而知其美者，天下鲜矣①。故谚有之曰："人莫知其子之恶，莫知其苗之硕。"②此谓身不修不可以齐其家。

【章句】①辟，读为僻。"恶而"之"恶"、敖、好，并去声。鲜，上声。

人，谓众人。之，犹于也。辟，犹偏也。五者在人，本有当然之则。然常人之情，惟其所向而不加察焉，则必陷于一偏而身不修矣。

②谚，音彦。硕，叶韵，时若反。

谚，俗语也。溺爱者不明，贪得者无厌，是则偏之为害，而家之所以不齐也。

【今译】①辟，读僻（pì）。"恶而"的"恶"，wù。敖，ào。好，hào。鲜，读 xiǎn。

人，指普通人。之，如同"于"。辟，如同"偏"。亲爱、贱恶、畏敬、哀矜、敖惰这五种情感，在人本有应当遵循的法则。但普通人的情感，却是任凭它指向何处而不加察辨，那就一定陷于某种偏差，使自身无法得以修养。

②谚，读彦（yàn）。硕，叶韵，读 shuò。

谚，俗话。溺爱子女的人糊涂，贪得钱财的人不会满足，这就是心偏的危害，也是家道不能有秩序的原因。

【章末】右传之八章。释"修身""齐家"。

【今译】以上是传的第八章。解释"修身""齐家"。

　　【第九章】所谓治国必先齐其家者，其家不可教而能教人者，无之，故君子不出家而成教于国。孝者，所以事君也；弟者，所以事长也；慈者，所以使众也①。

《康诰》曰："如保赤子。"心诚求之，虽不中，不远矣。未有学养子而后嫁者也[2]。

一家仁，一国兴仁；一家让，一国兴让；一人贪戾，一国作乱。其机如此。此谓一言偾事，一人定国[3]。

尧、舜帅天下以仁，而民从之。桀、纣帅天下以暴，而民从之。其所令反其所好，而民不从。是故君子有诸己而后求诸人，无诸己而后非诸人。所藏乎身不恕，而能喻诸人者，未之有也[4]。

故治国在齐其家[5]。

《诗》云："桃之夭夭，其叶蓁蓁。之子于归，宜其家人。"宜其家人，而后可以教国人[6]。

《诗》云："宜兄宜弟。"宜兄宜弟，而后可以教国人[7]。

《诗》云："其仪不忒，正是四国。"其为父子兄弟足法，而后民法之也[8]。

此谓治国在齐其家[9]。

【章句】①弟，去声。长，上声。

身修则家可教矣。孝、弟、慈，所以修身而教于家者也。然而国之所以事君、事长、使众之道，不外乎此。此所以家齐于上而教成于下也。

②中，去声。

此引《书》而释之，又明立教之本，不假强为，在识其端而推广之耳。

③偾，音奋。

一人，谓君也。机，发动所由也。偾，覆败也。此言教成于国之效。

④好，去声。

此又承上文"一人定国"而言。有善于己，然后可以责人之善。无恶于己，然后可以正人之恶。皆推己以及人，所谓恕也。不如是，则所令反其所好，而民不从矣。喻，晓也。

⑤通结上文。

⑥夭，平声。蓁，音臻。

《诗》，《周南·桃夭》之篇。夭夭，少好貌。蓁蓁，美盛貌，兴也。之子，犹言是子，此指女子之嫁者而言也。妇人谓嫁曰归。宜，犹善也。

⑦《诗》，《小雅·蓼萧》篇。

⑧《诗》，《曹风·鸤鸠》篇。忒，差也。

⑨此三引《诗》，皆以咏叹上文之事，而又结之如此。其味深长，最宜潜玩。

【今译】①弟，tì，同"悌"。长，zhǎng。

自身修养得好，就可教育自己全家了。孝、悌、慈，是用来修养自身并教育全家的。不过，一个国家用来事奉君主、长上，役使民众的办法，也不超出这些。这也是上面家道和顺、下面教化可成的原因。

②中，zhòng。

这里援引《尚书》加以解释，又说明建立教化的根本，不需勉强去做，在于认识到事物的开端并加以推广。

③偾，音奋（fèn）。

一人，指君主。机，起动的始点。偾，覆灭和失败。这里说的是教化在全国成功以后的效果。

④好，hào。

这里再次承接上文"一人定国"展开论述。自己具有善行，然后可以责成别人向善。自己没有恶行，然后可以纠正别人的恶行。这些都是由自己推广到别人，这就是所说的恕道。不这样，就会导致命令别人的和自己喜好的相反，民众就不会服从了。喻，使人明白。

⑤ 总结上文。

⑥ 夭，yāo。蓁，音臻（zhēn）。

《诗》，《诗经·周南·桃夭》篇。夭夭，年轻而美丽的样子。蓁蓁，美好而茂盛的样子。这两句是兴。之子，就是说这个孩子，这里指出嫁的那个女子而言。妇女把嫁叫作归。宜，也就是善。

⑦《诗》，《诗经·小雅·蓼萧》篇。

⑧《诗》，《诗经·曹风·鸤鸠》篇。忒，差错。

⑨ 这里三次引用《诗经》，都是用来咏叹上文所讲的事，而最后的总结又是如此。其意味深长，最适合潜心体会。

【章末】右传之九章。释"齐家""治国"。

【今译】以上是传的第九章。解释"齐家""治国"。

【第十章】所谓平天下在治其国者，上老老而民兴孝，上长长而民兴弟，上恤孤而民不倍，是以君子有絜矩之道也①。

所恶于上，毋以使下；所恶于下，毋以事上；所恶于前，毋以先后；所恶于后，毋以从前；所恶于右，毋以交于左；所恶于左，毋以交于右，此之谓絜矩之道②。

《诗》云："乐只君子，民之父母。"民之所好好之，民之所恶恶之，此之谓民之父母③。

《诗》云："节彼南山，维石岩岩。赫赫师尹，民具尔瞻。"有国者不可以不慎，辟则为天下僇矣^④。

《诗》云："殷之未丧师，克配上帝。仪监于殷，峻命不易。"道得众则得国，失众则失国^⑤。

是故君子先慎乎德。有德此有人，有人此有土，有土此有财，有财此有用^⑥。

德者本也，财者末也^⑦。

外本内末，争民施夺^⑧。

是故财聚则民散，财散则民聚^⑨。

是故言悖而出者，亦悖而入；货悖而入者，亦悖而出^⑩。

《康诰》曰："惟命不于常。"道善则得之，不善则失之矣^⑪。

《楚书》曰："楚国无以为宝，惟善以为宝。"^⑫

舅犯曰："亡人无以为宝，仁亲以为宝。"^⑬

《秦誓》曰："若有一个臣，断断兮无他技，其心休休焉，其如有容焉。人之有技，若己有之；人之彦圣，其心好之，不啻若自其口出，寔能容之；以能保我子孙黎民，尚亦有利哉！人之有技，媢疾以恶之；人之彦圣，而违之俾不通，寔不能容；以不能保我子孙黎民，亦曰殆哉！"^⑭

唯仁人放流之，迸诸四夷，不与同中国。此谓唯仁人为能爱人，能恶人^⑮。

见贤而不能举，举而不能先，命也；见不善而不能退，退而不能远，过也^⑯。

好人之所恶，恶人之所好，是谓拂人之性，菑必逮夫身^⑰。

是故君子有大道，必忠信以得之，骄泰以失之^⑱。

生财有大道。生之者众，食之者寡，为之者疾，用之者舒，则财恒足矣^⑲。

仁者以财发身，不仁者以身发财^⑳。

未有上好仁而下不好义者也，未有好义其事不终者也，未有府库财非其财者也^㉑。

孟献子曰："畜马乘，不察于鸡豚；伐冰之家，不畜牛羊；百乘之家，不畜聚敛之臣。与其有聚敛之臣，宁有盗臣。"此谓国不以利为利，以义为利也^㉒。

长国家而务财用者，必自小人矣。彼为善之。小人之使为国家，菑害并至。虽有善者，亦无如之何矣！此谓国不以利为利，以义为利也^㉓。

【章句】①长，上声。弟，去声。倍，与背同。絜，胡结反。

老老，所谓老吾老也。兴，谓有所感发而兴起也。孤者，幼而无父之称。絜，度也。矩，所以为方也。言此三者，上行下效，捷于影响，所谓家齐而国治也。亦可以见人心之所同，而不可使有一夫之不获矣。是以君子必当因其所同，推以度物，使彼我之间各得分愿，则上下四旁均齐方正，而天下平矣。

②恶、先，并去声。

此覆解上文"絜矩"二字之义。如不欲上之无礼于我，则必以此度下之心，而亦不敢以此无礼使之；不欲下之不忠于我，则必以此度上之心，而亦不敢以此不忠事之。至于前后左右，无不皆然，则身之所处，上下四旁，长短广狭，彼此如一，而无不方矣。彼同有是心而兴起焉者，又岂有一夫之不获哉？所操者约，而所及者广，此平天下之要道也。故章内之意，皆自此而推之。

③乐，音洛。只，音纸。好、恶，并去声。下并同。

《诗》，《小雅·南山有台》之篇。只，语助词。言能絜矩，而以民心为己心，则是爱民如子，而民爱之如父母矣。

④节，读为截。辟，读为僻。僇，与戮同。

《诗》，《小雅·节南山》之篇。节，截然高大貌。师尹，周大师尹氏也。具，俱也。辟，偏也。言在上者，人所瞻仰，不可不谨。若不能絜矩，而好恶徇于一己之偏，则身弑国亡，为天下之大戮矣。

⑤丧，去声。仪，《诗》作"宜"。峻，《诗》作"骏"。易，去声。

《诗》，《文王》篇。师，众也。配，对也。配上帝，言其为天下君，而对乎上帝也。监，视也。峻，大也。不易，言难保也。道，言也。引《诗》而言此，以结上文两节之意。有天下者，能存此心而不失，则所以絜矩而与民同欲者，自不能已矣。

⑥先慎乎德，承上文"不可不谨"而言。德，即所谓明德。有人，谓得众。有土，谓得国。有国，则不患无财用矣。

⑦本上文而言。

⑧人君以德为外，以财为内，则是争斗其民，而施之以劫夺之教也。盖财者，人之所同欲，不能絜矩，而欲专之，则民亦起而争夺矣。

⑨外本内末，故财聚；争民施夺，故民散。反是，则有德而有人矣。

⑩悖，布内反。

悖，逆也。此以言之出入明货之出入也。自"先慎乎德"以下至此，又因财货以明能絜矩与不能者之得失也。

⑪道，言也。因上文引《文王》诗之意而申言之。其丁宁反覆之意，益深切矣。

⑫《楚书》，《楚语》，言不宝金玉而宝善人也。

⑬ 舅犯，晋文公舅狐偃，字子犯。亡人，文公时为公子，出亡在外也。仁，爱也。事见《檀弓》。此两节又明不外本而内末之意。

⑭ 个，古贺反，《书》作"介"。断，丁乱反。媢，音冒。

《秦誓》，《周书》。断断，诚一之貌。彦，美士也。圣，通明也。尚，庶几也。媢，忌也。违，拂戾也。殆，危也。

⑮ 迸，读为屏。古字通用。

迸，犹逐也。言有此媢疾之人，妨贤而病国，则仁人必深恶而痛绝之。以其至公无私，故能得好恶之正如此也。

⑯ 命，郑氏云当作"慢"，程子云当作"怠"，未详孰是。远，去声。

若此者，知所爱恶矣，而未能尽爱恶之道，盖君子而未仁者也。

⑰ 菑，古"灾"字。夫，音扶。

拂，逆也。好善而恶恶，人之性也。至于拂人之性，则不仁之甚者也。自《秦誓》至此，又皆以申言好恶公私之极，以明上文所引《南山有台》《节南山》之意。

⑱ 君子，以位言之。道，谓居其位而修己治人之术。发己自尽为忠，循物无违谓信。骄者矜高，泰者侈肆。此因上所引《文王》《康诰》之意而言。章内三言得失，而语益加切。盖至此，而天理存亡之几决矣。

⑲ 恒，胡登反。

吕氏曰："国无游民，则生者众矣。朝无幸位，则食者寡矣。不夺农时，则为之疾矣。量入为出，则用之舒矣。"愚按：此因有土有财而言，以明足国之道，在乎务本而节用，非必外本内末而后财可聚也。自此以至终篇，皆一意也。

⑳ 发，犹起也。仁者散财以得民，不仁者亡身以殖货。

㉑ 上好仁以爱其下，则下好义以忠其上，所以事必有终，而府库之财无悖出之患也。

㉒ 畜，许六反。乘、敛，并去声。

孟献子，鲁之贤大夫仲孙蔑也。畜马乘，士初试为大夫者也。伐冰之家，卿大夫以上，丧祭用冰者也。百乘之家，有采地者也。君子宁亡己之财，而不忍伤民之力，故宁有盗臣，而不畜聚敛之臣。"此谓"以下，释献子之言也。

㉓ 长，上声。"彼为善之"，此句上下疑有阙文、误字。

自，由也，言由小人导之也。此一节深明以利为利之害。而重言以结之，其丁宁之意切矣。

【今译】① 长，zhǎng。弟，tì，同"悌"。倍，同"背"。絜，xié。

老老，就是"老吾老"❶。兴，指有所感动触发而兴起。孤，幼小无父叫孤。絜，度量。矩，画方的工具。讲述老老、长长、恤孤这三点，上行下效，比立竿见影、山谷回声还快捷，也就是所说的家齐而后国治。也可以借此发现人心的相同处，而不可以使任何一个人得不到君主的恩惠。所以君子一定要顺应人心的相同处，推广自己的心去度量别人，使彼此都满足自己的本分和愿望，从而可以使上下四方均衡、整齐和方正，而天下也就太平了。

② 恶，wù。先，xiàn。

这里再次解释上文"絜矩"二字的意义。如果不愿意上面对我无礼，就必须以此度量下面的心，也就不敢用这种无礼的态度使唤下面的人；不想让下面对我不忠诚，就必须以此度量上面的心，也就不敢用

---

❶ 老吾老：出自《礼记·礼运》及《孟子·梁惠王上》等篇，尊敬自己老人的意思。

这种不忠的态度事奉上面。至于对前后左右,全部都能这样行事,那么自身所处无论是上下、四旁、长短、宽窄,就都会彼此如一而无不方正。假如彼方同样有这样的心而振作奋发,又哪里会有一个人得不到君上恩惠的?所掌握的简约,而所达到的广大,这是平定天下的要领。所以本章的意思,都是从这里推出来的。

③ 乐,音洛(lè)。只,音纸(zhǐ)。好,hào。恶,wù。下同。

《诗》,《诗经·小雅·南山有台》篇。只,语助词。说的是能絜矩,而以民心作为自己的心,就是爱民如子,而民众爱戴他如父母。

④ 节,读截(jié)。辟,读僻(pì)。僇,同"戮"。

《诗》,《诗经·小雅·节南山》篇。节,截然高大的样子。师尹,周朝的太师尹氏。具,就是俱。辟,就是偏。说的是在上位的被人民所瞻仰,不可以不严格要求自己。如果不能絜矩,爱恶完全服从个人的偏好,就会国破身亡,被天下人所诛杀。

⑤ 丧,sàng。仪,《诗经》作"宜"。峻,《诗经》作"骏"。易,yì。

《诗》,《诗经·大雅·文王》篇。师,众人。配,相对应。配上帝,说的是他作为天下的君主,和上帝相对应。监,监视。峻,大。不易,意为难保。道,言说。引用《诗经》讲说这个道理,以结束上两节的意思。有了天下的人,能够保持这样的心而不丧失,那用来絜矩而与民众同愿望的东西,自然不会停止。

⑥ 先慎乎德,承接上文"不可不慎"而言。德,就是所说的明德。有人,意思是得到众人拥护。有土,意思是得到国家。得到国家,就不愁没财物使用了。

⑦ 根据上文而如此说。

⑧ 君主以德为外,以财为内,就是让他的人民争斗,并教育他们如

何去劫掠抢夺。因为财富是人人都想得到的，不能絜矩，而是想独占，民众就会奋起争夺。

⑨ 把根本（德）当作外，把末节（财）当作内，所以财富积聚。鼓励民众争斗并且自己掠夺民众，所以民众离散。相反的做法，就是有德并得到民众拥护。

⑩ 悖，bèi。

悖，忤逆的意思。这是用言语的出入说明货财的出入。从"先慎乎德"到这里，又借财货来说明能絜矩者与不能絜矩者的得失。

⑪ 道，言说。借上文引用《文王》一诗，又引申说明。那反复叮咛的意思，愈来愈深切了。

⑫《楚书》，就是《楚语》，说的是不宝贵金玉而宝贵善人。

⑬ 舅犯，晋文公的舅父狐偃，字子犯。亡人，晋文公当时是公子，流亡在外。仁，就是爱。这件事见于《礼记·檀弓》篇。这两节再次说明不以本（德）为外、以末（财）为内的意思。

⑭ 个，读 gè，《尚书》作"介"。断，duàn。媢，读冒（mào）。

《秦誓》，《尚书·周书》的一篇。断断，诚实专一的样子。彦，美好之士。圣，透彻明察。尚，差不多。媢，嫉妒。违，对抗。殆，危险。

⑮ 迸，读屏（píng），与"屏"通用。

迸，就是放逐。说的是若有这样嫉妒别人的人妨碍贤者，并且危害国家，仁人对他就一定深恶痛绝。因为仁人至公无私，所以能使自己的爱恶如此端正。

⑯ 命，郑玄认为应当作"慢"，程子认为当作"怠"，不知谁说的正确。远，yuàn。

像这样，就是知道爱恶了，但还未能完全懂得爱恶的道理，这是君子还没达到仁的情况。

⑰ 菑，古"灾"字。夫，读扶（fú）。

拂，违逆。爱好善而厌恶恶，是人的本性。至于违背人的本性，就是不仁的顶点了。从《秦誓》到这里，又都是用进一步说明爱恶、公私的极端情况来说明上文所引用的《南山有台》《节南山》的意思。

⑱ 君子，据社会地位说。道，指占据这个地位而提高自己治理人民的手段。发自内心竭尽全力叫忠，遵循规则无所违背叫信。骄矜者自恃高贵，侈泰者淫荡放肆。这是接着上文所引《文王》《康诰》的意思而说的。本章内三次说明得失，话愈来愈恳切。因为到这里，天理存亡的转机也就决定了。

⑲ 恒，héng。

吕氏说❶："国内没有无业游民，生财的人就多了。朝廷内没有闲职，吃饭的人就少了。不妨害农时，干活的就卖力气。量入为出，用起来就觉得宽裕。"我认为，这是借着有土有财而说的，用以说明国家财用充足的方法，在于致力于根本而节省用度，不一定要以本（德）为外、以末（财）为内才能使国库充实。从这里直到篇末，都是一个意思。

⑳ 发，如同兴起。仁者施舍财物以得到民众的拥护，不仁者冒杀身之祸去增殖财富。

㉑ 上面喜好仁以爱护自己的下属，下属就喜好义以忠于自己的上司，所以事情必能善始善终，府库里的财物，也不会有不当支出的忧虑。

㉒ 畜，xù。乘，shèng。敛，liàn。

孟献子，鲁国的贤明大夫仲孙蔑。畜马乘，士刚被提拔为大夫的人。

---

❶ 吕氏：吕大临，字与权，北宋学者。曾注释《大学》《中庸》，并作有《论语解》《孟子讲义》等。

伐冰之家，卿大夫以上，丧葬时用冰的人家。百乘之家，有领地的人家。君子宁肯损失自己的财产，也不忍伤害民力，所以宁有盗窃的仆人，也不养活替自己搜刮的仆人。"此谓"以下，解释孟献子的话。

㉓ 长，cháng。"彼为善之"，这一句上下可能有缺失、错误的文字。

自，由，说的是由小人引导的缘故。这一节深刻说明把追逐财利看作有益之事的害处。重复说明作为总结，可见那叮咛的意思非常恳切。

【章末】右传之十章。释"治国""平天下"。（此章之义，务在与民同好恶，而不专其利，皆推广絜矩之意也。能如是，则亲贤乐利各得其所，而天下平矣。）

凡传十章。前四章，统论纲领指趣。后六章，细论条目工夫。其第五章，乃明善之要。第六章，乃诚身之本。在初学，尤为当务之急。读者不可以其近而忽之也。

【今译】以上是传的第十章。解释"治国""平天下"。（本章的意思，是务必要与民众爱恶相同，而不垄断利益，都是推广"絜矩"的意思。倘能如此，那么亲戚、贤人、快乐、利益就都各得其所，而天下就太平了。）

传总共十章。前四章，总论纲领的宗旨、归宿。后六章，细论条目的功夫。其中第五章，是发扬光大善行的要点。第六章，是诚心修身的根本。对于初学者，尤其是当务之急。读者不可因为它讲的都是身边的事而忽略了。

论语集注

论语序说❶

《史记·世家》曰：孔子名丘，字仲尼。其先宋人。父叔梁纥，母颜氏，以鲁襄公二十二年庚戌之岁十一月庚子，生孔子于鲁昌平乡陬邑。为儿嬉戏，常陈俎豆，设礼容。及长，为委吏，料量平。（委吏，本作“季氏史”。《索隐》云：一本作“委吏”，与《孟子》合。今从之。）为司职吏，畜蕃息。（职见《周礼·牛人》，读为樴，义与杙同。盖系养牺牲之所。此官即《孟子》所谓“乘田”。）

适周，问礼于老子。既反，而弟子益进。

昭公二十五年甲申，孔子年三十五，而昭公奔齐，鲁乱。于是适齐，为高昭子家臣，以通乎景公。（有闻韶、问政二事。）公欲封以尼溪之田，晏婴不可，公惑之。（有“季孟”“吾老”之语。）孔子遂行，反乎鲁。

定公元年壬辰，孔子年四十三。而季氏强僭，其臣阳虎作乱专政，故孔子不仕，而退修《诗》《书》《礼》《乐》，弟子弥众。九年庚子，孔子年五十一。公山不狃以费畔季氏，召，孔子欲往，而卒不行。（有答子路“东周”语。）

定公以孔子为中都宰，一年，四方则之，遂为司空，又为大司寇。十年辛丑，相定公，会齐侯于夹谷。齐人归鲁侵

---

❶　这个序言是朱熹对《史记·孔子世家》的概述。括号里的文字，为朱熹自注。

地。十二年癸卯，使仲由为季氏宰，堕三都，收其甲兵。孟氏不肯堕成，围之不克。十四年乙巳，孔子年五十六，摄行相事，诛少正卯，与闻国政。三月，鲁国大治。齐人归女乐以沮之，季桓子受之，郊又不致膰俎于大夫，孔子行。(《鲁世家》以此以上皆为十二年事。)

　　适卫，主于子路妻兄颜浊邹家。(《孟子》作颜雠由。)适陈，过匡，匡人以为阳虎而拘之。(有"颜渊后"及"文王既没"之语。)既解，还卫，主蘧伯玉家。见南子。(有"矢子路"及"未见好德"之语。)去，适宋。司马桓魋欲杀之。(有"天生德"语及微服过宋事。)又去，适陈，主司城贞子家。居三岁而反于卫，灵公不能用。(有"三年有成"之语。)

　　晋赵氏家臣佛肸以中牟畔，召孔子。孔子欲往，不果。(有答子路坚白语及荷蒉过门事。)

　　将西见赵简子，至河而反，又主蘧伯玉家。灵公问陈，不对而行，复如陈。(据《论语》，则绝粮当在此时。)

　　季桓子卒，遗言谓康子必召孔子，其臣止之，康子乃召冉求。(《史记》以《论语》归与之叹为在此时，又以《孟子》所记叹词为主司城贞子时语，疑不然。盖《语》《孟》所记，本皆此一时语，而所记有异同耳。)

　　孔子如蔡及叶。(有叶公问答，子路不对，沮溺耦耕，荷蓧丈人等事。《史记》云，于是楚昭王使人聘孔子。孔子将往拜礼，而陈蔡大夫发徒围之，故孔子绝粮于陈蔡之间。有愠见及告子贡一贯之语。按，是时陈蔡臣服于楚，若楚王来聘孔子，陈蔡大夫安敢围之？且据《论语》，绝粮当在去卫如陈之时。)

楚昭王将以书社地封孔子,令尹子西不可,乃止。(《史记》云,书社地七百里。恐无此理。时则有接舆之歌。)

又反乎卫。时灵公已卒,卫君辄欲得孔子为政。(有鲁卫兄弟及答子贡夷齐、子路正名之语。)

而冉求为季氏将,与齐战有功,康子乃召孔子,而孔子归鲁。实哀公之十一年丁巳,而孔子年六十八矣。(有对哀公及康子语。)

然鲁终不能用孔子,孔子亦不求仕,乃叙《书传》《礼记》,(有杞宋、损益、从周等语。)删《诗》正《乐》,(有语大师及乐正之语。)序《易·彖》《系》《象》《说卦》《文言》。(有"假我数年"之语。)

弟子盖三千焉,身通六艺者七十二人。(弟子颜回最贤,蚤死。后唯曾参得传孔子之道。)

十四年庚申,鲁西狩获麟。(有"莫我知"之叹。)孔子作《春秋》。(有"知我""罪我"等语。《论语》请讨陈恒事亦在是年。)

明年辛酉,子路死于卫。十六年壬戌四月己丑,孔子卒,年七十三,葬鲁城北泗上。弟子皆服心丧三年而去,惟子贡庐于冢上,凡六年。

孔子生鲤,字伯鱼,先卒。伯鱼生伋,字子思。作《中庸》。(子思学于曾子,而孟子受业子思之门人。)

何氏曰:《鲁论语》二十篇。《齐论语》别有《问王》《知道》,凡二十二篇。其二十篇中,章句颇多于《鲁论》。

《古论》出孔氏壁中，分《尧曰》下章"子张问"以为一篇，有两《子张》，凡二十一篇，篇次不与《齐》《鲁论》同。

程子曰：《论语》之书成于有子、曾子之门人，故其书独二子以子称。

程子曰：读《论语》，有读了全然无事者，有读了后其中得一两句喜者，有读了后知好之者，有读了后直有不知手之舞之足之蹈之者。

程子曰：今人不会读书。如读《论语》，未读时是此等人，读了后又只是此等人，便是不曾读。

程子曰：颐自十七八读《论语》，当时已晓文义。读之愈久，但觉意味深长。

【今译】《史记·孔子世家》道：孔子，名丘，字仲尼。祖上是宋国人。父亲叔梁纥，母亲姓颜，于鲁襄公二十二年，即庚戌年（前551）十一月庚子日，于鲁国昌平乡陬邑生下孔子。儿童时的孔子玩耍，常常摆上祭器，模仿行礼的样子。长大以后，做了委吏❶，计量准确。（委吏，《史记·孔子世家》本来是"季氏史"。《史记索隐》说，有个本子是"委吏"，和《孟子》的说法一致。现在采用"委吏"。）做司职吏，牲畜兴旺。（职，见《周礼·牛人》，读樴（zhí），和"杙"同义。大概是饲养献祭牲畜的地方。这个官职，也就是《孟子》所说的"乘田"。）

到周王城，向老子请教礼。回国后，弟子更多。

鲁昭公二十五年，即甲申年（前517），孔子三十五岁，鲁昭公逃到齐国，鲁国内乱。于是孔子到了齐国，做高昭子的家臣，因此见到了齐

❶ 委吏：负责管理粮仓。

景公。（有听《韶乐》、齐景公问政两件事。）齐景公想用尼溪地方封孔子，晏婴不同意，景公就听信了他。（齐景公有"季氏、孟氏""我老了"等话。）于是孔子走了，回到了鲁国。

鲁定公元年，即壬辰年（前509），孔子四十三岁。季氏霸道僭越，他的家臣阳虎作乱，掌握了鲁国的政权，所以孔子不做鲁国的官，埋头整理《诗经》《尚书》《礼经》《乐经》❶，弟子更多。定公九年，即庚子年（前501），孔子五十一岁。公山不狃占据费地背叛季氏，邀请孔子，孔子准备前往，但终究没有去。（有回答子路"我要振兴一个东方的周朝"等话。）

鲁定公任命孔子做中都这个地方的主官，过了一年，中都成为其他地方学习的榜样，于是被任命为司空，又被任命为大司寇。十年，即辛丑年（前500），做鲁定公宰相❷，和齐国国君在夹谷会见，齐国归还了侵占鲁国的土地。十二年，即癸卯年（前498），派仲由做季氏的宰臣，拆毁三家的城墙，收缴他们的武器。孟孙氏不肯拆毁成邑的城墙，于是包围了成邑，但没有攻下来。十四年，即乙巳年（前496），孔子五十六岁，代理宰相，杀了少正卯，参与鲁国政治。经过三个月，鲁国大治。齐国送来了女子乐队以破坏鲁国政治，季桓子接受了乐队，鲁国郊祭以后又不按礼制向大夫们分送祭肉，孔子就离开了鲁国。（据《史记·鲁世家》，此事以前，都是鲁定公十二年的事。）

到卫国，住在子路的妻兄颜浊邹家。（《孟子》说是颜雠由❸。）到陈国，路经匡地，匡人误把孔子认作阳虎，把孔子围困起来。（有"颜渊

---

❶　现在只有《仪礼》，仅是《礼经》的一部分。《乐经》则亡佚。

❷　据《史记》，是代理宰相。

❸　见《孟子·万章篇》。

落在后面"以及"文王现在不在了"等话。）误会解除，孔子回到了卫国，住在蘧伯玉家，拜会了南子。（有"对子路发誓"以及"没见喜好德行"等话。）离开卫国，到了宋国，宋国司马桓魋要杀害孔子。（有"天赋与了我德行和使命"这样的话以及化装路过宋国的事。）孔子又离开宋国，到了陈国，住在司城贞子家。住了三年，又返回卫国，卫灵公不能任用孔子。（有"三年就有成效"的话。）

　　晋国赵氏家臣佛肸占据中牟背叛赵氏，邀请孔子。孔子打算去，没有去成。（有回答子路说什么坚硬、洁白之类的话以及有人扛着草筐从门口经过的事。）

　　准备西行拜见赵简子，到黄河边上又回来了，又住在蘧伯玉家。卫灵公请教作战的事，孔子不回答并且离开了，又到了陈国。（根据《论语》，绝粮应在这时。）

　　季桓子死，遗言让季康子一定召回孔子，他的家臣阻挠，季康子就邀请了冉求。（《史记》认为《论语》中孔子说"回去吧"是这时说的，又认为《孟子》中所记的感叹的话是住在司城贞子家说的 ❶，恐怕不是这样。因为《论语》《孟子》所记，本来都是这同一时间的话，只是记的不完全一样就是了。）

　　孔子到了蔡国以及叶地。（有叶公问而子路不回答，长沮与桀溺耦耕，扛锄草工具的老汉等事。《史记》说："于是楚昭王派人聘请孔子，孔子将去拜会，陈国、蔡国的大夫就派人把孔子围困起来，所以孔子在陈国、蔡国之间断粮。" ❷ 有"子路怒气冲冲来见孔子"及孔子告诉子贡

---

❶　见《孟子·万章篇》。

❷　引《孔子世家》所说大意，不是原文。

"一以贯之"的话。按：这时陈国、蔡国都向楚国称臣，若是楚王聘请孔子，陈国、蔡国的大夫怎敢围困孔子？况且根据《论语》，绝粮应在离开卫国到陈国的时候。）

楚昭王打算将载于名册的土地封给孔子，令尹子西不同意，就没有封。（《史记》说"登记在册的土地七百里"，恐怕没有这个道理。这时还有接舆唱歌的事。）

孔子又回到卫国。当时卫灵公已死，卫国君主辄打算让孔子主持卫国政治。（有鲁、卫的政治是难兄难弟以及回答子贡讲"伯夷、叔齐"、回答子路论述"正名"等话。）

正好由于冉求被季氏任命为统帅，与齐国作战有功，季康子于是邀请孔子，孔子也就回到了鲁国，这时是鲁哀公十一年，即丁巳年（前484），而孔子已六十八岁了。（有回答鲁哀公及回答季康子的话。）

然而鲁国终究不能任用孔子，孔子也不再要求出仕，就整理《尚书》并作解释，称为《书传》；解释《礼经》，称为《礼记》；（有"杞国、宋国""损益"及"信从周朝"等话。）删定《诗经》，端正音乐；（有告诉乐师以及音乐得以端正的话。）为《易经》作了《彖传》《系辞传》《象传》《说卦传》和《文言传》。（有"再给我几年时间"的话。）

弟子有三千人，精通六艺的有七十二人。（弟子中颜回最贤能，早死，以后只有曾参能够传授孔子之道。）

十四年，即庚申年（前481），鲁人在西部打猎，捕获了麒麟。（有"没人理解我"的慨叹。）孔子撰写《春秋》。（有"了解我""怪罪我"等话。《论语》中请讨伐陈恒的事，也在这一年。）

第二年是辛酉年（前480），子路死于卫国内乱。十六年，即壬戌年（前479），四月己丑日，孔子逝世，享寿七十三岁，葬于鲁城北泗水边上。弟子们都为孔子服心丧三年后离开 ❶，只有子贡在孔子墓旁建一草庐，守墓六年。

孔子儿子名鲤，字伯鱼，先死。伯鱼生伋，字子思，著《中庸》。（子思是曾子的学生，而孟子是子思弟子的学生。）

何晏说 ❷："《鲁论语》二十篇。《齐论语》另有《问王》《知道》，共二十二篇。它的二十篇中，章节句子也都多于《鲁论语》。《古论语》出于孔府的墙壁中，把《尧曰》篇中'子张问'一章分出另作一篇，所以有两个《子张》篇，共二十一篇，篇次也不同于《齐论语》和《鲁论语》。"

程子说："《论语》一书，由有子、曾子的学生编成，所以书中只有这二人被称为'子'。"

程子说："读《论语》，有读了以后全然像没事一样的，有读了以后喜好其中一两句的，有读了以后知道喜好这本书的，有读了以后竟不知不觉手舞足蹈的。"

程子说："现在的人不会读书。比如读《论语》，没读时是这样的人，读了以后仍然是这样的人，就是没有读过。"

程子说："我从十七八岁读《论语》，当时已懂得文义。读的越久，只觉得它意味深长。"

---

❶ 心丧：心里哀悼而不穿守丧礼服。

❷ 何晏：字平叔，三国魏代学者。著有《论语集解》。这段话出于《论语集解序》。

读《论语》《孟子》法 ❶

程子曰："学者当以《论语》《孟子》为本。《论语》《孟子》既治，则六经可不治而明矣。读书者当观圣人所以作经之意，与圣人所以用心，圣人之所以至于圣人，而吾之所以未至者，所以未得者。句句而求之，昼诵而味之，中夜而思之，平其心，易其气，阙其疑，则圣人之意可见矣。"

又曰："凡看文字，须先晓其文义，然后可以求其意。未有不晓文义而见意者也。"

又曰："学者须将《论语》中诸弟子问处便作自己问，圣人答处便作今日耳闻，自然有得。虽孔孟复生，不过以此教人。若能于《语》《孟》深求玩味，将来涵养成甚生气质！"

程子曰："凡看《语》《孟》，且须熟读玩味。须将圣人言语切己，不可只作一场话说。人只看得二书切己，终身尽多也。"

又曰："《论》《孟》只剩读着，便自意足。学者须是玩味。若以语言解着，意便不足。"

或问："且将《论》《孟》紧要处看，如何？"程子曰："固是好，但终是不浃洽耳。"

---

❶　中华书局本点校者按："据清仿宋大字本补。"本书依据《四书大全·论语集注大全》补。

程子曰："孔子言语句句是自然,孟子言语句句是事实。"

又曰："学者先读《论语》《孟子》,如尺度权衡相似,以此去量度事物,自然见得长短轻重。"

又曰："读《论语》《孟子》而不知道,所谓'虽多,亦奚以为'。"

【今译】程子说："求学者应当以《论语》《孟子》为本。《论语》《孟子》精通以后,六经不必深钻就可以明白。读书的人应当明白圣人之所以作这部经的用意与圣人作经的用心,明白圣人之所以成为圣人,而我为什么没有达到、为什么没有得到的原因。一句句加以研究,白天诵读并深刻体味,半夜里要想一想,使自己心平,使自己气静,不懂的先放起来,圣人的用意就可以发现了。"

又说："凡是读书,必须先懂得文字本身的意义,然后才有可能懂得作者的用意。没有不懂文字本身的意义就能发现作者用意的。"

又说："求学者必须把《论语》中诸位弟子的问题当作自己的问题,把圣人的回答当作今天听到的,自然有所收获。即使孔、孟复活,也不过是这样教人。若能在《论语》《孟子》中深入钻研、认真体会,将来会涵养出个什么样的气质!"

程子说："凡是读《论语》《孟子》,就必须熟读、体味。必须把圣人的话当作切身相关,不可只当作一场闲话。人只要看到这两本书与自己切身相关,终生都不觉得有什么欠缺。"

又说："《论语》《孟子》只是读着,就会心满意足。学者必须深刻体会。如果只是用语言去解释,心意并不能真正满足。"

有人问："我把《论语》《孟子》那主要的地方认真读,怎么样?"

程子说：“固然是好，但到底不透彻。”

程子说：“孔子的话句句自然而然，孟子的话句句说到实处。”

又说：“求学者先读《论语》《孟子》，它们就像是尺子和秤，用它们去量度事物，自然见得长短、轻重。”

又说：“读《论语》《孟子》却不懂得道，就是所说的‘虽然这么多，但要它干什么’。”

学而第一

【集注】此为书之首篇，故所记多务本之意，乃入道之门、积德之基，学者之先务也。凡十六章。

【今译】这是书的首篇，因此所记载的都是致力于根本的意思，是入道的门径、积德的基础，求学者要首先致力的事。共十六章。

　【第一章】子曰："学而时习之，不亦说乎^①？有朋自远方来，不亦乐乎^②？人不知而不愠，不亦君子乎^③？"

【集注】①"说""悦"同。

　学之为言，效也。人性皆善，而觉有先后，后觉者必效先觉之所为，乃可以明善而复其初也。习，鸟数飞也。学之不已，如鸟数飞也。说，喜意也。既学而又时时习之，则所学者熟而中心喜说，其进自不能已矣。程子曰："习，重习也。时复思绎浃洽于中，则说也。"又曰："学者，将以行之也。时习之，则所学者在我，故说。"谢氏曰："时习者，无时而不习。坐如尸，坐时习也。立如齐，立时习也。"

　②乐，音洛。

　朋，同类也。自远方来，则近者可知。程子曰："以善及人，而信从者众，故可乐。"又曰："说在心，乐主发散在外。"

　③愠，纡问反。

　愠，含怒意。君子，成德之名。尹氏曰："学在己，知不知在人，何愠之有？"程子曰："虽乐于及人，不见是而无闷，乃所谓君子。"愚谓及人而乐者，顺而易；不知而不愠者，逆而难，故惟成德者能之。然德之所以成，亦曰学之正、习之熟、说之深而不已焉耳。

程子曰："乐由说而后得，非乐不足以语君子。"

【今译】①"说"与"悦"同。

"学"的意思，就是仿效。人性都是善的，但觉悟有先后，后觉悟者必须仿效先觉悟者的所作所为，才可以明白什么是善，从而复归本性的原初。习，鸟一次又一次地飞。学个不停，就像鸟一次又一次地飞。说，喜悦。既学而又时时练习，学到的东西就能熟练掌握，于是心中喜悦，他的进步就自然不会停歇了。程子说："习，重复练习的意思。时时反复思索推演，彻底融化在心中，就会喜悦。"又说："学什么，其目的是实行。时时练习，学到的就成了自己的东西，所以喜悦。"谢良佐说 ❶："时习，没有什么时间不学习。'坐如尸'，是坐时的习。'立如斋'，是站立时的习 ❷。"

②乐，音洛（lè）。

朋，同类的。从远方来，近处的就可想而知。程子说："把善给与别人，因而信服的人就多，所以应该高兴。"又说："喜悦在心里，乐主要表现在外面。"

③愠，yùn。

愠，含怒的意思。君子，德行高尚的概念。尹焞说 ❸："学在自己，了解不了解在别人，有什么可烦恼的！"程子说："虽然乐于把善给与别人，但得不到理解也不烦闷，就是所说的君子。"我认为把善给与别

---

❶　谢良佐：字显道，二程弟子，著有《论语解》等。

❷　坐如尸：见《礼记·曲礼》《礼记·玉藻》。立如斋：见《礼记·曲礼》。

❸　尹焞：字彦明，程颐弟子，著有《论语解》《孟子解》等。

人从而感到快乐的，是顺着心意，比较容易；不被人理解而不烦恼，是违背自己心意，比较难以做到，所以只有德行高尚的君子才能做到。不过德行之所以能够高尚，也是由于学的端正、习的熟练、喜悦的深厚且不停息的缘故。

程子说："快乐是由喜悦发展来的，不快乐不足以成为君子。"

【第二章】有子曰："其为人也孝弟，而好犯上者，鲜矣。不好犯上，而好作乱者，未之有也①。君子务本，本立而道生。孝弟也者，其为仁之本与！"②

【集注】① 弟、好，皆去声。鲜，上声，下同。

有子，孔子弟子，名若。善事父母为孝，善事兄长为弟。犯上，谓干犯在上之人。鲜，少也。作乱，则为悖逆争斗之事矣。此言人能孝弟，则其心和顺，少好犯上，必不好作乱也。

② 与，平声。

务，专力也。本，犹根也。仁者，爱之理，心之德也。为仁犹曰行仁。与者，疑辞，谦退不敢质言也。言君子凡事专用力于根本，根本既立，则其道自生。若上文所谓孝弟乃是为仁之本，学者务此，则仁道自此而生也。

程子曰："孝弟，顺德也。故不好犯上，岂复有逆理乱常之事？德有本，本立，则其道充大。孝弟行于家，而后仁爱及于物，所谓'亲亲而仁民'也。故为仁，以孝弟为本；论性，则以仁为孝弟之本。"或问："孝弟为仁之本，此是由孝弟可以至仁否？"曰："非也。谓行仁自孝弟始，孝弟是仁之一事，谓之行仁之本则可，谓是仁之本则不可。盖仁是性也，孝弟是用也。性中只有个仁义礼智四者而已，曷尝有孝弟来？然仁主于爱，爱莫大于爱亲，故曰："孝弟也者，其为仁之本与！'"

【今译】①弟，tì；好，hào。鲜，xiǎn，下同。

有子，孔子弟子，名若。好好侍奉父母叫做孝，好好侍奉哥哥叫做悌。犯上，指干犯地位在上的人。鲜，稀少。作乱，就是干那些反叛争斗的事。这是说人能够孝悌，他就心气和顺，很少喜欢犯上，必然也不好作乱。

②与，yú。

务，专心致力的意思。本，也就是根。仁，是爱的理，心的本性。为仁，也就是行仁。与，疑问词，谦让而不直接说出。说的是君子无论什么事都专心在根本上用力，根本建立起来了，处事之道就会自动产生。比如上文所说的孝悌就是行仁的根本，求学者专心致力于此，仁道就会由此产生。

程子说："孝悌，是顺从的德行。所以不好犯上，哪里还会有伤天害理反常乱伦的事？德行有根本，根本建立了，处事之道就会充实光大。孝悌实行在家里，随后仁爱就会传到四面八方，这就是所说的'亲亲而仁民'❶。所以行仁，以孝悌为本；论本性，那就要以仁为孝悌之本。"有人问："孝悌是行仁之本，这是说由孝悌可以达到仁吗？"程子答："不是的。这只是说行仁从孝悌开始，孝悌是仁的一个方面，说它是行仁的根本是可以的，说它是仁的根本就不对了。因为仁是本性，孝悌是应用。本性中只有仁、义、礼、智四者罢了，何尝有孝悌呢？不过仁主要是爱，爱没有比爱父母更大的了，所以说：'孝弟也者，其为仁之本与！'"

---

❶　亲亲而仁民：见《孟子·尽心上》。

【第三章】子曰："巧言令色，鲜矣仁！"①

【集注】① 巧，好。令，善也。好其言，善其色，致饰于外，务以悦人，则人欲肆而本心之德亡矣。圣人词不迫切，专言鲜，则绝无可知。学者所当深戒也。

程子曰："知巧言令色之非仁，则知仁矣。"

【今译】① 巧，讨好。令，善于。会说好话，善作笑脸，致力于粉饰外表，务必要讨人喜欢，就会人欲放纵而心的本质丧失。圣人用辞不尖刻，只说"鲜"，就可以知道是一点也没有。求学者应当引起严重警惕。

程子说："认识到巧言令色不是仁，就可以知道什么是仁了。"

【第四章】曾子曰："吾日三省吾身：为人谋而不忠乎？与朋友交而不信乎？传不习乎？"①

【集注】① 省，悉井反。为，去声。传，平声。

曾子，孔子弟子，名参，字子舆。尽己之谓忠，以实之谓信。传，谓受之于师。习，谓熟之于己。曾子以此三者日省其身，有则改之，无则加勉。其自治诚切如此，可谓得为学之本矣。而三者之序，则又以忠、信为传习之本也。

尹氏曰："曾子守约，故动必求诸身。"谢氏曰："诸子之学，皆出于圣人。其后愈远而愈失其真。独曾子之学，专用心于内，故传之无弊，观于子思、孟子可见矣。惜乎其嘉言善行不尽传于世也。其幸存而未泯者，学者其可不尽心乎！"

【今译】① 省，xǐng。为，wèi。传，chuán。

曾子，孔子弟子，名参，字子舆。尽自己的心叫做忠，用真实对人叫做信。传，指从老师那里接受的；习，指自己熟练掌握的。曾子用这三条天天反省自己，有则改之，无则加勉。他治理自身是这样的诚恳和切实，可算是得了为学的根本。三者的次序，又以忠、信是传与习的根本。

尹焞说："曾子坚持简约，所以一举一动都要反省自己。"谢良佐说："诸子的学问，都出于孔圣，时间愈久就愈失真。只有曾子的学问，专门致力于内心，所以传授没有弊病，看看子思、孟子就知道了。可惜他们的高尚言行没有全部传下来。这幸存而没有泯灭的，求学的怎能不尽心呢？"

【第五章】子曰："道千乘之国，敬事而信，节用而爱人，使民以时。"①

【集注】① 道、乘，皆去声。

道，治也❶。千乘，诸侯之国，其地可出兵车千乘者也。敬者，主一无适之谓。敬事而信者，敬其事而信于民也。时，谓农隙之时。言治国之要，在此五者，亦务本之意也。

程子曰："此言至浅，然当时诸侯果能此，亦足以治其国矣。圣人言虽至近，上下皆通。此三言者，若推其极，尧舜之治，亦不过此。若常人之言近，则浅近而已矣。"杨氏曰："上不敬则下慢，不信则下疑。下慢而疑，事不立矣。敬事而信，以身先之也。《易》曰：'节以制度，不伤财，不害民。'盖侈用则伤财，伤财必至于害民，故爱民必先于节用。然使之不以其时，则力本者不获自尽，虽有爱人之心，而人不被其

---

❶　清大字本此处有："马氏云：八百家出车一乘。"

泽矣。然此特论其所存而已，未及为政也。苟无是心，则虽有政，不行焉。"胡氏曰："凡此数者，又皆以敬为主。"愚谓：五者反复相因，各有次第，读者宜细推之。

【今译】① 道，dào。乘，shèng。

道，治理。千乘，指一个诸侯国，国内可出动一千辆兵车。敬，专注于一点而不想别的。敬事而信，就是敬其职事从而取信于民。时，指农闲的时候。这是说治国的要领，在于这五点，也是致力于根本的意思。

程子说："这话非常浅显，然而当时诸侯果然能这么做，也足以治理他们的国家了。圣人的话虽然非常浅近，却上下都通。这三句话，若是推到极点，尧、舜的政治也不过如此。倘若平常人讲身边的事，就仅仅是浅近罢了。"杨时说❶："上面不敬职，下面就散漫；不讲信用，下面就怀疑。下面既散漫又怀疑，事就办不成了。敬事而信，是以身作则。《周易·节·象传》：'节以制度，不伤财，不害民。'因为奢侈就伤财，伤财就必然导致害民，所以爱民就一定要先实行节用。然而假如使役民众不在农闲时，务农的就无法全力以赴，虽然有爱民的心，但民众却得不到他的好处。不过这还是仅仅论述他的用心，还没有说到行政。假如没有这样的心，即使有好的政策，也无法实行。"胡寅说❷："所有这几点，又都以敬为主。"我认为，这五条互相反复补充，各有次序，读者应认真推想。

【第六章】子曰："弟子入则孝，出则弟，谨而信，泛爱众，而亲仁。行有余力，则以学文。"①

❶ 杨时：程颢、程颐弟子，北宋末南宋初年的学者，著有《中庸解》《论语解》等。
❷ 胡寅：字明仲，南宋初年学者，著有《论语详说》等。

【集注】① "弟子" 之 "弟"，上声。"则弟" 之 "弟"，去声。

谨者，行之有常也。信者，言之有实也。泛，广也。众，谓众人。亲，近也。仁，谓仁者。余力，犹言暇日。以，用也。文，谓《诗》《书》六艺之文。

程子曰："为弟子之职，力有余，则学文。不修其职而先文，非为己之学也。"尹氏曰："德行，本也；文艺，末也。穷其本末，知所先后，可以入德矣。"洪氏曰："未有余力而学文，则文灭其质；有余力而不学文，则质胜而野。"愚谓力行而不学文，则无以考圣贤之成法，识事理之当然，而所行或出于私意，非但失之于野而已。

【今译】① "弟子" 的 "弟"，上声，今读 dì。"则弟" 的 "弟"，去声，今读 tì。

谨，行为有规则。信，说的话真实。泛，广泛。众，指众人。亲，接近。仁，指仁者。余力，就像假日。以，用。文，指《诗经》《尚书》等六经文字。

程子说："做弟子的职分，有多余的精力才学文。不尽自己的职分就先学文，不是为己之学。"尹焞说："德行，是本；书本知识，是末。研究这个本末，知道哪先哪后，就可以入德了。"洪兴祖说❶："没有多余的精力就学文，书本知识就会毁灭他的质朴。有多余的精力而不学文，质朴就占上风，因而就会粗野。"我认为，努力于行而不学文，就不可能借鉴先王成功的范例和规则，认识事理的必然，从而有可能使自己的行为出于私意，而不仅仅是失之粗野而已。

【第七章】子夏曰："贤贤易色；事父母，能竭其力；事

---

❶　洪兴祖：字庆善，宋代学者，著有《论语说》。

君，能致其身；与朋友交，言而有信。虽曰未学，吾必谓之学矣。"①

【集注】① 子夏，孔子弟子，姓卜，名商。贤人之贤而易其好色之心，好善有诚也。致，犹委也。委致其身，谓不有其身也。四者皆人伦之大者，而行之必尽其诚。学求如是而已。故子夏言，有能如是之人，苟非生质之美，必其务学之至。虽或以为未尝为学，我必谓之已学也。

游氏曰："三代之学，皆所以明人伦也。能是四者，则于人伦厚矣。学之为道，何以加此？子夏以文学名，而其言如此，则古人之所谓学者，可知矣。故《学而》一篇，大抵皆在于务本。"吴氏曰："子夏之言，其意善矣，然词气之间，抑扬太过。其流之弊，将或至于废学。必若上章夫子之言，然后为无弊也。"

【今译】① 子夏，孔子弟子，姓卜，名商。以别人的贤能为贤能从而加以推崇，并且改变那喜好美色的心，这样的好善是有诚意的。致，也就是舍弃。舍弃自己的身体，就是献出自己的一切。这四条都是人伦中重要的内容，实行它们必须完全真诚。学，就是要达到这样的地步罢了。所以子夏说，若有能做到如此地步的人，假若不是天生的资质优秀，也必定是他致力于学习到了顶点。虽然有人认为他未曾拜师求学，我必定要说他已经学过了。

游酢说❶："三代的学问，都是用来彰明人伦的。能做到这四点，在人伦方面的修养就非常深厚了。求学的途径，有什么还能超过这个？子夏因书本知识而成名，他的话却是如此，那古人所说的学也就可想而

---

❶ 游氏：游酢，字定夫，程颢、程颐弟子，北宋末年学者，著有《中庸解义》《论语杂解》等。

知了。所以《学而》这一篇，基本思想都在致力于根本。"吴棫说 ❶："子夏的话，意思很好，只是字里行间，说得有点过分。这样的流弊，可能会导致放弃学习。一定要像上一章夫子的话，然后才可以没有流弊。"

【第八章】子曰："君子不重则不威，学则不固 ①。主忠信 ②，无友不如己者 ③。过则勿惮改 ④。"

【集注】① 重，厚重。威，威严。固，坚固也。轻乎外者，必不能坚乎内。故不厚重则无威严，而所学亦不坚固也。

② 人不忠信，则事皆无实。为恶则易，为善则难，故学者必以是为主焉。程子曰："人道惟在忠信，不诚则无物。且出入无时，莫知其乡者，人心也。若无忠信，岂复有物乎？"

③ 无、毋通，禁止辞也。友，所以辅仁。不如己，则无益而有损。

④ 勿，亦禁止之辞。惮，畏难也。自治不勇，则恶日长，故有过则当速改，不可畏难而苟安也。程子曰："学问之道无他也，知其不善，则速改以从善而已。"

程子曰："君子自修之道，当如是也。"游氏曰："君子之道，以威重为质，而学以成之。学之道，必以忠信为主，而以胜己者辅之。然或吝于改过，则终无以入德，而贤者亦未必乐告以善道，故以过勿惮改终焉。"

【今译】① 重，厚重。威，威严。固，坚固的意思。外表轻浅，一定做不到内心坚固。所以不厚重就没有威严，学到的也不坚固。

② 人不忠信，办事就都没个准实，作恶容易，向善就难，所以求学

---

❶ 吴棫：字才老，宋代学者，著有《论语续解》等。

者一定以此为主。程子说："做人之道只在忠信，不诚实就什么事也办不成。况且出入没有一定时间，也不知它要走到哪里，这是人心的特点。倘若没有忠信，还会成什么事吗？"

③ 无，同"毋"，禁止做什么的用语。交友，是为了辅助仁德。不如自己，就不但没有益处，反而有损害。

④ 勿，也是禁止做什么的词汇。惮，畏难的意思。治理自己没有勇气，恶就会天天滋长，所以有过错就应迅速改正，不可畏难而苟且偷安。程子说："学问之道没有别的，知道不善，就迅速改正以从善罢了。"

程子说："君子自修之道，应当是这样的。"游酢说："君子的行事之道，以威严厚重为质料，用学问来成就它。学问之道，一定要以忠信为主，而且用胜于自己的人加以辅助。不过有人会舍不得改正错误，那就终究不可能提高道德，贤者也未必乐意把为善之道告诉他，所以将'过勿惮改'放在最后。"

【第九章】曾子曰："慎终，追远，民德归厚矣。" ①

【集注】① 慎终者，丧尽其礼；追远者，祭尽其诚。民德归厚，谓下民化之，其德亦归于厚。盖终者，人之所易忽也，而能谨之；远者，人之所易忘也，而能追之，厚之道也。故以此自为，则己之德厚；下民化之，则其德亦归于厚也。

【今译】① 慎终，就是办丧事要尽礼；追远，就是祭祀要虔诚。民德归厚，指下面民众被教育感化，他们的德也归于淳厚。因为送终的事，是人们容易忽略的，却能谨慎对待；远祖，是人们所容易忘却的，却能虔诚祭祀，这都是淳厚之道。所以自己这样做了，自己的德行就淳厚；下面的民众被感化，他们的德行也会归于淳厚。

【第十章】子禽问于子贡曰："夫子至于是邦也，必闻其政。求之与？抑与之与？"^①子贡曰："夫子温、良、恭、俭、让以得之。夫子之求之也，其诸异乎人之求之与？"^②

【集注】①"之与"之"与"，平声，下同。

　　子禽，姓陈，名亢；子贡，姓端木，名赐，皆孔子弟子。或曰：亢，子贡弟子。未知孰是。抑，反语辞。

　　②温，和厚也。良，易直也。恭，庄敬也。俭，节制也。让，谦逊也。五者，夫子之盛德，光辉接于人者也。其诸，语辞也。人，他人也。言夫子未尝求之，但其德容如是，故时君敬信，自以其政就而问之耳，非若他人必求之而后得也。圣人过化存神之妙，未易窥测。然即此而观，则其德盛礼恭而不愿乎外，亦可见矣。学者所当潜心而勉学也。

　　谢氏曰："学者观于圣人威仪之间，亦可以进德矣。若子贡，亦可谓善观圣人矣，亦可谓善言德行矣。今去圣人千五百年，以此五者，想见其形容，尚能使人兴起，而况于亲炙之者乎！"张敬夫曰："夫子至是邦，必闻其政，而未有能委国而授之以政者。盖见圣人之仪刑而乐告之者，秉彝好德之良心也。而私欲害之，是以终不能用耳。"

【今译】①"之与"的"与"，读 yú，下同。

　　子禽，姓陈，名亢；子贡，姓端木，名赐，都是孔子弟子。有人说：陈亢是子贡弟子。不知哪种说法对。抑，反问语气词。

　　②温，和善厚道。良，平易正直。恭，庄重尊敬。俭，节制。让，谦逊。这五条，是夫子的高尚品德在待人接物时所放出的光辉。其诸，发语词。人，别人。说的是夫子不曾求人，但他的德行、态度如此，所以那些君主尊重他，信任他，自动地把政治情况告诉他，请求指点，不像别人，一

定要请求才可以听到一些。圣人一过就使人感化，那种内在精神的妙处，难以测度。不过从这件事看来，他的德行高尚、礼仪周全而不要求别人，也就可以知道了。求学者应当认真体会并努力学习。

谢良佐说："求学者看看圣人的姿态风度，也可以增进德行。像子贡这样，可说是善于观察圣人的了，也可说是善于描述德行的了。今天离开圣人一千五百年了，根据这五点想象圣人的风度姿态，还能使人振奋，何况那些亲自接受圣人教导的呢！"张栻说 ❶："夫子到哪个国家，一定会听取那个国家的政治情况，却没有能把整个国政交给他的。这是因为见到圣人仪表风度而汇报国政，是生来禀受的爱好德行的良心；但私欲的危害，使诸侯们到底不能用他。"

【第十一章】子曰："父在，观其志。父没，观其行。三年无改于父之道，可谓孝矣。" ①

【集注】① 行，去声。

父在，子不得自专，而志则可知；父没，然后其行可见。故观此，足以知其人之善恶。然又必能三年无改于父之道，乃见其孝。不然，则所行虽善，亦不得为孝矣。

尹氏曰："如其道，虽终身无改可也。如其非道，何待三年？然则三年无改者，孝子之心有所不忍故也。"游氏曰："三年无改，亦谓在所当改而可以未改者耳。"

【今译】① 行，xíng。

父亲健在，儿子不能自己主事，但志向可以知道。父亲去世，他的

---

❶ 张栻：字敬夫，二程三传弟子、朱熹朋友，著有《论语解》等。

行为就可以表现出来了。所以观察这些，就足以知道那人的善恶。然而又必须能做到三年内不改变父亲的处事之道，才能显出他的孝。不然的话，即使他处事妥善，也不能算孝。

尹焞说："如果父亲所行合道，即使一辈子不加改变也是可以的。如果所行不合道，哪里要等三年？然而三年不加改变，是由于孝子的心有所不忍罢了。"游酢说："三年不改，也指那应当改而可以暂时不改的。"

【第十二章】有子曰："礼之用，和为贵。先王之道，斯为美。小大由之①。有所不行，知和而和，不以礼节之，亦不可行也②。"

【集注】① 礼者，天理之节文，人事之仪则也。和者，从容不迫之意。盖礼之为体虽严，然皆出于自然之理。故其为用，必从容而不迫，乃为可贵。先王之道，此其所以为美，而小事、大事，无不由之也。

② 承上文而言。如此而复有所不行者，以其徒知和之为贵而一于和，不复以礼节之，则亦非复礼之本然矣，所以流荡忘返，而亦不可行也。

程子曰："礼胜则离，故礼之用，和为贵。先王之道，以斯为美，而小大由之。乐胜则流，故有所不行者。知和而和，不以礼节之，亦不可行。"范氏曰："凡礼之体主于敬，而其用，则以和为贵。敬者，礼之所以立也；和者，乐之所由生也。若有子，可谓达礼乐之本矣。"愚谓：严而泰、和而节，此理之自然，礼之全体也。毫厘有差，则失其中正，而各倚于一偏，其不可行，均矣。

【今译】① 礼，是天理的节奏和文饰，是人事的仪式和规则。和，从容不迫的意思。礼的本质虽然严肃，但都是出于自然之理，所以它在应用时，一定要从容不迫才算可贵。先王之道，因此而被认为优良，小事大事无不这样去做。

②接着上文说。这样仍然有所不能实行的，因为他只知道和的可贵，就一味强调那个和，而不再用礼加以节制，那就不是理的本来面貌，以致放任自流而不知回归根本，也就不可这样去做。

程子说："礼太严格会使人心离散，所以礼的应用，以和谐为可贵。先王之道也以此为优良，从而小事大事都如此。音乐太优美动人会使人心思放荡，所以有些不能实行。懂得和谐而只追求和谐，不用礼加以节制，也不可实行。"范祖禹说❶："礼的本质在于恭敬，它的应用，则以和谐为贵。恭敬，是礼得以创立的根据；和谐，是音乐产生的前提。像有子这样，可算是精通礼乐的根本了。"我认为，严格而从容，和谐而有节制，这是天理本来如此，是礼的全部内容。有一丝一毫的差错，就会失去中正，从而各自偏向一方，因此而不可实行，是一样的。

【第十三章】有子曰："信近于义，言可复也。恭近于礼，远耻辱也。因不失其亲，亦可宗也。"①

【集注】①近、远，皆去声。

信，约信也。义者，事之宜也。复，践言也。恭，致敬也。礼，节文也。因，犹依也。宗，犹主也。言约信而合其宜，则言必可践矣。致恭而中其节，则能远耻辱矣。所依者不失其可亲之人，则亦可以宗而主之矣。此言人之言行交际，皆当谨之于始而虑其所终，不然，则因仍苟且之间，将有不胜其自失之悔者矣。

---

❶ 范祖禹：字淳夫，北宋末年学者，著有《论语说》等。

【今译】①近，jìn。远，yuàn。

信，守信用。义，处事恰当。复，实践诺言。恭，致敬。礼，形式上的节制。因，意为依赖。宗，也就是以之为主。说话守信用并合乎时宜，说的话就一定可以实行。表示恭敬而合乎节制，就能远离耻辱。所依赖的没有错过自己可以亲近的人，那就可以尊奉他为主。这说的是人的言行和交际，都应该在开始时就十分谨慎并且考虑到事情的结局，不然，就会在依赖、沿袭的得过且过之中，将有没完没了的由于自己过错而后悔的事。

【第十四章】子曰：“君子食无求饱，居无求安，敏于事而慎于言，就有道而正焉，可谓好学也已。”①

【集注】①好，去声。

不求安饱者，志有在而不暇及也。敏于事者，勉其所不足。慎于言者，不敢尽其所有余也。然犹不敢自是，而必就有道之人以正其是非，则可谓好学矣。凡言道者，皆谓事物当然之理，人之所共由者也。

尹氏曰：“君子之学，能是四者，可谓笃志力行者矣。然不取正于有道，未免有差，如杨、墨学仁义而差者也，其流至于无父无君，谓之好学，可乎？”

【今译】①好，hào。

不求安逸、吃饱，是因为志在别处而无暇顾及。敏于事，努力于自己所不足的地方。慎于言，不敢把自己所知道的一切都说出来。即使如此还是不敢自以为是，而一定要接近有道的人，以端正自己的是非，这就可算是好学了。凡是说道的地方，指的都是事物应当如此的理，是人所共同遵从的东西。

尹焞说：“君子的学问，能做到这四点，可算是志向坚定又刻苦实行的人。然而若不能在有道者那里找到是非的标准，就不免会出差错，就像杨朱、墨子虽然学习仁义却出了偏差，他们的末流，竟至于无视父亲、无视君主，说他们好学，可以吗？”

【第十五章】子贡曰：“贫而无谄，富而无骄，何如？”子曰：“可也。未若贫而乐，富而好礼者也。”①

子贡曰：“《诗》云：‘如切如磋，如琢如磨。’其斯之谓与？”②

子曰：“赐也，始可与言《诗》已矣！告诸往而知来者。”③

【集注】① 乐，音洛。好，去声。

谄，卑屈也。骄，矜肆也。常人溺于贫富之中，而不知所以自守，故必有二者之病。无谄无骄，则知自守矣，而未能超乎贫富之外也。凡曰“可”者，仅可而有所未尽之辞也。乐则心广体胖，而忘其贫。好礼则安处善，乐循理，亦不自知其富矣。子贡货殖，盖先贫后富，而尝用力于自守者，故以此为问。而夫子答之如此，盖许其所已能，而勉其所未至也。

② 磋，七多反。与，平声。

《诗》，《卫风·淇澳》之篇。言治骨角者，既切之，而复磋之。治玉石者，既琢之，而复磨之。治之已精，而益求其精也。子贡自以无谄无骄为至矣，闻夫子之言，又知义理之无穷。虽有得焉，而未可遽自足也，故引是诗以明之。

③ 往者，其所已言者。来者，其所未言者。

愚按：此章问答，其浅深高下固不待辨说而明矣。然不切，则磋无所施；不琢，则磨无所措。故学者虽不可安于小成，而不求造道之极致，亦不可骛于虚远，而不察切己之实病也。

【今译】①乐，读洛（lè）。好，hào。

谄，卑躬屈膝。骄，自大放肆。一般人陷于贫或富之中，不知道自己该有什么样的操守，所以一定有这两种毛病。不谄媚，不骄横，就知道自己该有什么样的操守，不过还没能超出贫富之外。凡是说"可以"的，仅仅是可以却还不够充分的意思。乐就是心宽体胖而忘了自己的贫穷；好礼就是安于行善，乐于遵循天理，也不觉得自己是个富人。子贡做生意，是先贫后富，他曾经用不谄媚、不骄横作为操守，所以用这两点发问。而夫子的回答却是如此，这就是赞成他已经做到的，同时鼓励他更进一步。

②磋，cuō。与，yú。

《诗》，《诗经·卫风·淇澳》篇。说的是制作骨器、角器的匠人，切开以后，再用锉子锉；制作玉器的匠人，雕琢以后，再加以打磨。制作已很精致，再精益求精。子贡自以为不谄媚、不骄横就高尚到极点了，听到夫子的话，又知义理没有穷尽。自己虽然有所心得，却不可以自满自足，所以引这首诗进行说明。

③往，指已经说过的。来，指还没有说的。

熹按：这一章的问答，深浅高低，本来不需分析说明就能明白。然而不切开就无法用锉子锉，不雕琢就无处打磨。所以求学者不可小有成就就止步，而不求达到道的顶点，也不可好高骛远，而看不清自身确实存在的毛病。

【第十六章】子曰："不患人之不己知，患不知人也。"　①

【集注】① 尹氏曰："君子求在我者，故不患人之不己知。不知人，则是非邪正或不能辨，故以为患也。"

【今译】① 尹焞说："君子追求那自己能够做到的，所以不忧虑别人不了解自己。不了解别人，就可能分辨不清是非邪正，所以感到忧虑。"

为政第二

【**集注**】凡二十四章。

【**今译**】共二十四章。

【**第一章**】子曰："为政以德，譬如北辰，居其所，而众星共之。"①

【**集注**】①共，音拱，亦作"拱"。

政之为言，正也，所以正人之不正也。德之为言，得也，行道而有得于心也。北辰，北极，天之枢也。居其所，不动也。共，向也。言众星四面旋绕而归向之也。为政以德，则无为而天下归之，其象如此。

程子曰："为政以德，然后无为。"范氏曰："为政以德，则不动而化，不言而信，无为而成。所守者至简，而能御烦；所处者至静，而能制动；所务者至寡，而能服众。"

【**今译**】①共，读拱（gǒng），也作"拱"。

"政"这个字，也就是正，用来纠正人们的不正。"德"这个字，也就是得，实践大道而有心得。北辰，即北极星，天的中枢。居其所，就是静止不动。共，朝向。说的是众星绕北极旋转并归向于北极。以德治国，就可以做到无为而天下归往，它的象征就是这样。

程子说："以德治国，然后就可以无为。"范祖禹说："以德治国，就可以做到不行动就使人感化，不说话就使人信任，无为就取得成功。所坚持的非常少，而能驾驭的却非常多；置身于极端宁静的境界，却能控制住所有的运动；所从事的非常少，却能使众人心服。”

【第二章】子曰："《诗》三百，一言以蔽之，曰'思无邪'。"①

【集注】①《诗》三百十一篇，言三百者，举大数也。蔽，犹盖也。思无邪，《鲁颂·駉》篇之辞。凡《诗》之言，善者可以感发人之善心，恶者可以惩创人之逸志。其用归于使人得其情性之正而已。然其言微婉，且或各因一事而发，求其直指全体，则未有若此之明且尽者。故夫子言，《诗》三百篇，而惟此一言足以尽盖其义。其示人之意亦深切矣。

程子曰："思无邪者，诚也。"范氏曰："学者必务知要，知要则能守约，守约则足以尽博矣。经礼三百，曲礼三千，亦可以一言以蔽之，曰'毋不敬'。"

【今译】①《诗经》共三百零十一篇，说三百篇，是只说了大数。蔽，就是盖。"思无邪"，《鲁颂·駉》篇中的句子。凡是《诗经》中所说的，讲善事的，可以感动、激发人的善心；讲恶事的，可以惩戒人的胡思乱想。它们的作用，其归宿，都是使人得到自己情性的正确方向罢了。然而那些话都轻柔委婉，并且大都是因为某件事有所感而发，如果要求全面说明，都不如这句话明白而透彻。所以夫子说，《诗经》三百篇，只有这一句话可以概括它们全体的意思。那教导人的用心也是非常深远恳切的。

程子说："思无邪，就是诚。"范祖禹说："求学者一定要力求抓住要领，抓住要领就能坚持关键，坚持关键就足以穷尽广博。作为经的礼制有三百项，具体的仪节有三千条，也可以用一句话来概括，即'毋不敬❶。"

【第三章】子曰："道之以政，齐之以刑，民免而无耻①。道之以德，齐之以礼，有耻且格②。"

【集注】① 道，音导，下同。

道，犹引导，谓先之也。政，谓法制禁令也。齐，所以一之也。道之而不从者，有刑以一之也。免而无耻，谓苟免刑罚而无所羞愧。盖虽不敢为恶，而为恶之心未尝亡也。

② 礼，谓制度品节也。格，至也。言躬行以率之，则民固有所观感而兴起矣。而其浅深厚薄之不一者，又有礼以一之，则民耻于不善，而又有以至于善也。一说：格，正也。《书》曰："格其非心。"

愚谓：政者，为治之具。刑者，辅治之法。德、礼，则所以出治之本，而德又礼之本也。此其相为终始，虽不可以偏废，然政刑能使民远罪而已。德礼之效，则有以使民日迁善而不自知，故治民者不可徒恃其末，又当深探其本也。

【今译】① 道，读导（dǎo），下同。

道，就是引导，指走在前面。政，指政策、法令。齐，用来使事物统一。引导而不听从，有刑法去进行统一。免而无耻，指苟且以免于刑罚，而无所羞愧。这样虽然不敢为恶，但为恶的心却不曾丢掉。

② 礼，指各种制度和仪节。格，到的意思。说的是亲自实行以做出榜样，百姓看到后就必然有所感动，因而振奋起来，至于振奋的浅深厚薄不一样，又有礼去进行统一，百姓就耻于行不善之事，从而就有可

❶ "毋不敬"，出自《礼记·曲礼上》。

能进一步达到善。另一说法：格，就是正。《尚书·冏命》："格其非心。"

　　我认为：政策法令，是治国的工具。刑罚，是治国的辅助手段。德与礼，是产生政策法令以治国的根本，而德又是礼的根本。这就是他们相互依存的关系，虽然不可偏废，但是政令、刑罚仅能使百姓远离犯罪而已。德与礼的效用，就有可能使百姓不知不觉地天天向善。所以，治理百姓，不可只依赖那个末梢，而应当深入研究这个根本。

　　【第四章】子曰："吾十有五而志于学^①，三十而立^②，四十而不惑^③，五十而知天命^④，六十而耳顺^⑤，七十而从心所欲，不逾矩^⑥。"

【集注】① 古者十五而入大学。心之所之谓之志。此所谓学，即大学之道也。志乎此，则念念在此，而为之不厌矣。

　　② 有以自立，则守之固，而无所事志矣。

　　③ 于事物之所当然，皆无所疑，则知之明，而无所事守矣。

　　④ 天命，即天道之流行而赋于物者，乃事物所以当然之故也。知此则知极其精，而不惑又不足言矣。

　　⑤ 声入心通，无所违逆。知之之至，不思而得也。

　　⑥ 从，如字。

　　从，随也。矩，法度之器，所以为方者也。随其心之所欲，而自不过于法度。安而行之，不勉而中也。

　　程子曰："孔子，生而知者也，言亦由学而至，所以勉进后人也。立，能自立于斯道也。不惑，则无所疑矣。知天命，穷理尽性也。耳顺，所闻皆通也。从心所欲，不逾矩，则不勉而中矣。"又曰："孔子自言其进德之序如此者，圣人未必然，但为学者立法，使之盈科而后进，成章而后达耳。"

胡氏曰："圣人之教亦多术,然其要,使人不失其本心而已。欲得此心者,惟志乎圣人所示之学,循其序而进焉。至于一疵不存,万理明尽之后,则其日用之间,本心莹然,随所意欲,莫非至理。盖心即体,欲即用,体即道,用即义,声为律,而身为度矣。"又曰:"圣人言此,一以示学者,当优游涵泳,不可躐等而进;一以示学者,当日就月将,不可半涂而废也。"

愚谓:圣人生知安行,固无积累之渐,然其心未尝自谓已至此也。是其日用之间,必有独觉其进而人不及知者。故因其近似以自名,欲学者以是为则而自勉,非心实自圣而姑为是退托也。后凡言谦辞之属,意皆放此。

【今译】① 古代十五岁入大学。心有所指向叫做志。这里所说的学,指大学的内容❶。志在此,就是念念都在这上头,并且做起来毫不厌倦。

② 有了能够自立的东西,就牢固地保持着它,而不再志于别的什么了。

③ 对于事物所应当如此的情况,都没有疑惑,就是认识非常清楚,从而不必去坚持什么了。

④ 天命,就是天道在流行中赋予事物的,是事物所应当如此的原因和根据。认识到这一点,认识就达到了精通的极点,没有疑惑又不值得说了。

⑤ 声音入耳,心内畅通,没有别扭和反感。认识达到了极点,不加思考就有所获得。

---

❶ 古代大学的内容见本书《大学章句》部分。

⑥ 从，即 cóng。

从，就是随。矩，制作标准的工具，用来成就方形的。随自己心的欲望，自然就不逾越法则。这样安然地做去，不加自律就能符合法则。

程子说："孔子是生而知之的人，他说自己是由学习而达到的，为的是鼓励后人进步。立，能自立于道。不惑，就是没有怀疑。知天命，就是穷尽了事物的理和本性。耳顺，凡是听到的都畅通。从心所欲，不逾矩，就是不用勉励就符合。"又说："孔子说自己道德进步的次序如此，其实圣人未必如此，这只是给求学的人建立一套程序，使他们知道学会了前面的再去学后面的，有了一定的成就才能到处通达。"

胡寅说："圣人的教导有多种方法，但要领是让人不失去自己的本心罢了。要得到这个本心，只有立志从事圣人所指示的学问，循序渐进。直到一个污点也没有，所有的道理都彻底明白之后，他在日常生活之中，就能使本心光明灿烂，任凭自己的志愿，没有不是理的。因为心是体，欲是用，体是道，用是义，声音就是音律，自身就是度量标准。"又说："圣人这样说，第一是教导求学者要从容地纳受消化，不可越级冒进；第二是教育求学者应当天天努力，月月进步，不可半途而废。"

我认为：圣人是生知、安行者❶，固然不必渐进、积累，但他自己的心却不曾认为已到这种境界。所以他在日常生活之中，一定有自己感觉到进步而别人难以了解的情况。所以借助近似的情况以描述自己的进步，以便求学者作为法则而自我勉励，并不是心里已知自己是圣人而姑且以此来谦让推托。以后凡是孔子的谦让之辞，我认为都是这种情况。

---

❶　生知、安行：参见《中庸》第二十章。

【第五章】孟懿子问孝。子曰："无违。"①

樊迟御，子告之曰："孟孙问孝于我，我对曰'无违'。"② 樊迟曰："何谓也？"子曰："生，事之以礼；死，葬之以礼，祭之以礼。"③

【集注】① 孟懿子，鲁大夫仲孙氏，名何忌。无违，谓不背于理。

② 樊迟，孔子弟子，名须。御，为孔子御车也。孟孙，即仲孙也。夫子以懿子未达而不能问，恐其失指，而以从亲之令为孝，故语樊迟以发之。

③ 生事、葬祭，事亲之始终具矣。礼，即理之节文也。人之事亲，自始至终，一于礼而不苟，其尊亲也至矣。是时三家僭礼，故夫子以是警之。然语意浑然，又若不专为三家发者，所以为圣人之言也。

胡氏曰："人之欲孝其亲，心虽无穷，而分则有限。得为而不为，与不得为而为之，均于不孝。所谓以礼者，为其所得为者而已矣。"

【今译】① 孟懿子，鲁国大夫仲孙氏，名何忌。无违，意思是不违背理。

② 樊迟，孔子弟子，名须。御，为孔子驾车。孟孙，就是仲孙。夫子因为孟懿子没听懂又不能进一步发问，恐怕他误解，把顺从父母的意志作为孝，所以告诉樊迟，以便阐发"无违"的内涵。

③ 生前事奉，死后葬埋、祭祀，事奉父母就从始到终完成了全过程。礼，就是理的节奏和形式。人事奉父母，从始到终，完全按照礼而不苟且，他的事奉父母就做得非常好了。这时候，鲁国三家逾越礼制，所以夫子以此提醒他。然而话中意思完整含蓄，又像是不专为这三家而发的议论，圣人的话就是这样的啊！

胡寅说："人想孝敬自己的父母，那颗心虽然是无限的，但那本分却是有限的。该做的不去做，与不该做的要去做，同样是不孝。所谓'以礼'，就是做那些应该做的罢了。"

【第六章】孟武伯问孝。子曰："父母唯其疾之忧。"①

【集注】① 武伯，懿子之子，名彘。言父母爱子之心无所不至，惟恐其有疾病，常以为忧也。人子体此，而以父母之心为心，则凡所以守其身者，自不容于不谨矣，岂不可以为孝乎？旧说：人子能使父母不以其陷于不义为忧，而独以其疾为忧，乃可谓孝。亦通。

【今译】① 武伯，孟懿子之子，名彘。说的是父母的爱子之心无微不至，惟恐他们有病，常常以此为忧。做儿子的体会这一点，并把父母的爱子之心作为自己爱父母的心，那么对于一切用来保持身心康健的事，自然容不得不谨慎遵守，难道不能够作为孝行吗？过去的解释：做儿子的能不让父母担心他做不义的事，而只担心他会有什么疾病，就可以称为孝。也讲得通。

【第七章】子游问孝。子曰："今之孝者，是谓能养。至于犬马，皆能有养，不敬，何以别乎？"①

【集注】① 养，去声。别，彼列反。

子游，孔子弟子，姓言，名偃。养，谓饮食供奉也。犬马待人而食，亦若养然。言人畜犬马，皆能有以养之。若能养其亲而敬不至，则与养犬马者何异。甚言不敬之罪，所以深警之也。

胡氏曰："世俗事亲，能养足矣。狃恩恃爱，而不知其渐流于不敬，则非小失也。子游，圣门高弟，未必至此，圣人直恐其爱逾于敬，故以是深警发之也。"

【今译】① 养，yàng。别，bié。

子游，孔子弟子，姓言，名偃。养，指饮食供养。犬马要人喂它，也像养一样。说的是人家里有犬马，都能够设法养活它们，假若能够养父母却不加尊敬，那就和养活犬马没什么差别。这里把不尊敬父母的罪过讲得很严重，用来使人们深刻警惕。

胡寅说："世俗的事奉父母，能养活就足够了。仗着父母慈爱而撒娇耍赖，却不知不觉变得对父母不尊敬了，这就不是小过失。子游是圣门高足，未必到这个地步，圣人只是担心他爱超过了敬，所以以此深刻地警诫和启发他。"

【第八章】子夏问孝。子曰："色难。有事，弟子服其劳；有酒食，先生馔，曾是以为孝乎？"①

【集注】① 食，音嗣。

色难，谓事亲之际，惟色为难也。食，饭也。先生，父兄也。馔，饮食之也。曾，犹尝也。盖孝子之有深爱者，必有和气。有和气者，必有愉色。有愉色者，必有婉容。故事亲之际，惟色为难耳。服劳、奉养，未足为孝也。旧说：承顺父母之色为难。亦通。

程子曰："告懿子，告众人者也。告武伯者，以其人多可忧之事。子游能养，而或失于敬。子夏能直义，而或少温润之色。各因其材之高下与其所失而告之，故不同也。"

【今译】① 食，音嗣（sì）。

色难，指事奉父母时，只有和颜悦色难以做到。食，就是饭。先生，指父亲、兄长。馔，给人饮食。曾，就是曾经。因为孝子深深敬爱父母，胸中一定有和气。胸中有和气，必然和颜悦色。脸上和颜悦色，面容必然温顺。所以事奉父母的时候，惟有和颜悦色难以做到，辛劳、奉养都不够被称作孝。过去的解释：承受、随顺父母的脸色难以做到。也通。

程子说："告诉懿子，是告诉众人的话。告诉武伯，因为武伯这人忧愁太多。子游能养活父母，可能尊敬不够。子夏能遵守规矩，或许缺少温和的脸色。根据他们才能的高低，以及他们做得不够的地方教导他们，所以说法不同。"

【第九章】子曰："吾与回言，终日不违，如愚。退而省其私，亦足以发。回也不愚。"①

【集注】① 回，孔子弟子，姓颜，字子渊。不违者，意不相背，有听受而无问难也。私，谓燕居独处，非进见请问之时。发，谓发明所言之理。

愚闻之师曰："颜子深潜纯粹，其于圣人体段已具。其闻夫子之言，默识心融，触处洞然，自有条理。故终日言，但见其不违，如愚人而已。及退省其私，则见其日用动静语默之间，皆足以发明夫子之道，坦然由之而无疑，然后知其不愚也。"

【今译】① 回，孔子弟子，姓颜，字子渊。不违，没有相反的意见，只听讲接受而不发问。私，指平素言行和个人单独活动的情况，不是拜见老师请求赐教的时候。发，指发挥老师所讲的道理。

我听我的老师讲过❶："颜子深沉而纯粹，圣人的素质他已经具备。他听到夫子的话，默记在心，融会贯通，随时随地都心明如镜，自然有条有理。所以讲一整天，也只见他没有相反的表示，好像一个愚人而已。等到他退下而考察他私下的言行，则发现他在日常的言行之间，都

---

❶ 朱熹的老师是李侗，字愿中，南宋学者。

足以发挥夫子之道,泰然自若地照此去做而没有疑虑,然后知道他并不愚钝。"

【第十章】子曰:"视其所以^①,观其所由^②,察其所安^③。人焉廋哉? 人焉廋哉^④?"

【集注】① 以,为也。为善者为君子,为恶者为小人。

② 观,比视为详矣。由,从也。事虽为善,而意之所从来者有未善焉,则亦不得为君子矣。或曰:由,行也,谓所以行其所为者也。

③ 察,则又加详矣。安,所乐也。所由虽善,而心之所乐者不在于是,则亦伪耳,岂能久而不变哉!

④ 焉,於虔反。廋,所留反。

焉,何也。廋,匿也。重言,以深明之。

程子曰:"在己者能知言穷理,则能以此察人伦,如圣人也。"

【今译】① 以,所作所为。为善的就是君子,为恶的就是小人。

② 观,比看要详细。由,从某处而来的"从"。事虽然也是善事,但他用意所来自的根据却不是善的,那就不能成为君子。或者说:由,就是行,指贯彻他自己的所作所为。

③ 察,比观更加详细。安,所乐意的。用意的由来虽是善的,但心所乐意的并不在此,那也是虚伪,怎能长久不变!

④ 焉,yān。廋,sōu。

焉,如何。廋,藏匿。再说一遍,以着重阐明。

程子说:"自己若具备了知言、穷理的能力,就能以此去观察人际关系,像圣人一样。"

【第十一章】子曰："温故而知新，可以为师矣。"①

【集注】① 温，寻绎也。故者，旧所闻。新者，今所得。言学能时习旧闻，而每有新得，则所学在我，而其应不穷，故可以为人师。若夫记问之学，则无得于心，而所知有限，故《学记》讥其"不足以为人师"，正与此意互相发也。

【今译】① 温，回顾和思索。故，以往所学的。新，现在所得的。说的是求学能够经常温习以往所学的，并且总是有所新得，那样所学的东西就成了自己的，并且它的应用没有穷尽，所以可以做别人的老师。若是那些记忆性的学问，就没有心得，所知也很有限，所以《礼记·学记》讥讽这种人"不足以为人师"，正好和这里的意思互相发明。

【第十二章】子曰："君子不器。"①

【集注】① 器者，各适其用而不能相通。成德之士，体无不具，故用无不周，非特为一材一艺而已。

【今译】① 器，各自适合于某一用途而不能互相通用。学有成就的士人，体，没有不具备的，用，也就没有达不到的，不只是有一技之长而已。

【第十三章】子贡问君子。子曰："先行其言，而后从之。"①

【集注】① 周氏曰："先行其言者，行之于未言之前。而后从之者，言之于既行之后。"

范氏曰："子贡之患，非言之艰，而行之艰，故告之以此。"

【今译】① 周孚先说❶："先行其言，实行在未说之前。而后从之，说在已行之后。"

范祖禹说："子贡的毛病，不是说起来困难，而是做起来困难，所以这样对子贡说。"

【第十四章】子曰："君子周而不比，小人比而不周。"①

【集注】① 比，必二反。

周，普遍也；比，偏党也，皆与人亲厚之意，但周公而比私耳。

君子、小人所为不同，如阴阳昼夜每每相反。然究其所以分，则在公私之际，毫厘之差耳。故圣人于周比、和同、骄泰之属，常对举而互言之，欲学者察乎两间，而审其取舍之几也。

【今译】① 比，bǐ。

周，普遍；比，不正派地偏私结党，都是对人亲近厚待的意思，不过周是公开，而比是偏私罢了。

君子、小人的行为不同，就像阴阳、昼夜总是相反。然而研究二者的区别，就在公与私的分别之处，有了毫厘之差。所以圣人对于周和比、和与同、骄与泰之类，经常成对列举并相互说明，目的在于让求学者弄清二者的区别，并且在取舍之际要严格谨慎从事。

【第十五章】子曰："学而不思则罔，思而不学则殆。"①

【集注】① 不求诸心，故昏而无得。不习其事，故危而不安。

程子曰："博学、审问、慎思、明辨、笃行五者，废其一，非学也。"

❶ 周孚先：字伯忱，程颐弟子。

【今译】① 不求助和运用自己的心，所以糊涂而无所收获。不从事和练习自己所做的事，所以感到危险而不安全。

程子说："广博地学习，谨慎地发问，严密地思考，明确地辨别，切实地执行，这五个方面，若放弃一个，就不是求学。"

【第十六章】子曰："攻乎异端，斯害也已！"①

【集注】① 范氏曰："攻，专治也，故治木、石、金、玉之工曰攻。异端，非圣人之道而别为一端，如杨、墨是也。其率天下至于无父无君，专治而欲精之，为害甚矣。"

程子曰："佛氏之言，比之杨、墨尤为近理，所以其害为尤甚。学者当如淫声美色以远之，不尔，则驳驳然入于其中矣。"

【今译】① 范祖禹说："攻，专门研究从事的意思，所以加工木、石、金、玉的工作叫攻。异端，不是圣人之道，是另外一端，譬如杨、墨之类❶。他们率领天下人至于无视父亲、无视君主的地步，专门研究从事他们的学说并且企图精通，为害非常严重。"

程子说："佛教的言论，比起杨、墨，更加接近真理，所以为害也就更加严重。求学的人应当像对待淫声、美色一样远离它，不然的话，就会渐渐地陷进去了。"

【第十七章】子曰："由！诲女知之乎！知之为知之，不知为不知，是知也。"①

【集注】① 女，音汝。

---

❶　杨、墨：杨朱、墨翟，春秋战国时代的思想家。参看本书《孟子集注·滕文公下》等。

由,孔子弟子,姓仲,字子路。子路好勇,盖有强其所不知以为知者,故夫子告之曰:"我教女以知之之道乎! 但所知者则以为知,所不知者则以为不知,如此则虽或不能尽知,而无自欺之蔽,亦不害其为知矣。况由此而求之,又有可知之理乎!"

【今译】① 女,读汝(rǔ)。

由,孔子弟子,姓仲,字子路。子路好勇,一定有强把自己不知的作为知的,所以夫子告诫他说:"我教你知之之道吧! 只把所知的作为知,所不知的就承认是不知,这样即使不能全知,却没有自欺的毛病,也不妨碍自己作为知者。何况由此继续探索,还有可知之理呢!"

【第十八章】子张学干禄 ①。

子曰:"多闻阙疑,慎言其余,则寡尤。多见阙殆,慎行其余,则寡悔。言寡尤,行寡悔,禄在其中矣。" ②

【集注】① 子张,孔子弟子,姓颛孙,名师。干,求也。禄,仕者之奉也。

② "行寡"之"行",去声。

吕氏曰:"疑者所未信,殆者所未安。"程子曰:"尤,罪自外至者也。悔,理自内出者也。"愚谓:多闻见者学之博,阙疑殆者择之精,慎言行者守之约。凡言"在其中"者,皆不求而自至之辞。言此以救子张之失而进之也。

程子曰:"修天爵则人爵至。君子言行能谨,得禄之道也。子张学干禄,故告之以此,使定其心,而不为利禄动。若颜、闵,则无此问矣。或疑如此亦有不得禄者。孔子盖曰'耕也馁在其中',惟理可为者为之而已矣。"

【今译】① 子张,孔子弟子,姓颛孙,名师。干,追求。禄,出仕者的薪俸。

② "行寡"的"行",读 xìng。

吕大临说:"疑,指还未能相信的。殆,指还拿不定主意的。"程子说:"尤,从外部来的罪名。悔,从内心发出的理。"我认为:多闻多见的人学识渊博,阙疑阙殆的人选择精审,言行谨慎的人坚持的东西简约。凡是说"在其中"的,都是不求自来的意思。说这些话以补救子张的缺点并督促他进步。

程子说:"修养天爵❶,人爵就会到来。君子言行能够谨慎,是获得俸禄之道。子张学习追求俸禄,所以把这些话告诉他,使他安下心来而不为利禄所动摇。若是颜回、闵子骞,就没有这类问题。有人怀疑这样做也有得不到俸禄的。孔子也说过'种地当农民就要饿肚子',只是依理可做的就去做罢了。"

【第十九章】哀公问曰:"何为则民服?"孔子对曰:"举直错诸枉,则民服。举枉错诸直,则民不服。"①

【集注】① 哀公,鲁君,名蒋。凡君问,皆称孔子。对曰者,尊君也。错,舍置也。诸,众也。程子曰:"举错得义,则人心服。"

谢氏曰:"好直而恶枉,天下之至情也。顺之则服,逆之则去,必然之理也。然或无道以照之,则以直为枉、以枉为直者多矣,是以君子大居敬而贵穷理也。"

【今译】① 哀公,鲁国君主,名蒋。凡是君主发问,都称"孔子"。"对

---

❶ 天爵:天赐的爵位。《孟子·告子上》认为仁、义、忠、信等是天爵。

曰"的意思,表示尊敬君主。错,罢黜、搁置。诸,众。程子说:"提拔、
罢黜得当,人们就心服。"

谢良佐说:"喜欢正直,讨厌邪枉,是天下人共有的情感。顺应这
一点民众就顺服,违背这一点民众就人心离散,这是必然的道理。然而
假若没有正道去观照,以正直为邪枉、以邪枉为正直的事就非常多了,
所以君子重视居处恭敬并且推崇穷究事物之理。"

【第二十章】季康子问:"使民敬、忠以劝,如之何?"子
曰:"临之以庄,则敬。孝慈,则忠。举善而教不能,则劝。"①

【集注】① 季康子,鲁大夫季孙氏,名肥。庄,谓容貌端严也。临民以
庄,则民敬于己。孝于亲,慈于众,则民忠于己。善者举之,而不能者
教之,则民有所劝,而乐于为善。

张敬夫曰:"此皆在我所当为,非为欲使民敬忠以劝而为之也。然
能如是,则其应盖有不期然而然者矣。"

【今译】① 季康子,鲁国大夫季孙氏,名肥。庄,指容貌端正严肃。面
对人民时态度庄严,人民就尊敬自己。孝敬父母,慈爱群众,人民就忠
于自己。提拔好人,教育那些能力差的,人民就得到勉励从而乐意向善。

张栻说:"这都是我自己所应当做的,不是为了要让民众'敬忠以
劝'而去做的。然而若能如此,它的效应就会有没有期望如此而如此
的效果。"

【第二十一章】或谓孔子曰:"子奚不为政?"①

子曰:"《书》云:'孝乎惟孝,友于兄弟,施于有政。'
是亦为政,奚其为为政?"②

【集注】①定公初年,孔子不仕,故或人疑其不为政也。

②《书》,《周书·君陈》篇。《书》云"孝乎"者,言《书》之言孝如此也。善兄弟曰友。《书》言君陈能孝于亲,友于兄弟,又能推广此心,以为一家之政。孔子引之,言如此则是亦为政矣,何必居位乃为为政乎! 盖孔子之不仕,有难以语或人者,故托此以告之。要之,至理亦不外是。

【今译】①鲁定公初年,孔子不出仕,所以有人怀疑他不为政。

②《书》,《尚书·周书·君陈》篇。《书》云"孝乎"的意思,是说《尚书》论说的孝是这样的。善待兄弟叫"友"。《尚书》说君陈能孝敬父母,友爱兄弟,又能推广这样的心,作为一家的政事。孔子引用这话,说这样做,也就是为政了,何必要处于某个官位才算为政呢? 应该是孔子的不出仕,有难以告诉那个人的缘由,所以假托这话来告诉那人。重要的是,最高的道理也不外乎这一点。

【第二十二章】子曰 : "人而无信,不知其可也。大车无輗,小车无軏,其何以行之哉?"①

【集注】①輗,五兮反。軏,音月。

大车,谓平地任载之车。輗,辕端横木,缚轭以驾牛者。小车,谓田车、兵车、乘车。軏,辕端上曲钩衡以驾马者。车无此二者,则不可以行。人而无信,亦犹是也。

【今译】①輗,ní。軏,读月(yuè)。

大车,指平地上的载重车。輗,车辕前头的横木,缚上轭用来驾牛。小车,指田车、兵车、乘车。軏,车辕前端向上弯曲钩住衡用来驾马。

车子没有这两个部件，就不能行动。人若没有信用，也就像这样的车。

【第二十三章】子张问："十世可知也？"①

子曰："殷因于夏礼，所损益，可知也。周因于殷礼，所损益，可知也。其或继周者，虽百世可知也。"②

【集注】①陆氏曰："也，一作'乎'。"

王者易姓受命为一世。子张问：自此以后，十世之事可前知乎？

②马氏曰："所因，谓三纲五常；所损益，谓文质三统。"愚按：三纲，谓君为臣纲，父为子纲，夫为妻纲。五常，谓仁义礼智信。文质，谓夏尚忠，商尚质，周尚文。三统，谓夏正建寅为人统，商正建丑为地统，周正建子为天统。三纲五常，礼之大体，三代相继，皆因之而不能变。其所损益，不过文章制度小过不及之间，而其已然之迹，今皆可见。则自今以往，或有继周而王者，虽百世之远，所因所革，亦不过此，岂但十世而已乎！圣人所以知来者盖如此，非若后世谶纬术数之学也。

胡氏曰："子张之问，盖欲知来，而圣人言其既往者以明之也。夫自修身以至于为天下，不可一日而无礼。天叙天秩，人所共由，礼之本也。商不能改乎夏，周不能改乎商，所谓天地之常经也。若乃制度文为，或太过则当损，或不足则当益。益之损之，与时宜之，而所因者不坏，是古今之通义也。因往推来，虽百世之远，不过如此而已矣。"

【今译】①陆元朗说❶："也，有一种本子作'乎'。"

王者换了姓氏、重新接受天命为一世。子张问：从此以后，十世的

---

❶ 陆元朗：字德明，唐代初年学者，撰《经典释文》，其中有《论语释文》一卷。通常多称他的字陆德明。

事,可以推断得知吗?

②马融说❶:"所'因',指三纲五常;所损益,指礼仪、三统等制度。"我认为,三纲,指君为臣纲,父为子纲,夫为妻纲。五常,指仁、义、礼、智、信。文质,指夏代崇尚忠,商代崇尚质,周代崇尚文。三统,指夏代历法把寅月作正月为人统,商代历法把丑月作正月为地统,周代历法把子月作正月为天统❷。三纲五常,是礼最重要的本体,三代相互继承,因袭而不能改变。他们所损益的,不过都是礼仪制度多少有些过分或不及的地方,并且他们已做过的痕迹,今天都可以见到。那么从今以后,或许有继承周代而称王天下的,虽然有百世的遥远,所因袭和所改革的,也不过如此,岂只是十世而已! 圣人用以预知将来的也就是这样,不像后世的谶纬、术数之学。

胡寅说:"子张的发问,是要预知未来,而圣人叙述往事来加以说明。从修身到治天下,不可一日没有礼。天命的秩序、次序,人们共同遵守,这是礼的根本。商代不能改变夏代,周代不能改变商代,这就是所谓的天地间永恒的真理。至于制度礼仪之类,或者太过分了就应当减损,或者不足就应当增益。增益减损,因时制宜,但所因袭的不被破坏,这是从古到今通行的道理。借助以往去推断将来,即使百世那样遥远,也不过如此而已。"

【第二十四章】子曰:"非其鬼而祭之,谄也①。见义不为,无勇也②。"

【集注】①非其鬼,谓非其所当祭之鬼。谄,求媚也。

---

❶ 马融:东汉著名儒者,有《论语注》等。

❷ 正月即元月,子、丑、寅月分别为今天农历十一、十二、元月(正月)。

② 知而不为，是无勇也。

【今译】① 非其鬼，指不是他所应当祭祀的鬼。谄，讨好。

　　② 知晓而不去做，是无勇。

八佾第三

【集注】凡二十六章。通前篇末二章,皆论礼乐之事。

【今译】共二十六章。连同上篇最后二章,都是论述礼乐之事。

【第一章】孔子谓季氏:"八佾舞于庭,是可忍也,孰不可忍也?"①

【集注】①佾,音逸。

季氏,鲁大夫季孙氏也。佾,舞列也,天子八,诸侯六,大夫四,士二。每佾人数如其佾数。或曰每佾八人。未详孰是。季氏以大夫而僭用天子之礼乐,孔子言其此事尚忍为之,则何事不可忍为!或曰:忍,容忍也。盖深疾之之辞。

范氏曰:"乐舞之数,自上而下降杀以两而已,故两之间,不可以毫发僭差也。孔子为政,先正礼乐,则季氏之罪,不容诛矣。"谢氏曰:"君子于其所不当为,不敢须臾处,不忍故也。而季氏忍此矣,则虽弑父与君,亦何所惮而不为乎!"

【今译】①佾,读逸(yì)。

季氏,鲁国大夫季孙氏。佾,舞蹈行列,天子八行,诸侯六行,大夫四行,士二行。每行人数和行数相等。有人说是每行八人。不知哪一个对。季氏以大夫身份而僭用天子的乐舞,孔子说他这样的事都忍心去做,那还有什么事他不忍心去做呢!另一解释是:忍,容忍。这个是深恶痛绝的词汇。

范祖禹说："乐舞的数量，自上而下，依次降二而已，所以两个之间，不可有丝毫的僭越和差错。若孔子执政，先端正礼乐，那么季氏的罪过，被诛杀也嫌太轻。"谢良佐说："君子对于所不该做的，不敢有片刻处于那个地位，因为不忍心去做。而季氏忍心如此，那么即使弑父弑君，又有什么害怕而不敢做的呢！"

【第二章】三家者以《雍》彻。子曰："'相维辟公，天子穆穆'，奚取于三家之堂？"①

【集注】① 彻，直列反。相，去声。

三家，鲁大夫孟孙、叔孙、季孙之家也。《雍》，《周颂》篇名。彻，祭毕而收其俎也。天子宗庙之祭，则歌《雍》以彻，是时三家僭而用之。相，助也。辟公，诸侯也。穆穆，深远之意，天子之容也。此《雍》诗之词，孔子引之，言三家之堂非有此事，亦何取于此义而歌之乎？讥其无知妄作，以取僭窃之罪。

程子曰："周公之功固大矣，皆臣子之分所当为，鲁安得独用天子礼乐哉？成王之赐，伯禽之受，皆非也。其因袭之弊，遂使季氏僭八佾，三家僭《雍》彻，故仲尼讥之。"

【今译】① 彻，chè。相，xiàng。

三家，鲁国大夫孟孙、叔孙、季孙之家。《雍》，《诗经·周颂》的篇名。彻，祭祀完毕后撤去祭品祭器。天子宗庙的祭祀，是唱着《雍》歌撤祭，这时三家僭越而用这首歌。相，协助。辟公，诸侯。穆穆，深远的意思，天子的容貌姿态。这是《雍》诗的词句，孔子引用它，说三家的堂上没有这样的事，又为什么取这样的意思而唱它呢？讥讽三家无知妄作，导致僭越、窃取的罪名。

程子说："周公的功劳固然很大，但也都是臣子所应当做的，鲁国怎么能特殊地使用天子的礼乐呢？成王的赏赐，伯禽的接受，都是不对的。这样因袭的流弊，使季氏僭用八佾，三家僭用《雍》彻，所以孔子批评他们。"

【第三章】子曰："人而不仁，如礼何？人而不仁，如乐何？"①

【集注】① 游氏曰："人而不仁，则人心亡矣，其如礼乐，何哉？言虽欲用之，而礼乐不为之用也。"

程子曰："仁者，天下之正理。失正理，则无序而不和。"李氏曰："礼乐，待人而后行。苟非其人，则虽玉帛交错，钟鼓铿锵，亦将如之何哉？"然记者序此于八佾、《雍》彻之后，疑其为僭礼乐者发也。

【今译】① 游酢说："做人而不仁，人的善良之心就不存在了，这样的人行礼用乐，怎么样呢？说的是他虽然想用礼乐，但礼乐却不会为他所用。"

程子说："仁，是天下的正理。失去了正理，就没有秩序，不能和谐。"李郁说❶："礼乐要有适合的人才能实行。假若不是那种人，即使祭品丰盛，钟鼓铿锵，又能怎么样呢？"记述的人把这一章放在论述八佾、《雍》彻之后，可能是为那些僭用礼乐的人而发的议论。

【第四章】林放问礼之本①。

子曰："大哉问②！礼，与其奢也，宁俭。丧，与其易也，

---

❶ 李郁：字光祖，杨时的弟子，曾有关于《论语》《孟子》的著述。

宁戚^③。"

【集注】① 林放，鲁人。见世之为礼者专事繁文，而疑其本之不在是也，故以为问。

② 孔子以时方逐末，而放独有志于本，故大其问。盖得其本，则礼之全体无不在其中矣。

③ 易，去声。

易，治也。孟子曰："易其田畴。"在丧礼，则节文习熟，而无哀痛惨怛之实者也。戚，则一于哀而文不足耳。礼贵得中。奢易则过于文，俭戚则不及而质，二者皆未合礼。然凡物之理，必先有质而后有文，则质乃礼之本也。

范氏曰："夫祭，与其敬不足而礼有余也，不若礼不足而敬有余也。丧，与其哀不足而礼有余也，不若礼不足而哀有余也。礼失之奢，丧失之易，皆不能反本，而随其末故也。礼奢而备，不若俭而不备之愈也。丧易而文，不若戚而不文之愈也。俭者物之质，戚者心之诚，故为礼之本。"杨氏曰："礼，始诸饮食，故污尊而抔饮，为之簠簋笾豆罍爵之饰，所以文之也，则其本俭而已。丧，不可以径情而直行，为之衰麻哭踊之数，所以节之也，则其本戚而已。周衰，世方以文灭质，而林放独能问礼之本，故夫子大之，而告之以此。"

【今译】① 林放，鲁国人。他看到世上行礼的人只是讲究繁琐的仪节，因而怀疑礼的根本不在这里，所以发问。

② 孔子鉴于当时竞相追求礼之末，而林放却能有志于礼之本，所以赞赏他的提问。因为得到了礼之本，礼的全体就没有不在这个本之中的。

③ 易，yì。

易，治理。孟子说："易其田畴。" ❶ 对于丧礼，就是仪式节奏熟练，
却没有悲哀伤痛的实情。戚，则是只知哀痛，而仪节不足。礼，可贵的
是中。太讲究就会过分重视仪节，俭约、悲痛就会仪节不足而失于质朴，
二者都不合于礼。然而所有事物的理，必定是先有质而后才有文（形
式），所以质是礼之本。

范祖禹说："祭祀，与其虔敬不足而礼仪有余，不如礼仪不足而虔
敬有余。丧事，与其哀痛不足而礼仪有余，不如礼仪不足而哀痛有余。
这是因为礼仪太奢侈，丧事太讲究，都不能回到根本，而会随顺末流的
缘故。礼仪奢侈而完备，不如俭约而不完备好一些；丧事讲究而仪节
繁琐，不如哀痛而仪节不足好一些。俭约是物的质，哀痛是心的诚，所
以是礼的根本。"杨时说："礼，从饮食开始，所以为挖坑作酒坛，用手
捧着喝的情况 ❷，准备了各种餐具、酒具，作为它们的形式，但是它的根
本是俭约而已。丧事，不可以任凭感情的抒发，所以准备了丧服、丧礼，
为的是使感情有所节制，但是它的根本是哀痛而已。周朝衰败，世俗竞
相以形式压倒本质，而只有林放能询问礼的根本，所以夫子赞赏他的提
问，并告诉他这些道理。"

【第五章】子曰："夷狄之有君，不如诸夏之亡也。" ①

【集注】① 吴氏曰："亡，古'无'字，通用。"程子曰："夷狄且有君长，
不如诸夏之僭乱，反无上下之分也。"

---

❶　见《孟子·尽心上》。
❷　《礼记·礼运》："夫礼之初，始诸饮食。其燔黍捭豚，污尊而抔饮，蒉桴而土鼓，
　　犹若可以致其敬于鬼神。"

尹氏曰："孔子伤时之乱而叹之也。亡,非实亡也,虽有之,不能尽其道尔。"

【今译】① 吴棫说："亡,古代的'无'字,二字通用。"程子说："夷狄尚且有君长,不像中原各国僭越动乱,反倒没有上下尊卑的分别。"

尹焞说："孔子对当时动乱感到悲伤而发出的叹息。亡,不是真的没有,而是虽然有,却不能尽他的职分。"

【第六章】季氏旅于泰山。子谓冉有曰:"女弗能救与?"对曰:"不能。"子曰:"呜呼!曾谓泰山不如林放乎?"①

【集注】① 女,音汝。与,平声。

旅,祭名。泰山,山名,在鲁地。礼,诸侯祭封内山川。季氏祭之,僭也。冉有,孔子弟子,名求,时为季氏宰。救,谓救其陷于僭窃之罪。呜呼,叹辞。言神不享非礼,欲季氏知其无益而自止,又进林放以厉冉有也。

范氏曰："冉有从季氏,夫子岂不知其不可告也?然而圣人不轻绝人。尽己之心,安知冉有之不能救,季氏之不可谏也?既不能正,则美林放以明泰山之不可诬,是亦教诲之道也。"

【今译】① 女,读汝(rǔ)。与,yú。

旅,祭礼的名称。泰山,山名,在鲁国境内。依据礼制,诸侯祭自己封地以内的山川。季氏祭泰山,是僭越。冉有,孔子弟子,名求,当时做季氏的宰臣❶。救,指制止季氏不要陷入僭越之罪。呜呼,叹词。

---

❶ 古代大夫之家有家臣,宰为家臣之首。

说的是神不接受非礼的祭祀，希望季氏知道祭泰山无益而自动放弃，又提起林放以激励冉有。

范祖禹说："冉有追随季氏，夫子难道不知道跟他说也没有用吗？然而圣人不轻易弃绝人。尽到自己的心，又怎可断定冉有不可救药，季氏不可谏阻呢？既然不能纠正，于是就赞扬林放以说明泰山不会被欺骗，这也是教诲之道。"

【第七章】子曰："君子无所争，必也射乎！揖让而升，下而饮，其争也君子。"①

【集注】①饮，去声。

揖让而升者，大射之礼，耦进三揖而后升堂也。下而饮，谓射毕揖降，以俟众耦皆降，胜者乃揖不胜者，升，取觯立饮也。言君子恭逊，不与人争，惟于射而后有争。然其争也，雍容揖逊乃如此。则其争也君子，而非若小人之争矣。

【今译】①饮，yìn。

揖让而升，是说大射这种礼仪，相对三揖以后升堂。下而饮，是说射完以后相互作揖退下，等待每对射手都下来，胜利者向不胜者作揖，然后升堂，取杯饮酒。这是说君子恭敬谦逊不与人争，只有在行射礼时才有竞争。然而这种争，也是如此从容谦逊，那么这种争也是君子之争，而不像小人那样的争。

【第八章】子夏问曰："'巧笑倩兮，美目盼兮，素以为绚兮。'何谓也？"①子曰："绘事后素。"②

曰："礼后乎？"子曰："起予者商也！始可与言《诗》

已矣。"③

【集注】① 倩，七练反。盼，普苋反。绚，呼县反。

此逸诗也。倩，好口辅也。盼，目黑白分也。素，粉地，画之质也。绚，采色，画之饰也。言人有此倩盼之美质，而又加以华采之饰，如有素地而加采色也。子夏疑其反谓以素为饰，故问之。

② 绘，胡对反。

绘事，绘画之事也。后素，后于素也。《考工记》曰："绘画之事，后素功。"谓先以粉地为质，而后施五采。犹人有美质，然后可加文饰。

③ 礼必以忠信为质，犹绘事必以粉素为先。起，犹发也。起予，言能起发我之志意。谢氏曰："子贡因论学而知《诗》，子夏因论《诗》而知学，故皆可与言《诗》。"

杨氏曰："'甘受和，白受采。忠信之人，可以学礼。苟无其质，礼不虚行'，此'绘事后素'之说也。孔子曰'绘事后素'，而子夏曰'礼后乎'，可谓能继其志矣。非得之言意之表者，能之乎？商、赐可与言《诗》者，以此。若夫玩心于章句之末，则其为《诗》也，固而已矣。所谓'起予'，则亦相长之义也。"

【今译】① 倩，qiàn。盼，pàn。绚，xuàn。

这是一首《诗经》未收的诗。倩，美丽的嘴和脸蛋儿。盼，眼睛黑白分明。素，白粉底，作画的质。绚，色彩，画的文饰、形式。说的是人有倩、盼这样美丽的素质，再加上华丽色彩的文饰，就像有了洁白的粉底又加上色彩一样。子夏怀疑这说的是以洁白为文饰，所以发问。

② 绘，huì。

绘事，绘画之事。后素，后于素。《考工记》说："绘画之事后素功。"

指先以粉底作为质，然后涂五彩。就像人有美丽的素质，然后可加以
文饰。

③ 礼，必以忠信为本质，就像绘画必以洁白粉底在先一样。起，启
发。起予，指能启发我的思想。谢良佐说："子贡因为讨论学问而懂
得了《诗》，子夏因为讨论《诗》而懂得了学问，所以都可以一起讨论
《诗》了。"

　　杨时说："'甘受和，白受采，忠信之人可以学礼。苟无其质，礼不
虚行'❶，这就是对'绘事后素'的解释。孔子说'绘事后素'，而子夏
说'礼后乎'，可算是能发挥老师的意志了。若不是能从表达出来的言
论中去体会其中的含义，能做到这一点吗？子贡、子夏，孔子说可以和
他们讨论《诗》，就是因为这一点。若是在章句这些末梢之处扣求，解
《诗》就必然会死板狭隘。所谓'起予'，也是教学相长的意思。"

【第九章】子曰："夏礼，吾能言之，杞不足征也；殷礼，吾能言之，宋不足征也，文献不足故也。足，则吾能征之矣。"①

【集注】① 杞，夏之后。宋，殷之后。征，证也。文，典籍也。献，贤
也。言二代之礼，我能言之，而二国不足取以为证，以其文献不足故也。
文献若足，则我能取之以证吾言矣。

【今译】① 杞，夏代的后裔。宋，商代的后裔。征，证。文，典籍。献，
贤。说的是夏商两代的礼，我能够讲述，但杞、宋两国的情形不足以作
为证明，因为典籍和贤人都不足的缘故。若足，我就能用来证明我所

---

❶　语出《礼记·礼器》篇。甘：味道甘美。和：各种味道调配得和谐。

说的。

【第十章】子曰："禘，自既灌而往者，吾不欲观之矣。"①

【集注】① 禘，大计反。

赵伯循曰："禘，王者之大祭也。王者既立始祖之庙，又推始祖所自出之帝，祀之于始祖之庙，而以始祖配之也。成王以周公有大勋劳，赐鲁重祭，故得禘于周公之庙，以文王为所出之帝，而周公配之，然非礼矣。"灌者，方祭之始，用郁鬯之酒灌地以降神也。鲁之君臣，当此之时，诚意未散，犹有可观，自此以后，则浸以懈怠，而无足观矣。盖鲁祭非礼，孔子本不欲观，至此而失礼之中又失礼焉，故发此叹也。

谢氏曰："夫子尝曰：'我欲观夏道，是故之杞，而不足证也。我欲观商道，是故之宋，而不足证也。'又曰：'我观周道，幽、厉伤之，吾舍鲁何适矣？鲁之郊禘，非礼也，周公其衰矣。'考之杞、宋已如彼，考之当今又如此，孔子所以深叹也。"

【今译】① 禘，dì。

赵匡说❶："禘，是王者的大祭。王者建立始祖的祭庙以后，又上推始祖所出自的上帝，祭祀于始祖的庙中，并以始祖陪同。周成王因为周公有大功劳，把这重大的祭礼赏赐给了鲁国，所以鲁国得以在周公庙中举行禘礼，并以周文王为始祖周公所出自的上帝，以周公陪同祭祀，然而这是不合礼制的。"灌，祭祀刚开始，将浓郁的香酒浇在地上，以使神灵下降。鲁国君臣，当这个时候，诚意还没有消散，还有可看的地方，

---

❶ 赵伯循：名匡，唐代后期学者，主要研究《春秋》。唐陆淳《春秋啖赵集传纂例》载："赵子曰……鲁之用禘，盖于周公庙，而上及文王。文王，即周公之所出也。"

从此以后，就逐渐懈怠而让人看不下去了。鲁国的祭祀本来就不合礼制，孔子本来也不愿观看，到既灌之后，就是失礼之中又更加失礼了，所以发出这样的感叹。

　　谢良佐说："夫子曾说过：'我欲观夏道，是故之杞，而不足证也。我欲观殷道，是故之宋，而不足证也。' ❶ 又说：'我观周道，幽、厉伤之，吾舍鲁何适矣？鲁之郊禘，非礼也，周公其衰矣。' ❷ 考察杞国、宋国已经是那个样子，考察当今的鲁国又是这个样子，所以孔子发出了深深的叹息。"

　　【第十一章】或问禘之说。子曰："不知也。知其说者之于天下也，其如示诸斯乎！"指其掌 ①。

【集注】① 先王报本追远之意，莫深于禘。非仁孝诚敬之至，不足以与此，非或人之所及也。而不王不禘之法，又鲁之所当讳者，故以"不知"答之。示，与"视"同。指其掌，弟子记夫子言此而自指其掌，言其明且易也。盖知禘之说，则理无不明，诚无不格，而治天下不难矣。圣人于此，岂真有所不知也哉？

【今译】① 先王报答本原，追慕远祖的情义，没有比禘礼更深厚的。假若不是极端的仁爱、孝顺、虔诚、恭敬，不足以举行禘礼，这一点，不是询问禘礼的那个人所能懂的。而不是王者不得行禘礼的制度，又是孔子应当为鲁国所讳言的，所以用"不知"来回答他。示，同"视"。指其掌，弟子们记述夫子说这话时指着自己的手掌，以说明那是既明白又容易的事。因为懂得禘的道理，就会理无不明，诚无不至，治理天下也就

---

❶ 语出《礼记·礼运》篇。之：到。

❷ 语出《礼记·礼运》篇。幽、厉：周幽王和周厉王。

不难了。圣人在这方面，难道是真的有所不知吗？

【第十二章】祭如在，祭神如神在①。

子曰："吾不与祭，如不祭。"②

【集注】① 程子曰："祭，祭先祖也。祭神，祭外神也。祭先主于孝，祭神主于敬。"愚谓此门人记孔子祭祀之诚意。

② 与，去声。

又记孔子之言以明之。言己当祭之时，或有故不得与，而使他人摄之，则不得致其如在之诚。故虽已祭，而此心缺然，如未尝祭也。

范氏曰："君子之祭，七日戒，三日齐，必见所祭者，诚之至也。是故郊则天神格，庙则人鬼享，皆由己以致之也。有其诚则有其神，无其诚则无其神，可不谨乎！'吾不与祭，如不祭'，诚为实，礼为虚也。"

【今译】① 程子说："祭，祭先祖。祭神，祭外神。祭先祖以孝为主，祭神以敬为主。"我认为这是弟子们记述孔子祭神的诚意。

② 与，yù。

又记述孔子的话以说明孔子祭祀的诚意。说的是当祭祀的时候，自己因故不能参加，而让别人代祭，就不能奉献"如在"的诚意。所以虽然已经祭祀，而自己的心中感到有缺憾，就像没有祭祀一样。

范祖禹说："君子举行祭祀，七日戒，三日斋，必定见到所祭的先祖、鬼神，是极端虔诚的缘故。所以郊祭时，天神就到来；庙祭时，人鬼就来歆享，都是由自己所招致的。有了虔诚就有神在，没有虔诚就没有神在，可以不谨慎吗？'吾不与祭，如不祭'，诚意是实，礼仪是虚。"

【第十三章】王孙贾问曰："与其媚于奥，宁媚于灶，何谓也?"① 子曰:"不然。获罪于天,无所祷也。"②

【集注】① 王孙贾,卫大夫。媚,亲顺也。室西南隅为奥。灶者,五祀之一,夏所祭也。凡祭五祀,皆先设主,而祭于其所,然后迎尸而祭于奥,略如祭宗庙之仪。如祀灶,则设主于灶陉,祭毕,而更设馔于奥,以迎尸也。故时俗之语,因以奥有常尊,而非祭之主;灶虽卑贱,而当时用事,喻自结于君,不如阿附权臣也。贾,卫之权臣,故以此讽孔子。

② 天,即理也,其尊无对,非奥灶之可比也。逆理,则获罪于天矣,岂媚于奥灶所能祷而免乎?言但当顺理,非特不当媚灶,亦不可媚于奥也。

谢氏曰:"圣人之言,逊而不迫,使王孙贾而知此意,不为无益;使其不知,亦非所以取祸。"

【今译】① 王孙贾,卫国大夫。媚,亲热、顺从。屋子西南角为奥。灶,是五祀之一❶,夏代所祭祀的。凡是祭五祀,都要先设一个神主牌,在该神所在的地方致祭,然后迎接该神之尸在奥设祭❷,大致和祭祀宗庙的仪式相同。譬如祭灶,就在灶旁设一神主,祭祀完毕,又在奥摆上祭品并且迎尸。所以当时有这样的俗语,因为奥虽然地位尊贵却不是祭祀对象,灶虽卑贱却是直接管事,比喻讨好君主不如投靠权臣。公孙贾,就是卫国的权臣,所以他用这话来暗示孔子。

② 天,就是理,它的尊贵没有匹敌,不是奥、灶所可比拟的。违背理,就得罪了天,难道靠讨好奥、灶就能祈祷求免吗?意思是只要顺

---

❶ 五祀的对象,说法不一,一般指门、窗、井、灶、奥等。依儒经,只有士或大夫以上才可以祭五祀。

❷ 尸:代表所祭之神的人。

理，不但不应当讨好灶，也不可去讨好奥。

　　谢良佐说："圣人的话，谦逊而不直露。假若王孙贾知道这个意思，不为无益；假若不知道，自己也不会因此招祸。"

【第十四章】子曰："周监于二代，郁郁乎文哉！吾从周。"①

【集注】① 郁，於六反。

　　监，视也。二代，夏、商也。言其视二代之礼而损益之。郁郁，文盛貌。

　　尹氏曰："三代之礼，至周大备。夫子美其文而从之。"

【今译】① 郁，yù。

　　监，看的意思。二代，指夏、商。说的是周朝看着夏商二代的礼而或减损或增益。郁郁，文采隆盛的样子。

　　尹焞说："三代的礼，到周朝达到了完备，夫子赞美周礼的文采而遵从它。"

【第十五章】子入大庙，每事问。或曰："孰谓鄹人之子知礼乎？入大庙，每事问。"子闻之，曰："是礼也。"①

【集注】① 大，音泰。鄹，侧留反。

　　大庙，鲁周公庙。此盖孔子始仕之时，入而助祭也。鄹，鲁邑名。孔子父叔梁纥尝为其邑大夫。孔子自少以知礼闻，故或人因此而讥之。孔子言是礼者，敬谨之至，乃所以为礼也。

　　尹氏曰："礼者，敬而已矣。虽知亦问，谨之至也。其为敬莫大于此。谓之不知礼者，岂足以知孔子哉！"

【今译】① 大，读泰（tài）。鄹，zōu。

太庙，鲁国周公庙。这大约是孔子刚刚出仕的时候到太庙助祭的事。鄹，鲁国的地名。孔子父亲叔梁纥，曾经做该地的大夫。孔子从小以知礼闻名，所以某人因此而讥讽他。孔子说"是礼"，表明孔子虔敬、严肃到极点，所以说这样做就是礼。

尹焞说："礼，不过是虔敬罢了。即使知道还要问，是恭敬谨慎到了极点，行礼的虔敬没有比这更高的。说这是孔子不知礼，哪里够得上了解孔子呢？"

【第十六章】子曰："射不主皮，为力不同科，古之道也。"①

【集注】① 为，去声。

"射不主皮"，《乡射礼》文。为力不同科，孔子解礼之意如此也。皮，革也，布侯，而栖革于其中以为的，所谓鹄也。科，等也。古者射以观德，但主于中，而不主于贯革，盖以人之力有强弱不同等也。《记》曰武王克商，散军郊射，而贯革之射息，正谓此也。周衰礼废，列国兵争，复尚贯革，故孔子叹之。

杨氏曰："中可以学而能，力不可以强而至。圣人言古之道，所以正今之失。"

【今译】① 为，wèi。

"射不主皮"❶，《仪礼·乡射礼》的文字。因为力气大小不同，孔子

---

❶ 有人认为是不以是否射中为胜。朱熹这里认为，以射中为胜，而不以贯穿靶心的皮革为胜。

这样来解释射礼的意义。皮，皮革，皮靶，皮革作靶心，也就是所说的鹄。科，等级。古代比射以考察德行，只要求射中，而不要求穿透皮革做的靶心，因为人的力量有强有弱，不相等。《礼记·乐记》称周武王推翻商朝，解散了军队，在郊外举行射箭比赛，那以贯穿皮靶为胜的比赛规则就停止了，说的正是这种情况。周朝衰落，礼制废弃，列国兵争，又崇尚射透靶心，所以孔子为此叹息。

杨时说："射中可以学会，力气不可以勉强达到。圣人讲述古代之道，为的是纠正今天的失误。"

【第十七章】子贡欲去告朔之饩羊①。
子曰："赐也，尔爱其羊，我爱其礼。"②

【集注】①去，起吕反。告，古笃反。饩，许气反。

告朔之礼，古者天子常以季冬颁来岁十二月之朔于诸侯，诸侯受而藏之祖庙。月朔，则以特羊告庙，请而行之。饩，生牲也。鲁自文公始，不视朔，而有司犹供此羊，故子贡欲去之。

②爱，犹惜也。子贡盖惜其无实而妄费。然礼虽废，羊存，犹得以识之而可复焉。若并去其羊，则此礼遂亡矣，孔子所以惜之。

杨氏曰："告朔，诸侯所以禀命于君亲，礼之大者。鲁不视朔矣，然羊存，则告朔之名未泯，而其实因可举。此夫子所以惜之也。"

【今译】①去，qù。告，gù。饩，xì。

告朔之礼，古代天子常在季冬颁布来年十二个月的朔日给诸侯，诸侯接受以后放在祖庙。每月朔日，用一头羊到祖庙告祭，请示实行。饩，活畜。鲁国从鲁文公开始，不再行告朔礼，而有关部门却仍旧按时供一头羊，所以子贡要撤掉它。

②　爱，就是可惜。子贡大约是可惜没有行礼的实际而只是白白浪费。然而礼仪虽被放弃，羊还在，也就还能使人记住并且加以恢复。如果连羊也去掉，那么这礼也就完了，所以孔子不忍去掉。

杨时说："告朔，是诸侯从君主、父亲那里接受命令的一种大礼。鲁国不实行这礼了，但羊在，告朔的名也就没有消灭，因而它的实际也有可能举行。这是夫子爱惜这礼的原因。"

【第十八章】子曰："事君尽礼，人以为谄也。"①

【集注】①　黄氏曰："孔子于事君之礼，非有所加也，如是而后尽尔。时人不能，反以为谄，故孔子言之，以明理之当然也。"

程子曰："圣人事君尽礼，当时以为谄。若他人言之，必曰'我事君尽礼，小人以为谄'。而孔子之言止于如此。圣人道大德宏，此亦可见。"

【今译】①　黄祖舜说❶："孔子对于事奉君主的礼节，并没有什么增加，像这样也就是尽礼了。当时的人们做不到，反而认为孔子是谄媚，所以孔子说了这件事，以说明礼本来应该如此。"

程子说："圣人事奉君主尽礼，当时被认为是谄媚。若是别人说这件事，一定要说'我事君尽礼，小人以为谄'。可是孔子仅仅这样说。圣人之道宏大、德高尚，也由此可见。"

【第十九章】定公问："君使臣，臣事君，如之何？"孔子对曰："君使臣以礼，臣事君以忠。"①

【集注】①　定公，鲁君，名宋。二者皆理之当然，各欲自尽而已。

---

❶　黄祖舜：字继道，南宋初年学者，著有《论语解义》等。

吕氏曰："使臣不患其不忠，患礼之不至；事君不患其无礼，患忠之不足。"尹氏曰："君臣，以义合者也。故君使臣以礼，则臣事君以忠。"

【今译】① 定公，鲁国国君，名宋。二者都是理当如此，君臣都各自力求做到就是了。

吕大临说："君使唤臣不担心臣不忠，担心礼不周到；臣事奉君不担心君无礼，担心忠诚不够。"尹焞说："君臣因为义而合作。所以君以礼使唤臣，臣就会以忠事奉君。"

【第二十章】子曰："《关雎》，乐而不淫，哀而不伤。"①

【集注】① 乐，音洛。

《关雎》，《周南》国风诗之首篇也。淫者，乐之过而失其正者也；伤者，哀之过而害于和者也。《关雎》之诗，言后妃之德，宜配君子。求之未得，则不能无寤寐反侧之忧；求而得之，则宜其有琴瑟钟鼓之乐。盖其忧虽深，而不害于和；其乐虽盛，而不失其正，故夫子称之如此，欲学者玩其辞，审其音，而有以识其性情之正也。

【今译】① 乐，音洛（lè）。

《关雎》，《诗经·国风·周南》的首篇。淫，快乐过度而失去了恰当；伤，哀痛过度而危害了和谐。《关雎》这首诗，讲的是王后、妃子们的德行，适合作君子配偶。追求而没有得到，则不能没有昼思夜想、辗转反侧的忧愁；追求得到了，就应该有琴瑟钟鼓的快乐。所以它忧愁虽深却不危害和谐，快乐虽盛大却不失其恰当，所以夫子这样称赞它，目的在于使求学者反复体味它的词句，认真辨明它的意味，从而有可能认识性情的中正。

【第二十一章】哀公问社于宰我。宰我对曰："夏后氏以松，殷人以柏，周人以栗，曰，使民战栗。"①

子闻之，曰："成事不说，遂事不谏，既往不咎。"②

【集注】① 宰我，孔子弟子，名予。三代之社不同者，古者立社，各树其土之所宜木以为主也。战栗，恐惧貌。宰我又言周所以用栗之意如此。岂以古者戮人于社，故附会其说与？

② 遂事，谓事虽未成而势不能已者。孔子以宰我所对非立社之本意，又启时君杀伐之心，而其言已出，不可复救，故历言此以深责之，欲使谨其后也。

尹氏曰："古者各以所宜木名其社，非取义于木也。宰我不知而妄对，故夫子责之。"

【今译】① 宰我，孔子弟子，名予。三代的社木不同，因为古代立社，各自用适合当地生长的树木作社主。战栗，恐惧的样子。宰我又说周代用栗木的原因在此。是否因为古人在社主前杀人，所以宰我这样附会他的说法呢？

② 遂事，指事情虽然没有办成，但情势不能停止。孔子认为宰我的回答不但不是立社的本意，而且启发了君主杀人的心，但他的话已经说了，无法挽回，所以历数这些不同情况以严厉责备，目的在于让他以后谨慎。

尹焞说："古代各自用适合当地生长的木头作社的名字，不是取这木头名字的含义。宰我不知而胡乱回答，所以夫子责备他。"

【第二十二章】子曰："管仲之器小哉！"①

或曰："管仲俭乎？"曰："管氏有三归，官事不摄，焉得俭？"②

"然则管仲知礼乎？"曰："邦君树塞门，管氏亦树塞门。邦君为两君之好，有反坫，管氏亦有反坫。管氏而知礼，孰不知礼？"③

【集注】① 管仲，齐大夫，名夷吾，相桓公霸诸侯。器小，言其不知圣贤大学之道，故局量褊浅，规模卑狭，不能正身修德以致主于王道。

② 焉，於虔反。

或人盖疑器小之为俭。三归，台名。事见《说苑》。摄，兼也。家臣不能具官，一人常兼数事。管仲不然，皆言其侈。

③ 好，去声。坫，丁念反。

或人又疑不俭为知礼。屏，谓之树。塞，犹蔽也。设屏于门以蔽内外也。好，谓好会。坫在两楹之间。献酬饮毕，则反爵于其上。此皆诸侯之礼，而管仲僭之，不知礼也。

愚谓：孔子讥管仲之器小，其旨深矣。或人不知而疑其俭，故斥其奢，以明其非俭。或又疑其知礼，故又斥其僭，以明其不知礼。盖虽不复明言小器之所以然，而其所以小者，于此亦可见矣。故程子曰："奢而犯礼，其器之小可知。盖器大则自知礼，而无此失矣。"此言当深味也。苏氏曰："自修身、正家以及于国，则其本深，其及者远，是谓大器。扬雄所谓'大器犹规矩准绳，先自治而后治人'者是也。管仲三归反坫，桓公内嬖六人而霸天下，其本固已浅矣。管仲死，桓公薨，天下不复宗齐。"杨氏曰："夫子大管仲之功而小其器，盖非王佐之才，虽能合诸侯，正天下，其器不足称也。道学不明，而王霸之略混为一途，故闻管仲之器小，则疑其为俭。以不俭告之，则又疑其知礼。盖世方以诡遇为功，而不知为之范则，不悟其小，宜矣。"

【今译】① 管仲，齐国大夫，名夷吾，辅佐齐桓公称霸诸侯。器小，指管仲不知圣贤大学之道，所以器量狭隘，规模卑小，不能够端正自己、修养品德，引导君主实行王道。

② 焉，yān。

问者大约怀疑器小就是俭朴。三归，楼台的名字。参看《说苑》。摄，兼职。家臣不能满员，一人常兼数职。管仲家不是这样，都说管仲奢侈。

③ 好，hào。坫，diàn。

问者又怀疑不俭是知礼。建屏障叫做树。塞，就是遮蔽。门口设置屏障，以隔开内外。好，指友好会见。坫，设在两个屋柱之间。喝完酒，把空杯子放在上头。这都是诸侯的礼，管仲却僭用了，是不知礼啊。

我认为，孔子讥讽管仲器量小，意思非常深刻。问者不知而怀疑管仲是俭朴，所以孔子斥责管仲奢侈，以说明他不是俭朴。问者又怀疑管仲是知礼，所以又斥责他僭越，以说明他不知礼。这样，虽然没有明言为什么说管仲器量小，而他为什么小，也就因此可以知道了。所以程子说："奢侈而损害礼，他的器量狭小也就可知了。因为若是器量大，就自然知礼，而没有这种失误了。"这话当深刻体会。苏轼说❶："从修身、正家以至于治国，他的基础深厚，他所能达到的就高远，这就是大器。即扬雄所说❷：'大器就像规矩、水准，先治理自己再治理别人。'管仲有三归、反坫，桓公有六个弄臣而称霸天下，他们的基础已经很薄弱。管仲死，桓公去世，天下就不再服从齐国了。"杨时说："夫子高度评价

❶ 苏轼：字子瞻，号东坡，北宋思想家、文学家，著有《论语说》等。

❷ 扬雄：西汉末年思想家，著有《太玄》《法言》等。

管仲的功劳而讥讽他器量小,因为他不是辅佐王者的人才,虽然能够召集诸侯,使天下端正,但他的器量却不足称道。大道之学不昌明,王和霸的方略混为一谈,所以听说管仲器量小,就怀疑他是俭朴。告诉他不是俭朴,又怀疑管仲是知礼。因为那时的人们都在把投机的成就作为功劳,而不知建立一种规范,那么,问者不领会器小是什么意思,也就是必然的了。"

【第二十三章】子语鲁大师乐,曰:"乐其可知也。始作,翕如也;从之,纯如也,皦如也,绎如也,以成。"①

【集注】①语,去声。大,音泰。从,音纵。

语,告也。大师,乐官名。时音乐废缺,故孔子教之。翕,合也。从,放也。纯,和也。皦,明也。绎,相续不绝也。成,乐之一终也。

谢氏曰:"五音六律不具,不足以为乐。翕如,言其合也。五音合矣,清浊高下,如五味之相济而后和,故曰纯如。合而和矣,欲其无相夺伦,故曰皦如。然岂宫自宫而商自商乎?不相反而相连,如贯珠可也,故曰绎如也。以成。"

【今译】①语,yù。大,读泰(tài)。从,读纵(zòng)。

语,告诉。太师,乐官名。当时音乐废弃缺失,所以孔子教他。翕,合。从,放开。纯,和谐。皦,明朗。绎,相连续而不断绝。成,乐曲终了。

谢良佐说:"五音六律不完备❶,难以成就一首乐曲。翕如,说的是合奏。五音合奏,有高有低,就像五味互相协调而后和谐,所以说是‘纯如'。合奏并且和谐,想要它不乱次序,所以说是‘皦如'。不过又

---

❶ 五音:即五音阶,称为宫、商、角、徵(zhǐ)、羽。

怎么会是宫是宫、商是商呢？不相反而互相连接，像串珠一样就行了，所以说是'绎如'。一曲告成。"

【第二十四章】仪封人请见。曰："君子之至于斯也，吾未尝不得见也。"从者见之。出，曰："二三子何患于丧乎？天下之无道也久矣，天将以夫子为木铎。"①

【集注】①"请见""见之"之"见"，贤遍反。从、丧，皆去声。

仪，卫邑。封人，掌封疆之官，盖贤而隐于下位者也。君子，谓当时贤者。至此皆得见之，自言其平日不见绝于贤者，而求以自通也。见之，谓通使得见。丧，谓失位去国，《礼》曰"丧欲速贫"是也。木铎，金口木舌，施政教时所振，以警众者也。言乱极当治，天必将使夫子得位设教，不久失位也。封人一见夫子而遽以是称之，其所得于观感之间者深矣。或曰：木铎所以徇于道路，言天使夫子失位，周流四方以行其教，如木铎之徇于道路也。

【今译】①"请见""见之"的"见"，读 xiàn（现）。从，zòng。丧，sàng。

仪，卫国城邑。封人，守卫边疆的官吏，这是个贤能而隐居于下位的人。君子，指当时的贤者。至此都能见到，他说自己平素求见贤者都不被拒绝，以寻求进见的门路。见之，指通报后得以会见。丧，指失去官位，离开祖国，《礼记·檀弓》"丧欲速贫"的丧，就是这个意思。木铎，金属壳，木舌，发布政令时摇起来，以提醒民众。说的是乱到极点应当是天下大治了，上天必定将要使夫子得到一定的地位以治理和教化天下，不会长久地没有官位。封人一见夫子就这样称道他，他看到夫子之后的感受可以说是非常深的。另一说法是：木铎是在路上边走边摇的,说的是上天让夫子失去官位,周流四方推行他的教化,就像木铎在路上边走边摇一样。

【第二十五章】子谓《韶》,"尽美矣,又尽善也"。谓《武》,"尽美矣,未尽善也"①。

【集注】①《韶》,舜乐。《武》,武王乐。美者,声容之盛。善者,美之实也。舜绍尧致治,武王伐纣救民,其功一也,故其乐皆尽美。然舜之德,性之也,又以揖逊而有天下,武王之德,反之也,又以征诛而得天下,故其实有不同者。

程子曰:"成汤放桀,惟有惭德,武王亦然,故未尽善。尧、舜、汤、武,其揆一也。征伐非其所欲,所遇之时然尔。"

【今译】①《韶》,舜的乐曲。《武》,周武王的乐曲。美,声音、姿态的优美。善,美的实质。舜继承尧使天下大治,武王伐纣拯救了人民,他们的功劳是一样的,所以他们的乐曲也都达到了美的顶点。然而舜的德行,是出于本性,又是通过谦让而得到的天下,武王的德行,是返归本性,又是通过征伐诛讨得到天下,所以他们的实质有不同的地方。

程子说:"成汤放逐夏桀,心中有可惭愧的地方,武王也是这样,所以未能尽善。尧、舜、汤、武,他们的思想是一致的。征讨杀伐不是自己所愿意做的,所碰到的时势不同罢了。"

【第二十六章】子曰:"居上不宽,为礼不敬,临丧不哀,吾何以观之哉?"①

【集注】① 居上主于爱人,故以宽为本。为礼以敬为本,临丧以哀为本。既无其本,则以何者而观其所行之得失哉!

【今译】① 居于上位,主要的品德是爱护下属,所以以宽容为本。行礼以虔敬为本,面临丧事以哀痛为本。已经没有了这个本,那么将通过什么来观察他所作所为的得失呢?

里仁第四

【集注】凡二十六章。

【今译】共二十六章。

【第一章】子曰："里仁为美。择不处仁，焉得知？"①

【集注】① 处，上声。焉，於虔反。知，去声。

里有仁厚之俗为美。择里而不居于是焉，则失其是非之本心，而不得为知矣。

【今译】① 处，chǔ。焉，yān。知，zhì（智）。

乡里有仁爱厚道的风俗为美好。选择住处而不住在这样的地方，就失去了判断是非的本心，也就不能被称为智了。

【第二章】子曰："不仁者不可以久处约，不可以长处乐。仁者安仁，知者利仁。"①

【集注】① 乐，音洛。知，去声。

约，穷困也。利，犹贪也，盖深知笃好而必欲得之也。不仁之人，失其本心，久约必滥，久乐必淫。惟仁者则安其仁，而无适不然。知者则利于仁，而不易所守。盖虽深浅之不同，然皆非外物所能夺矣。

谢氏曰："仁者，心无内外远近精粗之间，非有所存而自不亡，非有所理而自不乱，如目视而耳听，手持而足行也。知者，谓之有所见则可，谓之有所得则未可。有所存斯不亡，有所理斯不乱，未能无意也。安仁则一,利仁则二。安仁者,非颜、闵以上去圣人为不远,不知此味也。诸子虽有卓越之才,谓之见道不惑则可,然未免于利之也。"

【今译】① 乐,读洛(lè)。知,zhì(智)。

　　约,穷困。利,就是贪,指深刻了解、确实爱好而一定要得到它。不仁的人,失去了本心,长久穷困必然胡作非为,长久快乐必然淫荡而不知归宿。只有仁者能安于仁,并且无时无刻不如此;智者则利于仁,而不改变自己的操守。这样,虽然二者的深浅不同,但都不是外界因素所能夺去的。

　　谢良佐说:"仁者的心,没有内外、远近、精粗的间隔,不故意保持而自然不丧失,不去治理而自然不紊乱,就像眼睛的看和耳朵的听,手的拿东西和脚的能行走。智者,你说他有所认识是对的,你说他有所得就不对了。他要故意保持才不会丧失,要有所治理才不会紊乱,而不能无意识地做到这些。安仁,与仁为一;利仁,与仁为二。安仁的人,若不是颜渊、闵子骞以上离圣人已经不远的人,是不知安仁滋味的。其他诸子虽然有卓越的才能,说他们认识了道并且不会迷惑是可以的,不过都不免是'利'仁而已。"

【第三章】子曰:"惟仁者能好人,能恶人。"①

【集注】① 好、恶,皆去声。

　　惟之为言,独也。盖无私心,然后好恶当于理,程子所谓"得其公正"是也。

　　游氏曰:"好善而恶恶,天下之同情。然人每失其正者,心有所系而不能自克也。惟仁者无私心,所以能好恶也。"

【今译】① 好，hào。恶，wù。

惟的意思，是独。指没有私心，然后好恶都合乎理，也就是程子所说的"得其公正"的意思。

游酢说："爱好善而讨厌恶，是天下共同的情感。然而人们总是失去公正，原因是心有所偏向而自己不能克服。只有仁者没有私心，所以能够喜好和厌恶。"

【第四章】子曰："苟志于仁矣，无恶也。"①

【集注】① 恶，如字。

苟，诚也。志者，心之所之也。其心诚在于仁，则必无为恶之事矣。

杨氏曰："苟志于仁，未必无过举也；然而为恶，则无矣。"

【今译】① 恶，读本音è。

苟，假如真能。志，心所指向的地方。假如心真的在于仁，就必然没有为恶之事。

杨时说："假如真能志于仁，未必没错误，但决不会为恶。"

【第五章】子曰："富与贵，是人之所欲也，不以其道得之，不处也。贫与贱，是人之所恶也，不以其道得之，不去也①。君子去仁，恶乎成名②？君子无终食之间违仁，造次必于是，颠沛必于是③。"

【集注】① 恶，去声。

不以其道得之，谓不当得而得之。然于富贵则不处，于贫贱则不去，君子之审富贵而安贫贱也如此。

② 恶，平声。

言君子所以为君子，以其仁也。若贪富贵而厌贫贱，则是自离其仁而无君子之实矣，何所成其名乎！

③造，七到反。沛，音贝。

终食者，一饭之顷。造次，急遽苟且之时。颠沛，倾覆流离之际。盖君子之不去乎仁如此，不但富贵贫贱取舍之间而已也。

言君子为仁，自富贵贫贱取舍之间以至于终食造次颠沛之顷，无时无处而不用其力也。然取舍之分明，然后存养之功密；存养之功密，则其取舍之分益明矣。

【今译】①恶，wù。

不以其道得之，指不该得到而得到。然而对于富贵则不要，对于贫贱则不抛弃，君子慎重地对待富贵而安于贫贱就是如此。

②恶，wū（乌）。

说的是君子之所以为君子，是因为他的仁。若贪图富贵而厌恶贫贱，就是自己离开自己的仁，也就没有君子的实际了，还用什么来成就君子这个名呢？

③造，zào。沛，读贝（bèi）。

终食，一顿饭工夫。造次，急迫苟且的时候。颠沛，失败流浪的时候。君子的不抛弃仁就是这样，不仅仅是在富贵、贫贱取舍之间而已。说的是君子行仁，从富贵、贫贱取舍之间，以至于终食、造次、颠沛之时，无时无处不在致力于仁。不过只有取舍的本分明确，然后保持、涵养的功夫才扎实；保持、涵养的工夫扎实，他进行取舍的本分就会更加明确。

【第六章】子曰："我未见好仁者、恶不仁者。好仁者，无以尚之；恶不仁者，其为仁矣，不使不仁者加乎其身①。

有能一日用其力于仁矣乎？我未见力不足者^②。盖有之矣，我未之见也^③。"

【集注】① 好、恶，皆去声。

夫子自言未见好仁者、恶不仁者。盖好仁者真知仁之可好，故天下之物无以加之；恶不仁者真知不仁之可恶，故其所以为仁者，必能绝去不仁之事，而不使少有及于其身。此皆成德之事，故难得而见之也。

② 言好仁、恶不仁者虽不可见，然或有人果能一旦奋然用力于仁，则我又未见其力有不足者。盖为仁在己，欲之则是。而志之所至，气必至焉。故仁虽难能，而至之亦易也。

③ 盖，疑辞。有之，谓有用力而力不足者。盖人之气质不同，故疑亦容或有此昏弱之甚、欲进而不能者，但我偶未之见耳。盖不敢终以为易，而又叹人之莫肯用力于仁也。

此章言仁之成德虽难其人，然学者苟能实用其力，则亦无不可至之理。但用力而不至者，今亦未见其人焉。此夫子所以反覆而叹息之也。

【今译】① 好，hào。恶，wù。

夫子自言自语，没有见到"好仁者""恶不仁者"。因为好仁者真知仁的应该爱好，所以天下的一切也就再没有超过仁的；恶不仁者真知不仁的可恶，所以他用来实行仁的，必能弃绝不仁之事，而不让不仁之事有一丝一毫加于自己身上。这都是成就德行的事业，所以难得见到这样的人。

② 说的是好仁者、恶不仁者虽然不能见到，然而也许有人果然能够一旦发奋致力于仁，那么我没见到有力量不足的。因为行仁在于自己，想行仁仁就在此。而志向所到之处，气也必定跟来。所以仁虽然难

以达到, 但要达到也很容易。

③ 盖, 疑问词。有之, 指有用力于仁而力不足的人。由于人的气质不同, 所以怀疑可能有这样非常糊涂懦弱、想前进却不能够的人, 但是我碰巧没有见到就是。这是不敢决然地认为行仁容易, 而又感叹人们的不肯致力于仁。

这一章讲仁德的成就, 虽然难以有人达到, 然而求学的人若能切实用力, 那也没有不能达到的道理。那虽然用力却达不到的, 至今也没见这样的人。这就是夫子为什么要反复叹息的原因啊。

【第七章】子曰: "人之过也, 各于其党。观过, 斯知仁矣。"①

【集注】① 党, 类也。程子曰: "人之过也, 各于其类。君子常失于厚, 小人常失于薄。君子过于爱, 小人过于忍。"尹氏曰: "于此观之, 则人之仁不仁可知矣。"

吴氏曰: "后汉吴祐谓掾以亲故, 受污辱之名, 所谓观过知仁是也。"愚按: 此亦但言人虽有过, 犹可即此而知其厚薄, 非谓必俟其有过而后贤否可知也。

【今译】① 党, 同类。程子说: "人的过失, 各有同类。君子的失误往往是由于厚道, 小人的失误常常是由于刻薄。君子过于仁爱, 小人过于残忍。"尹焞说: "从这里观察人, 人的仁与不仁也就可以知道了。"

吴棫说: "东汉吴祐说, 我的部下为了父亲, 蒙受了贪赃枉法的坏名声❶, 这就是所说的观过知仁。"熹按: 这也是只说明人虽然有过失,

---

❶ 《后汉书·吴祐传》载, 吴作酒泉太守, 其下属孙性私自收税, 为父亲买衣。孙父责备孙性, 孙性即向吴祐自首。吴祐问明情况, 认为这是"观过知人"的一例。

却还可以就这个过失知道他的厚薄,不是说一定要等到他有了过失,然后才能知道他的德行如何。

【第八章】子曰:"朝闻道,夕死可矣。"①

【集注】① 道者,事物当然之理。苟得闻之,则生顺死安,无复遗恨矣。朝夕,所以甚言其时之近。

程子曰:"言人不可以不知道。苟得闻道,虽死可也。"又曰:"皆实理也,人知而信者为难。死生亦大矣。非诚有所得,岂以夕死为可乎!"

【今译】① 道,是事物应当如此的理。假如真能得知这个道,就顺从道而生,安于道而死,不再有什么遗憾了。朝、夕,强调时间相距之近。

程子说:"说的是人不可以不知道,若能真正得以知道,即使死也可以。"又曰:"都是实存的理,只是人们不易得知和相信。生死是件大事。若不是真正有所心得,怎能认为晚上死了也可以呢?"

【第九章】子曰:"士志于道,而耻恶衣恶食者,未足与议也。"①

【集注】① 心欲求道,而以口体之奉不若人为耻,其识趣之卑陋,甚矣,何足与议于道哉!

程子曰:"志于道而心役乎外,何足与议也?"

【今译】① 心里想追求道,又因为吃的、穿的不如别人为耻,这样的见识和趣味低级狭隘极了,哪里够得上谈论道呢!

程子说:"有志于道,心却受外部的驱使,哪里够得上谈论道呢?"

【第十章】子曰:"君子之于天下也,无适也,无莫也,义之与比。"①

【集注】① 适,丁历反。比,必二反。

适,专主也,《春秋传》曰"吾谁适从"是也。莫,不肯也。比,从也。

谢氏曰:"适,可也。莫,不可也。无可无不可,苟无道以主之,不几于猖狂自恣乎?此佛老之学,所以自谓心无所住而能应变,而卒得罪于圣人也。圣人之学不然,于无可无不可之间,有义存焉。然则君子之心,果有所倚乎!"

【今译】① 适,dí。比,bì。

适,专以一项为主,《左传·僖公五年》"吾谁适从"的适,就是这个意思。莫,不肯。比,服从。

谢良佐说:"适,可以。莫,不可以。没有什么可以不可以的,假若没有道作主心骨,不就差不多是任意妄为吗?这是佛、道二教的学问,他们以此说自己心不固定、不执着于某一方面而能应付各种事变,但到底得罪于圣人。圣人的学说不是这样。在无可无不可之间,有义存在。那么君子的心,终究是有所依赖的吧!"

　　【第十一章】子曰:"君子怀德,小人怀土。君子怀刑,小人怀惠。"①

【集注】① 怀,思念也。怀德,谓存其固有之善;怀土,谓溺其所处之安;怀刑,谓畏法;怀惠,谓贪利。君子小人趣向不同,公私之间而已矣。

尹氏曰:"乐善恶不善,所以为君子;苟安务得,所以为小人。"

【今译】① 怀,思念。怀德,指保持他固有的善性;怀土,指留恋他处境的安逸;怀刑,指畏惧法律;怀惠,指贪图利益。君子、小人趣向不同，也就是公私之间罢了。

尹焞说："乐于行善而厌恶不善，因此是君子；苟且偷安，务求有利可图，因此是小人。"

【第十二章】子曰："放于利而行，多怨。"①

【集注】①放，上声。

孔氏曰："放，依也。多怨，谓多取怨。"

程子曰："欲利于己，必害于人，故多怨。"

【今译】①放，fǎng。

孔安国说❶："放，依顺。多怨，指多招怨。"

程子说："想有利于自己，必然害于别人，所以多招怨。"

【第十三章】子曰："能以礼让为国乎？何有？不能以礼让为国，如礼何？"①

【集注】①让者，礼之实也。何有，言不难也。言有礼之实以为国，则何难之有。不然，则其礼文虽具，亦且无如之何矣，而况于为国乎！

【今译】①让，是礼的实质。何有，意思是不难。说的是有礼让的实质来治理国家，还有什么困难。不然的话，即使他礼仪形式全都具备，也不能弄成个什么样，何况用于治国呢？

【第十四章】子曰："不患无位，患所以立；不患莫己知，求为可知也。"①

---

❶　孔安国：西汉学者，曾注《论语》。

【集注】① 所以立,谓所以立乎其位者。可知,谓可以见知之实。

程子曰:"君子求其在己者而已矣。"

【今译】① 所以立,指用来立于他那个官位的思想基础。可知,指可以使人了解的实际。

程子说:"君子严格要求自己就是了。"

【第十五章】子曰:"参乎! 吾道一以贯之。"曾子曰:"唯。"①

子出。门人问曰:"何谓也?"曾子曰:"夫子之道,忠恕而已矣。"②

【集注】① 参,所金反。唯,上声。

参乎者,呼曾子之名而告之。贯,通也。唯者,应之速而无疑者也。圣人之心,浑然一理,而泛应曲当,用各不同。曾子于其用处,盖已随事精察而力行之,但未知其体之一尔。夫子知其真积力久将有所得,是以呼而告之。曾子果能默契其指,即应之速而无疑也。

② 尽己之谓忠,推己之谓恕。而已矣者,竭尽而无余之辞也。夫子之一理浑然而泛应曲当,譬则天地之至诚无息,而万物各得其所也。自此之外,固无余法,而亦无待于推矣。曾子有见于此而难言之,故借学者尽己、推己之目以著明之,欲人之易晓也。盖至诚无息者,道之体也,万殊之所以一本也;万物各得其所者,道之用也,一本之所以万殊也。以此观之,一以贯之之实,可见矣。或曰:中心为忠,如心为恕。于义亦通。

程子曰:"以己及物,仁也;推己及物,恕也,'违道不远'是也。忠恕一以贯之:忠者天道,恕者人道;忠者无妄,恕者所以行乎忠也;

忠者体，恕者用，大本达道也。此与违道不远异者，动以天尔。"又曰：
"'维天之命，於穆不已'，忠也；'乾道变化，各正性命'，恕也。"又曰：
"圣人教人，各因其才。吾道一以贯之，唯曾子为能达此，孔子所以告
之也。曾子告门人曰：'夫子之道，忠恕而已矣。'亦犹夫子之告曾子也。
《中庸》所谓'忠恕违道不远'，斯乃下学上达之义。"

【今译】① 参，shēn。唯，wěi。

参乎，喊着曾子的名字并告诉他。贯，通。唯，答应迅速而毫不怀
疑的声音。圣人的心，完全是一个理，却反应广泛而各个得当，应用各
不相同。曾子在它应用的地方，已经就事精心观察而努力实行了，只是
还未能得知这些用的体是一个。夫子知道他真正经过了长期努力积累
了深厚的基础，将要有所心得，所以喊着他进行教导。曾子果然能领会
夫子的意思，迅速答应而没有怀疑。

② 尽自己的心叫做忠，推广自己的心叫做恕。而已矣，是表示穷
尽无余的词汇。夫子浑然一理的心广泛反应，无不迂回曲折地十分恰
当，就像是天地的运行极端诚实而不停息，而万物各得其所一样。在这
些之外，就再没有其他的道理，也不需要什么推广。曾子对这一点心领
神会而又难以说明，所以借求学者尽自己的心、推广自己的心这些具体
条目，以便从显著可见之处加以说明，为的是让别人容易明白。那极端
诚实而不停息的，是道之体，是万物万事的共同本原；万物各得其所，
是道之用，是这共同本原的多种表现。由此去观察，"一以贯之"的内
容，就清楚了。另一解释是：发自内心是忠，像自己的心一样叫恕。也
说得通。

程子说："用自己的心对待事物，是仁，把自己的心推广到别人，是
恕，这就是'违道不远'的忠恕。忠恕一以贯之：忠是天道，恕是人道；

忠是没有虚妄，恕是用来推行忠的；忠是体，恕是用，这是大本、达道。这个忠恕与'违道不远'的忠恕不同，因为根据在天。"又说："'维天之命，於穆不已'，是忠；'乾道变化，各正性命'，是恕。"❶又说："圣人教人，根据各人的才能。我的道一以贯之，只有曾子能懂得其中的含义，所以孔子告诉他。曾子告诉其他孔门弟子说'夫子之道，忠恕而已矣'，也像夫子告诉曾子一样。《中庸》所说"忠恕违道不远"，只是从浅近学起、逐步达到高深的意思。

【第十六章】子曰："君子喻于义，小人喻于利。"①

【集注】①喻，犹晓也。义者，天理之所宜。利者，人情之所欲。

程子曰："君子之于义，犹小人之于利也，唯其深喻，是以笃好。"杨氏曰："君子有舍生而取义者。以利言之，则人之所欲，无甚于生；所恶，无甚于死，孰肯舍生而取义哉！其所喻者，义而已，不知利之为利故也。小人反是。"

【今译】①喻，也就是晓得。义，天理的恰如其分。利，人情所想要的。

程子说："君子对于义，就像小人对于利一样，只因他深深懂得，所以确实爱好。"杨时说："君子有舍生而取义者。从利的角度看问题，那么人所欲求的没有比生命再重要的了，所厌恶的没有比死亡更可厌的了，谁愿意舍生而取义呢？他所懂得的，只是义而已，是因为不知利会对自己有利。小人与此相反。"

---

❶ "维天之命，於穆不已"：语出《诗经·周颂·维天之命》，意思是天道（天命）运行，永不止息。"乾道变化，各正性命"：语出《周易·乾·彖传》，意思是天道变化，万物都得到了正常的属性和生命。

【第十七章】子曰："见贤思齐焉。见不贤而内自省也。"①

【集注】① 省，悉井反。

思齐者，冀己亦有是善。内自省者，恐己亦有是恶。

胡氏曰："见人之善恶不同，而无不反诸身者，则不徒羡人而甘自弃，不徒责人而忘自责矣。"

【今译】① 省，xǐng。

思齐，希望自己也有这个善。内自省，恐怕自己也有这个恶。

胡寅说："见到别人有善有恶，没有不反省自己的，这样就不是仅仅羡慕别人而甘心自弃，也不是仅仅责备别人而忘掉自责。"

【第十八章】子曰："事父母几谏。见志不从，又敬不违，劳而不怨。"①

【集注】① 此章与《内则》之言相表里。几，微也。微谏，所谓"父母有过，下气怡色，柔声以谏"也。"见志不从，又敬不违"，所谓"谏若不入，起敬起孝，悦则复谏"也。劳而不怨，所谓"与其得罪于乡党州闾，宁熟谏。父母怒不悦，而挞之流血，不敢疾怨，起敬起孝"也。

【今译】① 这一章与《礼记·内则》互为表里。几，微小。微谏，就是《内则》"父母有过错，要低声下气、和颜悦色、声音柔和地规劝"的意思。"发现意见不被接受，就要恭敬而不违背"，就是《内则》"规劝如果父母听不进去，就要恭敬孝顺，（父母）高兴了再规劝"的意思。劳而不怨，就是《内则》"与其（让父母）得罪于乡亲，宁可委婉曲折地规劝。父母发怒不高兴，打我直到流血，也不敢恨怨，还是要恭敬孝顺"的意思。

【第十九章】子曰："父母在，不远游。游必有方。"①

【集注】① 远游，则去亲远而为日久，定省旷而音问疏，不惟己之思亲不置，亦恐亲之念我不忘也。游必有方，如己告云之东，则不敢更适西，欲亲必知己之所在而无忧，召己则必至而无失也。范氏曰："子能以父母之心为心，则孝矣。"

【今译】① 远游，距离父母远并且时间久，不能早晚问候父母而且音信稀疏，不但自己思念父母的心情丢不下，还怕父母思念我的心忘不了。游必有方，如果自己告诉父母往东，就不敢再往西，目的是为了让父母确切知道自己在什么地方而不忧虑，召唤自己一定会到来而不误事。范祖禹说："做儿子的能用父母关心自己的心来关心父母，就是孝了。"

【第二十章】子曰："三年无改于父之道，可谓孝矣。"①

【集注】① 胡氏曰："已见首篇，此盖复出而逸其半也。"

【今译】① 胡寅说："这句话已见于第一篇，这里又出现而少了一半。"❶

【第二十一章】子曰："父母之年，不可不知也。一则以喜，一则以惧。"①

【集注】① 知，犹记忆也。常知父母之年，则既喜其寿，又惧其衰，而于爱日之诚，自有不能已者。

【今译】① 知，意思是记忆。总是记挂着父母的年龄，那就既因父母高寿而高兴，又怕父母衰老，从而惟恐尽孝之日不多的诚心，自然就难以止息。

---

❶　见第一篇《学而》第十一章。

【第二十二章】子曰："古者言之不出，耻躬之不逮也。"①

【集注】① 言古者，以见今之不然。逮，及也。行不及言，可耻之甚。古者所以不出其言，为此故也。

范氏曰："君子之于言也，不得已而后出之，非言之难而行之难也。人惟其不行也，是以轻言之。言之如其所行，行之如其所言，则出诸其口必不易矣。"

【今译】① 说古，以显出今天不是这样。逮，及，赶上。行动赶不上说的，可耻之极。古人之所以不轻易说话，就是因为这一点。

范祖禹说："君子对于说话，不得已才说出。不是说出来难，而是做起来难。一般人只是因为他本不打算去做，所以说出来就很轻易。说的像他做的，做的像他说的，那么话就决不会从他嘴里轻易说出来了。"

【第二十三章】子曰："以约失之者鲜矣。"①

【集注】① 鲜，上声。

谢氏曰："不侈然以自放之，谓约。"尹氏曰："凡事，约则鲜失，非止谓俭约也。"

【今译】① 鲜，xiǎn。

谢良佐说："不毫无顾忌地自我放纵叫做约。"尹焞说："一切事，约就少有失误，不单单是节俭。"

【第二十四章】子曰："君子欲讷于言而敏于行。"①

【集注】① 行，去声。

谢氏曰："放言易，故欲讷；力行难，故欲敏。"

　　胡氏曰："自吾道一贯至此,十章,疑皆曾子门人所记也。"

【今译】① 行,音 xìng。

　　谢良佐说："说话放肆容易,所以要木讷;用力实行困难,所以要勤勉。"

　　胡寅说："从吾道一贯到这里,共十章,可能都是曾子的门人所记。"

【第二十五章】子曰："德不孤,必有邻。"①

【集注】① 邻,犹亲也。德不孤立,必以类应,故有德者必有其类从之,如居之有邻也。

【今译】① 邻,意思是亲近的。德行不会孤立,必定以类相应,所以有德的人必定有同类的追随,就像住处有邻居一样。

【第二十六章】子游曰："事君数,斯辱矣。朋友数,斯疏矣。"①

【集注】① 数,色角反。

　　程子曰："数,烦数也。"胡氏曰："事君,谏不行,则当去;导友,善不纳,则当止。至于烦渎,则言者轻,听者厌矣,是以求荣而反辱,求亲而反疏也。"范氏曰："君臣、朋友,皆以义合,故其事同也。"

【今译】① 数,读 shuò。

　　程子说："数,烦多。"胡寅说："事奉君主,建议不能实行,就应该离开;开导朋友,善意不被采纳,就应停止不说。直到一次次地冒犯,那么说着轻巧,听者就厌烦了,所以为求荣誉而反受侮辱,为求亲近而反倒疏远。"范祖禹说："君臣、朋友,都是以义相聚,所以处事原则也相同。"

公冶长第五

【集注】此篇皆论古今人物贤否得失，盖格物穷理之一端也。凡二十七章。胡氏以为"疑多子贡之徒所记"云。

【今译】这一篇都是评论古今人物的好坏得失，也是格物穷理的一个方面。共二十七章。胡寅认为"可能大多是子贡的弟子们记录的"云云。

【第一章】子谓公冶长，"可妻也。虽在缧绁之中，非其罪也"。以其子妻之 ①。

子谓南容，"邦有道，不废；邦无道，免于刑戮"。以其兄之子妻之 ②。

【集注】① 妻，去声，下同。缧，力追反。绁，息列反。

公冶长，孔子弟子。妻，为之妻也。缧，黑索也。绁，挛也。古者狱中以黑索拘挛罪人。长之为人，无所考，而夫子称其可妻，其必有以取之矣。又言，其人虽尝陷于缧绁之中，而非其罪，则固无害于可妻也。夫有罪无罪，在我而已，岂以自外至者为荣辱哉！

② 南容，孔子弟子。居南宫，名绦，又名适，字子容，谥敬叔，孟懿子之兄也。不废，言必见用也。以其谨于言行，故能见用于治朝，免祸于乱世也。事又见第十一篇。

或曰：公冶长之贤不及南容，故圣人以其子妻长，而以兄子妻容，盖厚于兄而薄于己也。程子曰："此以己之私心窥圣人也。凡人避嫌者，皆内不足也。圣人自至公，何避嫌之有？况嫁女必量其才而求配，尤不当有所避也。若孔子之事,则其年之长幼,时之先后,皆不可知。唯以为避嫌,则大不可。避嫌之事,贤者且不为,况圣人乎!"

【今译】① 妻,qì,下同。缧,léi。绁,xiè。

公冶长,孔子弟子。妻,把姑娘嫁与他为妻。缧,黑色绳索。绁,捆绑。古代监狱里用黑色绳索捆绑罪人。公冶长的事迹已无从考察,可是夫子称赞他"可妻",必定是他有可取之处。又说他虽然曾经入狱,但不是他的罪,那本来就不妨碍"可妻"。有罪无罪,在我自己,哪里要用外来的东西定荣辱呢!

② 南容,孔子弟子,住南宫这个地方,名縚(tāo),又名适(kuò,括),字子容,谥敬叔,孟懿子的哥哥。不废,意思是必被任用。因为他言行谨慎,所以能被政治清明的朝廷任用,在乱世免于祸灾。他的事迹又见第十一篇。

另一说法是:公冶长的贤能不及南容,所以圣人把自己的女儿嫁给公冶长,而把哥哥的女儿嫁与南容,这是对哥哥厚而对自己薄。程子说:"这是以自己的私心窥测圣人。凡是要避嫌的人,都是自己德行不够。圣人本来极端公正,为什么要避嫌?况且嫁女必须根据实际去寻求相配者,尤其不应当有所避讳。像孔子处理这件事,儿女们年龄的大小,谁是姐姐谁是妹妹都不知道,只认为这是避嫌,就是非常错误的。避嫌的事,贤者尚且不干,何况圣人呢?"

【第二章】子谓子贱:"君子哉若人! 鲁无君子者,斯焉取斯?"①

【集注】① 焉,於虔反。

子贱,孔子弟子,姓宓,名不齐。上斯,斯此人;下斯,斯此德。子贱,盖能尊贤取友以成其德者,故夫子既叹其贤,而又言若鲁无君子,则此人何所取以成此德乎! 因以见鲁之多贤也。

　　苏氏曰:"称人之善,必本其父兄师友,厚之至也。"

【今译】 ① 焉,yān。

　　子贱,孔子弟子,姓宓,名不齐。前一个"斯"指这个人,后一个"斯"指这种德。子贱大约是能尊贤、善于交友以成就自己德行的人,所以孔子一面赞叹他的贤能,一面又说假若鲁国没有君子,那么这人从哪里汲取以成就他的德行呢? 借以说明鲁国贤人多。

　　苏轼说:"称赞人的善行,必归本于他的父兄师友,这是极大的厚道。"

【第三章】子贡问曰:"赐也何如?"子曰:"女,器也。"曰:"何器也?"曰:"瑚琏也。" ①

【集注】 ① 女,音汝。瑚,音胡。琏,力展反。

　　器者,有用之成材。夏曰瑚,商曰琏,周曰簠簋,皆宗庙盛黍稷之器,而饰以玉,器之贵重而华美者也。子贡见孔子以君子许子贱,故以己为问,而孔子告之以此。然则子贡虽未至于不器,其亦器之贵者欤!

【今译】 ① 女,音汝(rǔ)。瑚,音胡(hú)。琏,liǎn。

　　器,有用的成材。夏代叫瑚,商代叫琏,周代叫簠簋(fǔ guǐ),都是宗庙里盛祭粮的器皿,并装饰着玉,是贵重而华美的祭器。子贡见孔子称赞子贱是君子,所以问自己怎么样,而孔子这样告诉他。然而子贡虽然没有达到"不器"的地步,但他在器中却是一件贵重的。

【第四章】或曰:"雍也仁而不佞。" ①

子曰："焉用佞？御人以口给，屡憎于人。不知其仁，焉用佞？"②

【集注】①雍，孔子弟子，姓冉，字仲弓。佞，口才也。仲弓为人重厚简默，而时人以佞为贤，故美其优于德而病其短于才也。

②焉，於虔反。

御，当也，犹应答也。给，辨也。憎，恶也。言何用佞乎！佞人所以应答人者，但以口取辨而无情实，徒多为人所憎恶尔。我虽未知仲弓之仁，然其不佞乃所以为贤，不足以为病也。再言"焉用佞"，所以深晓之。

或疑仲弓之贤，而夫子不许其仁，何也？曰：仁道至大，非全体而不息者不足以当之。如颜子亚圣，犹不能无违于三月之后，况仲弓虽贤，未及颜子，圣人固不得而轻许之也。

【今译】①雍，孔子弟子，姓冉，字仲弓。佞，口才。仲弓为人稳重厚道，平易少语，但当时的人们都以口才为可贵，所以赞美他德行好，却可惜他才能差。

②焉，yān。

御，面对，意思是应答。给，善辩。憎，厌恶。这是说何必用佞呢！佞人用来应答人的，只是能言善辩而没有实情，只是增加被人憎恨的程度。我虽然不知仲弓是不是仁，但他之所以为贤人，就是由于他不巧辩，这算不得什么毛病。又说"焉用佞"，为了进一步让那人晓得。

有人怀疑仲弓这样贤良而孔子却不称赞他为仁，为什么呢？这是因为，仁道非常广大，不是全部都是仁并且不停息地实行，都配不上这个称号。比如颜子是亚圣，还不能在三个月之后也不违背仁，何况仲弓虽然贤能,但赶不上颜子,圣人也就不能轻易称赞他为仁了。

【第五章】子使漆雕开仕。对曰:"吾斯之未能信。"子说①**。**

【集注】① 说,音悦。

漆雕开,孔子弟子,字子若。斯,指此理而言。信,谓真知其如此而无毫发之疑也。开自言未能如此,未可以治人,故夫子说其笃志。

程子曰:"漆雕开已见大意,故夫子说之。"又曰:"古人见道分明,故其言如此。"谢氏曰:"开之学无可考,然圣人使之仕,必其材可以仕矣。至于心术之微,则一毫不自得,不害其为未信。此圣人所不能知,而开自知之。其材可以仕,而其器不安于小成。他日所就,其可量乎!夫子所以说之也。"

【今译】① 说,音悦(yuè)。

漆雕开,孔子弟子,字子若。斯,指这个理而言。信,指真知如此,无丝毫怀疑。漆雕开自己说还不能出仕,还不能去治理人,所以孔子喜欢他志向坚定。

程子说:"漆雕开已经懂得了高深的道理,所以夫子喜欢他。"又说:"古人对道的认识分明,所以他们这样说。"谢良佐说:"漆雕开的学问无可查考,然而圣人让他出仕,一定是他的才能可以出仕。至于心术的微妙,那么有一毫还没有体会到,不妨碍他的不自信。这是圣人所不能知,但漆雕开自己知道的。他的才能可以出仕,但他的器量不安于小有成就。以后成就如何,是可以限量的吗?夫子因此而喜欢他。"

【第六章】子曰:"道不行,乘桴浮于海。从我者,其由

与？"子路闻之喜。子曰："由也好勇过我，无所取材。"①

【集注】① 桴，音孚。从、好，并去声。与，平声。材，与"裁"同，古字借用。

桴，筏也。程子曰："浮海之叹，伤天下之无贤君也。子路勇于义，故谓其能从己，皆假设之言耳。子路以为实然，而喜夫子之与己，故夫子美其勇，而讥其不能裁度事理以适于义也。"

【今译】① 桴，音孚（fú）。从，zòng。好，hào。与，yú。材，同"裁"，古字借用。

桴，筏子。程子说："出海的叹息，是对天下没有贤明的君主感到悲哀。子路勇于行义，所以说他能跟随自己，都是假设的言论。子路信以为真，高兴夫子能看上自己，所以夫子赞美他的勇，而讥讽他不能裁度事理而合于义。"

【第七章】孟武伯问："子路仁乎？"子曰："不知也。"①

又问。子曰："由也，千乘之国，可使治其赋也，不知其仁也。"②

"求也何如？"子曰："求也，千室之邑，百乘之家，可使为之宰也，不知其仁也。"③

"赤也何如？"子曰："赤也，束带立于朝，可使与宾客言也，不知其仁也。"④

【集注】① 子路之于仁，盖日月至焉者。或在或亡，不能必其有无，故以不知告之。

② 乘，去声。

赋，兵也。古者以田赋出兵，故谓兵为赋，《春秋传》所谓"悉索敝赋"是也。言子路之才可见者如此，仁则不能知也。

③千室，大邑。百乘，卿大夫之家。宰，邑长、家臣之通号。

④朝，音潮。

赤，孔子弟子，姓公西，字子华。

【今译】①子路对于仁，只是有时能做到。所以有时仁有时不仁，不能肯定他是有是无，所以说"不知"。

②乘，shèng。

赋，就是兵、军事。古代按田赋出兵，所以把军事问题称为赋，《左传·襄公八年》所说"悉索敝赋"❶的赋，就是这个意思。说的是子路的才能，可以见到的就是这些，仁不仁就无法知道了。

③千室，大的乡镇。百乘，指卿大夫之家。宰，乡镇主官和家臣的通称。

④朝，音潮（cháo）。

赤，孔子弟子，姓公西，字子华。

【第八章】子谓子贡曰："女与回也孰愈？"① 对曰："赐也何敢望回？回也闻一以知十，赐也闻一以知二。"② 子曰："弗如也！吾与女弗如也。"③

【集注】①女，音汝，下同。

愈，胜也。

②一，数之始。十，数之终。二者，一之对也。颜子明睿所照，即

_____

❶　悉索敝赋：全部带走这里的应征入伍者。

始而见终。子贡推测而知，因此而识彼。"无所不悦"❶，"告往知来"❷，是其验矣。

③ 与，许也。

胡氏曰："子贡方人。夫子既语以'不暇'，又问其与回孰愈，以观其自知之如何。闻一知十，上知之资，生知之亚也。闻一知二，中人以上之资，学而知之之才也。子贡平日以己方回，见其不可企及，故喻之如此。夫子以其自知之明，而又不难于自屈，故既然之，又重许之。此其所以终闻性与天道，不特闻一知二而已也。"

【今译】① 女，音汝（rǔ），下同。

愈，好于。

② 一，数字的开始。十，数字的终结。二，一的加倍。颜子聪明智慧所照，从开始就能看到终结。子贡由推测得知，据此而认识彼。"没有不高兴的"，"告诉以往就知道将来"，就是这件事的验证。

③ 与，赞同。

胡寅说："子贡评论人。夫子已经说了'不暇'，又问他与颜回谁好于谁，以考察他对自己的认识如何。闻一知十，是上智的天资，仅次于生知。闻一知二，是中等以上才能的天资，是学而知之的才能。子贡平素拿自己和颜回比较，见自己赶不上颜回，所以这样比喻。夫子因为他有自知之明，并且又不为难地甘拜下风，所以已经同意以后，又再次认可。这就是为什么子贡能最终得知性与天道，不只是闻一知二而已。"

---

❶ 无所不悦，指颜回。《论语·先进》："子曰：回也非助我者也，于吾言无所不说（悦）。"

❷ 告往知来，指子贡。《论语·学而》："子曰：赐也，始可与言《诗》已矣，告诸往而知来者。"

【第九章】宰予昼寝。子曰："朽木不可雕也，粪土之墙不可杇也。于予与何诛！"①

　　子曰："始吾于人也，听其言而信其行；今吾于人也，听其言而观其行。于予与改是。"②

【集注】① 朽，许久反。杇，音污。与，平声，下同。

　　昼寝，谓当昼而寐。朽，腐也。雕，刻画也。杇，镘也。言其志气昏惰，教无所施也。与，语辞。诛，责也。言不足责，乃所以深责之。

　　② 行，去声。

　　宰予能言而行不逮，故孔子自言于予之事而改此失，亦以重警之也。胡氏曰："'子曰'疑衍文，不然，则非一日之言也。"

　　范氏曰："君子之于学，惟日孜孜，毙而后已，惟恐其不及也。宰予昼寝，自弃孰甚焉，故夫子责之。"胡氏曰："宰予不能以志帅气，居然而倦，是宴安之气胜，儆戒之志惰也。古之圣贤，未尝不以懈惰荒宁为惧，勤励不息自强，此孔子所以深责宰予也。听言观行，圣人不待是而后能，亦非缘此而尽疑学者，特因此立教，以警群弟子，使谨于言而敏于行耳。"

【今译】① 朽，xiǔ。杇，音污（wū）。与，yú，下同。

　　昼寝，指白天睡觉。朽，腐杇。雕，刻画。杇，往墙上抹泥、抹灰。这是说宰予志气小，作风懒散，没法进行教育。与，语气词。诛，责备。说他不值得责备，也就是最严厉的责备。

　　② 行，xìng。

　　宰予能说，但行动跟不上，所以孔子自己说在宰予这件事上，使自己改正了这个失误，也是用来再次警告他。胡寅说："'子曰'两字可能是衍文，不然，就不是一天所说。"

范祖禹说："君子对于学问，只有天天孜孜不倦，死而后已，惟恐赶不上。宰予白天睡觉，自弃得多么厉害，所以夫子责备他。"胡寅说："宰予不能用志来统率气，居然困倦，是图安逸的气盛，而督促上进的志向懈怠。古代的圣贤，没有不把懈怠懒惰图闲偷安当作可怕的事，从而自我勉励、自强不息的，这是孔子严厉责备宰予的原因。听其言观其行，圣人不必如此就可以，也不是因此而怀疑所有的学生，不过是借此立教，以警告诸位弟子，使他们说话慎重、勤勉做事罢了。"

【第十章】子曰："吾未见刚者。"或对曰："申枨。"子曰："枨也欲，焉得刚？"①

【集注】①焉，於虔反。

刚，坚强不屈之意，最人所难能者，故夫子叹其未见。申枨，弟子姓名。欲，多嗜欲也。多嗜欲，则不得为刚矣。

程子曰："人有欲则无刚，刚则不屈于欲。"谢氏曰："刚与欲正相反。能胜物之谓刚，故常伸于万物之上。为物掩之谓欲，故常屈于万物之下。自古有志者少，无志者多，宜夫子之未见也。枨之欲不可知，其为人，得非悻悻自好者乎！故或者疑以为刚，然不知此其所以为欲尔。"

【今译】①焉，yān。

刚，坚强不屈的意思，这是人最难做到的，所以夫子叹息自己没有见到。申枨，弟子的姓名。欲，多嗜好欲望。嗜好欲望多，就不能算刚强。

程子说："人有了嗜欲就没有刚强，有了刚强就不屈服于欲望。"谢良佐说："刚强和嗜欲正相反对。能战胜外物的引诱就是刚，所以常舒展于万物之上。被外物淹没就是嗜欲，所以总是屈身于万物之下。自古以来,有志的少,无志的多,难怪夫子见不到这样的人。申枨有什么嗜欲不知道,他的为人可能是个不平之气满胸而洁身自好的样子吧!所以有人怀疑他是刚强,却不知这正是一种欲望。"

【第十一章】子贡曰:"我不欲人之加诸我也,吾亦欲无加诸人。"子曰:"赐也,非尔所及也。"①

【集注】① 子贡言,我所不欲人加于我之事,我亦不欲以此加之于人。此仁者之事,不待勉强,故夫子以为非子贡所及。

程子曰:" '我不欲人之加诸我,吾亦欲无加诸人',仁也。'施诸己而不愿,亦勿施于人',恕也。恕则子贡或能勉之,仁则非所及矣。"愚谓:无者,自然而然。勿者,禁止之谓。此所以为仁恕之别。

【今译】① 子贡说,我所不愿别人加于我的事,我也不愿以此加于别人。这是仁者的事,不能勉强,所以夫子认为不是子贡所能达到的。

程子说:" '我不欲人之加诸我,吾亦欲无加诸人',是仁。'施诸己而不愿,亦勿施于人' ❶,是恕。恕是子贡或许加以勉励能够做到的,仁就不是他所能做到的了。"我认为,"无"是自然而然。"勿"是禁止的词汇。这是仁与恕的差别。

【第十二章】子贡曰:"夫子之文章,可得而闻也;夫子之言性与天道,不可得而闻也。"①

【集注】① 文章,德之见乎外者,威仪、文辞皆是也。性者,人所受之天理;天道者,天理自然之本体,其实一理也。言夫子之文章日见乎外,

---

❶ 语出《中庸》。

固学者所共闻。至于性与天道，则夫子罕言之，而学者有不得闻者。盖圣门教不躐等，子贡至是始得闻之，而叹其美也。

程子曰："此子贡闻夫子之至论而叹美之言也。"

【今译】① 文章，德行的外在表现，风度姿态、文章言辞都是。性，人所禀受的天理。天道，天理自然的本体，其实也是这个理。意思是夫子的文章天天表现于外部，这自然是求学者所共同知道的。至于性和天道，夫子就说得很少了，因而学生们有不能够知道的。由于圣门教人不逾越等级，子贡到现在才得以知晓，并且赞叹它的美好。

程子说："这是子贡听到夫子高深的言论而发出的赞叹的话。"

【第十三章】子路有闻，未之能行，唯恐有闻①。

【集注】① 前所闻者既未及行，故恐复有所闻而行之不给也。

范氏曰："子路闻善，勇于必行。门人自以为弗及也，故著之。若子路，可谓能用其勇矣。"

【今译】① 以前所听到的既然还没有来得及实行，所以恐怕再听到什么而行动跟不上。

范祖禹说："子路听到善言，勇于必定实行，门人们自以为赶不上，所以记录下来。像子路这样，可算是善于运用自己的勇了。"

【第十四章】子贡问曰："孔文子何以谓之文也？"子曰："敏而好学，不耻下问，是以谓之文也。"①

【集注】① 好，去声。

孔文子，卫大夫，名圉。凡人性敏者多不好学，位高者多耻下问，故谥法有以"勤学好问"为文者，盖亦人所难也。孔圉得谥为文，以此而已。

苏氏曰："孔文子,使太叔疾出其妻而妻之。疾通于初妻之娣。文子怒,将攻之,访于仲尼。仲尼不对,命驾而行。疾奔宋,文子使疾弟遗室孔姞。其为人如此,而谥曰文,此子贡之所以疑而问也。孔子不没其善,言能如此亦足以为文矣,非经天纬地之文也。"

【今译】① 好,hào。

孔文子,卫国大夫,名圉(yǔ)。凡是天资聪敏的多数学习不努力,职位高的多数耻于下问,所以谥法有以"勤学好问"为"文"的❶,这也是人们不易做到的。孔圉能够被谥为文,不过是由于这一点罢了。

苏轼说:"孔文子让太叔疾把妻子赶出家门,而把自己的女儿送与太叔疾为妻。太叔疾又和前妻的妹妹私通。孔文子发怒,要起兵攻打太叔疾,孔文子为此访问孔子。孔子不回答,驾上车就走。太叔疾逃到宋国,孔文子又让太叔疾的弟弟遗娶自己的嫂嫂即孔文子的女儿为妻。他的为人如此而被谥为文,这是子贡产生疑问的原因。孔子不埋没孔圉的善行,说能够勤学下问,也足够谥为文了,这个文不是经天纬地的文。"

【第十五章】子谓子产,"有君子之道四焉:其行己也恭,其事上也敬,其养民也惠,其使民也义"①。

【集注】① 子产,郑大夫公孙侨。恭,谦逊也。敬,谨恪也。惠,爱利也。使民义,如"都鄙有章,上下有服,田有封洫,庐井有伍"之类。

吴氏曰:"数其事而责之者,其所善者多也,臧文仲'不仁者三,不

---

❶ 人死后赠送的带有评价性质的称号叫谥。比如文,就是说他一生"勤学好问"等。

知者三'是也。数其事而称之者，犹有所未至也，'子产有君子之道四焉'是也。今或以一言盖一人，一事盖一时，皆非也。"

【今译】① 子产，郑国大夫公孙侨。恭，谦逊。敬，谨慎。惠，爱护并给以利益。使民义，如"都鄙有章，上下有服，田有封洫，庐井有伍"之类❶。

吴械说："罗列有数的事实责备人，说明他赞赏被责者的更多，像臧文仲不仁的事有三件、不智的事有三件就是这种情况。罗列有数的事实称赞人，就还有没有被提到的善事，'子产有君子之道四焉'就是这种情况。现在往往用一句话概括一个人，一件事概括一个时代，都是不对的。"

【第十六章】子曰："晏平仲善与人交，久而敬之。"①

【集注】① 晏平仲，齐大夫，名婴。程子曰："人交久则敬衰。久而能敬，所以为善。"

【今译】① 晏平仲，齐国大夫，名婴。程子说："人交往久了，尊敬之心就淡化。时间长久还能尊敬，所以称为'善'。"

【第十七章】子曰："臧文仲居蔡，山节藻棁，何如其知也？"①

【集注】① 棁，章悦反。知，去声。

臧文仲，鲁大夫臧孙氏，名辰。居，犹藏也。蔡，大龟也。节，柱头斗栱也。藻，水草名。棁，梁上短柱也。盖为藏龟之室，而刻山于节，

---

❶ 语出《左传·襄公三十年》，大意是子产把郑国治理得井井有条。

画藻于棁也。当时以文仲为知。孔子言其不务民义而谄渎鬼神如此，安得为知？《春秋传》所谓"作虚器"，即此事也。

张子曰："山节藻棁，为藏龟之室，祀爰居之义，同归于不知，宜矣。"

【今译】① 棁，zhuō。知，zhì（智）。

臧文仲，鲁国大夫臧孙氏，名辰。居，意思是藏养。蔡，大龟。节，柱头的斗拱。藻，水草名。棁，梁上的短柱子。这是说臧文仲给乌龟修了个屋，在斗拱上刻上山水，在短柱上画上水草。当时以臧文仲为智。孔子说其不致力于民事，却如此谄媚亵渎鬼神，怎能算智？《左传·文公二年》说他"作虚器"，就是这件事。

张子说❶："山节藻棁作为养乌龟的屋，祭祀海鸟爰居❷，这两件事都应归于不智一类，是恰当的。"

【第十八章】子张问曰："令尹子文三仕为令尹，无喜色；三已之，无愠色。旧令尹之政，必以告新令尹。何如？"子曰："忠矣。"曰："仁矣乎？"曰："未知，焉得仁？"①

"崔子弑齐君，陈文子有马十乘，弃而违之。至于他邦，则曰：'犹吾大夫崔子也。'违之。之一邦，则又曰：'犹吾大夫崔子也。'违之。何如？"子曰："清矣。"曰："仁矣乎？"曰："未知，焉得仁？"②

【集注】① 知，如字。焉，於虔反。

---

❶ 张子：张载，字子厚，北宋思想家，朱熹尊称他为张子，著有《张载集》。
❷ 事出《国语·鲁语》。有海鸟名叫爰居，飞到鲁国东门外三天，臧文仲让大家去祭祀。鲁国大夫展禽说这是海里起了大风，海鸟为避灾而来，不应祭祀。

令尹，官名，楚上卿，执政者也。子文，姓斗，名穀於菟。其为人也，喜怒不形，物我无间。知有其国，而不知有其身，其忠盛矣，故子张疑其仁。然其所以三仕三已而告新令尹者，未知其皆出于天理而无人欲之私也，是以夫子但许其忠，而未许其仁也。

②乘，去声。

崔子，齐大夫，名杼。齐君，庄公，名光。陈文子，亦齐大夫，名须无。十乘，四十匹也。违，去也。文子洁身去乱，可谓清矣，然未知其心果见义理之当然而能脱然无所累乎，抑不得已于利害之私而犹未免于怨悔也，故夫子特许其清，而不许其仁。

愚闻之师曰："当理而无私心，则仁矣。"今以是而观二子之事，虽其制行之高若不可及，然皆未有以见其必当于理而真无私心也。子张未识仁体，而悦于苟难，遂以小者信其大者。夫子之不许也，宜哉。读者于此更以上章"不知其仁"、后篇"仁则吾不知"之语，并与三仁、夷、齐之事观之，则彼此交尽，而仁之为义可识矣。今以他书考之，子文之相楚，所谋者无非僭王猾夏之事。文子之仕齐，既失正君讨贼之义，又不数岁而复反于齐焉，则其不仁亦可见矣。

【今译】①知，读本音，zhī。焉，yān。

令尹，官名，楚国的上卿，执政者。子文，姓斗（dòu），名穀於菟（wū tú）。他的为人，喜怒不形于色，物与我不划界限，只知道有自己的国家而不知道有自己，他的忠诚非常崇高，所以子张怀疑他可能是仁人。然而他多次出仕、罢官并且必定叮嘱新令尹的原因，不知是否都出于天理而无人欲之私念，所以夫子只承认他忠，而不承认他仁。

②乘，shèng。

崔子，齐国大夫，名杼。齐君，齐庄公，名光。陈文子，也是齐国大夫，名须无。十乘，四十匹。违，离去。陈文子洁身避乱，可算是清高，但不知他的心是否果真明白义理的理当如此，并且能超然而不感到有所牵挂呢，还是由于利害关系的不得已，而心里却不免怨恨后悔呢，所以夫子只承认他清高，而不承认他仁。

我听老师说过："合于理而没有私心，就是仁了。"现在用这个观点观察二人的事迹，虽然他们行为的高尚好像高不可攀，然而都没有证据说明他们是一定要合于理而确实没有私心。子张不认识仁的体，而喜欢那刻意行难事的，于是就根据这些小事相信他们有大德，夫子的不承认，是当然的。读者在这里，再用上章"不知其仁"、下一篇"仁则吾不知"的话和三仁、伯夷、叔齐的事相互比较，就可以对彼此都彻底清楚，而仁的意义也就能够明白了。现在用其他文献加以考察：子文做楚国宰相，所谋划的，无非是些僭号称王扰乱华夏的事。陈文子在齐国做官，已经失去了拯救君主讨伐乱贼的大义，又在几年之后返回了齐国，这样他的不仁也就清楚了。

【第十九章】季文子三思而后行。子闻之，曰："再，斯可矣。"①

【集注】① 三，去声。

季文子，鲁大夫，名行父。每事必三思而后行，若使晋而求遭丧之礼以行，亦其一事也。斯，语辞。程子曰："为恶之人，未尝知有思，有思则为善矣。然至于再，则已审，三，则私意起而反惑矣，故夫子讥之。"

愚按：季文子虑事如此，可谓详审，而宜无过举矣。而宣公篡立，文子乃不能讨，反为之使齐而纳赂焉，岂非程子所谓私意起而反惑之验与！是以君子务穷理而贵果断，不徒多思之为尚。

【今译】① 三，sàn。

季文子，鲁国大夫，名行父。每事必三思而后行，比如出使晋国一定要弄清遭丧的礼仪才去❶，也是三思后行的一个例证。斯，语气词。程子说："为恶的人，不知道反复思考，能反复思考就去行善了。然而到了再加思考，就已经是慎重了，到了三，就私心兴起而反受迷惑了，所以夫子讥讽他。"

我认为，季文子思考问题是这样的慎重，可算是详细而谨慎了，他做事没有失误也是必然的。可是鲁宣公篡位上台，季文子作为大臣不但不讨伐，反而替鲁宣公出使齐国并且向齐国送礼以寻求支持，这岂不是程子说的私心兴起而反受迷惑的例证吗？所以君子致力于穷理而推崇果断，不仅仅把多想作为高明。

【第二十章】子曰："宁武子，邦有道则知，邦无道则愚。其知可及也，其愚不可及也。"①

【集注】① 知，去声。

宁武子，卫大夫，名俞。按《春秋传》，武子仕卫，当文公、成公之时。文公有道，而武子无事可见，此其知之可及也。成公无道，至于失国，而武子周旋其间，尽心竭力，不避艰险。凡其所处，皆知巧之士所深避而不肯为者，而能卒保其身，以济其君，此其愚之不可及也。

程子曰："邦无道，能沉晦以免患，故曰'不可及也'。亦有不当愚者，比干是也。"

---

❶　因为晋襄公有病，季文子怕一旦晋襄公死，自己不懂礼仪而影响邦交。参阅《左传·文公六年》。

【今译】① 知，zhì（智）。

宁武子，卫国大夫，名俞。据《左传》，宁武子在卫国做官，在卫文公到卫成公这一个时期❶。卫文公贤明有道，宁武子却没有什么事迹可以表现，这是他的智可以学到的地方。卫成公无道，以至于丢掉了王位，而宁武子在这样的朝廷上周旋，尽心竭力，不避艰险。凡是他所遭遇的，都是那些精明之士所远远躲开而不肯去做的，而他却能最终保全了自己并拯救了君主，这是他的愚难以企及的地方。

程子说："国家无道，能沉默以免于祸患，所以说'不可及'。也有不应该愚的情况，比如比干❷。"

【第二十一章】子在陈，曰："归与！归与！吾党之小子狂简，斐然成章，不知所以裁之。"①

【集注】① 与，平声。斐，音匪。

此孔子周流四方，道不行而思归之叹也。吾党小子，指门人之在鲁者。狂简，志大而略于事也。斐，文貌。成章，言其文理成就有可观者。裁，割正也。夫子初心，欲行其道于天下，至是而知其终不用也，于是始欲成就后学，以传道于来世，又不得中行之士，而思其次，以为狂士志意高远，犹或可与进于道也。但恐其过中失正，而或陷于异端耳，故欲归而裁之也。

【今译】① 与，yú。斐，音匪（fěi）。

这是孔子周流四方，道无法推行，从而思念家乡的叹息。吾党小子，

---

❶　宁武子事迹，参阅《左传·僖公二十五》《二十八年》等。

❷　比干，商纣王的叔叔，因规劝商纣王，被挖出心脏而死。

指留在鲁国的学生们。狂简，志向远大而处事粗疏。斐，有文采的样子。成章，指文采的条理和成就有可取的。裁，割舍纠正。夫子的本心，是要在天下推行自己的道，到这个时候终于知道无法推行了，于是开始打算使下一代有所成就，以便把道传留到后世。又得不到中行之士，就考虑次一等的，认为狂士志向高远，或许还可以进入大道。但怕他们超越了中而失去了正，甚至可能陷入异端，所以想回去"裁之"。

【第二十二章】子曰："伯夷、叔齐不念旧恶，怨是用希。"①

【集注】① 伯夷、叔齐，孤竹君之二子。孟子称其"不立于恶人之朝，不与恶人言。与乡人立，其冠不正，望望然去之，若将浼焉"❶。其介如此，宜若无所容矣。然其所恶之人，能改即止，故人亦不甚怨之也。

程子曰："不念旧恶，此清者之量。"又曰："二子之心，非夫子，孰能知之？"

【今译】① 伯夷、叔齐，孤竹君的两个儿子。孟子称赞他们是"不到坏人的朝廷上做官，不和坏人讲话。和乡邻们站在一起，如果有人歪戴着帽子，看看，就走了，好像要被染坏了"。其耿介如此，他们难以被世人接纳是必然的。不过对于他们所讨厌的人，能改正就不再计较，所以别人也不怎么怨恨他们。

程子说："不念旧恶，是清高者的器量。"又说："二位的心，不是夫子，有谁能理解？"

【第二十三章】子曰："孰谓微生高直？或乞醯焉，乞诸

---

❶ 语出《孟子·公孙丑下》。

其邻而与之。"①

【集注】①醯，呼西反。

　　微生，姓。高，名。鲁人素有直名者。醯，醋也。人来乞时，其家无有，故乞诸邻家以与之。夫子言此，讥其曲意徇物，掠美市恩，不得为直也。

　　程子曰："微生高所枉虽小，害直为大。"范氏曰："是曰是，非曰非；有谓有，无谓无，曰直。圣人观人，于其一介之取予，而千驷万钟从可知焉，故以微事断之，所以教人不可不谨也。"

【今译】①醯，xī。

　　微生是姓，高是名，鲁国一向有直率名声的人。醯，就是醋。别人来讨点醋，家里没有，所以到邻居那里讨了一点给人家。夫子讲这件事，讥讽他变着法地迎合别人，掠来别人的美德为自己买好，不能算直率。

　　程子说："微生高行邪枉的事情虽小，对直率品德危害却很大。"范祖禹说："是就是是，非就是非；有就是有，没有就是没有，这叫直率。圣人观察人，在一草一木的取予上，可知他对于千斤万石的态度，所以用小事来下判断，用来教人不可不谨慎。"

　　【第二十四章】子曰："巧言、令色、足恭，左丘明耻之，丘亦耻之。匿怨而友其人，左丘明耻之，丘亦耻之。"①

【集注】①足，将树反。

　　足，过也。程子曰："左丘明，古之闻人也。"谢氏曰："二者之可耻，有甚于穿窬也。左丘明耻之，其所养可知矣。夫子自言丘亦耻之，盖窃比老彭之意。又以深戒学者，使察乎此，而立心以直也。"

【今译】①足，jù。

足,过分。程子说:"左丘明,古代的名人。"谢良佐说:"这两点的可耻,比做小偷更厉害。左丘明耻于如此,他的修养就可想而知了。夫子自己说'丘亦耻之',也就是'窃比老彭'的意思。又以此使学生们深刻警惕,使他们明白这一点,从而树立正直的信念。"

【第二十五章】颜渊、季路侍。子曰:"盍各言尔志?"①

子路曰:"愿车马、衣轻裘,与朋友共。敝之而无憾。"②

颜渊曰:"愿无伐善,无施劳。"③

子路曰:"愿闻子之志。"子曰:"老者安之,朋友信之,少者怀之。"④

【集注】①盍,音合。

盍,何不也。

②衣,去声。

衣,服之也。裘,皮服。敝,坏也。憾,恨也。

③伐,夸也。善,谓有能。施,亦张大之意。劳,谓有功,《易》曰"劳而不伐"是也。或曰:劳,劳事也。劳事非己所欲,故亦不欲施之于人。亦通。

④老者养之以安,朋友与之以信,少者怀之以恩。一说:安之,安我也。信之,信我也。怀之,怀我也。亦通。

程子曰:"夫子安仁,颜渊不违仁,子路求仁。"又曰:"子路、颜渊、孔子之志,皆与物共者也,但有小大之差尔。"又曰:"子路,勇于义者。观其志,岂可以势利拘之哉!亚于'浴沂'者也。颜子不自私己,故'无伐善';知同于人,故'无施劳',其志可谓大矣,然未免出于有意也。至于夫子,则如天地之化工,付与万物而己不劳焉,此圣人之所为也。

今夫羁靮以御马,而不以制牛,人皆知羁靮之作在乎人,而不知羁靮之生由于马。圣人之化,亦犹是也。先观二子之言,后观圣人之言,分明天地气象。凡看《论语》,非但欲理会文字,须要识得圣贤气象。"

【今译】①盍,音（hé）。

盍,何不的意思。

②衣,yì。

衣,穿的意思。裘,皮衣。敝,坏。憾,怨恨。

③伐,夸耀。善,指才能、长处。施,也是夸大的意思。劳,指有功劳。《周易·系辞传》"劳而不伐"的劳,就是功劳。另一解释说:劳,劳苦的事。劳苦的事自己不愿做,所以也不愿加于别人。也通。

④老者,赡养他们使他们安好;朋友,给他们以信任;年少的,让他们怀念自己的恩惠。另一说法:安之,是对我放心;信之,是对我信任;怀之,是怀念我。也通。

程子说:"夫子安于仁,颜渊不违背仁,子路追求仁。"又说:"子路、颜渊、孔子的志向,都是和别人共享什么的,但有小大的差别。"又说:"子路是勇于行义的人,看他的志向,难道他是能够用权势和利益拴住的吗? 仅次于那'浴乎沂'者的志向。颜子无自私之心,所以'无伐善';知道把自己与别人放在相同的地位上,所以'无施劳'。他的志向可说是很大了,然而也不免出于有意识地去做。至于夫子,那就像是天地的造化者,给与万物而自己不劳苦,这是圣人的所作所为。比如笼头和缰绳是用来驾驭马的,不用于制约牛。人都知道笼头和缰绳是人做的,而不知笼头的产生是由于马。圣人的教化,和这个一样。先看子路、颜渊的话,再看圣人的话,分明是像天地那样的气概、形象。凡是看《论语》,不仅要理解文字,还必须要认识圣人的气概、形象。"

【第二十六章】子曰:"已矣乎!吾未见能见其过而内自讼者也。"①

【集注】①已矣乎者,恐其终不得见而叹之也。内自讼者,口不言而心自咎也。人有过而能自知者,鲜矣。知过而能内自讼者,为尤鲜。能内自讼,则其悔悟深切而能改必矣。夫子自恐终不得见而叹之,其警学者深矣。

【今译】①已矣乎,恐怕终究见不到而感叹的话。内自讼,口不说而心里自责。人们有了过错而能自知的,很少。知道过错而能心中自责的,就尤其少。能心中自责,那就是他悔悟的深刻而必然能够改正。夫子恐怕自己终究见不到这样的人而叹息,那提醒求学者的用意是非常深刻的。

【第二十七章】子曰:"十室之邑,必有忠信如丘者焉,不如丘之好学也。"①

【集注】①焉,如字,属上句。好,去声。

十室,小邑也。忠信如圣人,生质之美者也。夫子生知,而未尝不好学,故言此以勉人。言美质易得,至道难闻。学之至,则可以为圣人;不学,则不免为乡人而已,可不勉哉!

【今译】①焉,读本音 yān,和上一句连读。好,hào。

十室,小乡镇。忠信如圣人,天生素质美好的人。夫子是生知者,却未尝不好学,所以说了这些以勉励别人。意思是天生的素质美好容易得到,大道却难以知晓。求学到了顶点就可以成为圣人,不学就不免于做一个乡下百姓,能不努力吗?

雍也第六

【集注】凡二十八章。篇内第十四章以前，大意与前篇同。

【今译】共二十八章。篇内第十四章以前，大意与前篇相同。

【第一章】子曰："雍也可使南面。"①

仲弓问子桑伯子，子曰："可也，简。"②

仲弓曰："居敬而行简，以临其民，不亦可乎？居简而行简，无乃大简乎？"③

子曰："雍之言然。"④

【集注】① 南面者，人君听治之位。言仲弓宽洪简重，有人君之度也。

② 子桑伯子，鲁人。胡氏以为疑即庄周所称子桑户者是也。仲弓以夫子许己南面，故问伯子如何。可者，仅可而有所未尽之辞。简者，不烦之谓。

③ 大，音泰。

言自处以敬，则中有主而自治严，如是而行简以临民，则事不烦而民不扰，所以为可。若先自处以简，则中无主而自治疏矣，而所行又简，岂不失之大简而无法度之可守乎！《家语》记伯子不衣冠而处，夫子讥其欲同人道于牛马，然则伯子盖大简者，而仲弓疑夫子之过许与？

④ 仲弓盖未喻夫子可字之意，而其所言之理有默契焉者，故夫子然之。

程子曰："子桑伯子之简，虽可取，而未尽善，故夫子云'可也'，仲弓因言内主于敬而简,则为要直;内存乎简而简,则为疏略,可谓得其旨矣。"又曰:"居敬则心中无物,故所行自简。居简则先有心于简,而多一简字矣,故曰大简。"

【今译】① 南面,是君主处理政事的位置。意思是仲弓宽宏大量、平易稳重,有君主风度。

② 子桑伯子,鲁国人。胡寅怀疑他就是《庄子》书中的子桑户❶。仲弓因为夫子称许自己南面,所以问子桑伯子如何。可,仅仅是可以但还有不够的用词。简,指不烦琐。

③ 大,音泰(tài)。

说的是自处虔敬,心中就有思想主导并且自律严格,这样而又处事简约去对待百姓,政事就不烦琐,百姓也不受骚扰,所以认为这样做可以。若是自己先自处简约,心中就没有思想主导并且会自律不严,加上行政也用简约,这岂不要失误于太简约,从而没有什么法度可遵守了吗?《孔子家语》记载子桑伯子不戴冠就与人相处,夫子批评他要把做人之道和做个牛马等同起来,那么,子桑伯子大概是个太简约的人,而仲弓怀疑夫子对他过分赞许了?

④ 仲弓大约没有理解夫子"可"字的意思,而他所说的道理,和夫子的意思不谋而合,所以夫子表示赞同。

程子说:"子桑伯子的简约,虽然可取,却不是最好,所以夫子说'可'。仲弓因此说内心以敬为主导而行为简约,就是扼要、直接;内心保持着简约并且行为也简约,就是疏略,这可算是领会了夫子的意思了。"又说:"自处虔敬,心中就没有杂念,所以行为自然简约。自处简

❶ 子桑户:见《庄子·大宗师》篇。

约，心中就崇尚简约，从而就多了一个简字，所以说'太简'。"

【第二章】哀公问："弟子孰为好学？"孔子对曰："有颜回者好学，不迁怒，不贰过。不幸短命死矣！今也则亡，未闻好学者也。"①

【集注】① 好，去声。亡，与"无"同。

迁，移也。贰，复也。怒于甲者不移于乙，过于前者不复于后。颜子克己之功至于如此，可谓真好学矣。短命者，颜子三十二而卒也。既云今也则亡，又言未闻好学者，盖深惜之，又以见真好学者之难得也。

程子曰："颜子之怒，在物不在己，故不迁。有不善未尝不知，知之未尝复行，不贰过也。"又曰："喜怒在事，则理之当喜怒者也，不在血气，则不迁，若舜之诛四凶也，可怒在彼，己何与焉？如鉴之照物，妍媸在彼，随物应之而已，何迁之有！"又曰："如颜子地位，岂有不善？所谓不善，只是微有差失。才差失，便能知之。才知之，便更不萌作。"张子曰："慊于己者不使萌于再。"或曰："《诗》《书》六艺，七十子非不习而通也，而夫子独称颜子为好学，颜子之所好果何学欤？"程子曰："学以至乎圣人之道也。""学之道奈何？"曰："天地储精，得五行之秀者为人。其本也真而静。其未发也，五性具焉，曰仁、义、礼、智、信。形既生矣，外物触其形而动于中矣。其中动而七情出焉，曰喜、怒、哀、惧、爱、恶、欲。情既炽而益荡，其性凿矣。故学者约其情，使合于中，正其心，养其性而已。然必先明诸心，知所往，然后力行以求至焉。若颜子之非礼勿视听言动，不迁怒贰过者，则其好之笃而学之得其道也。然其未至于圣人者，守之也，非化之也。假之以年，则不日而化矣。今人乃谓圣本生知，非学可至，而所以为学者，不过记诵文辞之间，其亦异乎颜子之学矣。"

【今译】① 好，hào。亡，同"无"。

迁，转移。贰，重复。愤怒在甲，不转移到乙。前面已犯了过失，以后就不再重复。颜子克制自己的功夫到这样的地步，可算是真正好学的了。短命，是说颜子三十二岁就死了。既已说过今天就没有了，又说未再见到好学的人，这是表示非常可惜，又以此表示真正好学的人非常难得啊。

程子说："颜子的愤怒，根源在别人而不在自己，所以不转移。有不善的行为，没有不知道的，知道了就不再去做，这是'不贰过'。"又说："喜怒在事，就是依理应当喜怒，不在自己血气之中所以不转移，比如舜处罚四凶 ❶，可怒的是在他们，与自己有什么关系呢？比如镜子照物，美丑在物自身，随物反应就是，有什么可转移的呢？"又说："像颜子那样的境界，哪里会有不善的事？所说的不善，只是稍微有些偏差。刚有偏差就能知道，刚知道就再不复发。"张子说："自己悔恨的事，不让它再次萌发。"有人说："《诗经》《尚书》六艺 ❷，七十多位高才弟子没有不学习就通晓的，夫子却仅仅称赞颜子好学，颜子所喜好的，到底是什么学问呢？"程子说："就是学习如何达到圣人之道。""如何学呢？"答："天地间蕴含着精气，得到五行秀气的成为人。这个本原，真实而宁静。它未发作的时候，五性具备，即仁、义、礼、智、信。形体一旦产生，外物刺激形体因而内心触动。内心被触动，从而七情发出，即

---

❶ 《史记·五帝本纪》：舜"流共工于幽陵，以变北狄。放驩兜于崇山，以变南蛮。迁三苗于三危，以变西戎。殛鲧于羽山，以变东夷。四罪而天下成服"。

❷ 六艺：此处当指六经。

喜、怒、哀、惧、爱、恶、欲。感情炽热，从而更加放荡，它的本性就乖僻了。所以学者约束自己的感情使它合乎中，端正自己的心，修养自己的本性就是了。然而必须心里先明白，知道该往哪里走，然后努力实行并力求达到。像颜子那样，非礼勿视、勿听、勿言、勿动，不迁怒也不贰过的，就是他切实喜好并且学习的方法正确。然而他没有达到圣人，原因在于他坚持了这些，还没有融会贯通。倘若他寿命长久，不久就会达到融会贯通的地步。今天人们却说圣人本是生而知之，不是学习可以达到的，而他们所从事的学问，又不过是记忆性的以及遣词造句之类，这也不同于颜子的学问。"

【第三章】子华使于齐，冉子为其母请粟。子曰："与之釜。"请益。曰："与之庾。"冉子与之粟五秉①。

子曰："赤之适齐也，乘肥马，衣轻裘。吾闻之也，君子周急不继富。"②

原思为之宰，与之粟九百，辞③。

子曰："毋！以与尔邻里乡党乎！"④

【集注】①使、为，并去声。

子华，公西赤也。使，为孔子使也。釜，六斗四升。庾，十六斗。秉，十六斛。

②衣，去声。

乘肥马，衣轻裘，言其富也。急，穷迫也。周者，补不足。继者，续有余。

③原思，孔子弟子，名宪。孔子为鲁司寇时，以思为宰。粟，宰之禄也。九百，不言其量，不可考。

④ 毋，禁止辞。五家为邻，二十五家为里，万二千五百家为乡，五百家为党。言常禄不当辞，有余，自可推之以周贫乏，盖邻里乡党有相周之义。

程子曰："夫子之使子华，子华之为夫子使，义也，而冉子乃为之请。圣人宽容，不欲直拒人，故与之少，所以示不当与也。请益，而与之亦少，所以示不当益也。求未达，而自与之多，则已过矣，故夫子非之。盖赤苟至乏，则夫子必自周之，不待请矣。原思为宰，则有常禄。思辞其多，故又教以分诸邻里之贫者。盖亦莫非义也。"张子曰："于斯二者，可见圣人之用财矣。"

【今译】① 使，音 shì。为，wèi。

子华，即公西赤。使，替孔子出使。釜，六斗四升。庾，十六斗。秉，十六斛。

② 衣，yì。

乘肥马，衣轻裘，是说他富有。急，窘困。周，补助不足。继，为有余的添加。

③ 原思，孔子弟子，名宪。孔子作鲁国司寇时，让原思做他的管家。粟，给管家的俸禄。九百没有量词，不知到底是多少。

④ 毋，禁止词。五家为邻，二十五家为里，一万二千五百家为乡，五百家为党。意思是正常的俸禄不应推辞，若用不完，自然可拿出来帮助贫困的人，因为邻、里、乡、党有互相帮助的义务。

程子说："夫子派遣子华为使节，子华充当夫子的使者，是道义，冉求却为他请求报酬。圣人宽容，不愿直接拒绝人，所以给的少，用来表示不应当。请求增加，给的也很少，用以表示不应增加。冉求没有明白夫子的意思，而私自多给，就是犯了过错，所以夫子表示反对。假若公西赤非常贫穷,夫子就一定亲自救助,不会等到别人请求。原思做管家,俸禄有固定数额。原思觉得多而推辞,所以又教他分给邻里中那些贫穷的人。这些都没有不是义的。"张子说:"在这两件事上,可以看到圣人如何用财。"

【第四章】子谓仲弓曰:"犁牛之子骍且角,虽欲勿用,山川其舍诸?"①

【集注】① 犁,利之反。骍,息营反。舍,上声。

犁,杂文。骍,赤色。周人尚赤,牲用骍。角,角周正,中牺牲也。用,用以祭也。山川,山川之神也。言人虽不用,神必不舍也。仲弓父贱而行恶,故夫子以此譬之。言父之恶不能废其子之善,如仲弓之贤,自当见用于世也。然此论仲弓云尔,非与仲弓言也。

范氏曰:"以瞽瞍为父而有舜,以鲧为父而有禹。古之圣贤不系于世类,尚矣。子能改父之过,变恶以为美,则可谓孝矣。"

【今译】① 犁,lí。骍,xīng。舍,shě。

犁,杂色。骍,赤色。周人崇尚赤色,祭牛用赤色的。角,角端正,合乎献祭的标准。用,用以献祭。山川,山川之神。说的是人虽然不用它献祭,神必定不会放弃。仲弓的父亲卑贱并且行为恶劣,所以夫子这样比喻。意思是父亲的恶,不能损害儿子的善,像仲弓这样贤能,自然应当被当世重用。不过这是评价仲弓的话,不是对仲弓说的话。

范祖禹说:"以瞽瞍那样的父亲却有舜这样的儿子,以鲧那样的父亲却有禹这样的儿子。古代的圣贤,不拘束于血缘关系,由来已十分久远了。儿子能改正父亲的过错,把恶变成善,那就可以算是孝了。"

【第五章】子曰："回也，其心三月不违仁。其余则日月至焉而已矣。"①

【集注】① 三月，言其久。仁者，心之德。心不违仁者，无私欲而有其德也。日月至焉者，或日一至焉，或月一至焉，能造其域，而不能久也。

　　程子曰："三月，天道小变之节，言其久也。过此则圣人矣。不违仁，只是无纤毫私欲。少有私欲，便是不仁。"尹氏曰："此颜子于圣人未达一间者也。若圣人，则浑然无间断矣。"张子曰："始学之要，当知三月不违与日月至焉内外宾主之辨，使心意勉勉循循而不能已，过此，几非在我者。"

【今译】① 三月，意思是长久。仁，心的德行、品质。心不违仁，没有私欲而有德行。日月至焉，可能一天里头有一回，可能一月里头有一回，能达到仁的境界，但不能长久。

　　程子说："三月，在天道是一个季节，指时间长久。超过这个就是圣人了。不违仁，只是无一丝一毫的私欲。有一点私欲，就是不仁。"尹焞说："这是说颜子对于圣人的境界，只差一步远就到了。若是圣人，那就完全彻底而没有一点间断。"张子说："求学开始，要紧的是应当知道'三月不违'和'日月至焉'的内与外、宾与主的区别，使自己的思想兢兢业业、循规蹈矩而不停止，忽略了这一点，机会就不在我这里了。"

【第六章】季康子问："仲由可使从政也与？"子曰："由也果，于从政乎何有？"曰："赐也可使从政也与？"曰："赐也达，于从政乎何有？"曰："求也可使从政也与？"曰："求也艺，于从政乎何有？"①

【集注】① 与，平声。

从政，谓为大夫。果，有决断。达，通事理。艺，多才能。

程子曰："季康子问三子之才可以从政乎，夫子答以各有所长。非惟三子，人各有所长。能取其长，皆可用也。"

【今译】① 与，yú。

从政，指做大夫。果，有决断。达，通达事理。艺，多才能。

程子说："季康子问他们三位的才能可以从政吗，夫子回答说各有所长。不单是他们三位，人都各有所长。能取他们的长处，就都是可用人才。"

【第七章】季氏使闵子骞为费宰。闵子骞曰："善为我辞焉。如有复我者，则吾必在汶上矣。"①

【集注】① 费，音秘。为，去声。汶，音问。

闵子骞，孔子弟子，名损。费，季氏邑。汶，水名，在齐南鲁北境上。闵子不欲臣季氏，令使者善为己辞。言若再来召我，则当去之齐。

程子曰："仲尼之门，能不仕大夫之家者，闵子、曾子数人而已。"谢氏曰："学者能少知内外之分，皆可以乐道而忘人之势。况闵子得圣人为之依归，彼其视季氏不义之富贵，不啻犬彘，又从而臣之，岂其心哉？在圣人，则有不然者。盖居乱邦，见恶人，在圣人则可。自圣人以下，刚则必取祸，柔则必取辱。闵子岂不能蚤见而豫待之乎？如由也不得其死，求也为季氏附益，夫岂其本心哉？盖既无先见之知，又无克乱之才故也。然则闵子，其贤乎！"

【今译】① 费，读秘（mì）。为，wèi。汶，音问（wèn）。

　　闵子骞,孔子弟子,名损。费,季氏的城邑。汶,河名,在齐国南部鲁国北部的边境上。闵子骞不愿做季氏家臣,让使者委婉地替自己说明,说如果再来召我,我就要离开鲁国到齐国去。

　　程子说:"孔子的弟子们,能够不在大夫之家做官的,只有闵子、曾子几个人而已。"谢良佐说:"学者能多少知道一点内外的名分,都可以乐于仁义之道而忘掉谁有什么权势。何况闵子得以依赖于圣人,他看待季氏行不义而富贵,和犬豕差不了多少,去做季氏的臣子,哪里是他的本心呢?在圣人也就不必这样。处于混乱的国度,会见恶人,在圣人是可以的。圣人以下,刚强就必然招祸,柔弱就必然受辱。闵子难道不能预见而早做准备吗?像子路不得好死,冉求替季氏搜刮,又哪里是他们的本心呢?大概是既无先见之明,又缺乏克服混乱的才能的缘故。那么闵子真是个贤人啊!"

【第八章】伯牛有疾,子问之,自牖执其手,曰:"亡之,命矣夫!斯人也而有斯疾也!斯人也而有斯疾也!"[①]

【集注】[①] 夫,音扶。

　　伯牛,孔子弟子,姓冉,名耕。有疾,先儒以为癞也。牖,南牖也。礼,病者居北牖下。君视之,则迁于南牖下,使君得以南面视己。时伯牛家以此礼尊孔子,孔子不敢当,故不入其室,而自牖执其手,盖与之永诀也。命,谓天命。言此人不应有此疾,而今乃有之,是乃天之所命也。然则非其不能谨疾而有以致之,亦可见矣。

　　侯氏曰:"伯牛以德行称,亚于颜、闵,故其将死也,孔子尤痛惜之。"

【今译】[①] 夫,音扶(fú)。

　　伯牛,孔子弟子,姓冉,名耕。有疾,先儒以为是麻风病。牖,南面的窗户。按照礼制，病人住北窗下。君主探望时，就搬到南窗下，使君主可以面朝南看望自己。这时伯牛家用这样的礼节尊崇孔子，孔子不敢当，所以没有进屋，只是从窗户里拉着他的手，这是和他永别了。命，即天命。意思是这人不该有这种病，现在却有了，这是上天的命令。那么，不是他自己不注意健康而招致的疾病，也就明白了。

侯仲良说❶："伯牛以德行著称，仅次于颜渊、闵子骞，所以他临终时，孔子尤其痛惜。"

【第九章】子曰："贤哉！回也。一箪食，一瓢饮，在陋巷。人不堪其忧，回也不改其乐。贤哉！回也。"①

【集注】① 食，音嗣。乐，音洛。

箪，竹器。食，饭也。瓢，瓠也。颜子之贫如此，而处之泰然，不以害其乐，故夫子再言"贤哉回也"以深叹美之。

程子曰："颜子之乐，非乐箪瓢陋巷也，不以贫窭累其心而改其所乐也，故夫子称其贤。"又曰："箪瓢陋巷非可乐，盖自有其乐尔。其字当玩味，自有深意。"又曰："昔受学于周茂叔，每令寻仲尼、颜子乐处，所乐何事。"愚按：程子之言，引而不发，盖欲学者深思而自得之，今亦不敢妄为之说。学者但当从事于博文约礼之诲，以至于欲罢不能而竭其才，则庶乎有以得之矣。

【今译】① 食，音嗣（sì）。乐，音洛（lè）。

箪，竹器。食，饭。瓢，葫芦瓢。颜子贫困到如此地步，而处之泰然，不妨碍自己的快乐，所以夫子再说一句"贤哉回也"，以深切地赞叹他。

---

❶ 侯仲良：字师圣，宋代学者，著有《论语说》等。

程子说："颜子的快乐，不是因为箪瓢、陋巷而快乐，而是不因为贫困扰乱自己的心从而改变了自己所快乐的事，所以夫子称赞他贤德。"又说："箪瓢、陋巷不可乐，此外自有'其乐'。'其'字应当好好体会，里面有深刻含义。"又说："过去跟周茂叔学习❶，总是让我们寻找孔子、颜子的快乐之处，以及所快乐的是什么事。"熹按：程子的话，引而不发，目的是让求学者深刻思考从而自己有所心得，现在也不敢妄加解说。求学者只需从事于"博文""约礼"的教诲，以至于"欲罢不能而竭其才"，就差不多有所心得了。

【第十章】冉求曰："非不说子之道，力不足也。"子曰："力不足者，中道而废。今女画。"①

【集注】①说，音悦。女，音汝。

力不足者，欲进而不能。画者，能进而不欲。谓之画者，如画地以自限也。

胡氏曰："夫子称颜回不改其乐，冉求闻之，故有是言。然使求说夫子之道，诚如口之说刍豢，则必将尽力以求之，何患力之不足哉？画而不进，则日退而已矣，此冉求之所以局于艺也。"

【今译】①说，音悦（yuè）。女，音汝（rǔ）。

力不足，想前进却不能够。画，能前进却不愿意。叫做画，好像画个圈把自己圈起来。

胡寅说："夫子称赞颜回不改变自己的快乐，冉求听到了，所以有这个话。然而假如冉求喜欢夫子的道，真能像口喜欢美味佳肴，就一定

---

❶　周茂叔：即北宋思想家周敦颐，字茂叔，著有《太极图》《通书》等。

会尽力追求,哪里会发愁力量不足呢?画个圈圈住自己而不再前进,就会一天天退步罢了,这是冉求局限于多才多能的原因。"

【第十一章】子谓子夏曰:"女为君子儒,无为小人儒。"①

【集注】① 儒,学者之称。程子曰:"君子儒为己,小人儒为人。"

谢氏曰:"君子、小人之分,义与利之间而已。然所谓利者,岂必殖货财之谓?以私灭公,适己自便,凡可以害天理者,皆利也。子夏文学虽有余,然意其远者、大者或昧焉,故夫子语之以此。"

【今译】① 儒,对学者的称呼。程子说:"君子儒学习是为了提高自己的修养,小人儒学习是为了给别人看。"

谢良佐说:"君子、小人的区别,在义与利之间罢了。然而所说的利,说的岂止是追求发财?以私害公,只求自己方便而任意妄为,凡是能够危害天理的,都是利。子夏在书本知识方面虽然造诣很高,然而大约他对于远大的东西不是很清楚,所以夫子告诉他这些。"

【第十二章】子游为武城宰。子曰:"女得人焉耳乎?"曰:"有澹台灭明者,行不由径。非公事,未尝至于偃之室也。"①

【集注】① 女,音汝。澹,徒甘反。

武城,鲁下邑。澹台,姓。灭明,名。字子羽。径,路之小而捷者。公事,如饮射读法之类。不由径,则动必以正,而无见小欲速之意可知。非公事不见邑宰,则其有以自守而无枉己徇人之私可见矣。

杨氏曰:"为政以人才为先,故孔子以得人为问。如灭明者,观其二事之小,而其正大之情可见矣。后世有不由径者,人必以为迂。不至其室，人必以为简。非孔氏之徒，其孰能知而取之！"愚谓：持身以灭明为法则，无苟贱之羞；取人以子游为法则，无邪媚之惑。

【今译】① 女，音汝（rǔ）。澹，tán。

武城，鲁国的小城邑。澹台是姓，灭明是名，字子羽。径，小路、近路。公事，比如举行乡饮酒礼、射礼和宣布法令之类。不由径，可知他行为必走正道，而没有贪小便宜、急于求成的意思。不是公事不见地方长官，可见他有自己的操守，而没有委屈自己、迎合别人的私念。

杨时说："行政首先要有人才，所以孔子问他是否得了人才。像灭明这样的人，考察他这两件小事，从而就可知他那光明正大的性情。后世有'不由径'的，别人必定认为他迂阔；不到长官那里拜访，别人必定认为他疏略。不是孔门弟子，谁能了解并且夸赞这样的人！"我认为，保持节操以灭明为榜样，就没有苟且而被人轻视的羞辱；评价别人以子游为榜样，就不会受邪门歪道的诱惑。

【第十三章】子曰："孟之反不伐。奔而殿。将入门，策其马，曰：'非敢后也，马不进也。'"①

【集注】① 殿，去声。

孟之反，鲁大夫，名侧。胡氏曰："反，即庄周所称孟子反者是也。"伐，夸功也。奔，败走也。军后曰殿。策，鞭也。战败而还，以后为功。反奔而殿，故以此言，自掩其功也。事在哀公十一年。

谢氏曰："人能操无欲上人之心，则人欲日消，天理日明。而凡可以矜己夸人者，皆无足道矣。然不知学者欲上人之心无时而忘也。若孟之反，可以为法矣。"

【今译】① 殿，diàn。

孟之反，鲁国大夫，名侧。胡寅说："孟之反就是《庄子》书中的孟子反。"伐，夸功。奔，败走。走在部队后面叫殿。策，鞭打。战败归来，以走在后面为功。孟之反败退而走在后面，故意说这话以掩盖自己的功劳。事在鲁哀公十一年（前484）。

谢良佐说："人们抱着不想出人头地的念头，人欲就会日渐消退，天理就会日渐明朗，而凡是可以抬高自己用以夸耀于人的，都不足道了。然而那些不知学习的人想出人头地的心一点也忘不了。像孟之反，可以做个榜样了。"

【第十四章】子曰："不有祝鮀之佞，而有宋朝之美，难乎免于今之世矣！"①

【集注】① 鮀，徒何反。

祝，宗庙之官。鮀，卫大夫，字子鱼，有口才。朝，宋公子，有美色。言衰世好谀悦色，非此难免，盖伤之也。

【今译】① 鮀，tuó。

祝，管理宗庙的官员。鮀，卫国大夫，字子鱼，有口才。朝，宋国公子，貌美。意思是衰落的世道，喜欢阿谀奉承，爱好娇艳美色，没有这些就难免祸灾，这是对时局的感叹。

【第十五章】子曰："谁能出不由户？何莫由斯道也？"①

【集注】① 言人不能出不由户，何故乃不由此道耶！怪而叹之之辞。

洪氏曰："人知出必由户，而不知行必由道。非道远人，人自远尔！"

【今译】① 意思是人外出不能不经过门口，为什么不从这个道走呢！

这是感到奇怪而叹惜的话。

　　洪兴祖说:"人们知道外出必定经过门口,却不知行为必须遵循道。不是道远离人,人们自己疏远了道啊!"

　　【第十六章】子曰:"质胜文则野,文胜质则史。文质彬彬,然后君子。"①

　　【集注】① 野,野人,言鄙略也。史,掌文书,多闻习事,而诚或不足也。彬彬,犹"班班",物相杂而适均之貌。言学者当损有余补不足,至于成德,则不期然而然矣。

　　杨氏曰:"文质不可以相胜。然质之胜文,犹之甘可以受和,白可以受采也。文胜而至于灭质,则其本亡矣。虽有文,将安施乎! 然则与其史也,宁野。"

　　【今译】① 野,野人,意思是粗俗。史,掌管文书,见多识广,但诚实有所不足。彬彬,意思同于"班班",不同物相互配置而恰到好处的意思。说的是求学者应当损减多余的,补充不足的,至于成就德行,就会在不知不觉之中到来了。

　　杨时说:"文与质不可以有一方压过另一方。然而质朴胜过文采,就像甘美可以接受各种味道相调和,洁白可以接受各种色彩一样。文采过分以至于完全掩盖了实质,那么文采的本就没有了。虽然有文采,往哪里用呢? 所以与其'史',宁可'野'。"

　　【第十七章】子曰:"人之生也直,罔之生也幸而免。"①

　　【集注】① 程子曰:"生理本直。罔,不直也,而亦生者,幸而免尔。"

　　【今译】① 程子说:"生存的理本来是直的。罔是不直,这样的人也能生存，是侥幸免祸而已。"

【第十八章】子曰："知之者不如好之者，好之者不如乐
之者。"①

【集注】① 好，去声。乐，音洛。

尹氏曰："知之者，知有此道也。好之者，好而未得也。乐之者，有
所得而乐之也。"

张敬夫曰："譬之五谷，知者知其可食者也，好者食而嗜之者也，乐
者嗜之而饱者也。知而不能好，则是知之未至也。好之而未及于乐，则
是好之未至也。此古之学者所以自强而不息者与！"

【今译】① 好，hào。乐，音洛（lè）。

尹焞说："知之者，知道有这个道。好之者，喜好而尚未得到。乐
之者，有所得而感到快乐。"

张栻说："譬如五谷，知者是知道它可以吃，好者是吃了并且又喜
欢吃，乐者是喜欢吃并且吃饱了。知，而不能爱好，就是知得不彻底。
爱好，而达不到乐，就是爱好得不彻底。这就是古代学者自强不息的原
因吧！"

【第十九章】子曰："中人以上，可以语上也；中人以下，
不可以语上也。"①

【集注】① "以上"之"上"，上声。语，去声。

语，告也。言教人者当随其高下而告语之，则其言易入而无躐等之
弊也。

张敬夫曰："圣人之道，精粗虽无二致，但其施教，则必因其材而笃

焉。盖中人以下之质，骤而语之太高，非惟不能以入，且将妄意躐等，而有不切于身之弊，亦终于下而已矣。故就其所及而语之，是乃所以使之切问、近思而渐进于高远也。”

【今译】①“以上”的“上”，音 shǎng。语，yù。

语，告诉。说的是教育人的，应当根据人的智力高低教导他们，那样他的话就容易被听进去而没有越等的弊病。

张栻说：“圣人之道，精粗虽然一致，但要进行教育，就必须根据受教者的才能落实。中等以下的素质，突然讲些高深的道理，不但他听不进去，并且还可能妄想逾越等级，从而产生不用于自身的弊病，最终还是停留在下等罢了。所以就他所能够达到的去告诉他，才能使他切实发问，由近及远地思考，而逐渐达到高远的境界。”

【第二十章】樊迟问知。子曰：“务民之义，敬鬼神而远之，可谓知矣。”问仁。曰：“仁者先难而后获，可谓仁矣。”①

【集注】①知、远，皆去声。

民，亦人也。获，谓得也。专用力于人道之所宜，而不惑于鬼神之不可知，知者之事也。先其事之所难，而后其效之所得，仁者之心也。此必因樊迟之失而告之。

程子曰：“人多信鬼神，惑也。而不信者又不能敬。能敬能远，可谓知矣。”又曰：“先难，克己也。以所难为先，而不计所获，仁也。”吕氏曰：“当务为急，不求所难知；力行所知，不惮所难为。”

【今译】①知，zhì（智）。远，yuàn。

民，也就是人。获，意思是获得。专心用力于人道所应该的事，而不迷惑于鬼神这种不可知的事,这就是智者的事业。先做那难办的事,把获取收效放在后头,这是仁者的心肠。这一定是根据樊迟的缺陷而进行的告诫。

程子说:"人们过多地相信鬼神,是迷惑。而不信鬼神的又不能虔敬。能虔敬,又能远离鬼神,可算是智者。"又说:"先难,是克己。先做难办的事,而不考虑收获,这就是仁。"吕大临说:"应当做的先做,不追求那难以知晓的。努力做自己所知晓的,不怕做那些难做的。"

【第二十一章】子曰:"知者乐水,仁者乐山。知者动,仁者静。知者乐,仁者寿。"①

【集注】① 知,去声。乐,上二字并五教反,下一字音洛。

乐,喜好也。知者达于事理而周流无滞,有似于水,故乐水;仁者安于义理而厚重不迁,有似于山,故乐山。动静以体言,乐寿以效言也。动而不括,故乐。静而有常,故寿。

程子曰:"非体仁知之深者,不能如此形容之。"

【今译】① 知,zhì(智)。乐,前面两个读 yào(要),后一个读洛(lè)。

乐,喜好。智者通达事理而周流没有停滞,好像水的流动,所以喜欢水。仁者安于义理而敦厚稳重不变节操,好像山的屹立不动,所以喜欢山。动静说的是自体,乐寿讲的是效果。动而不感到约束,所以快乐。静而有恒常,所以长寿。

程子说:"不是对仁、智体会很深的,不能这样形容仁智。"

【第二十二章】子曰:"齐一变,至于鲁;鲁一变,至于道。"①

【集注】① 孔子之时，齐俗急功利，喜夸诈，乃霸政之余习。鲁则重礼教，崇信义，犹有先王之遗风焉，但人亡政息，不能无废坠尔。道，则先王之道也。言二国之政俗有美恶，故其变而之道有难易。

程子曰："夫子之时，齐强鲁弱，孰不以为齐胜鲁也？然鲁犹存周公之法制。齐由桓公之霸，为从简尚功之治，太公之遗法变易尽矣，故一变乃能至鲁。鲁则修举废坠而已，一变则至于先王之道也。"愚谓：二国之俗，惟夫子为能变之，而不得试。然因其言以考之，则其施为缓急之序，亦略可见矣。

【今译】① 孔子的时代，齐国的风俗是急功近利，喜欢虚夸欺诈，这是霸道政治的遗风。鲁国则重视礼教，崇尚信义，还有先王的一些遗风，但是人死了，相应的政策就改变，所以这些遗风就不可能不被抛弃。道，就是先王之道。说的是两国的政治风俗有好有坏，所以改变而达到先王之道就有难有易。

程子说："夫子那个时代，齐国强盛而鲁国弱小，谁不认为齐国比鲁国强？然而鲁国还保存着周公制订的礼仪制度。齐国从桓公称霸开始，实行追求简约、崇尚功利的政治，姜太公留下的法度全被改变了，所以要有一个变化才能赶上鲁国。鲁国就只是恢复那些被丢弃的东西罢了，一个变化就能达到先王之道。"我认为，两国的风俗，只有夫子可能改变它们，却不能让他试一试。不过根据他的言论来考察，他要实行的轻重缓急的次序，也就大致可见了。

【第二十三章】子曰："觚不觚，觚哉！觚哉！" ①

【集注】① 觚，音孤。

觚，棱也。或曰酒器，或曰木简，皆器之有棱者也。不觚者，盖当

时失其制而不为棱也。觚哉觚哉，言不得为觚也

程子曰："觚而失其形制，则非觚也。举一器，而天下之物莫不皆然。故君而失其君之道，则为不君；臣而失其臣之职，则为虚位。"范氏曰："人而不仁则非人，国而不治则不国矣。"

【今译】① 觚，音孤（gū）。

觚，就是棱。有人说是酒具，也有人说是木简，都是有棱的器具。不觚，是说当时破坏了旧的形制而不做出棱了。觚哉觚哉，是说这样的器具不能叫做觚❶。

程子说："觚失去了旧日的形制，就不再是觚。举出一件器物为例，说明天下的事物没有不是这样的。所以，君失去了为君之道，就不是君；臣失去了臣的职分，职位就等于虚设。"范祖禹说："人的心中不仁就不是人，国治理不好就不是国。"

【第二十四章】宰我问曰："仁者，虽告之曰'井有仁焉'，其从之也？"子曰："何为其然也？君子可逝也，不可陷也；可欺也，不可罔也。"①

【集注】① 刘聘君曰："有仁之仁，当作'人'。"今从之。从，谓随之于井而救之也。宰我信道不笃，而忧为仁之陷害，故有此问。逝，谓使之

---

❶ 朱熹这样的解释一直影响到现代。然而译者见过一些商周时代的觚，商代也有不少无棱的，周代也有有棱的，所以孔子这话是什么意思，未必就像朱熹解说的那样。译者从宋代初年的《三礼图》看到，当时的人们，已经不知道商周时代的牺尊、犀尊、酒爵是什么样子，而且据说这些图是以前传下来的。所以译者推测，很可能，从汉代开始，人们已经不知道商周时代的酒尊、酒爵，包括觚，是什么样子，所以后来才有这样望文生义的解释。这仅是译者的一孔之见，甚至只是推测，附注于此，以俟有识者正焉。

往救。陷，谓陷之于井。欺，谓诳之以理之所有。罔，谓昧之以理之所无。盖身在井上，乃可以救井中之人。若从之于井，则不复能救之矣。此理甚明，人所易晓。仁者虽切于救人而不私其身，然不应如此之愚也。

【今译】① 刘聘君说❶："'有仁'之'仁'当作'人'。"我赞同刘的意见。从，指跟那人入井去救他。宰我信道不坚定，担心做个仁人会被人陷害，所以有这样的疑问。逝，指让他去救人。陷，指陷害他入井。欺，指用可能有的道理去骗他。罔，指用不可能有的道理去愚弄他。因为身在井上，才可以救井里的人。若是随着那人入井，那就不能救人了。这个道理很明白，人们也很容易懂。仁者虽然救人心切而不惜生命，但不会如此愚蠢。

【第二十五章】子曰："君子博学于文，约之以礼，亦可以弗畔矣夫！"①

【集注】① 夫，音扶。

约，要也。畔，背也。君子学欲其博，故于文无不考。守欲其要，故其动必以礼。如此则可以不背于道矣。

程子曰："'博学于文'而不'约之以礼'，必至于汗漫。博学矣，又能守礼，而由于规矩，则亦可以不畔道矣。"

【今译】① 夫，读扶（fú）。

约，要领。畔，违背。君子求学想学问渊博，所以对于书籍无不研究。坚持操守要抓住要领，所以行动一定依据礼。这样做，就可以不违背道了。

---

❶ 刘聘君：名勉之，字致中，南宋初年学者。朱熹的岳父。

程子说："'博学于文'若不'约之以礼',必定会走向散漫。博学了,又能遵守礼制、根据规矩,也就可以不违背道了。"

【第二十六章】子见南子,子路不说。夫子矢之曰:"予所否者,天厌之!天厌之!"①

【集注】①说,音悦。否,方九反。

南子,卫灵公之夫人,有淫行。孔子至卫,南子请见,孔子辞谢,不得已而见之。盖古者仕于其国,有见其小君之礼。而子路以夫子见此淫乱之人为辱,故不悦。矢,誓也。所,誓辞也,如云"所不与崔、庆者"之类。否,谓不合于礼,不由其道也。厌,弃绝也。圣人道大德全,无可不可。其见恶人,固谓在我有可见之礼,则彼之不善,我何与焉?然此岂子路所能测哉?故重言以誓之,欲其姑信此而深思以得之也。

【今译】①说,音悦(yuè)。否,fǒu。

南子,卫灵公的夫人,有淫秽行为。孔子到卫国,南子要求会见,孔子谢绝,不得已还是会见了南子。因为古代在某个国家做官,有拜见国君夫人的礼仪。而子路以夫子会见这位淫乱的夫人为耻辱,所以不高兴。矢,发誓。所,誓词,就像说"所不与崔、庆者"之类❶。否,指不合乎礼、不遵守道。厌,抛弃。圣人道大德全,无可无不可。去会见恶人,本是由于在我有可以会见的礼仪,那么对方的不善,与我有什么关系呢?但是这个道理哪里是子路所能明白的呢?所以讲了两遍以发誓,希望子路暂且相信这一点,再去深思而有所心得。

---

❶　所不与崔、庆者:语出《左传·襄公二十五年》,大意是:那些不服从崔、庆的。崔,崔杼;庆,庆封,都是齐国大夫。崔杼杀了齐庄公,立齐景公。这句话是崔杼立齐景公后和大臣们的誓词。

【第二十七章】子曰："中庸之为德也，其至矣乎！民鲜久矣。"①

【集注】① 鲜，上声。

中者，无过无不及之名也。庸，平常也。至，极也。鲜，少也。言民少此德，今已久矣。

程子曰："不偏之谓中，不易之谓庸。中者，天下之正道。庸者，天下之定理。自世教衰，民不兴于行，少有此德久矣。"

【今译】① 鲜，xiǎn。

中，表示既不过分，也没有不及的概念。庸，平常。至，极点。鲜，稀少。说的是民众缺少这种德行，时间已经很久了。

程子说："不偏叫做中，不变叫做庸。中，是天下的正道。庸，是天下的确定之理。自从世上教化衰退，民众不讲究德行，缺乏这种道德已经很久了。"

【第二十八章】子贡曰："如有博施于民而能济众，何如？可谓仁乎？"子曰："何事于仁，必也圣乎！尧、舜其犹病诸①！夫仁者，己欲立而立人，己欲达而达人②。能近取譬，可谓仁之方也已③。"

【集注】① 施，去声。

博，广也。仁以理言，通乎上下。圣以地言，则造其极之名也。乎者，疑而未定之辞。病，心有所不足也。言此何止于仁，必也圣人能之乎！则虽尧、舜之圣，其心犹有所不足于此也。以是求仁，愈难而愈远矣。

② 夫，音扶。

以己及人，仁者之心也。于此观之，可以见天理之周流而无间矣。

状仁之体，莫切于此。

③ 譬，喻也。方，术也。近取诸身，以己所欲譬之他人，知其所欲亦犹是也，然后推其所欲以及于人，则恕之事而仁之术也。于此勉焉，则有以胜其人欲之私而全其天理之公矣。

程子曰："医书以手足痿痹为不仁，此言最善名状。仁者以天地万物为一体，莫非己也。认得为己，何所不至？若不属己，自与己不相干，如手足之不仁，气已不贯，皆不属己。故博施济众，乃圣人之功用。仁至难言，故止曰'己欲立而立人，己欲达而达人。能近取譬，可谓仁之方也已'。欲令如是观仁，可以得仁之体。"又曰："《论语》言'尧、舜其犹病诸'者二。夫博施者，岂非圣人之所欲？然必五十乃衣帛，七十乃食肉。圣人之心，非不欲少者亦衣帛食肉也，顾其养有所不赡尔。此病其施之不博也。济众者，岂非圣人之所欲？然治不过九州。圣人非不欲四海之外亦兼济也，顾其治有所不及尔。此病其济之不众也。推此以求修己以安百姓，则为病可知。苟以吾治已足，则便不是圣人。"

吕氏曰："子贡有志于仁，徒事高远，未知其方。孔子教以于己取之，庶近而可入，是乃为仁之方。虽博施济众，亦由此进。"

【今译】① 施，shì。

博，广泛。仁说的是理，上下通行。圣说的是地位，是个到了极点的概念。乎，怀疑而不确定的用词。病，心里觉得不足。说的是这样做哪里只是仁，一定是圣人才能做到的啊！即使是尧、舜这样的圣人，他们的心对此也觉得难以胜任。从这里求仁，就会越来越难而离仁愈远。

② 夫，音扶（fú）。

根据自己去推想别人，这是仁者的心。从这里考察，可以见到天理的周流而没有间隙。形容仁的自体，没有比这更贴切的。

　　③譬,比喻。方,方法。就近研究自身,用自己所想要的比喻别人,知道别人想要的也是这个,然后推广自己想要的使别人也能如此,那就是恕道和求仁的方法。在这个地方勉励自己,就有可能战胜人欲的私念,保全那天理的公心。

　　程子说:"医书上把手脚麻痹称为不仁,这话是最好的形容。仁者把天地万物看作一体,没有不是自己的事物。认识到它们都是自己,哪里还有达不到的? 若是不属于自己,自然与自己不相干,就像手脚的不仁,气不贯通,都不属于自己。所以博施济众,是圣人的功用。仁,最难解说,所以仅仅说了'己欲立而立人,己欲达而达人。能近取譬,可谓仁之方也已'。目的是让人们这样看待仁,可以得到仁的自体。"又说:"《论语》说'尧、舜其犹病诸'的有两处。博施济众,难道不是圣人想做的吗? 然而一定要五十岁以上才穿丝绸,七十岁以上才可吃肉。圣人的心,并不是不想让年轻的也穿丝绸吃肉,只是由于自己用来养民的东西不足。这是对'博施'感到力量不足。济众,难道不是圣人的愿望? 然而归自己治理的不过九州。圣人并非不愿四海之外也能同时加以救助,然而自己所管辖的范围有所达不到。这是对'济众'感到力量不足。推广这些进一步加以研究,提高自己修养以使百姓安宁,那感到力量不足的心情也就可想而知。假如认为我的治理已经足够,这就不是圣人。"吕大临说:"子贡有求仁的志向,只是好高骛远,不知求仁的方法。孔子教导他从自己身上观察研究,可能切近一些,因而可以进入,这就是求仁的方法。即使博施、济众,也要由这里出发。"

述而第七

【集注】此篇多记圣人谦己诲人之辞及其容貌行事之实。凡三十七章。

【今译】这一篇大多记载圣人谦逊自己、教诲别人的话以及圣人的风度姿态、行事的实际。共三十七章。

　　【第一章】子曰："述而不作，信而好古，窃比于我老彭。"①

【集注】①好，去声。

　　述，传旧而已。作则创始也。故作，非圣人不能；而述，则贤者可及。窃比，尊之之辞。我，亲之之辞。老彭，商贤大夫，见《大戴礼》，盖信古而传述者也。孔子删《诗》《书》，定礼乐，赞《周易》，修《春秋》，皆传先王之旧，而未尝有所作也，故其自言如此。盖不惟不敢当作者之圣，而亦不敢显然自附于古之贤人，盖其德愈盛而心愈下，不自知其辞之谦也。然当是时，作者略备，夫子盖集群圣之大成而折衷之。其事虽述，而功则倍于作矣，此又不可不知也。

【今译】①好，hào。

　　述，传述过去的东西而已。作，就是创新。所以，作，只有圣人才行；述，贤者也可办到。窃比，尊崇别人的用词。我，表示亲近的用词。老彭，商代贤能的大夫，事迹见《大戴礼记》，是个崇信并传述古事的人。孔子删定《诗经》《尚书》，制订礼乐，为《周易》作传，编撰《春秋》，都是传述先王旧事，而不曾有所创作，所以自己这样说。这是孔子不仅不敢自认为是创作之圣，并且也不敢明确攀附古代的贤人，这就是德愈盛而心愈谦下，自己也不觉得这些话是谦虚。然而在孔子那个时代，各方面的创作者差不多都有了，夫子集群圣之大成而加以综合。他从事的虽然是述，但功劳却倍于创作，这又是不可以不知道的。

【第二章】子曰："默而识之，学而不厌，诲人不倦，何有于我哉？"①

【集注】①识，音志，又如字。

识，记也。默识，谓不言而存诸心也。一说：识，知也，不言而心解也。前说近是。何有于我，言何者能有于我也。三者已非圣人之极至，而犹不敢当，则谦而又谦之辞也。

【今译】①识，音志（zhì），又读shí。

识，记下。默识，指不说而记在心里。另一说法是：识，就是知，不说而心里了解。前一种说法较为正确。何有于我，意思是有哪一种我已经具备了呢。三者已不是圣人的最高表现，却还是不敢当，这是谦虚而又谦虚的话。

【第三章】子曰："德之不修，学之不讲，闻义不能徙，不善不能改，是吾忧也。"①

【集注】①尹氏曰："德必修而后成，学必讲而后明。见善能徙，改过不吝。此四者，日新之要也。苟未能之，圣人犹忧，况学者乎！"

【今译】①尹焞说："德必须修养然后才能成就，学必须讲求然后才能明白。见到善行能向善行看齐，改正过错能不吝惜。这四点，是天天有新进步的要点。假若不能这样做，即使圣人也感到忧虑，何况求学者呢?"

【第四章】子之燕居，申申如也，夭夭如也①。

【集注】① 燕居，闲暇无事之时。杨氏曰："申申，其容舒也。夭夭，其色愉也。"

程子曰："此弟子善形容圣人处也。为申申字说不尽，故更著夭夭字。今人燕居之时，不怠惰放肆，必太严厉。严厉时，著此四字不得；怠惰放肆时，亦著此四字不得。惟圣人，便自有中和之气。"

【今译】① 燕居，闲暇无事的时候。杨时说："申申，姿态舒展。夭夭，脸色愉悦。"

程子说："这是弟子们善于形容圣人的地方。用个'申申'的词表达得不充分，所以又加上一个'夭夭'。今天的人们闲暇无事的时候，不是怠惰放肆，就是太严厉。严厉时不能用这四个字形容，怠惰放肆时也不能用这四个字。只有圣人，才自然有这样的中和之气。"

【第五章】子曰："甚矣吾衰也! 久矣吾不复梦见周公。"①

【集注】① 复，扶又反。

孔子盛时，志欲行周公之道，故梦寐之间，如或见之。至其老，而不能行也，则无复是心，而亦无复是梦矣，故因此而自叹其衰之甚也。

程子曰："孔子盛时，寤寐常存行周公之道。及其老也，则志虑衰而不可以有为矣。盖存道者心，无老少之异；而行道者身，老则衰也。"

【今译】① 复，fù。

孔子年富力强时,立志要推行周公之道,所以睡梦之中,就像见到了周公。到了年老不能推行周公之道了,就再没有这个心,因而也就再没有这个梦了,所以借这件事感叹自己非常衰老。

程子说:"孔子年富力强时,日夜都想着如何推行周公之道,到了年老,就思虑衰弱而不可能有所作为了。保持道的,是心,这没有老与少的差别;推行道的,要靠身体,年老就衰弱了。"

【第六章】子曰:"志于道 ①,据于德 ②,依于仁 ③,游于艺 ④。"

【集注】① 志者,心之所之之谓。道,则人伦日用之间所当行者是也。知此,而心必之焉,则所适者正,而无他岐之惑矣。

② 据,音倨。

据者,执守之意。德,则行道而有得于心者也。得之于心而守之不失,则终始惟一,而有日新之功矣。

③ 依者,不违之谓。仁,则私欲尽去而心德之全也。功夫至此,而无终食之违,则存养之熟,无适而非天理之流行矣。

④ 游者,玩物适情之谓。艺,则礼乐之文,射御书数之法,皆至理所寓,而日用之不可阙者也。朝夕游焉,以博其义理之趣,则应务有余,而心亦无所放矣。

此章言人之为学当如是也。盖学莫先于立志,志道,则心存于正而不他。据德,则道得于心而不失。依仁,则德性常用而物欲不行。游艺,则小物不遗而动息有养。学者于此,有以不失其先后之序、轻重之伦焉,则本末兼该,内外交养,日用之间无少间隙,而涵泳从容,忽不自知其入于圣贤之域矣。

【今译】①志，心所指向的地方。道，是人伦在日常生活之中所应当实行的东西。知道这一点，心就必然朝向这里，那么，心所到的地方就正确，而没有其他岔道可使人迷惑。

②据，音倨（jù）。

据，坚守的意思。德，就是得，得了道在心里而不丢失的意思。得在心里并且保持住不丢失，就始终如一，从而就会有天天进步图新的功劳。

③依，不违背的意思。仁，就是私心杂念全部去掉从而心的德行完整的状态。功夫到这一步，而且没有一时一刻违背，就会保持涵养非常精熟，没有什么地方不是天理的流行了。

④游，玩某些东西使心情愉快的意思。艺，就是礼乐的文❶，射箭、驾车、书写、计数的方法❷，都是最高的理所寄寓的地方，是日常生活所不可缺少的技能。从早到晚玩习它们，用以博取义理的内涵，就会运用自如地应接事物，并且心也不会违背规矩。

这一章讲人的求学应当如此。因为求学首先必须立志，志道，心就保持端正而不往别处想。据德，道得于心就不会丧失。依仁，就是使德行永远起作用而贪欲无法产生。游艺，就会不遗漏小事从而使工作和休息都有所资养。求学者在这个地方，若能不乱了前后的次序、轻重的等级，就会本末兼顾，内外一齐保养，日常生活之中没有少许间断，从而酝酿从容，忽然不知不觉地达到了圣贤的境界。

---

❶ 文：表现出来的外在形式。

❷ 礼、乐、射（射箭）、御（驾车）、书（书写）、数（计数），古代学校教人的六种技能，称六艺。

【第七章】子曰："自行束脩以上，吾未尝无诲焉。"①

【集注】① 脩，脯也。十脡为束。古者相见，必执贽以为礼。束脩，其至薄者。盖人之有生，同具此理，故圣人之于人，无不欲其入于善，但不知来学，则无往教之礼，故苟以礼来，则无不有以教之也。

【今译】① 脩，干肉。十根为一束。古代人们相见，一定要带礼物。束脩，是礼物中最轻的。凡人生在世，都共同具有这个理，所以圣人对待别人，没有不想让他学好的，但是他不知道来学，就没有去教导的礼，所以假使他依礼来见，就没有不加以教导的。

【第八章】子曰："不愤不启，不悱不发，举一隅不以三隅反，则不复也。"①

【集注】① 愤，房粉反。悱，芳匪反。复，扶又反。

愤者，心求通而未得之意。悱者，口欲言而未能之貌。启，谓开其意。发，谓达其辞。物之有四隅者，举一可知其三。反者，还以相证之义。复，再告也。上章已言圣人诲人不倦之意，因并记此，欲学者勉于用力，以为受教之地也。

程子曰："愤、悱，诚意之见于色辞者也。待其诚至而后告之。既告之，又必待其自得，乃复告尔。"又曰："不待愤悱而发，则知之不能坚固。待其愤悱而后发，则沛然矣。"

【今译】① 愤，fèn。悱，fěi。复，fù。

愤，心里想弄明白还没有能够明白的意思。悱，口中想说出来还没有能够说出来的样子。启，意思是打开他的思路。发，指找到恰当的词汇把意思表达出来。物若有四个角，举出一个就可以知道那三个。反，反过来相互证明的意思。复，再次告诉。上章已经讲了圣人诲人不倦的意思，所以同时记下这些，为的是让求学者勤勉、努力，以作为受教育的条件。

程子说："愤、悱，诚意已表现在脸色和语言上的样子。等着求学者有了诚意后再告诉他。告诉了他，又一定要让他自己体会，才再次告诉。"又说："不等他愤、悱就去启、发，知识就不能牢固。等他愤、悱以后再去启、发，就茅塞顿开了。"

【第九章】子食于有丧者之侧，未尝饱也①**。**

子于是日哭，则不歌②**。**

【集注】① 临丧哀，不能甘也。

② 哭，谓吊哭。一日之内，余哀未忘，自不能歌也。

谢氏曰："学者于此二者，可见圣人情性之正也。能识圣人之情性，然后可以学道。"

【今译】① 面对有丧事者心中悲哀，吃饭不香。

② 哭，指吊丧时的哭。一天之内，余哀不能忘怀，自然不能唱歌。

谢良佐说："求学者在这两件事上，可以看出圣人性情的端正。能认识圣人的性情，然后可以学道。"

【第十章】子谓颜渊曰："用之则行，舍之则藏，惟我与尔有是夫！"①

子路曰："子行三军，则谁与？"②

子曰："暴虎冯河，死而无悔者，吾不与也。必也临事而惧，好谋而成者也。"③

【集注】①舍，上声。夫，音扶。

尹氏曰："用舍无与于己，行藏安于所遇，命不足道也。颜子几于圣人，故亦能之。"

②万二千五百人为军。大国三军。子路见孔子独美颜渊，自负其勇，意夫子若行三军，必与己同。

③冯，皮冰反。好，去声。

暴虎，徒搏。冯河，徒涉。惧，谓敬其事。成，谓成其谋。言此皆以抑其勇而教之。然行师之要，实不外此，子路盖不知也。

谢氏曰："圣人于行藏之间，无意无必。其行非贪位，其藏非独善也。若有欲心，则不用而求行，舍之而不藏矣，是以惟颜子为可以与于此。子路虽非有欲心者，然未能无固必也，至以行三军为问，则其论益卑矣。夫子之言，盖因其失而救之。夫不谋无成，不惧必败，小事尚然，而况于行三军乎！"

【今译】①舍，shě。夫，音扶（fú）。

尹焞说："任用还是舍弃与自己无关，行道还是隐居安于所遭遇的情势，命运是不足挂心的。颜子已接近是圣人，所以也能做到。"

②一万二千五百人为军。大国有三个军。子路见孔子只称赞颜渊，于是以勇气自负，觉得夫子若是统帅三军，一定要自己协助。

③冯，píng。好，hào。

暴虎，徒手搏斗。冯河，徒步过河。惧，指认真谨慎地做事。成，指实现计谋。讲这些都是为了抑制子路的勇而教导他。不过行军作战的要领实在不外乎这些，子路大概不懂这些。

谢良佐说："圣人对于行道还是隐居，不臆测，不一定要如何。他行道不是为了贪图禄位，他隐居也不是为了独善其身。若是有贪欲之心，不被任用就会去谋求任用（行），被舍弃也不甘于隐居（藏），所以只有颜子才可以行藏得当。子路虽然不是有贪欲之心的人，但是却不能避免狭隘和一定要如何的缺点。至于他拿统帅三军的问题提问，这样的议论层次就更低了。夫子的话，是就他的失误而加以补救。不计谋就不会成功，不慎重就必然失败，小事尚且如此，何况统帅三军呢？"

【第十一章】子曰："富而可求也，虽执鞭之士，吾亦为之。如不可求，从吾所好。"①

【集注】①好，去声。

执鞭，贱者之事。设言富若可求，则虽身为贱役以求之，亦所不辞。然有命焉，非求之可得也，则安于义理而已矣，何必徒取辱哉？

苏氏曰："圣人未尝有意于求富也，岂问其可不可哉！为此语者，特以明其决不可求尔。"杨氏曰："君子非恶富贵而不求，以其在天，无可求之道也。"

【今译】①好，hào。

执鞭，卑贱者的工作。这是假设说富有如果可以求得，即使做卑贱的工作去追求，也在所不辞。然而这里有天命，不是追求就可以得到的，那就安于义理就是了，何必去白白地招受侮辱呢？

苏轼说："圣人并非有意于求富，哪里问什么可以不可以呢？说这些话，是特意说明富有决不可追求。"杨时说："君子不是厌恶富贵而不去追求，因为富贵在天，没有可求之道。"

【第十二章】子之所慎：齐，战，疾①。

【集注】①齐，侧皆反。

　　齐之为言齐也,将祭,而齐其思虑之不齐者,以交于神明也。诚之至与不至,神之飨与不飨,皆决于此。战,则众之死生、国之存亡系焉;疾,又吾身之所以死生存亡者,皆不可以不谨也。

　　尹氏曰:"夫子无所不谨,弟子记其大者耳。"

【今译】① 齐,zhāi(斋)。

　　斋的意思就是齐,临祭之前,使思想不齐一的齐一,以便和神明交通。诚意能做到还是做不到,神能来歆享还是不来歆享,都决定于斋。战,是关系许多人的生死、国家存亡的事;疾病,又是我自身生死存亡的事,都是不可以不谨慎的。

　　尹焞说:"夫子没有不谨慎的,弟子们记了些大事罢了。"

【第十三章】子在齐闻《韶》,三月不知肉味。曰:"不图为乐之至于斯也!"①

【集注】①《史记》"三月"上有"学之"二字。不知肉味,盖心一于是而不及乎他也。曰"不意舜之作乐至于如此之美",则有以极其情文之备,而不觉其叹息之深也。盖非圣人,不足以及此。

　　范氏曰:"《韶》尽美又尽善,乐之无以加此也。故学之三月,不知肉味,而叹美之如此。诚之至,感之深也。"

【今译】①《史记·孔子世家》"三月"前面有"学之"二字。不知肉味,因为一心在音乐上而顾不上别的。孔子说,想不到舜作的音乐优美到如此地步,这是深刻体会了《韶乐》的曲调及其内蕴的完美,从而不自觉地发出了这样深沉的叹息。不是圣人,是到不了这个地步的。

　　范祖禹说:"《韶乐》尽美,又尽善,乐曲之中,没有能超过它的了,所以学习它三个月，不知道肉的滋味，如此感叹它的优美。这是极端的诚、深刻的感受啊！"

【第十四章】冉有曰："夫子为卫君乎？"子贡曰："诺。吾将问之。"① 入，曰："伯夷、叔齐何人也？"曰："古之贤人也。"曰："怨乎？"曰："求仁而得仁，又何怨！"出，曰："夫子不为也。"②

【集注】① 为，去声。

为，犹助也。卫君，出公辄也。灵公逐其世子蒯聩，公薨，而国人立蒯聩之子辄，于是晋纳蒯聩，而辄拒之。时孔子居卫，卫人以蒯聩得罪于父，而辄嫡孙当立，故冉有疑而问之。诺，应辞也。

② 伯夷、叔齐，孤竹君之二子。其父将死，遗命立叔齐。父卒，叔齐逊伯夷。伯夷曰父命也，遂逃去。叔齐亦不立而逃之。国人立其中子。其后武王伐纣，夷、齐扣马而谏。武王灭商，夷、齐耻食周粟，去，隐于首阳山，遂饿而死。怨，犹悔也。君子居是邦，不非其大夫，况其君乎！故子贡不斥卫君，而以夷、齐为问。夫子告之如此，则其不为卫君可知矣。盖伯夷以父命为尊，叔齐以天伦为重，其逊国也，皆求所以合乎天理之正而即乎人心之安。既而各得其志焉，则视弃其国犹敝蹝尔，何怨之有？若卫辄之据国拒父而唯恐失之，其不可同年而语，明矣。

程子曰："伯夷、叔齐逊国而逃，谏伐而饿，终无怨悔，夫子以为贤，故知其不与辄也。"

【今译】① 为，wèi。

为，意思是帮助。卫君，卫出公，名辄。卫灵公驱逐了太子蒯聩，卫灵公死，臣子们就拥立蒯聩的儿子辄，于是晋国要送回蒯聩，但被辄拒绝。这时孔子住在卫国，卫国人认为蒯聩得罪了父亲卫灵公，而辄是嫡孙，应当被立为君主，所以冉有疑虑，而有这样的问题。诺，答应的声音。

②伯夷、叔齐，孤竹君的两个儿子。他们的父亲临死时，遗嘱立弟弟叔齐。父亲死，叔齐让伯夷。伯夷说"这是父亲的命令"，就逃走了。叔齐也不做君主，逃走了。国内的臣子们就拥立了中子❶。后来武王伐纣，伯夷、叔齐拦住武王的马进行劝阻。武王灭掉了商朝，伯夷、叔齐觉得吃周朝的粮食是可耻的，就离开了，到首阳山隐居，于是饿死了。怨，意思是悔恨。君子住那个国家，不诽谤人家的大夫，何况君主呢？所以子贡不斥责卫国君主，而拿伯夷、叔齐来提问。夫子这样告诉他，夫子不帮助卫君也就明白可知了。伯夷认为父亲的命令最重要，叔齐认为天伦最重要，他们谦逊让位，都追求如何合乎天理的正道，并追求人心的安然。他们既然都实现了自己的志愿，那就会把抛弃君主的位置看得像丢掉一只穿破了的鞋子，哪还有什么悔恨呢？像卫辄占据君位而违背父命，惟恐失去君位，和伯夷、叔齐不可同日而语是明明白白的。

程子说："伯夷、叔齐为让国而逃去，为劝阻征伐而饿死，至死也没有怨恨和后悔，夫子认为这是贤德，子贡因此知道夫子不会帮助卫辄。"

【第十五章】子曰："饭疏食，饮水，曲肱而枕之，乐亦在其中矣。不义而富且贵，于我如浮云。"①

【集注】①饭，符晚反。食，音嗣。枕，去声。乐，音洛。

---

❶　中子：指伯夷之弟，叔齐之兄。

饭,食之也。疏食,麤饭也。圣人之心,浑然天理,虽处困极,而乐亦无不在焉。其视不义之富贵,如浮云之无有,漠然无所动于其中也。

程子曰:“非乐疏食饮水也,虽疏食饮水不能改其乐也。不义之富贵,视之轻如浮云然。”又曰:“须知所乐者何事。”

【今译】①饭,fàn。食,音嗣(sì)。枕,zhèn。乐,音洛(lè)。

饭,吃饭。疏食,粗饭。圣人的心,完全彻底是天理,虽然处于极端穷困,可是快乐仍然无处不在。他看待不义的富贵,好像浮云的无有,漠然无动于衷。

程子说:“不是对粗饭、饮水感到快乐,而是说即使粗饭、饮水也不能改变他的快乐。不义的富贵,他看得像浮云一样。”又说:“必须知道他所快乐的是什么事。”

【第十六章】子曰:“加我数年,五十以学《易》,可以无大过矣。”①

【集注】①刘聘君见元城刘忠定公,自言尝读他《论》,“加”作“假”,“五十”作“卒”。盖“加”“假”声相近而误读,“卒”与“五十”字相似而误分也。愚按:此章之言,《史记》作“假我数年,若是,我于《易》则彬彬矣”。“加”正作“假”,而无“五十”字。盖是时,孔子年已几七十矣,“五十”字误无疑也。学《易》,则明乎吉凶消长之理、进退存亡之道,故可以无大过。盖圣人深见易道之无穷,而言此以教人,使知其不可不学,而又不可以易而学也。

【今译】①刘聘君见到元城刘忠定公❶,自己说曾读到另一种本子的

---

❶ 刘忠定公:刘安世,字器之,北宋末年学者。

《论语》，其中"加"作"假"，"五十"作"卒"。因为"加""假"声音相近导致误读，"卒"与"五十"字形相似，以致错误地把"卒"字分开了。我认为，这一章文字，《史记》作"假我数年，若是，我于《易》则彬彬矣"。"加"，正是作"假"，而没有"五十"二字。因为这个时候，孔子已经近七十岁了，"五十"二字的错误，是毫无疑义的。学《易》，就明白了吉凶消长之理、进退存亡之道，所以能够没有大过。圣人深深懂得易道的无穷，从而说这些以教育别人，使人们知道《周易》不可不学，而又不可以轻易就学到。

【第十七章】子所雅言，《诗》、《书》、执礼，皆雅言也①。

【集注】① 雅，常也。执，守也。《诗》以理情性，《书》以道政事，礼以谨节文，皆切于日用之实，故常言之。礼独言执者，以人所执守而言，非徒诵说而已也。

程子曰："孔子雅素之言，止于如此。若性与天道，则有不可得而闻者，要在默而识之也。"谢氏曰："此因学《易》之语而类记之。"

【今译】① 雅，经常。执，坚持。《诗经》是用来治理性情的，《尚书》是用来讲政治的，礼是用来掌握行为的节奏和姿态的，都是密切关系日常生活实际的，所以经常谈论它们。谈礼时用了"执"字，这是就人的坚持而言，不单是诵说而已。

程子说："孔子平素常说的话，到此为止。像性与天道之类，有些就没法听到夫子的谈论了，要领在于默默地体会、记住。"谢良佐说："这一章是接着讲学《易》的话而记下的同类事情。"

【第十八章】叶公问孔子于子路，子路不对①。

子曰："女奚不曰：其为人也，发愤忘食，乐以忘忧，不知老之将至云尔。"②

【集注】① 叶，舒涉反。

叶公，楚叶县尹沈诸梁，字子高，僭称公也。叶公不知孔子，必有非所问而问者，故子路不对，抑亦以圣人之德实有未易名言者与？

② 未得，则发愤而忘食。已得，则乐之而忘忧。以是二者俛焉日有孳孳，而不知年数之不足，但自言其好学之笃耳。然深味之，则见其全体至极，纯亦不已之妙，有非圣人不能及者。盖凡夫子之自言，类如此，学者宜致思焉。

【今译】① 叶，shè。

叶公，楚国叶县县长沈诸梁，字子高，僭越称公。叶公不了解孔子，必定有些是不该问的问题，所以子路不回答，还是因为圣人的德行，确实有那不容易明白说出的呢？

② 未得的时候，就发愤忘食。已得的时候，就乐而忘忧。用这两条天天埋头努力，而不知时间不够用，只是说自己好学的急迫、切实罢了。然而若深刻体会，就可以发现那完全登峰造极的、纯粹并且永不停息的妙处，有那不是圣人就做不到的东西。凡是夫子讲说自己的话，大多是这类情况，求学者应深入思考。

【第十九章】子曰："我非生而知之者，好古，敏以求之者也。"①

【集注】① 好，去声。

生而知之者，气质清明，义理昭著，不待学而知也。敏，速也，谓汲汲也。

尹氏曰："孔子以生知之圣，每云好学者，非惟勉人也，盖生而可知者，义理尔，若夫礼乐名物古今事变，亦必待学而后有以验其实也。"

【今译】① 好，hào。

生而知之者，气质清明，义理昭著，不必学就知道。敏，迅速，指勤奋努力。

尹焞说："孔子作为生而知之的圣人，常常说自己好学，不只是勉励别人，因为生而知之的，是义理，至于礼乐制度、各种事物、古今事变，也是必须经过学习后才有可能弄清它们的实情。"

【第二十章】子不语怪、力、乱、神 ①。

【集注】① 怪异、勇力、悖乱之事，非理之正，固圣人所不语。鬼神，造化之迹，虽非不正，然非穷理之至，有未易明者，故亦不轻以语人也。

谢氏曰："圣人语常而不语怪，语德而不语力，语治而不语乱，语人而不语神。"

【今译】① 怪异、勇力、悖乱之类的事，不是理的端正之处，圣人当然不讲这些。鬼神，是造物者的踪迹，虽然不是不端正，然而若不是穷理到极点，就有不易说清的问题，所以也不轻易给人们讲这些。

谢良佐说："圣人讲述正常的而不讲述怪异，讲述德行而不讲述勇力，讲述治理而不讲述动乱，讲述人事而不讲述鬼神。"

【第二十一章】子曰："三人行，必有我师焉。择其善者而从之，其不善者而改之。" ①

【集注】① 三人同行，其一我也。彼二人者，一善一恶，则我从其善而改其恶焉，是二人者皆我师也。

尹氏曰："见贤思齐，见不贤而内自省，则善恶皆我之师，进善其有穷乎！"

【今译】① 三人同行，其中一个是我。那两个人，有善有恶，那我就学习善而改正恶，这两个人都是我的老师。

尹焞说："见到贤者就想向他看齐，见到不贤的就反省自己，那么善人恶人就都是我的老师，向善还有穷尽吗？"

【第二十二章】子曰："天生德于予，桓魋其如予何？"①

【集注】① 魋，徒雷反。

桓魋，宋司马向魋也，出于桓公，故又称桓氏。魋欲害孔子，孔子言：天既赋我以如是之德，则桓魋其奈我何！言必不能违天害己。

【今译】① 魋，tuí。

桓魋，宋国司马向魋，出自宋桓公一系，所以又称桓魋。桓魋想加害孔子，孔子说：上天既然已经赋予我这样的德行，那么桓魋能把我怎么样！意思是桓魋一定不能够违背天意加害于我。

【第二十三章】子曰："二三子以我为隐乎？吾无隐乎尔。吾无行而不与二三子者，是丘也。"①

【集注】① 诸弟子以夫子之道高深不可几及，故疑其有隐，而不知圣人作止语默，无非教也，故夫子以此言晓之。与，犹示也。

程子曰："圣人之道犹天然，门弟子亲炙而冀及之，然后知其高且远也。使诚以为不可及，则趋向之心不几于怠乎！故圣人之教，常俯而就之如此，非独使资质庸下者勉思企及，而才气高迈者亦不敢躐易而进也。"吕氏曰："圣人体道无隐，与天象昭然，莫非至教，常以示人，而人自不察。"

【今译】① 诸位弟子觉得夫子之道高深不可企及，所以怀疑他有所隐瞒，而不知道圣人的工作、休息、说话、沉默没有不在教导着自己，所以夫子用这话向他们说明。与，意思是出示。

程子说："圣人之道就像上天一样，及门的弟子亲身受教从而希望达到，这才知道它的崇高而且深远。假若真的认为不可企及，那向道的心不就要懈怠了吗？所以圣人的教诲，常常这样地俯就弟子们，不仅要使天资平庸低下的想努力达到，而且让那才气高迈的也不敢越等轻易冒进。"吕大临说："圣人体现着道而没有隐瞒，就像日月星辰那样明亮，一举一动没有不是最好的教诲，永远向人们显示着，人们自己不觉察就是了。"

【第二十四章】子以四教：文，行，忠，信①。

【集注】① 行，去声。

程子曰："教人以学文、修行而存忠信也。忠信，本也。"

【今译】① 行，xìng。

程子说："教育学生学习书本知识，修养德行，保持忠诚、信用。忠诚、信用是根本。"

【第二十五章】子曰："圣人，吾不得而见之矣。得见君子者，斯可矣。"①

子曰："善人，吾不得而见之矣。得见有恒者，斯可矣②。亡而为有，虚而为盈，约而为泰，难乎有恒矣③。"

【集注】① 圣人，神明不测之号。君子，才德出众之名。

② 恒，胡登反。

"子曰"字疑衍文。恒，常久之意。张子曰："有恒者不贰其心。善人者，志于仁而无恶。"

③ 亡，读为无。

三者皆虚夸之事。凡若此者，必不能守其常也。

张敬夫曰："圣人、君子，以学言；善人、有恒者，以质言。"愚谓：有恒者之与圣人，高下固悬绝矣，然未有不自有恒而能至于圣者也。故章末申言有恒之义，其示人入德之门，可谓深切而著明矣。

【今译】① 圣人，像神明一样不可测度的称号。君子，是德才出众的名称。

② 恒，héng。

"子曰"二字可能是衍文。恒，长久的意思。张子说："有恒的人没有贰心。善人，志向在仁而没有恶。"

③ 亡，读作无（wú）。

这三条都是虚夸的事。凡是像这样的，必定不能保持信念的长久。

张栻说："圣人、君子是从学问的角度立论，善人、有恒者是从资质的角度立论。"我认为，有恒者和圣人相比，高低固然非常悬殊，但是没有不从有恒开始就能成为圣人的。所以本章末尾申明有恒的意思，那指明的入德途径，可算是深切而又明白了。

【第二十六章】子钓而不纲，弋不射宿①。

【集注】① 射，食亦反。

纲，以大绳属网，绝流而渔者也。弋，以生丝系矢而射也。宿，宿鸟。

洪氏曰："孔子少贫贱，为养与祭，或不得已而钓弋，如猎较是也。然尽物取之，出其不意，亦不为也。此可见仁人之本心矣。待物如此，待人可知。小者如此，大者可知。"

【今译】① 射，shè。

纲，用大绳穿在网上，横断河水进行捕鱼。弋，用生丝绳系在箭上射鸟。宿，宿鸟。

洪兴祖说："孔子少年贫贱，为了养家和祭祀，可能不得已去钓鱼、射鸟，就像不得已去竞争猎物一样。不过斩尽杀绝、出其不意之类的事情，则不去做。由此可见仁人的本心。对待物如此，对人也就可想而知。小事如此，大事也就可想而知。"

【第二十七章】子曰："盖有不知而作之者，我无是也。多闻，择其善者而从之，多见而识之，知之次也。"①

【集注】① 识，音志。

不知而作，不知其理而妄作也。孔子自言未尝妄作，盖亦谦辞，然亦可见其无所不知也。识，记也。所从不可不择，记则善恶皆当存之，以备参考。如此者，虽未能实知其理，亦可以次于知之者也。

【今译】① 识，音志（zhì）。

不知而作，不知有关的理而胡乱创作。孔子说自己不曾胡乱创作，大概也是谦虚的话，不过由此也可见他的无所不知。识，记住。追随什么不可不选择，记住，就是善恶都存在心里，以备参考。这样做虽然做不到真正知道有关的理，也可以仅次于真正知道其理的人。

【第二十八章】互乡难与言。童子见，门人惑①。

子曰："与其进也,不与其退也。唯何甚! 人洁己以进。与其洁也,不保其往也。"②

【集注】① 见,贤遍反。

互乡,乡名。其人习于不善,难与言善。惑者,疑夫子不当见之也。

② 疑此章有错简。"人洁"至"往也"十四字,当在"与其进也"之前。洁,修治也。与,许也。往,前日也。言人洁己而来,但许其能自洁耳,固不能保其前日所为之善恶也;但许其进而来见耳,非许其既退而为不善也。盖不追其既往,不逆其将来,以是心至,斯受之耳。"唯"字上下疑又有阙文,大抵亦不为已甚之意。

程子曰:"圣人待物之洪如此。"

【今译】① 见,xiàn。

互乡,乡名。那里的人习惯不行善事,难以和他们说向善的话。惑,怀疑夫子是不是应该见他。

② 这一章可能有错简。"人洁"到"往也"十四个字,应在"与其进也"之前。洁,修养治理。与,赞许。往,过去、以往。意思是人家修养治理了自己而来,只赞许他能自我修养和治理,本来就不能保证他以往所作所为的善恶;只是赞许他要求进步来会见,不是赞成他回去以后行为不善。不追查以往,不猜度将来,以这样的心前来,就接受他。"唯"字前后可能又有缺文,大概也是不做过分的行为的意思。

程子说:"圣人对待别人就是这样的宽宏大量。"

【第二十九章】子曰:"仁远乎哉? 我欲仁,斯仁至矣。"①

【集注】① 仁者,心之德,非在外也。放而不求,故有以为远者。反而求之，则即此而在矣，夫岂远哉！

程子曰："为仁由己，欲之则至，何远之有！"

【今译】① 仁，心的德行，不在外面。放失而不寻求，所以有人认为距离遥远。回头去寻求，它就在心里，哪有什么远呢？

程子说："行仁靠自己，想要它就来，哪有什么远？"

【第三十章】陈司败问："昭公知礼乎？"孔子曰："知礼。"①

孔子退。揖巫马期而进之，曰："吾闻君子不党，君子亦党乎？君取于吴，为同姓，谓之吴孟子。君而知礼，孰不知礼？"②

巫马期以告。子曰："丘也幸，苟有过，人必知之。"③

【集注】① 陈，国名。司败，官名，即司寇也。昭公，鲁君，名稠。习于威仪之节，当时以为知礼，故司败以为问，而孔子答之如此。

② 取，七住反。

巫马，姓。期，字。孔子弟子，名施。司败揖而进之也。相助匿非曰党。礼，不娶同姓，而鲁与吴皆姬姓。谓之吴孟子者，讳之，使若宋女子姓者然。

③ 孔子不可自谓讳君之恶，又不可以娶同姓为知礼，故受以为过而不辞。

吴氏曰："鲁，盖夫子父母之国。昭公，鲁之先君也。司败又未尝显言其事，而遽以知礼为问，其对之宜如此也。及司败以为有党，而夫子受以为过，盖夫子之盛德，无所不可也。然其受以为过也，亦不正言其所以过。初若不知孟子之事者，可以为万世之法矣。"

【今译】① 陈,国名。司败,官名,就是司寇。昭公,鲁国国君,名稠。熟悉并且遵守各种仪式、节奏,当时认为是知礼,所以司败这样问,孔子也就如此答。

② 取,qǔ。

巫马是姓,期是字。孔子的弟子,名施。司败作揖请他走近。互相帮助隐瞒错误叫党。依照礼制,不能娶同姓为妻,可是鲁国与吴国都是姬姓。叫作吴孟子,是为了掩饰,使听起来好像是宋国子姓的女子❶。

③ 孔子不能说自己是为君主掩饰过错,又不能说娶同姓女子是知礼,所以就当作自己的过错而不推辞。

吴棫说:“鲁国是夫子的父母之国。昭公,鲁国已故的君主。司败又没有明确问娶吴国女子的事,就用是否知礼提问,回答也就应该如此。等到司败认为孔子偏向同党,而夫子就当作自己的错误加以接受,这是由于夫子德高,无所不可的缘故。然而他接受下来当作自己的过错,却不正面说明是什么过错,好像根本不知道孟姬的事,这样做可以成为千秋万代的榜样。”

【第三十一章】子与人歌而善,必使反之,而后和之①。

【集注】① 和,去声。

反,复也。必使复歌者,欲得其详而取其善也。而后和之者,喜得其详而与其善也。此见圣人气象从容,诚意恳至,而其谦逊审密不掩人善又如此。盖一事之微,而众善之集,有不可胜既者焉,读者宜详味之。

【今译】① 和,hè。

---

❶ 朱熹采纳前人意见,认为宋国是子姓。

反，再来一次。一定要让人家再唱一遍，是想仔细听听而吸取人家的长处。而后和之，因为听得详细而高兴，并且赞许人家的长处。由此可见圣人气度从容，极端诚恳，而他的谦逊慎重而严密、不掩盖别人长处又是如此。一件小事，是许多善行的集合，其中有说不尽的意思，读者应该详细体会。

【第三十二章】子曰："文，莫吾犹人也。躬行君子，则吾未之有得。"①

【集注】① 莫，疑辞。犹人，言不能过人，而尚可以及人。未之有得，则全未有得。皆自谦之辞，而足以见言行之难易缓急，欲人之勉其实也。

谢氏曰："文，虽圣人，无不与人同，故不逊。能躬行君子，斯可以入圣，故不居。犹言'君子道者三，我无能焉'。"

【今译】① 莫，不能确定的用词。犹人，指不能超过别人，但还可以赶上别人。未之有得，就是完全没有得。这些都是自谦的话，而由此却足以看出言与行的难易、缓急，目的是让人们在实质方面努力。

谢良佐说："文，即使圣人，也没有与人不同的，所以不谦逊。能躬行君子，才可以成为圣人，所以不自居。就像说'君子道者三，我无能焉'❶一样。"

【第三十三章】子曰："若圣与仁，则吾岂敢？抑为之不厌，诲人不倦，则可谓云尔已矣。"公西华曰："正唯弟子不能学也。"①

---

❶　此句见第十四篇《宪问》。

【集注】① 此亦夫子之谦辞也。圣者，大而化之。仁，则心德之全而人道之备也。为之，谓为仁圣之道。诲人，亦谓以此教人也。然不厌不倦，非己有之则不能，所以弟子不能学也。

晁氏曰："当时有称夫子圣且仁者，以故夫子辞之。苟辞之而已焉，则无以进天下之材，率天下之善，将使圣与仁为虚器，而人终莫能至矣。故夫子虽不居仁圣，而必以为之不厌、诲人不倦自处也。'可谓云尔已矣'者，无他之辞也。公西华仰而叹之，其亦深知夫子之意矣。"

【今译】① 这也是夫子谦虚的话。圣，是大而化之。仁，指心中德行完整，待人处事之道完备。为之，即努力于仁、圣之道。诲人，也是用这个道去教人。然而不厌、不倦，不是自己具备就做不到，所以弟子们无法学会。

晁说之说❶："当时有称夫子是圣且仁的，所以夫子辞谢。假若辞掉就完了，那就无法使天下有才能的人上进，使天下的善行得以推广，将让圣与仁成为虚设，而人们永远也无法到达。所以夫子虽不以仁圣自居，但一定要以'为之不厌、诲人不倦'自处。'可谓云尔已矣'，表示再没有其他话语的用词。公西华仰面叹息，他也是深知夫子的意思的。"

【第三十四章】子疾病，子路请祷。子曰："有诸？"子路对曰："有之。《诔》曰：'祷尔于上下神祇。'"子曰："丘之祷久矣。"①

【集注】① 诔，力轨反。

祷，谓祷于鬼神。有诸，问有此理否。诔者，哀死而述其行之词也。

---

❶　晁说之：字以道，北宋末年学者，著有《论语讲义》等。

上下，谓天地。天曰神，地曰祇。祷者，悔过迁善，以祈神之佑也。无其理则不必祷。既曰有之，则圣人未尝有过，无善可迁，其素行固已合于神明，故曰"丘之祷久矣"。又《士丧礼》，疾病行祷五祀。盖臣子迫切之至情有不能自己者，初不请于病者而后祷也。故孔子之于子路，不直拒之，而但告以无所事祷之意。

【今译】①诔，lěi。

祷，指向鬼神祷告。有诸，问有这个理吗。诔，是哀悼死者因而述说他一生行为的文字。上下，指天地。天上的叫神，地上的叫祇（qí）。祷，改过向善，以祈求神的保佑。没有祷的理就不必祷。既然有为病祈祷之理，那么圣人不曾有过错，也没有需要趋向的善，他平素的行为本来已经符合神明的要求，所以说"丘之祷久矣"。又据《仪礼·士丧礼》，重病时向五祀祷告。大概臣子们那迫切的心情有些是难以抑制的，原本就不必请示病者以后再去祷告。所以孔子对于子路，不直接拒绝，只是表明自己不去祷告的意思。

【第三十五章】子曰："奢则不孙，俭则固。与其不孙也，宁固。"①

【集注】①孙，去声。

孙，顺也。固，陋也。奢、俭俱失中，而奢之害大。

晁氏曰："不得已而救时之弊也。"

【今译】①孙，xùn。

孙，随顺。固，狭隘。奢与俭都失去了中，而奢的害处大。

晁说之说："这是不得已而用来挽救时弊的说法。"

【第三十六章】子曰："君子坦荡荡，小人长戚戚。"①

【集注】① 坦，平也。荡荡，宽广貌。程子曰："君子循理，故常舒泰。小人役于物，故多忧戚。"

程子曰："君子坦荡荡，心广体胖。"

【今译】① 坦，平坦。荡荡，宽广的样子。程子说："君子遵循理，所以总是舒展而泰然。小人被事物奴役，所以多忧虑、戚苦。"

程子说："君子坦荡荡，心广体胖。"❶

【第三十七章】子温而厉，威而不猛，恭而安①。

【集注】① 厉，严肃也。人之德性本无不备，而气质所赋鲜有不偏，惟圣人全体浑然，阴阳合德，故其中和之气见于容貌之间者如此。门人熟察而详记之，亦可见其用心之密矣。抑非知足以知圣人而善言德行者不能记，故程子以为曾子之言。学者所宜反复而玩心也。

【今译】① 厉，严肃。人的德性本来没有什么不具备的，但是禀赋的气质很少有不偏的，只有圣人完全彻底一切具备，阴阳和谐，所以他的中和之气表现于容貌之间的就是如此。弟子们观察精熟并详细记录下来，也可以见到他们用心的细致。假若不是智慧足以了解圣人并且善于讲述德行的人，也不能记下这些，所以程子认为这是曾子的言论。求学者应该反复用心领会。

---

❶　胖：安逸舒适，参阅本书《大学章句》第六章。

泰伯第八

【集注】凡二十一章。

【今译】共二十一章。

　　【第一章】子曰："泰伯，其可谓至德也已矣！三以天下让，民无得而称焉。"①

【集注】① 泰伯，周大王之长子。至德，谓德之至极无以复加者也。三让，谓固逊也。无得而称，其逊隐微，无迹可见也。盖太王三子，长泰伯，次仲雍，次季历。太王之时，商道寖衰，而周日强大。季历又生子昌，有圣德。太王因有翦商之志，而泰伯不从，大王遂欲传位季历以及昌。泰伯知之，即与仲雍逃之荆蛮，于是大王乃立季历。传国至昌，而三分天下有其二，是为文王。文王崩，子发立，遂克商而有天下，是为武王。夫以泰伯之德，当商周之际，固足以朝诸侯有天下矣，乃弃不取，而又泯其迹焉，则其德之至极，为何如哉！盖其心即夷、齐扣马之心，而事之难处有甚焉者，宜夫子之叹息而赞美之也。泰伯不从事，见《春秋传》。

【今译】① 泰伯，周太王的长子。至德，指德行的顶点，无以复加的意思。三让，指坚决辞让。无得而称，他的辞让隐蔽，没有痕迹可见。太王有三个儿子：长子泰伯，次子仲雍，老三季历。太王那个时代，商朝逐渐衰落，周国日益强大。季历有个儿子叫昌，有圣人的德行。太王因而有灭商的打算，但泰伯不同意，太王就想传位给季历以便让昌继承。泰伯知道了，就和仲雍一起逃到了荆楚蛮夷之邦，于是太王就立季历为太子。传国到昌，就有了三分之二的天下，这就是文王。文王逝世，太子发继位，就消灭了商朝而夺取了天下，这就是武王。以泰伯那样的德行，在商周之际，本来是足以使诸侯归服而夺取天下的，却抛弃了不要，并且又掩盖了自己的踪迹，他的德行的极端崇高到了何种地步啊！他的心，就是伯夷、叔齐拦马劝谏的心，而事情的难处则又超过了伯夷、叔齐，夫子叹息和赞美他是非常自然的。泰伯不同意灭商的事，见于《左传·僖公五年》❶。

【第二章】子曰："恭而无礼则劳，慎而无礼则葸，勇而无礼则乱，直而无礼则绞①。君子笃于亲，则民兴于仁；故旧不遗，则民不偷②。"

【集注】①葸，丝里反。绞，古卯反。

葸，畏惧貌。绞，急切也。无礼则无节文，故有四者之弊。

②君子，谓在上之人也。兴，起也。偷，薄也。

张子曰："人道知所先后，则恭不劳，慎不葸，勇不乱，直不绞，民化而德厚矣。"

吴氏曰："'君子'以下，当自为一章，乃曾子之言也。"

愚按：此一节与上文不相蒙，而与首篇"慎终追远"之意相类。吴说近是。

【今译】①葸，xǐ。绞，jiǎo。

---

❶ 《吴越春秋》记载更为详细。

葸，畏惧的样子。绞，急切。没有礼，就没有节奏和形式，所以有这四种弊病。

②君子，指上层人物。兴，兴起。偷，淡薄。

张子说："做人之道如果知道先后，就会恭敬而不劳扰，慎重而不畏葸，勇敢而不作乱，正直而不急切，民众被感化，因而道德就淳厚了。"

吴棫说："'君子'以下，应当自为一章，这是曾子的话。"

熹按：这一节与上文不相衔接，却与第一篇"慎终追远"的意思相似。吴棫的说法近理。

【第三章】曾子有疾，召门弟子曰："启予足！启予手！《诗》云：'战战兢兢，如临深渊，如履薄冰。'而今而后，吾知免夫！小子！"①

【集注】①夫，音扶。

启，开也。曾子平日以为身体受于父母，不敢毁伤，故于此使弟子开其衾而视之。《诗》，《小旻》之篇。战战，恐惧。兢兢，戒谨。临渊恐坠，履冰恐陷也。曾子以其所保之全示门人，而言其所以保之之难如此，至于将死，而后知其得免于毁伤也。小子，门人也。语毕而又呼之，以致反复丁宁之意，其警之也深矣。

程子曰："君子曰终，小人曰死。君子保其身，以没为终其事也，故曾子以全归为免矣。"尹氏曰："父母全而生之，子全而归之。曾子临终而启手足，为是故也。非有得于道，能如是乎！"范氏曰："身体犹不可亏也，况亏其行以辱其亲乎！"

【今译】①夫，音扶（fú）。

启，打开。曾子平日认为身体是父母给的，不敢损伤，所以在这里让弟子们掀开被子看看。《诗》，《诗经·小雅·小旻》篇。战战，恐惧的样子。兢兢，警惕和谨慎。临渊，害怕坠落。履冰，恐怕陷下。曾子用自己所保持的身体的完整给弟子们看，并且说明保持身体的完整是这样困难，直到临死，才知道可以使它免于毁伤了。小子，即弟子们。说完了又喊一声，以表达反复叮咛的意思，那提醒的意思非常深刻。

程子说："对君子叫做终，对小人叫做死。君子保全自己的身体而死，为的是完成自己的事业，所以曾子把保全身体而死称为'免'。"尹焞说："父母完整地生下了这个身体，儿子完整地使它复归。曾子临终要掀开被子看看手与脚，就是为了这个。不是有得于道，能这样做吗？"范祖禹说："身体还不敢有所亏损，何况使行为有亏损而使父母受辱呢！"

【第四章】曾子有疾，孟敬子问之①。

曾子言曰："鸟之将死，其鸣也哀；人之将死，其言也善②。君子所贵乎道者三：动容貌，斯远暴慢矣；正颜色，斯近信矣；出辞气，斯远鄙倍矣。笾豆之事，则有司存③。"

【集注】①孟敬子，鲁大夫仲孙氏，名捷。问之者，问其疾也。

②言，自言也。鸟畏死，故鸣哀。人穷反本，故言善。此曾子之谦辞，欲敬子知其所言之善而识之也。

③远、近，并去声。

贵，犹重也。容貌，举一身而言。暴，粗厉也。慢，放肆也。信，实也。正颜色而近信，则非色庄也。辞，言语。气，声气也。鄙，凡陋也。倍，与"背"同，谓背理也。笾，竹豆。豆，木豆。言道虽无所不在，然君子所重者，在此三事而已。是皆修身之要，为政之本，学者所当操存省察，而不可有造次颠沛之违者也。若夫笾豆之事,器数之末,道之全体固无不该,然其分则有司之守,而非君子之所重矣。

程子曰:"动容貌,举一身而言也。周旋中礼,暴慢斯远矣。正颜色,则不妄,斯近信矣。出辞气,正由中出,斯远鄙倍。三者正身而不外求,故曰'笾豆之事,则有司存'。"尹氏曰:"养于中则见于外。曾子盖以修己为为政之本。若乃器用事物之细,则有司存焉。"

【今译】①孟敬子,鲁国大夫仲孙氏,名捷。问之,问候他的病。

②言,自言,说自己。鸟畏惧死亡,所以鸣声悲哀。人到困穷时返归本性,所以出言良善。这是曾子的谦虚之辞,为了让敬子知道自己说的是良言而记下。

③远,yuàn。近,jìn。

贵,意思是重视。容貌,指全身的姿态。暴,粗暴。慢,放肆。信,信实。脸色端正而接近信实,就不仅是脸色庄重了。辞,言语。气,声气。鄙,粗俗狭隘。倍,同"背",指违背理。笾,竹豆。豆,木豆❶。说的是道虽然无所不在,但君子所看重的,在这三件事罢了。这都是修身的要领、行政的根本,求学者应当保持并且经常反省检查,即使在仓促窘迫或颠沛流离的时候也是不可违背的。至于祭器的摆放,各种器物、数量等细枝末节,道的全体虽然不是不包括在内,然而按照分工,这是有关部门的职责,而不是君子所重视的。

程子说:"动容貌,是包括全身而言的。动作合乎礼,粗暴放肆就远去了。端正脸色就不狂妄虚诞,这就接近信实了。说话辞气中肯,那端正的言行就是由心中发出的,这就远离了粗俗狭隘和背理之事。三

---

❶ 豆:古代祭器,形似高脚盘。不是吃的豆子。

者都是用来端正自身而不向外寻求，所以说'笾豆之事，则有司存'。"

尹焞说："修养内心，就表现于外部。曾子是把修己作为行政的根本。至于各种具体事务、物品使用的细节，则归有关部门管理。"

【第五章】曾子曰："以能问于不能，以多问于寡，有若无，实若虚，犯而不校。昔者吾友尝从事于斯矣。"①

【集注】① 校，计校也。友，马氏以为颜渊是也。颜子之心，唯知义理之无穷，不见物我之间，故能如此。

谢氏曰："不知有余在己，不足在人；不必得为在己，失为在人，非几于无我者，不能也。"

【今译】① 校，计较。友，马融认为是颜渊。颜渊的心，只知道义理是没有穷尽的，而不在意人与我的区别，所以能够如此。

谢良佐说："不知道有余的是自己，不足的是别人；不坚持认为正确的是自己，错误的是别人，若不是差不多到了无我境界的人，是做不到的。"

【第六章】曾子曰："可以托六尺之孤，可以寄百里之命，临大节而不可夺也。君子人与？君子人也。"①

【集注】① 与，平声。

其才可以辅幼君，摄国政。其节至于死生之际而不可夺，可谓君子矣。与，疑辞。也，决辞。设为问答，所以深著其必然也。

程子曰："节操如是，可谓君子矣。"

【今译】① 与，yú。

他的才能可以辅佐幼小的君主，执掌国政。他的气节达到在生死关头也不改变，可算是君子了。与，疑问词。也，肯定词。自问自答，用来深刻表明必定如此。

程子说："像这样的气节操守，可算是君子了。"

【第七章】曾子曰："士不可以不弘毅，任重而道远 ①。仁以为己任，不亦重乎？死而后已，不亦远乎 ②？"

【集注】① 弘，宽广也。毅，强忍也。非弘不能胜其重，非毅无以致其远。

② 仁者，人心之全德，而必欲以身体而力行之，可谓重矣。一息尚存，此志不容少懈，可谓远矣。

程子曰："弘而不毅，则无规矩而难立；毅而不弘，则隘陋而无以居之。"又曰："弘大则毅，然后能胜重任而远到。"

【今译】① 弘，宽广。毅，坚强。不宽广不能担负重大使命，不坚强不能胜任遥远的路程。

② 仁，是人心的完整德行，而一定要身体力行，可算得是重大使命。一息尚存，这个志向就不容许有丝毫松懈，可算是路途遥远了。

程子说："宽广而不坚强，就会没有规矩而难以自立。坚强而不宽广，就会狭隘而无处安身。"又说："宽广而坚强，然后能担负重任而达到远大目标。"

【第八章】子曰："兴于诗 ①，立于礼 ②，成于乐 ③。"

【集注】① 兴，起也。诗本性情，有邪有正。其为言既易知，而吟咏之间，抑扬反覆，其感人又易入。故学者之初，所以兴起其好善恶恶之心，而不能自已者，必于此而得之。

② 礼以恭敬辞逊为本，而有节文度数之详，可以固人肌肤之会，筋骸之束，故学者之中，所以能卓然自立而不为事物之所摇夺者，必于此而得之。

③ 乐有五声十二律，更唱迭和，以为歌舞八音之节，可以养人之性情，而荡涤其邪秽，消融其渣滓，故学者之终，所以至于义精仁熟，而自和顺于道德者，必于此而得之，是学之成也。

按《内则》，十岁学幼仪，十三学乐诵诗，二十而后学礼。则此三者，非小学传授之次，乃大学终身所得之难易先后浅深也。程子曰："天下之英才不为少矣，特以道学不明，故不得有所成就。夫古人之诗，如今之歌曲，虽闾里童稚皆习闻之，而知其说，故能兴起。今虽老师宿儒尚不能晓其义，况学者乎！是不得兴于诗也。古人自洒扫应对以至冠昏丧祭，莫不有礼，今皆废坏，是以人伦不明，治家无法，是不得立于礼也。古人之乐，声音所以养其耳，采色所以养其目，歌咏所以养其性情，舞蹈所以养其血脉，今皆无之，是不得成于乐也。是以古之成材也易，今之成材也难。"

【今译】① 兴，兴起。诗的根据是性情，有邪有正。诗的词句容易理解，并且在朗诵或歌唱的时候，抑扬顿挫又重迭反复，它使人感动，又使人容易接受。所以求学之初，用来兴起求学者那好善恶恶的心，使它难以抑制，必须由诗歌来达到。

② 礼以恭敬、辞让、谦逊为根本，并且有节奏、形式、程度、数量等详细规定，可以规范人们肌肉皮肤的动作、关节筋骨的屈伸，所以求学的中段，那些能够卓然自立而不被外在事物所动摇的，一定是由礼来达到。

③ 乐有五声、十二音律 ❶，轮流、重迭、和谐，作歌、舞、八音的节奏、旋律 ❷，可以涵养人的性情，荡涤胸中邪恶淫秽的念头，融化沉积郁闷的渣滓，所以求学的终了，那些能够达到仁义精熟并且自然对于道德能和谐顺从的，一定要由乐来达到，这是求学的完成。

按照《礼记·内则》，十岁学少年礼节，十三岁学音乐、唱诵诗歌，二十以后学礼。那么，诗、礼、乐这三件事，就不是小学传授的次序，而是大学和终生所获得的难易、先后、浅深的次序。程子说："天下的英才并不少，只是由于道学不明，所以不能有所成就。古人的诗，就像今天的歌曲，即使街巷乡村的儿童，都经常听到并且知道它的含义，所以能够使人感动、振奋而兴起。在今天，即使年长的教师、多年的儒者，尚且不能懂它的意思，何况求学的人？这就不能'兴于诗'了。古人从洒水扫地、待人接物，以至成年、结婚、死亡、祭祀，都有相应的礼节，现在都被抛弃、破坏了，所以人伦不明白，治家没法度，这就不能'立于礼'了。古人的音乐，声音用来养护耳朵，色彩用来养护眼睛，歌咏用来养护性情，舞蹈用来养护血脉，现在都没有了，这就不能'成于乐'了。所以古人成材容易，现在成材困难。"

【第九章】子曰："民可使由之，不可使知之。" ①

【集注】① 民可使之由于是理之当然，而不能使之知其所以然也。

程子曰："圣人设教，非不欲人家喻而户晓也，然不能使之知，但能使之由之尔。若曰圣人不使民知，则是后世朝四暮三之术也，岂圣人之

---

❶ 五声：宫、商、角、徵、羽。十二音律：即黄钟、太簇等，共十二个。

❷ 八音：八类乐器，指金（钟）、石（磬）、丝（琴、瑟）、竹（笛、箫）、匏（笙、竽）、土（埙）、革（鼓）、木（柷、敔）。

心乎！"

【今译】① 对于民众，可让他们遵循这个理的应当如此，而无法让他们知道为什么如此。

程子说："圣人建立的教义，不是不想让人们家喻户晓，但是无法让他们懂得，只能让他们遵从。假若认为圣人不让民众知道，那就是后世朝三暮四的权术❶，哪里是圣人的用心呢！"

【第十章】子曰："好勇疾贫，乱也。人而不仁，疾之已甚，乱也。"①

【集注】① 好，去声。

好勇而不安分，则必作乱。恶不仁之人而使之无所容，则必致乱。二者之心，善恶虽殊，然其生乱则一也。

【今译】① 好，hào。

好勇而不安分，就必然作乱。厌恶不仁的人而使他无地自容，也必然导致动乱。二者的用心，善恶虽然不同，但他们的导致动乱是一样的。

【第十一章】子曰："如有周公之才之美，使骄且吝，其余不足观也已。"①

【集注】① 才、美，谓智能技艺之美。骄，矜夸。吝，鄙啬也。

程子曰："此甚言骄、吝之不可也。盖有周公之德，则自无骄吝。

---

❶ 朝三暮四：语出《庄子·齐物论》。大意是：养猴的对猴子们说，早上给你们三升栗子，晚上给四升。猴子们嫌少，大怒。说早上给你们四升，晚上给三升。猴子们认为多，于是高兴了。程、朱的意思是说，孔子的本意，是让民众知道的是怎么做，无法让他们知道的是为什么，而不是一切不让知以便愚弄他们。

若但有周公之才而骄吝焉，亦不足观矣。"又曰："骄，气盈；吝，气歉。"愚谓：骄吝虽有盈歉之殊，然其势常相因。盖骄者，吝之枝叶；吝者，骄之本根。故尝验之天下之人，未有骄而不吝、吝而不骄者也。

【今译】① 才、美，指智能技艺的优秀。骄，矜持，炫耀。吝，粗俗，吝啬。

程子说："这是特别强调骄、吝的不好。若有周公的德行，就自然没有骄、吝。若是只有周公的才能而骄、吝，那就没什么可取的。"又说："骄横，盛气凌人；吝啬，气馁猥琐。"我认为，骄、吝虽然有盛满、缺欠的区别，但它们的趋势却常常是互为依赖。骄是吝的枝叶，吝是骄的本根。所以我曾经观察过天下的人，没有骄而不吝、吝而不骄的。

【第十二章】子曰："三年学，不至于穀，不易得也。"①

【集注】① 易，去声。

穀，禄也。至，疑当作"志"。为学之久而不求禄，如此之人，不易得也。

杨氏曰："虽子张之贤，犹以干禄为问，况其下者乎！然则三年学而不至于穀，宜'不易得'也。"

【今译】① 易，yì。

穀，俸禄。至，可能是"志"字。求学时间长而不去求官得俸禄，像这样的人，不易得。

杨时说："即使子张这样的贤德，还问怎样求官，何况更下一等的呢？那么学三年还不去求官，确实是'不易得'。"

【第十三章】子曰："笃信好学，守死善道①。危邦不入，

乱邦不居。天下有道则见，无道则隐^②。邦有道，贫且贱焉，耻也；邦无道，富且贵焉，耻也^③。"

【集注】① 好，去声。

笃，厚而力也。不笃信，则不能好学。然笃信而不好学，则所信或非其正。不守死，则不能以善其道。然守死而不足以善其道，则亦徒死而已。盖守死者，笃信之效；善道者，好学之功。

② 见，贤遍反。

君子见危授命。则仕危邦者，无可去之义，在外则不入可也。乱邦未危，而刑政纪纲紊矣，故洁其身而去之。天下，举一世而言。无道，则隐其身而不见也。此惟笃信好学、守死善道者能之。

③ 世治而无可行之道，世乱而无能守之节，碌碌庸人，不足以为士矣，可耻之甚也。

晁氏曰："有学有守，而去就之义洁，出处之分明，然后为君子之全德也。"

【今译】① 好，hào。

笃，深厚而用力。不笃信，就不会好学。然而若笃信而不好学，那么所信的可能不正。不"守死"，就不能完善他的道。然而守死却不足以完善他的道，就是白死罢了。守死是笃信的效果，善道是好学的功劳。

② 见，xiàn。

君子见到危难要献出生命。那么在危险的国度做官，就没有离开的道理，在外面的不进入是可以的。动乱还不至于危险，而政治秩序紊乱了，所以洁身自好而离开它。天下，指一个时代而言。无道，就隐居起来而不出现。这只有笃信好学、守死善道的人才能够做到。

③ 国家有秩序自己却没有可行的道，国家动乱自己却没有能保持的节操，这种碌碌庸人，是不足以作为士的，是非常可耻的。

晁说之说："有道可学，有节可守，从而离开、奔赴的道理纯洁，出仕、隐居的本分明确，然后才是君子的完整德行。"

【第十四章】子曰："不在其位，不谋其政。" ①

【集注】① 程子曰："不在其位，则不任其事也。若君大夫问而告者，则有矣。"

【今译】① 程子说："不在那个位置，就不去处理那些事。若是君主、大夫问起来因而告诉他们，这种情况是有的。"

【第十五章】子曰："师挚之始，《关雎》之乱，洋洋乎盈耳哉！" ①

【集注】① 挚，音志。雎，七余反。

师挚，鲁乐师，名挚也。乱，乐之卒章也。《史记》曰："《关雎》之乱，以为风始。"洋洋，美盛意。孔子自卫反鲁，而正乐，适师挚在官之初，故乐之美盛如此。

【今译】① 挚，音志（zhì）。雎，jū。

师挚，鲁国乐师，名挚。乱，乐曲的最后一章。《史记·孔子世家》说："《关雎》的末章，是国风的开始。"洋洋，优美而盛大的意思。孔子从卫国返回鲁国，端正音乐，正好是师挚做乐官之初，所以音乐的优美而盛大是这个样子。

【第十六章】子曰："狂而不直，侗而不愿，悾悾而不信，

吾不知之矣。"①

【集注】①侗,音通。悾,音空。

侗,无知貌。愿,谨厚也。悾悾,无能貌。吾不知之者,甚绝之之辞,亦不屑之教诲也。

苏氏曰:"天之生物,气质不齐。其中材以下,有是德则有是病,有是病必有是德。故马之蹄啮者必善走,其不善者必驯。有是病而无是德,则天下之弃才也。"

【今译】①侗,音通(tóng)。悾,音空(kōng)。

侗,无知的样子。愿,谨慎淳厚。悾悾,无能的样子。吾不知之,严厉弃绝的用辞,也是不屑于教诲。

苏轼说:"天生下万物,气质不一样。中材以下的物,有这样德行就有这种弊病,有这种毛病也必有这种德行。所以能踢能咬的马一定跑得快,跑不快的一定很驯服。有这种毛病却没有这种德行,那就是个废物。"

【第十七章】子曰:"学如不及,犹恐失之。"①

【集注】①言人之为学,既如有所不及矣,而其心犹竦然,惟恐其或失之。警学者当如是也。

程子曰:"'学如不及,犹恐失之',不得放过。才说姑待明日,便不可也。"

【今译】①说的是人们求学,既然好像有所赶不上,而他的心又总是战战兢兢,惟恐再失掉什么。这是提醒求学者应当如此。

程子说:"'学如不及,犹恐失之',就不可以放过。才说个等明天再学吧，就不可以。"

【第十八章】子曰："巍巍乎！舜、禹之有天下也而不与焉。"①

【集注】①与，去声。

巍巍，高大之貌。不与，犹言不相关，言其不以位为乐也。

【今译】①与，yù。

巍巍，高大的样子。不与，意思是不相关，指他们不以得到君位为快乐。

【第十九章】子曰："大哉！尧之为君也。巍巍乎！唯天为大，唯尧则之。荡荡乎！民无能名焉①。巍巍乎！其有成功也。焕乎其有文章②。"

【集注】①唯，犹独也。则，犹准也。荡荡，广远之称也。言物之高大，莫有过于天者，而独尧之德能与之准。故其德之广远，亦如天之不可以言语形容也。

②成功，事业也。焕，光明之貌。文章，礼乐法度也。尧之德不可名，其可见者，此尔。

尹氏曰："天道之大，无为而成，唯尧则之以治天下，故民无得而名焉。所可名者，其功业文章巍然、焕然而已。"

【今译】①唯，独、只有。则，准则。荡荡，广大辽远的意思。说的是物的高大，没有超过天的，而只有尧的德行能以天为准则。所以它的德行的广大辽远，就像天的不可用言语来形容。

②成功，事业的成功。焕，光明的样子。文章，礼乐法度等。尧的

德行没法命名,可以看见的就是这些。

　　尹焞说:"天道伟大,无为而成功,只有尧以天道为准则治理天下,所以民众无法给他的德行命名。可以用语言来描述的,只有他的功业、文章'巍巍乎''焕乎'罢了。"

　　【第二十章】舜有臣五人,而天下治[①]。

　　武王曰:"予有乱臣十人。"[②]

　　孔子曰:"才难。不其然乎? 唐、虞之际,于斯为盛。有妇人焉,九人而已[③]。三分天下有其二,以服事殷。周之德,其可谓至德也已矣[④]。"

【集注】①治,去声。

　　五人,禹、稷、契、皋陶、伯益。

　　②《书·泰誓》之辞。马氏曰:"乱,治也。"十人,谓周公旦、召公奭、太公望、毕公、荣公、太颠、闳夭、散宜生、南宫适,其一人谓文母。刘侍读以为,子无臣母之义,盖邑姜也。九人治外,邑姜治内。或曰:乱本作"乿",古"治"字也。

　　③ 称孔子者,上系武王君臣之际,记者谨之。才难,盖古语,而孔子然之也。才者,德之用也。唐虞,尧舜有天下之号。际,交会之间。言周室人才之多,惟唐虞之际乃盛于此。降自夏商,皆不能及,然犹但有此数人尔,是才之难得也。

　　④《春秋传》曰:"文王率商之畔国以事纣。"盖天下归文王者六州:荆、梁、雍、豫、徐、扬也。惟青、兖、冀尚属纣耳。范氏曰:"文王之德,足以代商。天与之,人归之,乃不取而服事焉,所以为至德也。孔子因武王之言而及文王之德,且与泰伯皆以至德称之,其旨微矣。"

或曰：宜断"三分"以下，别以"孔子曰"起之，而自为一章。

【今译】①治，zhì。

五人：禹、稷、契、皋陶、伯益。

②《尚书·泰誓》的话。马融说："乱，就是治。"十人，指周公旦、召公奭、太公望、毕公、荣公、太颠、闳夭、散宜生、南宫适，其中还有一个是文母。刘侍读认为❶，儿子没有让母亲做臣的道理，这一个应是邑姜❷。九人治理外事，邑姜治理内事。有人说，乱字本来写作"亂"，是古代的"治"字。

③ 这里称"孔子"，因为前面记载的是周武王君臣之间的事，记录孔子这话的人下笔谨慎的缘故。才难，这是相传的古语，孔子赞同。才，是德的用。唐、虞，是尧、舜取得天下时的称号。际，交会的地方。指周朝人才多，只有唐虞之际才比周朝兴盛。到了夏代、商代，都赶不上了，不过周代也只有这几个人，可见是人才难得了。

④《左传·襄公四年》："周文王率领背叛了商朝的诸侯国事奉纣王。"当时天下归服了周国的有六州：荆州、梁州、雍州、豫州、徐州、扬州。只有青州、兖州、冀州还属于纣王。范祖禹说："文王的德行，足以代替商朝。天已经把天下给文王了，人民已经归服了，还是不去夺取，而仍然事奉商王，所以是最高的德行。孔子借武王的话谈到了文王的德行，并且和泰伯一样都称作'至德'，用意是非常深刻的。"有人说：应在"三分天下"前加"孔子曰"，另作一章。

【第二十一章】子曰："禹，吾无间然矣。菲饮食，而致

---

❶　刘侍读：即刘敞，北宋学者，著有《七经小传》等。

❷　文母是文王之妻，武王之母。邑姜是武王之妻。

孝乎鬼神；恶衣服，而致美乎黻冕；卑宫室，而尽力乎沟洫。禹，吾无间然矣！"①

【集注】①间，去声。菲，音匪。黻，音弗。洫，呼域反。

　　间，罅隙也，谓指其罅隙而非议之也。菲，薄也。致孝鬼神，谓享祀丰洁。衣服，常服。黻，蔽膝也，以韦为之。冕，冠也。皆祭服也。沟洫，田间水道，以正疆界、备旱潦者也。或丰或俭，各适其宜，所以无罅隙之可议也。故再言，以深美之。

　　杨氏曰："薄于自奉，而所勤者民之事，所致饰者，宗庙朝廷之礼，所谓有天下而不与也，夫何间然之有。"

【今译】①间，jiàn。菲，音匪（fěi）。黻，音弗（fǔ）。洫，xù。

　　间，缝隙，指缺点，意思是指出他的缺点而非议。菲，菲薄。致孝鬼神，指祭品丰盛而洁净。衣服，平素的穿着。黻，遮蔽膝盖的，用皮子做成。冕，就是冠。都是祭服。沟洫，田间的水道，用来确定地界，防备旱涝。丰盛还是俭朴，因事制宜，所以没有不足可以非议。所以再说一遍，用来深表赞美。

　　杨时说："自己享受的很少，辛勤致力于民众的事，尽力装饰宗庙和重视朝廷上的礼仪，这就是所谓'有天下而不与'的意思，还有什么不足可非议的呢！"

子罕第九

【集注】凡三十章。

【今译】共三十章。

【第一章】子罕言利与命与仁。①

【集注】① 罕,少也。程子曰:"计利则害义。命之理微,仁之道大,皆夫子所罕言也。"

【今译】① 罕,稀少。程子说:"计较利益就危害大义。命的道理深奥,仁的道广大,都是夫子很少说的。"

【第二章】达巷党人曰:"大哉孔子! 博学而无所成名。"①

子闻之,谓门弟子曰:"吾何执? 执御乎? 执射乎? 吾执御矣。"②

【集注】① 达巷,党名。其人姓名不传。"博学无所成名",盖美其学之博,而惜其不成一艺之名也。

② 执,专执也。射、御皆一艺,而御为人仆,所执尤卑。言欲使我何所执以成名乎,然则吾将执御矣。闻人誉己,承之以谦也。

尹氏曰:"圣人道全而德备,不可以偏长目之也。达巷党人见孔子之大,意其所学者博,而惜其不以一善得名于世,盖慕圣人而不知者也。故孔子曰:欲使我何所执而得为名乎? 然则吾将执御矣。"

【今译】① 达巷，党名。说话人的姓名没有留下。"博学无所成名"，赞美孔子学问渊博，而可惜他没有因为精通一项专门技术成名。

② 执，专门掌握。射箭、御车都是一种专门技术，而御车是做仆人，这门技术就更加卑贱。意思是想让我掌握哪一门技术来成名呢，要不我就掌握御车的技术吧。听到别人称赞自己，用谦虚的语言来承接。

尹焞说："圣人的道完整而德行全备，不可用某一方面的长处来衡量他。达巷党的那个人见到孔子的伟大，认为他学识渊博，却可惜他不能以一技之长成名，这是敬仰圣人却不了解圣人。所以孔子说：想让我掌握什么技术成名呢？要不我就掌握御车吧。"

【第三章】子曰："麻冕，礼也；今也纯，俭。吾从众①。拜下，礼也；今拜乎上，泰也。虽违众，吾从下②。"

【集注】① 麻冕，缁布冠也。纯，丝也。俭，谓省约。缁布冠，以三十升布为之，升八十缕，则其经二千四百缕矣。细密难成，不如用丝之省约。

② 臣与君行礼，当拜于堂下。君辞之，乃升，成拜。泰，骄慢也。

程子曰："君子处世，事之无害于义者，从俗可也；害于义，则不可从矣。"

【今译】① 麻冕，黑色的麻布冠。纯，丝。俭，指节省。黑布冠，用三十升布做成，每升八十缕，那么它的经线就有二千四百缕。因细密而不易织成，不如用丝的省俭和节约。

② 臣向君行礼，通常是在堂下下拜。君主辞谢，才升堂下拜以完成礼仪。泰，骄横、怠慢。

程子说："君子处世，如果事情不危害义理，可以从俗；如果危害义理，就不可以从俗。"

【第四章】子绝四：毋意，毋必，毋固，毋我。①

【集注】①绝，无之尽者。毋，《史记》作"无"，是也。意，私意也。必，期必也。固，执滞也。我，私己也。四者相为终始，起于意，遂于必，留于固，而成于我也。盖意、必常在事前，固、我常在事后。至于我又生意，则物欲牵引，循环不穷矣。

程子曰："此毋字，非禁止之辞。圣人绝此四者，何用禁止？"张子曰："四者有一焉，则与天地不相似。"杨氏曰："非知足以知圣人，详视而默识之，不足以记此。"

【今译】①绝，彻底的无。毋，《史记·孔子世家》作"无"，是正确的。意，主观臆测。必，期望一定如何。固，坚持停滞不前。我，偏向自己。四者互相作为终始，从意开始，经过必，滞留于固，完成于"我"。大概意、必常在事情发生之前，固、我常在事情发生以后。到了我就又产生意，被物欲牵引着，循环不穷。

程子说："这个毋字，不是禁止的词汇。圣人完全没有这四条，哪里用得着禁止？"张子说："四条中有一条，就和天地不相似。"杨时说："若不是智慧足以了解圣人，又详细观察并且默默记住，就不能够记下这些话。"

【第五章】子畏于匡①**。曰："文王既没，文不在兹乎**②**？天之将丧斯文也，后死者不得与于斯文也；天之未丧斯文也，匡人其如予何**③**？"**

【集注】①畏者，有戒心之谓。匡，地名。《史记》云：阳虎曾暴于匡。

夫子貌似阳虎,故匡人围之。

②　道之显者谓之文,盖礼乐制度之谓。不曰道而曰文,亦谦辞也。兹,此也,孔子自谓。

③　丧、与,并去声。

马氏曰:"文王既没,故孔子自谓后死者。言天若欲丧此文,则必不使我得与于此文。今我既得与于此文,则是天未欲丧此文也。天既未欲丧此文,则匡人其奈我何?言必不能违天害己也。"

【今译】①　畏,有戒心的意思。匡,地名。《史记·孔子世家》说:阳虎曾在匡地残害百姓。夫子相貌类似阳虎,所以匡人围住了夫子。

②　道的表现叫做文,指礼乐制度之类。不说道而说文,也是谦辞。兹,此,孔子指自己。

③　丧,sàng。与,yù。

马融说:"周文王已死,所以孔子自称后死者。孔子说:天若是要让这个文丧灭,就必定不会让我有机会得知这个文。现在我既然有机会得知这个文,那就是天没有想丧灭这个文。天既然没有想丧灭这个文,那么匡人又能把我怎么样?意思是匡人必定不能违背天命加害于自己。"

【第六章】大宰问于子贡曰:"夫子圣者与? 何其多能也?"①

子贡曰:"固天纵之将圣,又多能也。"②

子闻之,曰:"大宰知我乎! 吾少也贱,故多能鄙事。君子多乎哉? 不多也。"③

牢曰:"子云:'吾不试,故艺。'"④

【集注】①大，音泰。与，平声。

孔氏曰："大宰，官名，或吴或宋，未可知也。"与者，疑辞。大宰盖以多能为圣也。

②纵，犹肆也，言不为限量也。将，殆也，谦若不敢知之辞。圣无不通，多能乃其余事，故言又以兼之。

③言由少贱，故多能，而所能者，鄙事尔，非以圣而无不通也。且多能非所以率人，故又言君子不必多能以晓之。

④牢，孔子弟子，姓琴，字子开，一字子张。试，用也。言由不为世用，故得以习于艺而通之。

吴氏曰："弟子记夫子此言之时，子牢因言昔之所闻有如此者，其意相近，故并记之。"

【今译】①大，音泰（tài）。与，yú。

孔安国说："太宰，官名，可能是吴国的，也可能是宋国的，不能确定。"与，疑问词。太宰以为多才多艺为圣。

②纵，放手，意思是不加限制。将，近于，谦虚好像不敢了解的用词。圣就无所不通，多才多艺仅是圣的附带部分，所以又加上了一句。

③孔子说，自己由于少年贫贱，所以多才多艺，而自己所能的乃是卑贱的事，并非因为圣就无所不通。况且多才多艺不能用来领导人，所以又说君子没必要多才多艺，以便让子贡理解这个道理。

④牢，孔子弟子，姓琴，字子开，又字子张。试，被任用。意思是由于不被当世任用，所以能够从事各种技艺并且精通它们。

吴棫说："弟子记录夫子这话的时候，子牢说起过去听到的话也有这样的，它们的意思相近，所以一并记下。"

【第七章】子曰："吾有知乎哉？无知也。有鄙夫问于我，空空如也，我叩其两端而竭焉。"①

【集注】① 叩，音口。

孔子谦言己无知识，但其告人，虽于至愚，不敢不尽耳。叩，发动也。两端，犹言两头。言终始本末上下精粗，无所不尽。

程子曰："圣人之教人，俯就之若此，犹恐众人以为高远而不亲也。圣人之道，必降而自卑，不如此，则人不亲。贤人之言，则引而自高，不如此，则道不尊。观于孔子、孟子，则可见矣。"尹氏曰："圣人之言，上下兼尽。即其近，众人皆可与知。极其至，则虽圣人亦无以加焉。是之谓两端。如答樊迟之问仁知，两端竭尽，无余蕴矣。若夫语上而遗下，语理而遗物，则岂圣人之言哉？"

【今译】① 叩，音口（kòu）。

孔子谦虚地说自己没有知识，但他教导别人，即使非常笨的，也不敢不全部告诉。叩，敲打。两端，意思是两头。说的是终始、本末、上下、精粗，无所不尽。

程子说："圣人教导人，是这样的俯就，还怕众人认为高远而不亲近。圣人之道，必须自己降到低处，不这样人们就不亲近。贤人的话，就要自己向高远引申，不这样就显不出道的崇高。看看孔子、孟子，就可以知道这一点了。"尹焞说："圣人的话，上下都穷尽了。就浅近处说，人人都能明白。说到极点，即使圣人也无以复加了。这就叫两端。比如回答樊迟问的仁、智，两端穷尽，没有余蕴了。假若讲高深而丢了浅近，讲理而丢了物，这哪里是圣人之言呢？"

【第八章】子曰："凤鸟不至，河不出图，吾已矣夫！"①

【集注】①夫，音扶。

凤，灵鸟。舜时来仪，文王时鸣于岐山。河图，河中龙马负图，伏羲时出。皆圣王之瑞也。已，止也。

张子曰 ❶：“凤至图出，文明之祥，伏羲、舜、文之瑞不至，则夫子之文章，知其已矣。”

【今译】①夫，音扶（fú）。

凤，神灵之鸟。舜的时代，凤鸟飞来。周文王时，凤鸟在岐山鸣唱。河图，河中龙马负图，伏羲时代出现。这些都是神圣帝王的祥瑞。已，完结。

张子说：“凤鸟来，河图出，都是文要昌明的祥瑞 ❷。伏羲、舜、文王的祥瑞不来，夫子要兴的礼乐，知道不能行了。”

【第九章】子见齐衰者、冕衣裳者与瞽者，见之，虽少，必作；过之，必趋①。

【集注】①齐，音咨。衰，七雷反。少，去声。

齐衰，丧服。冕，冠也。衣，上服。裳，下服。冕而衣裳，贵者之盛服也。瞽，无目者。作，起也。趋，疾行也。或曰：“少”当作“坐”。

范氏曰：“圣人之心，哀有丧，尊有爵，矜不成人。其作与趋，盖有不期然而然者。”尹氏曰：“此圣人之诚心，内外一者也。”

【今译】①齐，音咨（zī）。衰，cuī。少，shào。

齐衰，丧服。冕，冠。衣，上衣。裳，下衣。冕而衣裳，是尊贵者的

---

❶ 张子：原误作“张氏”，据《四书大全·论语集注大全》改。

❷ 文：指礼乐制度。

隆重装束。瞽，盲人。作，起来。趋，快步走。有人说：少，应当是"坐"字。

范祖禹说："圣人的心，同情有丧事的，尊敬有爵位的，怜悯未成年的。他的起来和快走，是不故意如此而如此的。"尹焞说："这是圣人的诚心，内外一致。"

【第十章】颜渊喟然叹曰："仰之弥高，钻之弥坚。瞻之在前，忽焉在后①。夫子循循然善诱人，博我以文，约我以礼②，欲罢不能。既竭吾才，如有所立卓尔。虽欲从之，末由也已③。"

【集注】① 喟，苦位反。钻，祖官反。

喟，叹声。仰弥高，不可及。钻弥坚，不可入。在前在后，恍惚不可为象。此颜渊深知夫子之道无穷尽，无方体，而叹之也。

② 循循，有次序貌。诱，引进也。博文、约礼，教之序也。言夫子道虽高妙，而教人有序也。侯氏曰："博我以文，致知格物也。约我以礼，克己复礼也。"程子曰："此颜子称圣人最切当处。圣人教人，惟此二事而已。"

③ 卓，立貌。末，无也。此颜子自言其学之所至也。盖悦之深而力之尽，所见益亲，而又无所用其力也。吴氏曰："所谓卓尔，亦在乎日用行事之间，非所谓窈冥昏默者。"程子曰："到此地位，功夫尤难，直是峻绝，又大段着力不得。"杨氏曰："自可欲之谓善，充而至于大，力行之积。大而化之，则非力行所及矣，此颜子所以未达一间也。"

程子曰："此颜子所以为深知孔子而善学之者也。"胡氏曰："无上事而喟然叹，此颜子学既有得，故述其先难之故，后得之由，而归功于圣人也。高坚前后，语道体也。仰钻瞻忽，未领其要也。惟夫子循循善诱，先博我以文，使我知古今，达事变，然后约我以礼，使我尊所闻，行所知，如行者之赴家，食者之求饱，是以欲罢而不能。尽心尽力，不少休废，然后见夫子所立之卓然。虽欲从之，末由也已。是盖不怠所从，必求至乎卓立之地也。抑斯叹也，其在'请事斯语'之后，'三月不违'之时乎！"

【今译】① 喟，kuì。钻，zuān。

喟，叹息声。仰望更高，高不可攀。钻研更坚，钻不进去。在前还是在后，恍惚没有形象。这是颜渊深知夫子之道没有穷尽，没有方位和形体，因而发出感叹。

② 循循，有次序的样子。诱，引导人进步。博文、约礼，教的顺序。说的是夫子的道虽然高明，教人却是有次序的。侯仲良说："博我以文，这是致知格物。约我以礼，这是克己复礼。"程子说："这是颜子称赞圣人最恰切的地方。圣人教人，也就是这两件事罢了。"

③ 卓，站立的样子。末，无。这是颜子说自己的学业到了什么地步。爱好深切并且竭尽全力，所发现的就倍加亲切，却又不知如何用力。吴棫说："所谓卓，也在日常行事之中，不是什么神秘莫测的东西。"程子说："到这个地位，功夫尤其难做，真正是崎岖险要，又不能舒展地用力。"杨时说："从'可欲之谓善'，到'充而'至于'大'，这是努力实行的积累。'大而化之'，就不是努力实行所能达到的了，所以颜子还差一点点未能达到圣人。"❶

程子说："这就是颜子成为深知孔子而又善于学习的人的根源。"胡寅说："没有再向上攀登而喟然叹息，这是颜子求学已经有所获得了，

---

❶　杨时所引用的话，出自《孟子·尽心下》。

所以讲述自己起初困难的原因、后来有所获得的缘由，以归功于圣人。高、坚、前、后，讲道的体；仰、钻、瞻、忽，是未得要领。只有夫子循循善诱，先'博我以文'，使我知道古今，通达事变，然后'约我以礼'，使我尊崇所学到的，实行所懂得的，好像旅行者的归家，吃饭人的求饱，所以想停止也不可能。尽心尽力，不有些许休息和放松，然后见到夫子所建立的卓然。虽然想追随过去，但不知怎么办才好。这是对于所追随的不懈怠，一定要达到卓然独立的地步啊！而这个叹息，是不是在'请事斯语'之后，'三月不违'的时候呢？"

【第十一章】子疾病，子路使门人为臣①。病间，曰："久矣哉！由之行诈也，无臣而为有臣。吾谁欺？欺天乎②？且予与其死于臣之手也，无宁死于二三子之手乎？且予纵不得大葬，予死于道路乎③？"

【集注】①夫子时已去位，无家臣。子路欲以家臣治其丧，其意实尊圣人，而未知所以尊也。

②间，如字。

病间，少差也。病时不知，既差乃知其事，故言我之不当有家臣，人皆知之，不可欺也。而为有臣，则是欺天而已。人而欺天，莫大之罪。引以自归，其责子路深矣。

③无宁，宁也。大葬，谓君臣礼葬。死于道路，谓弃而不葬。又晓之以不必然之故。

范氏曰："曾子将死，起而易箦。曰：'吾得正而毙焉，斯已矣。'子路欲尊夫子，而不知无臣之不可为有臣，是以陷于行诈，罪至欺天。君子之于言动，虽微，不可不谨。夫子深惩子路，所以警学者也。"杨氏曰：

"非知至而意诚,则用智自私,不知行其所无事,往往自陷于行诈欺天而莫之知也。其子路之谓乎!"

【今译】① 夫子当时已不做官,没有家臣。子路想以家臣之礼来治理孔子丧事,他是真心想尊崇圣人,但不知用什么去尊崇。

② 间,读本音 jiān。

病间,稍轻一点。病中不知道,病好了一点就知道了这件事,所以说我不应该有家臣,大家都知道,骗不了人的。子路却按有家臣办事,这不过是欺骗上天罢了。人欺骗天,再没有比这更大的罪过了。把罪过归于自己,对子路的责备是非常严重的。

③ 无宁,宁可。大葬,指君主、大臣的葬礼。死于道路,指抛弃不埋葬。又告诉他不必如此的缘故。

范祖禹说:"曾子将死,起身换过床席,说:'我能寿终正寝,就可以了。'子路想尊崇夫子,却不知没有臣不可装作有臣,这就陷入欺骗,罪过大到欺天。君子对自己的言行,即使小事,也不可不谨慎。夫子严厉批评子路,为的是告诫求学的人。"杨时说:"若不是知的透彻且心意诚恳,就会运用智谋而按私意行事,不知顺其自然不故意造作地行事,往往使自己陷于行骗欺天还不自觉知。这说的大约就是子路吧!"

【第十二章】子贡曰:"有美玉于斯,韫椟而藏诸? 求善贾而沽诸?"子曰:"沽之哉! 沽之哉! 我待贾者也。"①

【集注】① 韫,纡粉反。椟,徒木反。贾,音嫁。

韫,藏也。椟,匮也。沽,卖也。子贡以孔子有道不仕,故设此二端以问也。孔子言,固当卖之,但当待贾,而不当求之耳。

范氏曰:"君子未尝不欲仕也,又恶不由其道。士之待礼,犹玉之待贾也。若伊尹之耕于野,伯夷、太公之居于海滨,世无成汤、文王,则终焉而已,必不枉道以从人,衒玉而求售也。”

【今译】① 韫,yùn。椟,dú。贾,音嫁(jià)。

韫,藏。椟,柜子。沽,卖。子贡因为夫子有道而不出仕,所以假设了两种可能来提问。孔子说,当然应该卖掉,但是应当等个好价钱,而不应当主动卖出。

范祖禹说:“君子不是不愿意出仕,而是厌恶不走正道。士人等待礼遇,就像玉的等待高价。像伊尹耕种于田野,伯夷、太公住于海滨,假若世上没有成汤、周文王,那就这样过一辈子算了,一定不会弄歪了自己的道去追随别人,炫耀玉石去寻求买主。”

【第十三章】子欲居九夷①。或曰:“陋,如之何?”子曰:“君子居之,何陋之有?”②

【集注】① 东方之夷有九种。欲居之者,亦“乘桴浮海”之意。

② 君子所居则化,何陋之有。

【今译】① 东方的夷有九种❶。欲居,也是“乘桴浮海”的意思。

② 君子所居的地方,民众就会受到感化,所以说是“何陋之有”。

【第十四章】子曰:“吾自卫反鲁,然后乐正,《雅》《颂》各得其所。”①

【集注】① 鲁哀公十一年冬,孔子自卫反鲁。是时周礼在鲁,然诗乐亦颇残缺失次。孔子周流四方,参互考订,以知其说。晚知道终不行,故

---

❶ 夷:当时华夏族对周边其他部族的蔑称之一。

归而正之。

【今译】① 鲁哀公十一年冬（前 484 年末至前 483 年初），孔子从卫国回到鲁国。这时周代的礼制在鲁，但诗歌、音乐多残缺无次序。孔子周游各国，参照考订，弄清了它们的情况。晚年看到大道确实无法推行，所以回国订正了它们。

【第十五章】子曰："出则事公卿，入则事父兄，丧事不敢不勉，不为酒困，何有于我哉？"①

【集注】① 说见第七篇。然此则其事愈卑而意愈切矣。

【今译】① 解说见于第七篇。然而这里则是所说的事情愈小而意思愈加深切。

【第十六章】子在川上曰："逝者如斯夫！不舍昼夜。"①

【集注】① 夫，音扶。舍，上声。

　　天地之化，往者过，来者续，无一息之停，乃道体之本然也。然其可指而易见者，莫如川流，故于此发以示人，欲学者时时省察，而无毫发之间断也。

　　程子曰："此道体也。天运而不已，日往则月来，寒往则暑来。水流而不息，物生而不穷，皆与道为体，运乎昼夜，未尝已也。是以君子法之，自强不息。及其至也，纯亦不已焉。"又曰："自汉以来，儒者皆不识此义。此见圣人之心纯亦不已也。纯亦不已，乃天德也。有天德，便可与王道，其要只在谨独。"愚按：自此至终篇，皆勉人进学不已之辞。

【今译】① 夫，音扶（fú）。舍，shě。

天地的化育，以往的，过去了，后来的，又接续上，没有一刻停止，这是道体的本来面貌。然而可以指出让人们看见的，都不如河中的流水，所以在河边向人们说出，希望求学者时时省察自己，而不要有一丝一毫的间断。

程子说："这就是道体。天运行不停息，太阳下去了月亮上来，寒冬过去了暑天到来。水流动不停息，物一代代产生无穷尽，都和道是一体，昼夜运动，不曾停止。所以君子效法它们，自强不息。到了极点，就是完全纯一无杂。"又说："从汉代以来，儒者都不懂得这个意义。这里可见圣人的心完全纯一无杂。完全纯一无杂，是天德。有天德，就可以谈王道，它的要领只在于慎独。"熹按：从这里到篇末，都是勉励人们求学不止的话。

【第十七章】子曰："吾未见好德如好色者也。"①

【集注】①好，去声。

谢氏曰："好好色，恶恶臭，诚也。好德如好色，斯诚好德矣。然民鲜能之。"

《史记》："孔子居卫，灵公与夫人同车，使孔子为次乘，招摇市过之。"孔子丑之，故有是言。

【今译】①好，hào。

谢良佐说："喜好美色，厌恶恶臭，是真诚。爱好美德像爱好美色，这是真的爱好美德。然而民众很少能这样。"

《史记·孔子世家》："孔子住在卫国，卫灵公和夫人同车，让孔子作陪，招摇过市。"孔子感到厌恶，所以有这句话。

【第十八章】子曰："譬如为山，未成一篑，止，吾止也。譬如平地，虽覆一篑，进，吾往也。"①

【集注】①篑，求位反。复，芳服反。

篑，土笼也。《书》曰："为山九仞，功亏一篑。"夫子之言，盖出于此。言山成而但少一篑，其止者，吾自止耳。平地而方覆一篑，其进者，吾自往耳。盖学者自强不息，则积少成多；中道而止，则前功尽弃。其止其往，皆在我，而不在人也。

【今译】①篑，kuì。覆，fù。

篑，土篓子。《尚书·旅獒》篇："为山九仞❶，功亏一篑。"夫子的话，出处在此。说的是山堆成了，却只少一篓土，那停止的，是我自己停止的。平地上刚倒下一篓土，那前进的，是我自己前进的。求学的人只要自强不息，就会积少成多；半路停止，就会前功尽弃。停止，还是继续前进，都在我自己而不在别人。

【第十九章】子曰："语之而不惰者，其回也与！"①

【集注】①语，去声。与，平声。

惰，懈怠也。范氏曰："颜子闻夫子之言，而心解力行，造次颠沛，未尝违之。如万物得时雨之润，发荣滋长，何有于惰？此群弟子所不及也。"

【今译】①语，yù。与，yú。

惰，懈怠。范祖禹说："颜子听到夫子的话，就马上理解并且付诸

❶ 仞：当时计量长度的单位。一仞约相当于七八尺，一尺约相当于二十三厘米。九仞，约相当于十四五米高。

实行，仓促之间，颠沛流离之中，都不曾违背。就像万物得到及时雨的滋润，蓬勃生长，哪里还有什么懈怠？这是其他弟子所赶不上的。"

【第二十章】子谓颜渊，曰："惜乎！吾见其进也，未见其止也。"①

【集注】① 进、止二字，说见上章。颜子既死，而孔子惜之，言其方进而未已也。

【今译】① 进、止这两个字，参阅第十八章的解释。颜渊去世，孔子痛惜，说他正在努力前进，还没有停止。

【第二十一章】子曰："苗而不秀者有矣夫！秀而不实者有矣夫！"①

【集注】① 夫，音扶。

　　谷之始生曰苗，吐华曰秀，成谷曰实。盖学而不至于成，有如此者，是以君子贵自勉也。

【今译】① 夫，音扶（fú）。

　　谷子刚出来时叫苗，吐花叫秀，结出谷粒叫实。求学而没有学成的，有的就是这样，所以君子可贵的是自我勉励。

【第二十二章】子曰："后生可畏，焉知来者之不如今也？四十、五十而无闻焉，斯亦不足畏也已。"①

【集注】① "焉知"之"焉"，於虔反。

　　孔子言，后生年富力强，足以积学而有待，其势可畏，安知其将来不如我之今日乎？然或不能自勉，至于老而无闻，则不足畏矣。言此以警人，使及时勉学也。曾子曰："五十而不以善闻，则不闻矣。"盖述此意。

尹氏曰："少而不勉，老而无闻，则亦已矣。自少而进者，安知其不至于极乎！是可畏也。"

【今译】①"焉知"的"焉"，yān。

孔子的意思是，青年人年富力强，足以积累学问而等待将来，他的发展趋势惊人，怎知他将来就不如我今天的样子呢？然而有的人不能自我勉励，直到老死还不为人所知，那就不足以惊人了。说这些以告诫人们，让他们及时努力学习。曾子说："到五十岁还没有好名声的，就不会出名了。"说的就是这个意思。

尹焞说："年轻时不自我勉励，年老了没有名声，这一生就完了。从年轻时开始前进的，怎知他不会到达极点呢！所以使人震惊。"

【第二十三章】子曰："法语之言，能无从乎？改之为贵。巽与之言，能无说乎？绎之为贵。说而不绎，从而不改，吾末如之何也已矣。"①

【集注】① 法语者，正言之也。巽言者，婉而导之也。绎，寻其绪也。法言，人所敬惮，故必从。然不改，则面从而已。巽言，无所乖忤，故必说。然不绎，则又不足以知其微意之所在也。

杨氏曰："法言，若孟子论行王政之类是也。巽言，若其论好货、好色之类是也。语之而不达，拒之而不受，犹之可也。其或喻焉，则尚庶几其能改绎矣。从且说矣，而不改绎焉，则是终不改绎也已，虽圣人，其如之何哉！"

【今译】① 法语,正经严肃的话。巽言,委婉而诱导的话。绎,寻找端绪、因由。法语使人恭敬畏惧,所以一定服从。假若不改,那就仅是表面服从罢了。巽言无所批评,所以必定爱听。假若不寻思这话的由来,就不足以知道这话的深意是什么。

杨时说:“法言,像孟子论述实行王道之类的话就是。巽言,像孟子论好色、好货之类的话就是。告诉他而他不明白,或者是拒不接受,这还可以。他有时明白了,那么他差不多能够改正和找原因。服从并且也爱听,却不改正不找原因,就是最终不改正不找原因了,即使圣人,又能把他怎么样呢?”

【第二十四章】子曰:“主忠信,毋友不如己者,过则勿惮改。”①

【集注】① 重出,而逸其半。

【今译】① 重出,却少了一半❶。

【第二十五章】子曰:“三军可夺帅也,匹夫不可夺志也。”①

【集注】① 侯氏曰:“三军之勇在人,匹夫之志在己,故帅可夺,而志不可夺。如可夺,则亦不足谓之志矣。”

【今译】① 侯仲良说:“三军的强大在于军人,匹夫的志向在于自己,所以统帅可以消灭,而志向不可剥夺。如果可以剥夺,那就不足以叫做志向了。”

---

❶ 见第一篇《学而》第八章。

【第二十六章】子曰："衣敝缊袍,与衣狐貉者立,而不耻者,其由也与①?'不忮不求,何用不臧?'"②子路终身诵之。子曰："是道也,何足以臧?"③

【集注】① 衣,去声。缊,纡粉反。貉,胡各反。与,平声。

敝,坏也。缊,枲著也。袍,衣有著者也,盖衣之贱者。狐貉,以狐貉之皮为裘,衣之贵者。子路之志如此,则能不以贫富动其心,而可以进于道矣,故夫子称之。

② 忮,之豉反。

忮,害也。求,贪也。臧,善也。言能不忮不求,则何为不善乎。此《卫风·雄雉》之诗,孔子引之以美子路也。吕氏曰:"贫与富交,强者必忮,弱者必求。"

③ 终身诵之,则自喜其能,而不复求进于道矣,故夫子复言此以警之。

谢氏曰:"耻恶衣恶食,学者之大病。善心不存,盖由于此。子路之志如此,其过人远矣。然以众人而能此,则可以为善矣。子路之贤,宜不止此。而终身诵之,则非所以进于日新也,故激而进之。"

【今译】① 衣,yì。缊,yùn。貉,hé。与,yú。

敝,破旧。缊,装乱麻。袍,装有絮的长衣,是衣服中低劣的。狐貉,用狐貉的皮做的大衣,是衣服中贵重的。子路志向如此,贫富就无法动摇他的心,因而就可以进入大道了,所以夫子称赞他。

② 忮,zhì。

忮,嫉妒。求,贪心。臧,好。意思是若能不嫉妒人又无贪心,做什么事能不是好事呢?这是《诗经·雄雉》的诗句,孔子引用它,用来赞美子路。吕大临说："贫人与富人交往,强者一定会嫉妒,弱者一定有贪心。"

③ 终身诵之,就是自己满足自己的才能,而不再追求进入大道,所以夫子又说这话告诫他。

谢良佐说："以破衣粗食为耻,是学者的大缺点。丢掉善心,都是由于这个原因。子路志向如此,超过别人很远了。作为一个普通人,若能这样,就可以向善了,子路的贤能,应当不仅如此,他却终身念诵它,不能进入天天更新的境界,所以激励他前进。"

【第二十七章】子曰："岁寒,然后知松柏之后凋也。"①

【集注】① 范氏曰："小人之在治世,或与君子无异,惟临利害,遇事变,然后君子之所守,可见也。"

谢氏曰："士穷见节义,世乱识忠臣,欲学者必周于德。"

【今译】① 范祖禹说："小人在政治清明时代,可能和君子没有差别,只有在面临利害、碰到事变时,才能显出君子的操守。"

谢良佐说："士穷困时见节义,世道混乱时才看出忠臣,所以学者一定要完善德行。"

【第二十八章】子曰："知者不惑,仁者不忧,勇者不惧。"①

【集注】① 明足以烛理,故不惑。理足以胜私,故不忧。气足以配道义,故不惧。此学之序也。

【今译】① 智慧的光明足以看清天理,所以"不惑"。天理足以战胜私心,所以"不忧"。气足以和道义配合,所以"不惧"。这是求学的顺序。

【第二十九章】子曰："可与共学，未可与适道；可与适道，未可与立；可与立，未可与权。"①

【集注】① 可与者，言其可与共为此事也。程子曰："可与共学，知所以求之也。可与适道，知所往也。可与立者，笃志固执而不变也。权，称锤也，所以称物而知轻重者也。可与权，谓能权轻重使合义也。

杨氏曰："知为己，则可与共学矣。学足以明善，然后可与适道。信道笃，然后可与立。知时措之宜，然后可与权。"洪氏曰："《易》九卦，终于'巽以行权'。权者，圣人之大用。未能立而言权，犹人未能立而欲行，鲜不仆矣。"程子曰："汉儒以反经合道为权，故有权变、权术之语，皆非也。权，只是经也。自汉以下，无人识权字。"

愚按：先儒误以此章连下文"偏其反而"为一章，故有反经合道之说。程子非之，是矣。然以《孟子》"嫂溺援之以手"之义推之，则权与经亦当有辨。

【今译】① 可与，即可与他共同做此事。程子说："可与共学，是知道他追求什么。可与适道，是知道他前进的方向。可与立，是志向坚定并且始终不渝。权，秤锤，用来称量物品以知轻重的。可与权，指能权衡轻重，使合乎道义。"

杨时说："知道学习为修养自己，就可与共学。学足以明白善恶，就可与适道。信道坚定，就可与立志。懂得因时制宜，就可与权。"洪兴祖说："《系辞传》讲了九卦❶，最末是'巽以行权'。权，是圣人之用的重要内容。若还无所建立就谈论权，就像人还站不稳就想走，少有不跌跤的。"程子说："汉儒以违背经而合乎道为权，所以有'权变''权

---

❶ 《系辞传》下，九卦是：履、谦、复、恒、损、益、困、井、巽。

术’的议论，说法都不对。权只是经。汉代以来，没人懂权字。”

　　熹按：先儒误把此章和下章“偏其反而”合为一章，所以有反经合道的言论。程子反对此说，是正确的。然而用《孟子》中“嫂嫂掉进水里，应用手拉她”的意思推想，经与权还是有所不同。

　　【第三十章】“唐棣之华，偏其反而。岂不尔思？室是远而。”①
　　子曰：“未之思也，夫何远之有？”②

【集注】①棣，大计反。

　　唐棣，郁李也。偏，《晋书》作“翩”，然则“反”亦当与“翻”同，言华之摇动也。而，语助也。此逸诗也，于六义属兴。上两句无意义，但以起下两句之辞耳。其所谓尔，亦不知其何所指也。

　　②夫，音扶。

　　夫子借其言而反之，盖前篇“仁远乎哉”之意。

　　程子曰：“圣人未尝言易以骄人之志，亦未尝言难以阻人之进，但曰‘未之思也，夫何远之有’。此言极有涵蓄，意思深远。”

【今译】①棣，dì。

　　唐棣，即郁李。偏，《晋书》引作“翩”。那么“反”也应当与“翻”同，说的都是花的摇动。而，语助词。这是首逸诗，在诗的六义中属兴❶。前两句无意义，只用来兴起下两句。所说的“尔”，也不知指谁而言。

　　②夫，音扶（fú）。

_____

❶　《毛诗序》：“故诗有六义焉：一曰风，二曰赋，三曰比，四曰兴，五曰雅，六曰颂。”兴，即第四义。

夫子借这话而反其意，与前面"仁远乎哉"用法相同。程子说："圣人不说容易以使人骄傲，也不说艰难以阻挡人前进，只说：'未之思也，夫何远之有？'这话含义极其丰富，意思深远。"

乡党第十

【集注】杨氏曰："圣人之所谓道者,不离乎日用之间也,故夫子之平日一动一静,门人皆审视而详记之。"尹氏曰："甚矣,孔门诸子之嗜学也。于圣人之容色言动,无不谨书而备录之,以贻后世。今读其书,即其事,宛然如圣人之在目也。虽然,圣人岂拘拘而为之者哉!盖盛德之至,动容周旋,自中乎礼耳。学者欲潜心于圣人,宜于此求焉。"

旧说凡一章。今分为十七节。

【今译】杨时说："圣人所说的道,离不开日常的生活,所以夫子平常的一举一动,弟子们都认真观察并且详细记录下来。"尹焞说："多么强烈啊,孔门弟子对学问的爱好!对于圣人的容貌脸色、一言一行,无不认真记下并全部记录,以留给后世。现在读这本书,想象这些事,圣人宛然就在眼前。当然,圣人哪里是因为谨小慎微而这样做的呢?由于德行高尚到了顶点,动作容貌,寒暄应酬,自然合乎礼罢了。求学者要潜心学习圣人,应在这里寻求。"

过去的说法,本篇只是一章。现在分为十七节。

【第一节】孔子于乡党,恂恂如也,似不能言者①。其在宗庙朝廷,便便言,唯谨尔②。

【集注】①恂,相伦反。

恂恂,信实之貌。似不能言者,谦卑逊顺,不以贤知先人也。乡党,父兄宗族之所在。故孔子居之,其容貌辞气如此。

②朝，直遥反，下同。便，旁连反。

便便，辩也。宗庙，礼法之所在。朝廷，政事之所出。言不可以不明辩，故必详问而极言之，但谨而不放尔。

此一节，记孔子在乡党、宗庙、朝廷言貌之不同。

【今译】①恂，xún。

恂恂，诚实的样子。似不能言者，谦让温顺，不以自己的贤能智慧抢在别人前头。乡党，父兄宗族所在地。所以孔子到这里，他的容貌、语气就成了这个样子。

②朝，cháo，下同。便，pián。

便便，雄辩。宗庙，礼仪制度所在地。朝廷，发布政令的地方。说不能不明确、雄辩，所以必须详细询问并且尽量说明，不过要谨慎而不放肆。

这一节，记述孔子在乡党、宗庙、朝廷言辞、容貌的不同。

【第二节】朝，与下大夫言，侃侃如也；与上大夫言，訚訚如也①。君在，踧踖如也，与与如也②。

【集注】①侃，苦旦反。訚，鱼巾反。

此君未视朝时也。《王制》，诸侯：上大夫，卿；下大夫五人。许氏《说文》："侃侃，刚直也。訚訚，和悦而诤也。"

②踧，子六反。踖，子亦反。与，平声，或如字。

君在，视朝也。踧踖，恭敬不宁之貌。与与，威仪中适之貌。张子曰："与与，不忘向君也。"亦通。

此一节，记孔子在朝廷事上接下之不同也。

【今译】① 侃，kǎn。訚，yín。

这是君主还未上朝之前。据《礼记·王制》，诸侯的上大夫叫卿，下大夫有五人。许慎《说文》："侃侃，刚直的意思。訚訚，和悦而文静的意思。"

② 踧，cù。踖，jí。与，yú，或读本音 yǔ。

君在，君主到了朝廷上。踧踖，恭敬而不安的样子。与与，容貌姿态适中的样子。张子说："与与，不忘记面向君主。"也通。

这一节，记孔子在朝廷上事奉上司、对待下属的不同。

【第三节】君召使摈，色勃如也，足躩如也①。揖所与立，左右手。衣前后，襜如也②。趋进，翼如也③。宾退，必复命曰："宾不顾矣。"④

【集注】① 摈，必刃反。躩，驱若反。

摈，主国之君所使出接宾者。勃，变色貌。躩，盘辟貌。皆敬君命故也。

② 襜，赤占反。

所与立，谓同为摈者也。摈用命数之半，如上公九命，则用五人，以次传命。揖左人则左其手，揖右人则右其手。襜，整貌。

③ 疾趋而进，张拱端好，如鸟舒翼。

④ 纾君敬也。

此一节，记孔子为君摈相之容

【今译】① 摈，bìn。躩，jué。

摈，主国君主所派遣的接待宾客的人。勃，脸变色的样子。躩，脚步迟疑❶。都是尊敬君主命令的缘故。

②襜，chān。

所与立，指共同作摈的人。摈的数量是官员等级数的一半，如上公下属的官员分九等（九命），摈数五人，依次传达宾主之间的谈话。向左边的人作揖，左手在前；向右边的人作揖，右手在前。襜，整齐的样子。

③ 快步向前，双手打拱而两肘外张，姿态端正而优美，像鸟儿舒展翅膀一样。

④ 使君主解除恭敬。

这一节，记孔子做君主摈相时的姿态。

【第四节】入公门，鞠躬如也，如不容①。

立不中门，行不履阈②。

过位，色勃如也，足躩如也，其言似不足者③。

摄齐升堂，鞠躬如也，屏气似不息者④。

出，降一等，逞颜色，怡怡如也。没阶，趋进，翼如也。复其位，踧踖如也⑤。

【集注】① 鞠躬，曲身也。公门高大，而若不容，敬之至也。

② 阈，于逼反。

中门，中于门也，谓当枨阒之间，君出入处也。阈，门限也。礼，士大夫出入君门，由阒右，不践阈。谢氏曰："立中门，则当尊。行履阈，则不恪位。"

③ 位，君之虚位。谓门屏之间，人君宁立之处，所谓宁也。君虽不

_____

❶ 参见刘宝楠《论语正义》。

在,过之必敬,不敢以虚位而慢之也。言似不足,不敢肆也。

④齐,音咨。

摄,抠也。齐,衣下缝也。礼,将升堂,两手抠衣,使去地尺,恐蹑之而倾跌失容也。屏,藏也。息,鼻息出入者也。近至尊,气容肃也。

⑤陆氏曰:"'趋'下本无'进'字,俗本有之,误。"

等,阶之级也。逞,放也。渐远所尊,舒气解颜。怡怡,和悦也。没阶,下尽阶也。趋,走就位也。复位踧踖,敬之余也。

此一节,记孔子在朝之容。

【今译】①鞠躬,即弯腰。鲁君的门高大,却像难以容身,这是极端的恭敬。

②阈,yù。

中门,在门的中间,指挡在枨、阑的中间❶,这是君主出入的地方。阈,门槛。依照礼制,士大夫出入君主的门,走阑的右面,不踩门槛。谢良佐说:"站在门中间就挡住了尊者,走路踩门槛就不恭敬。"

③位,君主不在时的位置。指门和屏风之间,君主伫立的地方,即所说的宁(伫)❷。君主虽然不在,但经过时必须恭敬,不敢因为君主不在就怠慢。言似不足,即不敢放肆。

④齐,音咨(zī)。

摄,提起。齐,衣服下边的缝。依礼制,将要上堂时,两手提起衣服,使离地一尺,怕踩住跌倒而失礼。屏,藏起。息,鼻息、呼吸。靠近尊者,出气、容貌都要严肃。

___

❶ 枨、阑:门两边竖高的木柱叫枨,门中间竖短的木柱叫阑(niè)。
❷ 宁:古代原字,音zhù,不是今天的简化"宁"字。

⑤陆元朗说："'趋'字下面本没有'进'字,俗本有,是错的。"

等,台阶的等级。逞,放松。逐渐远离尊贵的人,出气舒畅,面容放松。怡怡,和悦的样子。没阶,下完了台阶。趋,走到自己的位置上。复位以后,还是恭敬不安的样子,这是刚才恭敬的继续。

这一节,记述孔子在朝廷上的姿态。

【第五节】执圭,鞠躬如也,如不胜。上如揖,下如授。勃如战色,足蹜蹜,如有循^①。

享礼,有容色^②。

私觌,愉愉如也^③。

【集注】①胜,平声。蹜,色六反。

圭,诸侯命圭,聘问邻国,则使大夫执以通信。如不胜,执主器,执轻如不克,敬谨之至也。上如揖,下如授,谓执圭平衡,手与心齐,高不过揖,卑不过授也。战色,战而色惧也。蹜蹜,举足促狭也。如有循,《记》所谓"举前曳踵",言行不离地,如缘物也。

②享,献也。既聘而享,用圭璧,有庭实。有容色,和也。《仪礼》曰:"发气满容。"

③私觌,以私礼见也。愉愉,则又和矣。

此一节,记孔子为君聘于邻国之礼也。晁氏曰:"孔子定公九年仕鲁,至十三年适齐,其间绝无朝聘往来之事,疑使摈、执圭两条,但孔子尝言其礼当如此尔。"

【今译】①胜,shēng。蹜,suō。

圭,代表诸侯命令的圭,出使别国,让大夫拿着以作为信物。如不胜,拿着君主的东西,拿轻的也像拿不动,恭敬、谨慎到了极点。上如揖,下如授,指拿圭平衡,手和心口平齐,高不超过作揖时、低不低于交给别人时的高度。战色,战抖而面色恐惧。蹜蹜,抬脚谨慎。如有循,就是《礼记·玉藻》说的"举前曳踵",指脚不离地,好像沿着什么东西走。

②享,献上。去访问并献上礼物,礼物用圭璧,并陈列在大庭里。有容色,和气。《仪礼·聘礼》说:"发气焉盈容。"

③私觌,用私人的礼节相见。愉愉,更加和气。

这一节,记述孔子代表国君到邻国访问的礼仪。晁说之说:"孔子,鲁定公九年（前501）在鲁国做官,鲁定公十三年（前497）到齐国,这期间绝对没有出使的事,我怀疑'使摈''执圭'这两条,仅是孔子曾经说过礼当如此。"

【第六节】君子不以绀緅饰①。

红紫不以为亵服②。

当暑,袗绤绤,必表而出之③。

缁衣,羔裘;素衣,麑裘;黄衣,狐裘④。

亵裘长,短右袂⑤。

必有寝衣,长一身有半⑥。

狐貉之厚以居⑦。

去丧,无所不佩⑧。

非帷裳,必杀之⑨。

羔裘玄冠不以吊⑩。

吉月,必朝服而朝⑪。

【集注】①绀,古暗反。緅,侧由反。

君子,谓孔子。绀,深青扬赤色,齐服也。緅,绛色,三年之丧,以饰练服也。饰,领缘也。

② 红紫,间色,不正,且近于妇人女子之服也。亵服,私居服也。言此,则不以为朝祭之服可知。

③ 袗,单也。葛之精者曰绤,麤者曰绤。表而出之,谓先着里衣,表绤绤而出之于外,欲其不见体也,《诗》所谓"蒙彼绉绤"是也。

④ 麑,研奚反。

缁,黑色。羔裘,用黑羊皮。麑,鹿子,色白。狐,色黄。衣以裼裘,欲其相称。

⑤ 长,欲其温。短右袂,所以便作事。

⑥ 长,去声。

齐主于敬,不可解衣而寝,又不可着明衣而寝,故别有寝衣,其半盖以覆足。程子曰:"此错简,当在'齐,必有明衣,布'之下。"愚谓:如此,则此条与"明衣""变食",既得以类相从,而"亵裘""狐貉",亦得以类相从矣。

⑦ 狐貉,毛深温厚,私居取其适体。

⑧ 去,上声。

君子无故,玉不去身。觿砺之属,亦皆佩也。

⑨ 杀,去声。

朝祭之服,裳用正幅如帷,要有襞积,而旁无杀缝。其余若深衣,要半下,齐倍要,则无襞积而有杀缝矣。

⑩ 丧主素,吉主玄。吊必变服,所以哀死。

⑪ 吉月,月朔也。孔子在鲁致仕时如此。

此一节,记孔子衣服之制。苏氏曰:"此孔氏遗书,杂记曲礼,非特孔子事也。"

【今译】①绀，gàn。缂，zōu。

君子，指孔子。绀，深青扬赤色，是斋服的颜色。缂，绛色，用来装饰三年丧期内的白色丧服。饰，衣领缘边。

②红紫，是间色，不是正色，而且接近妇人、女孩的服色。亵服，平素在家穿的衣服。说了这件事，可知他更不会用作朝、祭的服装。

③袗，单衣。葛布，精的叫绤，粗的叫绤。表而出之，指先穿内衣，外面套上绤绤，为了不露出身体，也就是《诗经·君子偕老》所说的"蒙彼绉绤"。

④麑，ní。

缁，黑色。羔裘，用黑羊皮做。麑，幼鹿，白色。狐，黄色。外衣是用来罩裘的，要让它们颜色相称。

⑤长，为了保暖。短右袂，便于做事。

⑥长，zhàng。

斋戒时应态度虔敬，不可脱衣睡觉，又不能穿外衣睡觉，所以另外有寝衣，多出的一半用来盖住脚。程子说："这是错简，应当放在'齐，必有明衣，布'之后。"我认为，这样安排，使这一条和"明衣""变食"可以以类相从，而"亵裘""狐貉"也可以以类相从了。

⑦狐貉，毛长厚保暖，平素在家穿着舒服。

⑧去，qù。

君子没有特别原因，玉不离开身体。锥子、磨石之类，也是要佩带的。

⑨杀，shài（晒）。

上朝和祭祀的衣服，下裳用正幅，好像帷帐，必须有折叠，旁边没有裁去的杀缝。其余像深衣之类,腰部裁去三分之一,下部是腰部的一倍,就没有折叠而有杀缝了。

⑩ 丧服以素色为主,吉服以玄色(黑色)为主。吊丧必须换衣服,以表示哀悼。

⑪ 吉月,指月的朔日。孔子在鲁国辞官以后这样做。

这一节,记孔子穿衣服的规矩。苏轼说:"这是孔家的遗书,杂记一般的礼仪,不单是孔子的事。"

【第七节】齐,必有明衣,布 ①。
齐必变食,居必迁坐 ②。

【集注】① 齐,侧皆反。

齐必沐浴。浴竟,即着明衣,所以明洁其体也,以布为之。此下脱前章"寝衣"一简。

② 变食,谓不饮酒,不茹荤。迁坐,易常处也。

此一节,记孔子谨齐之事。杨氏曰:"齐所以交神,故致洁变常以尽敬。"

【今译】① 齐,zhāi。

斋,必须沐浴。浴后,就穿上明衣,以表示身体已经洁净。明衣用布做。这句下面漏掉上一节"必有寝衣,长一身有半"一简。

② 变食,指不饮酒,不吃荤。迁坐,从日常的住处迁出。

这一节,记载孔子对斋戒之事的谨慎。杨时说:"斋的作用是交往神明,所以要追求清洁、变更平素生活习惯以尽到虔敬。"

【第八节】食不厌精,脍不厌细 ①。食饐而餲,鱼馁而肉

论语集注 乡党第十

败,不食。色恶,不食。臭恶,不食。失饪,不食。不时,不
食②。割不正,不食。不得其酱,不食③。肉虽多,不使胜
食气。唯酒无量,不及乱④。沽酒市脯,不食⑤。不撤姜食⑥。
不多食⑦。祭于公,不宿肉。祭肉不出三日。出三日,不食
之矣⑧。

食不语,寝不言⑨。

虽疏食菜羹,瓜祭,必齐如也⑩。

【集注】①食,音嗣。

食,饭也。精,凿也。牛羊与鱼之腥,聂而切之为脍。食精则能养人,
脍粗则能害人。不厌,言以是为善,非谓必欲如是也。

②"食饐"之"食",音嗣。饐,於冀反。餲,乌迈反。饪,而甚反。

饐,饭伤热湿也。餲,味变也。鱼烂曰馁,肉腐曰败,色恶、臭恶,
未败而色臭变也。饪,烹调生熟之节也。不时,五谷不成、果实未熟之
类。此数者皆足以伤人,故不食。

③割肉不方正者不食,造次不离于正也。汉陆续之母,切肉未尝
不方,断葱以寸为度,盖其质美,与此暗合也。食肉用酱,各有所宜。
不得则不食,恶其不备也。此二者无害于人,但不以嗜味而苟食耳。

④食,音嗣。量,去声。

食以谷为主,故不使肉胜食气。酒以为人合欢,故不为量,但以醉
为节而不及乱耳。程子曰:"不及乱者,非惟不使乱志,虽血气亦不可
使乱,但浃洽而已可也。"

⑤沽、市,皆买也。恐不精洁,或伤人也,与不尝康子之药同意。

⑥姜通神明,去秽恶,故不撤。

⑦适可而止,无贪心也。

⑧ 助祭于公所得胙肉，归即颁赐，不俟经宿者，不留神惠也。家之祭肉，则不过三日，皆以分赐，盖过三日，则肉必败，而人不食之，是亵鬼神之余也。但比君所赐胙，可少缓耳。

⑨ 答述曰语，自言曰言。范氏曰："圣人存心不他，当食而食，当寝而寝，言语非其时也。"杨氏曰："肺为气主，而声出焉。寝食，则气窒而不通，语言恐伤之也。"亦通。

⑩ 食，音嗣。陆氏曰："《鲁论》'瓜'作'必'。"

古人饮食，每种各出少许，置之豆间之地，以祭先代始为饮食之人，不忘本也。齐，严敬貌。孔子虽薄物必祭，其祭必敬，圣人之诚也。

此一节，记孔子饮食之节。谢氏曰："圣人饮食如此，非极口腹之欲，盖养气体，不以伤生，当如此然。圣人之所不食，穷口腹者或反食之，欲心胜而不暇择也。"

【今译】① 食，音嗣（sì）。

食，吃饭。精，鲜亮。牛羊肉和鱼，按住生切为肉丝肉片。食精能够养人，肉丝肉片大了则能害人。不厌，指以这样为好，不是说非如此不可。

② "食饐"的"食"，音嗣（sì）。饐，yì。餲，ài。饪，rèn。

饐，天气湿热使饭变坏。餲，变味。鱼烂叫馁，肉腐臭叫败。色恶、臭恶，肉没有败而色、味变了。饪，烹调生熟的程度。不时，五谷不熟、果实不熟之类。这几样都足以伤人，所以不吃。

③ 切肉不方正的不吃，这是任何时刻也不忘行为端正。汉代陆续的母亲，切肉没有不方的，切葱以一寸长为度❶，这是她天生的美德，与

---

❶ 事见《后汉书·陆续传》。

这里的事情暗相符合。吃肉用酱，各有所适宜的。不相适宜就不吃，这是讨厌不配套。这两件事不害人，但不因为喜欢某一味道就随便乱吃。

④ 食，音嗣（sì）。量，liàng。

吃饭以谷类为主，所以不让肉胜于食气。酒是用来使人一同欢乐的，所以不定量，但是以喝醉为节而不至于失礼乱行。程子说："不至于乱行失礼，不仅不让酒乱了心志，即使血气也不可以被酒扰乱，只要感到舒适就可以了。"

⑤ 沽、市，都是买。恐怕买的不鲜亮不清洁，可能伤人，和不尝康子的药是一个意思。

⑥ 姜交通神明，去除秽恶，所以不撤。

⑦ 适可而止，不贪吃。

⑧ 参加君主的祭祀，所得到的祭肉，回来就分掉，不等隔夜，是为了不滞留神的恩惠。家里的祭肉，也不过三天，都要赏赐、分掉，因为过了三天，肉就一定腐败，若人不吃它们，就是亵渎了鬼神所剩下的食物。但比起君主赏赐的祭肉，可以稍缓一些。

⑨ 回答的话叫语，自言叫言。范祖禹说："圣人没有别的用心，该吃就吃，该睡就睡，这不是说话的时候。"杨时说："肺为气主，是发声的器官。睡觉、吃饭，气阻塞不通，说话有可能伤害健康。"也讲得通。

⑩ 食，音嗣（sì）。陆元朗说："《鲁论》'瓜'作'必'。"

古人吃饭，每种饭菜各拿出一点，放在杯盘之间的地方，以祭祀先代创造了饮食的人，这是不忘本啊！齐，严肃、恭敬的样子。孔子，即使微薄的物品也必定祭祀，祭祀就必定虔敬，这是圣人的诚心。

这一节，记述孔子饮食的规则。谢良佐说："圣人饮食是这个样子，不是为了满足口腹的欲望，而是为了养护身体，不使损害健康，应当如此。然而圣人所不吃的，为了满足口腹欲望的人就可能吃，因为欲望强烈而顾不得选择了。"

【第九节】席不正，不坐^①。

乡人饮酒，杖者出，斯出矣^②。

乡人傩，朝服而立于阼阶^③。

【集注】① 谢氏曰："圣人心安于正，故于位之不正者，虽小不处。"

② 杖者，老人也。六十杖于乡，未出，不敢先；既出，不敢后。

③ 傩，乃多反。

傩，所以逐疫。《周礼》：方相氏掌之。阼阶，东阶也。傩虽古礼，而近于戏，亦必朝服而临之者，无所不用其诚敬也。或曰：恐其惊先祖五祀之神，欲其依己而安也。

此一节，记孔子居乡之事。

【今译】① 谢良佐说："圣人心安于正，所以对于坐位不正的，即使小事，也不屈就。"

② 杖者，指老年人。六十岁在乡里拄拐杖❶，他们不出去，我不敢抢先；已经出去，我不敢逗留。

③ 傩，nuó。

傩，用来逐除疫鬼。《周礼》上说，由方相氏掌管❷。阼阶，东面台阶。傩虽然是古礼，却近似作戏，也必须穿朝服来对待傩礼，这是因为无所不用其诚和敬。另一解释说：恐怕惊吓了先祖、五祀之神，想让他

---

❶　《礼记·王制》《礼记·内则》均载："六十杖于乡。"

❷　方相氏：《周礼·夏官司马》所记载的一种官职。

们依附自己而感到安宁。

这一节，记载孔子住在乡间的事。

【第十节】问人于他邦，再拜而送之①。

康子馈药，拜而受之。曰："丘未达，不敢尝。"②

【集注】① 拜送使者，如亲见之，敬也。

② 范氏曰："凡赐食，必尝以拜。药未达，则不敢尝。受而不饮，则虚人之赐，故告之如此。然则可饮而饮，不可饮而不饮，皆在其中矣。"杨氏曰："大夫有赐，拜而受之，礼也。未达，不敢尝，谨疾也。必告之，直也。"

此一节，记孔子与人交之诚意。

【今译】① 拜送使者，好像亲自见到要拜访的人，这是恭敬的表现。

② 范祖禹说："凡是赏赐的食品，必须尝过并且拜谢。对药性不了解就不敢尝。接受了却不饮用，就让人家白赏赐了，所以这样告诉人家。这样一来，可以饮用的就饮用，不可饮用的就不饮用，都在这句话里了。"杨时说："大夫赏赐了东西，拜谢而接受，是礼。不了解就不敢尝，是对病谨慎。一定要告诉人家，是直率。"

这一节，记述孔子和人交往的诚意。

【第十一节】厩焚。子退朝，曰："伤人乎？"不问马①。

【集注】① 非不爱马，然恐伤人之意多，故未暇问。盖贵人贱畜，理当如此。

【今译】① 不是不爱马，只是恐怕伤人的意思多，所以来不及问马。因为重视人而轻视马，应当如此。

【第十二节】君赐食,必正席先尝之。君赐腥,必熟而荐之。君赐生,必畜之①。

侍食于君,君祭,先饭②。

疾,君视之,东首,加朝服,拖绅③。

君命召,不俟驾行矣④。

【集注】① 食恐或馂余,故不以荐。正席先尝,如对君也。言先尝,则余当以颁赐矣。腥,生肉。熟而荐之祖考,荣君赐也。畜之者,仁君之惠,无故不敢杀也。

② 饭,扶晚反。

《周礼》:“王日一举,膳夫授祭品、尝食,王乃食。”故侍食者,君祭,则己不祭而先饭,若为君尝食然,不敢当客礼也。

③ 首,去声。拖,徒我反。

东首,以受生气也。病卧不能着衣、束带,又不可以亵服见君,故加朝服于身,又引大带于上也。

④ 急趋君命,行出而驾车随之。

此一节,记孔子事君之礼。

【今译】① 熟食恐怕是君主吃剩下的,所以不用来给祖宗献祭。正席先尝,好像面对君主。说“先尝”,那么剩下的就分别赏给别人了。腥,生肉。做熟了向祖先献祭,是以君主的赏赐为荣。畜之的意思,是以仁爱对待君主的恩惠,无故不敢杀。

② 饭,fàn。

《周礼·天官冢宰》:“王,每天一顿丰盛的饭。炊者把祭祀的食物给王并且尝过食物,王才进食。”所以陪吃饭的,君主祭祀,自己不祭祀就先吃饭,好像为君主尝饭似的,不敢以客人自居。

③ 首,shòu。拖,tuō。

东首,以接受生气。有病卧床,不能穿衣束带,又不可穿日常的衣服会见君主,所以在身上加盖朝服,又把大带子放在朝服上。

④ 急速执行君主命令,走出后再驾好车追赶。

这一节,记载孔子事奉君主的礼仪。

【第十三节】入太庙,每事问^①。

【集注】① 重出。

【今译】① 重复出现。

【第十四节】朋友死,无所归。曰:"于我殡。"^①
朋友之馈,虽车马,非祭肉,不拜^②。

【集注】① 朋友以义合。死无所归,不得不殡。

② 朋友有通财之义,故虽车马之重,不拜。祭肉则拜者,敬其祖考同于己亲也。

此一节,记孔子交朋友之义。

【今译】① 朋友是由于义而结合的。死后无处归葬,不能不料理丧事。

② 朋友有互通钱财的义务,所以即使车马这样的重礼,也不拜谢。给祭肉就拜谢,那是由于敬重朋友的祖先和敬重自己的祖先一样。

这一节,记孔子交朋友的道义。

【第十五节】寝不尸,居不容^①。
见齐衰者,虽狎,必变。见冕者与瞽者,虽亵,必以貌^②。

凶服者，式之。式负版者^③。

有盛馔，必变色而作^④。

迅雷风烈，必变^⑤。

【集注】① 尸，谓偃卧似死人也。居，居家。容，容仪。范氏曰："寝不尸，非恶其类于死也，惰慢之气不设于身体，虽舒布其四体，而亦未尝肆耳。居不容，非惰也，但不若奉祭祀、见宾客而已，申申、夭夭是也。"

② 狎，谓素亲狎。亵，谓燕见。貌，谓礼貌。余见前篇。

③ 式，车前横木。有所敬，则俯而凭之。负版，持邦国图籍者。式此二者，哀有丧，重民数也。人惟万物之灵，而王者之所天也，故《周礼》"献民数于王，王拜受之"。况其下者，敢不敬乎？

④ 敬主人之礼，非以其馔也。

⑤ 迅，疾也。烈，猛也。必变者，所以敬天之怒。《记》曰："若有疾风迅雷甚雨，则必变。虽夜，必兴，衣服冠而坐。"

此一节，记孔子容貌之变。

【今译】① 尸，指平躺着像死人。居，平常在家。容，容貌仪表。范祖禹说："寝不尸，不是讨厌那样像个死人，而是懒惰怠慢之气不能在体内存在，即使舒展地分开四肢，也不曾放肆。居不容，不是懒惰，只是不像祭祀、待客一样的庄重罢了，也就是'申申''夭夭'的样子。"

② 狎，指一向亲近随便。亵，指日常会见。貌，指礼貌的面容。其余见前面的解释。

③ 式，车前的横木。表示尊敬，就俯身靠着它。负版，携带国家地图和文件的人。式这两种人，是哀悼有丧事的，重视民众的数量。人是万物之灵，被王者作为天赐，所以《周礼·小司寇》说："把民众数量的

记录献给王,王拜谢接受。"何况下面的人,敢不尊敬吗?

④ 敬的是主人的礼,不是因为饭菜。

⑤ 迅,疾速。烈,猛烈。必变,是由于敬畏上天的发怒。《礼记·玉藻》篇:"如果有巨风、霹雳、暴雨,一定要改变常态。即使夜里,也一定起床,衣冠整齐地端坐。"

这一节,记孔子容貌的改变。

【第十六节】升车,必正立执绥①。

车中不内顾,不疾言,不亲指②。

【集注】① 绥,挽以上车之索也。范氏曰:"正立执绥,则心体无不正,而诚意肃恭矣。盖君子庄敬无所不在,升车则见于此也。"

② 内顾,回视也。《礼》曰:"顾不过毂。"三者皆失容,且惑人。

此一节,记孔子升车之容。

【今译】① 绥,手挽着它用来登车的绳索。范祖禹说:"正立,抓着绥,心和身体就没有不端正的,从而就诚心诚意严肃恭敬了。君子的庄重恭敬是无处不在的,在登车时就见于这些地方。"

② 内顾,回头看。《礼记·曲礼》说:"回头看不要超过车轮。"这三条都失态,并且使别人疑惑。

这一节,记孔子登车的容貌、姿态。

【第十七节】色斯举矣,翔而后集①。曰:"山梁雌雉,时哉! 时哉!"子路共之。三嗅而作②。

【集注】① 言鸟见人之颜色不善,则飞去,回翔审视而后下止。人之见几而作,审择所处,亦当如此。然此上下必有阙文矣。

②共，九用反，又居勇反。嗅，许又反。

邢氏曰："梁，桥也。时哉，言雉之饮啄得其时。子路不达，以为时物而共具之。孔子不食，三嗅其气而起。"晁氏曰："《石经》'嗅'作'戛'，谓雉鸣也。"刘聘君曰："嗅，当作'臭'，古阒反，张两翅也。见《尔雅》。"

愚按：如后两说，则"共"字当为拱执之义。然此必有阙文，不可强为之说，姑记所闻，以俟知者。

【今译】①说的是鸟看见人的脸色不怀好意，就飞走了，盘旋审视以后又落了下来。人根据时机行动，遇事慎重选择，也应当如此。不过这话的前后一定有缺文。

②共，gōng，又读 gǒng。嗅，xiù。

邢昺说❶："梁，就是桥。时哉，指雉的饮水啄食都得了天时。子路不明白，以为这是说雉为时鲜食品，就弄熟摆上了。孔子不吃，嗅了几下气味就站了起来。"晁说之说："《石经》'嗅'字作'戛'，指雉鸡的鸣叫。"刘勉之说："嗅，应当是'臭'，读 xù，张开双翅的意思。参见《尔雅》。"

熹按：依后两说，"共"字就是拱手执持的意思。然而这里必有缺文，不可勉强解说，姑且记下所听到的，以待那懂得的人。

---

❶ 邢昺：北宋学者，曾为何晏《论语集解》作疏，被收入《十三经注疏》。

先进第十一

【集注】此篇多评弟子贤否。凡二十五章。胡氏曰："此篇记闵子骞言行者四,而其一直称闵子,疑闵氏门人所记也。"

【今译】这一篇多评论弟子们的贤能与否。共二十五章。胡寅说："这一篇记闵子骞言行的有四条,其中一条直接称呼闵子,可能是闵子骞的弟子们所记。"

【第一章】子曰："先进于礼乐,野人也;后进于礼乐,君子也①。如用之,则吾从先进②。"

【集注】① 先进、后进,犹言前辈、后辈。野人,谓郊外之民。君子,谓贤士大夫也。程子曰："先进于礼乐,文质得宜,今反谓之质朴,而以为野人。后进之于礼乐,文过其质,今反谓之彬彬,而以为君子。盖周末文胜,故时人之言如此,不自知其过于文也。"

② 用之,谓用礼乐。孔子既述时人之言,又自言其如此,盖欲损过以就中也。

【今译】① 先进、后进,就像说前辈、后辈。野人,指郊外的民众。君子,指贤德的士大夫。程子说："先进对于礼乐,文质相配恰当,今天反而称之为质朴,并认为是野人。后进对于礼乐,文压过了质,今天反而称之为彬彬,并认为是君子。这是由于周朝末年文饰太兴盛,所以当时人们都这样说,却不自知是过于文饰了。"

②用之,指用礼乐。孔子讲述完当时人们的话,自己又说了这句话,意思是要减损过分以达到适中。

【第二章】子曰:"从我于陈、蔡者,皆不及门也。"①

德行:颜渊,闵子骞,冉伯牛,仲弓。言语:宰我,子贡。政事:冉有,季路。文学:子游,子夏②。

【集注】①从,去声。

孔子尝厄于陈、蔡之间,弟子多从之者,此时皆不在门,故孔子思之,盖不忘其相从于患难之中也。

②行,去声。

弟子因孔子之言,记此十人,而并目其所长,分为四科。孔子教人,各因其材,于此可见。

程子曰:"四科,乃从夫子于陈、蔡者尔,门人之贤者固不止此。曾子传道而不与焉,故知十哲,世俗论也。"

【今译】①从,zòng。

孔子曾被困于陈国、蔡国之间,弟子中有许多跟随着他的,这时都不在跟前了,所以孔子思念他们,因为不忘他们曾在患难之中跟随着自己。

②行,xìng。

弟子们根据孔子的话,记这十个人,并且根据他们的特长分为四科。孔子教人是因材施教,由此可见。

程子说:"四科只是跟随夫子到陈国、蔡国去的那些人,门人之中的贤者自然不只这几个。曾子传夫子之道却不在这十人之中,所以可知所谓'十哲',只是世俗的意见❶。"

【第三章】子曰:"回也非助我者也,于吾言无所不说。"①

【集注】① 说,音悦。

助我,若子夏之"起予",因疑问而有以相长也。颜子于圣人之言默识心通,无所疑问,故夫子云然。其辞若有憾焉,其实乃深喜之。

胡氏曰:"夫子之于回,岂真以助我望之?盖圣人之谦德,又以深赞颜子云尔。"

【今译】① 说,音悦(yuè)。

助我,像子夏的"起予",因有疑问而导致教学相长。颜子将圣人的话默默地记下,心里融会贯通,没有什么疑问,所以夫子这样说。这话好像对颜渊有什么遗憾,其实乃是深深地喜欢他。

胡寅说:"夫子对于颜回,难道真是以'助我'期望他吗?这是圣人谦虚的美德,又以此高度地称赞颜子罢了。"

【第四章】子曰:"孝哉闵子骞!人不间于其父母昆弟之言。"①

【集注】① 间,去声。

胡氏曰:"父母兄弟称其孝友,人皆信之无异词者,盖其孝友之实,

---

❶ 十哲:孔庙祀典中,最高神是孔子。以下依次是配享、先哲,先贤、先儒四个等级。先哲起初就是本文所说的十人,称十哲,神格低于配享,高于先贤、先儒;后来颜渊升为配享,补曾参为先哲;曾参后来升配享,补子张为先哲。清代又补上朱熹,成十一哲。为了神位对称,又加有若,成十二哲。先哲之下是"先贤",由直接接受孔子教导的学生充当,有七十人左右。先贤以下是先儒,由历代优秀的儒者充当。程氏时,曾参还未升先哲,程氏不满,故有此论。

有以积于中而著于外，故夫子叹而美之。"

【今译】①间，jiàn。

胡寅说："父母兄弟称赞他孝友，人们都相信而没有不同意见，因为他孝友的事实，是充满于内心并显现在外面，所以夫子感叹并赞美他。"

【第五章】南容三复"白圭"，孔子以其兄之子妻之。①

【集注】①三、妻，并去声。

《诗·大雅·抑之》篇曰："白圭❶之玷，尚可磨也。斯言之玷，不可为也。"南容一日三复此言，事见《家语》，盖深有意于谨言也。此邦有道，所以不废；邦无道，所以免祸，故孔子以兄子妻之。

范氏曰："言者行之表，行者言之实，未有易其言而能谨于行者。南容欲谨其言如此，则必能谨其行矣。"

【今译】①三，sàn。妻，qì。

《诗经·大雅·抑》篇："白圭上的瑕疵，还可以把它磨掉。说话有了错误，就无法挽回了。"南容一天三遍念诵这诗，事迹见于《孔子家语》，这是他深深体会到言语谨慎的必要。这就是他在政治清明时不会不被任用、在政治腐败时能够免祸的原因，所以孔子把自己的侄女嫁给了他。

范祖禹说："言语是行为的外表，行为是言语的实际，没有说话轻率而能行为谨慎的。南容想这样谨慎自己的说话，就必然能谨慎自己的行为。"

---

❶　圭：王者、诸侯朝会、祭祀时用的玉制礼器。白圭：白玉制成。

【第六章】季康子问："弟子孰为好学？"孔子对曰："有颜回者好学，不幸短命死矣！今也则亡。"①

【集注】① 好，去声。

范氏曰："哀公、康子问同，而对有详略者，臣之告君，不可不尽；若康子者，必待其能问乃告之，此教诲之道也。"

【今译】① 好，hào。

范祖禹说："鲁哀公、季康子的问题相同，而回答却有详有略，臣子回答君主，不可不详尽；像季康子，一定要等着他问才告诉他，这也是教诲之道。"

【第七章】颜渊死，颜路请子之车以为之椁①。子曰："才不才，亦各言其子也。鲤也死，有棺而无椁。吾不徒行以为之椁。以吾从大夫之后，不可徒行也。"②

【集注】① 颜路，渊之父，名无繇，少孔子六岁，孔子始教而受学焉。椁，外棺也。请为椁，欲卖车以买椁也。

② 鲤，孔子之子伯鱼也，先孔子卒。言鲤之才虽不及颜渊，然已与颜路，以父视之，则皆子也。孔子时已致仕，尚从大夫之列，言"后"，谦辞。

胡氏曰："孔子遇旧馆人之丧，尝脱骖以赗之矣，今乃不许颜路之请，何耶？葬可以无椁，骖可以脱而复求，大夫不可以徒行，命车不可以与人而鬻诸市也。且为所识穷乏者得我而勉强以副其意，岂诚心与直道哉！或者以为君子行礼，视吾之有无而已。夫君子之用财，视义之可否，岂独视有无而已哉！"

【今译】① 颜路，颜渊的父亲，名无繇，比孔子小六岁，孔子开始教学时来求学的学生。椁，外棺。请为椁，请孔子卖掉车子为颜渊买椁。

② 鲤，孔子的儿子伯鱼，先于孔子而死。这是说，孔鲤的才能虽然不及颜渊，然而在自己和颜路看来，那都是各自的儿子。孔子当时已经辞官，但还属于大夫之列，说"后"，是谦辞。

胡寅说："孔子碰到过去认识的馆人死亡❶，曾卖掉驾车的骖马以资助人家❷，现在却不答应颜路的请求，为什么呢？葬埋可以没有椁，骖马可以再买，但大夫不可以步行，配备给自己的车子不可以给人卖掉。况且为了让所认识的贫困者感谢我，就勉强地满足他的要求，这难道是诚心和直道吗？有人认为君子执行礼制，根据自己有没有就是了。然而君子用财，应根据义的可与不可，怎能只根据有还是没有就可以了呢？"

【第八章】颜渊死。子曰："噫！天丧予！天丧予！"①

【集注】① 丧，去声。

噫，伤痛声。悼道无传，若天丧己也。

【今译】① 丧，sàng。

噫，伤心悲痛的声音。哀悼道没有传人，好像天使自己丧失。

【第九章】颜渊死，子哭之恸。从者曰："子恸矣。"① 曰："有恸乎②？非夫人之为恸而谁为③？"

【集注】① 从，去声。

---

❶ 馆人：管理旅馆、负责接待宾客的官员。
❷ 骖：辕马边上的马。

恸,哀过也。

② 哀伤之至,不自知也。

③ 夫,音扶。为,去声。

夫人,谓颜渊。言其死可惜,哭之宜恸,非他人之比也。

胡氏曰:"痛惜之至,施当其可,皆情性之正也。"

【今译】① 从,zòng。

恸,过分的悲哀。

② 哀伤到了极点,自己却不知道。

③ 夫,音扶(fú)。为,wèi。

夫人,指颜渊。意思是颜渊死得可惜,哭他应该悲恸,不是别人可以相比的。

胡寅说:"痛惜到极点,和做得恰到好处,都是性情的正常表现。"

【第十章】颜渊死,门人欲厚葬之。子曰:"不可。"①门人厚葬之②。子曰:"回也视予犹父也,予不得视犹子也。非我也,夫二三子也。"③

【集注】① 丧具称家之有无。贫而厚葬,不循理也,故夫子止之。

② 盖颜路听之。

③ 叹不得如葬鲤之得宜,以责门人也。

【今译】① 丧事的用具应根据家里的有无。家贫却要厚葬,是不遵循理,所以夫子制止他们。

② 因为颜路听从了门人们。

③ 叹息不能像埋葬孔鲤那样处理得当,责备门人们。

【第十一章】季路问事鬼神。子曰："未能事人，焉能事鬼？"敢问死。曰："未知生，焉知死？"①

【集注】①焉，於虔反。

问事鬼神，盖求所以奉祭祀之意。而死者人之所必有，不可不知，皆切问也。然非诚敬足以事人，则必不能事神；非原始而知所以生，则必不能反终而知所以死。盖幽明始终，初无二理，但学之有序，不可躐等，故夫子告之如此。

程子曰："昼夜者，死生之道也。知生之道，则知死之道。尽事人之道，则尽事鬼之道。死生人鬼，一而二、二而一者也。或言夫子不告子路，不知此乃所以深告之也。"

【今译】①焉，yān。

问事鬼神，是探求祭祀的意义。而死亡是人人都必然要有的，不可不知，这都是重要的问题。然而假若不是诚实恭敬足以事奉人，就必然不能事奉神；不是追溯人的开始从而知道人是如何产生，就必然不能返回人的终点而知道什么是死。因为幽、明和始、终，本来就没有两个理，只是学习要有个次序，不能逾越，所以夫子这样告诉他。

程子说："昼与夜，就是死与生的道理。知道生之道，就知道了死之道。尽到了事奉人的道，就会尽到事奉鬼的道。死、生、人、鬼，是一中有二、二者为一的事物。有人说这是夫子不告诉子路，却不知这乃是最深刻的告诉。"

【第十二章】闵子侍侧，誾誾如也；子路，行行如也；冉有、子贡，侃侃如也。子乐①。

"若由也，不得其死然。"②

【集注】①闇、侃,音义见前篇。行,胡浪反。乐,音洛。

行行,刚强之貌。子乐者,乐得英才而教育之。

② 尹氏曰:"子路刚强,有不得其死之理,故因以戒之。其后子路卒死于卫孔悝之难。"洪氏曰:"《汉书》引此句,上有'曰'字。"或云上文"乐"字即"曰"字之误。

【今译】①闇、侃,音义参考前面的解释。行,háng。乐,音洛(lè)。

行行,刚强的样子。子乐,是因为得到英才而教育他们感到快乐。

② 尹焞说:"子路刚强,有不得其死的道理,所以借此而告诫他。后来子路果然死于卫国孔悝的动乱。"洪兴祖说:"《汉书》引用这一句,前面有'曰'字。"有人说上文的"乐"字就是"曰"字的误写。

【第十三章】鲁人为长府①。闵子骞曰:"仍旧贯,如之何?何必改作?"② 子曰:"夫人不言,言必有中。"③

【集注】①长府,藏名。藏货财曰府。为,盖改作之。

② 仍,因也。贯,事也。王氏曰:"改作,劳民伤财,在于得已,则不如仍旧贯之善。"

③ 夫,音扶。中,去声。

言不妄发,发必当理,惟有德者能之。

【今译】①长府,储藏室的名字。储藏货财的叫府。为,是改建。

② 仍,因循。贯,事。王安石说❶:"改建,劳民伤财,只要不是不得已,就不如'仍旧贯'的好。"

③ 夫,音扶(fú)。中,zhòng。

---

❶ 王安石:字介甫,北宋政治家、思想家,著有《论语通》。

话不轻易出口，出口必定合乎理，只有有德的人才能够做到。

【第十四章】子曰："由之瑟，奚为于丘之门？"①门人不敬子路。子曰："由也升堂矣，未入于室也。"②

【集注】① 程子曰："言其声之不和，与己不同也。《家语》云：'子路鼓瑟，有北鄙杀伐之声。'盖其气质刚勇，而不足于中和，故其发于声者如此。"

② 门人以夫子之言，遂不敬子路，故夫子释之。升堂、入室，喻入道之次第。言子路之学已造乎正大高明之域，特未深入精微之奥耳，未可以一事之失而遽忽之也。

【今译】① 程子说："说的是子路鼓瑟的声音不平和，和自己不一样。《孔子家语》说：'子路鼓瑟，有北部边塞地区的杀戮讨伐之声。'因为子路气质刚强勇敢，而不能达到中正平和，所以发出这种声音。"

② 门人们因为夫子的话，不尊敬子路，所以夫子加以解释。升堂、入室，比喻入道的深浅。意思是子路的学问，已到了光明正大的领域，只是还没有深入到精微深奥的地方，不可因为一件事的失误就轻视他。

【第十五章】子贡问："师与商也孰贤？"子曰："师也过，商也不及。"①曰："然则师愈与？"②子曰："过犹不及。"③

【集注】① 子张才高意广，而好为苟难，故常过中。子夏笃信谨守，而规模狭隘，故常不及。

② 与，平声。

愈，犹胜也。

③ 道以中庸为至。贤智之过，虽若胜于愚不肖之不及，然其失中

则一也。

尹氏曰："中庸之为德也,其至矣乎! 夫过与不及,均也。差之毫厘,缪以千里,故圣人之教,抑其过,引其不及,归于中道而已。"

【今译】① 子张才高心大,好故意去做那些难办的事,所以常常超过了中。子夏诚实谨慎,但规模狭隘,所以常常达不到中。

② 与,yú。

愈,意思是胜过。

③ 道以中庸为顶点。贤能智者的过分,虽然好像胜过愚笨、不肖者的不及,然而他们失去了中,则是一样的。

尹焞说："中庸这样的德行,是最高的了。过分和不及,是一样的。差之毫厘,失之千里,所以圣人教人,抑制那过分的,引导那不及的,归宿于中道为止。"

【第十六章】季氏富于周公,而求也为之聚敛而附益之 ①。子曰："非吾徒也。小子鸣鼓而攻之,可也!" ②

【集注】① 为,去声。

周公以王室至亲,有大功,位冢宰,其富宜矣。季氏以诸侯之卿而富过之,非攘夺其君,刻剥其民,何以得此? 冉有为季氏宰,又为之急赋税以益其富。

② 非吾徒,绝之也。小子鸣鼓而攻之,使门人声其罪以责之也。圣人之恶党恶而害民也如此。然师严而友亲,故已绝之,而犹使门人正之,又见其爱人之无已也。

范氏曰："冉有以政事之才施于季氏,故为不善至于如此,由其心术不明,不能反求诸身,而以仕为急故也。"

【今译】① 为，wèi。

周公作为王室最亲近的亲属，立了大功，又身为宰相，他的富有是应该的。季氏作为诸侯的卿，富有超过周公，假若不是强抢君主、搜刮百姓，怎能到如此地步？冉有作为季氏的家臣，又替他增加赋税以增加他的财富。

② 非吾徒，断绝关系的意思。小子鸣鼓而攻之，使门人声明他的罪行以责备他。圣人厌恶党同恶人而加害百姓到如此地步。然而作为老师严格，作为朋友却仍亲近，所以虽然已经断绝关系，却还让门人去纠正他，又可见圣人爱护别人是没有止境的。

范祖禹说："冉有以政事的才能在季氏那里施展，所以做出不善的事到如此地步。这是由于他心术不明，不能回头严格要求自己，而急于出仕的缘故。"

【第十七章】柴也愚 ①，参也鲁 ②，师也辟 ③，由也喭 ④。

【集注】① 柴，孔子弟子，姓高，字子羔。愚者，知不足而厚有余。《家语》记其"足不履影，启蛰不杀，方长不折。执亲之丧，泣血，三年未尝见齿。避难而行，不径不窦"，可以见其为人矣。

② 鲁，钝也。程子曰："参也竟以鲁得之。"又曰："曾子之学，诚笃而已。圣门学者，聪明才辩不为不多，而卒传其道，乃质鲁之人尔，故学以诚实为贵也。"尹氏曰："曾子之才鲁，故其学也确，所以能深造乎道也。"

③ 辟，婢亦反。

辟，便辟也。谓习于容止，少诚实也。

④ 喭，五旦反。

嗳,粗俗也。传称嗳者,谓俗论也。

杨氏曰:"四者性之偏,语之使知自励也。"吴氏曰:"此章之首,脱'子曰'二字。"或疑下章"子曰"当在此章之首,而通为一章。

【今译】① 柴,孔子弟子,姓高,字子羔。愚的意思是,机智不足而厚道有余。《孔子家语》记载他:"脚不踩别人的影子,从惊蛰这天开始就不杀生,正在长的树木不攀折。料理双亲的丧事,哭出血来,三年不曾开口笑过。为避难而行路,也不走小道,不钻墙洞。"由此可以看出他的为人了。

② 鲁,迟钝。程子说:"曾参啊最终以迟钝得了夫子之道。"又说:"曾子的学问,诚恳笃实罢了。圣门求学的人,聪明才辩不算不多,可到头来传夫子之道的,却是资质鲁钝的人,所以求学以诚实为可贵。"尹焞说:"曾子的才能迟钝,所以他的学问扎实,因此能达到道的深奥之处。"

③ 辟,pì。

辟,精明。指习惯于修饰容貌,而缺少诚实。

④ 嗳,yàn。

嗳,粗俗。文献中称为嗳的,指的都是世俗的议论。

杨时说:"这四条都是人性的偏颇,告诉他们,是让他们知道自我勉励。"吴棫说:"本章开头,脱落'子曰'二字。"有人怀疑下一章的"子曰"应在本章开头,这两章原是一章。

【第十八章】子曰:"回也其庶乎! 屡空 ①。赐不受命,而货殖焉,亿则屡中 ②。"

【集注】① 庶,近也,言近道也。屡空,数至空匮也。不以贫窭动心而求富，故屡至于空匮也。言其近道，又能安贫也。

② 中，去声。

命，谓天命。货殖，货财生殖也。亿，意度也。言子贡不如颜子之安贫乐道，然其才识之明，亦能料事而多中也。程子曰："子贡之货殖，非若后人之丰财，但此心未忘耳。然此亦子贡少时事，至闻性与天道，则不为此矣。"

范氏曰："屡空者，箪食瓢饮屡绝，而不改其乐也。天下之物，岂有可动其中者哉！贫富在天，而子贡以货殖为心，则是不能安受天命矣。其言而多中者，亿而已，非穷理乐天者也。夫子尝曰：'赐不幸言而中，是使赐多言也。' ❶ 圣人之不贵言也如是。"

【今译】① 庶，接近，指接近道。屡空，多次到了囊空如洗的程度。不因贫穷动心而去追求富贵，所以屡次弄到囊空如洗。这是说颜回接近道，又能安于贫穷。

② 中，zhòng。

命，指天命。货殖，让货财生殖。亿，测度。这是说子贡不如颜回安贫乐道，然而他那才能见识的高明，也能多次对事情的前途做出准确判断。程子说："子贡的货殖，不像后人为了发财，并没有忘了自己的本心。不过这也是子贡年轻时的事情，到得知性与天道，就不做这事了。"

范祖禹说："屡空的意思，是一盒饭一瓢水也常常没有，而不改变自己的快乐。天下的事物，还有什么能使他动心的呢？贫富在天，而子贡心里却想货殖，就是不能安于天命。他的判断大多准确，臆测罢了，不是穷尽了理而以天命为乐的人。夫子曾说过：'赐偶然说对了，这使

---

❶ 孔子的话，见《左传·定公十五年》。

得他话多。' 圣人就是这样不看重言论。"

【第十九章】子张问善人之道。子曰："不践迹，亦不入于室。"①

【集注】① 善人，质美而未学者也。程子曰："践迹，如言循途守辙。善人虽不必践旧迹而自不为恶，然亦不能入圣人之室也。"

张子曰："善人，欲仁而未志于学者也。欲仁，故虽不践成法，亦不蹈于恶，有诸己也。由不学，故无自而入圣人之室也。"

【今译】① 善人，资质美好而没有求学的人。程子说："践迹，就像说沿着老路旧辙。善人虽然没必要按老路旧辙，自然不会作恶，但也不能入圣人之室。"

张子说："善人，向往仁德却还没有立志求学的人。向往仁德，所以虽然不蹈故辙，也不会陷于作恶，因为自己具备好品质。因为不学，所以无法进入圣人的最高境界。"

【第二十章】子曰："论笃是与，君子者乎？色庄者乎？"①

【集注】① 与，如字。

言但以其言论笃实而与之，则未知其为君子者乎？为色庄者乎？言不可以言貌取人也。

【今译】① 与，读本字 yǔ。

意思是仅因为他言论笃实而赞同他，就不能知道他是君子呢？还是装出一副诚实的面孔呢？这说的是不可以言取人和以貌取人。

【第二十一章】子路问："闻斯行诸？"子曰："有父兄在，

如之何其闻斯行之？"冉有问："闻斯行诸？"子曰："闻斯
行之。"公西华曰："由也问闻斯行诸，子曰'有父兄在'；
求也问闻斯行诸，子曰'闻斯行之'。赤也惑，敢问。"子曰：
"求也退，故进之。由也兼人，故退之。"①

【集注】① 兼人，谓胜人也。张敬夫曰："闻义固当勇为，然有父兄在，
则有不可得而专者。若不禀命而行，则反伤于义矣。'子路有闻，未之
能行，惟恐有闻'，则于所当为，不患其不能为矣，特患为之之意或过，
而于所当禀命者有阙耳。若冉求之资禀失之弱，不患其不禀命也，患其
于所当为者逡巡畏缩而为之不勇耳。圣人一进之，一退之，所以约之于
义理之中，而使之无过不及之患也。"

【今译】① 兼人，指胜过别人。张栻说："闻义固然应当勇为，然而若
父兄健在，自己就不能独断专行。假若不请示父兄就去做，反而伤害了
义。'子路有闻，未之能行，惟恐有闻'，那么对于他应当做的，不愁他
不能做，只怕他定要去做的想法太迫切，而对于应当请示的会有不请示
的情形。像冉求，禀受的资质失之太弱，不愁他不请示，只怕他对于应
当做的会犹豫畏缩而不能勇于去做。圣人对这个鼓励，对那个抑制，为
的是约束他们到义理之中，从而使他们没有过与不及的毛病。"

　　【第二十二章】子畏于匡，颜渊后。子曰："吾以女为死
矣。"曰："子在，回何敢死？"①

【集注】① 女，音汝。

　　后，谓相失在后。何敢死，谓不赴斗而必死也。胡氏曰："先王之制，
民生于三，事之如一。惟其所在，则致死焉。况颜渊之于孔子，恩义兼

尽，又非他人之为师弟子者而已。即夫子不幸而遇难，回必捐生以赴之矣。捐生以赴之，幸而不死，则必上告天子，下告方伯，请讨以复雠，不但已也。夫子而在，则回何为而不爱其死，以犯匡人之锋乎？"

【今译】①女，音汝（rǔ）。

后，指失散在后。何敢死，指不去挺身相斗以命相拼。胡寅说："先王的制度，民众生于君、亲、师，事奉他们都是一样的。只要是他们的需要，就可以献出生命。何况颜渊对于孔子，恩和义都到了极点，又不像别人那样仅仅是老师弟子而已。假若夫子不幸遇难，颜回必然舍生忘死去营救和复仇。舍生忘死而去，若侥幸不死，就必然上告天子，下告诸侯，请求讨伐恶人以复仇，不达目的就不罢休。夫子还在，那么回又为什么不爱惜生命，去碰匡人的锋刃呢？"

【第二十三章】季子然问："仲由、冉求可谓大臣与？"①子曰："吾以子为异之问，曾由与求之问②！所谓大臣者，以道事君，不可则止③。今由与求也，可谓具臣矣。"④曰："然则从之者与？"⑤子曰："弑父与君，亦不从也。"⑥

【集注】①与，平声。

子然，季氏子弟。自多其家得臣二子，故问之。

②异，非常也。曾，犹乃也。轻二子以抑季然也。

③以道事君者，不从君之欲。不可则止者，必行己之志。

④具臣，谓备臣数而已。

⑤与，平声。

意二子既非大臣，则从季氏之所为而已。

⑥言二子虽不足于大臣之道，然君臣之义则闻之熟矣，弑逆大故，

必不从之，盖深许二子以死难不可夺之节，而又以阴折季氏不臣之心也。

尹氏曰："季氏专权僭窃，二子仕其家而不能正也，知其不可而不能止也，可谓具臣矣。是时季氏已有无君之心，故自多其得人，意其可使从己也。故曰'弑父与君，亦不从也'，其庶乎二子可免矣。"

【今译】① 与，yú。

子然，季氏子弟。炫耀自家能以这二位为臣，所以发问。

② 异，不同寻常。曾，与"乃"的意思相同。轻视这二位以贬抑季然。

③ 以道事君，不附和君主的私欲。不可则止，一定要遵从自己的志向。

④ 具臣，指凑数的臣子。

⑤ 与，yú。

季然推想这二位既然不是大臣，那就会对季氏的所作所为言听计从了。

⑥ 这说的是二位虽不足以行大臣之道，然而君臣之义还是听得精熟的，弑君谋叛的事决不会做，这是深切赞许二位有死难也夺不走的气节，并且又暗挫季氏的不臣之心。

尹焞说："季氏专权僭越窃国，二位做季氏家臣而不能纠正，知道事不可行又不能阻止，可算是具臣了。这时季氏已有不要君主的心思，所以炫耀自己得人，心想可以让他们听从自己。所以孔子说：'杀害父亲与君主，是不会听从的。'这二位差不多是可以避免这些事的。"

【第二十四章】子路使子羔为费宰①。

子曰："贼夫人之子。"②

子路曰："有民人焉，有社稷焉。何必读书，然后为学？"③

子曰："是故恶夫佞者。"④

【集注】① 子路为季氏宰而举之也。

② 夫，音扶，下同。

贼，害也。言子羔质美而未学，遽使治民，适以害之。

③ 言治民事神皆所以为学。

④ 恶，去声。

治民事神，固学者事，然必学之已成，然后可仕以行其学。若初未尝学，而使之即仕以为学，其不至于慢神而虐民者几希矣。子路之言，非其本意，但理屈词穷，而取辩于口以御人耳，故夫子不斥其非，而特恶其佞也。

范氏曰："古者学而后入政，未闻以政学者也。盖道之本在于修身，而后及于治人，其说具于方册，读而知之，然后能行，何可以不读书也？子路乃欲使子羔以政为学，失先后本末之序矣。不知其过，而以口给御人，故夫子恶其佞也。"

【今译】① 子路做季氏的宰臣时推荐的。

② 夫，音扶（fú），下同。

贼，害。这是说子羔资质美好却没经学习，就让他治民，这是害了他。

③ 这是说治民、事神都可用来作为学问。

④ 恶，wù。

治民、事神，固然是求学者的事，然而必须学业已成，然后才可以出仕以推行他的学问。假若本来就不曾学过，而让他把出仕作为学问，那么，弄不到怠慢神明、残害人民的地步是非常罕见的。子路的话，不是他的本意，但是理屈词穷，因而就借助强词夺理来驳斥别人的批评，所以夫子不斥责他的错误，而只是讨厌他强词夺理。

范祖禹说："古代学习以后才进入政界，没听说把从政作为学习的。因为道的根本在于修身，然后才达到治民，治民的道理记载于文献之中，读了因而懂得它们，然后才能实行，怎么可以不读书呢？子路却要让子羔把从政当作学问，这就丢失了先后、本末的次序。不知自己的过错，却靠伶牙俐齿驳斥别人的批评，所以夫子讨厌他的强词夺理。"

【第二十五章】子路、曾皙、冉有、公西华侍坐①。

子曰："以吾一日长乎尔，毋吾以也②。居则曰：'不吾知也！'如或知尔，则何以哉③？"

子路率尔而对曰："千乘之国，摄乎大国之间，加之以师旅，因之以饥馑；由也为之，比及三年，可使有勇，且知方也。"夫子哂之④。

"求！尔何如？"对曰："方六七十，如五六十，求也为之，比及三年，可使足民。如其礼乐，以俟君子。"⑤

"赤！尔何如？"对曰："非曰能之，愿学焉。宗庙之事，如会同，端章甫，愿为小相焉。"⑥

"点！尔何如？"鼓瑟希，铿尔，舍瑟而作，对曰："异乎三子者之撰。"子曰："何伤乎？亦各言其志也。"曰："莫春者，春服既成，冠者五六人，童子六七人，浴乎沂，风乎舞雩，咏而归。"夫子喟然叹曰："吾与点也！"⑦

　　三子者出，曾皙后。曾皙曰："夫三子者之言何如？"子曰："亦各言其志也已矣。"⑧

　　曰："夫子何哂由也？"⑨

　　曰："为国以礼，其言不让，是故哂之。"⑩

　　"惟求则非邦也与？""安见方六七十如五六十而非邦也者？"⑪

　　"唯赤则非邦也与？""宗庙会同，非诸侯而何？赤也为之小，孰能为之大？"⑫

【集注】① 坐，才卧反。

　　皙，曾参父，名点。

　　② 长，上声。

　　言我虽年少长于女，然女勿以我长而难言。盖诱之尽言，以观其志。而圣人和气谦德，于此亦可见矣。

　　③ 言女平居则言人不知我，如或有人知女，则女将何以为用也？

　　④ 乘，去声。饥，音机。馑，音仅。比，必二反，下同。哂，诗忍反。

　　率尔，轻遽之貌。摄，管束也。二千五百人为师，五百人为旅。因，仍也。谷不熟曰饥，菜不熟曰馑。方，向也，谓向义也。民向义则能亲其上，死其长矣。哂，微笑也。

　　⑤ "求，尔何如"，孔子问也，下放此。方六七十里，小国也。如，犹或也。五六十里，则又小矣。足，富足也。俟君子，言非己所能。冉有谦退，又以子路见哂，故其词益逊。

　　⑥ 相，去声。

　　公西华志于礼乐之事，嫌以君子自居，故将言己志而先为逊词，言未能而愿学也。宗庙之事，谓祭祀。诸侯时见曰会，众频曰同。端，玄端服。章甫，礼冠。相，赞君之礼者。言小，亦谦辞。

⑦铿，苦耕反。舍，上声。撰，士免反。莫、冠，并去声。沂，渔依反。雩，音于。

四子侍坐，以齿为序，则点当次对。以方鼓瑟，故夫子先问求、赤，而后及点也。希，间歇也。作，起也。撰，具也。莫春，和煦之时。春服，单袷之衣。浴，盥濯也，今上巳祓除是也。沂，水名，在鲁城南，地志以为有温泉焉，理或然也。风，乘凉也。舞雩，祭天祷雨之处，有坛墠树木也。咏，歌也。

曾点之学，盖有以见夫人欲尽处。天理流行，随处充满，无少欠阙，故其动静之际，从容如此。而其言志，则又不过即其所居之位，乐其日用之常，初无舍己为人之意。而其胸次悠然，直与天地万物上下同流；各得其所之妙，隐然自见于言外。视三子之规规于事为之末者，其气象不侔矣，故夫子叹息而深许之。而门人记其本末，独加详焉，盖亦有以识此矣。

⑧夫，音扶。

⑨点以子路之志乃所优为，而夫子哂之，故请其说。

⑩夫子盖许其能，特哂其不逊。

⑪与，平声，下同。

曾点以冉求亦欲为国而不见哂，故微问之。而夫子之答无贬词，盖亦许之。

⑫此亦曾晳问而夫子答也。孰能为之大，言无能出其右者，亦许之之词。

程子曰："古之学者优柔厌饫，有先后之序。如子路、冉有、公西赤言志如此，夫子许之，亦以此自是实事。后之学者好高，如人游心千里之外，然自身却只在此。”又曰："孔子与点，盖与圣人之志同，便是尧、舜气象也。诚异三子者之撰，特行有不掩焉耳，此所谓狂也。子路等所见者小。子路只为不达为国以礼道理，是以哂之。若达，却便是这气象也。”又曰："三子皆欲得国而治之，故夫子不取。曾点，狂者也，未必能为圣人之事，而能知夫子之志，故曰'浴乎沂，风乎舞雩，咏而归'，言乐而得其所也。孔子之志，在于'老者安之，朋友信之，少者怀之'，使万物莫不遂其性，曾点知之，故夫子喟然叹曰：'吾与点也。'”又曰："曾点、漆雕开，已见大意。"

【今译】① 坐，zuò。

曾皙，曾参的父亲，名点。

② 长，zhàng。

孔子说，虽然我的年龄比你们大一些，但你们不要因为我年长就不好意思说。这是诱导他们把心里的话都讲出来，以便看看他们的志向。而圣人和气、谦虚的德行，也由此可见了。

③ 孔子说你们平素总是说"人不知我"，假如有人了解你们，你们将拿出什么本事呢？

④ 乘，shèng。饥，音机（jī）。馑，音仅（jǐn）。比，bǐ，下同。哂，shěn。

率尔，轻率的样子。摄，管束。二千五百人为师，五百人为旅。因，延续。谷类不熟叫饥，菜类不熟叫馑。方，朝向，指朝向义。百姓向义，就能亲近长上，为长上而死。哂，微笑。

⑤ "求！尔何如"，是孔子的问话，以下相同。方六七十里，是小国。如，意思同"或"。五六十里，更小的国家。足，富足。俟君子，意思是自己不能够做这些。冉有本就谦虚退让，又见子路被哂，所以说得就更

小心了。

⑥ 相，xiàng。

公西华有志于礼乐之事，不愿以君子自居，所以在说志向之前先说谦辞，说自己还做不到，但愿意学习。宗庙之事，指祭祀。诸侯按时会见叫会，一齐进见叫同。端，即玄端，一种礼服。章甫，礼帽。相，君主行礼时的助手。说是"小"，也是谦辞。

⑦ 铿，kēng。舍，shě。撰，zhuàn。莫，mù（暮）。冠，guàn。沂，yí。雩，音于（yú）。

四位陪伴孔子，按年龄顺序，曾点应第二个说。因为正在鼓瑟，所以孔子先问冉求、公西华，然后才问到曾点。希，间歇。作，起来。撰，所具有的。莫春，风和日丽的时节。春服，单夹衣。浴，盥洗，就是今天在三月上巳日到河边被除。沂，河名，在鲁国城南，地志认为有温泉，按理或许如此。风，乘凉。舞雩，祭天祷雨的地方，有祭祀的坛场和树木。咏，唱歌。

曾点的学问，应当是到了人欲净尽的地步。天理流行，到处充满，没有丝毫欠缺，所以他一举一动，才这样从容。而他所说的志向，则又不过是根据自己的地位，以自己的日常生活为乐，一点也没有舍己为人的意思。可是他胸怀的悠然，却径直与天地万物步骤相同。各得其所的妙处，隐约地自然见于言语之外。比起那三位规规矩矩从事于具体事务这种细枝末节来，他的风度气象是大不相同的，所以夫子叹息并深加赞许。而门人记这件事的本末也特别详细，这是因为记录者对这件事是有所理解的。

⑧ 夫，音扶（fú）。

⑨ 曾点认为子路的志向，乃是有为中的优秀者，可是夫子哂之，所

以请夫子说明。

⑩ 夫子赞许他的能力，只是哂他的不谦让。

⑪ 与，yú，下同。

曾点因为冉求也是要为国家出力却不被哂，所以也试着问问。而夫子的回答没有贬辞，也是赞许的。

⑫ 这也是曾皙问而夫子回答的话。孰能为之大，这是说没有人能超过他，也是赞许的话。

程子说："古代求学的人悠然自得，有先后次序。如子路、冉有、公西赤这样表明志向，夫子赞许，也是因为这些都是实事。后来求学的人好高骛远，就像一个人的心跑到了千里之外，然而他的身体却只是原地未动。"又说："孔子同意曾点，因为曾点与圣人志向相同，这就是尧、舜的气象。确实和那三位所具备的有所不同，只是行为有些不相符合，这就是所说的狂。子路等人的目光狭小。子路只因为不懂治国要用礼的道理，所以笑他。若懂，也就是这个气象了。"又说："三位都想得到一个国家让自己治理，所以夫子不采纳。曾点，是位狂者，未必能做圣人的事，却能了解夫子的志向，所以他说：'浴乎沂，风乎舞雩，咏而归。'这是说自己乐得其所。孔子的志向，在于'老者安之，朋友信之，少者怀之'，使万物都能实现自己的本性。曾点知道这一点，所以夫子喟然叹道：'吾与点也。'"又说："曾点和漆雕开，已见到了圣人的基本意思。"

颜渊第十二

【集注】凡二十四章。

【今译】共二十四章。

【第一章】颜渊问仁。子曰："克己复礼为仁。一日克己复礼，天下归仁焉。为仁由己，而由人乎哉？"①

颜渊曰："请问其目。"子曰："非礼勿视，非礼勿听，非礼勿言，非礼勿动。"颜渊曰："回虽不敏，请事斯语矣。"②

【集注】①仁者，本心之全德。克，胜也。己，谓身之私欲也。复，反也。礼者，天理之节文也。为仁者，所以全其心之德也。盖心之全德，莫非天理，而亦不能不坏于人欲。故为仁者必有以胜私欲而复于礼，则事皆天理，而本心之德复全于我矣。归，犹与也。又言一日克己复礼，则天下之人皆与其仁，极言其效之甚速而至大也。又言为仁由己，而非他人所能预，又见其机之在我而无难也。日日克之，不以为难，则私欲净尽，天理流行，而仁不可胜用矣。程子曰："非礼处便是私意。既是私意，如何得仁？须是克尽己私，皆归于礼，方始是仁。"又曰："克己复礼，则事事皆仁，故曰天下归仁。"谢氏曰："克己，须从性偏难克处克将去。"

②目，条件也。颜渊闻夫子之言，则于天理人欲之际已判然矣，故不复有所疑问，而直请其条目也。非礼者，己之私也。勿者，禁止之辞。

是人心之所以为主而胜私复礼之机也。私胜，则动容周旋无不中礼，而日用之间，莫非天理之流行矣。事，如事事之事。"请事斯语"，颜子默识其理，又自知其力有以胜之，故直以为己任而不疑也。

程子曰："颜子问克己复礼之目，子曰'非礼勿视，非礼勿听，非礼勿言，非礼勿动'，四者身之用也。由乎中而应乎外，制于外所以养其中也。颜渊事斯语，所以进于圣人。后之学圣人者，宜服膺而勿失也。因箴以自警。

其《视箴》曰：'心兮本虚，应物无迹。操之有要，视为之则。蔽交于前，其中则迁。制之于外，以安其内。克己复礼，久而诚矣。'

其《听箴》曰：'人有秉彝，本乎天性。知诱物化，遂亡其正。卓彼先觉，知止有定。闲邪存诚，非礼勿听。'

其《言箴》曰：'人心之动，因言以宣。发禁躁妄，内斯静专。矧是枢机，兴戎出好。吉凶荣辱，惟其所召。伤易则诞，伤烦则支。己肆物忤，出悖来违。非法不道，钦哉训辞。'

其《动箴》曰：'哲人知几，诚之于思。志士励行，守之于为。顺理则裕，从欲惟危。造次克念，战兢自持。习与性成，圣贤同归。'"

愚按：此章问答乃传授心法切要之言，非至明不能察其机，非至健不能致其决，故惟颜子得闻之，而凡学者亦不可以不勉也。程子之箴，发明亲切，学者尤宜深玩。

【今译】① 仁，是本心那完整无缺的德行。克，战胜。己，指个人的私欲。复，返回。礼，天理的节制和文饰。为仁，即用来使心的德行完整。因为心里那完整的德行，没有不是天理的，不过也不可能不被人欲所破坏。所以追求仁的人必须有能力战胜私欲而返回到礼，那样事事就都是天理，而本心的德行就又完整地存在于我这里了。归，意思如同

"与"。孔子又说"一日克己复礼",天下的人就都称许他的仁,这是极力强调仁的效应迅速并且极其巨大。孔子又说"为仁由己",不是别人所能干预的,这是看到了机会在我自己,并不困难。天天"克己",不觉得困难,就会把私欲消除干净,使天理流行,从而仁也就用之不竭了。程子说:"不符合礼的地方就是私意。既然是私意,如何能得到仁?必须克尽自己的私意,都归于礼,才能是仁。"又说:"克己复礼,就事事都是仁,所以说'天下归仁'。"谢良佐说:"克己,必须从禀性偏颇难克的地方克去。"

②目,即条目。颜渊听了夫子的话,对天理人欲之际已经明白了,所以不再有所疑问,而直接请问具体的条目。非礼的,是自己的私。勿,是禁止之辞。这是人的心有可能为主,而战胜一己之私复归于礼的转机。战胜了私,那么一举一动没有不合乎礼的,而日常生活之间,也就没有什么不是天理在流行了。事,就是"从事"某事的"事"。"请事斯语",颜子心里已经领会了这个理,又自知自己的力量能够做到,所以直接作为自己的责任而不疑惑。

程子说:"颜渊问克己复礼的条目,孔子说:'非礼勿视,非礼勿听,非礼勿言,非礼勿动。'这四条是身体的动作。发自内心而表现于外部,用外部的制约来养护内心。颜渊按这话去做,因此达到了圣人。以后那些学习圣人的,应牢记在心而不要忘记。我也借此作了几句箴言以自我勉励。

其中《视箴》说:'心啊本体空虚,应接事物没有痕迹。把握它有个要领,看与不看是个原则。事物交会在眼前,心就跟着变迁。外面有所制约,为的是安定内心。战胜私欲复归礼制,久而久之就会诚意。'

其中《听箴》说:'人有禀赋,根本在于天性。智慧在引诱,事物在

熏染,使人失去了本性的正。多么高明啊那些先觉者,知道目标何在因而志向坚定。抵制邪念保持真诚,不合礼制的不要去听。'

其中《言箴》说:'人心的动作,借言语表现出来。开始就禁止浮躁和轻率,内心就会宁静和专一。况且这是个转换枢机,可以引起战争也可以带来友谊。吉凶荣辱,全由言语感召。轻率会走向妄诞,烦琐会出现支离。自己放肆别人就会抵制,出言悖理就会引来反对。不合规矩的就不是正道,要敬重啊对这个训辞!'

其中《动箴》说:'哲人洞察事情的转机,真诚贯彻于他的思虑。志士磨练自己的行为,操守表现于他的处事。顺从天理就天高地阔,放纵人欲就处处危机。紧迫之时也要战胜杂念,始终要战战兢兢自我修持。习惯会成就本性,共同奔向圣贤的领域。'”

熹按:这一章的问答,是传授心灵法则切中要害的言论,不是极端英明就不能洞察它的微妙深奥,不是极端刚健就不能达到它要求的决断,所以只有颜子得以听到,也是所有求学的人不可以不勉励的。程子的箴,发挥阐明得非常亲切,求学者尤其应当深刻体会。

【第二章】仲弓问仁。子曰:“出门如见大宾,使民如承大祭。己所不欲,勿施于人。在邦无怨,在家无怨。”仲弓曰:“雍虽不敏,请事斯语矣。”①

【集注】① 敬以持己,恕以及物,则私意无所容而心德全矣。内外无怨,亦以其效言之,使以自考也。

程子曰:“孔子言仁,只说'出门如见大宾,使民如承大祭'。看其气象,便须心广体胖,动容周旋中礼。唯谨独,便是守之之法。或问:'出门使民之时如此可也,未出门使民之时如之何?'曰:'此俨若思时也,有诸中而后见于外。观其出门使民之时其敬如此，则前乎此者敬可知矣，非因出门使民然后有此敬也。'"愚按：克己复礼，乾道也。主敬行恕，坤道也。颜、冉之学，其高下浅深，于此可见。然学者诚能从事于敬恕之间而有得焉，亦将无己之可克矣。

【今译】① 用敬律己，用恕待人，私意就无处容身，而心中的德行就会完整。在家、在外都没有怨恨，也是从它的效果而言，使人以此来自我考察。

程子说："孔子说仁，只说'出门像见到贵宾，使役民众像祭祀大神'。看他的气象，就知道他一定心广体胖，一举一动，风度姿态都合乎礼节。只有慎独，才是保持的方法。有人问：'出了家门、使役民众的时候，这样做是应该的，没有出家门、没有使役民众的时候，怎么样呢？'答：'这是庄重犹如沉思的时候，心里有了然后才表现出来。看他出家门、使役民众时，敬谨慎重是这个样子，他此前的敬谨也就可以知道了，不是由于出了家门、使役民众后才有了这个敬谨'。"熹按：战胜自己遵循礼制，是乾道。以敬为主导来实行宽恕，是坤道。颜渊、冉求的学问，他们的高低深浅，在这里就看出来了。求学者若是真能从事于敬谨、宽恕之间并有所心得，也就会没有私欲需要去战胜的了。

【第三章】司马牛问仁①。子曰："仁者，其言也讱。"②曰："其言也讱，斯谓之仁矣乎？"子曰："为之难，言之得无讱乎？"③

【集注】① 司马牛，孔子弟子，名犁，向魋之弟。

② 讱，音刃。

讱,忍也,难也。仁者心存而不放,故其言若有所忍而不易发,盖其德之一端也。夫子以牛多言而躁,故告之以此,使其于此而谨之,则所以为仁之方,不外是矣。

③ 牛意仁道至大,不但如夫子之所言,故夫子又告之以此。盖心常存,故事不苟。事不苟,故其言自有不得而易者,非强闭之而不出也。杨氏曰:“观此及下章再问之语,牛之易其言可知。”

程子曰:“虽为司马牛多言故及此,然圣人之言亦止此为是。”愚谓:牛之为人如此,若不告之以其病之所切,而泛以为仁之大概语之,则以彼之躁,必不能深思以去其病,而终无自以入德矣,故其告之如此。盖圣人之言,虽有高下大小之不同,然其切于学者之身而皆为入德之要,则又初不异焉。读者其致思焉。

【今译】① 司马牛,孔子弟子,名犁,向魋的弟弟。

② 讱,音刃(rèn)。

讱,忍耐、困难。仁在心里存着而不放出来,所以他的话好像有所忍耐而不轻易说出,这是他德行的表现之一。夫子因为司马牛话多而浮躁,所以这样告诉他,使他在这个地方谨慎起来,那么他用来求仁的方法,也就不外乎这个了。

③ 司马牛觉得仁道非常大,不仅仅像夫子说的这样,所以夫子又告诉他这些话。因为心里经常装着仁,所以办事认真不苟且。办事不苟且,所以他的话自然就有无法轻易说出口的,不是勉强地闭口不言。杨时说:“看这一章及下一章再问的话,司马牛说话轻率的情形就可以知道了。”

程子说:“虽然是因为司马牛话多才谈到这些,但圣人的意思,也是说这样是正确的。”我认为,司马牛为人如此,若不针对他的毛病告诉他，只泛泛地用求仁的大道理对他说，以他那样的浮躁，就必然不能深思以改正自己的毛病，从而最终也没有入德的门路了，所以这样告诉他。圣人的话，虽然有高低大小的不同，然而它切近求学者自身，并且都是入德的要领，则又没有根本差别。读者应努力思考这些问题。

【第四章】 司马牛问君子。子曰："君子不忧不惧。"① 曰："不忧不惧，斯谓之君子已乎？"子曰："内省不疚，夫何忧何惧？"②

【集注】 ① 向魋作乱，牛常忧惧，故夫子告之以此。

② 夫，音扶。

牛之再问，犹前章之意，故复告之以此。疚，病也。言由其平日所为无愧于心，故能内省不疚，而自无忧惧，未可遽以为易而忽之也。

晁氏曰："不忧不惧，由乎德全而无疵，故无入而不自得，非实有忧惧而强排遣之也。"

【今译】 ① 向魋作乱，司马牛经常忧虑、担心，所以夫子告诉他这些。

② 夫，音扶（fú）。

司马牛再次提问，还是像前一章那样，所以又告诉他这些。疚，因做错事而自责。意思是由于自己平素的作为无愧于心，所以能内省不疚，自然就没有忧惧，不可因此就认为这样做很容易而忽略过去。

晁说之说："不忧虑、不担心，这是由于道德完整而没有污点，所以无论做什么没有不自得的，不是真的有了忧惧之后再强行地排遣它。"

【第五章】 司马牛忧曰："人皆有兄弟，我独亡。"①

子夏曰："商闻之矣②：死生有命，富贵在天③。君子敬而无失，与人恭而有礼，四海之内，皆兄弟也。君子何患乎无兄弟也④？"

【集注】① 牛有兄弟而云然者，忧其为乱而将死也。

② 盖闻之夫子。

③ 命，禀于有生之初，非今所能移。天，莫之为而为，非我所能必，但当顺受而已。

④ 既安于命，又当修其在己者，故又言苟能持己以敬而不间断，接人以恭而有节文，则天下之人皆爱敬之如兄弟矣。盖子夏欲以宽牛之忧，故为是不得已之辞，读者不以辞害意可也。

胡氏曰："子夏四海皆兄弟之言，特以广司马牛之意，意圆而语滞者也，唯圣人则无此病矣。且子夏知此，而以哭子丧明，则以蔽于爱而昧于理，是以不能践其言尔。"

【今译】① 司马牛有兄弟却这样说，是忧虑他作乱而可能丧命。

② 是听夫子说的。

③ 命，禀受于生命的开始，不是现在所能改变的。上天，不必做什么，事就做成了，不是我所能断定的，只应当顺从接受罢了。

④ 已经安于命运，又应当修习那可由自己掌握的，所以又讲假若能以敬自律并且不间断，以恭顺待人并且有礼仪节制，那么天下人都会爱他敬他像兄弟一样。这是子夏想宽慰司马牛的忧虑，所以讲了这些不得已的话，读者不要以辞害意就是了。

胡寅说："子夏'四海皆兄弟'的话，只是用来宽司马牛的心，意思周到而话却不圆满，只有圣人才能没这样的毛病。况且子夏知道这一点，却因哭儿子导致眼睛失明，就是因为陷于爱子之心而在理上糊涂了，所以他不能实践自己的话。"

【第六章】子张问明。子曰："浸润之谮，肤受之愬，不行焉，可谓明也已矣。浸润之谮，肤受之愬，不行焉，可谓远也已矣。"①

【集注】①谮，庄荫反。愬，苏路反。

浸润，如水之浸灌滋润，渐渍而不骤也。谮，毁人之行也。肤受，谓肌肤所受，利害切身，如《易》所谓"剥床以肤，切近灾"者也。愬，愬己之冤也。毁人者渐渍而不骤，则听者不觉其入而信之深矣。愬冤者急迫而切身，则听者不及致详而发之暴矣。二者难察而能察之，则可见其心之明而不蔽于近矣。此亦必因子张之失而告之，故其辞繁而不杀，以致丁宁之意云。

杨氏曰："骤而语之，与利害不切于身者，不行焉，有不待明者能之也。故浸润之谮、肤受之愬不行，然后谓之明，而又谓之远。远则明之至也。《书》曰：'视远惟明。'"

【今译】①谮，zèn。愬，sù。

浸润，像水浸灌滋润，逐渐浸渍而不急骤。谮，诋毁别人。肤受，指肌肉皮肤所遭受的，利害切身，就像《周易·剥卦》所说"去掉床板，非常接近灾祸"那样。愬，诉说自己的冤屈。诋毁人的，逐渐浸渍而不急骤，听者觉不出就听进了，并且非常相信。诉冤的急迫并且说是切身相关，听的人就来不及详察，表现却很激烈。二者难以觉察却能明察，就可以看出他心的英明而不被身边的人所蒙蔽。这也必定是根据子张的缺点而说的，所以言词繁多并且没有结束语，以此表达叮咛的意思。

杨时说："突然说出，并且利害与自己不相关的，行不通，这不必等待英明的人也可以做到。所以必须是'浸润之谮、肤受之愬'行不通，然后才可称为英明，又叫做远。远是英明的极点。《尚书·太甲中》说：'看得远就是英明。'"

【第七章】子贡问政。子曰："足食，足兵，民信之矣。"①

子贡曰："必不得已而去，于斯三者何先？"曰："去兵。"②

子贡曰："必不得已而去，于斯二者何先？"曰："去食。自古皆有死，民无信不立。"③

【集注】① 言仓廪实而武备修，然后教化行而民信于我，不离叛也。

② 去，上声，下同。

言食足而信孚，则无兵而守固矣。

③ 民无食必死。然死者人之所必不免，无信，则虽生而无以自立，不若死之为安，故宁死而不失信于民，使民亦宁死而不失信于我也。

程子曰："孔门弟子善问，直穷到底。如此章者，非子贡不能问，非圣人不能答也。"愚谓：以人情而言，则兵食足而后吾之信可以孚于民。以民德而言，则信本人之所固有，非兵食所得而先也。是以为政者，当身率其民而以死守之，不以危急而可弃也。

【今译】① 意思是粮仓充实，武备充分，然后教化就能推行，而百姓也就信任我，不会脱离和背叛。

② 去，qǔ，下同。

意思是粮食充足而信誉昭著，即使没有武备也防御坚固。

③ 民众没有粮食必死。然而死亡是人人所不能避免的，没有信誉，即使活着也无法自立于世，不如死了安宁，所以宁死也不失信于民，使

民众宁死也不失信于我。

　　程子说："孔门弟子善于提问，穷追到底。像这一章，不是子贡提不出这样的问题，不是圣人就无法回答。"我认为，就人情而言，则武备、粮食充足，然后我的信誉可以使民众相信。就民众德行而言，则信任本是人人所固有的，不是武备、粮食所能占先的。所以那些当政的人，应当亲自率领百姓用生命来守卫疆土，不能因为危急就抛弃民众和疆土。

　　【第八章】棘子成曰："君子质而已矣，何以文为？"①

　　子贡曰："惜乎！夫子之说，君子也。驷不及舌②。文犹质也，质犹文也。虎豹之鞟犹犬羊之鞟③。"

【集注】① 棘子成，卫大夫，疾时人文胜，故为此言。

　　② 言子成之言，乃君子之意。然言出于舌，则驷马不能追之，又惜其失言也。

　　③ 鞟，其郭反。

　　鞟，皮去毛者也。言文质等耳，不可相无。若必尽去其文，而独存其质，则君子、小人无以辨矣。夫棘子成矫当时之弊，固失之过，而子贡矫子成之弊，又无本末轻重之差，胥失之矣。

【今译】① 棘子成，卫国大夫，痛恨当时人们文胜于质，所以说了这些话。

　　② 意思是子成说的，乃是君子的意思。然而话已说出，即使驷马也追不上了，又可惜他的失言。

　　③ 鞟，音 kuò。

　　鞟，去了毛的皮。意思是文质同样重要，不可缺少其一。如果一定要完全去掉文而只保存那个质,君子、小人就无法分辨了。棘子成矫正当时的弊病,固然失之过分,而子贡矫正子成的弊病,也没有给文与质分出本末、轻重,他们都有失误。

【第九章】哀公问于有若曰:"年饥,用不足,如之何?"①
有若对曰:"盍彻乎?"②
曰:"二,吾犹不足,如之何其彻也?"③
对曰:"百姓足,君孰与不足?百姓不足,君孰与足?"④

【集注】① 称有若者,君臣之辞。用,谓国用。公意盖欲加赋以足用也。

② 彻,通也,均也。周制,一夫受田百亩,而与同沟共井之人通力合作,计亩均收,大率民得其九,公取其一,故谓之彻。鲁自宣公税亩,又逐亩什取其一,则为什而取二矣,故有若请但专行彻法,欲公节用以厚民也。

③ 二,即所谓什二也。公以有若不喻其旨,故言此以示加赋之意。

④ 民富,则君不至独贫。民贫,则君不能独富。有若深言君民一体之意,以止公之厚敛。为人上者,所宜深念也。

杨氏曰:"'仁政必自经界始'❶,经界正,而后井地均,穀禄平,而军国之需,皆量是以为出焉。故一彻而百度举矣,上下宁忧不足乎!以二犹不足,而教之彻,疑若迂矣。然什一,天下之中正。多则桀,寡则貉,不可改也。后世不究其本,而唯末之图,故征敛无艺,费出无经,而上下困矣,又恶知'盍彻'之当务而不为迂乎!

【今译】① 称有若,是君臣间的称呼。用,指国用。鲁哀公的意思,是

---

❶ 见《孟子·滕文公上》。

要增加赋税以满足用度。

②　彻，即通、平均。周朝制度，一个农夫分田百亩，与同沟、共井的人通力合作❶，按亩数计算收成和进行分配，大概是民家得九成，国家得一成，所以叫彻。鲁国从宣公开始按亩收税，又每亩收取十分之一，这就是十分取二了，所以有若请只实行彻法，是要鲁哀公节约用度以厚待百姓。

③　二，就是所说的十分取二。鲁哀公认为有若不懂他的意思，所以说这些话以表明增加赋税的用意。

④　人民富裕了，就不会只有君主贫困；人民贫困了，君主也不可能独自富有。有若深刻阐明了君民一体的意思，以制止鲁哀公的重税。做君主、大臣的，应该深刻思考这个问题。

杨时说："'行仁政必须从整顿疆界开始'，疆界确定了，然后井田就平均，民众所得及官吏的俸禄就能够合理，军队和国家的需要也都可以据此量入为出。所以一个彻法就可以使各种用度得到满足，全国上下还忧虑什么不足呢！收二成他还觉得不足，又教他实行彻法，似乎很迂阔。然而十分取一的税率，是天下最公正的。多收，就是桀纣的残暴；少收，就是貉国的落后制度❷，这是不可更改的。后世不研究税制的根本，而只是去追求那个末，所以征收多少没有经典依据，开支多少也不受经典约束，以致上下交困，又怎知'盍彻'应当实行而并不迂阔呢！"

---

❶　沟：井田制田间的水沟，作灌溉或排水用。

❷　貉：mò，当时我国境内东北部的一个民族，文化落后，税率很低。孟子认为在中原文化先进地区实行低税率是不行的（参看《孟子·告子》）。杨时是在转述孟子的意见。

【第十章】子张问崇德、辨惑。子曰："主忠信,徙义,崇德也①。爱之欲其生,恶之欲其死。既欲其生,又欲其死,是惑也②。'诚不以富,亦祇以异。'③"

【集注】① 主忠信,则本立。徙义,则日新。

② 恶,去声。

爱恶,人之常情也。然人之生死有命,非可得而欲也。以爱恶而欲其生死,则惑矣。既欲其生,又欲其死,则惑之甚也。

③ 此《诗·小雅·我行其野》之词也❶。旧说:夫子引之,以明欲其生死者不能使之生死。如此诗所言,不足以致富而适足以取异也。

程子曰："此错简,当在第十六篇'齐景公有马千驷'之下,因此下文亦有'齐景公'字而误也。"

杨氏曰："'堂堂乎张也,难与并为仁矣'。则非诚善补过不蔽于私者,故告之如此。"

【今译】① 以忠信为主导,就树立了根本。向义靠拢,就会天天进步。

② 恶,wù。

爱与恶,是人之常情。然而人生死有命,不是想怎么样就可以怎么样的。因为爱恶就想让谁生死,就糊涂了。既想让他生,又想让他死,就更加糊涂了。

③ 这是《诗经·小雅·我行其野》的诗句。过去的解释是:夫子引用这段话,以说明想让谁生死的人是不能让人生或死的。就像这诗里所说的,不足以致富反倒足以出丑。

程子说："这是错简,应在第十六篇'齐景公有马千驷'之下,因这

❶ 原文为"成不以富,亦祇以异。"

章下面也有'齐景公'三个字而放错。"

杨时说："'堂堂乎张也，难与并为仁矣。'❶ 说明子张不是真诚向善、补救过失、不为私欲所蒙蔽的人，所以这样告诫他。"

【第十一章】齐景公问政于孔子①。

孔子对曰："君君，臣臣，父父，子子。"②

公曰："善哉！信如君不君，臣不臣，父不父，子不子，虽有粟，吾得而食诸？"③

【集注】① 齐景公，名杵臼。鲁昭公末年，孔子适齐。

② 此人道之大经、政事之根本也。是时景公失政，而大夫陈氏厚施于国，景公又多内嬖，而不立太子。其君臣父子之间皆失其道，故夫子告之以此。

③ 景公善孔子之言而不能用，其后果以继嗣不定启陈氏弑君篡国之祸。

杨氏曰："君之所以君，臣之所以臣，父之所以父，子之所以子，是必有道矣。景公知善夫子之言，而不知反求其所以然，盖悦而不绎者，齐之所以卒于乱也。"

【今译】① 齐景公，名杵臼。鲁昭公末年，孔子到了齐国。

② 这是人道的基本原则，是政治的根本。这时齐景公治国失误，大夫陈氏在收买人心，景公又多宠妃，不确立太子。他们君臣、父子之间都失去了正道，所以夫子告诉他这些。

③ 齐景公赞赏孔子说的话却不能照着去做，后来果然由于继承人

---

❶ 这是曾参对子张的评论。见本书《子张》篇。

定不下来而导致陈氏弑君篡国的祸乱。

　　杨时说："君的作为君，臣的作为臣，父的作为父，子的作为子，是一定有行事规则的。齐景公知道夫子的话正确，但不知回头寻求说这话的缘由，这是那种只知赞同而不能联想和推广的人，这是齐国最终导致祸乱的原因。"

【第十二章】子曰："片言可以折狱者，其由也与？"①子路无宿诺②。

【集注】①折，之舌反。与，平声。

　　片言，半言。折，断也。子路忠信明决，故言出而人信服之，不待其辞之毕也。

　　②宿，留也，犹"宿怨"之"宿"。急于践言，不留其诺也。记者因夫子之言而记此，以见子路之所以取信于人者，由其养之有素也。

　　尹氏曰："小邾射以句绎奔鲁，曰：'使季路要我，吾无盟矣。'❶千乘之国不信其盟，而信子路之一言，其见信于人，可知矣。一言而折狱者，信在言前，人自信之故也。不留诺，所以全其信也。"

【今译】①折，zhé。与，yú。

　　片言，半句话。折，判断。子路忠实诚信明察果断，所以说出话来人人信服，不必等人把话说完。

　　②宿，留存，如同"宿怨"的"宿"。急于实践诺言，不把它留存起来。记录的人借着记录夫子的话记了这件事，以表明子路之所以取信于人，是由于他平素的修养。

_____

❶　事在鲁哀公十四年（前481）。参见《左传》。

尹焞说:"小邾国的大夫射以献出句绎这个地方为条件请求在鲁国避难,说:'只需要子路和我盟誓,我不和鲁国盟誓。'对于鲁国这样的千乘之国,不信它的盟约,却信子路的一句话,子路被人信任就可以知道了。一句话就可以断案,是由于信誉在说话之前,人们自然相信的缘故。不留存诺言,以此来保持自己的信誉。"

【第十三章】子曰:"听讼,吾犹人也。必也使无讼乎!"①

【集注】① 范氏曰:"听讼者,治其末,塞其流也。正其本,清其源,则无讼矣。"

杨氏曰:"子路片言可以折狱,而不知以礼逊为国,则未能使民无讼者也。故又记孔子之言,以见圣人不以听讼为难,而以使民无讼为贵。"

【今译】① 范祖禹说:"听讼判案,这是治理末梢,阻塞水流。端正根本,清洁源泉,就没有诉讼了。"

杨时说:"子路片言可以折狱,却不知以礼让治国,就做不到使民众没有诉讼。所以又记录了孔子的话,以说明圣人并不把判案看作难事,而以使民众没有诉讼为可贵。"

【第十四章】子张问政。子曰:"居之无倦,行之以忠。"①

【集注】① 居,谓存诸心。无倦,则始终如一。行,谓发于事。以忠,则表里如一。

程子曰:"子张少仁。无诚心爱民,则必倦而不尽心,故告之以此。"

【今译】① 居,指存在心里。无倦,就始终如一。行,指见于行事。以忠,就表里如一。

程子说:"子张缺少仁。没有诚心爱民,就必定倦怠而不尽心,所以告诉他这些。"

【第十五章】子曰："博学于文，约之以礼，亦可以弗畔矣夫！"①

【集注】① 重出。

【今译】① 重复出现。

【第十六章】子曰："君子成人之美，不成人之恶。小人反是。"①

【集注】① 成者，诱掖奖劝以成其事也。君子、小人所存既有厚薄之殊，而其所好又有善恶之异，故其用心不同如此。

【今译】① 成，指诱导、提携、奖励、劝勉以成就那人的事业。君子、小人的存心既然有厚薄的悬殊，而他们的爱好又有善恶的差别，所以他们的用心有这样的不同。

【第十七章】季康子问政于孔子。孔子对曰："政者，正也。子帅以正，孰敢不正？"①

【集注】① 范氏曰："未有己不正而能正人者。"

胡氏曰："鲁自中叶，政由大夫，家臣效尤，据邑背叛，不正甚矣，故孔子以是告之，欲康子以正自克，而改三家之故。惜乎康子之溺于利欲而不能也。"

【今译】① 范祖禹说："没有自己不正而能纠正别人的。"

胡寅说："鲁国从中叶开始，政权由大夫控制，家臣效法坏榜样，占据城邑背叛大夫，不正到了极点，所以孔子用这话告诉季康子，希望季康子以正道自我克制，改掉季氏等三家的旧习。可惜季康子沉迷于利欲，无法做到。"

【第十八章】季康子患盗，问于孔子。孔子对曰："苟子之不欲，虽赏之不窃。"①

【集注】①言子不贪欲，则虽赏民使之为盗，民亦知耻而不窃。

胡氏曰："季氏窃柄，康子夺嫡，民之为盗，固其所也。盍亦反其本耶？孔子以不欲启之，其旨深矣！"夺嫡事，见《春秋传》。

【今译】①意思是假若您不贪心，即使奖励民众让他做盗贼，民众也会知道耻辱而不偷窃。

胡寅说："季氏窃据权柄，康子夺取继承权，民众做盗贼，是必然的归宿。何不回到根本上来呢？孔子用'不欲'去启发他，用意是非常深远的。"夺取继承权的事见《左传·哀公三年》❶。

【第十九章】季康子问政于孔子曰："如杀无道以就有道，何如？"孔子对曰："子为政，焉用杀？子欲善而民善矣。君子之德风，小人之德草，草上之风，必偃。"①

【集注】①焉，於虔反。

为政者，民所视效，何以杀为！欲善则民善矣。上，一作"尚"，加也。偃，仆也。

尹氏曰："杀之为言，岂为人上之语哉！以身教者从，以言教者讼，

---

❶ 鲁哀公三年，季孙斯临死嘱咐说：妻子南氏如果生男孩，就报告哀公，确立为继承人。季孙斯死，庶子季康子继承王位。后来南氏果然生了男孩，有人报告给哀公，派人验证，结果那男孩被人杀了。

而况于杀乎！"

【今译】① 焉，yān。

执政的人，是民众眼里的榜样，何必去杀人！自己向善，民众就向善了。上，有的本子作"尚"，加于的意思。偃，倒伏。

尹焞说："杀人这样的话，难道是掌权者该讲的吗！以自身为榜样教育人的，人就服从；用话来教育人的，人就争讼，何况杀人呢！"

【第二十章】子张问："士何如斯可谓之达矣？"①

子曰："何哉，尔所谓达者？"②

子张对曰："在邦必闻，在家必闻。"③

子曰："是闻也，非达也④。夫达也者，质直而好义，察言而观色，虑以下人。在邦必达，在家必达⑤。夫闻也者，色取仁而行违，居之不疑。在邦必闻，在家必闻⑥。"

【集注】① 达者，德孚于人而行无不得之谓。

② 子张务外，夫子盖已知其发问之意，故反诘之，将以发其病而药之也。

③ 言名誉著闻也。

④ 闻与达相似而不同，乃诚伪之所以分，学者不可不审也。故夫子既明辨之，下文又详言之。

⑤ 夫，音扶，下同。好、下，皆去声。

内主忠信，而所行合宜；审于接物，而卑以自牧，皆自修于内，不求人知之事。然德修于己，而人信之，则所行自无窒碍矣。

⑥ 行，去声。

善其颜色以取于仁，而行实背之，又自以为是而无所忌惮，此不务实而专务求名者,故虚誉虽隆,而实德则病矣。

程子曰:"学者须是务实,不要近名。有意近名,大本已失,更学何事!为名而学,则是伪也。今之学者大抵为名。为名与为利,虽清浊不同,然其利心则一也。"尹氏曰:"子张之学,病在乎不务实,故孔子告之,皆笃实之事,充乎内而发乎外者也。当时门人亲受圣人之教,而差失有如此者,况后世乎!"

【今译】① 达,德行被人信任因而行为无不顺利的意思。

② 子张注重外表,夫子已经知道他发问的用意,所以反问他,目的是查明他的病以便对症下药。

③ 说的是著名、闻名、有声誉。

④ 闻与达相似却不相同,区分的根据是诚实和虚伪,求学的人不可不谨慎。所以夫子明确辨明之后,下文又详细解说。

⑤ 夫,音扶(fú),下同。好,hào。下,xià。

心里以忠信为主导,并且行为得当;处事慎重,并且以谦卑自持,都是修养自己内心,不求别人知道的事情。然而自己修养了德行,因此取得了别人信任,那么他的行为就自然没有障碍了。

⑥ 行,xìng。

装出和善的脸色博取了仁的名声,实际行为却完全相反,又自以为是而无所顾忌,这是不务实而专门追求名声的人,所以虚伪的赞誉虽然很多,而实际的德行却出毛病了。

程子说:"求学的人应该务实,不要靠近名声。有意靠近名声,根本就已丢掉了,还学什么呢?为名声而学习,就是虚伪。现在求学的人大抵都是为了名声。为名和为利,虽然有清浊高下的不同,但那求利的心却是一样的。"尹焞说:"子张的学问,缺点在于不务实,所以孔子告诉他的，都是切实的事，是充满于内心从而表现于外面的。当时的弟子们亲受圣人的教导，还有这些失误的事情，何况后世呢？"

【第二十一章】樊迟从游于舞雩之下，曰："敢问崇德、修慝、辨惑。"①

子曰："善哉问②！先事后得，非崇德与？攻其恶，无攻人之恶，非修慝与？一朝之忿，忘其身，以及其亲，非惑与？"③

【集注】① 慝，吐得反。

胡氏曰："慝之字从心、从匿，盖恶之匿于心者。修者，治而去之。"

② 善其切于为己。

③ 与，平声。

先事后得，犹言先难后获也。为所当为而不计其功，则德日积而不自知矣。专于治己而不责人，则己之恶无所匿矣。知一朝之忿为甚微，而祸及其亲为甚大，则有以辨惑而惩其忿矣。樊迟粗鄙近利，故告之以此。三者，皆所以救其失也。

范氏曰："先事后得，上义而下利也。人惟有欲利之心，故德不崇。惟不自省己过而知人之过，故慝不修。感物而易动者，莫如忿。忘其身以及其亲，惑之甚者也。惑之甚者，必起于细微，能辨之于早，则不至于大惑矣，故惩忿所以辨惑也。"

【今译】① 慝，tè。

胡寅说："慝字从心、从匿，是把恶藏在心里的意思。修，就是治理并去掉它。"

② 赞赏他密切联系自身修养。

③ 与，yú。

先事后得，就像说先难后获。做该做的而不计较功劳，德行就会不知不觉地日益积累。专心治理自己而不责备别人，自己的恶就无所逃匿。知道一时的愤怒事情虽然很小，而灾祸殃及父母这事却是很大，就能够辨别是非而控制自己的愤怒了。樊迟粗俗爱利，所以告诉他这些。这三点，都是用来补救他的过失的。

范祖禹说：“先事后得，崇尚义而鄙视利的意思。人由于只有利欲的心，所以德行不能高尚；由于不反省自己的过错而只知别人的过错，所以愍就去不掉。受外物影响容易激动的，莫过于愤怒。忘掉了生命以及自己的父母，是非常糊涂的事。非常的糊涂必然从细小的地方开始，能及早察觉，就不至于犯大糊涂，所以控制愤怒是为了辨别是非。”

【第二十二章】樊迟问仁。子曰：“爱人。”问知。子曰：“知人。”① 樊迟未达②。子曰：“举直错诸枉，能使枉者直。”③

樊迟退，见子夏，曰：“乡也吾见于夫子而问知，子曰‘举直错诸枉，能使枉者直’，何谓也？”④

子夏曰：“富哉言乎⑤！舜有天下，选于众，举皋陶，不仁者远矣。汤有天下，选于众，举伊尹，不仁者远矣。”⑥

【集注】① 上知字，去声，下同❶。

爱人，仁之施。知人，知之务。

② 曾氏曰：“迟之意，盖以爱欲其周，而知有所择，故疑二者之相悖尔。”

---

❶ 下同，他本作“下如字”。

③ 举直错枉者, 知也。使枉者直, 则仁矣。如此, 则二者不惟不相悖, 而反相为用矣。

④ 乡, 去声。见, 贤遍反。

迟以夫子之言专为知者之事, 又未达所以能使枉者直之理。

⑤ 叹其所包者广, 不止言知。

⑥ 选, 息恋反。陶, 音遥。远, 如字。

伊尹, 汤之相也。不仁者远, 言人皆化而为仁, 不见有不仁者, 若其远去尔, 所谓使枉者直也。子夏盖有以知夫子之兼仁知而言矣。

程子曰: "圣人之语, 因人而变化。虽若有浅近者, 而其包含无所不尽, 观于此章可见矣。非若他人之言, 语近则遗远, 语远则不知近也。" 尹氏曰: "学者之问也, 不独欲闻其说, 又必欲知其方; 不独欲知其方, 又必欲为其事。如樊迟之问仁、知也, 夫子告之尽矣。樊迟未达, 故又问焉, 而犹未知其何以为之也。及退, 而问诸子夏, 然后有以知之。使其未喻, 则必将复问矣。既问于师, 又辨诸友, 当时学者之务实也如是。"

【今译】① 前一个知, 音智 (zhì), 下同。

爱人, 是仁的实施。知人, 是智慧的基本内容。

② 曾几说 **❶**: "樊迟的意思, 大概是认为爱追求的是周遍, 智却要有所选择, 所以怀疑二者互相抵触。"

③ 举直错诸枉, 是智。使枉者直, 是仁。这样一来, 二者就不仅不相抵触, 反倒相互为用。

④ 乡, xiàng。见, xiàn。

---

❶　曾几: 字吉甫, 南宋初年学者, 著有《经说》二十卷。

樊迟认为夫子的话只是智者的事,并且没有明白为什么能使枉者直的道理。

⑤感叹这话包罗广泛,不只是讲智。

⑥选,xuǎn。陶,音遥(yáo)。远,yuǎn。

伊尹,汤的宰相。不仁者远,意思是人都被教化为仁人,看不到有不仁的,就像不仁的人远去了,这就是"使枉者直"。子夏理解夫子这话是包括了仁、智两个方面而说的。

程子说:"圣人的话,因人而变化。虽然好像有浅近的,可它所包含的内容却无所不尽,从此章可以看出这一点。不像别人的话,说浅近就丢掉了深远,说深远就不了解浅近。"尹焞说:"求学者发问,不仅想得知某种道理,而且一定要知道如何去做;不仅想知道如何去做,而且一定要去做这样的事。像樊迟的问仁、智,夫子告诉得非常详尽了。樊迟没有明白,所以又问,问后还是不知如何去做。等到退下,又去问子夏,然后才弄明白。假若他没懂,就一定会再问。已经问了老师,又找朋友辨明,当时求学者的务实就像这个样子。"

【第二十三章】子贡问友。子曰:"忠告而善道之,不可则止,无自辱焉。"①

【集注】①告,工毒反。道,去声。

友,所以辅仁,故尽其心以告之,善其说以道之。然以义合者也,故不可则止。若以数而见疏,则自辱矣。

【今译】①告,gù。道,dào。

交友,是为了辅助仁德,所以要尽自己的心去告诉,委婉地把话说出来。然而也是以义相结合,所以不听就要停止。若是反复去说就会被疏远，从而自讨没趣。

【第二十四章】曾子曰："君子以文会友，以友辅仁。"①

【集注】① 讲学以会友，则道益明。取善以辅仁，则德日进。

【今译】① 通过讨论学问来交朋友，道就更加明白。汲取朋友的善行来辅助仁德，德行就日益增进。

子路第十三

【**集注**】凡三十章。

【**今译**】共三十章。

　　【**第一章**】子路问政。子曰："先之，劳之。"① 请益。曰："无倦。"②

【**集注**】① 劳，如字。

　　苏氏曰："凡民之行，以身先之，则不令而行。凡民之事，以身劳之，则虽勤不怨。"

　　② 无，古本作"毋"。

　　吴氏曰❶："勇者喜于有为而不能持久，故以此告之。"

　　程子曰："子路问政，孔子既告之矣。及请益，则曰'无倦'而已，未尝复有所告，姑使之深思也。"

【**今译**】① 劳，读本字 láo。

　　苏轼说："凡是民众的行为，以身作则，就会不令而行。凡是民众的事，亲自去做，百姓们即使劳苦也不怨恨。"

　　② 无，古本作"毋"。

　　吴械说："勇者喜欢有为却不能持久，所以告诉子路这句话。"

　　程子说："子路问如何施政，孔子已经告诉他了。等他请求多讲一

---

❶　吴氏，原作"胡氏"，据《四书大全·论语集注大全》改。

些，只说了个'无倦'而已，不再讲别的，姑且让他自己去深思。"

【第二章】仲弓为季氏宰，问政。子曰："先有司，赦小过，举贤才。"[①]**曰："焉知贤才而举之？"曰："举尔所知。尔所不知，人其舍诸？"**[②]

【集注】[①] 有司，众职也。宰兼众职，然事必先之于彼，而后考其成功，则己不劳而事毕举矣。过，失误也。大者于事或有所害，不得不惩。小者赦之，则刑不滥而人心悦矣。贤，有德者。才，有能者。举而用之，则有司皆得其人，而政益修矣。

[②] 焉，於虔反。舍，上声。

仲弓虑无以尽知一时之贤才，故孔子告之以此。程子曰："人各亲其亲，然后不独亲其亲。仲弓曰'焉知贤才而举之'，子曰'举尔所知。尔所不知，人其舍诸'，便见仲弓与圣人用心之大小。推此义，则一心可以兴邦，一心可以丧邦，只在公私之间尔。"

范氏曰："不先有司，则君行臣职矣。不赦小过，则下无全人矣。不举贤才，则百职废矣。失此三者，不可以为季氏宰，况天下乎！"

【今译】[①] 有司，各个具体职能部门。宰总管各个部门，然而有什么事，应该先让有关部门去办，然后考察办的结果，就可以自己不劳苦，事情却都办好了。过，失误。大的失误可能对事情有所危害，不得不惩罚。小的失误赦免，刑罚就不会被滥用，从而人心喜悦。贤，是有德行的人。才，是有能力的人。提拔并且任用他们，职能部门都得到需要的人才，政治也就更加有条理了。

[②] 焉，yān。舍，shě。

仲弓担心无法完全了解当时的贤才，所以孔子这样告诉他。程子

说："人各自亲近自己的亲人,然后才不仅仅亲近自己的亲人。仲弓说
'怎么才能知道贤才来举荐他',孔子说'举荐你所了解的。你不了解
的,别人能够舍弃吗',由此可见仲弓和圣人用心的大小不同。推广这
个意思,那么一心可以兴邦,一心可以丧邦,区别只在公与私之间。"

范祖禹说:"不先让有关部门办,就是君主代行了臣的职务。不赦
免小过错,下属就没有一个完整的人了。不提拔贤才,许多事都要办坏
了。失去了这三条,就不可以做季氏的宰臣,何况治理天下呢?"

【第三章】子路曰:"卫君待子而为政,子将奚先?"①

子曰:"必也正名乎!"②

子路曰:"有是哉,子之迂也!奚其正?"③

子曰:"野哉!由也。君子于其所不知,盖阙如也④。
名不正,则言不顺;言不顺,则事不成⑤;事不成,则礼乐
不兴;礼乐不兴,则刑罚不中;刑罚不中,则民无所措手
足⑥。故君子名之必可言也,言之必可行也。君子于其言,
无所苟而已矣⑦。"

【集注】① 卫君,谓出公辄也。是时鲁哀公之十年,孔子自楚反乎卫。

② 是时出公不父其父,而祢其祖,名实紊矣,故孔子以正名为先。
谢氏曰:"正名虽为卫君而言,然为政之道,皆当以此为先。"

③ 迂,谓远于事情,言非今日之急务也。

④ 野,谓鄙俗,责其不能阙疑而率尔妄对也。

⑤ 杨氏曰:"名不当其实,则言不顺。言不顺,则无以考实,而事
不成。"

⑥ 中,去声。

范氏曰："事得其序之谓礼，物得其和之谓乐。事不成则无序而不和，故礼乐不兴。礼乐不兴，则施之政事皆失其道，故刑罚不中。"

⑦ 程子曰："名实相须。一事苟，则其余皆苟矣。"

胡氏曰："卫世子蒯聩耻其母南子之淫乱，欲杀之，不果而出奔。灵公欲立公子郢，郢辞。公卒，夫人立之，又辞。乃立蒯聩之子辄，以拒蒯聩。夫蒯聩欲杀母，得罪于父，而辄据国以拒父，皆无父之人也，其不可有国也，明矣。夫子为政，而以正名为先，必将具其事之本末，告诸天王，请于方伯，命公子郢而立之，则人伦正，天理得，名正言顺而事成矣。夫子告之详如此，而子路终不喻也，故事辄不去，卒死其难。徒知"食焉不避其难"❶之为义，而不知食辄之食为非义也。"

【今译】① 卫君，指卫出公，名辄。这时是鲁哀公十年（前485），孔子从楚国返回卫国。

② 这时卫出公不把父亲当作父亲，而把祖父作为祢❷，名实紊乱，所以孔子要先正名。谢良佐说："正名虽然是针对卫君而说，然而为政之道，都应以正名为先导。"

③ 迂，指离事情遥远，不是当前需要马上做的。

④ 野，指粗俗，责备他对于不懂的不能阙疑，而轻率地乱说。

⑤ 杨时说："名不符实，道理就讲不通。道理讲不通，就无法弄清真相，从而办不成事。"

⑥ 中，zhòng。

---

❶ 《史记·仲尼弟子列传》：子路在卫国的政治动乱中，要为卫出公蒯辄尽忠，说"食其食者不避其难"。

❷ 父死，入宗庙享受祭礼，称祢。卫出公的父亲被祖父卫灵公废除了继承权，流亡国外。卫出公做了卫君，拒绝父亲回国，在祭祀时把祖父作为祢。

范祖禹说："事情实现了自己的秩序就是礼，物得到了自己的和谐就是乐。事情办不成就没有秩序，没有和谐，所以礼乐不兴。礼乐不兴，在实施政事时就会失去正道，所以刑罚不中。"

⑦程子说："名实互相依赖，一件事苟且，其余的就都会苟且。"

胡寅说："卫国太子蒯聩对母亲南子的淫乱行为感到羞耻，要杀死南子，没有成功而逃到国外。卫灵公要立公子郢为世子，郢辞掉了。卫灵公死，夫人南子又立郢，郢又辞掉了。这才立蒯聩的儿子辄，以拒绝蒯聩。蒯聩要杀母，得罪了父亲，辄占据君位拒绝父亲，都是无视父亲存在的人，他们不配做君主是明明白白的。若夫子执政，就要首先正名。必将把事情的原委告诉周天子，通知各诸侯国，使大家任命公子郢做卫国君主，这样就人伦端正，天理实现，名正言顺而办成了事。夫子讲得如此详细，但是子路到底弄不明白，所以仍然事奉卫辄而不离开，终于因卫国的政治动乱而死。他只知拿人家俸禄就要急人之难为义，而不知拿卫辄的俸禄是不义啊！"

【第四章】樊迟请学稼。子曰："吾不如老农。"请学为圃。曰："吾不如老圃。"①樊迟出。子曰："小人哉，樊须也②！上好礼，则民莫敢不敬；上好义，则民莫敢不服；上好信，则民莫敢不用情。夫如是，则四方之民襁负其子而至矣，焉用稼③？"

【集注】①种五谷曰稼，种蔬菜曰圃。

②小人，谓细民，《孟子》所谓"小人之事"者也。

③好，去声。夫，音扶。襁，居丈反。焉，於虔反。

礼、义、信，大人之事也。好义则事合宜。情，诚实也。敬服用情，盖各以其类而应也。襁,织缕为之以约小儿于背者。

杨氏曰:"樊迟游圣人之门而问稼圃,志则陋矣,辞而辟之可也。待其出而后言其非,何也? 盖于其问也,自谓农圃之不如,则拒之者至矣。须之学,疑不及此,而不能问,不能以三隅反矣,故不复。及其既出,则惧其终不喻也,求老农、老圃而学焉,则其失愈远矣,故复言之,使知前所言者意有在也。"

【今译】① 种五谷叫稼,种蔬菜叫圃。

② 小人,指普通民众,《孟子》所说的"小人之事"就是❶。

③ 好,hào。夫,音扶(fú)。襁,qiǎng。焉,yān。

礼、义、信,是大人之事。好义,就处事恰当。情,诚实。敬服用情,是各与自己的种类相应。襁,用丝线或麻线织成,把小孩拴在背上的东西。

杨时说:"樊须在圣人门下学习却请教种谷种菜,志向就很狭隘了,拒绝或者批评他就是了。等他出去才讲他的不对,为什么呢? 因为对于他的问,已说了自己不如农民、菜民,这就拒绝得彻底了。樊迟的学问,大约不懂得这个意思,所以不能继续提问,不能举一反三,所以不再说了。等他出去,又怕他到底弄不明白,真的去找老农、老圃学去,那他的失误就更大了,所以又说了一遍,使他知道前面所说的是什么意思。"

【第五章】子曰:"诵《诗》三百,授之以政,不达;使于四方,不能专对,虽多,亦奚以为?"①

【集注】① 使,去声。

---

❶ 见《孟子·滕文公上》。

专，独也。诗本人情，该物理，可以验风俗之盛衰，见政治之得失。其言温厚和平，长于风谕，故诵之者必达于政而能言也。

程子曰："穷经，将以致用也。世之诵《诗》者，果能从政而专对乎！然则其所学者，章句之末耳，此学者之大患也。"

【今译】① 使，shì。

专，独自。诗本于人情，包括物理，可以验证风俗的盛衰，显现政治的得失。它的言词温厚平和，以讽喻见长，所以诵读它的人一定能通达政治而善于言词。

程子说："努力钻研经书是为了致用。世上那些诵读《诗经》的人，果然能够从政和独自接待外宾、出使别国吗？他们所学的，不过是章句这些细枝末节的东西罢了，这是求学者的大毛病。"

【第六章】子曰："其身正，不令而行；其身不正，虽令不从。"①

【第七章】子曰："鲁卫之政，兄弟也。"①

【集注】① 鲁，周公之后；卫，康叔之后。本兄弟之国，而是时衰乱，政亦相似，故孔子叹之。

【今译】① 鲁国，周公的后裔；卫国，康叔的后裔❶。本是兄弟之国，而这时衰落、混乱，政治也相似，所以孔子叹息。

---

❶ 周公：即周公姬旦，是周武王姬发年长一些的弟弟，也是帮助周武王用武力推翻商朝统治的主要助手。周武王死后，周公又协助武王的儿子成王稳定了国家的统一，建立了一整套礼仪制度，是孔子最尊敬的政治学术上的先驱。康叔：周武王的同母小弟弟。

【第八章】子谓卫公子荆，"善居室。始有，曰：'苟合矣。'少有，曰：'苟完矣。'富有，曰：'苟美矣'"①。

【集注】①公子荆，卫大夫。苟，聊且粗略之意。合，聚也。完，备也。言其循序而有节，不以欲速尽美累其心。

杨氏曰："务为全美，则累物而骄吝之心生。公子荆皆曰'苟'而已，则不以外物为心，其欲易足故也。"

【今译】①公子荆，卫国大夫。苟，凑合、差不多的意思。合，积累。完，完备、丰富。说的是他循序并有节制，不用尽快、尽美的追求牵累自己的心。

杨时说："务必要求完美，就会被事物牵累并且产生骄奢、鄙吝之心。公子荆都只说个'苟'就完了，不会把外物挂在心上，因为他的欲望容易满足。"

【第九章】子适卫，冉有仆①。子曰："庶矣哉！"②冉有曰："既庶矣，又何加焉？"曰："富之。"③曰："既富矣，又何加焉？"曰："教之。"④

【集注】①仆，御车也。

②庶，众也。

③庶而不富，则民生不遂，故制田里、薄赋敛以富之。

④富而不教，则近于禽兽，故必立学校、明礼义以教之。

胡氏曰："天生斯民，立之司牧，而寄以三事。然自三代之后，能举此职者，百无一二。汉之文、明，唐之太宗，亦云庶且富矣。西京之教，无闻焉。明帝尊师重傅，临雍拜老，宗戚子弟莫不受学。唐太宗大召名儒，增广生员，教亦至矣，然而未知所以教也。三代之教，天子、公卿躬行于上，言行、政事皆可师法。彼二君者，其能然乎？"

【今译】① 仆，驾车。

② 庶，众多。

③ 众多而不富裕，民众就不能正常地生活，所以规定田制、减轻税收以使民众富裕。

④ 富裕而不教育，就近于禽兽，所以一定要建立学校、讲明礼义以教育民众。

胡寅说："上天降生了这些百姓，为他们树立了官长和导师，并把庶、富、教三件事托付给了这些官长和导师。然而从夏、商、周三代以后，能履行这个职能的，百名里面找不到一两个。汉朝的文帝、明帝，唐朝的太宗，也说要让百姓庶和富。可是汉文帝实行什么教化，没听说过。汉明帝尊敬老师，亲自到学校礼拜老者，宗室、亲戚的子弟没有不到学校受教的。唐太宗大召名儒，增加学生名额，教育也做得非常好了，但是不知如何进行教育。三代的教育，天子、公卿在上面亲自实行，他们的言、行以及政治措施都可以作为榜样。汉明帝和唐太宗二位，能做得到吗？"

【第十章】子曰："苟有用我者，期月而已可也，三年有成。"①

【集注】① 期月，谓周一岁之月也。可者，仅辞，言纲纪布也。有成，治功成也。

尹氏曰："孔子叹当时莫能用己也，故云然。"愚按《史记》，此盖为卫灵公不能用而发。

【今译】① 期月，指一周年的月数。可，仅仅如何的用辞，说的是政策、法令可以推行。有成，治理获得成功。

尹焞说：“孔子慨叹当时没人能任用自己，所以这样说。”我根据《史记》考察，这是针对卫灵公不能任用自己而发。

【第十一章】子曰：“善人为邦百年，亦可以胜残去杀矣。诚哉是言也！”①

【集注】① 胜，平声。去，上声。

为邦百年，言相继而久也。胜残，化残暴之人使不为恶也。去杀，谓民化于善，可以不用刑杀也。盖古有是言，而夫子称之。程子曰：“汉自高、惠至于文、景，黎民醇厚，几致刑措，庶乎其近之矣。”

尹氏曰：“胜残去杀，不为恶而已，善人之功如是。若夫圣人，则不待百年，其化亦不止此。”

【今译】① 胜，shēng。去，qǔ。

为邦百年，说的是代代相传时间长久。胜残，教化残暴的人，使他们不为恶。去杀，指百姓们都受教化而向善，可以不用死刑。古时有这样的话，夫子表示赞赏。程子说：“汉朝从汉高祖、汉惠帝到汉文帝、汉景帝，百姓淳厚，几乎要废除刑罚，差不多接近这种情况。”

尹焞说：“胜残去杀，不为恶就是了，善人的功劳就是这样。若是圣人，就不用百年，而教化的成果还不只这样。”

【第十二章】子曰：“如有王者，必世而后仁。”①

【集注】① 王者，谓圣人受命而兴也。三十年为一世。仁，谓教化浃也。程子曰：“周自文、武至于成王，而后礼乐兴，即其效也。”

或问："三年、必世，迟速不同，何也？"程子曰："三年有成，谓法度纪纲有成而化行也。渐民以仁，摩民以义，使之浃于肌肤，沦于骨髓，而礼乐可兴，所谓仁也。此非积久，何以能致！"

【今译】① 王者，指圣人接受天命而兴起。三十年为一世。仁，指教化渗透充分。程子说："周朝从文王、武王到成王，然后礼乐兴起，就是教化的效果。"

有人问："三年、必世，迟速不同，为什么呢？"程子说："三年有成，指政策法令收到成效而教化得以推行。用仁德来浸润民众，用义来协调民众，使他们把仁义渗透于肌肉皮肤，贯穿于筋脉骨髓，从而礼乐可兴，这就是所说的仁。若没有长久积累，如何能够达到！"

【第十三章】子曰："苟正其身矣，于从政乎何有？不能正其身，如正人何？"

【第十四章】冉子退朝。子曰："何晏也？"对曰："有政。"子曰："其事也。如有政，虽不吾以，吾其与闻之。"①

【集注】① 朝，音潮。与，去声。

冉有时为季氏宰。朝，季氏之私朝也。晏，晚也。政，国政。事，家事。以，用也。礼，大夫虽不治事，犹得与闻国政。是时季氏专鲁，其于国政，盖有不与同列议于公朝，而独与家臣谋于私室者。故夫子为不知者而言，此必季氏之家事耳。若是国政，我尝为大夫，虽不见用，犹当与闻。今既不闻，则是非国政也。语意与魏征献陵之对略相似，其所以正名分，抑季氏，而教冉有之意，深矣。

【今译】朝，音潮（cháo）。与，yù。

冉有当时做季氏的宰臣。朝，季氏的私朝。晏，晚。政，国家政治。事，大夫家事。以，用。根据礼制，大夫虽然不任职，但可以闻知国政。这时季氏在鲁国专权，对于国政，他有时就不和同僚在国家的朝廷上讨论，而只和家臣在自己家里密谋。所以夫子作为一个不知此事的人说，这一定是季氏的家事。若是国政，我曾做过大夫，虽然不被任用了，但还应当让我知道。现在既然不让我知道，那就不是国政。这话的意思，和魏征关于献陵问题的回答相似❶。那用来正名分，贬抑季氏，从而教育冉有的意思，是非常深远的。

【第十五章】定公问：“一言而可以兴邦，有诸？”孔子对曰：“言不可以若是其几也①。人之言曰：‘为君难，为臣不易。’②如知为君之难也，不几乎一言而兴邦乎？”③

曰：“一言而丧邦，有诸？”孔子对曰：“言不可以若是其几也。人之言曰：‘予无乐乎为君，唯其言而莫予违也。’④如其善而莫之违也，不亦善乎？如不善而莫之违也，不几乎一言而丧邦乎⑤？”

【集注】①几，期也。《诗》曰：“如几如式。”言一言之间，未可以如此而必期其效。

②易，去声。

当时有此言也。

---

❶　《新唐书·魏征传》：唐太宗想念自己已故的妻子文德皇后，就在花园中修了高台，以便可以看到文德皇后的陵墓昭陵。有一天，唐太宗和魏征一同登上高台，唐太宗让魏征往远处看，魏征说自己眼花，看不到什么。唐太宗向魏征指出哪是昭陵。魏征说：昭陵啊，我早看到了，我以为皇上是要我看献陵呢（唐太宗母亲的坟墓）。唐太宗从魏征的话里受到了孝道的教育。

③ 因此言而知为君之难，则必战战兢兢，临深履薄，而无一事之敢忽。然则此言也，岂不可以必期于兴邦乎？为定公言，故不及臣也。

④ 丧，去声，下同。乐，音洛。

言他无所乐，惟乐此耳。

⑤ 范氏曰："如不善而莫之违，则忠言不至于耳。君日骄而臣日谄，未有不丧邦者也。"

谢氏曰："知为君之难，则必敬谨以持之。惟其言而莫予违，则谗谄面谀之人至矣。邦未必遽兴丧也，而兴丧之源分于此。然此非识微之君子，何足以知之？"

【今译】① 几，期待。《诗经·小雅·楚茨》篇："如几如式。"孔子的意思是，对一句话，不可以期待它会有这样大的效果。

② 易，yì。

当时有这句话。

③ 从这句话中知道做君主的困难，就必然会战战兢兢，好像面临深渊，好像踩着薄冰，因而没有一件事敢于疏忽。那么这句话，岂不是可以期望它能使国家兴盛吗？这是对定公说话，所以没谈到臣子。

④ 丧，sàng，下同。乐，音洛（lè）。

说的是他没有别的快乐，只对这件事感到快乐。

⑤ 范祖禹说："不好的话没人敢违背，忠言就听不到了。君主日益骄横，臣子日益谄媚，没有国家不灭亡的。"

谢良佐说："知道做君主困难，就必须恭敬、谨慎地要求自己。'惟其言而莫予违'，进谗言、献媚求宠、阿谀奉承的人就来了。国家未必会马上灭亡，然而兴旺、灭亡的根源在这里分开了。不过，假若不是能敏锐发现事物苗头的君子，又怎能懂得这一点？"

【第十六章】叶公问政 ①。子曰："近者说，远者来。"②

【集注】① 音、义并见第七篇。

② 说，音悦。

被其泽则说，闻其风则来。然必近者说，而后远者来也。

【今译】① 音、义都参见第七篇。

② 说，音悦（yuè）。

受他的恩惠就喜悦，听到他的德行就来投奔。然而必定是近处的先喜悦，然后远处的才来投奔。

【第十七章】子夏为莒父宰，问政。子曰："无欲速，无见小利。欲速则不达，见小利则大事不成。"①

【集注】① 父，音甫。

莒父，鲁邑名。欲事之速成，则急遽无序，而反不达。见小者之为利，则所就者小，而所失者大矣。

程子曰："子张问政，子曰：'居之无倦，行之以忠。'子夏问政，子曰：'无欲速，无见小利。'子张常过高而未仁，子夏之病常在近小，故各以切己之事告之。"

【今译】① 父，音甫（fǔ）。

莒父，鲁国城镇名。想要事情迅速成功，就会慌乱没次序，反而办不成。见小的东西就认为是利，那么所追求的就小，而所失去的就大了。

程子说："子张请教政事，孔子说：'居之无倦，行之以忠。'子夏请教政事，孔子说：'无欲速，无见小利。'子张经常好高骛远而缺乏仁心，子夏的缺点是常常注意小事，所以用与他们密切相关的事告诫他们。"

　　【第十八章】叶公语孔子曰："吾党有直躬者,其父攘羊,
而子证之。"①

　　孔子曰："吾党之直者异于是。父为子隐,子为父隐,
直在其中矣。"②

【集注】①语,去声。

　　直躬,直身而行者。有因而盗曰攘。

　　②为,去声。

　　父子相隐,天理人情之至也,故不求为直而直在其中。

　　谢氏曰:"顺理为直。父不为子隐,子不为父隐,于理顺耶?瞽瞍
杀人,舜窃负而逃,遵海滨而处。当是时,爱亲之心胜,其于直不直,何
暇计哉!"

【今译】①语,yù。

　　直躬,直身而行的人。出于某种原因而盗窃叫攘。

　　②为,wèi。

　　父子互相隐瞒,这是天理、人情的必然,所以不求做个直道而行的
人,直道也就在其中了。

　　谢良佐说:"顺从天理就是直。父亲不替儿子隐瞒,儿子不替父亲
隐瞒,从理上说是顺的吗?瞽瞍杀人,舜偷偷地背着他逃跑,躲到海边
住下来❶。这个时候,爱父亲的心压倒一切,对于直不直,哪有功夫去
计较啊!"

---

❶　事见《孟子·尽心上》。这是一种设想,即舜作为天子,他的父亲瞽瞍杀了人怎么
　　办。孟子认为他会抛弃天子之位,背上父亲逃到海边。当时海边是荒凉无人的
　　地方。

【第十九章】樊迟问仁。子曰："居处恭,执事敬,与人忠。虽之夷狄,不可弃也。"①

【集注】① 恭主容,敬主事。恭见于外,敬主乎中。"之夷狄,不可弃",勉其固守而勿失也。

程子曰："此是彻上彻下语,圣人初无二语也。充之则睟面盎背,推而达之则笃恭而天下平矣。"胡氏曰："樊迟问仁者三,此最先,'先难'次之,'爱人'其最后乎!"

【今译】① 容貌以恭为主,办事以敬为主。恭表现于外部,敬是内心的主导。"之夷狄,不可弃",勉励他要坚持而不要失去这一点。

程子说："这是从上到下完全彻底的话,圣人再没有第二种说法。充满于自身,就面色慈祥,姿态温和;推广开来,就切实恭敬而使天下太平。"胡寅说："樊迟问仁有三次,这是第一次,'先难'是第二,'爱人'大约是最后一次吧。"❶

【第二十章】子贡问曰："何如斯可谓之士矣?"子曰："行己有耻,使于四方,不辱君命,可谓士矣。"①

曰："敢问其次。"曰："宗族称孝焉,乡党称弟焉。"②

曰："敢问其次。"曰："言必信,行必果,硁硁然小人哉!抑亦可以为次矣。"③

曰："今之从政者何如?"子曰："噫!斗筲之人,何足算也!"④

❶ 先难:即《论语·雍也》:"樊迟……问仁。曰:'仁者先难而后获,可谓仁矣。'"
爱人:即《论语·颜渊》:"樊迟问仁。子曰:'爱人。'"

【集注】①使，去声。

此其志有所不为，而其材足以有为者也。子贡能言，故以使事告之。盖为使之难，不独贵于能言而已。

②弟，去声。

此本立而材不足者，故为其次。

③行，去声。硁，苦耕反。

果，必行也。硁，小石之坚确者。小人，言其识量之浅狭也。此其本末皆无足观，然亦不害其为自守也，故圣人犹有取焉。下此，则市井之人，不复可为士矣。

④筲，所交反。算，亦作筭，悉乱反。

今之从政者，盖如鲁三家之属。噫，心不平声。斗，量名，容十升。筲，竹器，容斗二升。斗筲之人，言鄙细也。算，数也。子贡之问每下，故夫子以是警之。

程子曰："子贡之意，盖欲为皎皎之行闻于人者。夫子告之，皆笃实自得之事。"

【今译】①使，shì。

这种人的志向，有些事他是不干的；他的才能，则是足以干事的。子贡善于言辞，所以用出使的事告诉他。因为做使者困难，不仅是以善于言辞为可贵。

②弟，tì。

这种人树立了根本，但才能不足，所以作为第二等。

③行，xìng。硁，kēng。

果，必然实行。硁，坚硬的小石头。小人，指见识短浅。这种人从头到脚都没什么可取的，然而不妨碍他有自己的操守，所以圣人还是有所肯定。以下就是世俗的人，不能再称为士了。

④ 筲，shāo。算，也写作"筭"，suàn。

今之从政者，如鲁国三家之类。噫，内心不平的声音。斗，量器的名称，容积十升。筲，竹器，容一斗二升。斗筲之人，指低级狭隘的人。算，计数。子贡问的越来越低下，所以夫子用这话警告他。

程子说："子贡的意思，是想用那耸动视听的行为以求闻名。夫子告诉他的，都是切实自得的事。"

【第二十一章】子曰："不得中行而与之，必也狂狷乎！狂者进取，狷者有所不为也。"①

【集注】① 狷，音绢。

行，道也。狂者，志极高而行不掩；狷者，知未及而守有余。盖圣人本欲得中道之人而教之，然既不可得，而徒得谨厚之人，则未必能自振拔而有为也。故不若得此狂狷之人，犹可因其志节而激厉裁抑之，以进于道，非与其终于此而已也。

孟子曰："孔子岂不欲中道哉？不可必得，故思其次也。如琴张、曾晳、牧皮者，孔子之所谓狂也。其志嘐嘐然，曰：'古之人，古之人。'夷考其行，而不掩焉者也。狂者又不可得，欲得不屑不洁之士而与之，是狷也。是又其次也。"

【今译】① 狷，音绢（juàn）。

行，就是道。狂者，志向极高而行动跟不上。狷者，才智达不到但坚持操守有余。圣人本来是要得到中道之人来教他，然而既然得不到，假若只是得到一些谨慎厚道的人，就未必能自己振作从而有所作为。所以不如得到这种狂狷的人，还可以借着他的志向气节加以激励和剪裁,使他进入大道,不是要和他们停留在狂狷而已。

孟子说:"孔子难道不想要中道吗? 不一定能得到,所以就求其次。如琴张、曾皙、牧皮等人,是孔子所说的狂者。他们的志向嚣嚣张张,开口就是'古人如何,古人如何'。平心静气地考察他们的行为,却不像他们说的那样。狂者还得不到,就想得到那不屑与世人同流合污的人交往,这就是狷。这是又次一等的了。"❶

【第二十二章】子曰:"南人有言曰:'人而无恒,不可以作巫医。' 善夫!"①

"不恒其德,或承之羞。"②

子曰:"不占而已矣。"③

【集注】①恒,胡登反。夫,音扶。

南人,南国之人。恒,常久也。巫,所以交鬼神。医,所以寄生死。故虽贱役,而尤不可以无常。孔子称其言而善之。

②此《易·恒卦》九三爻辞。承,进也。

③复加"子曰"以别《易》文也。其义未详。杨氏曰:"君子于《易》,苟玩其占,则知无常之取羞矣。其为无常也,盖亦不占而已矣。"意亦略通。

【今译】①恒,héng。夫,音扶(fú)。

南人,南方人。恒,常久。巫,和鬼神打交道的。医,以生死相托的。所以虽是卑贱的职业,但不能没有点操守。孔子引用了这句话,并且表示赞赏。

---

❶ 孟子的话见《孟子·尽心下》。

② 这是《周易·恒卦》九三的爻辞。承，进入。

③ 又加上"子曰"，以区别于《易经》的文字。这话的意思不太明白。杨时说："君子对于《易》，假如细心玩味它的占卜，就会知道没有长久操守会招致羞辱。他没有长久操守，也就不用占卜了。"意思也勉强可通。

【第二十三章】子曰："君子和而不同，小人同而不和。"①

【集注】① 和者，无乖戾之心。同者，有阿比之意。

尹氏曰："君子尚义，故有不'同'。小人尚利，安得而'和'！"

【今译】① 和，没有乖戾的心。同，有阿谀攀附的意思。

尹焞说："君子崇尚义，所以不'同'。小人崇尚利，怎么能够'和'？"

【第二十四章】子贡问曰："乡人皆好之，何如？"子曰："未可也。""乡人皆恶之，何如？"子曰："未可也。不如乡人之善者好之，其不善者恶之。"①

【集注】① 好、恶，并去声。

一乡之人，宜有公论矣，然其间亦各以类自为好恶也，故善者好之而恶者不恶，则必其有苟合之行；恶者恶之而善者不好，则必其无可好之实。

【今译】① 好，hào。恶，wù。

一乡的人，应该有个公论，然而乡里也有各以同类做好坏标准的，所以好人喜欢而恶人也不讨厌，那人必然有迁就迎合一切人的行为；恶人讨厌他而好人也不喜欢他，那人必然没有可以令人称道的实事。

【第二十五章】子曰："君子易事而难说也。说之不以道，不说也。及其使人也，器之。小人难事而易说也。说之虽不以道，说也。及其使人也，求备焉。"①

【集注】①易，去声。说，音悦。

器之，谓随其材器而使之也。君子之心公而恕，小人之心私而刻。天理人欲之间，每相反而已矣。

【今译】①易，yì。说，音悦（yuè）。

器之，指根据才能使用他。君子的心公正而宽恕，小人的心自私而阴险。天理与人欲，往往相反。

【第二十六章】子曰："君子泰而不骄，小人骄而不泰。"①

【集注】①君子循理，故安舒而不矜肆。小人逞欲，故反是。

【今译】①君子遵循理，所以安泰舒展而不骄矜放肆。小人放纵欲望，所以与此相反。

【第二十七章】子曰："刚、毅、木、讷，近仁。"①

【集注】①程子曰："木者质朴，讷者迟钝。四者，质之近乎仁者也。"杨氏曰："刚毅则不屈于物欲，木讷则不至于外驰，故近仁。"

【今译】①程子说："木，质朴。讷，迟钝。四者的本质是近乎仁的。"杨时说："刚毅就不屈服于物欲，木讷就不至于魂不守舍，所以接近仁。"

【第二十八章】子路问曰："何如斯可谓之士矣？"子曰："切切偲偲，怡怡如也，可谓士矣。朋友切切、偲偲，兄弟怡怡。"①

【集注】① 胡氏曰："切切,恳到也。偲偲,详勉也。怡怡,和悦也。皆子路所不足,故告之。又恐其混于所施,则兄弟有贼恩之祸,朋友有善柔之损,故又别而言之。"

【今译】① 胡寅说："切切,恳切周到。偲偲,详尽勉励。怡怡,和善喜悦。都是子路所缺少的,所以要告诉他这些。又恐怕他用的时候混淆,以致兄弟之间会产生伤害感情的祸事,朋友之间有过于柔媚的损害,所以又分别说了。"

【第二十九章】子曰："善人教民七年,亦可以即戎矣。"①

【集注】① 教民者,教之以孝弟忠信之行、务农讲武之法。即,就也。戎,兵也。民知亲其上,死其长,故可以即戎。

程子曰："七年云者,圣人度其时可矣,如云期月、三年、百年、一世、大国五年、小国七年之类,皆当思其作为如何,乃有益。"

【今译】① 教民,即用孝悌忠信的德行、种地作战的技术去教他们。即,参加。戎,军事。民众懂得敬爱上级,为官长献身,所以可以参军。

程子说："说七年,是圣人估计这样长的时间就可以了,比如像说期月、三年、百年、一世、大国五年、小国七年之类,都应当想想他们的作为如何,才是有益的。"

【第三十章】子曰："以不教民战,是谓弃之。"①

【集注】① 以,用也。言用不教之民以战,必有败亡之祸,是弃其民也。

【今译】① 以,用。说的是用未经训练的民众作战,必然有失败伤亡的祸患,这是抛弃他的百姓。

宪问第十四

【集注】胡氏曰："此篇疑原宪所记。"凡四十七章。

【今译】胡寅说："这篇可能是原宪记录的。"共四十七章。

【第一章】宪问耻。子曰："邦有道，榖；邦无道，榖，耻也。"①

【集注】① 宪，原思名。榖，禄也。邦有道不能有为，邦无道不能独善，而但知食禄，皆可耻也。宪之狷介，其于"邦无道，榖"之可耻，固知之矣，至于"邦有道，榖"之可耻，则未必知也，故夫子因其问而并言之，以广其志，使知所以自勉而进于有为也。

【今译】① 宪，原思的名。榖，俸禄。国家有道时不能有所作为，国家无道时不能独善其身，而只知吃俸禄，都是可耻的。原宪守正耿直，对于"邦无道，榖"的可耻，固然是知道的，但对于"邦有道，榖"的可耻，就未必知道了，所以夫子就借着他的问题都说了，以远大他的志向，使他知道自我勉励并达到有所作为。

【第二章】"克、伐、怨、欲不行焉，可以为仁矣？"①
子曰："可以为难矣，仁则吾不知也。"②

【集注】① 此亦原宪以其所能而问也。克，好胜。伐，自矜。怨，忿恨。欲，贪欲。

② 有是四者而能制之，使不得行，可谓难矣。仁则天理浑然，自无

四者之累。不行，不足以言之也。

程子曰："人而无克伐怨欲，惟仁者能之。有之而能制其情，使不行，斯亦难能也，谓之仁，则未也。此圣人开示之深，惜乎宪之不能再问也。"或曰："四者不行，固不得为仁矣，然亦岂非所谓克己之事、求仁之方乎？"曰："克去己私以复乎礼，则私欲不留，而天理之本然者得矣。若但制而不行，则是未有拔去病根之意，而容其潜藏隐伏于胸中也，岂克己求仁之谓哉？学者察于二者之间，则其所以求仁之功，益亲切而无渗漏矣。"

【今译】① 这也是原宪根据自己的长处所提的问题。克，争强好胜。伐，自夸。怨，怨恨。欲，贪欲。

② 有这四项并能制止，使它们不起作用，可说是难。仁，却是完整的天理，自然没有四者的牵累。使四者不起作用，就不足道了。

程子说："没有克、伐、怨、欲，只有仁者能够做到。有，却能制止，使这种情欲不起作用，这也是难能了，但说它是仁，却还不够。这是圣人启发、说明的深刻，可惜原宪不能进一步发问了。"有人问："让这四项不起作用，固然算不得为仁，然而，难道这不也是所说的克己的事、求仁的途径吗？"答："克去一己的私欲以恢复到礼，私欲就不能存在，天理的本来面貌也就恢复了。假若只是制止让它不起作用，就是没有拔去病根的意思，而仍旧容忍它们潜伏隐藏在心里，这难道是克己求仁的意思吗？求学者弄清了二者的区别，那他用来求仁的功夫，就更加切近并且没有枉费了。"

【第三章】子曰："士而怀居，不足以为士矣。"①

【集注】① 居，谓意所便安处也。

【今译】

①居，指他感到舒适安逸的地方。

【第四章】子曰："邦有道，危言危行；邦无道，危行言孙。"①

【集注】①行、孙，皆去声。

危，高峻也。孙，卑顺也。尹氏曰："君子之持身不可变也，至于言，则有时而不敢尽，以避祸也。然则为国者使士言孙，岂不殆哉？"

【今译】①行，xìng。孙，xùn。

危，高峻。孙，卑下顺从。尹焞说："君子的气节是不可改变的，至于说话，就有时不敢尽言，这是为了避祸。然而国家的统治者使士人说话卑顺，难道不是就要完了吗？"

【第五章】子曰："有德者必有言，有言者不必有德。仁者必有勇，勇者不必有仁。"①

【集注】①有德者，和顺积中，英华发外。能言者，或便佞口给而已。仁者，心无私累，见义必为。勇者，或血气之强而已。

尹氏曰："有德者必有言，徒能言者，未必有德也。仁者志必勇，徒能勇者，未必有仁也。"

【今译】①有德的人，和善随顺充满在心里，英明才华表现在外面。能言善辩的人，或许只是口齿伶俐罢了。仁者，心中无私念牵累，见义一定勇为。勇者，或许只是血气之勇罢了。

尹焞说："有德的人一定能言，只是能言的就未必有德。仁者的志向一定勇，只是能勇的就未必有仁。"

【第六章】南宫适问于孔子曰："羿善射,奡荡舟,俱不得其死然。禹、稷躬稼,而有天下。"夫子不答。南宫适出,子曰："君子哉若人!尚德哉若人!"①

【集注】①适,古活反。羿,音诣。奡,五报反。荡,土浪反。

南宫适,即南容也。羿,有穷之君,善射。灭夏后相而篡其位,其臣寒浞又杀羿而代之。奡,《春秋传》作"浇",浞之子也。力能陆地行舟,后为夏后少康所诛。禹平水土,暨稷播种,身亲稼穑之事。禹受舜禅,而有天下。稷之后至周武王,亦有天下。适之意,盖以羿、奡比当世之有权力者,而以禹、稷比孔子也,故孔子不答。然适之言如此,可谓君子之人,而有尚德之心矣,不可以不与,故俟其出而赞美之。

【今译】①适,kuò。羿,音诣(yì)。奡,ào。荡,dàng。

南宫适,即南容。羿,有穷国的君主,善射。他杀了夏朝的君主相并篡夺了相的位置,他的臣子寒浞又杀了他并取而代之。奡,《左传》写作"浇",寒浞的儿子。力量很大,能在陆地上行船,后来被夏朝君主少康所杀。禹治理水患,稷教百姓种田,都亲自从事农业生产。禹后来接受舜的禅让,得了天下。稷的后代到周武王,也得了天下。南宫适的意思,是用羿、奡来比方当时有权有势的人,而用禹、稷来比方孔子,所以孔子不回答。然而南宫适能讲出这些话来,可算是君子一类的人,并有尚德的心,不能不赞许,所以等他出去以后就赞扬他。

【第七章】子曰："君子而不仁者有矣夫,未有小人而仁者也。"①

【集注】①夫,音扶。

谢氏曰:"君子志于仁矣,然毫忽之间,心不在焉,则未免为不仁也。"

【今译】① 夫,音扶(fú)。

　　谢良佐说:"君子的志向在仁,但个别时候,心不在焉,也不免有不仁的言行。"

【第八章】子曰:"爱之,能勿劳乎? 忠焉,能勿诲乎?"①

【集注】① 苏氏曰:"爱而勿劳,禽犊之爱也。忠而勿诲,妇寺之忠也。爱而知劳之,则其为爱也深矣。忠而知诲之,则其为忠也大矣。"

【今译】① 苏轼说:"爱他而不让他劳苦,这是对小鸡、小羊的爱;忠而不规劝教诲,这是女子、宦官的忠。爱并且知道让他劳苦,这样的爱才是真正的爱。忠并且知道规劝教诲,这样的忠才是大忠。"

【第九章】子曰:"为命,裨谌草创之,世叔讨论之,行人子羽修饰之,东里子产润色之。"①

【集注】① 裨,婢之反。谌,时林反。

　　裨谌以下四人,皆郑大夫。草,略也。创,造也,谓造为草稿也。世叔,游吉也,《春秋传》作"子太叔"。讨,寻究也。论,讲议也。行人,掌使之官。子羽,公孙挥也。修饰,谓增损之。东里,地名,子产所居也。润色,谓加以文采也。郑国之为辞命,必更此四贤之手而成,详审精密,各尽所长,是以应对诸侯,鲜有败事。孔子言此,盖善之也。

【今译】① 裨,bì。谌,chén。

　　裨谌以下四人,都是郑国大夫。草,粗略。创,创造,指先写出草稿。世叔,就是游吉,《左传》中称"子太叔"。讨,录求、研究。论,讲解、议论。行人,掌管出使的官员。子羽,即公孙挥。修饰,指增删。东里,地名,子产住的地方。润色,指增加些文采。郑国要发布一道外交辞令,必经过这四位贤人的手才最后完成,详细、明确又精密,各尽所长,所以应接诸侯,很少有失礼的事。孔子讲这些,是称赞的意思。

【第十章】或问子产。子曰:"惠人也。"①

问子西。曰:"彼哉!彼哉!"②

问管仲。曰:"人也。夺伯氏骈邑三百,饭疏食,没齿无怨言。"③

【集注】① 子产之政,不专于宽,然其心则一以爱人为主,故孔子以为惠人,盖举其重而言也。

② 子西,楚公子申,能逊楚国,立昭王,而改纪其政,亦贤大夫也。然不能革其僭王之号。昭王欲用孔子,又沮止之,其后卒召白公,以致祸乱,则其为人可知矣。"彼哉"者,外之之辞。

③ 人也,犹言此人也。伯氏,齐大夫。骈邑,地名。齿,年也。盖桓公夺伯氏之邑以与管仲,伯氏自知己罪而心服管仲之功,故穷约以终身而无怨言。荀卿所谓"与之书社三百,而富人莫之敢拒"者,即此事也。或问:"管仲、子产孰优?"曰:"管仲之德不胜其才,子产之才不胜其德,然于圣人之学,则概乎其未有闻也。"

【今译】① 子产的政策,不仅仅只是宽容,不过他的心完全以爱护人为主,所以孔子认为他是个惠人,这是就主要的方面来说。

② 子西,即楚公子申,能让掉楚国王位,立了昭王,并且改革楚国政治,也是个贤大夫。但不能改掉楚国僭称的王号。昭王想重用孔子,子西又加以阻止,后来终于召来白公,以致楚国发生内乱,那么他的为人也就可以知道了。"彼哉",瞧不起的用语。

③ 人也,如同说"这个人啊"。伯氏,齐国大夫。骈邑,地名。齿,

年龄。齐桓公剥夺了伯氏的采邑给了管仲，伯氏知道自己的罪过，心服管仲的功劳，所以贫困终身而没有怨言。荀子说"给他书社三百，而富人没有敢拒绝的"❶，就是指这件事。有人问："管仲、子产，谁好一点？"答："管仲的德行不如他的才能，子产的才能赶不上他的德行，至于说到圣人之学，他们就都不知道了。"

【第十一章】子曰："贫而无怨难，富而无骄易。'"①

【集注】①易，去声。

处贫难，处富易，人之常情。然人当勉其难，而不可忽其易也。

【今译】①易，yì。

处于贫贱困难，处于富贵容易，是人之常情。然而人处于困境时应自我勉励，处境顺利时也不可疏忽大意。

【第十二章】子曰："孟公绰为赵、魏老则优，不可以为滕、薛大夫。"①

【集注】① 公绰，鲁大夫。赵、魏，晋卿之家。老，家臣之长。大家势重，而无诸侯之事。家老望尊，而无官守之责。优，有余也。滕、薛，二国名。大夫，任国政者。滕、薛国小政繁，大夫位高责重。然则公绰盖廉静寡欲而短于才者也。

杨氏❷曰："知之弗豫，枉其才而用之，则为弃人矣，此君子所以患不知人也。言此，则孔子之用人可知矣。"

---

❶ 语出《荀子·仲尼》篇。之：指管仲。书社：社的户口写在版图上。每社二十五家。

❷ 杨氏，中华书局本作"胡氏"。《西山读书记》《论语集注大全》等均作"杨氏"。

【今译】① 公绰,鲁国大夫。赵、魏,是晋国的卿大夫之家。老,家臣的首领。大的卿大夫之家势力大,但没有诸侯那么多的事务。家里的"老"地位显赫,却没有具体职责。优,有余。滕、薛,两个国名。大夫,担任国家职务的人。滕、薛国虽然小,但政事复杂,大夫地位高,责任重。那么,公绰大概是个廉洁宁静寡欲却缺乏才能的人。

杨时说:"事前对人不了解,任用时屈才,就是抛弃了那个人,因此君子忧虑自己不能知人。从这些话里,可以看出孔子如何用人。"

【第十三章】子路问成人。子曰:"若臧武仲之知,公绰之不欲,卞庄子之勇,冉求之艺,文之以礼乐,亦可以为成人矣。"①

曰:"今之成人者何必然?见利思义,见危授命,久要不忘平生之言,亦可以为成人矣。"②

【集注】① 知,去声。

成人,犹言全人。武仲,鲁大夫,名纥。庄子,鲁卞邑大夫。言兼此四子之长,则知足以穷理,廉足以养心,勇足以力行,艺足以泛应,而又节之以礼,和之以乐,使德成于内而文见乎外,则材全德备,浑然不见一善成名之迹,中正和乐,粹然无复偏倚驳杂之蔽,而其为人也亦成矣。然亦之为言,非其至者,盖就子路之所可及而语之也。若论其至,则非圣人之尽人道,不足以语此。

② 复加"曰"字者,既答而复言也。授命,言不爱其生,持以与人也。久要,旧约也。平生,平日也。有是忠信之实,则虽其才知礼乐有所未备,亦可以为成人之次也。

程子曰:"知之明,信之笃,行之果,天下之达德也。若孔子所谓成人，亦不出此三者。武仲，知也；公绰，仁也；卞庄子，勇也；冉求，艺也。须是合此四人之能，文之以礼乐，亦可以为成人矣。然而论其大成，则不止于此。若今之成人，有忠信而不及于礼乐，则又其次者也。"又曰："臧武仲之知，非正也。若文之以礼乐，则无不正矣。"又曰："语'成人'之名，非圣人，孰能之？孟子曰：'唯圣人然后可以践形。' ❶ 如此方可以称成人之名。"胡氏曰："'今之成人'以下，乃子路之言，盖不复'闻斯行之'之勇，而有'终身诵之'之固矣。"未详是否。

【今译】①知，zhì（智）。

成人，指全面的人。武仲，鲁国大夫，名纥。庄子，鲁国卞邑的大夫。孔子说，兼有这四位的长处，那么，他的智慧就足以穷竭物理，廉洁足以修养心灵，勇敢足以身体力行，才艺足以处理各种事务，并且又用礼加以节制，用乐加以和谐，使德行成就于内心而风采表现于外部，那就才能齐全，德行完备，完完整整显不出某一种可以成名的德行的痕迹，中正、和谐而快乐，纯粹而彻底，再没有偏颇片面和驳杂不纯的弊病，从而他的为人也就全面了。然说了个"亦"，也就是说这不是最高的，大概是根据子路所能理解的去告诉他。若要说那最高的，那么不是能穷尽人道的圣人，是不足以和他谈论的。

②又加一个"曰"字，是回答结束以后又说的话。授命，指不吝惜自己的生命，拿来送给别人。久要，过去的诺言、盟约。平生，平日。有这样忠信的实际，即使才智礼乐有不完备的，也可以做次一等的全人。

程子说："智的英明，信的笃实，行的果敢，是天下通行的德行。像孔子所说的成人，也不出这三条。武仲，智者。公绰，有仁心。卞庄

子,勇敢。冉求,才能高。必须集合这四位的才能,再用礼乐加以文饰,就可以算一个成人。不过要说到大成,就不仅是这些了。像今天的成人,有忠信却没有礼乐的文饰,那就是又次一等的了。"又说:"臧武仲的智,不是正道。若能用礼乐来文饰和矫正,就没有不是正道的了。"又说:"要说成人这个名称,除了圣人,还有谁能配得上?孟子说:'只有圣人才可以实践人的全部美德。'像这样才可以称为成人。"胡寅说:"'今之成人'以下,是子路的话,他不再有'闻斯行之'的勇,而有'终身诵之'的狭隘。"胡寅的话不知对否。

【第十四章】子问公叔文子于公明贾曰:"信乎夫子不言、不笑、不取乎?"① 公明贾对曰:"以告者过也。夫子时然后言,人不厌其言;乐然后笑,人不厌其笑;义然后取,人不厌其取。"子曰:"其然,岂其然乎?"②

【集注】① 公叔文子,卫大夫公孙枝也。公明,姓;贾,名,亦卫人。文子为人,其详不可知,然必廉静之士,故当时以三者称之。

② 厌者,苦其多而恶之之辞。事适其可,则人不厌,而不觉其有是矣,是以称之或过,而以为不言、不笑、不取也。然此言也,非礼义充溢于中、得时措之宜者不能。文子虽贤,疑未及此。但君子与人为善,不欲正言其非也,故曰:"其然,岂其然乎?"盖疑之也。

【今译】① 公叔文子,卫国大夫公孙枝❶。公明是姓,贾是名,也是卫

---

❶ 公孙枝,中华书局本作"公孙拔"。[元]金履祥《论语集注考证》卷七:"公孙枝,按《左传》及注,当从'公叔发'。《集注》或传写之误。"[清]张尚瑗《左传折诸》卷一八:"公叔发即公叔文子也。《论语》孔氏注作'公孙拔',疏作'公孙枝',《集注》从之。季子称卫之君子六人,四人皆见《论语》。"

国人。文子的为人，不知具体如何，但必定是廉洁宁静的人，所以当时用这三条来称赞他。

②厌，多到难受因而产生恶感。事情恰到好处，人家就不厌恶，似乎感觉不到有这件事，大约因此称赞得过分了，就认为他是不言、不笑、不取。不过这话说的情形，若不是礼义充满胸中又能因时制宜的人是做不到的。文子虽然贤德，未必能做到这些。但是君子与人为善，不想直说人家的缺点，所以说："这样，真的是这样吗？"这是表示怀疑的话。

【第十五章】子曰："臧武仲以防求为后于鲁，虽曰不要君，吾不信也。"①

【集注】①要，平声。

防，地名，武仲所封邑也。要，有挟而求也。武仲得罪奔邾，自邾如防，使请立后而避邑，以示若不得请，则将据邑以叛，是要君也。范氏曰："要君者无上，罪之大者也。武仲之邑，受之于君。得罪出奔，则立后在君，非己所得专也。而据邑以请，由其好智而不好学也。"杨氏曰："武仲卑辞请后，其迹非要君者，而意实要之。夫子之言，亦《春秋》诛意之法也。"

【今译】①要，yāo。

防，地名，是臧武仲的封邑。要，用要挟来请求。武仲有罪逃到邾国，由邾到了防，请求封他的儿子然后献出防地，也就是表示，若请求得不到批准，就要据守防地进行叛乱，这就是要挟君主。范祖禹说："要挟君主，是无视长上，是重大的罪行。武仲的封邑，是从君主那里得来的。有罪出逃，封不封他的儿子在于君主，不是自己可以决定的。占据防邑来请求,这都是由于他爱好智谋而不好学习的缘故。"杨时说:"武仲言辞卑顺,请求封他的儿子,表面看来不是要挟君主,他的意思实际上就是要挟君主。夫子的话,也是作《春秋》批判处事动机的方法。"

【第十六章】子曰:"晋文公谲而不正,齐桓公正而不谲。"①

【集注】① 谲,古穴反。

晋文公,名重耳。齐桓公,名小白。谲,诡也。二公皆诸侯盟主,攘夷狄以尊周室者也。虽其以力假仁,心皆不正,然桓公伐楚,仗义执言,不由诡道,犹为彼善于此。文公则伐卫以致楚,而阴谋以取胜,其谲甚矣。二君他事,亦多类此,故夫子言此,以发其隐。

【今译】① 谲,jué。

晋文公,名重耳。齐桓公,名小白。谲,诡诈。二公都是诸侯的盟主,排斥夷狄以尊崇周天子。虽然他们都依靠实力来假借仁的名义,心思都不端正,但是齐桓公讨伐楚国,仗义执言,不用诡计,尚且有这样一种善行。晋文公则是讨伐卫国引出了楚国,并且用阴谋取胜,真是诡诈得很。二位君主的其他事情,也大多与此类似,所以夫子这样讲,以揭露他们的内心。

【第十七章】子路曰:"桓公杀公子纠,召忽死之,管仲不死。"曰:"未仁乎?"①

子曰:"桓公九合诸侯,不以兵车,管仲之力也。如其仁!如其仁!"②

【集注】① 纠,居黝反。召,音邵。

按《春秋传》，齐襄公无道，鲍叔牙奉公子小白奔莒。及无知弑襄公，管夷吾、召忽奉公子纠奔鲁。鲁人纳之未克，而小白入，是为桓公，使鲁杀子纠而请管、召。召忽死之，管仲请囚。鲍叔牙言于桓公，以为相。子路疑管仲忘君事雠，忍心害理，不得为仁也。

②　九，《春秋传》作"纠"，督也，古字通用。不以兵车，言不假威力也。如其仁，言谁如其仁者。又再言以深许之。盖管仲虽未得为仁人，而其利泽及人，则有仁之功矣。

【今译】①　纠，jiū。召，音邵（shào）。

据《左传·庄公八年》，齐襄公无道，鲍叔牙保护着公子小白逃到莒国。等到公孙无知弑杀襄公，管仲、召忽保护公子纠逃到鲁国。鲁国送公子纠回国继位，没有成功，而小白回到了齐国，就是齐桓公。齐桓公让鲁国杀了公子纠并要求引渡管仲、召忽回齐国。召忽自杀，管仲请求囚禁自己。鲍叔牙向齐桓公建议用管仲为宰相❶。子路认为管仲忘了自己的主人而事奉仇人，忍心危害天理，不能算是仁。

②　九，《左传》写作"纠"❷，督率的意思，古代"九"与"纠"通用。不以兵车，意思是不借助武力。如其仁，意思是谁能像他那样的仁呢。说两遍，以表示深加赞许。管仲虽然不能算一个仁人，但他把恩惠给了民众，所以有仁的功效。

【第十八章】子贡曰："管仲非仁者与？桓公杀公子纠，不能死，又相之。"①

子曰："管仲相桓公，霸诸侯，一匡天下，民到于今受

❶　事见《左传》庄公八年、九年。

❷　《左传·僖公二十六年》："桓公是以纠合诸侯而谋其不协。"

其赐。微管仲,吾其被发左衽矣^②。岂若匹夫匹妇之为谅也,自经于沟渎而莫之知也^③。"

【集注】① 与,平声。相,去声。

子贡意,不死犹可,相之,则已甚矣。

② 被,皮寄反。衽,而审反。

霸与伯同,长也。匡,正也。尊周室,攘夷狄,皆所以正天下也。微,无也。衽,衣衿也。被发左衽,夷狄之俗也。

③ 谅,小信也。经,缢也。莫之知,人不知也。《后汉书》引此文,"莫"字上有"人"字。

程子曰:"桓公,兄也。子纠,弟也。仲私于所事,辅之以争国,非义也。桓公杀之虽过,而纠之死,实当。仲始与之同谋,遂与之同死,可也。知辅之争为不义,将自免以图后功,亦可也。故圣人不责其死,而称其功。若使桓弟而纠兄,管仲所辅者正,桓夺其国而杀之,则管仲之与桓不可同世之雠也。若计其后功而与其事桓,圣人之言无乃害义之甚,启万世反覆不忠之乱乎?如唐之王珪、魏征,不死建成之难,而从太宗,可谓害于义矣。后虽有功,何足赎哉?"愚谓:管仲有功而无罪,故圣人独称其功。王、魏先有罪而后有功,则不以相掩可也。

【今译】① 与,yú。相,xiàng。

子贡的意思是,不死还可以,又做桓公的相,就太过分了。

② 被,pī(披)。衽,rèn。

霸,与"伯"的意思相同,首领。匡,扶正。尊崇周天子,排斥夷狄,都是扶正天下的行为。微,没有。衽,衣襟。被发左衽,是夷狄的风俗。

③ 谅,小信用。经,缢死。莫之知,别人不知道。《后汉书》引用这

话，"莫"字前头有"人"字。

程子说："桓公，是兄；子纠，是弟。管仲私心向着所事奉的人，辅佐他争夺君位，这是不义。桓公杀公子纠虽然过分，但公子纠的死，却是罪有应得。管仲起初和公子纠同谋，就和他同死，是可以的。知道帮他争位是不义，寻求免于死难以希望日后建功，也是可以的。所以圣人不责备他应该死节，并称赞他的功劳。假如桓公是弟而子纠是兄，管仲所辅佐的是正宗，桓公夺了公子纠的君位并杀了他，那么管仲与桓公，就是不共戴天的仇人。这时若考虑他后来的功劳而赞许他事奉桓公，圣人的言论，不就是严重损害大义，引发千秋万代那反复不忠的叛乱吗？像唐朝的王珪、魏征，不随太子建成而死，却顺从了唐太宗，这可是危害义的。以后虽有功劳，哪里够赎罪呢？"我认为，管仲有功而无罪，所以圣人只称赞他的功。王、魏先有罪而后有功，那么不互相抵消就是❶。

【第十九章】公叔文子之臣大夫僎，与文子同升诸公①。子闻之，曰："可以为'文'矣。"②

【集注】 ① 僎，士免反。

臣，家臣。公，公朝。谓荐之与己同进为公朝之臣也。

② 文者，顺理而成章之谓。谥法亦有所谓"锡民爵位曰文"者。

洪氏曰："家臣之贱，而引之使与己并，有三善焉：知人，一也；忘己，二也；事君，三也。"

---

❶ 王、魏二人本是太子李建成的部下，李建成死后，二人就做了唐太宗李世民（李建成弟）的臣子。

【今译】① 馔，zhuàn。

臣，家臣。公，公朝。指推荐他和自己一起成为公朝的臣。

② 文，顺理成章的意思。谥法也有"赐民爵位为文"的记载。

洪兴祖说："家臣卑贱，却提携他和自己并列，有三种善行：知人，第一。忘我，第二。事奉君主，第三。"

【第二十章】子言卫灵公之无道也，康子曰："夫如是，奚而不丧？"① 孔子曰："仲叔圉治宾客，祝鮀治宗庙，王孙贾治军旅。夫如是，奚其丧？"②

【集注】① 夫，音扶。丧，去声。

丧，失位也。

② 仲叔圉，即孔文子也。三人皆卫臣。虽未必贤，而其才可用。灵公用之，又各当其才。

尹氏曰："卫灵公之无道，宜丧也，而能用此三人，犹足以保其国，而况有道之君能用天下之贤才者乎。《诗》曰：'无竞维人，四方其训之。'"

【今译】① 夫，音扶（fú）。丧，sàng。

丧，丢掉君位。

② 仲叔圉，即孔文子。三人都是卫臣。虽然未必贤德，他们的才能却可以任用。卫灵公用了他们，又都适合各自的才能。

尹焞说："按照卫灵公的无道，应该丧失君位，而能用这三个人，尚且足够保住他的国家，何况有道的君主能任用天下的贤才呢？《诗经·大雅·抑》篇说：'莫要逞强而要任用贤人，四面八方都会学你的榜样。'"

【第二十一章】子曰："其言之不怍，则为之也难。"①

【集注】① 大言不惭，则无必为之志，而不自度其能否矣。欲践其言，岂不难哉！

【今译】① 大言不惭，就不打算一定要去做，也不去衡量一下自己能否办到。要实现自己的话，能不难吗！

【第二十二章】陈成子弑简公①。

孔子沐浴而朝，告于哀公曰："陈恒弑其君，请讨之。"②

公曰："告夫三子！"③

孔子曰："以吾从大夫之后，不敢不告也。君曰'告夫三子'者。"④

之三子告，不可。孔子曰："以吾从大夫之后，不敢不告也。"⑤

【集注】① 成子，齐大夫，名恒。简公，齐君，名壬。事在《春秋·哀公十四年》。

② 朝，音潮。

是时孔子致仕居鲁，沐浴齐戒以告君，重其事而不敢忽也。臣弑其君，人伦之大变，天理所不容，人人得而诛之，况邻国乎？故夫子虽已告老，而犹请哀公讨之。

③ 二"告夫"，音扶。

三子，三家也。时政在三家，哀公不得自专，故使孔子告之。

④ 孔子出而自言如此。意谓弑君之贼，法所必讨。大夫谋国，义所当告。君乃不能自命三子，而使我告之邪！

⑤ 以君命往告，而三子鲁之强臣，素有无君之心，实与陈氏声势相

倚，故沮其谋，而夫子复以此应之，其所以警之者深矣。

程子曰："《左氏》记孔子之言曰：'陈恒弑其君，民之不予者半。以鲁之众加齐之半，可克也。'❶ 此非孔子之言。诚若此言，是以力不以义也。若孔子之志，必将正名其罪，上告天子，下告方伯，而率与国以讨之。至于所以胜齐者，孔子之余事也，岂计鲁人之众寡哉！当是时，天下之乱极矣，因是足以正之，周室其复兴乎！鲁之君臣终不从之，可胜惜哉！"胡氏曰："春秋之法，弑君之贼，人得而讨之，仲尼此举，先发后闻可也。"

【今译】① 成子，齐国大夫，名恒。简公，齐国君主，名壬。事在《左传·哀公十四年》。

② 朝，音潮（cháo）。

这时孔子辞官住在鲁国。沐浴斋戒以后向君主报告，表示对事情重视不敢忽略。臣子弑杀君主，是人伦的大变故，天理所不容，人人都可以诛杀他，何况邻国呢？所以夫子虽然已经告老辞官，却还是请求鲁哀公出兵讨伐。

③ 两个"告夫"，都读扶（fú）。

三子，即三家。当时政权由三家掌握，哀公自己不能决定，所以让孔子告诉他们。

④ 孔子出来后自己这样说。意思是弑君的贼臣，按道理必须讨伐。大夫为国家谋划，有应当报告的义务。君主你不能自己命令那三家，却让我去向他们报告！

⑤ 奉君主的命令去报告，但这三家是鲁国的强臣，一向有无视君

---

❶ 见《左传·哀公十四年》。

主的心,实在是和陈氏互为声援和依赖,所以阻止孔子的谋划。而夫子再次用这话回应,那用来警告他们的用意是非常深刻的。

程子说:"《左传》记孔子的话道:'陈恒杀死他的君主,老百姓不服从的有一半,以鲁国人民加上齐国一半,是可以战胜的。'这不是孔子的话。如果真像这样说,那就是凭借力量而不是凭借道义。而孔子的志愿,是一定要正面指出他的罪名,上面报告天子,下面报告诸侯,并率领盟国前去讨伐。至于那用来战胜齐国的,孔子附带着就实现了,哪里用得着计算鲁国人的多少呢? 这个时候,天下混乱到了极点,借这件事足以纠正,周朝王室可能会复兴吧! 鲁国的君臣,到底不听从,真令人不胜叹惜啊!"胡寅说:"春秋那时的制度,弑君的贼臣,人人可以讨伐,孔子这一次,先去征讨然后再报告是可以的。"

【第二十三章】子路问事君。子曰:"勿欺也,而犯之。"①

【集注】① 犯,谓犯颜谏争。

范氏曰:"犯,非子路之所难也,而以不欺为难,故夫子教以先勿欺而后犯也。"

【今译】① 犯,指冒犯谏诤。

范祖禹说:"冒犯谏诤,不是子路所难做到的,难以做到的是不强制,所以夫子教他先'勿欺',然后再冒犯进谏。"

【第二十四章】子曰:"君子上达,小人下达。"①

【集注】① 君子循天理,故日进乎高明;小人徇人欲,故日究乎污下。

【今译】① 君子遵循天理,所以日益达到高明;小人陷于人欲,所以日益趋向低级和下流。

【第二十五章】子曰："古之学者为己，今之学者为人。"①

【集注】① 为，去声。

程子曰："为己，欲得之于己也。为人，欲见知于人也。"

程子曰："古之学者为己，其终至于成物。今之学者为人，其终至于丧己。"

愚按：圣贤论学者用心得失之际，其说多矣，然未有如此言之切而要者。于此明辨而日省之，则庶乎其不昧于所从矣。

【今译】① 为，wèi。

程子说："为己，就是想自己有所得；为人，就是想表现出来让别人了解。"

程子说："古代的学者为己，其结果可至于成就事业。今天的学者为人，其结果可导致丧失自己。"

熹按：圣贤讨论求学者动机的得失问题，那议论是非常多的，但没有像这话贴切而扼要的。在这个问题上明确辨别并天天反省，差不多就能够不糊里糊涂地跟着别人走。

【第二十六章】蘧伯玉使人于孔子①。孔子与之坐而问焉，曰："夫子何为？"对曰："夫子欲寡其过而未能也。"使者出。子曰："使乎！使乎！"②

【集注】① 使，去声，下同。

蘧伯玉，卫大夫，名瑗。孔子居卫，尝主于其家，既而反鲁，故伯玉使人来也。

② 与之坐，敬其主以及其使也。夫子，指伯玉也。言其但欲寡过而犹未能，则其省身克己常若不及之意可见矣。使者之言愈自卑约，而

其主之贤益彰，亦可谓深知君子之心而善于辞令者矣，故夫子再言"使乎"，以重美之。

按：庄周称伯玉"行年五十而知四十九年之非"❶，又曰伯玉"行年六十而六十化"❷。盖其进德之功老而不倦，是以践履笃实光辉宣著，不惟使者知之，而夫子亦信之也。

【今译】① 使，shì。下同。

蘧伯玉，卫国大夫，名瑗。孔子在卫国，曾住在他家，不久返回鲁国，所以蘧伯玉派了人来。

② 与之坐，尊敬他的主人因而也就善待他的使者。夫子，这里指伯玉。说他只想少犯过失却还未能做到，那他反省、克制自己，常常像做得不够的样子就可以见到了。使者的话愈是谦卑简略，他主人的贤明也就愈加鲜明，也可算是深知君子的心并且善于辞令的人，所以夫子说了两遍"使乎"，以反复地赞美他。

按：庄周也说蘧伯玉"到五十岁知道四十九岁时的错误"，又说："蘧伯玉活到六十岁也变化了六十年。"这都是由于他进德的功夫到老也不倦怠，所以行动笃实，光芒显著，不仅使者知道，并且夫子也相信。

【第二十七章】子曰："不在其位，不谋其政。"①

【集注】① 重出。

【今译】① 和前面《泰伯》篇重复。

【第二十八章】曾子曰："君子思不出其位。"①

---

❶ 《淮南子·原道篇》："蘧伯玉年五十而知四十九年非。"
❷ 见《庄子·则阳篇》。

【集注】① 此艮卦之象辞也。曾子盖尝称之，记者因上章之语而类记之也。

范氏曰："物各止其所，而天下之理得矣。故君子所思不出其位，而君臣上下大小皆得其职也。"

【今译】① 这是《易经·艮卦·象传》中的一句话。曾子大约曾赞赏过，记录者因为上章的话也记了这句类似的。

范祖禹说："物各自安处于自己的位置，天下的理也就都得以实现了。所以君子的所思所想不超出自己的位置，君臣、上下、大小就都得以尽自己的职分。"

【第二十九章】子曰："君子耻其言而过其行。"①

【集注】① 行，去声。

耻者，不敢尽之意；过者，欲有余之辞。

【今译】① 行，xìng。

耻，意思是不敢把话说尽；过，意思是想做得更好一些。

【第三十章】子曰："君子道者三，我无能焉：仁者不忧，知者不惑，勇者不惧。"①

子贡曰："夫子自道也。"②

【集注】① 知，去声。

自责以勉人也。

② 道，言也。自道，犹云谦辞。

尹氏曰："成德以仁为先，进学以知为先，故夫子之言，其序有不同者以此。"

【今译】① 知，zhì。

自责并勉励别人。

② 道，说。自道，意思是这是夫子的谦辞。

尹氏说："成就德行以仁为先，增进学问以智为先，所以夫子的话，有时顺序不同，其原因在此。"

【第三十一章】子贡方人。子曰："赐也贤乎哉？夫我则不暇。"①

【集注】① 夫，音扶。

方，比也。乎哉，疑辞。比方人物而较其短长，虽亦穷理之事，然专务为此，则心驰于外，而所以自治者疏矣，故褒之而疑其辞，复自贬以深抑之。

谢氏曰："圣人责人，辞不迫切而意已独至如此。"

【今译】① 夫，音扶（fú）。

方，比较。乎哉，表示怀疑的用语。比方人物并且比较他们的短长，虽然也是穷理的事，然而若专心于此，就心向外用，用来修治自身的就少了，所以褒扬他却加上表示怀疑的用语，又自我贬低以进一步抑制子贡。

谢良佐说："圣人责备人，语言不严厉，意思却这样的独到。"

【第三十二章】子曰："不患人之不己知，患其不能也。"①

【集注】① 凡章指同而文不异者，一言而重出也。文小异者，屡言而各出也。此章凡四见，而文皆有异。则圣人于此一事，盖屡言之，其丁宁之意亦可见矣。

【今译】① 凡是章节意思相同而文字也相同的，是同样的话重复出现。文字小有出入的，是屡次说同样的意思而各有出处。这一章的意思出现了四次，文字都不完全相同。圣人对于这件事屡次说起，那叮咛的意思也就明白可见了。

【第三十三章】子曰："不逆诈，不亿不信。抑亦先觉者，是贤乎！"①

【集注】① 逆，未至而迎之也。亿，未见而意之也。诈，谓人欺己。不信，谓人疑己。抑，反语辞。言虽不逆不亿，而于人之情伪，自然先觉，乃为贤也。

杨氏曰："君子一于诚而已，然未有诚而不明者，故虽不逆诈，不亿不信，而常先觉也。若夫不逆不亿，而卒为小人所罔焉，斯亦不足观也已。"

【今译】① 逆，还没有到就去迎接的意思。亿，没见着而作的臆测。诈，指别人欺骗自己。不信，指别人怀疑自己。抑，语气转折时的用语。意思是虽然不逆、不亿，对于人的真假，却能自然而然地预先觉知，这才是贤。

杨时说："君子完全是个诚罢了，不过没有诚而不明的，所以虽然不逆诈，不亿不信，却常常预先觉知。假若不亿不逆，最终却遭到小人的愚弄，这就不足取了。"

【第三十四章】微生亩谓孔子曰："丘何为是栖栖者与？无乃为佞乎？"① 孔子曰："非敢为佞也，疾固也。"②

【集注】① 与，平声。

微生,姓。亩,名也。亩名呼夫子而辞甚倨,盖有齿德而隐者。栖栖,依依也。为佞,言其务为口给以悦人也。

②疾,恶也。固,执一而不通也。圣人之于达尊,礼恭而言直如此,其警之亦深矣。

【今译】① 与,yú。

微生,姓。亩,名。微生亩叫着夫子的名字并且言辞倨傲,大约是个年长德高而隐居的人。栖栖,恋恋不舍的意思。为佞,意思是竭力靠口辩来讨好别人。

② 疾,厌恶。固,坚执一点而不能通达。圣人对于德高年长的人礼貌恭敬,言语却这样的直率,那劝告使他惊醒的意思是非常深刻的。

【第三十五章】子曰:"骥,不称其力,称其德也。"①

【集注】① 骥,善马之名。德,谓调良也。

尹氏曰:"骥虽有力,其称在德。人有才而无德,则亦奚足尚哉!"

【今译】① 骥,骏马的名称。德,指驯服。

尹焞说:"骥虽然有力,但这个名称的意思却是在于德行。人若是有才无德,那还有什么可称道的呢?"

【第三十六章】或曰:"以德报怨,何如?"① 子曰:"何以报德②? 以直报怨,以德报德③。"

【集注】① 或人所称,今见《老子》书❶。德,谓恩惠也。

② 言于其所怨,既以德报之矣,则人之有德于我者,又将何以报

---

❶ 《老子》第六十三章:"报怨以德。"

之乎？

③ 于其所怨者，爱憎取舍一以至公而无私，所谓直也。于其所德者，则必以德报之，不可忘也。

或人之言，可谓厚矣，然以圣人之言观之，则见其出于有意之私，而怨、德之报皆不得其平也。必如夫子之言，然后二者之报各得其所。然怨有不雠而德无不报，则又未尝不厚也。此章之言明白简约，而其指意曲折反覆，如造化之简易易知而微妙无穷，学者所宜详玩也。

【今译】① 某人所问的话，现在见于《老子》书。德，指恩惠。

② 意思是对于所怨恨的人，既然已经是以德相报，那么对自己有恩惠的人，又将用什么报答呢？

③ 对于自己所怨恨的，爱憎取舍，完全出于大公无私，这就是所说的直。对于有恩于自己的，就必须以德相报，不可忘记。

某人的话，可算是厚道了，然而用圣人的话来看，就看出他是出于有意识的私念，对怨、对德，报答都不公正。一定要像夫子所说，然后对于二者的报答才能各得其所。然而对于怨恨不泄私愤，而恩惠又无所不报，这就又不是不厚道。这一章的话明白而简练，意思却曲折反复，就像造化的简易易知却微妙无穷，求学者应该详细玩味才是。

【第三十七章】子曰："莫我知也夫！"① 子贡曰："何为其莫知子也？"子曰："不怨天，不尤人，下学而上达，知我者其天乎！"②

【集注】① 夫，音扶。

夫子自叹，以发子贡之问也。

② 不得于天而不怨天，不合于人而不尤人，但知下学而自然上达，

此但自言其反已自修，循序渐进耳，无以甚异于人而致其知也。然深味其语意，则见其中自有人不及知而天独知之之妙。盖在孔门，惟子贡之智几足以及此，故特语以发之，惜乎其犹有所未达也。

程子曰："'不怨天，不尤人'，在理当如此。"又曰："下学上达，意在言表。"又曰："学者须守'下学上达'之语，乃学之要。盖凡下学人事，便是上达天理。然习而不察，则亦不能以上达矣。"

【今译】①夫，音扶（fú）。

夫子叹息自己，以启发子贡提问。

②得不到天的庇佑而不怨恨天，和人不投合也不怪罪人，只知道埋头向学从而自然提高自己，这里只说自己反省自修、循序渐进罢了，没用什么特别与人不同的行为去追求让别人知道。然而深刻体味话的意思，就会发现其中自有人不能理解而只有天知道的妙处。因为在孔门，只有子贡的智慧差不多足以知道这些，所以特意告诉并启发他，可惜子贡还是有些没弄明白。

程子说："'不怨天，不尤人'，在理应当如此。"又说："'下学上达'，意思在言语表面。"又说："学者必须坚持'下学上达'的话，这是求学的要领。因为只要下学人事，就是上达天理。不过若是经常练习而不能思考辨明，也是不能上达的。"

【第三十八章】公伯寮诉子路于季孙。子服景伯以告，曰："夫子固有惑志于公伯寮，吾力犹能肆诸市朝。"①子曰："道之将行也与？命也。道之将废也与？命也。公伯寮其如命何！"②

【集注】①朝，音潮。

公伯寮,鲁人。子服,氏。景,谥。伯,字。鲁大夫子服何也。夫子,指季孙,言其有疑于寮之言也。肆,陈尸也,言欲诛寮。

② 与,平声。

谢氏曰:"虽寮之愬行,亦命也。其实寮无如之何。"愚谓:言此以晓景伯,安子路,而警伯寮耳。圣人于利害之际,则不待决于命而后泰然也。

【今译】① 朝,音潮(cháo)。

公伯寮,鲁国人。子服,姓氏。景,谥号。伯,字。即鲁国大夫子服何。夫子,指季孙,说的是季孙不大相信公伯寮的话。肆,陈尸示众,意思是要杀公伯寮。

② 与,yú。

谢良佐说:"即使公伯寮的话被采信,也是天命。实际上公伯寮不能把谁怎么样。"我认为,这样说只是让景伯明白,使子路安心,并且警告伯寮。圣人在利害关头,是不等天命裁决之后才泰然的。

【第三十九章】子曰:"贤者辟世^①,其次辟地^②,其次辟色^③,其次辟言^④。"

【集注】① 辟,去声,下同。

天下无道而隐,若伯夷、太公是也。

② 去乱国,适治邦。

③ 礼貌衰而去。

④ 有违言而后去也。

程子曰:"四者虽以大小次第言之,然非有优劣也,所遇不同耳。"

【今译】① 辟，bì，下同。

天下无道，因而归隐，就像伯夷、姜太公。

② 离开乱国，到有秩序的国家。

③ 因礼貌不如以往而离开。

④ 话不投机而后离开。

程子说：“四点虽然说起来有大小和顺序，但没有优劣之分，遭遇的情况不同罢了。”

【第四十章】子曰：“作者七人矣。”①

【集注】① 李氏曰：“作，起也，言起而隐去者，今七人矣。不可知其谁何。必求其人以实之，则凿矣。”

【今译】① 李郁说：“作，兴起，指起身而归隐的，有七个人了。已经弄不清是谁了。一定要找出是谁来凑数，就失之穿凿。”

【第四十一章】子路宿于石门。晨门曰：“奚自？”子路曰：“自孔氏。”曰：“是知其不可而为之者与？”①

【集注】① 与，平声。

石门，地名。晨门，掌晨启门，盖贤人隐于抱关者也。自，从也，问其何所从来也。胡氏曰：“晨门知世之不可而不为，故以是讥孔子。然不知圣人之视天下，无不可为之时也。”

【今译】① 与，yú。

石门，地名。晨门，负责早晨开门的人。这是个隐于看门人中的贤士。自，从，问子路从哪里来。胡寅说：“晨门知道这世界已无可奈何而不做什么努力，所以以此讥讽孔子。然而不知道圣人看待天下，是没有不可努力的时候的。"

【第四十二章】子击磬于卫。有荷蒉而过孔氏之门者，曰："有心哉！击磬乎！"①

既而曰："鄙哉！硁硁乎！莫己知也，斯已而已矣。深则厉，浅则揭。"②

子曰："果哉！末之难矣。"③

【集注】① 荷，去声。

磬，乐器。荷，担也。蒉，草器也。此荷蒉者，亦隐士也。圣人之心未尝忘天下，此人闻其磬声而知之，则亦非常人矣。

② 硁，苦耕反。莫己之己，音纪，余音以。揭，起例反。

硁硁，石声，亦专确之意。以衣涉水曰厉，摄衣涉水曰揭。此两句，《卫风·匏有苦叶》之诗也。讥孔子人不知己而不止，不能适浅深之宜。

③ 果哉，叹其果于忘世也。末，无也。圣人心同天地，视天下犹一家，中国犹一人，不能一日忘也，故闻荷蒉之言，而叹其果于忘世，且言人之出处若但如此，则亦无所难矣。

【今译】① 荷，hè。

磬，乐器。荷，担着。蒉，盛草的筐子。这位担草筐的，也是隐士。圣人的心不会忘了天下，这人从磬声里听出来了，也是一位不平常的人。

② 硁，kēng。"莫己"的"己"，读纪（jì），其他读以（yǐ）。揭，qì。

硁硁，石头的响声，也是专心而固执的意思。连衣服一起淌河叫厉，提起衣裳淌河叫揭。这两句，是《诗经·卫风·匏有苦叶》中的句子。讥讽孔子别人不了解自己仍然不肯罢休，不能适应浅深的不同。

③ 果哉，感叹他果断地忘记了这个世界。末，无。圣人的心像天

地一样，看待天下像一家，看待国内就像一个人，不能够有一天的忘怀，所以听到担草筐那人的话，而感叹他能果断地忘记这个世界，并且认为人的出仕和隐居，若是如此果断坚决，就无法再和他辩驳了。

【第四十三章】子张曰："《书》云：'高宗谅阴，三年不言。'何谓也？"①

子曰："何必高宗？古之人皆然。君薨，百官总己以听于冢宰三年。"②

【集注】①高宗，商王武丁也。谅阴，天子居丧之名，未详其义。

②言君薨则诸侯亦然。总己，谓总摄己职。冢宰，大宰也。百官听于冢宰，故君得以三年不言也。

胡氏曰："位有贵贱，而生于父母，无以异者，故三年之丧，自天子达于庶人。子张非疑此也，殆以为人君三年不言，则臣下无所禀令，祸乱或由以起也。孔子告以听于冢宰，则祸乱非所忧矣。"

【今译】①高宗，商代君主武丁。谅阴，天子服丧的名称，不知什么意思。

②说君主逝世，诸侯也是如此。总己，意思是履行自己的一切职责。冢宰，太宰。百官都听冢宰的，所以君主可以三年不说话。

胡寅说："地位有高低贵贱，但都是父母所生，则没有两样，所以守丧三年的制度，从天子一直贯彻到平民。子张疑惑的不是这个，仅是认为君主三年不说话，臣子们就得不到指示，因而可能引起灾难和动乱。孔子告诉他都听冢宰的，就不必担忧什么灾难和动乱了。"

【第四十四章】子曰："上好礼，则民易使也。"①

【集注】① 好、易，皆去声。

　　谢氏曰："礼达而分定，故民易使。"

【今译】① 好，hào。易，yì。

　　谢良佐说："礼仪行开了，职分确定了，所以民众容易管理。"

　　【第四十五章】子路问君子。子曰："修己以敬。"曰："如斯而已乎？"曰："修己以安人。"曰："如斯而已乎？"曰："修己以安百姓。修己以安百姓，尧、舜其犹病诸！"①

【集注】① 修己以敬，夫子之言至矣，尽矣，而子路少之，故再以其充积之盛、自然及物者告之，无他道也。人者，对己而言。百姓，则尽乎人矣。尧、舜犹病，言不可以有加于此，以抑子路，使反求诸近也。盖圣人之心无穷，世虽极治，然岂能必知四海之内果无一物不得其所哉！故尧、舜犹以安百姓为病。若曰吾治已足，则非所以为圣人矣。

　　程子曰："君子修己以安百姓，笃恭而天下平，唯上下一于恭敬，则天地自位，万物自育，气无不和，而四灵毕至矣。此体信达顺之道，聪明睿知皆由是出。以此事天飨帝。"

【今译】① 修己以敬，夫子的话说到顶了，说完全了，但子路觉得不够，所以夫子又用那充满了内心、自然扩展到百姓的内容告诉他，此外没有其他途径。人，相对于自己而言。百姓，包括了所有的人。尧、舜犹病，指再没有高于这个的，用来抑制子路，使他回头在近处寻求。圣人的心广大无边，世上虽然治理得非常好了，然而哪能知道四海之内真的就没有一件事物不得其所呢？所以尧、舜尚且以安定百姓为难事。如果认为我治理得已很好了，那就不是圣人的行为了。

程子说："君子修养自己以安定百姓,切实地恭敬而使天下太平,只要从上到下都做到恭敬,天地就自然处于它们的位置,万物自然化育,气没有不和谐的,四灵就全部到来 ❶。这是自身诚信而到达一切顺利的途径,聪明智慧都从这里出来。以此来事奉上天,祭祀上帝。"

【第四十六章】原壤夷俟。子曰:"幼而不孙弟,长而无述焉,老而不死,是为贼!"以杖叩其胫。①

【集注】①孙、弟,并去声。长,上声。叩,音口。胫,其定反。

原壤,孔子之故人。母死而歌,盖老氏之流,自放于礼法之外者。夷,蹲踞也。俟,待也。言见孔子来,而蹲踞以待之也。述,犹称也。贼者,害人之名。以其自幼至老无一善状,而久生于世,徒足以败常乱俗,则是贼而已矣。胫,足骨也。孔子既责之,而因以所曳之杖微击其胫,若使勿蹲踞然。

【今译】①孙,xùn。弟,tì。长,zhǎng。叩,音口(kòu)。胫,jìng。

原壤,孔子的旧友。母亲死了他唱歌 ❷,也是老庄一类、不遵循礼法的人。夷,蹲着。俟,等侍。说的是他见孔子来了,蹲着等孔子。述,意思是称道。贼,对害人者的称呼。因为他从小到老没有一点善行,却长久活在世上,只是足以伤风败俗,也就是个贼罢了。胫,踝骨。孔子责备完,又用自己的拐杖敲敲他的胫,像是教他不要蹲着。

【第四十七章】阙党童子将命。或问之曰:"益者与?"①

---

❶ 四灵:指麟、凤、龟、龙。儒家认为,这四种是神圣动物。天下治理得好,它们就会出现,所以称它们为"灵"。

❷ 参见《礼记·檀弓》篇。

子曰 :"吾见其居于位也,见其与先生并行也。非求益者也,欲速成者也。" ②

【集注】① 与,平声。

阙党,党名。童子,未冠者之称。将命,谓传宾主之言。或人疑此童子学有进益,故孔子使之传命,以宠异之也。

② 礼,童子当隅坐随行。孔子言,吾见此童子不循此礼,非能求益,但欲速成尔,故使之给使令之役,观长少之序,习揖逊之容,盖所以抑而教之,非宠而异之也。

【今译】① 与,yú。

阙党,党的名字。童子,未行冠礼的人❶。将命,指在宾主之间传话。有人以为大约这个童子学习有进步,所以孔子才让他传话,以表示宠爱和奖励。

② 按礼制,童子应坐在角落,跟在后头。孔子说,我见这个童子不遵循这个礼,不是要求进步,只是想赶快成名,所以让他来回传话,看看老少的顺序,学习作揖逊让的姿态,这是为了抑制和教育他,不是表示宠爱和奖励。

---

❶ 冠礼 : 男子二十加冠以表示成人的礼。

卫灵公第十五

【集注】凡四十一章。

【今译】共四十一章。

　　【第一章】卫灵公问陈于孔子。孔子对曰："俎豆之事，则尝闻之矣；军旅之事，未之学也。"明日遂行①。

　　在陈绝粮，从者病，莫能兴②。子路愠见，曰："君子亦有穷乎？"子曰："君子固穷，小人穷斯滥矣。"③

【集注】① 陈，去声。

　　陈，谓军师行伍之列。俎豆，礼器。尹氏曰："卫灵公，无道之君也，复有志于战伐之事，故答以未学而去之。"

　　② 从，去声。

　　孔子去卫适陈。兴，起也。

　　③ 见，贤遍反。

　　何氏曰："滥，溢也。言君子固有穷时，不若小人穷则放溢为非。"程子曰："固穷者，固守其穷。"亦通。

　　愚谓：圣人当行而行，无所顾虑；处困而亨，无所怨悔，于此可见。学者宜深味之。

【今译】① 陈，zhèn（阵）。

　　陈，指军队的队伍、行列。俎豆，礼器。尹焞说："卫灵公是个无道之君,又有发动战争的心,所以用没有学过来回答并且离开了。"

② 从,zòng ❶。

孔子离开卫国到陈国。兴,起来。

③ 见,xiàn。

何晏说 ❷:"滥,溢出。意思是君子固然有穷困的时候,不像小人,穷困时就放纵自己为非作歹。"程子说:"固穷,就是固守自己的穷困。"也通。

我认为,圣人该做的就做,没什么顾虑;处于困境也心情舒畅,没什么怨恨和后悔,在这里就可以看出来了。求学者应深刻玩味。

【第二章】子曰:"赐也,女以予为多学而识之者与?"①
对曰:"然。非与?"② 曰:"非也,予一以贯之。"③

【集注】① 女,音汝。识,音志。与,平声,下同。

子贡之学,多而能识矣。夫子欲其知所本也,故问以发之。

② 方信而忽疑,盖其积学功至,而亦将有得也。

③ 说见第四篇。然彼以行言,而此以知言也。

谢氏曰:"圣人之道大矣,人不能遍观而尽识,宜其以为多学而识之也。然圣人岂务博者哉!如天之于众形,匪物物刻而雕之也。故曰'予一以贯之'。'德辀如毛,毛犹有伦,上天之载,无声无臭' ❸。至矣'。"尹氏曰:"孔子之于曾子,不待其问而直告之以此,曾子复深喻之,曰'唯'。若子贡,则先发其疑而后告之,而子贡终亦不能如曾子之

---

❶　疑应读 cóng。

❷　何晏:字平叔,三国魏思想家,著有《论语集解》等。

❸　语出《中庸》。其中"上天之载,无声无臭"是《中庸》引自《诗经》的话。

唯也。二子所学之浅深，于此可见。”

愚按：夫子之于子贡，屡有以发之，而他人不与焉。则颜、曾以下诸子所学之浅深，又可见矣。

【今译】① 女，音汝（rǔ）。识，音志（zhì）。与，yú，下同。

子贡的学问，广博而强记。夫子希望他能知道学问的根本，所以提问以启发他。

② 刚相信，忽然又怀疑。这是由于他学问积累的功夫到了，并且就要有收获、心得了。

③ 解释见于第四篇。不过那里说的是行为，这里说的是认识。

谢良佐说："圣人之道广大啊，人们无法都看到并完全记住，自然会认为圣人学问广博而强记。然而圣人难道是追求广博的吗？就像天对于各种事物，不是一个一个去雕刻它们。所以说：'我一以贯之。'如同'德行轻如毛发，毛发还有形象，上天的行为，却没有声音也没有气味'。说到顶了！"尹焞说："孔子对待曾子，不等他发问就直接告诉他这些话，曾子又深加领会地答应了一声'唯'。对于子贡，则是先启发他产生怀疑，然后再告诉他，但子贡到底也没像曾子那样答应一声'唯'。二人学问的深浅，由此可见了。"

熹按：夫子对于子贡，屡次有所启发，却没有别人在场。那么，颜子、曾子以下诸人学问的浅深，由此又可看出来了。

【第三章】子曰："由！知德者鲜矣。"①

【集注】① 鲜，上声。

由，呼子路之名而告之也。德，谓义理之得于己者。非己有之，不能知其意味之实也。

自第一章至此,疑皆一时之言。此章盖为"愠见"发也。

【今译】① 鲜,xiǎn。

由,喊着子路的名字告诉他。德,指自己对于义理有所获得。不是自己所有的,不能知道那意味到底如何。

从第一章到这里,怀疑都是同一段时间里说的话。这一章大概是为"愠见"而发的议论。

【第四章】子曰:"无为而治者,其舜也与?夫何为哉?恭己正南面而已矣。"①

【集注】① 与,平声。夫,音扶。

无为而治者,圣人德盛而民化,不待其有所作为也。独称舜者,绍尧之后,而又得人以任众职,故尤不见其有为之迹也。恭己者,圣人敬德之容。既无所为,则人之所见如此而已。

【今译】① 与,yú。夫,音扶(fú)。

无为而治者,圣人德高而民众受到感化,不等他有什么作为。只说舜,是因为舜继承尧,又得到许多贤人担任各种职务,所以尤其见不到他有为的痕迹。恭己,圣人敬德的姿态。既然无所为,那么人们见到的就是这个样子罢了。

【第五章】子张问行①。

子曰:"言忠信,行笃敬,虽蛮貊之邦行矣;言不忠信,行不笃敬,虽州里,行乎哉②?立,则见其参于前也;在舆,则见其倚于衡也。夫然后行③。"**

子张书诸绅④。

【集注】① 犹问达之意也。

② "行笃""行不"之"行"，去声。貊，亡百反。

子张意在得行于外，故夫子反于身而言之，犹答干禄、问达之意也。笃，厚也。蛮，南蛮。貊，北狄。二千五百家为州。

③ 参，七南反。夫，音扶。

其者，指忠信笃敬而言。参，读如"毋往参焉"之参，言与我相参也。衡，轭也。言其于忠信笃敬念念不忘，随其所在常若有见，虽欲顷刻离之而不可得，然后一言一行自然不离于忠信笃敬，而蛮貊可行也。

④ 绅，大带之垂者。书之，欲其不忘也。

程子曰："学要鞭辟近里，著己而已。博学而笃志，切问而近思 ❶；言忠信，行笃敬；立则见其参于前，在舆则见其倚于衡，即此是学质美者。明得尽，查滓便浑化，却与天地同体。其次，惟庄敬以持养之。及其至，则一也。"

【今译】① 和"问达"是一个意思。

② "行笃""行不"的"行"，读 xìng。貊，mò。

子张的意思是如何在外行得通，所以夫子反归自身进行讨论，和回答"干禄""问达"是同一个意思。笃，深厚。蛮，南蛮。貊，北狄。二千五百家为一州。

③ 参，cān。夫，音扶（fú）。

其，指忠信、笃敬而言。参，读作"毋往参焉"的参，意思是和我相参错。衡，车轭。意思是他对于忠信、笃敬念念不忘，随自己所在之处

❶ 见《论语·子张篇》。

常常像能够看见，即使想离开一下也不可能，然后一言一行自然就不离开忠信、笃敬，从而到蛮貊之地也可行得通。

④绅，大腰带垂下来的部分。写在上头，是为了不忘记。

程子说："学要鞭辟入里，学到自己身上就是了。广博地学习并且志向坚定，提问要切中要点，思考要就近开始；说话要忠诚守信，行为要切实恭敬；站着好像就竖在对面，在车里好像就靠在车前，这就是学问。品质高的明白得彻底，渣滓就能全部融化，从而能和天地同为一体。其次，只有庄重、恭敬才能坚持和保养它。至于他们的归宿，则是一样的。"

【第六章】子曰："直哉史鱼！邦有道，如矢；邦无道，如矢①。君子哉蘧伯玉！邦有道，则仕；邦无道，则可卷而怀之②。"

【集注】①史，官名。鱼，卫大夫，名鳅。如矢，言直也。史鱼自以不能进贤退不肖，既死，犹以尸谏，故夫子称其直。事见《家语》。

②伯玉出处，合于圣人之道，故曰君子。卷，收也。怀，藏也。如于孙林父、宁殖放弑之谋不对而出，亦其事也。

杨氏曰："史鱼之直，未尽君子之道。若蘧伯玉，然后可免于乱世。若史鱼之如矢，则虽欲卷而怀之，有不可得也。"

【今译】①史，官名。鱼，卫国大夫，名鳅。如矢，形容正直。史鱼自己觉得不能使贤人进用、把不称职的辞退，死后还利用自己的尸体进谏，所以孔子称赞他直。事迹见于《孔子家语》。

②蘧伯玉的出仕与归隐，符合圣人之道，所以说是君子。卷，收起来；怀，藏起来。比如对于孙林父、宁殖的密谋驱逐和杀害君主，他不

回答孙林父的问题而抄近道逃出了卫国，也是"卷而怀之"的事❶。

　　杨时说："史鱼的直，还不全是君子之道。像蘧伯玉这样，才可以在乱世中免祸。像史鱼的'如矢'，即使想'卷而怀之'，恐怕也做不到。"

　　【第七章】子曰："可与言而不与之言，失人；不可与言而与之言，失言。知者不失人，亦不失言。"①

【集注】① 知，去声。

【今译】① 知，zhì（智）。

　　【第八章】子曰："志士仁人，无求生以害仁，有杀身以成仁。"①

【集注】① 志士，有志之士。仁人，则成德之人也。理当死而求生，则于其心有不安矣，是害其心之德也。当死而死，则心安而德全矣。

　　程子曰："实理得之，于心自别。实理者，实见得是，实见得非也。古人有捐躯陨命者，若不实见得，恶能如此？须是实见得生不重于义、生不安于死也，故有杀身以成仁者，只是成就一个是而已。"

【今译】① 志士，有志之士。仁人，成就了德行的人。按理应当死却去求生，在他心里就有不安的地方，这是危害了心的德行。应当死就去死，那就心安并且德行完整了。

　　程子说："实理得之在心，自然能够分别是非善恶。实理，就是真的见得个是，真的见得个非。古人有捐躯献身的，假如不是真的见得，怎能如此？必须是真的见得生命不如道义重要，活着不如死了心安，所以有杀身成就仁德的，也只是成就了一个'是'罢了。"

────────────

❶ 事见《左传·襄公十四年》。

【第九章】子贡问为仁。子曰："工欲善其事,必先利其器。居是邦也,事其大夫之贤者,友其士之仁者。"①

【集注】① 贤以事言,仁以德言。夫子尝谓子贡悦不若己者,故以是告之,欲其有所严惮切磋以成其德也。

程子曰:"子贡问为仁,非问仁也,故孔子告之以为仁之资而已。"

【今译】① 贤,是从处事才能上说;仁,说的是德行。夫子曾说过子贡喜欢那些不如自己的人,所以用这番话告诫他,希望他有所敬畏、切磋以成就自己的德行。

程子说:"子贡问的是'为仁',不是问'仁',所以孔子告诉他'为仁'要靠什么罢了。"

【第十章】颜渊问为邦①。子曰:"行夏之时②,乘殷之辂③,服周之冕④,乐则《韶》舞⑤。放郑声,远佞人。郑声淫,佞人殆⑥。"

【集注】① 颜子王佐之才,故问治天下之道。曰为邦者,谦辞。

② 夏时,谓以斗柄初昏建寅之月为岁首也。"天开于子,地辟于丑,人生于寅",故斗柄建此三辰之月,皆可以为岁首,而三代迭用之,夏以寅为人正,商以丑为地正,周以子为天正也。然时以作事,则岁月自当以人为纪,故孔子尝曰:"吾得夏时焉。"而说者以为谓《夏小正》之属,盖取其时之正与其令之善,而于此又以告颜子也。

③ 辂,音路,亦作"路"。

商辂,木辂也。辂者,大车之名。古者以木为车而已。至商,而有辂之名,盖始异其制也。周人饰以金玉,则过侈而易败,不若商辂之朴素浑坚而等威已辨,为质而得其中也。

④ 周冕有五，祭服之冠也。冠上有覆，前后有旒。黄帝以来，盖已有之，而制度仪等，至周始备。然其为物小，而加于众体之上，故虽华而不为靡，虽费而不及奢。夫子取之，盖亦以为文而得其中也。

⑤ 取其尽善尽美。

⑥ 远，去声。

放，谓禁绝之。郑声，郑国之音。佞人，卑谄辩给之人。殆，危也。

程子曰："问政多矣，惟颜渊告之以此。盖三代之制，皆因时损益，及其久也，不能无弊。周衰，圣人不作，故孔子斟酌先王之礼，立万世常行之道，发此以为之兆尔。由是求之，则余皆可考也。"张子曰："礼乐，治之法也。放郑声，远佞人，法外意也。一日不谨，则法坏矣。虞、夏君臣更相戒饬，意盖如此。"又曰："法立而能守，则德可久，业可大。郑声、佞人能使人丧其所守，故放远之。"尹氏曰："此所谓百王不易之大法。孔子之作《春秋》，盖此意也。孔、颜虽不得行之于时，然其为治之法，可得而见矣。"

【今译】① 颜子是辅佐王者的人才，所以问治天下之道。说"为邦"，是谦辞。

② 夏时，指以黄昏时北斗星斗柄指向寅地的月份为元月❶。"天开于子，地辟于丑，人生于寅"❷，所以用斗柄指向的这三个月份，都可以作元月。夏、商、周三代交替使用，夏代以寅月为元月，称为人正；商代

---

❶ 寅地：古人用子丑寅卯等十二辰表示方位。子为正北，午为正南，卯、酉分别在东、西，寅是东北。

❷ "天开于子"三句：出于邵雍《皇极经世书》。邵雍将时间分成若干元，一元有129600年。一元有十二会。十二会按子、丑、寅、卯十二辰排列。每一元都是天地的一次开辟和毁坏。天地开辟的顺序是：子会有天，丑会有地，寅会出现人。

用丑月,为元月,称地正;周代用子月,为元月,称天正。然而纪时是为了做事便利,岁月自当根据人来确定,所以孔子曾说:"吾得夏时焉。"❶解释者都认为是指《夏小正》之类,这是采取它那记时的合理以及对每月之中事务安排的恰当,而在这里又以此告诉颜子。

③ 辂,音路(lù),也写作"路"。

商辂,木辂。辂,是对大车的称呼。古代用木做车罢了,到了商代才有辂的名称,因为改进了它的形制。周人装饰了金玉,那就过于奢侈,因而容易毁坏,不如商辂的朴素坚固并且已辨得出等级威严,制作质朴而合乎大道。

④ 周朝的冕有五种,都是祭服中的冠。冠上有覆盖,前后有旒❷。黄帝以来,就已经有了,但是制度等级,到周代才达到完备。然而冕是个小物,放在身体各部的最上头,所以即使华丽也不算奢侈,花钱多也够不上浪费。夫子用它,因为这也是礼仪的文饰并且恰到好处。

⑤ 采纳它的尽善尽美。

⑥ 远,yuàn。

放,意思是禁绝。郑声,郑国的音乐。佞人,卑下、谄媚、嘴巧的人。殆,危险。

程子说:"问治国的人多了,只有对颜渊,告诉了这些。三代的制度,都是因时制宜,时间久了,不能没有流弊。周代衰落,圣人不再兴起、创造,所以孔子斟酌先王的礼,为万世树立了一个永久遵行的道,讲这几点不过是个开头。由此出发继续探求,其余的都可考察出来。"

---

❶ 见《礼记·礼运篇》:"吾得夏时焉。"郑玄注:"得夏四时之书也。其书存者,有《小正》。"所以朱熹说注者都认为是《夏小正》之类。

❷ 旒:玉串,帝王十二条,臣子递减。

张子说："礼乐,是政治制度。放郑声、远佞人,是制度以外的意图。一天不谨慎,制度就被破坏。虞舜、夏代的君主代代告诫,都是由于这个原因。"又说："制度建立起来并能坚持,那么德行就可以长久,功业就可以扩大。郑声、佞人,能让人丧失坚持的东西,所以要禁绝、远离他们。"尹焞说："这就是所说的千秋万代帝王们都不会改变的基本法则。孔子作《春秋》,也就是这个意思。孔子、颜回虽然不能在当时行道,但他们那治国的办法,还是可以见到的。"

【第十一章】子曰："人无远虑,必有近忧。"①

【集注】① 苏氏曰："人之所履者,容足之外,皆为无用之地,而不可废也。故虑不在千里之外,则患在几席之下矣。"

【今译】① 苏轼说："人脚下所踩的,脚踩之处以外,都是无用的地方,却不可抛弃。所以思虑若是不在千里之外,灾祸就会产生在床头桌下。"

【第十二章】子曰："已矣乎! 吾未见好德如好色者也。"①

【集注】① 好,去声。

已矣乎,叹其终不得而见之也。

【今译】① 好,hào。

已矣乎,感叹那种人最终是见不到了。

【第十三章】子曰："臧文仲其窃位者与? 知柳下惠之贤而不与立也。"①

【集注】①"者与"之"与",平声。

窃位,言不称其位而有愧于心,如盗得而阴据之也。柳下惠,鲁大夫展获,字禽,食邑柳下,谥曰惠。与立,谓与之并立于朝。范氏曰:"臧文仲为政于鲁,若不知贤,是不明也;知而不举,是蔽贤也。不明之罪小,蔽贤之罪大,故孔子以为不仁,又以为窃位。

【今译】① "者与" 的 "与",读 yú。

窃位,指不称职而内心有愧,就像偷来而暗中据为己有。柳下惠,鲁国大夫展获,字禽,柳下是他的食邑,谥号为惠。与立,意思是和他并立在朝廷上。范祖禹说:"臧文仲在鲁国当政,如果不知道谁是贤人,是为官不明;知道而不提拔,是压制人才。不明的罪过小,压制人才的罪过大,所以孔子认为他不仁,又认为他是窃位。"

【第十四章】子曰:"躬自厚而薄责于人,则远怨矣。"①

【集注】① 远,去声。

责己厚,故身益修;责人薄,故人易从,所以人不得而怨之。

【今译】① 远,yuàn。

责备自己严厉,所以自身修养不断提高;责备别人宽容,所以别人就容易听从,这样,别人就没有可以怨恨的地方。

【第十五章】子曰:"不曰'如之何,如之何'者,吾末如之何也已矣。"①

【集注】① 如之何如之何者,熟思而审处之辞也。不如是而妄行,虽圣人,亦无如之何矣。

【今译】① 如之何如之何,是深思熟虑时说的话。不这样而盲目行动,即使圣人，对他也无可奈何。

【第十六章】子曰："群居终日，言不及义，好行小慧，难矣哉！"①

【集注】①好，去声。

小慧，私智也。言不及义，则放辟邪侈之心滋。好行小慧，则行险侥幸之机熟。难矣哉者，言其无以入德而将有患害也。

【今译】①好，hào。

小慧，小聪明。言不及义，放肆、乖僻、邪恶、奢侈的心就会滋长。好耍小聪明，冒险、图侥幸的那一套就会熟悉。难矣哉，说的是他无法增进德行，并且将有灾难、祸患。

【第十七章】子曰："君子义以为质，礼以行之，孙以出之，信以成之。君子哉！"①

【集注】①孙，去声。

义者，制事之本，故以为质干。而行之必有节文，出之必以退逊，成之必在诚实，乃君子之道也。

程子曰："义以为质，如质干然。礼行此，孙出此，信成此。此四句只是一事，以义为本。"又曰："敬以直内，则义以方外。义以为质，则礼以行之，孙以出之，信以成之。"

【今译】①孙，xùn。

义，是规范事物的根本，所以作为质料和骨干。但做起来必须有节制和形式，出示给人必须要谦逊退让，获得成功一定是在于真诚和实在，这是君子之道。

程子说：“义以为质，就是像质干那样。礼行的是这个，逊让也出于这里，信誉的成就也是由于这一点。这四句只是一件事，以义为根本。”又说：“‘敬以直内’，就‘义以方外’❶。‘义以为质’，就‘礼以行之，孙以出之，信以成之’。”

【第十八章】子曰：“君子病无能焉，不病人之不己知也。”

【第十九章】子曰：“君子疾没世而名不称焉。”①

【集注】① 范氏曰：“君子学以为己，不求人知。然没世而名不称焉，则无为善之实可知矣。”

【今译】① 范祖禹说：“君子求学是为了修养自己，不求人知。然而一直到死还不为人称道，那么他没有行善的实际也就可以明白了。”

【第二十章】子曰：“君子求诸己，小人求诸人。”①

【集注】① 谢氏曰：“君子无不反求诸己，小人反是，此君子、小人所以分也。”

杨氏曰：“君子虽不病人之不己知，然亦疾没世而名不称也。虽疾没世而名不称，然所以求者，亦反诸己而已。小人求诸人，故违道干誉，无所不至。三者文不相蒙而义实相足，亦记言者之意。”

【今译】① 谢良佐说：“君子没有不反省和严格要求自己的，小人与此相反，这是君子和小人的一个分界线。”

杨时说：“君子虽然不为别人不理解自己而苦恼，然而也为至死而

---

❶ 《周易·坤卦·文言》：“君子敬以直内，义以方外。”程颐借引这话，以说明只有心内敬，外面才能表现出义。

不被人称道痛心。虽然为至死不被人称道痛心，但用来追求的途径，仍然是反省自己罢了。小人要求别人，所以违背道义、追逐荣誉，无所不用其极。这三条文字不相同但意思互相补充，这也是记录者的意思。"

【第二十一章】子曰："君子矜而不争，群而不党。"①

【集注】① 庄以持己曰矜，然无乖戾之心，故不争。和以处众曰群，然无阿比之意，故不党。

【今译】① 庄重自律叫矜，然而没有乖戾之心，所以"不争"。与大家和谐相处叫群，然而没有阿谀、结伙的意思，所以"不党"。

【第二十二章】子曰："君子不以言举人，不以人废言。"①

【第二十三章】子贡问曰："有一言而可以终身行之者乎？"子曰："其'恕'乎！己所不欲，勿施于人。"①

【集注】① 推己及物，其施不穷，故可以终身行之。

尹氏曰："学贵于知要。子贡之问，可谓知要矣。孔子告以求仁之方也。推而极之，虽圣人之无我，不出乎此。终身行之，不亦宜乎？"

【今译】① 把自己所想要的推广到别人，施与就会无穷，所以可以终生照此去做。

尹焞说："求学可贵的是知道要领。子贡的问，可算是懂得要领了。孔子就用求仁的方法告诉他。推到极点，即使圣人的无我境界，也出不了这个范围。终生照此去做，不是很合适吗？"

【第二十四章】子曰："吾之于人也，谁毁谁誉？如其所誉者，其有所试矣①。斯民也，三代之所以直道而行也②。"

【集注】① 誉，平声。

毁者，称人之恶而损其真。誉者，扬人之善而过其实。夫子无是也。然或有所誉者，则必尝有以试之而知其将然矣。圣人善善之速而无所苟如此，若其恶恶，则已缓矣。是以虽有以前知其恶，而终无所毁也。

② 斯民者，今此之人也。三代，夏、商、周也。直道，无私曲也。言吾之所以无所毁誉者，盖以此民即三代之时所以善其善、恶其恶而无所私曲之民，故我今亦不得而枉其是非之实也。

尹氏曰："孔子之于人也，岂有意于毁誉之哉？其所以誉之者，盖试而知其美故也。斯民也，三代所以直道而行，岂得容私于其间哉？"

【今译】① 誉，yū。

毁，叙述别人的恶行而不合实际。誉，表扬别人的善行而超出了实际。夫子没有这些事。然而有时也会称赞别人，就必须是曾经有所试验，而知道他将会如何。圣人赞美善行迅速，却这样的不苟且行事。若是他责难恶行，就迟缓了。所以虽然有办法预先就知道他的恶，但始终也无所诋毁。

② 斯民，现在的这些人。三代，夏、商、周三个朝代。直道，没有私心和歪曲。意思是我之所以无所毁誉，全是因为这些民众都是三代时期有善就赞扬善、有恶就责备恶，而没有私心和歪曲的民众，所以我现在也不能够歪曲他们是非的实际。

尹焞说："孔子对待别人，难道会有心去或吹捧或诋毁的吗？他之所以赞扬，是试验了并且知道那人优秀的缘故。这些民众，三代时曾在他们之中推行直道，哪能容许用私心去对待他们呢？"

【第二十五章】子曰："吾犹及史之阙文也，有马者借人

乘之。今亡已夫！"①

【集注】① 夫，音扶。

杨氏曰："史阙文，马借人，此二事孔子犹及见之。今亡已夫，悼时之益偷也。"愚谓：此必有为而言，盖虽细故，而时变之大者可知矣。

胡氏曰："此章义疑，不可强解。"

【今译】① 夫，音扶（fú）。

杨时说："史阙文，马借人，这两件事孔子还能见到。今亡已夫，哀叹当时日益马虎、混日子。"我认为，这话必是有感而发，虽是小事，但当时世风变动之大可想而知。

胡寅说："这一章意思存疑，不可勉强解释。"

【第二十六章】子曰："巧言乱德，小不忍则乱大谋。"①

【集注】① 巧言变乱是非，听之使人丧其所守。小不忍，如妇人之仁、匹夫之勇皆是。

【今译】① 巧言混淆是非，听后能使人丧失他们所坚持的东西。小不忍，像妇女的仁爱、匹夫的勇敢都是。

【第二十七章】子曰："众恶之，必察焉；众好之，必察焉。"①

【集注】① 好、恶，并去声。

杨氏曰："惟仁者能好恶人。众好恶之而不察，则或蔽于私矣。"

【今译】① 好，hào。恶，wù。

杨时说："只有仁者能喜欢人，能厌恶人。大家都喜欢，或是都厌恶,却不去考察,那就可能被私心所蒙蔽。"

【第二十八章】子曰:"人能弘道,非道弘人。"①

【集注】① 弘,廓而大之也。人外无道,道外无人。然人心有觉,而道体无为,故人能大其道,道不能大其人也。

张子曰:"心能尽性,人能弘道也。性不知检其心,非道弘人也。"

【今译】① 弘,扩展使它增大的意思。人以外没有道,道以外没有人。然而人心有知觉,道自身却无作为,所以人能使道扩大,道不能使人伟大。

张子说:"心能穷尽本性,就是'人能弘道';本性不知道约束自己的心,就是'非道弘人'。"

【第二十九章】子曰:"过而不改,是谓过矣。"①

【集注】① 过而能改,则复于无过。唯不改,则其过遂成,而将不及改矣。

【今译】① 有过失能够改正,就能恢复到没有过失的状态。只有不改,这个过失也就造成了,并且可能来不及改正了。

【第三十章】子曰:"吾尝终日不食,终夜不寝,以思①。无益②。不如学也③。"

【集注】① 句。

② 句。

③ 此为思而不学者言之。盖劳心以必求,不如逊志而自得也。李氏曰:"夫子非思而不学者,特垂语以教人尔。"

【今译】① 句。

② 句。

③ 这是对那些喜欢沉思却不知学习的人说的。因为费心劳神以期望必有所获，不如放下架子而有所获得。李郁说："夫子不是思而不学的人，特意留下这话来教育别人的啊！"

【第三十一章】子曰："君子谋道不谋食。耕也，馁在其中矣；学也，禄在其中矣。君子忧道不忧贫。"①

【集注】① 馁，奴罪反。

耕所以谋食，而未必得食；学所以谋道，而禄在其中。然其学也，忧不得乎道而已，非为忧贫之故而欲为是以得禄也。

尹氏曰："君子治其本而不恤其末，岂以在外者为忧乐哉！"

【今译】① 馁，něi。

耕田是为了谋食，却未必得食；求学是为了谋道，俸禄就在其中。然而在求学时，忧虑的仅是能不能得道而已，不是因为担心受穷而要借此去求得俸禄。

尹焞说："君子修治根本而不管结果如何，哪里会以贫富俸禄这些身外之物为忧乐呢？"

【第三十二章】子曰："知及之，仁不能守之，虽得之，必失之①。知及之，仁能守之，不庄以莅之，则民不敬②。知及之，仁能守之，庄以莅之，动之不以礼，未善也③。"

【集注】① 知，去声。

知足以知此理，而私欲间之，则无以有之于身矣。

② 莅，临也，谓临民也。知此理而无私欲以间之，则所知者在我而不失矣。然犹有不庄者，盖气习之偏，或有厚于内而不严于外者，是以民不见其可畏，而慢易之。下句放此。

③ 动之，动民也，犹曰鼓舞而作兴之云尔。礼，谓义理之节文。

愚谓：学至于仁，则善有诸己，而大本立矣。莅之不庄，动之不以礼，乃其气禀学问之小疵，然亦非尽善之道也。故夫子历言之，使知德愈全则责愈备，不可以为小节而忽之也。

【今译】① 知，zhì（智）。

智慧足以知道这个理，私欲却夹在中间阻挠，就无法使自己有这个理了。

② 莅，面对，指面对民众。知道这个理并且没有私欲障碍，所知道的就在我自身并且不会失去了。然而还有不庄重的，因为他的气质、修习有所偏重，或许有内心淳厚而外貌不严肃的，所以民众没有看见他可敬畏的地方，从而就怠慢和轻视他。下句类似。

③ 动之，动员民众，和把他们鼓动起来的意思一样。礼，指道义、天理的节制和形式。

我认为，求学到了仁的境地，自己就具备了善，从而根本就树立起来了。面对百姓不庄重，举动不注重礼仪形式，这是禀受的气质和学问中的小缺陷，也不是尽善之道。所以夫子一件件说来，使人们知道德行愈是完备，批评就愈是全面，不可因为它是小节就加以忽视。

【第三十三章】子曰："君子不可小知而可大受也。小人不可大受而可小知也。"①

【集注】① 此言观人之法。知，我知之也。受，彼所受也。盖君子于细事未必可观，而材德足以任重。小人虽器量浅狭，而未必无一长可取。

【今译】① 这说的是观察人的方法。知，是我知道什么。受，是对方承受。君子在小事上未必有什么可称道的，但才能和德行却足以担当重任。小人虽然器量浅薄，却未必没有一点长处可取。

【第三十四章】子曰："民之于仁也，甚于水火。水火，吾见蹈而死者矣，未见蹈仁而死者也。"①

【集注】① 民之于水火，所赖以生，不可一日无。其于仁也亦然。但水火外物，而仁在己。无水火不过害人之身，而不仁则失其心，是仁有甚于水火，而尤不可以一日无者也。况水火或有时而杀人，仁则未尝杀人，亦何惮而不为哉？李氏曰："此夫子勉人为仁之语。"下章放此。

【今译】民众对于水火，是生存的依赖，不可以一天没有。他们对于仁也是如此。但水火是外在之物，而仁却在于自己。没有水火，不过危害人的身体，而如果不仁，就丢掉了自己的本心，因此仁比水火更加需要，更加一天也不可以没有。何况水火有时会伤人，仁却从来不会伤人，又害怕什么而不去实行仁呢？李郁说："这是夫子勉励人们行仁的话。"下一章与此类似。

【第三十五章】子曰："当仁，不让于师。"①

【集注】① 当仁，以仁为己任也。虽师，亦无所逊，言当勇往而必为也。盖仁者人所自有而自为之，非有争也，何逊之有！

程子曰："为仁在己，无所与逊。若善名在外，则不可不逊。"

【今译】① 当仁，以仁为己任。即使老师也无所谦让，意思是应当勇往直前而必定要做。因为仁是人自身所具备并且要自己实行的,没有争的问题,有什么可谦让的?

程子说:"求仁在自己,没什么可谦让的。若是好名声这种外在的东西,就不可不谦让了。"

【第三十六章】子曰:"君子贞而不谅。"①

【集注】① 贞,正而固也。谅,则不择是非而必于信。

【今译】① 贞,正派并且坚执不变。谅,就是不顾是非而只讲信用。

【第三十七章】子曰:"事君,敬其事而后其食。"①

【集注】① 后,与"后获"之"后"同。食,禄也。君子之仕也,有官守者修其职,有言责者尽其忠,皆以敬吾之事而已,不可先有求禄之心也。

【今译】后,与"后获"的"后"同义。食,俸禄。君子的出仕,有事务要处理的就要履行好自己的职责,有进言责任的就要尽到自己的忠,都是用来敬我的职事而已,不可以先有追求俸禄的心。

【第三十八章】子曰:"有教无类。"①

【集注】① 人性皆善,而其类有善恶之殊者,气习之染也。故君子有教,则人皆可以复于善,而不当复论其类之恶矣。

【今译】① 人性都是善的,但人之中却有善恶的区别,乃是由于操习和气质的熏染所致。所以君子曾教育人,人人都可以恢复善性,而不应当再追究谁是恶人之类。

【第三十九章】子曰："道不同，不相为谋。"①

【集注】①为，去声。

不同，如善恶邪正之类。

【今译】①为，wèi。

不同，比如善恶、邪正之类的差别。

【第四十章】子曰："辞达而已矣。"①

【集注】①辞，取达意而止，不以富丽为工。

【今译】①辞，准确表达意思就行，不追求华丽。

【第四十一章】师冕见，及阶，子曰："阶也。"及席，子曰："席也。"皆坐，子告之曰："某在斯，某在斯。"①

师冕出。子张问曰："与师言之道与？"②子曰："然。固相师之道也。"③

【集注】①见，贤遍反。

师，乐师，瞽者。冕，名。再言"某在斯"，历举在坐之人以诏之。

②与，平声。

圣门学者于夫子之一言一动，无不存心省察如此。

③相，去声。

相，助也。古者瞽必有相，其道如此。盖圣人于此，非作意而为之，但尽其道而已。

尹氏曰："圣人处己为人，其心一致，无不尽其诚故也。有志于学者，求圣人之心，于斯亦可见矣。"范氏曰："圣人不侮鳏寡，不虐无告，可见于此。推之天下，无一物不得其所矣。”

【今译】①见，xiàn。

师，乐师，盲人。冕，乐师的名字。重复说“谁在哪里”，是一个个介绍在坐的人。

②与，yú。

圣门的求学者对夫子的一言一行，就是这样没有不存心省察的。

③相，xiàng。

相，帮助。古时盲人一定有相，为相之道就是这样。圣人在这种场合，不是故意做这些，只是尽到帮助盲人的责任罢了。

尹焞说：“圣人对己对人，心是一样的，这是没有什么地方不尽自己忠诚的缘故。有志于求学的人们，探求圣人的心，在这里也可以见到了。”范祖禹说：“圣人不侮辱鳏、寡，不虐待求告无门的，于此可见。推广到天下，就会没有一人一物不得其所。”

季氏第十六

【集注】洪氏曰："此篇或以为《齐论》。"凡十四章。

【今译】洪兴祖说："有人认为这一篇是《齐论语》。"共十四章。

【第一章】季氏将伐颛臾 ①。

冉有、季路见于孔子曰："季氏将有事于颛臾。" ②

孔子曰："求！无乃尔是过与 ③？夫颛臾，昔者先王以为东蒙主，且在邦域之中矣，是社稷之臣也。何以伐为 ④？"

冉有曰："夫子欲之，吾二臣者皆不欲也。" ⑤

孔子曰："求！周任有言曰：'陈力就列，不能者止。'危而不持，颠而不扶，则将焉用彼相矣 ⑥？且尔言过矣。虎兕出于柙，龟玉毁于椟中，是谁之过与 ⑦？"

冉有曰："今夫颛臾，固而近于费。今不取，后世必为子孙忧。" ⑧

孔子曰："求！君子疾夫舍曰'欲之'而必为之辞 ⑨。丘也闻：有国有家者，不患寡而患不均，不患贫而患不安，盖均无贫，和无寡，安无倾 ⑩。夫如是，故远人不服，则修文德以来之。既来之，则安之 ⑪。今由与求也相夫子，远人不服，而不能来也；邦分崩离析，而不能守也 ⑫。而谋动干戈于邦内。吾恐季孙之忧，不在颛臾，而在萧墙之内也 ⑬。"

【集注】① 颛，音专。臾，音俞。

颛臾，国名，鲁附庸也。

② 见，贤遍反。

按《左传》《史记》，二子仕季氏不同时，此云尔者，疑子路尝从孔子自卫反鲁，再仕季氏，不久而复之卫也。

③ 与，平声。

冉求为季氏聚敛，尤用事，故夫子独责之。

④ 夫，音扶。

东蒙，山名。先王封颛臾于此山之下，使主其祭，在鲁地七百里之中。社稷，犹云公家。是时四分鲁国，季氏取其二，孟孙、叔孙各有其一。独附庸之国尚为公臣，季氏又欲取以自益，故孔子言颛臾乃先王封国，则不可伐；在邦域之中，则不必伐；是社稷之臣，则非季氏所当伐也。此事理之至当，不易之定体，而一言尽其曲折如此，非圣人不能也。

⑤ 夫子，指季孙。冉有实与谋，以夫子非之，故归咎于季氏。

⑥ 任，平声。焉，於虔反。相，去声，下同。

周任，古之良史。陈，布也。列，位也。相，瞽者之相也。言二子不欲，则当谏，谏而不听，则当去也。

⑦ 兕，徐履反。柙，户甲反。椟，音独。与，平声。

兕，野牛也。柙，槛也。椟，匮也。言在柙而逸，在椟而毁，典守者不得辞其过。明二子居其位而不去，则季氏之恶，己不得不任其责也。

⑧ 夫，音扶。

固，谓城郭完固。费，季氏之私邑。此则冉求之饰辞，然亦可见其实与季氏之谋矣。

⑨ 夫，音扶。舍，上声。

欲之，谓贪其利。

⑩ 寡，谓民少。贫，谓财乏。均，谓各得其分。安，谓上下相安。季氏之欲取颛臾，患寡与贫耳。然是时季氏据国，而鲁公无民，则不均矣。君弱臣强，互生嫌隙，则不安矣。均则不患于贫而和，和则不患于寡而安，安则不相疑忌，而无倾覆之患。

⑪ 夫，音扶。

内治修，然后远人服。有不服，则修德以来之，亦不当勤兵于远。

⑫ 子路虽不与谋，而素不能辅之以义，亦不得为无罪，故并责之。远人，谓颛臾。分崩离析，谓四分公室，家臣屡叛。

⑬ 干，楯也。戈，戟也。萧墙，屏也。言不均不和，内变将作。其后哀公果欲以越伐鲁而去季氏。

谢氏曰："当是时，三家强，公室弱，冉求又欲伐颛臾以附益之，夫子所以深罪之。为其瘠鲁以肥三家也。"洪氏曰："二子仕于季氏，凡季氏所欲为，必以告于夫子，则因夫子之言而救止者，宜亦多矣。伐颛臾之事，不见于经传，其以夫子之言而止也与？"

【今译】① 颛，音专（zhuān）。臾，音俞（yú）。

颛臾，国名，鲁国的附庸国。

② 见，xiàn。

根据《左传》和《史记》，二人没有同时做季氏的家臣。这里如此说，大约子路曾随孔子从卫国返回鲁国，再次做季氏家臣，不久又到了卫国。

③ 与，yú。

冉求替季氏聚敛，尤其还是主事的，所以夫子只责备他。

④ 夫，音扶（fú）。

东蒙，山名。先王把颛臾封在这个山下，让他主持这山的祭祀，东蒙山在鲁国七百里的疆域之内。社稷,意思是公家。这时鲁国被分成四份,季孙氏占了两份,孟叔、叔孙各占一份。只有这附庸国还是鲁国君主的臣子,季氏又想夺过来归自己,所以孔子说颛臾是先王的封国,不可以讨伐;又在疆域之内,没必要讨伐;是社稷之臣,又不是季氏所应当讨伐的。这是事情最正确的道理,确定而不可改变的内在秩序,而一句话就将其中曲折说得如此详尽,假若不是圣人,是做不到的。

⑤ 夫子,指季孙。冉有实际上参与了谋划,因为孔子反对,所以归咎于季氏。

⑥ 任,rén。焉,yān。相,xiàng,下同。

周任,古代的优秀史官。陈,分布。列,位置。相,盲人的助手。意思是你二位不同意就应该进谏,季氏不听进谏,就应离开。

⑦ 兕,sì。柙,xiá。椟,音独(dú)。与,yú。

兕,野牛。柙,圈槛。椟,柜子。意思是圈栏里的虎兕跑了,在匣子里的龟玉毁了,主管看守的人不可推卸自己的责任。用此来说明二位担任着季氏的职务而不离开,那么对于季氏的罪恶,自己就不能不负责任。

⑧ 夫,音扶(fú)。

固,指城郭完善而坚固。费,季氏私人的城邑。这是冉求掩饰自己过错的话,不过由此也可见他其实是参与了季氏的谋划的。

⑨ 夫,音扶(fú)。舍,shě。

欲之,指贪图人家的便宜。

⑩ 寡,民众少。贫,财物缺乏。均,指各得其分。安,指上下相安。季氏想夺取颛臾,忧虑的是寡和贫。然而这时季氏掌权,鲁君没有民,这就不均了。君弱臣强,互相猜忌,就不安了。均,就不会忧虑贫穷,

因而上下和谐；和，就不会忧虑寡少，因而上下相安；安，就不互相猜疑，从而没有被颠覆的灾难。

⑪ 夫，音扶（fú）。

国内治理得好，然后远方的人归服。有不归服的，就提高自己的德行以吸引他们，也不应当出兵去远征。

⑫ 子路虽然没有参与谋划，但向来不能用义去辅佐人，也不能算没错，所以一起责备。远人，指颛臾。分崩离析，指三家把鲁国分为四份❶，他们的家臣又屡屡背叛。

⑬ 干，盾。戈，戟。萧墙，屏障。意思是不均不和，内部将有变乱。后来哀公果然打算让越国进攻鲁国以除掉季氏。

谢良佐说："当那个时候，三家强大，公室弱小，冉求又要讨伐颛臾扩大季氏领地。夫子之所以严厉责备他，是因为他削弱鲁国公室力量用来加强三家的势力。"洪兴祖说："二人出仕于季氏，凡是季氏要做什么，必定回来告诉夫子，因此由于夫子的话而挽救、制止的，应该也是很多的。伐颛臾的事，不见于经传，是不是由于夫子的话而制止了呢？"

【第二章】孔子曰："天下有道，则礼乐征伐自天子出；天下无道，则礼乐征伐自诸侯出。自诸侯出，盖十世希不失矣；自大夫出，五世希不失矣；陪臣执国命，三世希不失矣①。天下有道，则政不在大夫②。天下有道，则庶人不议③。"

【集注】① 先王之制，诸侯不得变礼乐，专征伐。陪臣，家臣也。逆理

---

❶ 史称"四分公室"。公室：鲁国国君（公）的"室"，如王室、皇室。四分公室指把鲁国国君的土地分成四份，据为己有。

愈甚,则其失之愈速。大约世数不过如此。

② 言不得专政。

③ 上无失政,则下无私议,非钳其口使不敢言也。

此章通论天下之势。

【今译】① 先王的制度,诸侯不可以变更礼乐,自己决定征伐。陪臣,家臣。违背天理愈厉害,灭亡就愈快。大约的世代数量不过如此。

② 意思是不可以独揽大权。

③ 上面政策没有失误,下面就不会私下议论,而不是封住人的口不让说话。

这章总论天下的形势。

【第三章】孔子曰:"禄之去公室五世矣,政逮于大夫四世矣,故夫三桓之子孙微矣。"①

【集注】① 夫,音扶。

鲁自文公薨,公子遂杀子赤,立宣公,而君失其政。历成、襄、昭、定,凡五公。逮,及也。自季武子始专国政,历悼、平、桓子,凡四世,而为家臣阳虎所执。三桓,三家,皆桓子之后。此以前章之说推之,而知其当然也。

此章专论鲁事,疑与前章皆定公时语。苏氏曰:"礼乐征伐自诸侯出,宜诸侯之强也。而鲁以失政,政逮于大夫,宜大夫之强也。而三桓以微,何也?强生于安,安生于上下之分定。今诸侯、大夫皆陵其上,则无以令其下矣,故皆不久而失之也。"

【今译】① 夫,音扶(fú)。

鲁国从鲁文公逝世,公子遂杀了子赤,拥立宣公,从此君主失去权力。经过成公、襄公、昭公、定公，共五世。逮，到达。从季武子开始独揽大权，经历了悼子、平子、桓子，共四代，被家臣阳虎抓住囚禁了起来。三桓，三家，都是鲁桓公的后代。用上一章的总论来推断这一章的情况，就知道必然如此了。

这一章专论鲁国的事情，大约和前章一起，都是鲁定公时说的话。苏轼说："礼乐征伐由诸侯决定，自然使诸侯强大，并且使鲁君失去了权力。政权由大夫掌握，自然使大夫强大，并且使三桓因此衰落了。为什么呢？强大产生于上下相安，上下相安产生于上下的名分确定。现在诸侯、大夫都欺凌他们的君上，就无法使下面服从，所以不久也都失去政权了。"

【第四章】孔子曰："益者三友，损者三友。友直，友谅，友多闻，益矣。友便辟，友善柔，友便佞，损矣。"①

【集注】①便，平声。辟，婢亦反。

友直，则闻其过。友谅，则进于诚。友多闻，则进于明。便，习熟也。便辟，谓习于威仪而不直。善柔，谓工于媚说而不谅。便佞，谓习于口语而无闻见之实。三者损、益正相反也。

尹氏曰："自天子以至于庶人，未有不须友以成者。而其损益有如是者，可不谨哉！"

【今译】①便，pián。辟，bì。

友直，可听到批评。友谅，可学到真诚。友多闻，可提高辨别力。便，熟悉。便辟，指熟悉姿态礼仪却不正直。善柔，指精通谄媚而不真诚。便佞，指善于谈吐却没有真知灼见。三者的或损、或益正好相反。

尹焞说："从天子到平民，没有不需要交朋友来成就自己的。交朋友的损益有这样的情况, 难道可以不谨慎吗?"

【第五章】孔子曰: "益者三乐, 损者三乐。乐节礼乐, 乐道人之善, 乐多贤友, 益矣。乐骄乐, 乐佚游, 乐宴乐, 损矣。"①

【集注】① 乐, 五教反。"礼乐"之"乐", 音岳。"骄乐""宴乐"之"乐", 音洛。

节, 谓辨其制度声容之节。骄乐则侈肆而不知节, 佚游则惰慢而恶闻善, 宴乐则淫溺而狎小人, 三者损益亦相反也。

尹氏曰: "君子之于好乐, 可不谨哉!"

【今译】① 乐, 音 yào。"礼乐"的"乐", 音岳 (yuè)。"骄乐""宴乐"的"乐", 音洛 (lè)。

节, 指遵守礼仪制度、声音姿态的节奏规定。骄乐, 就奢侈放肆而不遵守节奏。佚游, 就懒惰傲慢而不愿听良言相劝。宴乐, 就沉溺酒色并亲近小人。三者的损益也正好相反。

尹焞说: "君子对于爱好、乐趣, 能不谨慎吗?"

【第六章】孔子曰: "侍于君子有三愆: 言未及之而言谓之躁, 言及之而不言谓之隐, 未见颜色而言谓之瞽。"①

【集注】① 君子, 有德位之通称。愆, 过也。瞽, 无目, 不能察言观色。

尹氏曰: "时然后言, 则无三者之过矣。"

【今译】① 君子, 有道德有地位的人的通称。愆, 过失。瞽, 目盲, 不能察言观色。

尹焞说: "该说的时候再说, 就没有这三种过失。"

【第七章】孔子曰："君子有三戒：少之时，血气未定，戒之在色；及其壮也，血气方刚，戒之在斗；及其老也，血气既衰，戒之在得。"①

【集注】① 血气，形之所待以生者，血阴而气阳也。得，贪得也。随时知戒，以理胜之，则不为血气所使也。

范氏曰："圣人同于人者，血气也。异于人者，志气也。血气有时而衰，志气则无时而衰也。少未定、壮而刚、老而衰者，血气也。戒于色、戒于斗、戒于得者，志气也。君子养其志气，故不为血气所动，是以年弥高而德弥邵也。"

【今译】① 血气，是身体所赖以生存的，血属阴而气属阳。得，贪得。随时知道警惕，用理去战胜它们，就不会为血气所驱使。

范祖禹说："圣人和别人相同的是血气，和别人不同的是志气。血气有衰的时候，志气却没有衰的时候。少年未定、壮年方刚、老年衰弱的，是血气。戒色、戒斗、戒得，属于志气。君子修养志气，所以不被血气所驱使，所以年龄愈高德行也愈高。"

【第八章】孔子曰："君子有三畏：畏天命，畏大人，畏圣人之言①。小人不知天命而不畏也，狎大人，侮圣人之言②。"

【集注】① 畏者，严惮之意也。天命者，天所赋之正理也。知其可畏，则其戒谨恐惧自有不能已者，而付畀之重可以不失矣。大人、圣言，皆天命所当畏。知畏天命，则不得不畏之矣。

② 侮，戏玩也。不知天命，故不识义理，而无所忌惮如此。

尹氏曰："三畏者，修己之诚当然也。小人不务修身诚己，则何畏之有！"

【今译】① 畏，非常害怕的意思。天命，天所赋予的正理。知道它的可畏，他的警惕、谨慎、恐惧，自然就有不可抑制的情况，从而交给他的重任可以不发生失误。大人、圣人之言，都是上天命令所应该畏惧的。知道畏惧天命，就不能不畏惧大人和圣人之言。

② 侮，戏弄。不知天命，所以不认识义理，从而这样无所顾忌与害怕。

尹焞说："三畏，是修养自己的诚必然如此。小人不从事修养自己的诚，哪有什么可畏惧的！"

【第九章】孔子曰："生而知之者，上也；学而知之者，次也；困而学之，又其次也；困而不学，民斯为下矣。"①

【集注】① 困，谓有所不通。言人之气质不同，大约有此四等。

杨氏曰："生知、学知以至困学，虽其质不同，然及其知之，一也。故君子惟学之为贵。困而不学，然后为下。"

【今译】① 困，指有些弄不通的问题。说的是人的气质不同，大约有这样四等。

杨时说："生知、学知直到困学，虽然资质不同，但到他们知的时候，就都是一样的。所以君子只有学才是可贵的。困而不学，就是最下一等。"

【第十章】孔子曰："君子有九思：视思明，听思聪，色思温，貌思恭，言思忠，事思敬，疑思问，忿思难，见得思义。"①

【集注】① 难,去声。

视无所蔽,则明无不见。听无所壅,则聪无不闻。色,见于面者。貌,举身而言。思问,则疑不蓄。思难,则忿必惩。思义,则得不苟。

程子曰:"九思,各专其一。"谢氏曰:"未至于从容中道,无时而不自省察也。虽有不存焉者,寡矣。此之谓思诚。"

【今译】① 难,nàn。

视觉不受蒙蔽,它的明察就无所不见。听觉不被堵塞,它的聪灵就听到一切。色,是表现于脸上的。貌,指全身而言。思问,就不会堆积疑惑。思难,就必须戒绝忿怒。思义,就不会苟且地获得。

程子说:"九思各自专于一个方面。"谢良佐说:"没有达到从容中道的境界,就没有一刻不自我省察。即使有还没有存于心的天理,也是很少的了。这就是思诚。"

　　【第十一章】孔子曰:"见善如不及,见不善如探汤。吾见其人矣,吾闻其语矣①。隐居以求其志,行义以达其道。吾闻其语矣,未见其人也②。"

【集注】① 探,吐南反。

真知善恶而诚好恶之,颜、曾、闵、冉之徒盖能之矣。语,盖古语也。

② 求其志,守其所达之道也。达其道,行其所求之志也。盖惟伊尹、太公之流可以当之。当时若颜子,亦庶乎此,然隐而未见,又不幸而蚤死,故夫子云然。

【今译】① 探,tàn。

真知善恶并且真诚地去爱、去憎，颜子、曾子、闵子骞、冉伯牛等人是能做到的。语，古语。

② 求其志，坚持自己所认识的道。达其道，实践自己所追求的志向。大概只有伊尹、姜太公等人可以符合这个评价。当时像颜子，也差不多是如此，然而却来不及表现出来，不幸早死了，所以夫子这样说。

【第十二章】齐景公有马千驷，死之日，民无德而称焉。伯夷、叔齐饿于首阳之下，民到于今称之。① 其斯之谓与？②

【集注】 ① 驷，四马也。首阳，山名。

② 与，平声。

胡氏曰："程子以为第十二篇错简'诚不以富，亦祇以异'当在此章之首。今详文势，似当在此句之上。言人之所称，不在于富，而在于异也。"愚谓：此说近是，而章首当有"孔子曰"字，盖阙文耳。大抵此书后十篇多阙误。

【今译】 ① 驷，四匹马。首阳，山名。

② 与，yú。

胡寅说："程子认为第十二篇的错简'诚不以富，亦祇以异'应在本章之首。现在详细体会这文章的走势，好像应当在这一句之前。意思是人们所称道的，不在于富贵，而在于与人不同。"我认为，胡寅的说法比较正确，本章开首应有"孔子曰"一类的字样，大概缺字了。这书后十篇大都有缺误。

【第十三章】陈亢问于伯鱼曰："子亦有异闻乎？"①

对曰："未也。尝独立，鲤趋而过庭。曰：'学《诗》乎？'

对曰：'未也。''不学《诗》，无以言。'鲤退而学《诗》^②。他日，又独立，鲤趋而过庭。曰：'学礼乎？'对曰：'未也。''不学礼，无以立。'鲤退而学礼^③。闻斯二者^④。"

　　陈亢退而喜曰："问一得三：闻《诗》，闻礼，又闻君子之远其子也。"^⑤

【集注】①亢，音刚。

　　亢以私意窥圣人，疑必阴厚其子。

　　②事理通达而心气和平，故能言。

　　③品节详明而德性坚定，故能立。

　　④当独立之时，所闻不过如此，其无异闻可知。

　　⑤远，去声。

　　尹氏曰："孔子之教其子，无异于门人，故陈亢以为远其子。"

【今译】①亢，音刚（gāng）。

　　亢用自己的想法猜度圣人，怀疑他必定暗中偏向自己的儿子。

　　②事理通达，因而心气和平，所以能言。

　　③制度节奏明确，因而德性坚定，所以能自立。

　　④当夫子独自一人的时候，孔鲤听到的不过如此，可知此外再没有听到什么特别的教导。

　　⑤远，yuàn。

　　尹焞说："孔子教育孩子，和教育学生没有区别，所以陈亢认为是'远其子'。"

　　【第十四章】邦君之妻，君称之曰"夫人"，夫人自称曰"小童"，邦人称之曰"君夫人"，称诸异邦曰"寡小君"，异邦人称之，亦曰"君夫人"^①。

【集注】① 寡，寡德。谦辞。

　　吴氏曰："凡语中所载如此类者，不知何谓，或古有之，或夫子尝言之，不可考也。"

【今译】① 寡，寡德。这是谦辞。

　　吴棫说："凡是《论语》中所记载的此类话，不知是什么，可能是古代的话，或是夫子曾经说过，无法考证。"

阳货第十七

【**集注**】凡二十六章。

【**今译**】共二十六章。

　　【**第一章**】阳货欲见孔子，孔子不见，归孔子豚。孔子时其亡也，而往拜之，遇诸途^①。谓孔子曰："来！予与尔言。"曰："怀其宝而迷其邦，可谓仁乎？"曰："不可。""好从事而亟失时，可谓知乎？"曰："不可。""日月逝矣，岁不我与。"孔子曰："诺。吾将仕矣。"^②

【**集注**】①归，如字，一作"馈"。

　　阳货，季氏家臣，名虎。尝囚季桓子而专国政。欲令孔子来见己，而孔子不往。货以礼"大夫有赐于士，不得受于其家，则往拜其门"，故瞰孔子之亡也归之豚，欲令孔子来拜而见之也。

　　②好、亟、知，并去声。

　　怀宝迷邦，谓怀藏道德不救国之迷乱。亟，数也。失时，谓不及事几之会。将者，且然而未必之辞。货语皆讥孔子，而讽使速仕。孔子固未尝如此，而亦非不欲仕也，但不仕于货耳。故直据理答之，不复与辩，若不谕其意者。

　　阳货之欲见孔子，虽其善意，然不过欲使助己为乱耳。故孔子不见者，义也；其往拜者，礼也；必时其亡而往者，欲其称也；遇诸涂而不避者，不终绝也；随问而对者，理之直也；对而不辩者，言之孙而亦无所诎也。杨氏曰："扬雄谓，孔子于阳货也，敬所不敬，为诎身以信道，非知孔子者。盖道外无身，身外无道，身诎矣，而可以信道，吾未之信也。"

【今译】①归，kuì，也作"馈"。

阳货，季氏家臣，名虎。曾囚禁季桓子并独揽国家大权。他想让孔子来见自己，但孔子不去。阳货根据礼制"大夫对士有所赏赐，士不能在家里接受，就要登门回访"，所以瞅着孔子不在家时送了一头小猪，想让孔子来回拜而去见他。

②好，hào。亟，qì。知，zhì（智）。

怀宝迷邦，指怀藏道德却不拯救国家的迷惑和混乱。亟，屡次。失时，错过了机会。将，表示就要如此却未必一定的用辞。阳货的话都是讥讽孔子，促使他尽快出仕。孔子并不急于出仕，但也不是不愿出仕，只是不愿在阳货统治下出仕。所以只是据理回答，不再辩解，好像不懂他的意思。

阳货想见孔子，虽是善意，但是不过想让孔子帮助自己作乱罢了。所以孔子不见他，是道义；登门回拜，是礼；一定要等阳货不在家而去回拜，是要和阳货对等；路上碰见而不躲避，不想和阳货完全绝交；随问而答，是依理直行；回答而不辩解，是语言谦让但并不屈服。杨时说："扬雄说，孔子对于阳货，尊敬自己所不尊敬的，是为了降低身份以发扬自己的道，这是不了解孔子。因为道外没有身，身外没有道，降低了身份却可以发扬道，我是不相信的。"

【第二章】子曰："性相近也，习相远也。"①

【集注】① 此所谓性,兼气质而言者也。气质之性,固有美恶之不同矣。然以其初而言,则皆不甚相远也。但习于善则善,习于恶则恶,于是始相远耳。

　　程子曰:"此言气质之性,非言性之本也。若言其本,则性即是理,理无不善,孟子之言'性善'是也,何'相近'之有哉!"

【今译】① 这里说的性,包括气质之性。气质之性,本来有善恶的不同。然而要说他们的初始,却是都相差不远。只要从事于善就会成为善,从事于恶就会成为恶,这样才相距遥远了。

　　程子说:"这说的是气质之性,不是性的本体。若说性的本体,则性就是理,理没有不善的,孟子说的'性善'就是,哪有什么'相近'一说呢?"

【第三章】子曰:"惟上知与下愚不移。"①

【集注】① 知,去声。

　　此承上章而言。人之气质,相近之中,又有美恶一定,而非习之所能移者。

　　程子曰:"人性本善,有不可移者何也? 语其性,则皆善也。语其才,则有下愚之不移。所谓下愚,有二焉:自暴,自弃也。人苟以善自治,则无不可移。虽昏愚之至,皆可渐磨而进也。惟自暴者,拒之以不信;自弃者,绝之以不为。虽圣人与居,不能化而入也,仲尼之所谓下愚也。然其质非必昏且愚也,往往强戾而才力有过人者,商辛是也。圣人以其自绝于善,谓之下愚。然考其归,则诚愚也。"

　　或曰:"此与上章当合为一。'子曰'二字,盖衍文耳。"

【今译】① 知，zhì（智）。

这是接着上一章说的。人的气质，相近之中，又有善恶固定不变的情形，不是操习所能改变的。

程子说："人性本善，有不可改变的是什么呢？要论本性，就都是善的；论他们的材质，则有改变不了的下愚。所说的下愚有两种：自暴和自弃。人只要用善修治自己，就没有不可改变的。即使糊涂愚蠢到顶的，都可以逐渐磨练而进步。只有自暴者，用不相信来拒绝接受教育；自弃者，用不去做来自绝于圣人之道。即使和圣人住在一起，也不能让他们听进善言受到感化，这就是孔子所说的下愚。但是他的天资未必就糊涂和愚蠢，往往是强暴乖戾但才能和力量都高出常人，商纣王就是这样的人。圣人因为他们自绝于善，称他们是'下愚'，不过考察他们的归宿，也确实是愚蠢。"

有人说："这与上章应合为一章。'子曰'二字，大概是衍文。"

【第四章】子之武城，闻弦歌之声①。

夫子莞尔而笑曰："割鸡焉用牛刀？"②

子游对曰："昔者偃也闻诸夫子曰：'君子学道则爱人，小人学道则易使也。'"③

子曰："二三子！偃之言是也。前言戏之耳。"④

【集注】① 弦，琴瑟也。时子游为武城宰，以礼乐为教，故邑人皆弦歌也。

② 莞，华版反。焉，於虔反。

莞尔，小笑貌，盖喜之也。因言其治小邑，何必用此大道也。

③ 易，去声。

君子、小人，以位言之。子游所称，盖夫子之常言。言君子、小人皆不可以不学。故武城虽小，亦必教以礼乐。

④嘉子游之笃信，又以解门人之惑也。

治有大小，而其治之必用礼乐，则其为道一也。但众人多不能用，而子游独行之，故夫子骤闻而深喜之。因反其言以戏之，而子游以正对，故复是其言，而自实其戏也。

【今译】①弦，琴瑟。当时子游做武城的主官，用礼乐教化百姓，所以武城人都弹琴唱歌。

②莞，wǎn。焉，yān。

莞尔，轻轻一笑的样子，这是因为高兴。因此孔子说治理一个小城，何必用这样的大道。

③易，yì。

君子、小人，这里说的是社会地位。子游提到的，是夫子平素常说的。意思是无论君子还是小人，都不可以不学。所以武城虽然小，也必须用礼乐教化。

④这是赞扬子游的笃实，又以此解除弟子们的疑惑。

治的地方有大有小，但凡是治民就必用礼乐，那么他们所行的道是一样的。只是众人大多不能应用，子游却独自推行了。所以夫子乍一听就非常高兴，并用反话开了一个玩笑。而子游从正面回答，所以又肯定了子游的话，并实说自己的话是玩笑。

【第五章】公山弗扰以费畔，召，子欲往①。

子路不说，曰："末之也已，何必公山氏之之也。"②

子曰："夫召我者，而岂徒哉？如有用我者，吾其为东周乎？”③

【集注】① 弗扰，季氏宰，与阳虎共执桓子，据邑以叛。

② 说，音悦。

末，无也。言道既不行，无所往矣，何必公山氏之往乎。

③ 夫，音扶。

岂徒哉，言必用我也。为东周，言兴周道于东方。

程子曰：“圣人以天下无不可有为之人，亦无不可改过之人，故欲往。然而终不往者，知其必不能改故也。

【今译】① 弗扰，季氏的主官，和阳货一起囚禁了季桓子，占据城邑发动叛乱。

② 说，音悦（yuè）。

末，无。意思是说道已经行不通了，无处可去了，何必到公山氏那里去呢。

③ 夫，音扶（fú）。

岂徒哉，意思是一定用我。为东周，意思是让周的治国之道在东方兴起。

程子说：“圣人认为天下没有不可以有为的人，也没有不可改过的人，所以想去。然而到底没去，那是因为知道了他一定不会改恶从善的缘故。”

【第六章】子张问仁于孔子。孔子曰：“能行五者于天下，为仁矣。”请问之。曰：“恭，宽，信，敏，惠。恭则不侮，宽则得众，信则人任焉，敏则有功，惠则足以使人。”①

【集注】① 行是五者，则心存而理得矣。于天下，言无适而不然，犹所谓虽之夷狄不可弃者。五者之目，盖因子张所不足而言耳。任，倚仗也。又言其效如此。

张敬夫曰："能行此五者于天下，则其心公平而周遍可知矣。然恭，其本与！"李氏曰："此章与六言六蔽、五美、四恶之类，皆与前后文体大不相似。"

【今译】① 实行这五条，就善心在胸而一切有理。于天下，指无往而不如此，就像所说的即使到了夷狄也不可放弃。五条的具体内容，则是针对子张的缺点而言。任，倚仗。这是又说明有这样的效果。

张栻说："能在天下实行这五条，他心的公平和普遍就可以知道了。不过，恭敬，应该是根本吧！"李郁说："这一章与六言六蔽、五美、四恶之类，都与前后的文体大不相同。"

【第七章】佛肸召，子欲往①。

子路曰："昔者由也闻诸夫子曰：'亲于其身为不善者，君子不入也。'佛肸以中牟畔。子之往也，如之何？"②

子曰："然。有是言也。不曰坚乎，磨而不磷；不曰白乎，涅而不缁③。吾岂匏瓜也哉？焉能系而不食④？"

【集注】① 佛，音弼。肸，许密反。

佛肸，晋大夫赵氏之中牟宰也。

② 子路恐佛肸之浼夫子，故问此以止夫子之行。亲，犹自也。不入，不入其党也。

③ 磷，力刃反。涅，乃结反。

磷，薄也。涅，染皂物。言人之不善，不能浼己。杨氏曰："磨不磷，涅不缁，而后无可无不可。坚白不足而欲自试于磨涅，其不磷缁也者几希。"

④焉，於虔反。

匏，瓠也。匏瓜系于一处而不能饮食，人则不如是也。

张敬夫曰："子路昔者之所闻，君子守身之常法。夫子今日之所言，圣人体道之大权也。然夫子于公山、佛肸之召皆欲往者，以天下无不可变之人、无不可为之事也。其卒不往者，知其人之终不可变，而事之终不可为耳。一则生物之仁，一则知人之智也。"

【今译】①佛，音弼（bì）。肸，xī。

佛肸，晋国大夫赵氏中牟城的主官。

②子路怕佛肸玷污了夫子，所以问这些以阻止夫子前往。亲，亲自。不入，不加入他那一伙。

③磷，lín。涅，niè。

磷，薄。涅，黑色染料。意思是别人不好，但不能玷污自己。杨时说："磨不磷，涅不缁，然后才能无可无不可。自己坚硬洁白的程度不够，却想用磨和涅试试自己，能够不磷不缁的非常少。"

④焉，yān。

匏，瓠瓜。瓠瓜挂在一个地方并且不需要饮食，人却不是这样。

张栻说："子路过去所听到的，只是君子保持自身纯洁的一般原则。夫子今天所说的，是圣人以道为本体的巨大的灵活性。然而夫子对于公山、佛肸的召唤都打算去，是因为天下没有不可变的人，没有做不成的事。他终究没有去，是知道了那人终究不可改变，而事情也终究不可能有所作为。一面是养育万物的仁，一面是知人的智。"

【第八章】子曰："由也，女闻六言六蔽矣乎？"对曰："未也。"① "居，吾语女②。好仁不好学，其蔽也愚；好知不好学，其蔽也荡；好信不好学，其蔽也贼；好直不好学，其蔽也绞；好勇不好学，其蔽也乱；好刚不好学，其蔽也狂"③。

【集注】①女，音汝，下同。

蔽，遮掩也。

②语，去声。

礼，君子问更端，则起而对，故孔子谕子路，使还坐而告之。

③好、知，并去声。

六言皆美德。然徒好之，而不学以明其理，则各有所蔽。愚，若可陷可罔之类。荡，谓穷高极广而无所止。贼，谓伤害于物。勇者，刚之发。刚者，勇之体。狂，躁率也。

范氏曰："子路勇于为善，其失之者，未能好学以明之也，故告之以此。曰勇、曰刚、曰信、曰直，又皆所以救其偏也。"

【今译】①女，音汝（rǔ），下同。

蔽，遮掩。

②语，yù。

按礼制，君子问另一个问题之初，应起立回答。所以夫子告诉子路，让他重新坐下并告诉他。

③好，hào。知，zhì（智）。

"六言"都是美德。然而如果只是喜欢这些，而不学习以明白其中的理，就各有自己的弊病。愚，比如可被陷害、被愚弄之类。荡，指好高骛远而没个边。贼，指被人伤害。勇，是刚的发作。刚，是勇的本体。

狂,浮躁、轻率。

范祖禹说:"子路勇于为善,他的失误,是不能好学以弄清其中的道理,所以告诉他这些。讲勇、讲刚、讲信、讲直,又都是为了补救子路的偏颇。"

【第九章】子曰:"小子何莫学夫《诗》①?《诗》,可以兴②,可以观③,可以群④,可以怨⑤。迩之事父,远之事君⑥。多识于鸟兽草木之名⑦。"

【集注】① 夫,音扶。

小子,弟子也。

② 感发志意。

③ 考见得失。

④ 和而不流。

⑤ 怨而不怒。

⑥ 人伦之道,《诗》无不备。二者举重而言。

⑦ 其绪余又足以资多识。

学《诗》之法,此章尽之。读是经者,所宜尽心也。

【今译】① 夫,音扶(fú)。

小子,弟子。

② 感动和启发志向、意愿。

③ 考察发现得失。

④ 和谐而不放荡。

⑤ 怨艾却不恼怒。

⑥ 做人的道理,《诗经》中没有不具备的。二者不过是举出其中

重要的而已。

⑦ 读《诗经》的副产品又足以帮助人博学多识。

学《诗经》的方法，这一章说得非常充分了。读《诗经》的，是应当尽心于这些方面的。

【第十章】子谓伯鱼曰："女为《周南》《召南》矣乎？人而不为《周南》《召南》，其犹正墙面而立也与？"①

【集注】①女，音汝。与，平声。

为，犹学也。《周南》《召南》，《诗》首篇名，所言皆修身齐家之事。正墙面而立，言即其至近之地，而一物无所见，一步不可行。

【今译】①女，音汝（rǔ）。与，yú。

为，意思是学。《周南》《召南》❶，《诗经》首篇的名字，讲的都是修身、齐家的事。正墙面而立，意思是即使对于那些身边最近的地方，也是看不见一件事物，不可以行走一步。

【第十一章】子曰："礼云礼云，玉帛云乎哉？乐云乐云，钟鼓云乎哉？"

【集注】①敬而将之以玉帛，则为礼；和而发之以钟鼓，则为乐。遗其本而专事其末，则岂礼乐之谓哉！

程子曰："礼只是一个序，乐只是一个和。只此两字，含蓄多少义

---

❶《诗经》分风、雅、颂三大部分。风，也称"国风"，是各诸侯国的民歌。其第一篇，由《周南》和《召南》两部分组成。儒者一般认为，这原是周朝初年二位大臣周公姬旦和召公姬奭原封地的民歌。南，是说他们对民众的教化，由北而南逐步流行的意思。

理。天下无一物无礼乐。且如置此两椅,一不正,便是无序。无序便乖,乖便不和。又如盗贼,至为不道,然亦有礼乐。盖必有总属,必相听顺,乃能为盗,不然,则叛乱无统,不能一日相聚而为盗也。礼乐无处无之,学者要须识得。"

【今译】① 恭敬,并且献上玉帛,就是礼。和谐,并且用钟鼓抒发出来,就是乐。丢了根本而专门从事那个末,哪里是什么礼乐呢?

程子说:"礼只是一个秩序,乐只是一个和谐。仅仅这两个字,蕴含着多少义理。天下没有一件事物没有礼乐。比如在这里放两把椅子,一个不正,就是没有秩序。没有秩序就别扭,别扭就不和谐。又如盗贼,那是最不守道的人,但也有礼乐。因为他们必有统属,必有服从,才能去偷去盗,不然,就叛乱没有统属,一天也不能聚在一起为盗。礼乐无处没有,求学者必须明白这一点。"

【第十二章】子曰:"色厉而内荏,譬诸小人,其犹穿窬之盗也与?"①

【集注】① 荏,而审反。与,平声。

厉,威严也。荏,柔弱也。小人,细民也。穿,穿壁。窬,逾墙。言其无实盗名,而常畏人知也。

【今译】① 荏,rěn。与,yú。

厉,严厉。荏,柔弱。小人,普通百姓。穿,挖墙洞。窬,跳墙。意思是他尚未真去偷人,就常常怕人知道。

【第十三章】子曰:"乡原,德之贼也。"①

【集注】① 乡者,鄙俗之意。"原"与"愿"同。《荀子》"原悫",注读作“愿”是也。乡原，乡人之愿者也。盖其同流合污以媚于世，故在乡人之中独以愿称。夫子以其似德非德，而反乱乎德，故以为德之贼而深恶之。详见《孟子》末篇。

【今译】① 乡，世俗的意思。原，同“愿”。《荀子》中“原悫”的“原”，注读作“愿”就是。乡原，乡人中的愿者。因为他同流合污以诌媚世人，所以在乡人中间只有他被称为愿。夫子因为他像有德其实却不是德，并且反倒扰乱德，所以认为这种人是贼害德的，因此深恶痛绝。详情请参看《孟子》最后一篇。

【第十四章】子曰：“道听而途说，德之弃也。”①

【集注】① 虽闻善言，不为己有，是自弃其德也。

王氏曰：“君子多识前言往行，以畜其德。道听涂说，则弃之矣。”

【今译】① 虽然听到了良言，却不能化为己有，是自己抛弃自己的德行。

王安石说：“君子多记前人言行，以增进自己的德行。道听途说的，要抛弃。”

【第十五章】子曰：“鄙夫可与事君也与哉①？其未得之也，患得之；既得之，患失之②。苟患失之，无所不至矣③。”

【集注】① 与，平声。

鄙夫，庸恶陋劣之称。

② 何氏曰：“患得之，谓患不能得之。”

③ 小则吮痈舐痔❶，大则弑父与君，皆生于"患失"而已。

胡氏曰："许昌靳裁之有言曰，士之品大概有三：志于道德者，功名不足以累其心；志于功名者，富贵不足以累其心；志于富贵而已者，则亦无所不至矣。志于富贵，即孔子所谓鄙夫也。"

【今译】① 与，yú。

鄙夫，庸俗、狭隘、恶劣的人。

② 何晏说："患得之，指害怕不能得到。"

③ 小则吹牛拍马、谄媚阿谀，大则弑父弑君，都产生于"患失"这一条。

胡寅说："许昌靳裁之❷ 说过，士人大概有三类：有志于道德的，功名不能够拖累他的心；有志于功名的，富贵不能够拖累他的心；志向仅仅在于富贵的，那就无论什么事都干得出来。志于富贵，就是孔子所说的鄙夫。"

【第十六章】子曰："古者民有三疾，今也或是之亡也①。古之狂也肆，今之狂也荡；古之矜也廉，今之矜也忿戾；古之愚也直，今之愚也诈而已矣②。"

【集注】① 气失其平则为疾，故气禀之偏者，亦谓之疾。昔所谓疾，今亦亡之，伤俗之益衰也。

② 狂者，志愿大高。肆，谓不拘小节。荡则逾大闲矣。矜者，持守

❶ 吮痈舐痔：吮，用嘴吸；痈，化脓性炎症引起的疮肿。舐，用舌头舔物；痔，痔疮。这是古人认为的最卑劣的讨好别人，特别是讨好上级的手段。本书译为"吹牛拍马、谄媚阿谀"。

❷ 靳裁之：宋朝儒者，南阳人。喜欢程颐的学问。曾为太学教师。

太严。廉,谓棱角峭厉。忿戾,则至于争矣。愚者,暗昧不明。直,谓
径行自遂。诈,则挟私妄作矣。

范氏曰:"末世滋伪,岂惟贤者不如古哉?民性之蔽,亦与古人
异矣!"

【今译】①气失去了平衡就成为疾,所以禀气有偏重的,也叫作疾。过
去所说的疾,现在也不见了,这是伤感世风的日益衰败。

②狂,志向太高。肆,指不拘小节。荡,就超越了大原则。矜,坚
持操守太严。廉,指棱角尖利。忿戾,会导致争斗。愚,糊涂不明白。直,
指行为任性。诈,指夹带私心胡作非为。

范祖禹说:"世道衰败,虚伪滋长,难道只是贤人不如古代了吗?
民众本性的缺陷,也和古人不一样了。"

【第十七章】子曰:"巧言令色,鲜矣仁。"①

【集注】①重出。

【今译】①重复出现。

【第十八章】子曰:"恶紫之夺朱也,恶郑声之乱雅乐也,恶利口之覆邦家者。"①

【集注】①恶,去声。覆,芳服反。

朱,正色。紫,间色。雅,正也。利口,捷给。覆,倾败也。

范氏曰:"天下之理,正而胜者常少,不正而胜者常多,圣人所以恶
之也。利口之人,以是为非,以非为是,以贤为不肖,以不肖为贤。人
君苟悦而信之,则国家之覆也不难矣!"

【今译】① 恶，wù。覆，fù。

朱，是正色。紫，是间色。雅，正。利口，巧嘴。覆，倾覆，失败。

范祖禹说："天下的理，正理战胜的时候往往很少，不正理战胜的时候往往很多，圣人因此而厌恶这些。利口的人，以是为非，以非为是，以贤为不肖，以不肖为贤。假若君主信任这种人，国家的倾覆也就不难了。"

【第十九章】子曰："予欲无言。"①

子贡曰："子如不言，则小子何述焉？"②

子曰："天何言哉！ 四时行焉，百物生焉，天何言哉！"③

【集注】① 学者多以言语观圣人，而不察其天理流行之实，有不待言而著者，是以徒得其言而不得其所以言，故夫子发此以警之。

② 子贡正以言语观圣人者，故疑而问之。

③ 四时行，百物生，莫非天理发见流行之实，不待言而可见。圣人一动一静，莫非妙道精义之发，亦天而已，岂待言而显哉？此亦开示子贡之切，惜乎其终不喻也。

程子曰："孔子之道，譬如日星之明，犹患门人未能尽晓，故曰'予欲无言'。若颜子，则便默识，其他则未免疑问。故曰'小子何述'。"又曰："'天何言哉！ 四时行焉，百物生焉'，则可谓至明白矣。"愚按：此与前篇无隐之意相发，学者详之。

【今译】① 求学者大多根据言语来观察圣人，而不能考察天理流行的那些事实，有些是不必说就非常明显的，所以只是学到了圣人说的话，而没有学到圣人为什么要这样说话，所以夫子说了这些来提醒他们。

②子贡正是借言语来观察圣人的,所以提出了疑问。

③四时行,百物生,没有一样不是天理的表现、流行的事实,不必说就可看见的。圣人的一言一行,没有一件不是妙道精义的生发,也和天是一样的,难道必须等待说话才显现吗?这也是恳切地开导子贡,可惜他到底没有明白。

程子说:"孔子之道,就像日月星辰那样光明,还怕弟子们不能都明白,所以说'予欲无言'。若是颜子,就会心领神会并暗暗记下,其他人就免不了疑问,所以说'小子何述'。"又说:"'天何言哉!四时行焉,百物生焉',就可说是非常明白了。"熹按:这与前篇"没有隐瞒"的意思互相补充,求学者要认真思考。

【第二十章】孺悲欲见孔子,孔子辞以疾。将命者出户。取瑟而歌,使之闻之。①

【集注】①孺悲,鲁人,尝学《士丧礼》于孔子。当是时,必有以得罪者,故辞以疾,而又使知其非疾,以警教之也。

程子曰:"此孟子所谓不屑之教诲,所以深教之也。"

【今译】①孺悲,鲁国人,曾跟孔子学《士丧礼》。当时他一定有什么事得罪了孔子,所以孔子推说有病,却又让他知道没有病,以警告和教育他。

程子说:"这就是孟子说的'不屑之教诲',以此来更深刻地教诲他。"

【第二十一章】宰我问:"三年之丧,期已久矣①。君子三年不为礼,礼必坏;三年不为乐,乐必崩②。旧谷既没,新谷既升,钻燧改火,期可已矣^③。"

　　子曰:"食夫稻,衣夫锦,于女安乎?"曰:"安。"^④

　　"女安,则为之! 夫君子之居丧,食旨不甘,闻乐不乐,居处不安,故不为也。今女安,则为之!"^⑤

　　宰我出。子曰:"予之不仁也! 子生三年,然后免于父母之怀。夫三年之丧,天下之通丧也。予也有三年之爱于其父母乎?"^⑥

【集注】① 期,音基,下同。

　　期,周年也。

　　② 恐居丧不习而崩坏也。

　　③ 钻,祖官反。

　　没,尽也。升,登也。燧,取火之木也。改火,春取榆柳之火,夏取枣杏之火,夏季取桑柘之火,秋取柞楢之火,冬取槐檀之火,亦一年而周也。已,止也。言期年,则天运一周,时物皆变,丧至此可止也。

　　尹氏曰:"短丧之说,下愚且耻言之,宰我亲学圣人之门,而以是为问者,有所疑于心而不敢强焉尔。"

　　④ 夫,音扶,下同。衣,去声。女,音汝,下同。

　　礼,父母之丧既殡,食粥齐衰。既葬,疏食水饮,受以成布。期而小祥,始食菜果,练冠缌缘,要绖不除,无食稻衣锦之理。夫子欲宰我反求诸心,自得其所以不忍者,故问之此,而宰我不察也。

　　⑤ 乐,上如字,下音洛。

　　此夫子之言也。旨,亦甘也。初言"女安则为之",绝之之辞。又发其不忍之端,以警其不察,而再言"女安则为之",以深责之。

　　⑥ 宰我既出,夫子惧其真以为可安而遂行之,故深探其本而斥之。

言由其不仁,故爱亲之薄如此也。怀,抱也。又言君子所以不忍于亲,而丧必三年之故,使之闻之,或能反求而终得其本心也。

范氏曰:"丧虽止于三年,然贤者之情则无穷也,特以圣人为之中制而不敢过,故必俯而就之,非以三年之丧为足以报其亲也。所谓三年然后免于父母之怀,特以责宰我之无恩,欲其有以跂而及之尔。"

【今译】① 期,音基(jī),下同。

期,一周年。

② 怕守丧期间不练习,会使礼乐崩坏。

③ 钻,zuān。

没,吃完了。升,登场。燧,用于取火的木头。改火,春天取榆木柳木的火,夏天取枣木杏木的火,夏末取桑木柘木的火,秋天取柞木楢木的火,冬天取槐木檀木的火,也是一年一个周期。已,停止。意思是一个周年天就运行一周,时令事物都要发生变化,守丧到此就可以停止了。

尹焞说:"缩短丧期的意见,下愚都耻于说出来,宰我是亲身在圣人门下求学的人,问这个问题,是心里有疑惑而不敢勉强去做的缘故。"

④ 夫,音扶(fú),下同。衣,yì。女,音汝(rǔ),下同。

根据礼制,父母死亡,尸体放入棺木停放好之后,吃粥,穿粗布孝服。埋葬以后,吃简单的饭,饮水,穿稍细一点的布做的孝服。一周年为小祥,可食一些蔬菜瓜果,戴白色的冠,衣服可用浅色布缘边,腰部的孝带不除去,没有食大米、穿锦衣的理。夫子要让宰我回头问问自己的心,以便自己体会到什么是不忍心做的,所以问了这些,但宰我不能检查自己。

⑤ 乐,前一个读 yuè,后一个读洛(lè)。

这是夫子的话。旨，也是甘的意思。开始说"女安则为之"，这是否定的话。又启发他心中不忍这样做的念头，以警告他的不检查自己，并且又说了"女安则为之"，更加严厉地责备他。

⑥ 宰我出去以后，夫子怕他真的认为可以心安就如此实行，所以又深刻揭示三年之丧的本原来斥责他。意思是由于他的不仁，所以对双亲的爱才这样淡薄。怀，抱着。又说明君子不忍心缩短父母丧期的原因、丧期必须三年的缘故，让宰我听到，或许能够反省自己并最终回到自己的本心。

范祖禹说："丧期虽然只有三年，然而贤者的情感却没有穷尽，只是由于圣人制订了恰当的制度而不敢超过，所以必须委屈服从，并不是说三年的丧期就足以报答父母的恩情。所说'三年然后免于父母之怀'，只是责备宰我的忘恩，希望他有可能努力去这样做。"

【第二十二章】子曰："饱食终日，无所用心，难矣哉！不有博弈者乎，为之，犹贤乎已。"①

【集注】① 博，局戏也。奕，围棋也。已，止也。李氏曰："圣人非教人博奕也，所以甚言无所用心之不可尔。"

【今译】① 博，一种棋类游戏。弈，围棋。已，停止。李郁说："圣人不是教人博弈，只是借此强调不可以无所用心。"

【第二十三章】子路曰："君子尚勇乎？"子曰："君子义以为上。君子有勇而无义为乱，小人有勇而无义为盗。"①

【集注】① 尚，上之也。君子为乱，小人为盗，皆以位而言者也。尹氏曰："义以为尚，则其勇也大矣。子路好勇，故夫子以此救其失也。"胡氏曰："疑此子路初见孔子时问答也。"

【今译】① 尚,崇尚。君子发动叛乱,小人去做盗贼,都是从社会地位上说的。尹焞说:"把义作为崇尚对象,那么他的勇就大了。子路好勇,所以夫子用这话来补救他的过失。"胡寅说:"这可能是子路刚见孔子时的问答。"

【第二十四章】子贡曰:"君子亦有恶乎?"子曰:"有恶。恶称人之恶者,恶居下流而讪上者,恶勇而无礼者,恶果敢而窒者。"①

曰:"赐也亦有恶乎?""恶徼以为知者,恶不孙以为勇者,恶讦以为直者。"②

【集注】① 恶,去声,下同。唯"恶者"之"恶",如字。讪,所谏反。

讪,谤毁也。窒,不通也。称人恶,则无仁厚之意。下讪上,则无忠敬之心。勇无礼,则为乱。果而窒,则妄作。故夫子恶之。

② 徼,古尧反。知、孙,并去声。讦,居谒反。

"恶徼"以下,子贡之言也。徼,伺察也。讦,谓攻发人之阴私。

杨氏曰:"仁者无不爱,则君子疑若无恶矣。子贡之有是心也,故问焉以质其是非。"侯氏曰:"圣贤之所恶如此,所谓唯仁者能恶人也。"

【今译】① 恶,wù,下同。只有"恶者"的"恶"读本字,è。讪,shàn。

讪,诽谤、诋毁。窒,不通。说人坏话,就没有仁爱厚道之意。下级诽谤上级,就没有忠诚恭敬之心。勇而无礼,就会作乱。果敢而不明事理,就会胡来。所以夫子厌恶这些。

② 徼，jiāo。知，zhì。孙，xùn。讦，jié。

"恶徼"以下，是子贡的话。徼，偷看。讦，揭发、攻击别人的隐私。

杨时说："仁者无所不爱，君子就怀疑他是没有厌恶的东西。子贡有这样的想法，所以提问以证明是不是如此。"侯仲良说："圣贤所厌恶的是这些东西，这就是所说的'唯仁者能恶人'啊。"

【第二十五章】子曰："唯女子与小人为难养也，近之则不孙，远之则怨。"①

【集注】① 近、孙、远，并去声。

此小人，亦谓仆隶下人也。君子之于臣妾，庄以莅之，慈以畜之，则无二者之患矣。

【今译】① 近，jìn。孙，xùn。远，yuàn。

这里所说的小人，也指奴仆差役之类。君子对于仆人奴婢，庄重地面对他们，慈爱地养活他们，就没有这两种隐患了。

【第二十六章】子曰："年四十而见恶焉，其终也已。"①

【集注】① 恶，去声。

四十，成德之时。见恶于人，则止于此而已。勉人及时迁善改过也。苏氏曰："此亦有为而言，不知其为谁也。"

【今译】① 恶，wù。

四十，成就德行的年龄。被人厌恶，也就不会再有什么长进了。这是勉励人及时地向善并改正错误。苏轼说："这也是有感而发，不知是因为谁说的。"

微子第十八

【集注】此篇多记圣贤之出处。凡十一章。

【今译】本篇多记圣贤的出仕与隐居。共十一章。

　　【第一章】微子去之，箕子为之奴，比干谏而死^①。
　　孔子曰："殷有三仁焉。"^②

【集注】① 微、箕，二国名。子，爵也。微子，纣庶兄。箕子、比干，纣诸父。微子见纣无道，去之以存宗祀。箕子、比干皆谏，纣杀比干，囚箕子以为奴，箕子因佯狂而受辱。

　　② 三人之行不同，而同出于至诚恻怛之意，故不咈乎爱之理，而有以全其心之德也。杨氏曰："此三人者各得其本心，故同谓之仁。"

【今译】① 微、箕，两个诸侯国的名字。子，爵位。微子，商纣王的庶兄。箕子、比干，商纣王的两个叔父。微子见商纣王无道，离开了纣王以保持宗庙祭祀不要断绝。箕子、比干都进谏，纣王杀了比干，囚禁了箕子让他做奴隶，箕子因装疯而承受侮辱。

　　② 三个人的行为不同，但都是出于极端的真诚和忧虑，所以并不违背爱的理，却借此成全了他们本心的德行。杨时说："这三个人各自得到了自己的本心，所以都叫做仁。"

　　【第二章】柳下惠为士师，三黜。人曰："子未可以去乎？"曰："直道而事人，焉往而不三黜？枉道而事人，何必

去父母之邦?"①

【集注】① 三,去声。焉,於虔反。

士师,狱官。黜,退也。柳下惠三黜不去,而其辞气雍容如此,可谓和矣。然其不能枉道之意,则有确乎其不可拔者。是则所谓必以其道,而不自失焉者也。

胡氏曰:"此必有孔子断之之言,而亡之矣。"

【今译】① 三,音 sàn。焉,yān。

士师,狱官。黜,被辞退。柳下惠多次被辞退而不离开祖国,并且口气又是如此从容大度,可算是温和了。然而他决不违背正道的意志,的确是有不可动摇的品质。这是那种所谓定要行自己的直道,而不丧失自我的人。

胡寅说:"这里必定有孔子评价的言论,但丢失了。"

【第三章】齐景公待孔子,曰:"若季氏,则吾不能,以季、孟之间待之。"曰:"吾老矣,不能用也。"孔子行。①

【集注】① 鲁三卿,季氏最贵,孟氏为下卿。孔子去之事,见《世家》。然此言必非面语孔子,盖自以告其臣,而孔子闻之尔。

程子曰:"季氏,强臣,君待之之礼极隆,然非所以待孔子也。以季、孟之间待之,则礼亦至矣。然复曰'吾老矣,不能用也',故孔子去之,盖不系待之轻重,特以不用而去尔。"

【今译】① 鲁国三位卿,季氏最尊贵,孟氏是下卿。孔子离开这件事,见《史记·孔子世家》。不过这话一定不是当面对孔子说的,大概是告诉自己的臣子,孔子听说了。

程子说："季氏是强臣，君主对待他的礼节极其隆重，但不能这样来对待孔子。用介乎季氏、孟氏之间的礼仪，也是非常隆重了。然而又说'我老了，不能用他了'，所以孔子离开了，大概不在于待遇的高低，只是因为不能被任用而离开了。"

【第四章】齐人归女乐，季桓子受之，三日不朝，孔子行。①

【集注】①归，如字，或作"馈"。朝，音潮。

季桓子，鲁大夫，名斯。按《史记》，定公十四年，孔子为鲁司寇，摄行相事。齐人惧，归女乐以沮之。尹氏曰："受女乐而怠于政事如此，其简贤弃礼，不足与有为可知矣，夫子所以行也。所谓'见几而作，不俟终日'❶者与？"

范氏曰："此篇记仁贤之出处，而折衷以圣人之行，所以明中庸之道也。"

【今译】①归，读 guī，或写作"馈"。朝，音潮（ chó）。

季桓子，鲁国大夫，名斯。据《史记·孔子世家》：定公十四年，孔子做鲁国司寇，代理宰相。齐国害怕，赠送了女子乐队以扰乱鲁国政治。尹焞说："接受女子乐队、荒废政事到了这种地步，那么他们慢待贤者，抛弃礼法，不能够和他们一起有所作为也就可以知道了，夫子因此离开了鲁国。这就是'看到事物的苗头就立即采取行动，不要等到一天终了'的行为吧？"

范祖禹说："这一篇记载仁人贤人的出仕与隐居，而以圣人的言行

❶　出自《周易·系辞传》。

作为正确的标准,以此来说明什么是中庸之道。"

【第五章】楚狂接舆歌而过孔子,曰:"凤兮! 凤兮! 何德之衰? 往者不可谏,来者犹可追。已而! 已而! 今之从政者殆而!"①

孔子下,欲与之言。趋而辟之,不得与之言②。

【集注】① 接舆,楚人,佯狂辟世。夫子时将适楚,故接舆歌而过其车前也。凤,有道则见,无道则隐。接舆以比孔子,而讥其不能隐为德衰也。来者可追,言及今尚可隐去。已,止也。而,语助辞。殆,危也。接舆盖知尊孔子而趣不同者也。

② 辟,去声。

孔子下车,盖欲告之以出处之意。接舆自以为是,故不欲闻而辟之也。

【今译】① 接舆,楚国人,装作疯狂以避世。夫子那时将到楚国,所以接舆唱着歌从他车前经过。凤凰,天下有道就出现,天下无道就隐藏。接舆用凤比喻孔子,而讥讽他不能隐居是"德衰"。来者可追,意思是现在归隐还来得及。已,停止。而,语助词。殆,危险。接舆是个知道尊崇孔子但志趣不同的人。

② 辟,bì。

孔子下车,是想告诉他自己对用世和隐居的看法。接舆自以为是,所以不愿听而避开了。

【第六章】长沮、桀溺耦而耕。孔子过之,使子路问津焉①。

长沮曰:"夫执舆者为谁?"子路曰:"为孔丘。"曰:"是鲁孔丘与?"曰:"是也。"曰:"是知津矣。"②

问于桀溺,桀溺曰:"子为谁?"曰:"为仲由。"曰:"是鲁孔丘之徒与?"对曰:"然。"曰:"滔滔者天下皆是也,而谁以易之?且而与其从辟人之士也,岂若从辟世之士哉?"耰而不辍③。

子路行以告。夫子怃然,曰:"鸟兽不可与同群,吾非斯人之徒与而谁与?天下有道,丘不与易也。"④

【集注】①沮,七余反。溺,乃历反。

二人,隐者。耦,并耕也。时孔子自楚反乎蔡。津,济渡处。

②夫,音扶。与,平声。

执舆,执辔在车也。盖本子路御而执辔,今下问津,故夫子代之也。知津,言数周流,自知津处。

③"徒与"之"与",平声。滔,土刀反。辟,去声。耰,音忧。

滔滔,流而不反之意。以,犹与也。言天下皆乱,将谁与变易之?而,汝也。辟人,谓孔子。辟世,桀溺自谓。耰,覆种也。亦不告以津处。

④怃,音武。与,如字。

怃然,犹怅然,惜其不喻己意也。言所当与同群者,斯人而已,岂可绝人逃世以为洁哉!天下若已平治,则我无用变易之。正为天下无道,故欲以道易之耳。

程子曰:"圣人不敢有忘天下之心,故其言如此也。"张子曰:"圣人之仁,不以无道必天下而弃之也。"

【今译】①沮,jǔ。溺,nì。

这两个人，是隐士。耦，并耕。当时孔子从楚国回蔡国。津，渡口。②夫，音扶（fú）。与，yú。

执舆，在车上拉着缰绳。大概本来是子路驭车并执掌缰绳，现在下车问渡口，所以夫子代他拉着。知津，意思是孔子到处奔波，自己知道渡口。

③"徒与"的"与"，读 yú。滔，tāo。辟，bì。耰，读忧（yōu）。

滔滔，奔流向前而不返回的意思。以，与的意思。说的是天下到处混乱，将由谁来改变它？而，你。辟人，指孔子。辟世，桀溺对自己的称谓。耰，覆盖种子。也不告诉子路渡口在哪里。

④怃，音武（wǔ）。与，读 yǔ。

怃然，就是怅然，可惜他们不理解自己的用心。意思是应当一起共事的，也就是世上的这些人罢了，怎可把脱离人类逃避社会作为高洁呢？天下若是已经太平，那么我就不用去改变什么。正是因为天下无道，所以想用道去改变它。

程子说："圣人不敢有忘记天下的心，所以他这样说。"张子说："圣人的仁爱，不因为天下无道就定要弃天下而不顾。"

【第七章】子路从而后，遇丈人，以杖荷蓧。子路问曰："子见夫子乎？"丈人曰："四体不勤，五谷不分。孰为夫子？"植其杖而芸①。子路拱而立②。止子路宿，杀鸡为黍而食之，见其二子焉③。

明日，子路行以告。子曰："隐者也。"使子路反见之。至，则行矣④。

子路曰："不仕无义。长幼之节，不可废也；君臣之义，如之何其废之？欲洁其身，而乱大伦。君子之仕也，行其义也。道之不行，已知之矣。"⑤

【集注】①蓧，徒吊反。植，音值。

丈人，亦隐者。蓧，竹器。分，辨也。五谷不分，犹言不辨菽麦尔。责其不事农业，而从师远游也。植，立之也。芸，去草也。

②知其隐者，敬之也。

③食，音嗣。见，贤遍反。

④孔子使子路反见之，盖欲告之以君臣之义。而丈人意子路必将复来，故先去之以灭其迹，亦接舆之意也。

⑤长，上声。

子路述夫子之意如此。盖丈人之接子路甚倨，而子路益恭，丈人因见其二子焉，则于长幼之节，固知其不可废矣，故因其所明以晓之伦序也。人之大伦有五：父子有亲，君臣有义，夫妇有别，长幼有序，朋友有信是也。仕，所以行君臣之义，故虽知道之不行，而不可废。然谓之义，则事之可否，身之去就，亦自有不可苟者。是以虽不洁身以乱伦，亦非忘义以徇禄也。福州有国初时写本，"路"下有"反子"二字，以此为子路反而夫子言之也。未知是否。

范氏曰："隐者为高，故往而不返。仕者为通，故溺而不止。不与鸟兽同群，则决性命之情以饕富贵。此二者皆惑也，是以依乎中庸者为难。惟圣人不废君臣之义，而必以其正，所以或出或处，而终不离于道也。"

【今译】①蓧，diào。植，音值（zhí）。

丈人，也是个隐者。蓧，竹器。分，辨别。五谷不分，犹如说分不清麦和豆子。责备子路不从事农业生产,而跟着老师远游。植,插在地上。芸,除草。

②知道他是隐者,表示恭敬。

③食,音嗣(sì)。见,xiàn。

④孔子让子路回去见他,是要告诉他君臣的大义。而那位丈人估计子路一定会再来,所以就先离开而销声匿迹,也是接舆的做法。

⑤长,zhǎng。

子路这样转述了夫子的意思。因为丈人对待子路很傲慢,而子路却更加恭敬,因此,丈人让自己的两个孩子出来见过子路,这就是对于长幼的礼节,确实知道那是不可废弃的,所以就借着他所明白的来告诉他。伦,次序。人的大伦有五条:父子要亲爱,君臣有道义,夫妻有分别,长幼有等级,朋友讲信誉。出仕,就是为了实行君臣的大义,所以虽然知道正道无法推行,但也不可拒绝出仕。然而叫做义,那么事情的可与不可,自己是出仕还是离开,也自然有不可苟且行事的。所以虽然不能为求自身高洁而乱人伦,但也不是忘掉道义去追逐禄位。福州有国初时的写本❶,“路”下有“反子”二字,把这段话作为子路返回后夫子说的。不知对不对。

范祖禹说:“隐者高尚,所以离开了就不再回来。出仕者通达,所以陷进去就不能停止。不与鸟兽同群,就一心一意拼了命地来追求富贵。这两种做法都是不对的,所以按中庸行事是很难的。只有圣人不废君臣大义,必走正道,所以无论出仕还是隐居,最终都不离开正道。”

【第八章】逸民:伯夷,叔齐,虞仲,夷逸,朱张,柳下惠,

---

❶　国初:宋代开国之初。

少连^①。

  子曰："不降其志，不辱其身，伯夷、叔齐与！"^②

  谓："柳下惠、少连，降志辱身矣。言中伦，行中虑，其斯而已矣。"^③

  谓："虞仲、夷逸，隐居放言。身中清，废中权^④。我则异于是，无可无不可^⑤。"

【集注】① 少，去声，下同。

  逸，遗。逸民者，无位之称。虞仲，即仲雍，与泰伯同窜荆蛮者。夷逸、朱张，不见经传。少连，东夷人。

  ② 与，平声。

  ③ 中，去声，下同。

  柳下惠事见上。伦，义理之次第也。虑，思虑也。中虑，言有意义，合人心。少连事，不可考，然《记》称其"善居丧，三日不怠，三月不解，期悲哀，三年忧"，则行之中虑，亦可见矣。

  ④ 仲雍居吴，断发文身，裸以为饰。隐居独善，合乎道之清。放言自废，合乎道之权。

  ⑤ 孟子曰："孔子可以仕则仕，可以止则止，可以久则久，可以速则速。"所谓"无可无不可"也。

  谢氏曰："七人隐遁不污则同，其立心造行则异。伯夷、叔齐，天子不得臣，诸侯不得友，盖已遁世离群矣。下圣人一等，此其最高与？柳下惠、少连，虽降志而不枉己，虽辱身而不求合，其心有不屑也，故言能中伦，行能中虑。虞仲、夷逸隐居放言，则言不合先王之法者多矣。然清而不污也，权而适宜也，与方外之士害义伤教而乱大伦者殊科。是以均谓之逸民。"尹氏曰："七人各守其一节，而孔子则无可无不可，此所以常适其可,而异于逸民之徒也。扬雄曰:'观乎圣人则见贤人。'是以孟子语夷、惠,亦必以孔子断之。"

【今译】 ① 少,shào,下同。

逸,遗留。逸民,没有职位的人。虞仲,即仲雍,和太伯一起逃到荆蛮地区。夷逸、朱张,不见于经传。少连,东夷人。

② 与,yú。

③ 中,zhòng,下同。

柳下惠事迹见前。伦,义理的次序等级。虑,思虑。中虑,意思是有意义,合乎人心。少连的事迹不可考察,然而《礼记·杂记》称他"善于为死者守丧,三天了还不怠慢,三月了还不懈怠,一年了还悲哀,三年了还忧愁",他的行为合乎人心,也就由此可见了。

④ 仲雍住在吴地,断发文身,作为裸体的装饰。隐居独善自身,合乎道的清高。放肆直言,自我废弃,合乎道的权变。

⑤ 孟子说:"孔子可以出仕就出仕,可以停止就停止,可以长久就长久,可以快速就快速。"这就是所说的"无可无不可"。

谢良佐说:"七人隐遁不和世俗同流合污是相同的,但他们的行为和动机却不一样。伯夷、叔齐,天子无法让他们做臣,诸侯无法以他们为友,他们已经是脱离尘世离开人群了。低圣人一等的人们之中,这是最高层次的了! 柳下惠、少连,虽然降低了志向但不委屈自己,虽然使身体受辱但不去迎合,他们的心是不屑同流合污的,所以言能中伦,行能中虑。虞仲、夷逸,隐居起来,放肆直言,言论之中不合先王之法的多了。但清高而不合污,他们的权变是适当的,和那些方外之士危害道义伤害礼教而乱大伦的完全不同。所以把他们都叫做逸民。"尹焞说:"七人各坚持一个方面,孔子则是无可无不可,这是孔子总是能达到那个可,而和逸民之类不同的地方。扬雄说:'看看圣人就知道贤人。'所以孟子评论伯夷、柳下惠,也一定要以孔子为标准。"

【第九章】大师挚适齐①,亚饭干适楚,三饭缭适蔡,四饭缺适秦②。鼓方叔入于河③,播鼗武入于汉④,少师阳、击磬襄入于海⑤。

【集注】①大,音泰。

大师,鲁乐官之长。挚,其名也。

②饭,扶晚反。缭,音了。

亚饭以下,以乐侑食之官。干、缭、缺,皆名也。

③鼓,击鼓者。方叔,名。河,河内。

④鼗,徒刀反。

播,摇也。鼗,小鼓,两旁有耳,持其柄而摇之,则旁耳还自击。武,名也。汉,汉中。

⑤少,去声。

少师,乐官之佐。阳、襄,二人名。襄,即孔子所从学琴者。海,海岛也。

此记贤人之隐遁以附前章,然未必夫子之言也。末章放此。张子曰:"周衰乐废,夫子自卫反鲁,一尝治之。其后伶人贱工识乐之正。及鲁益衰,三桓僭妄,自大师以下,皆知散之四方,逾河蹈海以去乱。圣人俄顷之助,功化如此。如有用我,期月而可,岂虚语哉!"

【今译】①大,音泰(tài)。

大师,鲁国乐官之长。挚,乐官长的名字。

②饭,fàn。缭,音了(liáo)。

亚饭以下，是为国君佐餐而奏乐的乐官。干、缭、缺，是他们的名字。

③鼓，鼓手。方叔，名字。河，黄河北。

④鼗，táo。

播，摇动。鼗，小鼓，两旁有耳朵，握住柄摇动，两旁的鼓耳就交替击鼓。武，人名。汉，汉中。

⑤少，shào。

少师，乐官的助手。阳、襄，两个人的名字。襄，就是孔子跟随学琴的那位。海，海岛。

这里记述了贤人的隐遁以作为前一章的附录，但未必是夫子的话。最后一章与此类似。张子说："周代衰落，音乐荒废，夫子从卫国回到鲁国，曾经全部整理过。后来乐师们才懂得哪是正规的音乐。等到鲁国日益衰落，三桓僭越，胡作非为，从太师以下，都懂得逃到四面八方，渡过黄河、跑到海岛以离开这混乱的国度。圣人只稍微帮助了一下，教化的功效就如此明显。'如有用我，期月而可'❶，难道是空话吗？"

【第十章】周公谓鲁公曰："君子不施其亲，不使大臣怨乎不以。故旧无大故，则不弃也。无求备于一人。"①

【集注】①施，陆氏本作"弛"，福本同。

鲁公，周公子伯禽也。弛，遗弃也。以，用也。大臣非其人则去之，在其位则不可不用。大故，谓恶逆。李氏曰："四者皆君子之事，忠厚之至也。"

---

❶　见本书《子路》篇："子曰：苟有用我者，期月而已可也，三年有成。"

　　胡氏曰："此伯禽受封之国,周公训戒之辞。鲁人传诵,久而不忘也。其或夫子尝与门弟子言之欤!"

【今译】① 施,陆元朗本作"弛",福建本与此相同。

　　鲁公,周公之子伯禽。弛,遗弃。以,用。大臣不称职就罢免,在位的不可不用。大故,指叛逆等大罪。李郁说:"这四条都是君子的事,是极端的忠厚。"胡寅说:"这是伯禽受封,到封国赴任时,周公训戒的话。鲁国人传诵,长久不忘。大概是夫子曾向弟子们说过的吧!"

【第十一章】周有八士:伯达,伯适,仲突,仲忽,叔夜,叔夏,季随,季骀①。

【集注】① 骀,乌瓜反。

　　或曰成王时人,或曰宣王时人。盖一母四乳而生八子也,然不可考矣。张子曰:"记善人之多也。"

　　愚按:此篇,孔子于三仁、逸民、师挚、八士,既皆称赞而品列之,于接舆、沮、溺、丈人,又每有惓惓接引之意,皆衰世之志也,其所感者深矣。在陈之叹,盖亦如此。三仁,则无间然矣。其余数君子者,亦皆一世之高士。若使得闻圣人之道,以裁其所过而勉其所不及,则其所立,岂止于此而已哉!

【今译】① 骀,guā。

　　有人说他们是周成王时代的人,有人说是周宣王时代的人。他们是一母四胎所生的八个儿子,但无可查考。张子说:"这是记述当时好人多。"

　　熹按:这一篇,孔子对于三仁、逸民、师挚、八士,都进行了称赞、评论，对接舆、沮、溺、丈人，又总是有教诲、引导的意思，这都是衰世中的志向，他的感受是非常深切的啊！在陈国的慨叹，大概也是如此。三仁，是挑不出什么毛病的。其余诸位君子，也都是一个时代的高尚之士。假如使他们能够听到圣人之道，以去掉自己那过分的，努力于自己所不及的，那么，他们所建立的功德，哪里会只有这些呢？

子张第十九

【集注】此篇皆记弟子之言，而子夏为多，子贡次之。盖孔门自颜子以下，颖悟莫若子贡；自曾子以下，笃实无若子夏，故特记之详焉。凡二十五章。

【今译】这一篇记载的都是弟子们的言论，以子夏为多，其次是子贡。孔门弟子从颜子以下，聪明都不如子贡；从曾子以下，笃实都不如子夏，所以对他们的记载就比较详尽。共二十五章。

【第一章】子张曰："士见危致命，见得思义，祭思敬，丧思哀，其可已矣。"①

【集注】① 致命，谓委致其命，犹言授命也。四者立身之大节，一有不至，则余无足观。故言士能如此，则庶乎其可矣。

【今译】① 致命，指献出自己的生命，和授命同义。这四条是立身的大节，有一条做不到，其余就不足称道。所以说士能如此，就差不多可以了。

【第二章】子张曰："执德不弘，信道不笃，焉能为有？焉能为亡？"①

【集注】① 焉，於虔反。亡，读作无，下同。

有所得而守之太狭，则德孤；有所闻而信之不笃，则道废。焉能为有亡，犹言不足为轻重。

【今译】① 焉，yān。亡，读作无（wú），下同。

有些收获但坚持得太狭隘，这样的德行就会孤立；听到了圣贤的教诲但相信得不笃实，这样的道就会被丢弃。怎能为有、为无，意思是无足轻重。

【第三章】 子夏之门人问交于子张。子张曰："子夏云何？"对曰："子夏曰：'可者与之，其不可者拒之。'"子张曰："异乎吾所闻。君子尊贤而容众，嘉善而矜不能。我之大贤与，于人何所不容？我之不贤与，人将拒我，如之何其拒人也？"①

【集注】①"贤与"之"与"，平声。

子夏之言迫狭，子张讥之是也，但其所言亦有过高之弊。盖大贤虽无所不容，然大故亦所当绝。不贤固不可以拒人，然损友亦所当远。学者不可不察。

【今译】①"贤与"的"与"，yú。

子夏的话狭隘，子张讥讽他是对的，但他所说的也有过分高远的缺点。因为大贤人虽然容纳一切，但对犯重大恶行和罪过的人也应当拒绝。不贤者固然不可以拒绝别人，但对于可能损害德行的人也应当远离才好。求学的人不可以不加辨别。

【第四章】 子夏曰："虽小道，必有可观者焉。致远恐泥，是以君子不为也。"①

【集注】① 泥，去声。

小道，如农圃医卜之属。泥，不通也。

　　杨氏曰："百家众技,犹耳目口鼻,皆有所明,而不能相通。非无可观也,致远则泥矣,故君子不为也。"

【今译】①泥,nì。

　　小道,譬如农学、园艺、医学、占卜之类。泥,不通。

　　杨时说："诸子百家和各种技艺,就像耳目口鼻,都能职守某一方面,却不能相互通贯。不是没有可称道的,但干大事就不行了,所以君子不为。"

【第五章】子夏曰："日知其所亡,月无忘其所能,可谓好学也已矣。"①

【集注】①亡,读作无。好,去声。

　　亡,无也,谓己之所未有。

　　尹氏曰："好学者日新而不失。"

【今译】①亡,读作无(wú)。好,hào。

　　亡,无,指自己所没有的。

　　尹焞说："好学的人天天进步,却不丢失已学到的。"

【第六章】子夏曰："博学而笃志,切问而近思,仁在其中矣。"①

【集注】①四者皆学问思辨之事耳,未及乎力行而为仁也。然从事于此,则心不外驰,而所存自熟,故曰仁在其中矣。

　　程子曰："博学而笃志,切问而近思,何以言仁在其中矣,学者要思得之。了此,便是彻上彻下之道。"又曰："学不博则不能守约,志不笃则不能力行。切问近思在己者,则仁在其中矣。"又曰："近思者,以类而推。"苏氏曰："博学而志不笃,则大而无成。泛问远思,则劳而无功。"

【今译】① 四者都是学、问、思、辨的事业,还没有达到努力实行而求仁的境界。然而从事这些事,可使心不往别处想,从而所存的东西自然会精熟,所以说"仁在其中矣"。

程子说:"'博学而笃志,切问而近思',为什么说这样做就'仁在其中矣',求学者要深刻地去思考、体会。明白了这一点,是弄清一切的道路。"又说:"学问不渊博就不能久处贫困,志向不笃实就不能努力实行。'切问''近思'那自己具备的东西,仁就在其中了。"又说:"近思,就是以此类推。"苏轼说:"博学但志向不笃实,就大而无成。泛泛发问,思想玄远,就劳而无功。"

【第七章】子夏曰:"百工居肆以成其事,君子学以致其道。"①

【集注】① 肆,谓官府造作之处。致,极也。工不居肆,则迁于异物而业不精。君子不学,则夺于外诱而志不笃。尹氏曰:"学所以致其道也。百工居肆,必务成其事。君子之于学,可不知所务哉!"愚按:二说相须,其义始备。

【今译】① 肆,指官府的作坊。致,登峰造极。工匠不住在作坊里,就会见异思迁从而技艺不精。君子不学习,就会受外界引诱从而志向不笃实。尹焞说:"学习是为了'致其道'。百工居肆,必定力求做好自己的事。君子对于学习,难道可以不知道该做什么吗?"熹按:两种说法相互补充,意义才会完备。

【第八章】子夏曰:"小人之过也必文。"①

【集注】① 文，去声。

文，饰之也。小人惮于改过，而不惮于自欺，故必文以重其过。

【今译】① 文，wèn。

文，掩饰。小人害怕改正错误，却不怕自欺欺人，所以一定掩饰从而加重自己的过错。

【第九章】子夏曰："君子有三变：望之俨然，即之也温，听其言也厉。"①

【集注】① 俨然者，貌之庄。温者，色之和。厉者，辞之确。

程子曰："他人俨然则不温，温则不厉，惟孔子全之。"谢氏曰："此非有意于变，盖并行而不相悖也，如良玉温润而栗然。"

【今译】① 俨然，外貌的庄重。温，脸色的和气。厉，语言的明确、坚定。

程子说："别的人庄重就不温和，温和就不明确，只有孔子如此全面。"谢良佐说："这不是故意改变，而是并行不悖，就像美玉的温润又坚硬。"

【第十章】子夏曰："君子信而后劳其民，未信则以为厉己也；信而后谏，未信则以为谤己也。"①

【集注】① 信，谓诚意恻怛而人信之也。厉，犹病也。事上使下，皆必诚意交孚，而后可以有为。

【今译】① 信，指诚心诚意地同情怜悯，因而人们信任。厉，意思是坑害。事奉上司、役使下属，都必须诚心诚意互相信任，然后才可以有所作为。

【第十一章】子夏曰："大德不逾闲，小德出入可也。"①

【集注】① 大德、小德，犹言大节、小节。闲，阑也，所以止物之出入。言人能先立乎其大者，则小节虽或未尽合理，亦无害也。

吴氏曰："此章之言不能无弊，学者详之。"

【今译】① 大德、小德，意思是大节、小节。闲，栅栏，用来阻止动物的出入。说的是人假若能先树立起远大的志节，即使小节不完全合乎理，也没有妨碍。

吴棫说："这一章的话，不可能没流弊，求学者要慎重。"

【第十二章】子游曰："子夏之门人小子，当洒扫、应对、进退，则可矣。抑末也，本之则无如之何？"①

子夏闻之曰："噫！言游过矣！君子之道，孰先传焉？孰后倦焉？譬诸草木，区以别矣。君子之道，焉可诬也？有始有卒者，其惟圣人乎！"②

【集注】① 洒，色卖反。扫，素报反。

子游讥子夏弟子于威仪容节之间则可矣，然此小学之末耳。推其本，如大学正心诚意之事，则无有。

② 别，必列反。焉，於虔反。

倦，如"诲人不倦"之"倦"。区，犹类也。言君子之道，非以其末为先而传之，非以其本为后而倦教，但学者所至，自有浅深，如草木之有大小，其类固有别矣。若不量其浅深，不问其生熟，而概以高且远者强而语之，则是诬之而已。君子之道，岂可如此？若夫始终本末一以贯之，则惟圣人为然，岂可责之门人小子乎？

程子曰："君子教人有序，先传以小者近者，而后教以大者远者，非先传以近小，而后不教以远大也。"又曰："洒扫应对，便是形而上者，理无大小故也，故君子只在谨独。"又曰："圣人之道，更无精粗。从洒扫应对与精义入神，贯通只一理。虽洒扫应对，只看所以然如何。"又曰："凡物有本末，不可分本末为两段事。洒扫应对是其然，必有所以然。"又曰："自洒扫应对上，便可到圣人事。"

　　愚按：程子第一条说此章文意最为详尽。其后四条，皆以明精粗本末，其分虽殊，而理则一。学者当循序而渐进，不可厌末而求本。盖与第一条之意实相表里，非谓末即是本，但学其末，而本便在此也。

【今译】① 洒，sǎ。扫，sǎo。

　　子游讥笑子夏的弟子在礼节、威仪方面还不错，不过这是小学，是学问之末。探究它的本，比如大学的"正心""诚意"一类事，就没有了。

　　② 别，bié。焉，yān。

　　倦，和"诲人不倦"的"倦"同义。区，与类别同义。说的是君子之道，不是由于那个末在前头就传授，也不是由于那个本在后头就懒得教人，只是因为求学者所能达到的，各自深浅不同，就像草木有大小，它们的种类天生不同。如果不顾他们能达到的深浅，也不问他们的生熟，而一概用高深、远大的道理勉强地告诉他们，那就是欺骗他们。君子之道，怎么可如此？至于始终本末一以贯之，只有圣人能够如此，怎么可以责备学生弟子们呢？

　　程子说："君子教人有次序，先教那小的、切近的，然后再教那大的、深远的，不是先传授了近与小，以后就不教那远与大了。"又说："洒扫应对 **❶**，便是形而上的东西，因为理没有大小，所以君子只在于慎

---

❶ 洒扫应对：洒水扫地、待人接物之类的小事。

独。"又说："圣人之道，根本没什么精与粗。从洒扫应对到'精义入神'，互相贯通，只是一个理。虽然是洒扫应对，只要看他这样做的思想基础是什么。"又说："任何事物都有本末，不可以把本末分为两件事。洒扫应对是其外在表现，但必定有有这种表现的原因。"又说："从洒扫应对上不断进步，就可达到圣人的事业。"

　　熹按：程子第一条解说本章的文意最为详尽。后面四条，都是为了说明精与粗、本与末，虽然它们有差别，但理是一个。求学者应当循序渐进，不可以厌恶末而一味去追求本。它们与第一条的意思互相补充，不是说末就是本，而是说只要学到了末，本也就在里面了。

【第十三章】子夏曰："仕而优则学，学而优则仕。"①

【集注】① 优，有余力也。仕与学，理同而事异，故当其事者，必先有以尽其事，而后可及其余。然仕而学，则所以资其仕者益深。学而仕，则所以验其学者益广。

【今译】① 优，有余力。出仕与求学，理相同而事不同，所以担任了什么事，一定要先把所任的事做好，然后才可以顾及别的。然而出仕的人求学，那么用来帮助他出仕的会更加深厚。求学的人出仕，那么用来检验他学习效果的场所就更加广阔。

【第十四章】子游曰："丧致乎哀而止。"①

【集注】① 致极其哀，不尚文饰也。杨氏曰："'丧，与其易也，宁戚'，不若礼不足而哀有余之意。"愚按："而止"二字，亦微有过于高远而简略细微之弊。学者详之。

【今译】① 尽情地表现自己的哀伤，也就是不崇尚文饰的意思。杨时说："'丧，与其易也，宁戚'，不如'礼不足而哀有余'。"熹按："而止"两个字，也稍微有过于高远而忽略细微之处的弊病。求学者应认真思考。

【第十五章】子游曰："吾友张也，为难能也。然而未仁。"①

【集注】① 子张行过高，而少诚实恻怛之意。

【今译】① 子张行为过于求高，却缺少诚实、悲悯的情怀。

【第十六章】曾子曰："堂堂乎张也，难与并为仁矣。"①

【集注】① 堂堂，容貌之盛。言其务外自高，不可辅而为仁，亦不能有以辅人之仁也。

范氏曰："子张外有余而内不足，故门人皆不与其为仁。子曰'刚毅木讷近仁'，宁外不足而内有余，庶可以为仁矣。"

【今译】① 堂堂，容貌的隆盛。说的是他追求外表，自大自高，不可以帮他求仁，他也不能对别人求仁有所帮助。

范祖禹说："子张外在的有余，而内在的不足，所以门人们都不愿和他一起求仁。孔子说：'刚、毅、木、讷，近仁。'宁可外在不足而内在有余，差不多还可以求仁。"

【第十七章】曾子曰："吾闻诸夫子：人未有自致者也，必也亲丧乎！"①

【集注】① 致，尽其极也。盖人之真情所不能自已者。

尹氏曰："亲丧，固所自尽也。于此不用其诚，恶乎用其诚！"

【今译】① 致，达到极点。这是人的真情所不能自我抑制的情形。

尹焞说："父母的死亡,本来就是自己完全表露真情的时候。在这里不用自己的真诚,真诚还用到哪里呢!"

【第十八章】曾子曰:"吾闻诸夫子:孟庄子之孝也,其他可能也;其不改父之臣,与父之政,是难能也。"①

【集注】① 孟庄子,鲁大夫,名速。其父献子,名蔑。献子有贤德,而庄子能用其臣,守其政,故其他孝行虽有可称,而皆不若此事之为难。

【今译】① 孟庄子,鲁国大夫,名速。他的父亲献子,名蔑。孟献子有贤明的德行,而庄子能用他的臣,坚持他的政策,所以其他孝行虽然值得称道,但都不如这件事困难。

【第十九章】孟氏使阳肤为士师,问于曾子。曾子曰:"上失其道,民散久矣。如得其情,则哀矜而勿喜。"①

【集注】① 阳肤,曾子弟子。民散,谓情义乖离,不相维系。谢氏曰:"民之散也,以使之无道,教之无素。故其犯法也,非迫于不得已,则陷于不知也。故得其情,则哀矜而勿喜。"

【今译】① 阳肤,曾子的弟子。民散,指情义离散,不能团结一致。谢良佐说:"民心离散,因为役使他们无道,教育他们不够多。所以他们犯法,不是迫不得已,就是由于无知。所以即使弄清了案情,也应哀怜而不应高兴。"

【第二十章】子贡曰:"纣之不善,不如是之甚也。是以君子恶居下流,天下之恶皆归焉。"①

【集注】①"恶居"之"恶",去声。

下流，地形卑下之处，众流之所归。喻人身有污贱之实，亦恶名之
所聚也。子贡言此，欲人常自警省，不可一置其身于不善之地，非谓纣
本无罪而虚被恶名也。

【今译】①"恶居"的"恶"，wù。

下流，地形低下的地方，是各种水流汇归的地方。比喻人若有卑污
下贱的事实，种种恶名也就都会加在他的身上。子贡这样说，是要人们
经常自我反省，不可以把自己置于不好的境地，不是说纣王本没有罪而
空背了许多恶名。

【第二十一章】子贡曰："君子之过也，如日月之食焉。
过也，人皆见之；更也，人皆仰之。"①

【集注】①更，平声。

【今译】①更，gēng。

【第二十二章】卫公孙朝问于子贡曰："仲尼焉学？"①

子贡曰："文、武之道，未坠于地，在人。贤者识其大
者，不贤者识其小者，莫不有文、武之道焉。夫子焉不学？
而亦何常师之有？"②

【集注】①朝，音潮。焉，於虔反。

公孙朝，卫大夫。

②识，音志。下"焉"字，於虔反。

文武之道，谓文王、武王之谟训功烈，与凡周之礼乐文章皆是也。
在人，言人有能记之者。识，记也。

【今译】① 朝，音潮（cháo）。焉，yān。

公孙朝，卫国大夫。

② 识，音志（zhì）。下一个"焉"字，读 yān。

文武之道，指周文王、周武王的谋划、训诫、功勋，以及周代的一切礼乐制度都是。在人，意思是还有人能够记得。识，记住。

【第二十三章】叔孙武叔语大夫于朝曰："子贡贤于仲尼。"①

子服景伯以告子贡。子贡曰："譬之宫墙，赐之墙也及肩，窥见室家之好②。夫子之墙数仞，不得其门而入，不见宗庙之美、百官之富③。得其门者或寡矣。夫子之云，不亦宜乎④！"

【集注】① 语，去声。朝，音潮。

武叔，鲁大夫，名州仇。

② 墙卑室浅。

③ 七尺曰仞。不入其门，则不见其中之所有，言墙高而宫广也。

④ 此夫子指武叔。

【今译】① 语，yù。朝，音潮（cháo）。

武叔，鲁国大夫，名州仇。

② 墙低屋小。

③ 七尺为仞。不进那个门，就看不见里面有什么，这是说墙高而屋大。

④ 这里的夫子指武叔。

【第二十四章】叔孙武叔毁仲尼。子贡曰："无以为也，仲尼不可毁也。他人之贤者，丘陵也，犹可逾也。仲尼，日月也，无得而逾焉。人虽欲自绝，其何伤于日月乎？多见其不知量也！"①

【集注】①量，去声。

　　无以为，犹言无用为此。土高曰丘，大阜曰陵。日月，喻其至高。自绝，谓以谤毁自绝于孔子。多，与"祇"同，适也。不知量，谓不自知其分量。

【今译】①量，liàng。

　　无以为，意思是没有必要这样做。土高叫丘，大的土山叫陵。日月，比喻孔子的至高无上。自绝，意思是由于他的诽谤而自绝于孔子。多，与"祇"同义，仅仅、正好的意思。不知量，意思是不知道自己的分量。

【第二十五章】陈子禽谓子贡曰："子为恭也，仲尼岂贤于子乎？"①

　　子贡曰："君子一言以为知，一言以为不知，言不可不慎也②。夫子之不可及也，犹天之不可阶而升也③。夫子之得邦家者，所谓立之斯立，道之斯行，绥之斯来，动之斯和。其生也荣，其死也哀。如之何其可及也④！"

【集注】①为恭，谓为恭敬推逊其师也。

　　②知，去声。

　　责子禽不谨言。

③阶,梯也。大可为也,化不可为也,故曰"不可阶而升"也。

④道,去声。

立之,谓植其生也。道,引也,谓教之也。行,从也。绥,安也。来,归附也。动,谓鼓舞之也。和,所谓"於变时雍"。言其感应之妙,神速如此。荣,谓莫不尊亲。哀,则如丧考妣。程子曰:"此圣人之神化,上下与天地同流者也。"

谢氏曰:"观子贡称圣人语,乃知晚年进德盖极于高远也。夫子之得邦家者,其鼓舞群动,捷于桴鼓影响。人虽见其变化,而莫窥其所以变化也。盖不离于圣,而有不可知者存焉,此殆难以思勉及也。"

【今译】①为恭,指因为恭敬而推让说自己不如老师。

②知,zhì(智)。

责备子禽说话不慎重。

③阶,梯子。天的大还可以作为奋斗目标,天的化育是无法作为奋斗目标的,所以说"不可阶而升"。

④道,dào。

立之,指安排好百姓们的生活。道,引导,指教育百姓。行,跟随。绥,安抚。来,归附。动,指鼓动、动员。和,就是所说的"於变时雍"❶。说的是圣人对人感化的神妙,见效如此迅速。荣,指没有不尊重不亲近的。哀,指如死了父母。程子说:"这是圣人神妙化育,在上,与天有一样的作用;在下,与地有相同的功能。"

谢良佐说:"看子贡称赞圣人的话,也就知道了他晚年的道德进步是达到了极其高远的境界的。夫子能掌管一国一家,他对群众的鼓舞

---

❶　於变时雍:语出《尚书·尧典》,意思是变得和善。於,音wū,叹词。

教育，比立竿见影、击鼓有声还迅速。人虽然看到了国家的变化，但看不到为什么会发生这样的变化。因为没有离开圣人的作用，其中有那无法知晓的东西，这几乎是不能通过冥思苦想而达到的。"

尧曰第二十

【集注】凡三章。

【今译】共三章。

　　【第一章】尧曰："咨！尔舜。天之历数在尔躬。允执其中。四海困穷，天禄永终。"①

　　舜亦以命禹②。

　　曰："予小子履，敢用玄牡，敢昭告于皇皇后帝：有罪不敢赦。帝臣不蔽，简在帝心。朕躬有罪，无以万方；万方有罪，罪在朕躬。"③

　　周有大赉，善人是富④。

　　"虽有周亲，不如仁人。百姓有过，在予一人。"⑤

　　谨权量，审法度，修废官，四方之政行焉⑥。

　　兴灭国，继绝世，举逸民，天下之民归心焉⑦。

　　所重：民、食、丧、祭⑧。

　　宽则得众，信则民任焉，敏则有功，公则说⑨。

【集注】① 此尧命舜而禅以帝位之辞。咨，嗟叹声。历数，帝王相继之次第，犹岁时节气之先后也。允，信也。中者，无过不及之名。四海之人困穷，则君禄亦永绝矣，戒之也。

　　② 舜后逊位于禹，亦以此辞命之。今见于《虞书·大禹谟》，比此加详。

③ 此引《商书·汤诰》之辞，盖汤既放桀而告诸侯也。与《书》文大同小异。"曰"上当有"汤"字。履，盖汤名。用玄牡，夏尚黑，未变其礼也。简，阅也。言桀有罪，己不敢赦。而天下贤人皆上帝之臣，己不敢蔽。简在帝心，惟帝所命。此述其初请命而伐桀之辞也。又言君有罪，非民所致；民有罪，实君所为，见其厚于责己，薄于责人之意。此其告诸侯之辞也。

④ 赉，来代反。

此以下述武王事。赉，予也。武王克商，大赉于四海，见《周书·武成》篇。此言其所富者皆善人也。《诗序》云："赉，所以锡予善人。"盖本于此。

⑤ 此《周书·泰誓》之辞。孔氏曰："周，至也。言纣至亲虽多，不如周家之多仁人。"

⑥ 权，称锤也。量，斗斛也。法度，礼乐制度皆是也。

⑦ 兴灭、继绝，谓封黄帝、尧、舜、夏、商之后。举逸民，谓释箕子之囚，复商容之位。三者皆人心之所欲也。

⑧《武成》曰："重民五教，惟食丧祭。"

⑨ 说，音悦。

此于武王之事无所见，恐或泛言帝王之道也。

杨氏曰："《论语》之书，皆圣人微言，而其徒传守之，以明斯道者也。故于终篇，具载尧、舜咨命之言，汤、武誓师之意，与夫施诸政事者，以明圣学之所传者，一于是而已。所以著明二十篇之大旨也。《孟子》于终篇亦历叙尧、舜、汤、文、孔子相承之次，皆此意也。"

【今译】① 这是尧在禅位给舜的时候告诫舜的话。咨，嗟叹声。历数，帝王相继的次序，就像一年四季月份节气的交替。允，切实的意思。中，没有过分也没有不及的概念。四海的百姓困穷,君主从天那里得到的俸禄也就完了。这是告诫的话。

② 舜后来让位给禹,也用这话告诫禹。现在见于《尚书·大禹谟》❶,比这里的更详尽。

③ 这里引用的是《尚书·汤诰》的话。是汤放逐了夏桀以后向诸侯宣告的话。与《尚书》的文字大同小异。"曰"字上应有"汤"字。履,商汤的名字。用玄牡,夏代崇尚黑色,汤没有改变这种礼仪。简,审阅。意思是夏桀有罪,自己不敢赦免他。天下的贤人,都是上帝的臣子,自己不敢蒙蔽他们。这些都在上帝您的心里,我一切服从上帝您的命令。这里叙述的是商汤起初向上帝请示去讨伐夏桀的话。又说君主有罪不是百姓造成的,百姓有罪确实是君主造成的,从这里可见他严于责己、薄于责人的意思。这是他向诸侯宣告的话。

④ 赉,lài。

这以下说的是周武王的事。赉,给予。武王推翻了商朝,大行赏赐天下人,事见《尚书·武成》篇。这是说那些因赏赐而富有的,都是善人。《诗序》说:"赉,用来赏赐善人。"根据就在这里。

⑤ 这是《尚书·泰誓》的话。孔安国说:"周,至。说的是商纣虽然至亲很多,但不如周家的仁人众多。"

⑥ 权,秤锤。量,斗斛等量具。法度,礼乐制度都属于法度。

⑦ "兴灭""继绝",指封黄帝、尧、舜、夏、商的后代。举逸民,指释放箕子,恢复商容的职位等。三者都是当时的人们所希望的。

⑧《尚书·武成》篇:"重视人民的道德教育,以及吃饭、丧葬、祭

祀问题。"

⑨ 说，音悦（yuè）。

在周武王的事迹中没有见到这类内容，可能是一般地论述帝王之道。

杨时说："《论语》一书，都是圣人重要而深刻的言论，由他的弟子们代代传授并认真坚持，以光大儒者之道。所以在书末，全面记载了尧、舜告诫的话，汤、武誓师的文字，以及见于政事中的行为，用来说明圣学所传授的，完全都在这里了。这也是用来阐明二十篇的宗旨的。《孟子》一书在篇末也一件件叙述尧、舜、商汤、周文王、孔子一脉相承的次序，也是这个意思。"

【第二章】子张问于孔子曰："何如斯可以从政矣？"子曰："尊五美，屏四恶，斯可以从政矣。"子张曰："何谓五美？"子曰："君子惠而不费，劳而不怨，欲而不贪，泰而不骄，威而不猛。"①

子张曰："何谓惠而不费？"子曰："因民之所利而利之，斯不亦惠而不费乎？择可劳而劳之，又谁怨？欲仁而得仁，又焉贪？君子无众寡，无小大，无敢慢，斯不亦泰而不骄乎？君子正其衣冠，尊其瞻视，俨然人望而畏之，斯不亦威而不猛乎？"②

子张曰："何谓四恶？"子曰："不教而杀谓之虐；不戒视成谓之暴；慢令致期谓之贼；犹之与人也，出纳之吝，谓之有司。"③

【集注】① 费，芳味反。

② 焉，於虔反。

③ 出，去声。

虐，谓残酷不仁。暴，谓卒遽无渐。致期，刻期也。贼者，切害之意。缓于前而急于后，以误其民，而必刑之，是贼害之也。犹之，犹言均之也。均之以物与人，而于其出纳之际，乃或吝而不果，则是有司之事，而非为政之体。所与虽多，人亦不怀其惠矣。项羽使人，有功当封，刻印刓，忍弗能予，卒以取败，亦其验也。

尹氏曰："告问政者多矣，未有如此之备者也，故记之，以继帝王之治，则夫子之为政可知也。"

【今译】① 费，fèi。

② 焉，yān。

③ 出，chù。

虐，残酷不仁爱。暴，指仓促急迫而没有逐渐发展的过程。致期，限期。贼，陷害的意思。前头迟缓而后来急促，用来造成百姓们的失误，但一定要治他们的罪，这是坑害百姓。犹之，和"均之"同义。都一样是把东西给人家，而在出手的时候，往往又吝惜不果断，这是具体部门的事，不是掌权者的风度。即使给的很多，人也不会感恩。项羽用人，手下有功应该封赏时，刻好了印，却拿在手里不肯给，终于导致失败，也是这个道理的验证。

尹焞说："告诉询问政事的多了，没有这样详细的，所以记下来，放在上古帝王的事迹之后，这样夫子如何执政也就可以知道了。"

【第三章】子曰："不知命，无以为君子也 ①。不知礼，无以立也 ②。不知言，无以知人也 ③。"

【集注】 ① 程子曰："知命者，知有命而信之也。人不知命，则见害必避，见利必趋，何以为君子！"

② 不知礼，则耳目无所加，手足无所措。

③ 言之得失，可以知人之邪正。

尹氏曰："知斯三者，则君子之事备矣。弟子记此以终篇，得无意乎？学者少而读之，老而不知一言为可用，不几于侮圣言者乎！夫子之罪人也，可不念哉！"

【今译】 ① 程子说："知命，就是知道有天命并且相信。人不知天命，就会见灾祸一定逃避，见有利一定夺取，怎能成为君子！"

② 不知礼，就不知该听什么看什么，手足不知往哪里放。

③ 从说话的得失中，可以知人的邪正。

尹焞说："知道这三条，君子的事就全具备了。弟子们把这一条放在书后，能没什么用意吗？求学者从小读《论语》，到老了还不知哪一句能用得上，这差不多等于侮辱了圣人的言论啊！这是夫子的罪人啊，能不放在心上吗！"

中国古典名著译注丛书

四書章句集注今譯

下

〔宋〕朱熹 撰 李申 译

中华书局

孟子集注

孟子序说

《史记》列传曰：孟轲，（赵氏曰：孟子，"鲁公族孟孙之后"。
《汉书注》云："字子车。"一说字子舆。）驺人也，（驺，亦作"邹"，
本邾国也。）受业子思之门人。（子思，孔子之孙，名伋。《索隐》
云："王劭以'人'为衍字。"而赵氏注及《孔丛子》等书，亦皆云孟子亲
受业于子思，未知是否。）道既通，（赵氏曰：孟子通《五经》，尤长于
《诗》《书》。程子曰："孟子曰：'可以仕则仕，可以止则止，可以久则
久，可以速则速。''孔子，圣之时者也。'故知《易》者，莫如孟子。又
曰：'王者之迹熄而《诗》亡，《诗》亡然后《春秋》作。'又曰：'春秋
无义战。'又曰：'《春秋》，天子之事。'故知《春秋》者，莫如孟子。"
尹氏曰："以此而言，则赵氏谓孟子长于《诗》《书》而已，岂知孟子者
哉！"）游事齐宣王，宣王不能用。适梁，梁惠王不果所言，
则见以为迂远而阔于事情。（按《史记》，梁惠王之三十五年乙酉，
孟子始至梁。其后二十三年，当齐湣王之十年丁未，齐人伐燕，而孟子
在齐，故《古史》谓孟子先事齐宣王，后乃见梁惠王、襄王、齐湣王。独
《孟子》以伐燕为宣王时事，与《史记》《荀子》等书皆不合。而《通
鉴》以伐燕之岁为宣王十九年，则是孟子先游梁，而后至齐见宣王矣。
然《考异》亦无他据，又未知孰是也。）

当是之时，秦用商鞅，楚、魏用吴起，齐用孙子、田忌。
天下方务于合从、连衡，以攻伐为贤。而孟轲乃述唐虞三
代之德，是以所如者不合。退而与万章之徒序《诗》《书》，

述仲尼之意,作《孟子》七篇。(赵氏曰:"凡二百六十一章,三万四千六百八十五字。"韩子曰:"孟轲之书,非轲自著,轲既没,其徒万章、公孙丑相与记轲所言焉耳。"愚按:二说不同,《史记》近是。)

韩子曰:"尧以是传之舜,舜以是传之禹,禹以是传之汤,汤以是传之文、武、周公,文、武、周公传之孔子,孔子传之孟轲。轲之死,不得其传焉。荀与扬也,择焉而不精,语焉而不详。"(程子曰:"韩子此语,非是蹈袭前人,又非凿空撰得出,必有所见。若无所见,不知言所传者何事。")

又曰:"孟氏,醇乎醇者也。荀与扬,大醇而小疵。"(程子曰:"韩子论孟子甚善,非是得孟子意,亦道不到。其论荀、扬,则非也。荀子极偏驳,只一句'性恶',大本已失。扬子虽少过,然亦不识性,更说甚道!")

又曰:"孔子之道大而能博,门弟子不能遍观而尽识也,故学焉,而皆得其性之所近。其后离散,分处诸侯之国,又各以其所能授弟子,源远而末益分。唯孟轲师子思,而子思之学出于曾子。自孔子没,独孟轲氏之传得其宗。故求观圣人之道者,必自孟子始。"(程子曰:"孔子言'参也鲁',然颜子没后,终得圣人之道者,曾子也。观其启手足时之言,可以见矣。所传者,子思、孟子,皆其学也。")

又曰:"扬子云曰:'古者杨、墨塞路,孟子辞而辟之,廓如也。'夫杨、墨行,正道废。孟子虽贤圣,不得位,空言无施,虽切,何补?然赖其言,而今之学者尚知宗孔氏,崇仁义,贵王贱霸而已。其大经大法,皆亡灭而不救,坏烂而不收，所谓存十一于千百，安在其能'廓如也'？然向无孟氏，则皆服左衽而言侏离矣。故愈尝推尊孟氏，以为功不在禹下者，为此也。"

或问于程子曰："孟子还可谓圣人否？"程子曰："未敢便道他是圣人，然学已到至处。"（愚按："至"字恐当作"圣"字。）

程子又曰："孟子有功于圣门，不可胜言。仲尼只说一个仁字，孟子开口便说仁义。仲尼只说一个志，孟子便说许多养气出来。只此二字，其功甚多。"

又曰："孟子有大功于世，以其言性善也。"

又曰："孟子性善、养气之论，皆前圣所未发。"

又曰："学者全要识时。若不识时，不足以言学。颜子陋巷自乐，以有孔子在焉。若孟子之时，世既无人，安可不以道自任？"

又曰："孟子有些英气。才有英气，便有圭角，英气甚害事。如颜子，便浑厚不同。颜子去圣人，只毫发间。孟子大贤，亚圣之次也。或曰：'英气见于甚处？'曰：'但以孔子之言比之，便可见。且如冰与水精，非不光，比之玉，自是有温润含蓄气象，无许多光耀也。'"

杨氏曰："《孟子》一书，只是要正人心，教人存心养性，收其'放心'。至论仁义礼智，则以恻隐、羞恶、辞让、是非之心为之端。论邪说之害，则曰'生于其心，害于其政'。论事君，则曰'格君心之非'，'一正君而国定'。千变万化，只说从心上来。人能正心，则事无足为者矣。《大学》之修身、齐家、治国、平天下，其本只是正心、诚意而已。心得其正，然后知性之善，故孟子遇人便道性善。欧阳永叔却言：'圣人之教，人性非所先。'可谓误矣。人性上不可添一物。尧、舜所以为万世法，亦是率性而已。所谓率性，循天理是也。外边用计、用数，假饶立得功业，只是人欲之私，与圣贤作处，天地悬隔。"

【今译】《史记·孟轲列传》说：孟轲，（赵岐说❶："孟子，鲁国国君的家族孟孙氏的后代。"《汉书注》说："轲，字子车。"❷一说字子舆。）驺国人，（驺，也写作"邹"，原是邾国。）师从子思的门人。（子思，孔子之孙，名伋。《史记索隐》说："王劭认为，门人的'人'字是衍文。"并且赵岐《孟子注》以及《孔丛子》等书也都说："孟子亲自师从子思学习。"不知是否如此。）通晓大道以后，（赵岐说："孟子通晓《五经》，最精通的是《诗经》《尚书》。"程子说："孟子说：'可以出仕就出仕，应该不出就不出，可以长久就长久，应该辞职就速去。''孔子，是顺应时势的圣人。'因此可知精通《易经》的，没人比得上孟子。孟子又说：'王者的统治方式消失，《诗经》也跟着消亡；《诗经》消亡以后，出现了《春秋》。'又说：'春秋时代没有正义的战争。'又说：'《春秋》是天子的事业。'所以通晓《春秋》的，也没人能超过孟子。"尹焞说："照这样说，那么赵岐认为孟子擅长的不过是《诗经》《尚书》罢了，这难道是了解孟子的人吗？"）去游说并企图事奉齐宣王，齐宣王不能重用。到

❶　赵岐：东汉人，作《孟子注》。括号里的文字，是朱熹自注，下同。
❷　即《汉书·艺文志·儒家类》"孟子"条颜师古注。

魏国，梁惠王不能实行他的主张，反而认为他的主张迂阔而不切于实际。[据《史记》，梁惠王三十五年乙酉（前336），孟子初到梁国❶。其后二十三年，齐愍王十年丁未（前314），齐国进攻燕国，孟子当时在齐国❷。所以苏辙《古史》说，孟子先服务于齐宣王，以后才去见梁惠王、梁襄王、齐愍王。只有《孟子》书中说齐国进攻燕国是在齐宣王统治时期，与《史记》《荀子》等书都不相符。《资治通鉴》则认为齐国攻打燕王是齐宣王十九年（前324），这就是说孟子是先到梁国，后来才到齐国见齐宣王。但司马光的《资治通鉴考异》也没有其他根据，又不知是谁对谁错。]

当这个时候，秦国任用商鞅，楚国、魏国任用吴起，齐国任用孙膑、田忌。天下诸侯正忙于合纵、连衡❸，以能攻善战者为贤能。可是孟轲却在讲述唐尧、虞舜和夏商周三代的治国之道，所以和去的这几个国家的兴趣不相一致。于是闭门和万章等人讲论《诗经》《尚书》，阐发孔子的思想，作《孟子》七篇。（赵岐说："共二百六十一章，三万四千六百八十五字。"韩子说❹："孟轲的书，不是本人所写，是孟轲死后，他的学生万章、公孙丑等人记载孟轲的言论所写成的。"熹按：两种说法不同，《史记》的说法比较正确。）

韩子说："尧以此传给舜，舜以此传给禹，禹以此传给汤，汤以此传给文王、武王、周公，文王、武王、周公传给孔子，孔子传给孟轲。孟轲

---

❶ 据《史记·魏世家》。
❷ 参看《史记·田敬仲完世家》《史记·燕召公世家》及《史记·六国年表》。
❸ 战国时代，燕、赵、魏、齐、韩、楚六国实行南北联合，以对付西方的秦国，叫"合纵"。秦国联合齐国等国，实行东西携手，破坏六国合纵，称"连横"。
❹ 韩子：即韩愈，唐代著名学者、文学家。

死，尧、舜之道就失传了。荀况和扬雄，知道推崇尧、舜之道但不精通，讲述尧、舜之道但不详细。"❶（程子说："韩子这话，不是沿袭前人旧说，又不是凭空杜撰出来的，必是自己有所发现。若没有发现，就不会知道所说的一脉相传的内容是什么。"）

又说："孟子是纯粹而又纯粹的儒者。荀况和扬雄，大体纯粹，但有些小缺陷。"❷（程子说："韩子论孟子，讲得非常好。若不是对孟子的意思有深刻领会，就说不到这个地步。他对荀子、扬雄的论述，则不对。荀子偏离正道极远，仅仅一句'性恶'，就把最基本的东西丢了。扬子虽然多少好一点，但也不懂得人的本性，这样还谈得上什么道！"）

又说："孔子之道伟大而渊博，及门弟子不能看到全部，也不能完全懂得，所以通过学习所得到的，都是和自己的资质相接近的东西。后来离开解散，分住于不同诸侯国，又各自以自己所擅长的教授弟子，距离源头遥远，末流也就更加分歧。只有孟轲以子思为师，而子思的学问出于曾子。从孔子死后，只有孟轲所传授的是孔学正宗。所以要想认识圣人之道，必须从孟子开始。"（程子说："孔子说：'曾参迟钝。'但是颜子死后，最终得了圣人之道的，是曾子啊。看看曾子让弟子们掀开被子要看看自己手脚是否完好的言论，就可以知道曾子是得了圣人之道的。曾子所传授给的，是子思、孟子，都是他的学问。"）

又说："扬子云说❸：'古代杨朱、墨翟的邪说堵塞正道，孟子著论

---

❶　语出韩愈《原道》。

❷　语出韩愈《读荀》。

❸　扬子云：扬雄，字子云。韩愈不直接称呼扬雄的名，而称字，是对别人尊敬的称呼。朱熹认为扬雄曾为王莽服务是变节行为，所以他和他的后继者，对扬雄就往往直呼其名。

进行批驳,扫清了障碍。'杨、墨的学说盛行,正道就被抛弃。孟子虽然
是贤是圣,但没有政治地位,空说而无法实行,虽然切实,又有什么用
处? 然而赖有他的言论,今天的学者们还知道宗奉孔子,崇尚仁义,以
王道为高贵,以霸道为卑贱。至于那正道的大原则、大制度,都已灭亡
而无法补救,被破坏而无法收拾,也就是所说的在千百条之中仅存十条
一条而已,怎么能说是'扫清了障碍'? 然而假若没有孟轲,那么大家
就都要穿左开襟的衣服说叽哩咕噜的话做野蛮人了。所以韩愈我推崇
孟子,以为他的功劳不在大禹之下,就是这个原因。"

　　有人问程子:"孟子还可以称为圣人吗?"程子说:"不敢就说他是
圣人,不过他的学问已到至处。"（熹按:"至"字可能应该作"圣"❶。）

　　程子又说:"孟子对于圣门的功绩,多得说不完。仲尼只说了一个
仁字,孟子开口就说仁义。仲尼只说了一个志,孟子就说出了许多养气
的道理。仅仅这两句话,就有许多功绩。"

　　又说:"孟子对世人有大功劳,因为他说了性善。"

　　又说:"孟子关于性善、养气的言论,都是他以前的圣人没说过的。"

　　又说:"学者都要认清时势。若认不清时势,不足以谈论学问。颜
子在陋巷自得其乐,因为有孔子在世。若是孟子那个时代,世上没有别
人,怎能不亲自担负起行道的重任!"

　　又说:"孟子有些英雄气概。只要有一点英雄气概,就会有锋芒棱
角,英雄气概很碍事。比如颜子,就浑实淳厚,不一样。颜子与圣人的
距离,只差一毫一丝。孟子是个大贤,是亚圣的地位。有人问:'英雄
气概表现在哪里?'答:'只要和孔子的话加以比较,就可发现。比如

❶　意思是,程颐认为,孟子的学问,已经到了圣人的地步。

冰和水精，并非没有光芒，但和玉相比，玉却天生具有温润含蓄气象，没有许多光辉。'"

　　杨时说："《孟子》一书，只是要端正人心，教人存心养性，收回'放心'。至于论述仁义礼智，则把恻隐、羞恶、辞让、是非之心作为开端。论邪说的危害，就说'心里若有这个念头，必然危害他的政治'。论事奉君主，就说'纠正君主思想的错误'，'一旦端正了君主，国家就会安定'。千变万化，都只说是从心上来。人能端正自己的心，事情就没有什么难办的了。《大学》的修身、齐家、治国、平天下，它们的根本也只是正心、诚意罢了。心能够端正，然后可知本性的善，所以孟子遇人就讲性善。欧阳修却说什么'圣人的教导，重要的不是人性问题'❶，可说是错了。人性上面不可以增添一点东西。尧、舜之所以为千秋万代所效法，也只是遵顺本性罢了。所谓遵顺本性，就是遵循天理罢了。外边用计谋，勤算计，假使建立了功业，也只是人欲之私，与圣贤的举止，就像天和地一样悬隔。"

---

❶　欧阳修：字永叔，北宋学者、文学家。

梁惠王章句上

【集注】凡七章。

【今译】共七章。

【第一章】孟子见梁惠王①。王曰："叟！不远千里而来，亦将有以利吾国乎？"②孟子对曰："王何必曰利？亦有仁义而已矣③。王曰：'何以利吾国？'大夫曰：'何以利吾家？'士庶人曰：'何以利吾身？'上下交征利，而国危矣。万乘之国，弑其君者必千乘之家。千乘之国，弑其君者必百乘之家。万取千焉，千取百焉，不为不多矣。苟为后义而先利，不夺不餍④。未有仁而遗其亲者也，未有义而后其君者也⑤。王亦曰仁义而已矣，何必曰利⑥？"

【集注】①梁惠王，魏侯罃也。都大梁，僭称王，谥曰惠。《史记》："惠王三十五年，卑礼厚币以招贤者，而孟轲至梁。"

②叟，长老之称。王所谓利，盖富国强兵之类。

③仁者，心之德，爱之理。义者，心之制，事之宜也。此二句，乃一章之大指，下文乃详言之。后多放此。

④乘，去声。餍，於艳反。

此言求利之害，以明上文"何必曰利"之意也。征，取也。上取乎下，下取乎上，故曰"交征"。国危，谓将有弑夺之祸。乘，车数也。万乘之国者,天子畿内,地方千里,出车万乘。千乘之家者,天子之公卿,采地方百里,出车千乘也。千乘之国,诸侯之国。百乘之家,诸侯之大夫也。弑,下杀上也。餍,足也。言臣之于君,每十分而取其一分,亦已多矣。若又以义为后,而以利为先,则不弑其君而尽夺之,其心未肯以为足也。

⑤ 此言仁义未尝不利,以明上文"亦有仁义而已"之意也。遗,犹弃也。后,不急也。言仁者必爱其亲,义者必急其君。故人君躬行仁义,而无求利之心,则其下化之,自亲戴于己也。

⑥ 重言之,以结上文两节之意。

此章言仁义根于人心之固有,天理之公也。利心生于物我之相形,人欲之私也。循天理,则不求利而自无不利;徇人欲,则求利未得而害已随之,所谓毫厘之差,千里之缪。此《孟子》之书所以造端托始之深意,学者所宜精察而明辨也。

太史公曰:"余读《孟子》书,至梁惠王问'何以利吾国',未尝不废书而叹也。曰,嗟乎! 利诚乱之始也。夫子罕言利,常防其源也。故曰:'放于利而行,多怨。'自天子以至于庶人,好利之弊,何以异哉!"程子曰:"君子未尝不欲利,但专以利为心则有害。惟仁义,则不求利而未尝不利也。当是之时,天下之人惟利是求,而不复知有仁义。故孟子言仁义而不言利,所以拔本塞源而救其弊,此圣贤之心也。"

【今译】① 梁惠王,魏侯,名罃❶。定都大梁,僭号称王,谥号为惠。

---

❶ 魏侯:韩、赵、魏三家本来都是晋国的大夫。后来三家强大,瓜分晋国,史称"三家分晋",中国从此进入战国时代。由于他们强大,所以周天子封他们为侯,和其他诸侯并列。后来他们自己又僭越称王。由于都城在大梁,即今天开封,所以魏又称梁。

《史记·魏世家》："梁惠王三十五年，以谦恭的礼仪、丰厚的待遇招聘贤才，于是孟轲到了大梁。"

②叟，对年长老者的称呼。梁惠王所说的利，是富国强兵之类。

③仁，是心的德行、爱的道理。义，是心的制约、事的适宜。这两句，是一章的宗旨，下文有详细论述。后面的篇章，许多和这一章类似。

④乘，shèng。餍，yàn。

这里论述求利的害处，以说明上文"何必曰利"的意思。征，索取的意思。上面索取下面的，下面索取上面的，所以说是"交征"。国危，指将有弑君夺权的灾难。乘，车的数量。万乘之国，天子直接统治的地区方圆千里，出车一万乘。千乘之家，天子的公卿领地方圆一百里，出车千乘。千乘之国，即诸侯之国。百乘之家，诸侯的大夫。弑，臣下杀君主。餍，满足。说的是臣对于君，每十分自己拿取一分，已经是很多了。假若仍是把义放在后头而把利放在前头，那么不杀掉君主而全部夺归己有，他的心就不会觉得满足。

⑤这说的是行仁义不会没有利益，以说明上文"亦有仁义而已"的意思。遗，意思是抛弃。后，不当作急事先办。说的是仁者必定爱他的父母，义者必定把君主的事当作先办的急务。所以人君亲自实行仁义而没有求利的心，臣下就会受到感化，自然亲近和拥戴自己。

⑥重说一遍，以结束上文两节的意思。

这一章说的是仁义是植根于人心固有的东西，是天理的公道。求利的心，产生于物与我的相互接触、比较，是人欲的私念。遵循天理，不求利益自然就不会不利；陷入人欲，所求的利益还没有得到，危害就已经跟着来了，所谓差之毫厘，失之千里。这是《孟子》一书以义利之辨作为全书开端的深刻含义，求学者应该精心思考并明确辨别。

太史公说❶：“我读《孟子》书，读到梁惠王问‘何以利吾国’，忍不住放下书本感慨叹息。说：唉！利确实是动乱的根源啊。夫子很少谈到利，这是总在提防着不要开这个头。所以夫子又说：‘依据利的原则行事，会多生怨恨。’从天子到普通百姓，爱好私利的流弊，有什么差别呢？”程子说：“君子也不是不喜欢利，但是一心追求利就会有危害。只有行仁义，不求利却不会不利。当孟子那个时代，天下人惟利是求，而就不再知道还有仁义。所以孟子讲仁义而不讲利，为的是正本清源以挽救求利的流弊，这是圣贤的心啊！”

【第二章】孟子见梁惠王。王立于沼上，顾鸿雁麋鹿，曰：“贤者亦乐此乎？”①孟子对曰：“贤者而后乐此。不贤者虽有此，不乐也②。《诗》云：‘经始灵台，经之营之。庶民攻之，不日成之。经始勿亟，庶民子来。王在灵囿，麀鹿攸伏。麀鹿濯濯，白鸟鹤鹤。王在灵沼，於牣鱼跃。’文王以民力为台为沼，而民欢乐之，谓其台曰灵台，谓其沼曰灵沼，乐其有麋鹿鱼鳖。古之人与民偕乐，故能乐也③。《汤誓》曰：‘时日害丧？予及女偕亡！’民欲与之偕亡，虽有台池鸟兽，岂能独乐哉④？”

【集注】①乐，音洛，篇内同。

沼，池也。鸿，雁之大者。麋，鹿之大者。

②此一章之大指。

③亟，音棘。麀，音忧。鹤，《诗》作“翯”，户角反。於，音乌。

---

❶ 太史公：即司马迁。司马迁在汉武帝时代做太史令，所以称太史公。以下一段话见于《史记·孟轲列传》。

此引《诗》而释之，以明贤者而后乐此之意。《诗》，《大雅·灵台》之篇。经，量度也。灵台，文王台名也。营，谋为也。攻，治也。不日，不终日也。亟，速也。言文王戒以勿亟也。子来，如子来趋父事也。灵囿，灵沼，台下有囿，囿中有沼也。麀，牝鹿也。伏，安其所不惊动也。濯濯，肥泽貌。鹤鹤，洁白貌。於，叹美辞。牣，满也。孟子言，文王虽用民力，而民反欢乐之，既加以美名，而又乐其所有。盖由文王能爱其民，故民乐其乐，而文王亦得以享其乐也。

④害，音曷。丧，去声。女，音汝。

此引《书》而释之，以明"不贤者虽有此，不乐"之意也。《汤誓》，《商书》篇名。时，是也。日，指夏桀。害，何也。桀尝自言："吾有天下，如天之有日。日亡，吾乃亡耳。"民怨其虐，故因其自言而目之曰："此日何时亡乎？若亡，则我宁与之俱亡！"盖欲其亡之甚也。孟子引此，以明君独乐而不恤其民，则民怨之，而不能保其乐也。

【今译】①乐，音洛（lè），凡本章"乐"字都同此音。

沼，池塘。鸿，雁类中大的一种。麋，鹿类中大的一种。

②这是一章的主旨。

③亟，jí。麀，yōu。鹤，《诗经》写作"翯"，读hé。於，读wū。

这里引述《诗经》加以论述，以说明"贤者而后乐此"的意思。《诗》，指《诗经·大雅·灵台》篇。经，量度。灵台，文王的台名。营，计划去做。攻，修筑。不日，不到一天。亟，迅速。说的是文王告诉大家不要着急。子来，好像子女来为父母办事一样。灵囿、灵沼，台下有园子（囿），园子里有池沼。麀，母鹿。伏，安于自己的处所，不惊扰乱跑。濯濯，肥胖滋润的样子。鹤鹤，洁白的样子。於，感叹赞美之辞。牣，满的意思。孟子说，文王虽然使用民力，但民众反而感到欢乐，不仅给台、沼起了个好名字，而且对文王拥有这样的台、沼感到高兴。这都是由于周文王能爱护自己的民众，所以民众以他的快乐为快乐，文王也因此可以享受到快乐。

④害，读曷（hé）。丧，sàng。女，读汝（rǔ）。

这里引用《尚书》进行论述，以说明"不贤者虽有此，不乐"的意思。《汤誓》，《尚书·商书》中的篇名。时，就是"是"，这个。日，指夏桀。害，何的意思。桀曾经说过："我有天下，就是天上有了太阳。太阳死亡，我才灭亡。"民众怨恨他的暴虐，所以借着他自己的话而指着太阳说："这个太阳何时灭亡呢？如果灭亡，我宁愿和它一起灭亡。"这是盼望他灭亡的心思非常强烈。孟子引用这段话，以说明君主独自享乐而不顾他的百姓，民众就会怨恨他，从而不能保住他的快乐。

【第三章】梁惠王曰："寡人之于国也，尽心焉耳矣。河内凶，则移其民于河东，移其粟于河内。河东凶亦然。察邻国之政，无如寡人之用心者。邻国之民不加少，寡人之民不加多，何也？"①

孟子对曰："王好战，请以战喻。填然鼓之，兵刃既接，弃甲曳兵而走。或百步而后止，或五十步而后止。以五十步笑百步，则何如？"曰："不可。直不百步耳，是亦走也。"曰："王如知此，则无望民之多于邻国也②。不违农时，谷不可胜食也。数罟不入洿池，鱼鳖不可胜食也。斧斤以时入山林，材木不可胜用也。谷与鱼鳖不可胜食，材木不可胜用，是使民养生丧死无憾也。养生丧死无憾，王道之始也③。五亩之宅，树之以桑，五十者可以衣帛矣。鸡豚狗

彘之畜，无失其时，七十者可以食肉矣。百亩之田，勿夺其
时，数口之家可以无饥矣。谨庠序之教，申之以孝悌之义，
颁白者不负戴于道路矣。七十者衣帛食肉，黎民不饥不寒，
然而不王者，未之有也④。狗彘食人食而不知检，途有饿莩
而不知发；人死，则曰：'非我也，岁也。'是何异于刺人而
杀之，曰：'非我也，兵也。'王无罪岁，斯天下之民至焉⑤。"

【集注】①寡人，诸侯自称，言寡德之人也。河内、河东，皆魏地。凶岁，
不熟也。移民以就食，移粟以给其老稚之不能移者。

②好，去声。填，音田。

填，鼓音也。兵以鼓进，以金退。直，犹但也。言此以譬邻国不恤
其民。惠王能行小惠，然皆不能行王道以养其民，不可以此而笑彼也。
杨氏曰："移民、移粟，荒政之所不废也。然不能行先王之道，而徒以是
为尽心焉，则末矣。"

③胜，音升。数，音促。罟，音古。洿，音乌。

农时，谓春耕夏耘秋收之时。凡有兴作，不违此时，至冬乃役之也。
不可胜食，言多也。数，密也。罟，网也。洿，窊下之地，水所聚也。古
者网罟必用四寸之目。鱼不满尺，市不得粥，人不得食。山林川泽，与
民共之，而有厉禁。草木零落，然后斧斤入焉。此皆为治之初，法制未
备，且因天地自然之利，而撙节爱养之事也。然饮食宫室所以养生，祭
祀、棺椁所以送死，皆民所急而不可无者，今皆有以资之，则人无所恨
矣。王道以得民心为本，故以此为王道之始。

④衣，去声。畜，救六反。数，去声。王，去声。凡有天下者人称
之曰王，则平声；据其身临天下而言曰王，则去声。后皆放此。

五亩之宅，一夫所受，二亩半在田，二亩半在邑。田中不得有木，

恐妨五谷，故于墙下植桑以共蚕事。五十始衰，非帛不暖，未五十者不得衣也。

畜，养也。时，谓孕字之时，如孟春牺牲毋用牝之类也。七十非肉不饱，未七十者不得食也。百亩之田，亦一夫所受，至此则经界正，井地均，无不受田之家矣。庠序，皆学名也。申，重也。丁宁，反覆之意。善事父母为孝，善事兄长为悌。颁，与"斑"同，老人头半白黑者也。负，任在背。戴，任在首。夫民衣食不足，则不暇治礼义，而饱暖无教，则又近于禽兽，故既富，而教以孝悌，则人知爱亲敬长而代其劳，不使之负戴于道路矣。衣帛食肉但言七十，举重以见轻也。黎，黑也。黎民，黑发之人，犹秦言黔首也。少壮之人虽不得衣帛食肉，然亦不至于饥寒也。此言尽法制品节之详，极财成辅相之道，以左右民，是王道之成也。

⑤莩，平表反。刺，七亦反。

检，制也。莩，饿死人也。发，发仓廪以赈贷也。岁，谓岁之丰凶也。惠王不能制民之产，又使狗彘得以食人之食，则与先王制度品节之意异矣。至于民饥而死犹不知发，则其所移，特民间之粟而已，乃以民不加多归罪于岁凶，是知刃之杀人而不知操刃者之杀人也。不罪岁，则必能自反而益修其政，天下之民至焉，则不但多于邻国而已。

程子曰："孟子之论王道，不过如此，可谓实矣。"又曰："孔子之时，周室虽微，天下犹知尊周之为义，故《春秋》以尊周为本。至孟子时，七国争雄，天下不复知有周，而生民之涂炭已极。当是时，诸侯能行王道，则可以王矣。此孟子所以劝齐、梁之君也。盖王者，天下之义主也。圣贤亦何心哉？视天命之改与未改耳。"

【今译】① 寡人，诸侯自称，意思是德行寡少之人。河内、河东都是魏国土地。凶，庄稼没有收成。移民到有粮吃的地方去，调拨粮食给那些老弱不能迁移的。

②好，hào。填，读田（tián）。

填，鼓响的声音。军队听到鼓声就前进，听到鸣金（敲锣）就退回。直，意思是但、只。说这些以比喻邻国不爱护自己的百姓。梁惠王能行些小恩小惠，但都不能推行王道来养活他们的人民，不可以因此而笑话别人。杨时说："移民调粮，这是没有抛掉救荒的措施。然而不能实行先王之道，仅仅在这个地方尽心，是舍本求末。"

③胜，音升（shēng）。数，音促（cù）。罟，音古（gǔ）。洿，音乌（wū）。

农时，指春耕、夏锄、秋收之时。凡国家征调劳役，避开这些时节，到冬天才役使百姓。不可胜食，意思是多。数，密集。罟，网。洿，下洼地，水聚集的地方。古代鱼网必须用四寸的网眼。鱼长不到一尺，市场上不准出售，人们不准食用。山林川泽，与民众共同使用，但有严格的禁令。草木凋谢，然后刀斧可以进入山林砍伐。这就是在治国之初，法令制度尚未完备，就借助天地自然拥有的资源加以节制养护的措施。然而饮食、住房是为了生存，祭祀、棺椁是为了发送死者，都是百姓们迫切需要而不可缺乏的，现在都有了依靠，人们就没有什么遗憾了。王道以得民心为根本，所以把这个作为王道的开始。

④衣，yì。畜，chù。数，shù。王，wàng。凡是有了天下的，别人称他为王，王就读平声：wáng。从他君临天下实行统治这一面说的王，就读去声：wàng。下文都是如此。

五亩之宅，是一个农夫所分配到的宅地，二亩半在野外田间，二亩半在邑中。在大田中不准种树，怕树木妨碍五谷的生长，所以在院墙旁边种桑以供应养蚕。五十开始衰弱，不穿帛就不暖和，不到五十岁的是不准穿的。畜，养的意思。时，指孕育子畜时期，比如孟春时节祭祀时不用母畜献祭之类❶。七十岁没有肉就吃不饱，不到七十岁是不准吃的。百亩之田，也是一个农夫所分配到的。这样做了，就田界明确，井地平均，没有分配不到土地的人家了。庠、序，都是学校的名称。申，重复，反复叮咛的意思。好好事奉父母叫孝，好好事奉兄长叫悌。颁，同"斑"，老人头发半白叫斑白。负，背在背上；戴，顶在头上。人民衣食不足，就没有余力讲究礼义，但吃饱、穿暖之后不进行教育，那就又和禽兽差不多了，所以富足以后用孝悌的道理进行教育，就会人人知道亲爱父母、尊敬长上并且代他们劳作，不让他们背着、扛着重物在道路上辛苦奔波。穿帛、食肉只说到七十岁，这是举出最重要的，其他小事都可以此类推。黎，黑色。黎民，黑头发的人，就像秦朝说的黔首。少壮的人，虽然不能够穿帛、吃肉，但是也不至于饥寒。这些话，详细陈述了各类法令制度，精辟地说明了王者应如何辅佐天地的正道，用来养育人民❷，这是王道的完成。

⑤荸，piǎo。刺，cì。

检，制止。荸，饿死的人。发，打开仓库救济饥民。岁，指年成的丰歉。梁惠王不能够让人民都得到一定的财产，又让猪狗能够吃到人吃的食物，这就和上古先王各种制度的宗旨不同了。直到老百姓饥饿而死，还不懂得打开粮仓进行救济，那么他所调拨的仅仅是民间的粮食罢了。他还把人口数的不见增多归罪于年成不好，这就是只知刀杀了

----

❶　一年四季，每季分早、中、晚三个阶段，古代称作孟、仲、季。

❷　原文"极财成辅相之道"，语出《周易·泰卦·象传》："后以财成天地之道，辅相天地之宜，以左右民。"财，同"裁"。后，君主。意为君主的责任，是使天地之道规范运行，以此来辅佐天地，养育人民。

人，而不知是拿刀的杀了人。不归罪于年成，就必然能够自己反省而更加努力地改进政治，那时天下的民众都前来投奔，就不只是多于邻国而已了。

程子说："孟子论述王道，不过如此，可算切实的了。"又说："孔子时，周王室虽然衰微，天下还知道尊奉周王室是道义，所以《春秋》一书以尊周为根本。到孟子时，七国争雄，天下就不再知道有周王室了，而百姓们的灾难也到了极点。当这个时候，诸侯中有能推行王道的，就可以称王天下。这是孟子之所以用王道去劝说齐国、魏国君主的原因。王者，是天下有道义的君主。圣贤的心又能怎么样呢？只能看天命的改变与否罢了❶。"

【第四章】梁惠王曰："寡人愿安承教。"^①孟子对曰："杀人以梃与刃，有以异乎？"曰："无以异也。"^②"以刃与政，有以异乎？"曰："无以异也。"^③曰："庖有肥肉，厩有肥马，民有饥色，野有饿莩，此率兽而食人也^④。兽相食，且人恶之。为民父母，行政不免于率兽而食人，恶在其为民父母也^⑤？仲尼曰：'始作俑者，其无后乎？'为其象人而用之也。如之何其使斯民饥而死也^⑥？"

【集注】①承上章言，愿安意以受教。

②梃，徒顶反。

梃，杖也。

③孟子又问而王答也。

---

❶ 这是说，战国时代，天命已经改变，所以孟子也无法再提倡尊崇周王室了。

④厚敛于民以养禽兽，而使民饥以死，则无异于驱兽以食人矣。

⑤"恶之"之"恶"，去声。"恶在"之"恶"，平声。

君者，民之父母也。恶在，犹言何在也。

⑥俑，音勇。为，去声。

俑，从葬木偶人也。古之葬者，束草为人，以为从卫，谓之"刍灵"，略似人形而已。中古易之以俑，则有面目机发，而大似人矣，故孔子恶其不仁，而言其必无后也。孟子言此作俑者，但用象人以葬，孔子犹恶之，况实使民饥而死乎？

李氏曰："为人君者，固未尝有率兽食人之心，然徇一己之欲而不恤其民，则其流必至于此，故以为民父母告之。夫父母之于子，为之就利避害，未尝顷刻而忘于怀，何至视之不如犬马乎！"

【今译】①接着上一章说，愿平心静气地听取教诲。

②梃，tǐng。

梃，棍棒。

③孟子又问，惠王回答。

④向人民收取重税来养育禽兽，却使民众饥饿而死，这就和驱赶野兽让它们吃人没有什么区别了。

⑤"恶之"的恶，读 wù。"恶在"的恶，读 wū。

君主，是人民的父母。恶在，意思是何在。

⑥俑，读勇（yǒng）。为，wèi。

俑，陪葬的木偶人。古代葬人，用草人陪葬，作为死者的仆从和卫士，叫作"刍灵"，大体像人形就是。中古换成了木偶人，并且有了鼻子眼睛和活动的机关，从而就非常像人了，所以孔子憎恶这样做不仁，并且诅咒这样的人必定断子绝孙。孟子说，这个做俑的人，只是用了像人的东西陪葬,孔子就憎恶它,何况那些真的让百姓饥饿而死的人呢?

李郁说:"作为人民的君主,固然不会有驱赶野兽去吃人的心,然而屈从个人的欲望,而不怜惜自己的人民,其结果就必然如此,所以把他作为民众的父母而告诉他这个道理。父母对于子女,让他们趋利避害,没有一刻不挂在心上,怎可弄到看待他们连狗马都不如呢?"

【第五章】梁惠王曰:"晋国,天下莫强焉,叟之所知也。及寡人之身,东败于齐,长子死焉;西丧地于秦七百里;南辱于楚。寡人耻之,愿比死者一洒之,如之何则可?"①

孟子对曰:"地方百里而可以王②。王如施仁政于民,省刑罚,薄税敛,深耕易耨。壮者以暇日修其孝悌忠信,入以事其父兄,出以事其长上,可使制梃以挞秦楚之坚甲利兵矣③。彼夺其民时,使不得耕耨以养其父母,父母冻饿,兄弟妻子离散④。彼陷溺其民,王往而征之,夫谁与王敌⑤?故曰:'仁者无敌。'王请勿疑⑥。"

【集注】①长,上声。丧,去声。比,必二反。洒,与"洗"同。

魏,本晋大夫魏斯,与韩氏、赵氏共分晋地,号曰三晋,故惠王犹自谓晋国。惠王三十年,齐击魏,破其军,虏太子申。十七年,秦取魏少梁。后魏又数献地于秦,又与楚将昭阳战败,亡其七邑。比,犹为也。言欲为死者雪其耻也。

②百里,小国也,然能行仁政,则天下之民归之矣。

③省,所梗反。敛、易,皆去声。耨,奴豆反。长,上声。

省刑罚,薄税敛,此二者,仁政之大目也。易,治也。耨,耘也。尽己之谓忠,以实之谓信。君行仁政,则民得尽力于农亩,而又有暇日以修礼义，是以尊君亲上而乐于效死也。

④ 养，去声。

彼，谓敌国也。

⑤ 夫，音扶。

陷，陷于阱；溺，溺于水，暴虐之意。征，正也。以彼暴虐其民，而率吾尊君亲上之民往正其罪。彼民方怨其上，而乐归于我，则谁与我为敌哉！

⑥ 仁者无敌，盖古语也。百里可王，以此而已。恐王疑其迂阔，故勉使勿疑也。

孔氏曰：“惠王之志在于报怨。孟子之论在于救民。所谓惟‘天吏’则可以伐之，盖孟子之本意。”

【今译】① 长，zhǎng。丧，sàng。比，bǐ。洒，与“洗”同义。

魏国，本是晋国大夫魏斯，与韩氏、赵氏共同瓜分了晋国而建立的，与韩、赵二国统称三晋，所以梁惠王还自称晋国。梁惠王三十年，齐国进攻魏国，打败了魏国的军队，俘获魏国太子魏申。惠王十七年，秦国夺取魏国的少梁。后来魏国又屡次把一些领土献给秦国，又在和楚将昭阳的作战中失败，丢失了七座城邑。比，为的意思。这是说要为死者雪耻。

② 百里，是个小国，然而若能实行仁政，天下的民众就会去投奔他。

③ 省，shěng。敛，liàn。易，yì。耨，nòu。长，zhǎng。

减轻刑罚，降低税收、田租，是实行仁政的两个大项目。易，管理。耨，耘、锄。奉献自己的一切叫做忠，以真实无欺待人叫做信。君主实行仁政，民众就可以全力去务农，并且还有余暇去讲究礼义，所以他们就尊敬君主,热爱上级,并且乐于为他们牺牲自己。

④ 养,yàng。

彼,指敌国。

⑤ 夫,读扶（fú）。

陷,陷入陷阱;溺,没于水中,都是暴虐的意思。征,就是正。由于敌国残暴地虐待民众,因而率领我们尊君敬上的人民去纠正他们的罪恶。他们的民众正怨恨他们的君上,因而乐意归顺我们,那么谁还能与我们为敌呢!

⑥ "仁者无敌",是一句古语。有方圆一百里的土地可以称王天下,不过是用这个仁罢了。怕梁惠王认为自己迂阔,所以勉励惠王使他不必疑虑。

孔文仲说❶:"惠王的志愿在于报仇。孟子的论述在于救民。所谓只有'天吏'❷才可以讨伐坏人,这是孟子的本意。"

【第六章】孟子见梁襄王①。出,语人曰:"望之不似人君,就之而不见所畏焉。卒然问曰:'天下恶乎定?'吾对曰:'定于一。'②'孰能一之?'③对曰:'不嗜杀人者能一之。'④'孰能与之?'⑤对曰:'天下莫不与也。王知夫苗乎?七八月之间旱,则苗槁矣。天油然作云,沛然下雨,则苗浡然兴之矣。其如是,孰能御之?今夫天下之人牧,未有不嗜杀人者也,如有不嗜杀人者,则天下之民皆引领而望

---

❶ 孔文仲:字经父,北宋学者。

❷ 天吏:上帝的官吏。孟子认为,遵从和奉行上帝命令的君主,可以认为是上帝的官吏。

之矣。诚如是也，民归之，由水之就下，沛然谁能御之^⑥？'"

【集注】 ① 襄王，惠王子，名赫。

② 语，去声。卒，七没反。恶，平声。

语，告也。不似人君，不见所畏，言其无威仪也。卒然，急遽之貌。盖容貌辞气，乃德之符。其外如此，则其中之所存者可知。王问列国分争，天下当何所定，孟子对以必合于一，然后定也。

③ 王问也。

④ 嗜，甘也。

⑤ 王复问也。与，犹归也。

⑥ 夫，音扶。浡，音勃。由，当作"犹"，古字借用。后多放此。

周七八月，夏五六月也。油然，云盛貌。沛然，雨盛貌。勃然，兴起貌。御，禁止也。人牧，谓牧民之君也。领，颈也。盖好生恶死，人心所同，故人君不嗜杀人，则天下悦而归之。

苏氏曰："孟子之言，非苟为大而已。然不深原其意而详究其实，未有不以为迂者矣。予观孟子以来，自汉高祖及光武及唐太宗及我宋太祖皇帝，能一天下者四君，皆以不嗜杀人致之。其余杀人愈多，而天下愈乱，秦晋及隋，力能合之，而好杀不已，故或合而复分，或遂以亡国。孟子之言，岂偶然而已哉？"

【今译】 ① 梁襄王，梁惠王之子，名赫。

② 语，yù。卒，cù。恶，wū。

语，告诉。不似人君，不见所畏，意思是梁襄王外表不庄重，没有威严。卒然，急速的样子。容貌、说话的语气，是德的外部表现。外面如此，内在的是什么样也就可想而知。梁襄王问列国分争，天下怎样才能安定,孟子回答说必定合而为一,然后才安定。

③ 梁襄王问。

④ 嗜,乐意去做。

⑤ 梁襄王又问。与,归附的意思。

⑥ 夫,读扶(fú)。浡,读勃(bó)。由,当作"犹",古字借用。下文多与此类似。

周代的七八月,是夏历的五六月。油然,云彩密集的样子。沛然,雨大的样子。勃然,兴起的样子。御,禁止的意思。人牧,指牧民的君主。领,脖子。热爱生命,憎恶死亡,是人共同的情感,所以君主不喜欢杀人,天下就会高兴地归服他。

苏辙说❶:"孟子的话,不是故意说大话。然而若是不能深刻领会孟子的意思并详细考察实际情况,没有不认为孟子迂阔的。我看从孟子以来,从汉高祖到汉光武到唐太宗到我大宋太祖皇帝,能统一天下的这四个君主,都是由于不喜欢杀人而做了天子的。其余的,杀人愈多,天下愈乱。秦朝、晋朝和隋朝,他们的力量能合并天下,但喜好杀人而不停止,所以或者是合起来又分裂了,或者是就因此而亡国了。孟子的话,难道只是随便说说的吗?"

【第七章】齐宣王问曰:"齐桓、晋文之事可得闻乎?"①孟子对曰:"仲尼之徒,无道桓、文之事者,是以后世无传焉,臣未之闻也。无以,则王乎?"②曰:"德何如,则可以王矣?"曰:"保民而王,莫之能御也。"③曰:"若寡人者,可以保民乎哉?"曰:"可。"曰:"何由知吾可也?"曰:"臣

---

❶ 苏辙:字子由,北宋学者、文学家。苏轼(东坡)之弟,著有《孟子解》等。

闻之胡龁曰，王坐于堂上，有牵牛而过堂下者，王见之，曰：
'牛何之？'对曰：'将以衅钟。'王曰：'舍之！吾不忍其觳
觫，若无罪而就死地。'对曰：'然则废衅钟与？'曰：'何可
废也？以羊易之。'不识有诸？"④曰："有之。"曰："是心
足以王矣。百姓皆以王为爱也，臣固知王之不忍也。"⑤王
曰："然。诚有百姓者。齐国虽褊小，吾何爱一牛？即不
忍其觳觫，若无罪而就死地，故以羊易之也。"⑥曰："王无
异于百姓之以王为爱也。以小易大，彼恶知之？王若隐其
无罪而就死地，则牛羊何择焉？"王笑曰："是诚何心哉？
我非爱其财而易之以羊也。宜乎百姓之谓我爱也。"⑦曰：
"无伤也。是乃仁术也，见牛未见羊也。君子之于禽兽也，
见其生，不忍见其死；闻其声，不忍食其肉，是以君子远庖
厨也。"⑧

　　王说，曰："《诗》云：'他人有心，予忖度之。'夫子之
谓也。夫我乃行之，反而求之，不得吾心。夫子言之，于我
心有戚戚焉。此心之所以合于王者，何也？"⑨曰："有复于
王者曰：吾力足以举百钧，而不足以举一羽；明足以察秋毫
之末，而不见舆薪。则王许之乎？"曰："否。""今恩足以
及禽兽，而功不至于百姓者，独何与？然则一羽之不举，为
不用力焉；舆薪之不见，为不用明焉；百姓之不见保，为不
用恩焉。故王之不王，不为也，非不能也。"⑩曰："不为者
与不能者之形何以异？"曰："挟太山以超北海，语人曰'我
不能'，是诚不能也。为长者折枝，语人曰'我不能'，是不
为也，非不能也。故王之不王，非挟太山以超北海之类也；

王之不王，是折枝之类也⑪。老吾老，以及人之老；幼吾幼，以及人之幼，天下可运于掌。《诗》云：'刑于寡妻，至于兄弟，以御于家邦。'言举斯心加诸彼而已。故推恩足以保四海，不推恩无以保妻子。古之人所以大过人者，无他焉，善推其所为而已矣。今恩足以及禽兽，而功不至于百姓者，独何与⑫？权，然后知轻重。度，然后知长短。物皆然，心为甚。王请度之⑬！抑王兴甲兵，危士臣，构怨于诸侯，然后快于心与？"⑭王曰："否。吾何快于是？将以求吾所大欲也。"⑮

曰："王之所大欲，可得闻与？"王笑而不言。曰："为肥甘不足于口与？轻暖不足于体与？抑为采色不足视于目与？声音不足听于耳与？便嬖不足使令于前与？王之诸臣，皆足以供之，而王岂为是哉？"曰："否。吾不为是也。"曰："然则王之所大欲可知已。欲辟土地，朝秦、楚，莅中国而抚四夷也。以若所为，求若所欲，犹缘木而求鱼也。"⑯王曰："若是其甚与？"曰："殆有甚焉。缘木求鱼，虽不得鱼，无后灾。以若所为，求若所欲，尽心力而为之，后必有灾。"曰："可得闻与？"曰："邹人与楚人战，则王以为孰胜？"曰："楚人胜。"曰："然则小固不可以敌大，寡固不可以敌众，弱固不可以敌强。海内之地，方千里者九，齐集有其一。以一服八，何以异于邹敌楚哉？盖亦反其本矣⑰。今王发政施仁，使天下仕者皆欲立于王之朝，耕者皆欲耕于王之野，商贾皆欲藏于王之市，行旅皆欲出于王之途，天下之欲疾其君者皆欲赴诉于王。其若是，孰能御之？"⑱

王曰："吾惛，不能进于是矣。愿夫子辅吾志，明以教我。我虽不敏，请尝试之。"⑲曰："无恒产而有恒心者，惟士为能。若民，则无恒产，因无恒心。苟无恒心，放辟邪侈，无不为已。及陷于罪，然后从而刑之，是罔民也。焉有仁人在位，罔民而可为也⑳？是故明君制民之产，必使仰足以事父母，俯足以畜妻子，乐岁终身饱，凶年免于死亡。然后驱而之善，故民之从之也轻㉑。今也制民之产，仰不足以事父母，俯不足以畜妻子，乐岁终身苦，凶年不免于死亡。此惟救死而恐不赡，奚暇治礼义哉㉒？王欲行之，则盍反其本矣㉓。五亩之宅，树之以桑，五十者可以衣帛矣。鸡豚狗彘之畜，无失其时，七十者可以食肉矣。百亩之田，勿夺其时，八口之家可以无饥矣。谨庠序之教，申之以孝悌之义，颁白者不负戴于道路矣。老者衣帛食肉，黎民不饥不寒，然而不王者，未之有也㉔。"

【集注】①齐宣王，姓田氏，名辟彊，诸侯僭称王也。齐桓公、晋文公，皆霸诸侯者。

②道，言也。董氏曰："仲尼之门，五尺童子羞称五霸，为其先诈力而后仁义也。"亦此意也。以、已通用。无已，必欲言之而不止也。王，谓王天下之道。

③保，爱护也。

④龁，音核。舍，上声。觳，音斛。觫，音速。与，平声。

胡龁，齐臣也。衅钟，新铸钟成，而杀牲取血以涂其衅隙也。觳觫，恐惧貌。孟子述所闻胡龁之语而问王，不知果有此事否？

⑤王见牛之觳觫而不忍杀，即所谓恻隐之心，仁之端也。扩而充

之，则可以保四海矣。故孟子指而言之，欲王察识于此而扩充之也。爱，犹吝也。

⑥　言以羊易牛，其迹似吝，实有如百姓所讥者，然我之心不如是也。

⑦　恶，平声。

异，怪也。隐，痛也。择，犹分也。言牛羊皆无罪而死，何所分别，而以羊易牛乎？孟子故设此难，欲王反求，而得其本心。王不能然，故卒无以自解于百姓之言也。

⑧　远，去声。

无伤，言虽有百姓之言，不为害也。术，谓法之巧者。盖杀牛既所不忍，衅钟又不可废，于此无以处之，则此心虽发，而终不得施矣。然见牛，则此心已发而不可遏。未见羊，则其理未形而无所妨。故以羊易牛，则二者得以两全而无害，此所以为仁之术也。声，谓将死而哀鸣也。盖人之于禽兽，同生而异类，故用之以礼，而不忍之心施于见闻之所。及其所以必远庖厨者，亦以预养是心而广为仁之术也。

⑨　说，音悦。忖，七本反。度，待洛反。“夫我”之“夫”，音扶。

《诗》，《小雅·巧言》之篇。戚戚，心动貌。王因孟子之言，而前日之心复萌，乃知此心不从外得，然犹未知所以反其本而推之也。

⑩　与，平声。“为不”之“为”，去声。

复，白也。钧，三十斤。百钧，至重难举也。羽，鸟羽。一羽，至轻易举也。秋毫之末，毛至秋，而末锐小而难见也。舆薪，以车载薪，大而易见也。许，犹可也。“今恩”以下，又孟子之言也。盖天地之性，人为贵。故人之与人，又为同类而相亲。是以恻隐之发，则于民切而于物缓。推广仁术，则仁民易而爱物难。今王此心能及物矣，则其保民而王，非不能也，但自不肯为耳。

⑪ 语，去声。"为长"之"为"，去声。长，上声。折，之舌反。

形，状也。挟，以腋持物也。超，跃而过也。为长者折枝，以长者之命折草木之枝，言不难也。是心固有，不待外求，扩而充之，在我而已，何难之有？

⑫ 与，平声。

老，以老事之也。吾老，谓我之父兄。人之老，谓人之父兄。幼，以幼畜之也。吾幼，谓我之子弟。人之幼，谓人之子弟。运于掌，言易也。《诗》，《大雅·思齐》之篇。刑，法也。寡妻，寡德之妻，谦辞也。御，治也。不能推恩，则众叛亲离，故无以保妻子。盖骨肉之亲本同一气，又非但若人之同类而已。故古人必由亲亲推之，然后及于仁民，又推其余，然后及于爱物，皆由近以及远，自易以及难。今王反之，则必有故矣，故复推本而再问之。

⑬ "度之"之"度"，待洛反。

权，称锤也。度，丈尺也。度之，谓称量之也。言物之轻重长短，人所难齐，必以权度度之而后可见。若心之应物，则其轻重长短之难齐，而不可不度以本然之权度，又有甚于物者。今王恩及禽兽，而功不至于百姓，是其爱物之心重且长，而仁民之心轻且短，失其当然之序，而不自知也。故上文既发其端，而于此请王度之也。

⑭ 与，平声。

抑，发语辞。士，战士也。构，结也。孟子以王爱民之心所以轻且短者，必其以是三者为快也。然三事实非人心之所快，有甚于杀觳觫之牛者，故指以问王，欲其以此而度之也。

⑮ 不快于此者，心之正也。而必为此者，欲诱之也。欲之所诱者

独在于是,是以其心尚明于他而独暗于此。此其爱民之心所以轻短,而功不至于百姓也。

⑯ 与,平声。"为肥""抑为""岂为""不为"之"为",皆去声。便、令,皆平声。辟,与"闢"同。朝,音潮。

便嬖,近习嬖幸之人也。已,语助辞。辟,开广也。朝,致其来朝也。秦、楚,皆大国。莅,临也。若,如此也。所为,指兴兵结怨之事。缘木求鱼,言必不可得。

⑰ "甚与""闻与"之"与",平声。

殆、盖,皆发语辞。邹,小国。楚,大国。"齐集有其一",言集合齐地,其方千里,是有天下九分之一也。以一服八,必不能胜,所谓"后灾"也。反本,说见下文。

⑱ 朝,音潮。贾,音古。愬,与"诉"同。

行货曰商,居货曰贾。发政施仁,所以王天下之本也。近者悦,远者来,则大小强弱非所论矣。盖力求所欲,则所欲者反不可得。能反其本,则所欲者不求而至。与首章意同。

⑲ 惛,与"昏"同

⑳ 恒,胡登反。辟,与"僻"同。焉,於虔反。

恒,常也。产,生业也。恒产,可常生之业也。恒心,人所常有之善心也。士尝学问,知义理,故虽无常产而有常心,民则不能然矣。罔,犹罗网,欺其不见而取之也。

㉑ 畜,许六反,下同。

轻,犹易也。此言民有常产而有常心也。

㉒ 治,平声。凡治字为理物之义者,平声;为己理之义者,去声。后皆放此。

赡，足也。此所谓无常产而无常心者也。

㉓ 盍，何不也。使民有常产者，又发政施仁之本也。说见下文。

㉔ 音见前篇。

此言制民之产之法也。赵氏曰："八口之家，次上农夫也。此王政之本，常生之道，故孟子为齐、梁之君各陈之也。"杨氏曰："为天下者，举斯心加诸彼而已。然虽有仁心仁闻而民不被其泽者，不行先王之道故也，故以制民之产告之。"

此章言人君当黜霸功，行王道。而王道之要，不过推其不忍之心，以行不忍之政而已。齐王非无此心，而夺于功利之私，不能扩充以行仁政。虽以孟子反覆晓告，精切如此，而蔽固已深，终不能悟，是可叹也。

【今译】① 齐宣王，姓田，名辟强，是诸侯僭号称王。齐桓公、晋文公，都是曾经称霸的诸侯。

② 道，言说。董仲舒说："仲尼门下，年幼的童子都羞于谈论五霸，因为他们崇尚欺诈和暴力而贬低仁义。"也是这个意思。以、已二字通用。无已，一定要说而不能停止。王，指称王天下之道。

③ 保，爱护的意思。

④ 龁，读核（hé）。舍，shě。觳，读斛（hú）。觫，读速（sù）。与，yú。

胡龁，齐国臣子。衅钟，新铸成的钟，要杀了牲畜用它的血涂抹缝隙。觳觫，恐惧的样子。孟子讲述他所听到的胡龁的话来问宣王，不知真有这件事吗？

⑤ 齐宣王看到牛的觳觫而不忍心杀牛，这就是所说的恻隐之心，仁的开端。扩大、充实这个开端，就可以保有天下。所以孟子指出这件事来说，希望宣王省察认识这个道理并加以扩大和充实。爱，吝啬的

意思。

⑥ 说的是用羊替换下牛，外表好像是吝啬，确实有像百姓们所批评的那种样子，但我的心却不是这样。

⑦ 恶，wū。

异，感到奇怪。隐，心痛。择，区别。意思是牛和羊都是无罪而死，有什么分别，要用羊替换牛呢？孟子故意提出这样的问题，希望齐宣王反省自己，从而认识自己的本心。宣王做不到这一点，所以终究无法摆脱百姓对他的批评。

⑧ 远，yuàn。

无伤，意思是虽然百姓有这样的批评，但不会造成伤害。术，指巧妙的方法。杀牛既然于心不忍，衅钟又不可不做，在这两难之间无法处理，那么这个善心虽然萌发，但终究不得实行。然而看到了牛，这个善心就已经萌发而不可遏止。没有见到羊，这个理就尚未显露而没有妨碍。所以用羊替换下牛，善心和衅钟就可以两全而没有损害，这就是用来行仁的方法。声，指将死时的哀鸣。人和禽兽相比，都具有生命，只是不同类，所以以礼使用它们，把不忍的那种善心用于视听所及的范围。之所以必须远离厨房，也是用来预先养成这个善心，从而使行仁得以推广的一种方法。

⑨ 说，读悦（yuè）。忖，cǔn。度，duó。"夫我"之"夫"，读扶（fú）。

《诗》，指《诗经·小雅·巧言》篇。戚戚，心动的样子。齐宣王听了孟子的话，前几天那种不忍的心又萌发了，于是知道这样的心不是从外面得到的，但是仍然不知道如何返回根本而加以推广。

⑩ 与，yù。"为不"的"为"，wèi。

复，报告。钧，三十斤。百钧，非常重而难以举起。羽，鸟的羽毛。一羽，非常轻而容易举起。秋毫之末，毛到了秋天，末端就会变得尖锐细小而难以看到。舆薪，用车拉柴草，大而容易看见。许，意思是认可。

"今恩"以下，又是孟子的话。天地间的事物，人最宝贵。所以人与人之间，又是同类而相亲爱。所以恻隐之心的萌发，对于民众就非常迫切，而对于其他事物就不迫切。推广仁爱之道，仁爱民众容易，仁爱一切事物困难。现在宣王这颗心能爱到物（牛），那么他若是爱护人民称王天下，不是做不到，而是自己不肯做罢了。

⑪语，yù。"为长"的"为"，读 wèi。长，zhǎng。折，zhé。

形，状态。挟，用腋夹物体。超，跃过。为长者折枝，因为长者请求而折断草木的枝条，意思是不难做到。这样的心是本来固有的，不用向外寻求，扩大并且充实它，在我自己罢了，有什么难办的呢？

⑫与，yú。

老，按老人对待。吾老，指我的父兄。人之老，指别人的父兄。幼，按小孩对待。吾幼，指我的子弟。人之幼，指别人的子弟。运于掌，意思是容易。《诗》，《诗经·大雅·思齐》篇。刑，法度。寡妻，德行寡少的妻子，这是谦虚的说法。御，治理。不能把恩惠推广，就众叛亲离，所以无法保全妻子儿女。骨肉亲属本是同一血气，又不仅仅是像人与人是同类而已。所以古人必定要从亲爱自己的亲属推广开去，然后到达仁爱百姓；又再推广余下的仁爱，然后达到爱惜其他事物。都是由近及远，从容易到困难。现在宣王反了过来，就必有缘故，所以又推到根本而再次发问。

⑬"度之"的"度"，读 duó。

权，秤锤。度，丈尺。度之，即称量的意思。意思是事物的轻重长短，人们难以直接比较，必须用秤尺量度然后才能知晓。像心的应接事物，由于心的轻重长短难以比较，就不能不用它本来的"重量尺度"进行度量，这比度量物品更加困难。现在宣王的恩惠能到达禽兽，但功德却到不了百姓那里，这就是他爱物的心重又长，而仁爱百姓的心就轻又短了，失去了理应如此的次序，自己还不知晓。所以上文开了个头，而在这里请宣王自己衡量。

⑭ 与，yú。

抑，发语词。士，战士。构，结。孟子认为宣王爱民之心轻又短的原因，必定是他以这三件事为快乐。然而这三件事实在不能给人心以快感，比杀那战抖的牛更加厉害，所以指出来问宣王，希望他借此进行衡量。

⑮ 对这样的事不感到快意，是心的端正。但必须做这事，是欲望的引诱。欲望的引诱偏偏在此，是由于他的心对别的事还明白，而惟独在这件事上糊涂。这是他爱民之心轻又短，功德到不了百姓的原因。

⑯ 与，yú。"为肥""抑为""岂为""不为"的"为"，都读wèi。便，pián。令，líng。辟，同"闢"。朝，读潮（cháo）。

便嬖，身边宠幸的人。已，语助词。辟，开拓、扩大。朝，迫使别人来朝见。秦、楚，都是大国。莅，君临。若，如此。所为，指兴兵结怨的事。缘木求鱼，意思是一定得不到。

⑰ "甚与""闻与"的"与"，都读yú。

殆、盖，都是发语词。邹，小国。楚，大国。"齐集有其一"，意思是齐国的土地集中在一起，方圆千里，具有天下的九分之一。以一去征服八，一定不能取胜，这就是所说的"后灾"。反本，意思见下文。

⑱ 朝，读潮（cháo）。贾，读古（gǔ）。愬，和"诉"同义。

运货贩卖叫商，坐地卖货叫贾。发政施仁，是用来称王天下的根本。近处的高兴，远处的前来投奔，那么大小强弱就不必论了。用力追求欲望，所想要的反而得不到。能返回根本，所想要的不求自来。与第一章的意思相同。

⑲ 惛，同"昏"。

⑳ 恒，héng。辟，同"僻"。焉，yān。

恒，常的意思。产，产业。恒产，稳定的谋生产业。恒心，人所常有的善心。士曾经学习过，知道义理，所以虽然没有常产，却能有常心，民众就不能这样了。罔，就像是罗网，欺负他们不知道去夺取他们的东西。

㉑ 畜，xù，下文相同。

轻，意思是容易。这说的是民有常产从而有了常心。

㉒ 治，zhī。凡是治理事物的治，都读 zhī。凡是修养自己意思的治，都读 zhì。以后都与此相同。

赡，足。这就是所说的无常产因而没有常心的情况。

㉓ 盍，何不。使民众有常产，又是发政施仁的根本。理由见下文。

㉔ 读音见上章。

这说的是制民之产的办法。赵岐说："八口之家，是次上等的农夫。这是王政的根本，生活稳定的途径，所以孟子对齐国、魏国的君主都说了这件事。"杨时说："为天下着想的人，不过是把自己的心推广到别人而已。然而虽然有仁心和仁爱的名声，但百姓们却得不到恩惠，是由于不行先王之道的缘故，所以用制民之产来劝告宣王。"

这一章说的是君主应当抛弃霸主的事业，实行王道。王道的要点，不过是推广自己的不忍人之心，以实行不忍心的政治罢了。齐宣王并非没有这样的心，但由于被功利的私念夺去了他这个心，所以不能扩大、充实以实行仁政。虽然有孟子的反复开导、指教，精辟、切实到这样的程度，但心被私欲蒙蔽、禁锢太深，终究不能领悟，令人感叹！

梁惠王章句下

【集注】凡十六章。

【今译】共十六章。

【第一章】庄暴见孟子，曰："暴见于王，王语暴以好乐，暴未有以对也。"曰："好乐何如？"孟子曰："王之好乐甚，则齐国其庶几乎！"①

他日见于王，曰："王尝语庄子以好乐，有诸？"王变乎色，曰："寡人非能好先王之乐也，直好世俗之乐耳。"②曰："王之好乐甚，则齐其庶几乎！今之乐犹古之乐也。"③曰："可得闻与？"曰："独乐乐，与人乐乐，孰乐？"曰："不若与人。"曰："与少乐乐，与众乐乐，孰乐？"曰："不若与众。"④"臣请为王言乐⑤。今王鼓乐于此，百姓闻王钟鼓之声、管籥之音，举疾首蹙頞而相告曰：'吾王之好鼓乐，夫何使我至于此极也？父子不相见，兄弟妻子离散。'今王田猎于此，百姓闻王车马之音，见羽旄之美，举疾首蹙頞而相告曰：'吾王之好田猎，夫何使我至于此极也？父子不相见，兄弟妻子离散。'此无他，不与民同乐也⑥。今王鼓乐于此，百姓闻王钟鼓之声、管籥之音，举欣欣然有喜色而相告曰：'吾王庶几无疾病与？何以能鼓乐也？'今王田猎于此，百姓闻王车马之音，见羽旄之美，举欣欣然有喜色而相告曰：‘吾王庶几无疾病与？何以能田猎也？’此无他，与民同乐也⑦。今王与百姓同乐，则王矣⑧。”

【集注】① “见于”之“见”，音现，下“见于”同。语，去声，下同。好，去声，篇内并同。

庄暴，齐臣也。庶几，近辞也，言近于治。

② 变色者，惭其好之不正也。

③ 今乐，世俗之乐。古乐，先王之乐。

④ “闻与”之“与”，平声。乐乐，下字音洛。孰乐，亦音洛。

独乐，不若与人；与少乐，不若与众，亦人之常情也。

⑤ 为，去声。

此以下皆孟子之言也。

⑥ 蹙，子六反。頞，音遏。夫，音扶。“同乐”之“乐”，音洛。

钟鼓管籥，皆乐器也。举，皆也。疾首，头痛也。蹙，聚也。頞，额也。人忧戚则蹙其额。极，穷也。羽旄，旌属。不与民同乐，谓独乐其身，而不恤其民，使之穷困也。

⑦ “病与”之“与”，平声。“同乐”之“乐”，音洛。

与民同乐者，推好乐之心以行仁政，使民各得其所也。

⑧ 好乐，而能与百姓同之，则天下之民归之矣，所谓齐其庶几者如此。

范氏曰：“战国之时，民穷财尽，人君独以南面之乐自奉其身。孟子切于救民，故因齐王之好乐，开导其善心，深劝其与民同乐。而谓今乐犹古乐，其实今乐古乐何可同也？但与民同乐之意，则无古今之异耳。若必欲以礼乐治天下，当如孔子之言，必用韶舞，必放郑声。盖孔子之言，为邦之正道；孟子之言，救时之急务，所以不同。”杨氏曰：“乐以和为主,使人闻钟鼓管弦之音,而疾首蹙頞,则虽奏以咸、英、韶、濩,无补于治也。故孟子告齐王以此,姑正其本而已。"

【今译】①"见于"的"见",读现(xiàn),以下的"见于"都与此相同。语,yù,以下相同。好,hào,本篇内都相同。

庄暴,齐国的臣子。庶几,表示接近的词,意思是接近于治理得好。

②变色,是惭愧自己喜好的音乐不正派。

③今乐,是世俗的音乐。古乐,是先王的音乐。

④"闻与"的"与",读 yú。"乐乐",后一个读洛(lè)。"孰乐"的"乐",也读洛(lè)。

独自快乐,不如和别人一起快乐;和少数人一起快乐,不如和许多人一起快乐,也是人之常情。

⑤为,wèi。

这以下都是孟子的话。

⑥蹙,cù。頞,读遏(è)。夫,音扶(fú)。"同乐"的"乐",读洛(lè)。

钟鼓管钥,都是乐器。举,都。疾首,头痛。蹙,皱眉。頞,额。人忧愁就蹙额(皱眉)。极,贫穷。羽旄,旌旗一类。不与民同乐,指自己一个人快乐,不管百姓如何,使百姓们穷困。

⑦"病与"的"与",读 yú。"同乐"的"乐",读洛(lè)。

与民同乐,意思是推广爱好音乐的心以行仁政,使民众各得其所。

⑧爱好音乐,并能和百姓共同快乐,天下的民众就会来投奔,所谓齐国将要治理好了就是这个样子。

范祖禹说:"战国时代,民穷财尽,君主们都只是独自享受着做君主的快乐。孟子关切的是拯救人民,所以借着齐王的爱好音乐,开导他的善心，深切地劝他与民同乐，因此才说今天的音乐和古代的音乐是一样的。其实今天的音乐和古代的音乐怎么可以等同呢？但是与民同乐的意思，就没有古今的区别了。假如真想用礼乐治天下，就应当像孔子所说的那样，一定用韶乐，一定禁绝郑国的音乐。孔子的话，是治国的正道；孟子的话，是救时的急务，所以不相同。"杨时说："音乐以和为主，让人听了钟鼓管弦的声音却头痛皱眉，那么即使演奏黄帝、尧、舜的音乐，对治国也没有什么补益。所以孟子这样告诉齐王，不过是要端正他的根本罢了。"

【第二章】齐宣王问曰："文王之囿方七十里，有诸？"孟子对曰："于传有之。"① 曰："若是其大乎？"曰："民犹以为小也。"曰："寡人之囿方四十里，民犹以为大，何也？"曰："文王之囿方七十里，刍荛者往焉，雉兔者往焉，与民同之。民以为小，不亦宜乎②？臣始至于境，问国之大禁，然后敢入。臣闻郊关之内，有囿方四十里，杀其麋鹿者如杀人之罪，则是方四十里为阱于国中。民以为大，不亦宜乎③？"

【集注】① 囿，音又。传，直恋反。

囿者，蕃育鸟兽之所。古者四时之田，皆于农隙以讲武事。然不欲驰骛于稼穑场圃之中，故度闲旷之地以为囿。然文王七十里之囿，其亦三分天下有其二之后也与？传，谓古书。

② 刍，音初。荛，音饶。

刍，草也。荛，薪也。

③ 阱，才性反。

礼,入国而问禁。国外百里为郊。郊外有关。阱,坎地以陷兽者,
言陷民于死也。

【今译】① 囿,读又（yòu）。传,zhuàn。

囿,畜养鸟兽的地方。古代四季田猎,都是在农闲时用来演习军事。
但不想在庄稼地里、打麦场上奔腾驰骋,所以把空闲的荒地建成囿。不
过周文王七十里的囿,大概是他得到了三分之二天下以后的事吧? 传,
指古书。

② 刍,读初（chú）。荛,读 ráo。

刍,草。荛,柴。

③ 阱,jǐng。

按照礼节,到一个国家,要问当地有什么禁忌。国都以外百里叫郊,
郊外有关。阱,在地上挖坑陷野兽,意思是陷民众于死地。

【第三章】齐宣王问曰:"交邻国有道乎?"孟子对曰:
"有。惟仁者为能以大事小,是故汤事葛,文王事昆夷。惟
智者为能以小事大,故太王事獯鬻,句践事吴 ①。以大事小
者,乐天者也。以小事大者,畏天者也。乐天者保天下,畏
天者保其国 ②。《诗》云:'畏天之威,于时保之。'" ③

王曰:"大哉言矣! 寡人有疾,寡人好勇。" ④ 对曰:"王
请无好小勇。夫抚剑疾视,曰:'彼恶敢当我哉!'此匹夫
之勇,敌一人者也。王请大之 ⑤。《诗》云:'王赫斯怒,爰
整其旅。以遏徂莒,以笃周祜,以对于天下。'此文王之勇
也。文王一怒而安天下之民 ⑥。《书》曰:'天降下民,作之
君,作之师。惟曰其助上帝,宠之四方。有罪无罪,惟我在。

天下曷敢有越厥志？'一人衡行于天下，武王耻之。此武王之勇也。而武王亦一怒而安天下之民^⑦。今王亦一怒而安天下之民，民惟恐王之不好勇也^⑧！"

【集注】① 獯，音熏。鬻，音育。句，音钩。

仁人之心宽洪恻怛，而无较计大小强弱之私。故小国虽或不恭，而吾所以字之之心，自不能已。智者明义理，识时势，故大国虽见侵陵，而吾所以事之之礼，尤不敢废。汤事见后篇，文王事见《诗·大雅》，太王事见后章。所谓狄人，即獯鬻也。句践，越王名，事见《国语》《史记》。

② 乐，音洛。

天者，理而已矣。大之字小，小之事大，皆理之当然也。自然合理，故曰乐天。不敢违理，故曰畏天。包含遍覆，无不周遍，保天下之气象也。制节谨度，不敢纵逸，保一国之规模也。

③《诗》，《周颂·我将》之篇。时，是也。

④ 言以好勇，故不能事大而恤小也。

⑤ "夫抚"之"夫"，音扶。恶，平声。

疾视，怒目而视也。小勇，血气所为。大勇，义理所发。

⑥《诗》，《大雅·皇矣》篇。赫，赫然怒貌。爰，于也。旅，众也。遏，《诗》作"按"，止也。徂，往也。莒，《诗》作"旅"。徂莒，谓密人侵阮徂共之众也。笃，厚也。祜，福也。对，答也，以答天下仰望之心也。此文王之大勇也。

⑦ 衡，与"横"同。

《书》，《周书·泰誓》之篇也。然所引与今《书》文小异，今且依此解之。宠之四方，宠异之于四方也。有罪者，我得而诛之。无罪者，我得而安之。我既在此，则天下何敢有过越其心志而作乱者乎！衡行，谓作乱也。孟子释《书》意如此，而言武王亦大勇也。

⑧ 王若能如文武之为，则天下之民望其一怒以除暴乱，而拯己于水火之中，惟恐王之不好勇耳。

此章言人君能惩小忿，则能恤小事大，以交邻国。能养大勇，则能除暴救民，以安天下。张敬夫曰："小勇者，血气之怒也。大勇者，理义之怒也。血气之怒不可有，理义之怒不可无。知此，则可以见性情之正，而识天理人欲之分矣。"

【今译】① 獯，读熏（xūn）。鬻，读育（yù）。句，读钩（gōu）。

仁人的心宽宏而怜悯，没有计较大小强弱的私念。所以小国即使不怎么恭顺，但我用来爱它的心却无法停止。智者明白义理，清楚时势，所以大国虽然侵犯我们，但我用来事奉它的礼尤其不敢中断。汤的事迹见于后篇。文王的事迹见于《诗经·大雅》。太王的事迹见后章。所说的狄人，就是獯鬻。句践，越国国王的名字，其事迹见于《国语》《史记》。

② 乐，读洛（lè）。

天，也就是理罢了。大国爱护小国，小国事奉大国，都是理的应该如此。自然地合乎理，所以说是乐天。不敢违背理，所以说是畏天。包含着，普遍地覆盖着，没有遗漏的，这是保有整个天下的气象啊！制订法度并认真遵守，不敢放纵享乐，这是保有一国的规模。

③《诗》，《诗经·周颂·我将》篇。时，就是"是"。

④ 意思是自己好勇，所以不能事奉大国，也不能爱护小国。

⑤ "夫抚"的"夫"，读扶（fú）。恶，wū。

疾视,怒目而视。小勇,由血气而产生的勇。大勇,由义理所发出的勇。

⑥《诗》,《诗经·大雅·皇矣》篇。赫,赫然发怒的样子。爰,于。旅,众。遏,《诗经》作"按",制止。徂,往。莒,《诗经》作"旅"。徂旅,指密国侵略阮国又去攻打共国的人们。笃,厚实。祜,福。对,回答、报答,以报答天下人的仰望之心。这是周文王的大勇。

⑦ 衡,同"横"。

《书》,《尚书·周书·泰誓》篇。但引文与今存《尚书》文字略有区别,现在姑且根据引文解释。宠之四方,使自己的宠爱到达四面八方。有罪的我得以诛灭他,无罪的我得以安抚他。我既然在此,那么天下怎敢有超越本分的心志去作乱的呢? 衡行,指作乱。孟子这样解释《尚书》的意思,并且说武王也是大勇。

⑧ 齐王若能有像文王、武王一样的所作所为,那么天下的百姓都盼望他一怒而除去暴乱,把自己从水深火热之中拯救出来,从而惟恐王不好勇。

这一章说的是君主若能克制小的愤怒,就能爱护小国,事奉大国,和邻国交好。能修养大勇,就能除暴救民,使天下安定。张栻说:"小勇,是血气之怒。大勇,是理义之怒。血气之怒不可有,理义之怒不可无。知道这一点,就能认识性情的端正处,弄清天理人欲的区别。"

【第四章】齐宣王见孟子于雪宫。王曰:"贤者亦有此乐乎?"孟子对曰:"有。人不得,则非其上矣①。不得而非其上者,非也。为民上而不与民同乐者,亦非也②。乐民之乐者,民亦乐其乐;忧民之忧者,民亦忧其忧。乐以天下,忧以天下，然而不王者，未之有也 [3]。昔者齐景公问于晏子曰：'吾欲观于转附、朝儛，遵海而南，放于琅邪。吾何修而可以比于先王观也？' [4] 晏子对曰：'善哉问也！天子适诸侯曰巡狩，巡狩者，巡所守也。诸侯朝于天子曰述职，述职者，述所职也。无非事者。春省耕而补不足，秋省敛而助不给。夏谚曰："吾王不游，吾何以休？吾王不豫，吾何以助？一游一豫，为诸侯度。" [5] 今也不然：师行而粮食，饥者弗食，劳者弗息。睊睊胥谗，民乃作慝。方命虐民，饮食若流。流连荒亡，为诸侯忧 [6]。从流下而忘反谓之流，从流上而忘反谓之连，从兽无厌谓之荒，乐酒无厌谓之亡 [7]。先王无流连之乐、荒亡之行 [8]。惟君所行也 [9]。'景公说，大戒于国，出舍于郊。于是始兴发补不足。召太师曰：'为我作君臣相说之乐。'盖《徵招》《角招》是也。其诗曰：'畜君何尤？'畜君者，好君也 [10]。"

【集注】① 乐，音洛，下同。

雪宫，离宫名。言人君能与民同乐，则人皆有此乐。不然，则下之不得此乐者，必有非其君上之心。明人君当与民同乐，不可使人有不得者，非但当与贤者共之而已也。

② 下不安分，上不恤民，皆非理也。

③ 乐民之乐，而民乐其乐，则乐以天下矣。忧民之忧，而民忧其忧，则忧以天下矣。

④ 朝，音潮。放，上声。

晏子，齐臣，名婴。转附、朝儛，皆山名也。遵，循也。放，至也。琅邪，齐东南境上邑名。观，游也。

⑤ 狩，舒救反。省，悉井反。

述，陈也。省，视也。敛，收获也。给，亦足也。夏谚，夏时之俗语也。豫，乐也。巡所守，巡行诸侯所守之土也；述所职，陈其所受之职也，皆无有无事而空行者。而又春秋巡行郊野，察民之所不足而补助之，故夏谚以为，王者一游一豫，皆有恩惠以及民。而诸侯皆取法焉，不敢无事慢游以病其民也。

⑥ 睊，古县反。

今，谓晏子时也。师，众也。二千五百人为师。《春秋传》曰："君行师从。"粮，谓糇糗之属。睊睊，侧目貌。胥，相也。谗，谤也。慝，怨恶也。言民不胜其劳，而起谤怨也。方，逆也。命，王命也。若流，如水之流，无穷极也。流连荒亡，解见下文。诸侯，谓附庸之国，县邑之长。

⑦ 厌，平声。

此释上文之义也。从流下，谓放舟随水而下。从流上，谓挽舟逆水而上。从兽，田猎也。荒，废也。乐酒，以饮酒为乐也。亡，犹失也，言废时失事也。

⑧ 行，去声。

⑨ 言先王之法，今时之弊，二者惟在君所行耳。

⑩ 说，音悦。为，去声。乐，如字。徵，陟里反。招，与"韶"同。畜，敕六反。

戒，告命也。出舍，自责以省民也。兴发，发仓廪也。大师，乐官也。君臣，己与晏子也。乐有五声，三曰角，为民；四曰徵，为事。招，舜乐也。其诗，《徵招》《角招》之诗也。尤，过也。言晏子能畜止其君之欲，宜为君之所尤，然其心则何过哉！孟子释之，以为臣能畜止其君之欲，乃是爱其君者也。

尹氏曰："君之与民，贵贱虽不同，然其心未始有异也。孟子之言，可谓深切矣。齐王不能推而用之，惜哉！"

【今译】① 乐，读洛（lè），下同。

雪宫，别宫的名字。意思是君主若能与民同乐，就人人都有这样的快乐。不然的话，下面得不到这种快乐的人，必然产生对君主不满的念头。说明君主应当与民同乐，不可使有的人得不到这种快乐，不只是应当和贤人共同享有这种快乐而已。

② 下面不安分，上面不爱护百姓，都不符合天理。

③ 以人民的快乐为快乐，人民也会以他的快乐为快乐，那就是为整个天下快乐。以人民的忧愁而忧愁，人民也会以他的忧愁为忧愁，那就是为整个天下忧愁。

④ 朝，读潮（cháo）。放，fǎng。

晏子，齐国的臣，名婴。转附、朝儦，都是山名。遵，循，沿着。放，到。琅邪，齐国东南边境上的城邑名。观，巡游。

⑤ 狩，shòu。省，xǐng。

述，陈述。省，视察。敛，收获。给，也是丰足的意思。夏谚，夏代的俗语。豫，快乐。巡所守，视察诸侯所守卫的土地；述所职，报告、陈述他们履行职责的情况，都没有无事而空转悠的。并且又在春秋二季巡行郊外田野，察看百姓们的困难进行补助，所以夏代谚语认为王者一次巡游、一个快乐，都有恩惠给与民众。而诸侯也都以此为榜样，不敢没事漫游去祸害百姓。

⑥ 睊，juàn。

今，指晏子时。师，众人。二千五百人为师。《左传·定公四年》："君行师从。"粮,指干粮之类。睊睊,斜眼相看的样子。胥,互相。谗,诽谤。
慝,怨恨、憎恶。意思是民众不堪劳苦因而产生了诽谤和怨恨。方,违
逆。命,王命。若流,像水的流动,没有尽头。流连荒亡,解释见下文。
诸侯,指附庸国和县邑的主官。

⑦厌,yān。

这一段解释上文的意思。从流下,指放船顺流而下。从流上,指拉
船逆流而上。从兽,打猎。荒,荒废。乐酒,以饮酒为乐。亡,意思是"失",
指浪费时光耽误政事。

⑧行,音 xìng。

⑨意思是先王的法度,现在的时弊,都要看君主您怎么做了。

⑩说,读悦(yuè)。为,wèi。乐,读 yuè。徵,zhǐ。招,同"韶"。
畜,chù。

戒,告示和命令。出舍,自我责备并视察民众。兴发,打开粮仓。
太师,乐官。君臣,自己与晏子。乐有五声,第三声角代表民,第四声
徵代表事。招,舜的音乐。配的诗,即《徵招》《角招》诗。尤,过错。
说的是晏子能制止君主的欲望,应当被君主所责备,但自己的心有什么
过错呢?孟子解释说,臣能限制阻止君主的过错,正是对君主的爱。

尹焞说:"君与民,贵贱虽然不同,但他们的心没有差别。孟子的
话,可算是深刻了。齐王不能加以推广应用,可惜啊!"

【第五章】齐宣王问曰:"人皆谓我毁明堂。毁诸?已
乎?"①孟子对曰:"夫明堂者,王者之堂也。王欲行王政,
则勿毁之矣。"②

王曰:"王政可得闻与?"对曰:"昔者文王之治岐也,

耕者九一，仕者世禄，关市讥而不征，泽梁无禁，罪人不孥。老而无妻曰鳏，老而无夫曰寡，老而无子曰独，幼而无父曰孤。此四者，天下之穷民而无告者。文王发政施仁，必先斯四者。《诗》云：'哿矣富人，哀此茕独！'"③王曰："善哉言乎！"曰："王如善之，则何为不行？"

王曰："寡人有疾，寡人好货。"对曰："昔者公刘好货。《诗》云：'乃积乃仓，乃裹糇粮，于橐于囊，思戢用光。弓矢斯张，干戈戚扬，爰方启行。'故居者有积仓，行者有裹粮也，然后可以爰方启行。王如好货，与百姓同之，于王何有？"④

王曰："寡人有疾，寡人好色。"对曰："昔者大王好色，爱厥妃。《诗》云：'古公亶甫，来朝走马。率西水浒，至于岐下。爰及姜女，聿来胥宇。'当是时也，内无怨女，外无旷夫。王如好色，与百姓同之，于王何有？"⑤

【集注】①赵氏曰："明堂，太山明堂。周天子东巡守朝诸侯之处。汉时遗址尚在。人欲毁之者，盖以天子不复巡守，诸侯又不当居之也。王问：当毁之乎？且止乎？"

②夫，音扶。

明堂，王者所居，以出政令之所也。能行王政，则亦可以王矣，何必毁哉！

③与，平声。孥，音奴。鳏，姑顽反。哿，工可反。茕，音琼。

岐，周之旧国也。九一者，井田之制也。方一里为一井，其田九百亩，中画井字，界为九区，一区之中，为田百亩。中百亩为公田，外八百亩为私田。八家各受私田百亩，而同养公田，是九分而税其一也。世禄者，先王之世，仕者之子孙皆教之，教之而成材，则官之，如不足用，亦使之不失其禄。盖其先世尝有功德于民，故报之如此，忠厚之至也。关，谓道路之关。市，谓都邑之市。讥，察也。征，税也。关市之吏，察异服异言之人，而不征商贾之税也。泽，谓潴水。梁，谓鱼梁。与民同利，不设禁也。挐，妻子也。恶恶止其身，不及妻子也。先王养民之政，导其妻子，使之养其老而恤其幼。不幸而有鳏寡孤独之人，无父母妻子之养，则尤宜怜恤，故必以为先也。《诗》，《小雅·正月》之篇。哿，可也。茕，困悴貌。

④ 糇，音侯。橐，音拓。戢，《诗》作"辑"，音集。

王自以为好货，故取民无制，而不能行此王政。公刘，后稷之曾孙也。《诗》，《大雅·公刘》之篇。积，露积也。糇，干粮也。无底曰橐，有底曰囊，皆所以盛糇粮也。戢，安集也。言思安集其人民，以光大其国家也，戚，斧也。扬，钺也。爰，于也。启行，言往迁于豳也。何有，言不难也。孟子言，公刘之民富足如是，是公刘好货，而能推己之心以及民也。今王好货，亦能如此，则其于王天下也，何难之有！

⑤ 大，音泰。

王又言此者，好色，则心志蛊惑，用度奢侈，而不能行王政也。大王，公刘九世孙。《诗》，《大雅·绵》之篇也。古公，大王之本号，后乃追尊为大王也。亶父，大王名也。来朝走马，避狄人之难也。率，循也。浒，水涯也。岐下，岐山之下也。姜女，大王之妃也。胥，相也。宇，居也。旷，空也。无怨旷者，是大王好色，而能推己之心以及民也。

杨氏曰："孟子与人君言，皆所以扩充其善心而格其非心，不止就事论事。若使为人臣者论事每如此，岂不能尧舜其君乎。"

愚谓：此篇自首章至此，大意皆同。盖钟鼓、苑囿、游观之乐，与夫好勇、好货、好色之心，皆天理之所有，而人情之所不能无者。然天理、人欲，同行异情。循理而公于天下者，圣人之所以尽其性也。纵欲而私于一己者，众人之所以灭其天也。二者之间，不能以发，而其是非得失之归，相去远矣。故孟子因时君之问，而剖析于几微之际，皆所以遏人欲而存天理。其法似疏而实密，其事似易而实难。学者以身体之，则有以识其非曲学阿世之言，而知所以克己复礼之端矣。

【今译】① 赵岐说："明堂，泰山明堂。周天子到东方巡守，诸侯朝见的地方。汉代时它的遗址还存在。有人建议拆毁，因为天子不再巡守，诸侯又不应当使用。所以齐宣王问：是应当毁掉呢，还是不毁？"

② 夫，读扶（fú）。

明堂，是王者居住、用来发布政令的场所。能行王政，就可以称王天下，何必毁掉呢？

③ 与，yú。孥，读奴（nú）。鳏，guān。哿，gě。茕，读琼（qióng）。

岐，周国原来所在地。九一，是井田制度。一平方里为一井，田九百亩，中间用井字分成九块，每一块有田百亩。中间一百亩是公田，外面八百亩是私田。八户农夫各分得私田一百亩，共同耕种公田，这就等于九分之一的税率。世禄，先王时代，出仕者的子孙都受教育，经教育成材的就出仕做官，如不可做官，也让他不失去俸禄。因为他们的先祖曾对百姓们有功，所以这样报答他们，这是极其忠厚的政策。关，指道路上的关卡。市，指大城镇里的市场。讥，检查。征，收税。关市的官吏，检查穿奇异服装说不同语言的人，但不征商贾的税。泽，滞存的水。梁，鱼梁❶。与民同利，不加禁止。孥，妻子儿女。惩罚坏人只限于

---

❶　拦水捕鱼的设施，如篱笆样，或木桩上加鱼网，安置于水中有鱼经过的地方。

本人,不牵连妻子儿女。先王养民的政策,引导他们的妻子儿女,使他们赡养老人而抚养幼小。不幸而有鳏寡孤独的人,没有父母妻子儿女养活他们,就尤其应当照顾,所以一定把这四类人的事放在前面。《诗》,《诗经·小雅·正月》篇。否,可。茕,困苦憔悴的样子。

④ 糇,读侯(hóu)。橐,读拓(tuó)。戢,《诗经》中作"辑",读集(jí)。

齐宣王自以为爱财,向百姓征税没有节制,而不能实行这样的王政。公刘,后稷的曾孙。《诗》,《诗经·大雅·公刘》篇。积,露天堆积。糇,干粮。没底的口袋叫橐,有底的叫囊,都是用来盛干粮的。戢,安集。意思是考虑如何安集他自己的民众,以光大自己的国家。戚,斧头。扬,钺。爱,于的意思。启行,指迁往豳地。何有,意思是不难。孟子说,公刘的民众这样富足,是公刘爱财,并且能把自己的心加以推广替民众设想。现在齐宣王爱财,也能如此,那么要想称王天下,有什么困难呢!

⑤ 大,读泰(tài)。

齐宣王又这样说,是说自己好色,就会使志向受到损害,思想变得糊涂,用度奢侈,不能实行王政。太王,公刘九世孙。《诗》,《诗经·大雅·绵》篇。古公,太王的本号,后世追尊为太王。亶甫(父),太王的名。来朝走马,躲避狄人造成的灾难。率,沿着。浒,水边。岐下,岐山之下。姜女,太王的妃子。胥,相看。宇,住房。旷,空下的。没有怨女旷夫,是太王好色,并且能推广自己的心为百姓着想。

杨时说:"孟子和君主的谈话,都是扩充他的善心而谏阻他不善的心,不仅是就事论事。假若做人臣子的,议论事情都能如此,难道还不能让他的君主成为尧舜吗?"

我认为，这一篇从第一章到这里，大意都相同。钟鼓、园囿、游观之类的快乐，和好勇、爱财、好色的心，都是天理所固有，而人情所不能没有的东西。然而天理和人欲，行为相同，只是动机有别。遵循理并且为着天下的公益，所以圣贤尽了自己的本性；放纵欲望并且为着一己的私利，所以众人泯灭了自己的天性。这二者之间的距离，容不下一根头发，但它们是非得失的归宿，却相去辽远。所以孟子借着当时君主所提的问题，在那非常细微的地方进行剖析，都是为了遏制人欲而保存天理。这个办法好像粗疏，其实却非常周密；这件事看似容易，其实却非常困难。求学者亲身去体验，就能够认识到这不是歪邪之学、阿谀媚世之言，从而懂得了要实行克己复礼应从哪里入手。

【第六章】孟子谓齐宣王曰："王之臣，有托其妻子于其友而之楚游者。比其反也，则冻馁其妻子，则如之何？"王曰："弃之。"① 曰："士师不能治士，则如之何？"王曰："已之。"② 曰："四境之内不治，则如之何？"王顾左右而言他③。

【集注】① 比，必二反。

托，寄也。比，及也。弃，绝也。

② 士师，狱官也。其属有乡士、遂士之官，士师皆当治之。已，罢去也。

③ 治，去声。

孟子将问此，而先设上二事以发之。及此，而王不能答也。其惮于自责，耻于下问，如此不足与有为，可知矣。

赵氏曰："言君臣上下各勤其任，无堕其职，乃安其身。"

【今译】① 比，bǐ。

托，托付。比，等到。弃，绝交。

② 士师，管理刑狱的官吏。下属有乡士、遂士等官，士师都应当进行管理。已，撤职。

③ 治，zhì。

孟子要问这一条，而先假设了以上两件事作引子，到这里齐宣王就无法回答了。他是这样地害怕自我批评，耻于下问，这样一来，不能够和他一起有所作为，也就十分明显了。

赵岐说："意思是君臣上下都努力尽到自己的责任，不要渎职，才可以使自身安然。"

【第七章】孟子见齐宣王，曰："所谓故国者，非谓有乔木之谓也，有世臣之谓也。王无亲臣矣，昔者所进，今日不知其亡也。"① 王曰："吾何以识其不才而舍之？"② 曰："国君进贤，如不得已，将使卑逾尊，疏逾戚，可不慎与③？左右皆曰贤，未可也。诸大夫皆曰贤，未可也。国人皆曰贤，然后察之。见贤焉，然后用之。左右皆曰不可，勿听。诸大夫皆曰不可，勿听。国人皆曰不可，然后察之。见不可焉，然后去之④。左右皆曰可杀，勿听。诸大夫皆曰可杀，勿听。国人皆曰可杀，然后察之。见可杀焉，然后杀之。故曰国人杀之也⑤。如此，然后可以为民父母⑥。"

【集注】① 世臣，累世勋旧之臣，与国同休戚者也。亲臣，君所亲信之臣，与君同休戚者也。此言乔木世臣，皆故国所宜有。然所以为故国者，则在此而不在彼也。昨日所进用之人，今日有亡去而不知者，则无亲臣矣，况世臣乎。

② 舍，上声。

王意以为此亡去者，皆不才之人。我初不知而误用之，故今不以其去为意耳。因问何以先识其不才而舍之邪。

③ 与，平声。

如不得已，言谨之至也。盖尊尊、亲亲，礼之常也。然或尊者、亲者未必贤，则必进疏远之贤而用之。是使卑者逾尊，疏者逾戚，非礼之常，故不可不谨也。

④ 去，上声。

左右近臣，其言固未可信。诸大夫之言，宜可信矣，然犹恐其蔽于私也。至于国人，则其论公矣，然犹必察之者，盖人有同俗而为众所悦者，亦有特立而为俗所憎者。故必自察之，而亲见其贤否之实，然后从而用、舍之。则于贤者知之深，任之重，而不才者不得以幸进矣。所谓进贤如不得已者，如此。

⑤ 此言非独以此进退人才，至于用刑，亦以此道。盖所谓"天命""天讨"，皆非人君之所得私也。

⑥《传》曰："民之所好好之，民之所恶恶之，此之谓民之父母。"

【今译】① 世臣，世代相传有功劳的旧臣，与国家同甘苦的人。亲臣，君主所亲近的臣子，与君主共甘苦的人。这里的意思是，乔木和世臣，都是故国所应该有的。但是故国之所以成为故国，是因为有世臣而不是因为有乔木。昨天提拔的人，今天就有逃走了还没有被发觉的人，这就是没有亲臣了，何况世臣呢？

② 舍，shě。

宣王的意思是，这些逃走的，都是不称职的人。我本来就不了解他们，因而错误地提拔了他们，现在对他们的离去也不放在心上。因此就询问如何事先察知他们的无才从而不提拔他们。

③ 与，yú。

如不得已，这说的是极端谨慎。尊敬尊长、亲爱亲属，是礼的正常情况。然而尊敬和亲爱的人不一定贤能，这就必然要提拔和任用疏远的贤人。这就使卑贱者越过了尊贵，疏远的超过了亲属，这不是礼的正常情况，所以不可不谨慎。

④ 去，qù。

左右近臣，所说本不可信。诸位大夫的话，应该是可信的，然而还是怕他们被私念所蒙蔽。至于国内一般民众，他们的议论是公正的，然而还是必须考察，因为有那种喜欢和世俗同流而得到大家拥护的人，也有见解独特而被世俗所憎恶的人。所以必须亲自考察，并亲眼看到他贤能与否的实际，然后再决定是任用还是舍弃。这样就对于贤能者了解得深入，付托的责任重大，而那些无能的人就不能侥幸晋升。所说的如不得已时就进用贤才，就是这种情形。

⑤ 这是说不单是用种办法进用或者辞退人才，至于判案用刑，也用这个办法。这就是所说的"天命""天讨"，都不是君主可以凭私意随便处理的。

⑥《大学》说："民众所喜好的就喜好它，民众所憎恶的就憎恶它，这就叫做民众的父母。"

【第八章】齐宣王问曰："汤放桀，武王伐纣，有诸？"孟子对曰："于传有之①。"曰："臣弑其君，可乎？"②曰："贼仁者谓之贼，贼义者谓之残。残贼之人，谓之一夫。闻诛一夫纣矣，未闻弑君也。"③

【集注】① 传，直恋反。

放，置也。《书》曰："成汤放桀于南巢。"

② 桀、纣，天子。汤、武，诸侯。

③ 贼，害也。残，伤也。害仁者凶暴淫虐，灭绝天理，故谓之贼。害义者颠倒错乱，伤败彝伦，故谓之残。一夫，言众叛亲离，不复以为君也。《书》曰"独夫纣"。盖四海归之则为天子，天下叛之则为独夫。所以深警齐王，垂戒后世也。

王勉曰："斯言也，惟在下者有汤、武之仁，而在上者有桀、纣之暴，则可，不然，是未免于篡弑之罪也。"

【今译】① 传，zhuàn。

放，安置，放逐。《尚书·仲虺之诰》说："成汤把桀放逐到南巢。"

② 桀、纣，都是天子。汤、武，都是诸侯。

③ 贼，危害。残，损伤。危害仁的人凶暴酷虐，灭绝天理，所以叫做贼。危害义的人颠倒错乱，败坏秩序，所以叫做残。一夫，意思是众叛亲离，不再把他当作君主了。《尚书》说："独夫纣。"❶ 四海归顺，就是天子；天下背叛，就是独夫。用这来使齐王引起高度警惕，并且告诫后世。

王勉说 ❷："这样的话，必须是下面有像汤、武那样的仁德，上面的有像桀、纣那样的暴虐，才可以，不然的话，就免不了篡权弑君的罪过。"

【第九章】孟子见齐宣王，曰："为巨室，则必使工师求大木。工师得大木，则王喜，以为能胜其任也。匠人斫而

---

❶ 《尚书·泰誓》："独夫受，洪惟作威。"受，就是纣。
❷ 王勉：宋代学者。事迹不详。

小之，则王怒，以为不胜其任矣。夫人幼而学之，壮而欲行之，王曰'姑舍女所学而从我'，则何如①？今有璞玉于此，虽万镒，必使玉人雕琢之。至于治国家，则曰'姑舍女所学而从我'，则何以异于教玉人雕琢玉哉②？"

【集注】①胜，平声。夫，音扶。舍，上声。女，音汝，下同。

巨室，大宫也。工师，匠人之长。匠人，众工人也。姑，且也。言贤人所学者大，而王欲小之也。

②镒，音溢。

璞，玉之在石中者。镒，二十两也。玉人，玉工也。不敢自治而付之能者，爱之甚也。治国家，则徇私欲而不任贤，是爱国家不如爱玉也。

范氏曰："古之贤者，常患人君不能行其所学，而世之庸君，亦常患贤者不能从其所好，是以君臣相遇，自古以为难。孔、孟终身而不遇，盖以此耳。"

【今译】①胜，shēng。夫，读扶（fú）。舍，shě。女，读汝（rǔ），下同。

巨室，大宫殿。工师，匠人的首领。匠人，各种工人。姑，暂且。意思是贤人所学的远大，而齐王要让他们变得近小。

②镒，读溢（yì）。

璞，还包在石中的玉。镒，二十两。玉人，玉工。不敢自己雕琢而交给能者，是非常的爱护。治理国家，若迁就私欲而不任用贤才，就是爱国家不如爱玉了。

范祖禹说："古代的贤人，经常忧虑君主不能实行他所学的东西，而世上那庸碌的君主，也经常忧虑贤人不能顺从自己的嗜好，所以君臣相遇，自古以来就被认为是难事。孔、孟终生都遇不到任用自己的君主，原因就在这里。"

【第十章】齐人伐燕，胜之①。宣王问曰："或谓寡人勿取，或谓寡人取之。以万乘之国伐万乘之国，五旬而举之，人力不至于此。不取，必有天殃，取之，何如？"②孟子对曰："取之而燕民悦，则取之。古之人有行之者，武王是也。取之而燕民不悦，则勿取。古之人有行之者，文王是也③。以万乘之国伐万乘之国，箪食壶浆，以迎王师，岂有他哉？避水火也。如水益深，如火益热，亦运而已矣④。"

【集注】① 按《史记》，燕王哙让国于其相子之，而国大乱。齐因伐之，燕士卒不战，城门不闭，遂大胜燕。

② 乘，去声，下同。

以伐燕为宣王事，与《史记》诸书不同，已见《序说》。

③ 商纣之世，文王三分天下有其二，以服事殷。至武王十三年，乃伐纣而有天下。张子曰："此事间不容发。一日之间天命未绝，则是君臣。当日命绝，则为独夫。然命之绝否，何以知之？人情而已。诸侯不期而会者八百，武王安得而止之哉！"

④ 箪，音丹。食，音嗣。

箪，竹器。食，饭也。运，转也。言齐若更为暴虐，则民将转而望救于他人矣。

赵氏曰："征伐之道，当顺民心。民心悦则天意得矣。"

【今译】① 根据《史记·燕召公世家》记载，燕王哙把国家让给宰相子之，国家大乱。齐国趁机讨伐，燕国的兵士不抵抗，城门也不关闭，于是齐国大获全胜。

②乘，shèng，下同。

把进攻燕国说成是宣王时期的事，与《史记》等书不同，本书序言中已经说明。

③ 商纣时代，周文王已经占有了三分之二的天下，仍然事奉殷朝。到周武王十三年，才讨伐商纣夺取了天下。张子说："这件事，中间容不下一根头发。一天之内，天命若没有断绝，就仍然是君臣。当天天命断绝，就是独夫。然而天命是否断绝，又如何知道呢？根据人情罢了。诸侯们不约而同来集会的有八百位，周武王又怎么能制止得住呢？"

④ 箪，读丹（dān）。食，读嗣（sì）。

箪，竹器。食，饭。运，转变。意思是齐国假若更为暴虐，那么民众就将转而盼望别人的拯救了。

赵岐说："征伐的道理，应当顺应民心。民心喜悦，那就是得到了天意。"

【第十一章】齐人伐燕，取之。诸侯将谋救燕。宣王曰："诸侯多谋伐寡人者，何以待之？"孟子对曰："臣闻七十里为政于天下者，汤是也。未闻以千里畏人者也①。《书》曰：'汤一征，自葛始。'天下信之。'东面而征，西夷怨；南面而征，北狄怨。曰：奚为后我？'民望之，若大旱之望云霓也。归市者不止，耕者不变。诛其君而吊其民，若时雨降，民大悦。《书》曰：'徯我后，后来其苏！'②今燕虐其民，王往而征之，民以为将拯己于水火之中也，箪食壶浆，以迎王师。若杀其父兄，系累其子弟，毁其宗庙，迁其重器，如之何其可也？天下固畏齐之强也，今又倍地而不行仁政，是动天下之兵也^③。王速出令，反其旄倪，止其重器，谋于燕众，置君而后去之，则犹可及止也^④。"

【集注】① 千里畏人，指齐王也。

② 霓，五稽反。徯，胡礼反。

两引《书》，皆《商书·仲虺之诰》文也，与今《书》文亦小异。一征，初征也。天下信之，信其志在救民，不为暴也。奚为后我，言汤何为不先来征我之国也。霓，虹也。云合则雨，虹见则止。变，动也。徯，待也。后，君也。苏，复生也。他国之民，皆以汤为我君，而待其来，使己得苏息也。此言汤之所以七十里而为政于天下也。

③ 累，力追反。

拯，救也。系累，絷缚也。重器，宝器也。畏，忌也。倍地，并燕而增一倍之地也。齐之取燕，若能如汤之征葛，则燕人悦之，而齐可为政于天下矣。今乃不行仁政，而肆为残虐，则无以慰燕民之望而服诸侯之心，是以不免乎以千里而畏人也。

④ 旄，与"耄"同。倪，五稽反。

反，还也。旄，老人也。倪，小儿也。谓所虏略之老小也。犹，尚也。及止，及其未发而止之也。

范氏曰："孟子事齐梁之君，论道德则必称尧舜，论征伐则必称汤武。盖治民不法尧舜，则是为暴行；师不法汤武，则是为乱。岂可谓吾君不能，而舍所学以徇之哉？"

【今译】① 千里畏人，指齐王。

② 霓，ní。徯，xī。

两次引用《尚书》，都是《尚书·仲虺之诰》的文字，与现存《尚书》文字稍有不同。一征，初次出征。天下信之，是相信他志在拯救民众，不实行暴虐。奚为后我，意思是汤为什么不先来征伐我的国家。霓，虹。云朵会合就要下雨，彩虹出现雨就停止。变，变动。徯，等待。后，君主。苏，复生。别国的人民，都把汤当作自己的君主，而等待他的到来，使自己得到新生。这说的是汤如何以七十里的地盘成为统治天下的君主。

③累，lēi。

拯，救助。系累，绑缚。重器，宝器。畏，畏忌。倍地，吞并燕国增加了一倍的土地。齐国占领燕国，如果能像汤的征伐葛国，燕人就会高兴，而齐也就可以统治天下了。现在却不行仁政而任意残害百姓，就无法满足燕国人民的愿望，并且使诸侯们心服，所以不免虽有千里之大的地盘却畏惧别人。

④旄，同"耄"。倪，ní。

反，归还。旄，老人。倪，小孩子。指所掳掠的老人和小孩。犹，尚且，还可以。及止，在诸侯们还没有行动时及时阻止。

范祖禹说："孟子服务于齐、魏两国的君主，论道德则必然称道尧舜，论征伐则必然称道汤武。这就是说，治国若是不效法尧舜，就是暴虐；出兵若是不效法汤武，就是作乱。怎可以说我们君主做不到这些，因而抛弃自己所学的正道来屈从君主呢？"

【第十二章】邹与鲁哄。穆公问曰："吾有司死者三十三人，而民莫之死也。诛之，则不可胜诛。不诛，则疾视其长上之死而不救。如之何则可也？"①孟子对曰："凶年饥岁，君之民老弱转乎沟壑，壮者散而之四方者，几千人矣；而君之仓廪实、府库充，有司莫以告，是上慢而残下也。曾子曰：
'戒之戒之！出乎尔者，反乎尔者也。'夫民今而后得反之
也。君无尤焉^②！君行仁政，斯民亲其上、死其长矣^③。"

【集注】① 哄，胡弄反。胜，平声。长，上声，下同。

哄，斗声也。穆公，邹君也。不可胜诛，言人众不可尽诛也。长上，
谓有司也。民怨其上，故疾视其死而不救也。

② 几，上声。夫，音扶。

转，饥饿辗转而死也。充，满也。上，谓君及有司也。尤，过也。

③ 君不仁而求富，是以有司知重敛而不知恤民。故君行仁政，则
有司皆爱其民而民亦爱之矣。

范氏曰："《书》曰：'民惟邦本，本固邦宁。' 有仓廪府库，所以为
民也。丰年则敛之，凶年则散之。恤其饥寒，救其疾苦，是以民亲爱其
上。有危难则赴救之，如子弟之卫父兄，手足之捍头目也。穆公不能反
己，犹欲归罪于民，岂不误哉！"

【今译】① 哄，hòng。胜，shēng。长，zhǎng，下同。

哄，打斗的声音。穆公，邹国君主。不可胜诛，意思是不能把所有
的人都杀掉。长上，指有关部门。民众怨恨官长，所以眼睁睁看着他们
死而不去搭救。

② 几，jǐ。夫，读扶（fú）。

转，饥饿辗转而死。充，充满。上，指君主和政府的有关部门。尤，
责备。

③ 君主不行仁政而去追求富有，所以有关部门只知加重赋税而不
知爱护百姓。所以君主行仁政，有关部门就会爱护百姓，而百姓们也会

热爱他们。

　　范祖禹说："《尚书·五子之歌》道：'民众是国家根本，根本坚固国就安宁。'有仓有库，都是为了百姓。丰年就收赋税，灾年就散出去。关心他们的饥寒，救助他们的疾苦，所以民众亲近热爱他们的长上。有危难就去援救，好像儿子兄弟保卫他们的父兄，手脚捍卫头和眼睛。穆公不能反省自己，还想归罪百姓，岂不是颠倒了是非？"

　　【第十三章】滕文公问曰："滕，小国也，间于齐、楚。事齐乎？事楚乎？"① 孟子对曰："是谋非吾所能及也。无已，则有一焉：凿斯池也，筑斯城也，与民守之。效死而民勿去，则是可为也。"②

【集注】① 间，去声。

　　滕，国名。

　　② 无已，见前篇。一，谓一说也。效，犹致也。国君死社稷，故致死以守国。至于民，亦为之死守而不去，则非有以深得其心者不能也。

　　此章言有国者当守义而爱民，不可侥幸而苟免。

【今译】① 间，jiàn。

　　滕，国名。

　　② "无已"的解释见前篇。一，意思是有一说。效，致的意思。国君应为社稷而死，所以致死以守卫国家。至于民众，也为国君死守而不离开，若不是能深得民心的人是做不到的。

　　这一章的意思是，一个君主应当坚守仁义，爱护民众，不可以希望能侥幸免祸。

【第十四章】滕文公问曰：“齐人将筑薛，吾甚恐，如之何则可？”①孟子对曰：“昔者大王居邠，狄人侵之，去之岐山之下居焉。非择而取之，不得已也②。苟为善，后世子孙必有王者矣。君子创业垂统，为可继也。若夫成功，则天也。君如彼何哉？强为善而已矣③。”

【集注】①薛，国名，近滕。齐取其地而城之，故文公以其逼己而恐也。

②邠，与“豳”同。

邠，地名。言大王非以岐下为善择取而居之也。详见下篇。

③夫，音扶。强，上声。

创，造。统，绪也。言能为善，则如大王，虽失其地，而其后世遂有天下，乃天理也。然君子造基业于前，而垂统绪于后，但能不失其正，令后世可继续而行耳。若夫成功，则岂可必乎！彼，齐也。君之力既无如之何，则但强于为善，使其可继，而俟命于天耳。

此章言人君但当竭力于其所当为，不可侥幸于其所难必。

【今译】① 薛，国名，邻近滕国。齐国夺取了它的土地，筑起了城池，所以滕文公因为它威胁着自己而感到恐惧。

② 邠，同“豳”。

邠，地名。意思是太王不是因为岐山下面好经过选择而住到了那里。详情见下章。

③ 夫，读扶（fú）。强，qiǎng。

创，创造。统，统绪。意思是能够行善，就像太王那样，虽然失去了自己的土地，他的后世却夺取了天下，这就是天理啊！然而君子创造基业在前，传留统绪在后，只是能不抛弃正道，使后世可以继续这样去做。至于成功与否，怎能说得准呢？彼，齐国。君主的力量既然奈何不得他，就只能努力为善，使自己的行为后代可以继承，并等待天命就是。

这一章说的是君主只应当竭力去做自己应该做的，不可侥幸去盼望那难以把握的事。

【第十五章】滕文公问曰："滕，小国也。竭力以事大国，则不得免焉。如之何则可？"孟子对曰："昔者大王居邠，狄人侵之。事之以皮币，不得免焉。事之以犬马，不得免焉。事之以珠玉，不得免焉。乃属其耆老而告之曰：'狄人之所欲者，吾土地也。吾闻之也：君子不以其所以养人者害人。二三子何患乎无君？我将去之！'去邠，逾梁山，邑于岐山之下居焉。邠人曰：'仁人也，不可失也。'从之者如归市①。或曰：'世守也，非身之所能为也。效死勿去。'②君请择于斯二者③。"

【集注】① 属，音烛。

皮，谓虎豹麋鹿之皮也。币，帛也。属，会集也。土地本生物以养人，今争地而杀人，是以其所以养人者害人也。邑，作邑也。归市，人众而争先也。

② 又言或谓土地乃先人所受，而世守之者，非己所能专，但当致死守之，不可舍去。此国君死社稷之常法，《传》所谓"国灭，君死之，正也"，正谓此也。

③ 能如太王则避之，不能则谨守常法。盖迁国以图存者，权也。守正而俟死者，义也。审己量力，择而处之可也。

　　杨氏曰:"孟子之于文公,始告之以效死而已,礼之正也。至其甚恐,则以大王之事告之,非得已也。然无大王之德而去,则民或不从而遂至于亡,则又不若效死之为愈,故又请择于斯二者。"又曰:"孟子所论,自世俗观之,则可谓无谋矣。然理之可为者,不过如此。舍此,则必为仪、秦之为矣。凡事求可,功求成,取必于智谋之末,而不循天理之正者,非圣贤之道也。"

【今译】① 属,读烛(zhǔ)。

　　皮,指虎、豹、麋、鹿的皮。币,丝帛。属,集合。土地本来是生长草木庄稼养育人的,现在却要为了争地而死人,这是用那本为养人的东西杀人了。邑,建造城邑。归市,人多并且争先恐后。

　　② 又说可能有人建议说,土地是祖先传留下来,世代所保守的,不是自己可以随意处理的,只应当以死相守,不可抛弃。这是君主为社稷而死的常规,《春秋公羊传》所说的"国家灭亡,君主为国而死,是正道",正是说的这种情况。

　　③ 能像太王一样就避去,不能这样就按常规办事。迁移国家以求保存,是权变;坚守正道而等待死亡,是道义。衡量自己的力量,选择一条去做就是。

　　杨时说:"孟子对滕文公,起初告诉他为国献身而已,这是礼的正道。因为他非常恐惧,就用太王的事告诉他,这是不得已的事情。然而假若没有太王的德行而离开,民众就可能不会追随并且因而逃亡,那就不如献身好一些,所以又请他在二者之中进行选择。"又说:"孟子所说,从世俗的观点看来,可说是没有办法了。然而按理可以做的,不过如此罢了。丢掉这个,就必然像苏秦、张仪那样做了。一切事都要找到出路,要追求成功。在智谋这种末流上寻求必胜,而不遵循天理的正道,不是圣贤之道。"

【第十六章】鲁平公将出,嬖人臧仓者请曰:"他日君出,则必命有司所之。今乘舆已驾矣,有司未知所之,敢请。"公曰:"将见孟子。"曰:"何哉?君所为轻身以先于匹夫者,以为贤乎?礼义由贤者出,而孟子之后丧逾前丧。君无见焉!"公曰:"诺。"①

乐正子入见,曰:"君奚为不见孟轲也?"曰:"或告寡人曰:'孟子之后丧逾前丧。'是以不往见也。"曰:"何哉,君所谓逾者?前以士,后以大夫;前以三鼎,而后以五鼎与?"曰:"否。谓棺椁衣衾之美也。"曰:"非所谓逾也,贫富不同也。"②

乐正子见孟子,曰:"克告于君,君为来见也。嬖人有臧仓者沮君,君是以不果来也。"曰:"行或使之,止或尼之。行、止,非人所能也。吾之不遇鲁侯,天也。臧氏之子焉能使予不遇哉?"③

【集注】① 乘,去声。

乘舆,君车也。驾,驾马也。孟子前丧父,后丧母。逾,过也,言其厚母薄父也。诺,应辞也。

② "入见"之"见",音现。与,平声。

乐正子,孟子弟子也,仕于鲁。三鼎,士祭礼。五鼎,大夫祭礼。

③ 为,去声。沮,慈吕反。尼,女乙反。焉,於虔反。

克,乐正子名。沮、尼,皆止之之意也。言人之行,必有人使之者。其止,必有人尼之者。然其所以行,所以止,则固有天命,而非此人所能使，亦非此人所能尼也。然则我之不遇，岂臧仓之所能为哉？

此章言圣贤之出处，关时运之盛衰，乃天命之所为，非人力之可及。

【今译】①乘，shèng。

乘舆，君主的车子。驾，驾上了马。孟子先丧父，后丧母。逾，超过，意思是孟子厚葬母而薄葬父。诺，应答声。

②"入见"的"见"，读现（xiàn）。与，yú。

乐正子，孟子弟子，在鲁国做官。三鼎，士的祭礼。五鼎，大夫的祭礼。

③为，wèi。沮，jǔ。尼，ní。焉，yān。

克，乐正子的名。沮、尼，都是阻止的意思。意思是人的行动，一定有人在指使；行为停止，也一定是有人阻止。然而他之所以行动，之所以停止，本来就是天命，而不是这个人所能指使的，也不是这个人所能阻挡的。我不被人理解、任用，哪里是臧仓所能决定的呢！

这一章说的是圣贤的出仕或隐退，都关系到时运的盛衰，是天命所决定的，不是人力所能办到的。

公孙丑章句上

【**集注**】凡九章。

【**今译**】共九章。

【第一章】公孙丑问曰："夫子当路于齐，管仲、晏子之功，可复许乎？"①孟子曰："子诚齐人也，知管仲、晏子而已矣②。或问乎曾西曰：'吾子与子路孰贤？'曾西蹴然曰：'吾先子之所畏也。'曰：'然则吾子与管仲孰贤？'曾西艴然不悦，曰：'尔何曾比予于管仲？管仲得君，如彼其专也；行乎国政，如彼其久也；功烈，如彼其卑也。尔何曾比予于是！'"③曰："管仲，曾西之所不为也，而子为我愿之乎？"④

曰："管仲以其君霸，晏子以其君显。管仲、晏子犹不足为与？"⑤曰："以齐王，由反手也。"⑥

曰："若是，则弟子之惑滋甚。且以文王之德，百年而后崩，犹未洽于天下；武王、周公继之，然后大行。今言王若易然，则文王不足法与？"⑦曰："文王何可当也！由汤至于武丁，贤圣之君六七作。天下归殷久矣，久则难变也。武丁朝诸侯，有天下，犹运之掌也。纣之去武丁未久也，其故家遗俗，流风善政，犹有存者；又有微子、微仲、王子比干、箕子、胶鬲，皆贤人也，相与辅相之，故久而后失之也。尺地莫非其有也，一民莫非其臣也，然而文王犹方百里起，是以难也^⑧。齐人有言曰：'虽有智慧，不如乘势；虽有镃基，不如待时。'今时则易然也^⑨。夏后、殷、周之盛，地未有过千里者也，而齐有其地矣；鸡鸣狗吠相闻，而达乎四境，而齐有其民矣。地不改辟矣，民不改聚矣，行仁政而王，莫之能御也^⑩。且王者之不作，未有疏于此时者也；民之憔悴于虐政，未有甚于此时者。饥者易为食，渴者易为饮^⑪。孔子曰：'德之流行，速于置邮而传命。'^⑫当今之时，万乘之国行仁政，民之悦之，犹解倒悬也。故事半古之人，功必倍之，惟此时为然^⑬。"

【集注】①复，扶又反。

公孙丑，孟子弟子，齐人也。当路，居要地也。管仲，齐大夫，名夷吾，相桓公霸诸侯。许，犹期也。孟子未尝得政，丑盖设辞以问也。

②齐人但知其国有二子而已，不复知有圣贤之事。

③蹴，子六反。艴，音拂，又音勃。曾，并音增。

孟子引曾西与或人问答如此。曾西，曾子之孙。蹴，不安貌。先子，曾子也。艴，怒色也。曾之言，则也。烈，犹光也。桓公独任管仲四十余年，是专且久也。管仲不知王道而行霸术，故言功烈之卑也。杨氏曰："孔子言子路之才，曰'千乘之国可使治其赋也'。使其见于施为，如是而已。其于九合诸侯，一匡天下，固有所不逮也。然则曾西推尊子路如此，而羞比管仲者，何哉？譬之御者，子路则范我驰驱而不获者也；管仲之功，诡遇而获禽耳。曾西，仲尼之徒也，故不道管仲之事。"

④"子为"之"为"，去声。

曰，孟子言也。愿，望也。

⑤与，平声。

显,显名也。

⑥ 王,去声。"由""犹"通。

反手,言易也。

⑦ 易,去声,下同。与,平声。

滋,益也。文王九十七而崩,言百年,举成数也。文王三分天下才有其二,武王克商乃有天下。周公相成王制礼作乐,然后教化大行。

⑧ 朝,音潮。鬲,音隔,又音历。"辅相"之"相",去声。"犹方"之"犹",与"由"通。

当,犹敌也。商自成汤至于武丁,中间太甲、太戊、祖乙、盘庚,皆贤圣之君。作,起也。自武丁至纣,凡九世。故家,旧臣之家也。

⑨ 镃,音兹。

镃基,田器也。时,谓耕种之时。

⑩ 辟,与"闢"同。

此言其势之易也。三代盛时,王畿不过千里。今齐已有之,异于文王之百里。又鸡犬之声相闻,自国都以至于四境,言民居稠密也。

⑪ 此言其时之易也。自文、武至此七百余年,异于商之贤圣继作;民苦虐政之甚,异于纣之犹有善政。易为饮食,言饥渴之甚,不待甘美也。

⑫ 邮,音尤。

置,驿也。邮,驲也,所以传命也。孟子引孔子之言如此。

⑬ 乘,去声。

倒悬,喻困苦也。所施之事,半于古人而功倍于古人,由时势易而德行速也。

【今译】① 复，fù。

公孙丑，孟子弟子，齐国人。当路，担任重要职位。管仲，齐国大夫，名夷吾，辅佐齐桓公称霸诸侯。许，意思是期望。孟子不曾执政，公孙丑假设如此而发问。

② 齐国人只知道自己国内有这两位罢了，不再知道还有圣贤的事业。

③ 蹴，cù。艴，读拂（fú），又读勃（bó）。曾，都读增（zēng）。

孟子引用曾西和某人的问答是如此。曾西，曾子之孙。蹴，不安的样子。先子，指曾子。艴，发怒的脸色。"曾"的意思是"则"。烈，意思是光芒。桓公独用管仲四十多年，是专一而且长久。管仲不知王道而行霸术，所以说他功业的光辉如此卑下。杨时说："孔子评论子路的才能，说'千乘之国，可让他负责军事'。假如让子路付诸实行，不过就是这个样子罢了。至于统率诸侯，端正天下，当然不一定能够达到。但是曾西如此推尊子路，却又羞于和管仲相比，为什么呢？比如驭车，子路是教我按规范操作但没有猎获到什么的；管仲的功劳，是投机取巧但猎到了禽兽。曾西，也是孔子的信徒，所以不愿谈论管仲的事。"

④ "子为"的"为"，读 wèi。

曰，是孟子的话。愿，愿意，盼望。

⑤ 与，yú。

显，显名。

⑥ 王，wàng。由，和"犹"通用。

反手，意思是容易。

⑦ 易，yì，下同。与，yú。

滋，更加。文王九十七岁死，说百年，是举整数。文王时天下分成三份，他才有二份。武王灭掉商朝，就占有了全部天下。周公辅佐成王，制礼作乐，然后教化广泛实行。

⑧ 朝，读潮（cháo）。鬲，读隔（gé），又读历（lì）。"辅相"的"相"，读xiàng。"犹方"的"犹"，与"由"通用。

当，意为匹敌。商朝从成汤到武丁，中间太甲、太戊、祖乙、盘庚，都是贤圣的君主。作，兴起。从武丁到纣，共九代。故家，旧臣的家。

⑨ 镃，读兹（zī）。

镃基，农具（锄头）。时，指耕种的天时。

⑩ 辟，同"闢"。

这里论述形势的容易。夏商周三代鼎盛时期，天子直接管辖的王畿也不过千里。现在齐国已经有的，和周文王的百里不同。又说鸡犬之声相闻，从国都一直到达边境，意思是居民稠密。

⑪ 这里论述时机成熟，容易成功。从文王、武王到那时七百多年，和商代贤圣之君相继兴起不同；人民对暴政的苦难感受强烈，和纣统治下还有些善政不同。易为饮食，意思是饥渴非常厉害，等不到美味佳肴。

⑫ 邮，读尤（yóu）。

置，驿站。邮，邮车，用于传达命令。孟子引用孔子的话是这样的。

⑬ 乘，shèng。

倒悬，比喻困苦。所做的事，是古人的一半，功效却加倍于古人，这是由于时势容易而德行的传播迅速。

【第二章】公孙丑问曰："夫子加齐之卿相，得行道焉，虽由此霸王，不异矣。如此，则动心否乎？"孟子曰："否。

我四十不动心。”①

日：“若是，则夫子过孟贲远矣。”曰：“是不难。告子先我不动心。”②

日：“不动心有道乎？”曰：“有③。北宫黝之养勇也，不肤挠，不目逃。思以一毫挫于人，若挞之于市朝。不受于褐宽博，亦不受于万乘之君。视刺万乘之君，若刺褐夫。无严诸侯。恶声至，必反之④。孟施舍之所养勇也，曰：‘视不胜犹胜也。量敌而后进，虑胜而后会，是畏三军者也。舍岂能为必胜哉？能无惧而已矣。’⑤孟施舍似曾子，北宫黝似子夏。夫二子之勇，未知其孰贤，然而孟施舍守约也⑥。昔者曾子谓子襄曰：‘子好勇乎？吾尝闻大勇于夫子矣：自反而不缩，虽褐宽博，吾不惴焉；自反而缩，虽千万人，吾往矣。’⑦孟施舍之守气，又不如曾子之守约也⑧。”

日：“敢问夫子之不动心，与告子之不动心，可得闻与？”“告子曰：‘不得于言，勿求于心；不得于心，勿求于气。’不得于心，勿求于气，可；不得于言，勿求于心，不可。夫志，气之帅也；气，体之充也。夫志至焉，气次焉，故曰‘持其志，无暴其气’。”⑨

“既曰‘志至焉，气次焉’，又曰‘持其志无暴其气’者，何也？”曰：“志壹则动气，气壹则动志也。今夫蹶者趋者，是气也，而反动其心。”⑩

“敢问夫子恶乎长？”曰：“我知言，我善养吾浩然之气。”⑪

“敢问何谓浩然之气？”曰：“难言也⑫。其为气也，至大至刚,以直养而无害,则塞于天地之间 ⑬。其为气也,配义与道;无是,馁也 ⑭。是集义所生者,非义袭而取之也。行有不慊于心,则馁矣。我故曰,告子未尝知义,以其外之也 ⑮。必有事焉而勿正,心勿忘,勿助长也。无若宋人然。宋人有闵其苗之不长而揠之者,芒芒然归,谓其人曰:'今日病矣,予助苗长矣。'其子趋而往视之,苗则槁矣。天下之不助苗长者寡矣。以为无益而舍之者,不耘苗者也。助之长者,揠苗者也。非徒无益,而又害之 ⑯。"

"何谓知言?"曰:"诐辞知其所蔽,淫辞知其所陷,邪辞知其所离,遁辞知其所穷。生于其心,害于其政;发于其政,害于其事。圣人复起,必从吾言矣。" ⑰

"宰我、子贡善为说辞。冉牛、闵子、颜渊善言德行。孔子兼之,曰:'我于辞命,则不能也。'然则夫子既圣矣乎?" ⑱ 曰:"恶!是何言也!昔者子贡问于孔子曰:'夫子圣矣乎?'孔子曰:'圣则吾不能,我学不厌而教不倦也。'子贡曰:'学不厌,智也;教不倦,仁也。仁且智,夫子既圣矣!'夫圣,孔子不居。是何言也!" ⑲

"昔者窃闻之:子夏、子游、子张,皆有圣人之一体;冉牛、闵子、颜渊,则具体而微。敢问所安?" ⑳ 曰:"姑舍是。" ㉑

曰:"伯夷、伊尹何如?"曰:"不同道。非其君不事,非其民不使;治则进,乱则退,伯夷也。何事非君?何使非民?治亦进,乱亦进,伊尹也。可以仕则仕,可以止则止,可以久则久,可以速则速,孔子也。皆古圣人也。吾未能

有行焉。乃所愿，则学孔子也。”㉒

“伯夷、伊尹于孔子，若是班乎？”曰：“否。自有生民以来，未有孔子也。”㉓

曰：“然则有同与？”曰：“有。得百里之地而君之，皆能以朝诸侯，有天下。行一不义、杀一不辜而得天下，皆不为也。是则同。”㉔

曰：“敢问其所以异？”曰：“宰我、子贡、有若，智足以知圣人。污，不至阿其所好㉕。宰我曰：‘以予观于夫子，贤于尧、舜远矣。’㉖子贡曰：‘见其礼而知其政，闻其乐而知其德，由百世之后，等百世之王，莫之能违也。自生民以来，未有夫子也。’㉗有若曰：‘岂惟民哉！麒麟之于走兽，凤凰之于飞鸟，泰山之于丘垤，河海之于行潦，类也。圣人之于民，亦类也。出于其类，拔乎其萃，自生民以来，未有盛于孔子也。’”㉘

【集注】①相，去声。

此承上章，又设问孟子：若得位而行道，则虽由此而成霸王之业，亦不足怪。任大责重如此，亦有所恐惧疑惑而动其心乎？四十强仕，君子道明德立之时。孔子“四十而不惑”，亦不动心之谓。

②贲，音奔。

孟贲，勇士。告子，名不害。孟贲，血气之勇，丑盖借之以赞孟子不动心之难。孟子言：告子未为知道，乃能先我不动心，则此亦未足为难也。

③程子曰：“心有主，则能不动矣。”

④黝，伊纠反。挠，奴效反。朝，音潮。乘，去声。

北宫，姓。黝，名。肤挠，肌肤被刺而挠屈也。目逃，目被刺而转睛逃避也。挫，犹辱也。褐，毛布。宽博，宽大之衣，贱者之服也。不受者，不受其挫也。刺，杀也。严，畏惮也，言无可畏惮之诸侯也。黝盖刺客之流，以必胜为主而不动心者也。

⑤ 舍，去声，下同。

孟，姓。施，发语声。舍，名也。会，合战也。舍自言：其战虽不胜，亦无所惧。若量敌虑胜而后进战，则是无勇而畏三军矣。舍盖力战之士，以无惧为主而不动心者也。

⑥ 夫，音扶。

黝务敌人，舍专守己，子夏笃信圣人，曾子反求诸己，故二子之与曾子、子夏，虽非等伦，然论其气象，则各有所似。贤，犹胜也。约，要也。言论二子之勇，则未知谁胜。论其所守，则舍比于黝，为得其要也。

⑦ 好，去声。惴，之瑞反。

此言曾子之勇也。子襄，曾子弟子也。夫子，孔子也。缩，直也。《檀弓》曰："古者冠缩缝，今也衡缝。"又曰："棺束缩二衡三。"惴，恐惧之也。往，往而敌之也。

⑧ 言孟施舍虽似曾子，然其所守乃一身之气，又不如曾子之反身循理，所守尤得其要也。孟子之不动心，其原盖出于此。下文详之。

⑨ "闻与"之"与"，平声。"夫志"之"夫"，音扶。

此一节公孙丑之问，孟子诵告子之言，又断以己意而告之也。告子谓：于言有所不达，则当舍置其言，而不必反求其理于心。于心有所不安，则当力制其心，而不必更求其助于气。此所以固守其心，而不动之速也。孟子既诵其言，而断之曰：彼谓不得于心而勿求诸气者，急于本而缓其末，犹之可也；谓不得于言而不求诸心，则既失于外，而遂遗其内,其不可也必矣。然凡曰"可"者,亦仅可而有所未尽之辞耳。若论其极,则志固心之所之,而为气之将帅,然气亦人之所以充满于身而为志之卒徒者也。故志固为至极,而气即次之。人固当敬守其志,然亦不可不致养其气。盖其内外本末交相培养,此则孟子之心所以未尝必其不动而自然不动之大略也。

⑩ 夫,音扶。

公孙丑见孟子言志至而气次,故问:如此则专持其志可矣,又言"无暴其气",何也? 壹,专一也。蹶,颠踬也。趋,走也。孟子言:志之所向专一,则气固从之,然气之所在专一,则志亦反为之动。如人颠踬趋走,则气专在是而反动其心焉。所以既持其志,而又必无暴其气也。程子曰:"志动气者什九,气动志者什一。"

⑪ 恶,平声。

公孙丑复问孟子之不动心所以异于告子如此者,有何所长而能然,而孟子又详告之以其故也。知言者,尽心知性,于凡天下之言,无不有以究极其理而识其是非得失之所以然也。浩然,盛大流行之貌。气,即所谓体之充者。本自浩然,失养,故馁。惟孟子为善养之,以复其初也。盖惟知言,则有以明夫道义,而于天下之事无所疑;养气,则有以配夫道义,而于天下之事无所惧,此其所以当大任而不动心也。告子之学,与此正相反,其不动心,殆亦冥然无觉、悍然不顾而已尔。

⑫ 孟子先言知言,而丑先问气者,承上文方论志气而言也。难言者,盖其心所独得而无形声之验,有未易以言语形容者。故程子曰:"观此一言,则孟子之实有是气可知矣。"

⑬ 至大初无限量,至刚不可屈挠。盖天地之正气,而人得以生者,其体段本如是也。惟其自反而缩,则得其所养,而又无所作为以害之,

则其本体不亏,而充塞无间矣。程子曰:"天人一也,更不分别。浩然之气,乃吾气也。养而无害,则塞乎天地。一为私意所蔽,则欿然而馁,知其小也❶。"谢氏曰:"浩然之气,须于心得其正时识取。"又曰:"浩然,是无亏欠时。"

⑭ 馁,奴罪反。

配者,合而有助之意。义者,人心之裁制。道者,天理之自然。馁,饥乏而气不充体也。言人能养成此气,则其气合乎道义而为之助,使其行之勇决,无所疑惮。若无此气,则其一时所为虽未必不出于道义,然其体有所不充,则亦不免于疑惧,而不足以有为矣。

⑮ 慊,口箪、口劫二反。

集义,犹言积善,盖欲事事皆合于义也。袭,掩取也,如齐侯袭莒之袭。言气虽可以配乎道、义,而其养之之始,乃由事皆合义,自反常直,是以无所愧怍,而此气自然发生于中,非由只行一事偶合于义,便可掩袭于外而得之也。慊,快也,足也。言所行一有不合于义,而自反不直,则不足于心,而其体有所不充矣。然则义岂在外哉!告子不知此理,乃曰仁内义外,而不复以义为事,则必不能集义以生浩然之气矣。上文"不得于言,勿求于心",即外义之意。详见《告子上》篇。

⑯ 长,上声。揠,乌八反。舍,上声。

"必有事焉而勿正",赵氏、程子以七字为句。近世或并下文"心"字读之者,亦通。必有事焉,有所事也,如"有事于颛臾"之"有事"。正,预期也,《春秋传》曰"战不正胜"是也。如作"正心",义亦同。此与

---

❶ 知其小也:中华书局本、《朱子语类》卷五二均作"却甚小也"。《二程遗书》卷二上、《西山读书记》卷四同此,作"知其小也"。

《大学》之所谓正心者，语意自不同也。此言养气者必以集义为事，而勿预期其效。其或未充，则但当勿忘其所有事，而不可作为以助其长，乃集义养气之节度也。闵，忧也。揠，拔也。芒芒，无知之貌。其人，家人也。病，疲倦也。舍之而不耘者，忘其所有事。揠而助之长者，正之不得而妄有作为者也。然不耘，则失养而已，揠则反以害之。无是二者，则气得其养而无所害矣。如告子，不能集义，而欲强制其心，则必不能免于正助之病。其于所谓浩然者，盖不惟不善养，而又反害之矣。

⑰诐，彼寄反。复，扶又反。

此公孙丑复问，而孟子答之也。诐，偏陂也。淫，放荡也。邪，邪僻也。遁，逃避也。四者相因，言之病也。蔽，遮隔也。陷，沉溺也。离，叛去也。穷，困屈也。四者亦相因，则心之失也。人之有言，皆出于心。其心明乎正理而无蔽，然后其言平正通达而无病。苟为不然，则必有是四者之病矣。即其言之病而知其心之失，又知其害于政事之决然而不可易者如此。非心通于道而无疑于天下之理，其孰能之！彼告子者，不得于言而不肯求之于心，至为"义外"之说，则自不免于四者之病，其何以知天下之言而无所疑哉！

程子曰："心通乎道，然后能辨是非，如持权衡以较轻重，孟子所谓'知言'是也。"又曰："孟子'知言'，正如人在堂上，方能辨堂下人曲直，若犹未免杂于堂下众人之中，则不能辨决矣。"

⑱行，去声。

此一节，林氏以为皆公孙丑之问，是也。说辞，言语也。德行，得于心而见于行事者也。三子善言德行者，身有之，故言之亲切而有味也。公孙丑言：数子各有所长，而孔子兼之，然犹自谓不能于辞命。今孟子乃自谓我能知言，又善养气，则是兼言语、德行而有之，然则岂不既圣矣乎！此夫子，指孟子也。

程子曰："孔子自谓不能于辞命者，欲使学者务本而已。"

⑲ 恶，平声。"夫圣"之"夫"，音扶。

恶，惊叹辞也。"昔者"以下，孟子不敢当丑之言，而引孔子、子贡问答之辞以告之也。此夫子，指孔子也。学不厌者，智之所以自明。教不倦者，仁之所以及物。再言"是何言也"，以深拒之。

⑳ 此一节，林氏亦以为皆公孙丑之问，是也。一体，犹一肢也。具体而微，谓有其全体但未广大耳。安，处也。公孙丑复问孟子：既不敢比孔子，则于此数子，欲何所处也？

㉑ 舍，上声。

孟子言"且置是者"，不欲以数子所至者自处也。

㉒ 治，去声。

伯夷，孤竹君之长子。兄弟逊国，避纣隐居，闻文王之德而归之。及武王伐纣，去而饿死。伊尹，有莘之处士。汤聘而用之，使之就桀，桀不能用，复归于汤，如是者五，乃相汤而伐桀也。三圣人事，详见此篇之末及《万章下》篇。

㉓ 班，齐等之貌。公孙丑问，而孟子答之以不同也。

㉔ 与，平声。朝，音潮。

有，言有同也。以百里而王天下，德之盛也。行一不义、杀一不辜而得天下，有所不为，心之正也。圣人之所以为圣人，其根本节目之大者，惟在于此。于此不同，则亦不足以为圣人矣。

㉕ 污，音蛙。好，去声。

污，下也。三子智足以知夫子之道。假使污下，必不阿私所好而空誉之。明其言之可信也。

㉖ 程子曰："语圣则不异,事功则有异。夫子贤于尧、舜,语事功也。盖尧、舜治天下,夫子又推其道以垂教万世。尧、舜之道,非得孔子,则后世亦何所据哉!"

㉗ 言大凡见人之礼,则可以知其政;闻人之乐,则可以知其德,是以我从百世之后,差等百世之王,无有能遁其情者,而见其皆莫若夫子之盛也。

㉘ 垤,大结反。潦,音老。

麒麟,毛虫之长。凤凰,羽虫之长。垤,蚁封也。行潦,道上无源之水也。出,高出也。拔,特起也。萃,聚也。言自古圣人固皆异于众人,然未有如孔子之尤盛者也。

程子曰:"孟子此章,扩前圣所未发,学者所宜潜心而玩索也。"

【今译】① 相,xiàng。

这一章接着上章,又设问问孟子:假如得到一定地位以实行自己的道,那么即使由此成就霸业王道,也没有什么奇怪的。责任如些重大,是否也有些恐惧疑虑而动摇心志呢? 四十强壮而出仕,是君子道路明确德行确立的时期。孔子"四十而不惑",也是不动心的意思。

② 贲,读奔(bēn)。

孟贲,勇士。告子,名不害。孟贲是血气之勇,公孙丑是借此来赞扬孟子不动心的困难。孟子说:告子并不懂得道,但能先于自己做到不动心,那么这样也并不是什么困难。

③ 程子说:"心里有了主宰,就能不动了。"

④ 黝,yōu。挠,náo。朝,读潮(cháo)。乘,shèng。

北宫,姓。黝,名。肤挠,肌肤被刺因而弯曲。目逃,眼睛受到刺激因而转动逃避。挫,受侮辱。褐,粗劣的毛布。宽博,宽大的衣服,是卑贱者的服装。不受,不受他的侮辱。刺,刺杀。严,畏惧害怕,意思是没有可以畏惧害怕的诸侯。黝是刺客之流,以必须取胜为心里的主宰,从而达到不动心。

⑤舍,shè,下同。

孟,姓。施,发语词。舍,名。会,交战。孟舍自己说:战斗即使失败,也无所畏惧。若是衡量敌我考虑胜败之后再进行交战,就是没有勇气并且畏惧三军的人。孟舍是奋勇战斗的勇士,以不畏惧作为心的主宰,从而达到不动心。

⑥夫,读扶(fú)。

北宫黝专意进攻别人,孟舍专门坚守自身,子夏切实相信圣人,曾子回头反省自己,所以这两个人和子夏、曾子相比,虽然不是一类人,但是若论及他们的气象,却各有自己所相似的地方。贤,意思是胜过。约,要领。意思是若评论二位的勇气,还不能说谁胜过谁。若论及他们所坚持的,那么孟舍比北宫黝所坚持的,要更能抓住要领。

⑦好,hào。惴,zhuì。

这说的是曾子的勇。子襄,曾子的弟子。夫子,孔子。缩,直的意思。《礼记·檀弓》说:“古代的冠直缝,现在的冠横缝。”又说:“绑棺木的绳子直二横三。”惴,恐惧。往,去抵挡。

⑧意思是孟舍虽然像曾子,但他坚守的只是一身之气,又不如曾子反观自身,遵循天理,所坚守的更为抓住了要领。孟子的不动心,其本原就在这里。下文将详细论述。

⑨“闻与”的“与”,读yú。“夫志”的“夫”,读扶(fú)。

这一节,公孙丑的问,孟子诵读告子的话,又根据自己的意思做出判断来告诉公孙丑。告子认为,对于言论,如果还没有明白,就应该放下这些言论，而不必在自己心里去寻找它的道理；心里如果不安，就应当努力制止自己的心，而不必再求气去帮助心。这是告子坚守自己的心，从而迅速实现不动心的办法。孟子诵读了他的言论之后做出判断说：他说的心里有所不安不要求助于气，是急于致力于根本而暂时不顾细枝末节，这还可以，说对于言论有所不明白，而不要求助于心，就不仅失去了外在的，而且遗漏了内在的，这样做显然是不可以的。然而凡是说"可以"的，也仅仅是可以但还并不完善的用辞。若说到极端，那么志向固然是心的指向，是气的将帅，然而气也是充满人的全身，而作为志的兵卒徒众的东西。所以志稳固到了极致，气也就随之跟了上去。人固然应当谨慎地坚守自己的志向，然而也不可不从事于养护自己的气。人的内外本末相互培养，这是孟子的心虽然没有一定让它不动，却能自然达到不动的大致原因。

⑩ 夫，读扶（fú）。

公孙丑听孟子说志到，气就跟来，所以问道：这样一来，专门从事于保持志向就可以了，又说"不要暴其气"，是为什么呢？壹，专一。蹶，跌倒。趋，快步走。孟子说：志的方向专一，气固然会随着跟来，然而气的所在专一，志也反过来会被气所牵动。就像人的跌倒、快走，那就是气集中于这个地方反过来牵动了心。所以既要坚持自己的志向，又必须不要任性使气。程子说："志引动气的占十分之九，气牵动志的占十分之一。"

⑪ 恶，wū。

公孙丑又问孟子不动心之所以和告子有如此不同，是有什么特长而能够如此，孟子又详细把能够如此的原因告诉了告子。知言，就是尽自己的心，知道了本性，对于天下所有的言论，没有不能穷究其中的理,从而认识它是非得失的原因。浩然,盛大流行的样子。气,就是所说的充满身体的东西。本来它是浩然的,失去了养护,所以馁败。惟有孟子善于养护它,使它返归本然状态。只有知言,才有可能明白道义,从而对于天下的事不再有所迷惑;只有养气,才有可能和道义相配,从而对于天下的事无所畏惧,这就是担当重任而能不动心的原因。告子的学问,与此正好相反,他的不动心,几乎只是麻木没有感觉,悍然不顾一切罢了。

⑫ 孟子先说知言,而公孙丑却先问气,是接着上文论志气说的。难言,是孟子自己心里有了体会,但没有有声有形的事物可以验证,有那种难以用言语来形容的东西。所以程子说:"看这一句话,那么孟子确实有这种气,也就可以知道了。"

⑬ 至大,本来没有限量;至刚,不可使它弯曲。天地间的正气,人得到它从而有了生命,它自身本来就是如此。惟有自我反省正直无亏,它才会得到应有的养护,再加之没有其他行为去损害它,那么,它的自体就无所亏损,而能充满一切,没有间隙。程子说:"天人一体,更没有分别。浩然之气,是我的气。养护而不损害,就充满于天地。一旦被私意蒙蔽,就收缩而馁败,变得很小了。"谢良佐说:"浩然之气,必须在心端正的时候去认识和取得。"又说:"浩然,是没有亏欠时的状态。"

⑭ 馁,něi。

配,合拍并且有所帮助的意思。义,是人心的剪裁者和制约者。道,是天理的自然。馁,饥饿疲劳,气不充满身体。说的是人能养成这个气,那么气就合乎道义并且是人的帮助,使他行动勇敢而果断,无所疑虑和畏惧。假若没有这个气,那么他一时一事的作为虽然未必不出于道义,但他的体内没有什么充实,就不免有所疑虑和畏惧,因而不能有什么作为。

⑮ 慊，qiǎn，又读 qiè。

集义，积善的意思，这是要事事都合乎义。袭，突然获取，如齐国偷袭莒国的袭。说的是气虽然可以和道、义配合，但人养气的开始，是由于事事都合乎义，自我反省总是正直，因而无所羞愧，从而这气自然从胸中产生，不是由于偶然做了一件合乎义的事，就可以从外面偷袭而得到的。慊，快意，满足。说的是行为有一件不合乎义，自我反省不正直，就心里有了亏缺，从而体内也有不充实的地方了。那么，义难道是在外面的吗？告子不知道这个理，就说仁是内，义是外，而不再把义当作一回事，就必然不能集义以产生浩然之气。上文告子所说"不得于言，勿求于心"，就是不重视义的意思。详情见《告子上》篇。

⑯ 长，zhǎng。揠，yà。舍，shě。

"必有事焉而勿正"，赵岐、程子都以这七字为一句。近世有人和下文"心"字合起来读，也通。必有事焉，即有所从事，就像《论语·季氏》"有事于颛臾"的"有事"❶。正，预期，《春秋公羊传·僖公二十六年》有"战不正胜"，正就是预期的意思。如果解释为正心，意义相同。这里和《大学》中所说的正心，语意自然不同。这里说的养气，一定要以集义为必做的事，而不要预先期待什么效果。假若还尚未充满，就只应不要忘掉自己应做的事，而不可以动手去拔苗助长，这是集义养气的步骤。闵，忧虑。揠，拔。芒芒，稀里糊涂的样子。其人，家里人。病，疲倦。舍弃而不锄不耘，是忘了自己应该去做事。拔苗助长，是预期的目标达不到，就盲目地有所作为。然而不除草，不过是失去养护罢了，

---

❶ 有事于颛臾：要对颛臾国动手了。这里的"有事"，指起兵进攻。

拔苗,就反而有害了。没有这两种错误,气就能得到养护,并且不会受到损害了。像告子那样,不能集义,而要强制自己的心,就必然不能避免期望过高和拔苗助长的毛病。对于所说的浩然之气,他不仅不善于养护,而且反过来损害了气。

⑰ 诐,bì。复,fù。

这是公孙丑又问,孟子的回答。诐,偏颇。淫,放肆、放荡。邪,不正、怪僻。遁,逃避。四者互相借助,是言论的几种毛病。蔽,遮掩。陷,沉醉、陷入。离,背叛。穷,困窘、理屈。这四者也互相借助,是心的失误。人的言论,根本都在心里。心明白正理而不被蒙蔽,然后他的话才平正通达而没有毛病。如果不是这样,就必然有这四种毛病。从他言论的毛病中,知道他心的失误,又知这失误不可避免地要危害政事,就是这个样子。假如不是心里通达正道,对天下的理从不迷惑,怎能做到这些!那个告子,对言论弄不明白而不肯到心里寻求,以致发表"义是外在"的言论,就自然免不了这四种毛病,又怎么能理解天下的各种言论而无所迷惑呢?

程子说:"心和道相通,然后能辨别是非,就像拿着秤去称量轻重,这就是孟子所说的'知言'。"又说:"孟子'知言',正像人在堂上,才能辨别堂下人的曲直,假若还是免不了混杂在堂下众人之中,就不能辨别和判断了。"

⑱ 行,xìng。

这一节,林之奇认为都是公孙丑的问话❶,是对的。说辞,就是言语。德行,心里有所获得并且表现于行为。这三位善于讲说德行,是自

---

❶ 林之奇:字少颖,南宋初年学者,曾著《孟子讲义》等,佚失。

身具有，所以讲起来亲切有味。公孙丑说：这几位各有所长，孔子是兼
而有之，但还是说自己对于辞令不擅长。现在孟子说自己能知言，又善
于养气，那就是言语、德行兼而有之，那么不就已经是圣人了吗！这里
的夫子，指孟子。

程子说："孔子自己说不擅长辞令，为的是要让求学者致力于
根本。"

⑲恶，wū。"夫圣"的"夫"，读扶（fú）。

恶，惊叹词。"昔者"以下，是孟子对公孙丑的话不敢当，因而引用
孔子、子贡问答的话来回答公孙丑。这里的夫子，指孔子。学不厌，这
是智慧聪明的原因。教不倦，这是仁能到达于别人的原因。再次说"是
何言也"，以表示坚决拒绝，不接受。

⑳这一节，林之奇也认为都是公孙丑的问，是正确的。一体，身体
的一部分，就像四肢之一。具体而微，指具有了全体，只是不广不大。
安，居、处。公孙丑又问孟子：既然不敢和孔子相比，那么在这几位之
中，自己将居于谁的地位？

㉑舍，shě。

孟子说暂且不谈论这个，也是不想自居于这几位到达的地步。

㉒治，zhì。

伯夷，孤竹国君的长子。兄弟推让君主的位置，为躲避纣王的暴政
而隐居起来，听说周文王的德行就去投奔文王。到武王伐纣，又离开武
王，最后饿死。伊尹，有莘国的隐士。汤聘用了他，让他去投奔桀，桀
不能重用，又回来投奔汤，这样反复五次，于是帮助汤讨伐桀。三位圣
人的事，详情见本篇篇末及《万章下》篇。

㉓班，并列的意思。公孙丑这样问，孟子回答说不一样。

㉔ 与，yú。朝，读潮（cháo）。

有，意思是有相同的地方。依靠百里的土地而称王天下，是德行的崇高。做一件不义的事、杀一个无辜的人而得到天下，这样的事不做，是心的端正。圣人之所以成为圣人，他的根本、法度的伟大，只在这个地方。在这里如果有所不同，也就不足以成为圣人了。

㉕ 污，读 wā（蛙）。好，hào。

污，低下。这三位的智力，足以理解孔子之道。即使低下，也一定不至于殉私去凭空赞誉讨好自己所喜好的人。这是说，他们的话是可信的。

㉖ 程子说："说他们都是圣人，这没有区别，但建立的功业，却有所不同。夫子比尧、舜还强，指的是建立的功业。尧、舜治理天下，孔子又推广他们的道教导千秋万代。尧、舜之道，假若没有孔子，那么后代将根据什么呢？"

㉗ 说的是一般情况下，见到那人的礼，就可以知道他的政治情况；听到那人的音乐，就可以知道他的德行，所以我从百世以后，比较百世的王者，没有能够隐瞒真情的。比较的结果，发现他们都不如孔子德行崇高。

㉘ 垤，dié。潦，读老（lǎo）。

麒麟，毛虫的领袖。凤凰，羽虫的领袖❶。垤，蚂蚁冢。行潦，路上没有源头的水。出，高出。拔，特殊的隆起。萃，聚合。说的是自古以来的圣人，固然都有与众人不同的地方，但没有像孔子这样尤其突出的。

---

❶ 中国古代将动物分成五类，分别称：毛虫、羽虫、鳞虫、蠕虫、裸虫（包括人）。

程子说："孟子这一章,扩充了以前圣人所没有讲过的,求学者应当潜心深刻体会。"

【第三章】孟子曰："以力假仁者霸,霸必有大国。以德行仁者王,王不待大。汤以七十里,文王以百里①。以力服人者,非心服也,力不赡也。以德服人者,中心悦而诚服也,如七十子之服孔子也。《诗》云:'自西自东,自南自北,无思不服。'此之谓也②。"

【集注】① 力,谓土地甲兵之力。假仁者,本无是心,而借其事以为功者也。霸,若齐桓、晋文是也。以德行仁,则自吾之得于心者推之,无适而非仁也。

② 赡,足也。《诗》,《大雅·文王有声》之篇。王霸之心,诚伪不同,故人所以应之者,其不同亦如此。

邹氏曰:"以力服人者,有意于服人,而人不敢不服。以德服人者,无意于服人,而人不能不服。从古以来,论王霸者多矣,未有若此章之深切而著明者也。"

【今译】① 力,指土地、武备等实力。假借仁义的人,本没有行仁义的心,只是借行仁义以建立功业。霸,像齐桓公、晋文公那样。以自己的德实行仁,就是从我心中所得到的加以推广,所到之处没有不是仁的。

② 赡,足够。《诗》,《诗经·大雅·文王有声》篇。王者、霸者的心,有诚信和虚伪的不同,所以别人与此相应,也有这些不同的表现。

邹浩❶说:"以力服人的,有意去征服别人,别人也不敢不服。以德

---

❶ 邹浩:字志完,北宋末年学者,著有《孟子解》等。

服人的，无意去征服别人，但别人不能不服。从古以来，评论王道和霸道的人很多，但没有像这一章如此深刻而明确的。"

【第四章】孟子曰："仁则荣，不仁则辱。今恶辱而居不仁，是犹恶湿而居下也①。如恶之，莫如贵德而尊士，贤者在位，能者在职。国家闲暇，及是时明其政刑。虽大国，必畏之矣②。《诗》云：'迨天之未阴雨，彻彼桑土，绸缪牖户。今此下民，或敢侮予？'孔子曰：'为此诗者，其知道乎！能治其国家，谁敢侮之？'③今国家闲暇，及是时般乐怠敖，是自求祸也④。祸福无不自己求之者⑤。《诗》云：'永言配命，自求多福。'《太甲》曰：'天作孽，犹可违。自作孽，不可活。'此之谓也⑥。"

【集注】①恶，去声，下同。

好荣恶辱，人之常情。然徒恶之而不去其得之之道，不能免也。

②闲，音闲。

此因其恶辱之情，而进之以强仁之事也。贵德，犹尚德也。士，则指其人而言之。贤，有德者，使之在位，则足以正君而善俗。能，有才者，使之在职，则足以修政而立事。国家闲暇，可以有为之时也。详味及字，则惟日不足之意可见矣。

③彻，直列反。土，音杜。绸，音稠。缪，武彪反。

《诗》，《豳风·鸱鸮》之篇，周公之所作也。迨，及也。彻，取也。桑土，桑根之皮也。绸缪，缠绵补葺也。牖户，巢之通气出入处也。予，鸟自谓也。言我之备患详密如此，今此在下之人，或敢有侮予者乎！周公以鸟之为巢如此，比君之为国，亦当思患而预防之。孔子读而赞之，以为知道也。

　　④般，音盘。乐，音洛。敖，音傲。

　　言其纵欲偷安，亦惟日不足也。

　　⑤结上文之意。

　　⑥孽，鱼列反。

　　《诗》，《大雅·文王》之篇。永，长也。言，犹念也。配，合也。命，天命也。此言福之自己求者。《太甲》，《商书》篇名。孽，祸也。违，避也。活，生也，《书》作"逭"。逭，犹缓也。此言祸之自己求者。

【今译】①恶，wù，下同。

　　喜欢荣耀，憎恶屈辱，是人之常情。然而若只是憎恶却不能抛弃遭受屈辱的做法，是避免不了屈辱的。

　　②闲，读闲（xián）。

　　这里是借着憎恶屈辱的感情，勉励人们努力于行仁义之事。贵德，意思如尚德。士，是指人而言。贤，有德行的人，使他们站在适当的岗位上，就足以使君主端正，使风俗变好。能，有才能的人，使他们担任适当职务，就足以使政治有条理，把事情办好。国家闲暇，是可以有为的时机。认真体会这个"及"字，那种只觉得时日不足的意思就明显可见了。

　　③彻，chè。土，读杜（dù）。绸，读稠（chóu）。缪，móu。

　　《诗》，《诗经·豳风·鸱鸮》篇，周公所作的诗。迨，趁着。彻，取来。桑土，桑根的皮。绸缪，缠绕修整的意思。牖户，鸟巢用以通气和出入的地方。予，鸟称呼自己。说我防备灾难如此谨慎细致，现在这里在我下面的人，还敢有要欺侮我的吗！周公以鸟做巢的这种情况，比喻君主的治国，也应当考虑可能有的灾难并进行预防。孔子读了后加以赞美，以为周公是懂得治国之道的。

④ 般，读盘（pán）。乐，读洛（lè）。敖，读傲（ào）。

说的是他放纵欲望，苟且偷安，也只觉得时日不足。

⑤ 总结上文的意思。

⑥ 孽，miè。

《诗》，《诗经·大雅·文王》篇。永，长久。言，念着。配，相合。命，天命。这是说福是由自己求得的。《太甲》，《尚书·商书》的一篇。孽，灾祸。违，躲避。活，有生命，《尚书》作"逭"。逭，意思是缓。这是说祸是由自己造成的。

【第五章】孟子曰："尊贤使能，俊杰在位，则天下之士皆悦，而愿立于其朝矣 ①。市，廛而不征，法而不廛，则天下之商皆悦而愿藏于其市矣 ②。关，讥而不征，则天下之旅皆悦，而愿出于其路矣 ③。耕者助而不税，则天下之农皆悦，而愿耕于其野矣 ④。廛无夫、里之布，则天下之民皆悦，而愿为之氓矣 ⑤。信能行此五者，则邻国之民仰之若父母矣。率其子弟，攻其父母，自生民以来，未有能济者也，如此，则无敌于天下。无敌于天下者，天吏也。然而不王者，未之有也 ⑥。"

【集注】① 朝，音潮。

俊杰，才德之异于众者。

② 廛，市宅也。张子曰："或赋其市地之廛，而不征其货。或治之以市官之法，而不赋其廛。盖逐末者多，则廛以抑之。少，则不必廛也。"

③ 解见前篇。

④ 但使出力以助耕公田，而不税其私田也。

⑤ 氓，音盲。

《周礼》："宅不毛者，有里布。民无职事者，出夫家之征。"郑氏谓："宅不种桑麻者，罚之使出一里二十五家之布。民无常业者，罚之使出一夫百亩之税，一家力役之征也。"今战国时，一切取之。市宅之民，已赋其廛，又令出此"夫""里"之布，非先王之法也。氓，民也。

⑥ 吕氏曰："奉行天命，谓之天吏。废兴存亡，惟天所命，不敢不从，若汤、武是也。"

此章言能行王政，则寇戎为父子。不行王政，则赤子为仇雠。

【今译】① 朝，读潮（cháo）。

俊杰，才德都比众人优异的人。

② 廛，市场上的屋子。张子说："有的是只收商人用屋的租赁税，对货物不征税。有的是仅对市场进行管理，而不收租赁税。那些追逐末利的多了，就收租赁税进行抑制。少了，就不必收租赁税。"

③ 解释见前篇。

④ 只让他们出力气到公田助耕，不再收私田的税。

⑤ 氓，读盲（máng）。

《周礼·地官司徒·载师》："宅院不种桑麻的要交税，没有事做的人，要交一定的税或服劳役。"郑玄注："宅院不种桑麻，罚他交一里二十五家的布税。没有正常职业的人，罚他交一夫百亩的田税，服一家应服的劳役。"可战国时代，一切都要收税。租赁了市场小屋的人，已交了租赁税，又要他出这"夫""里"的布，这不是先王的制度。氓，民众。

⑥ 吕大临说："遵守天命的，叫做天吏。兴衰存亡，全凭天的命令，

不敢不服从，就像汤、武那样。"

这一章说的是能实行王政，即使敌寇也可成为父子。不行王政，小孩子也会变成仇敌。

【第六章】孟子曰："人皆有不忍人之心^①。先王有不忍人之心，斯有不忍人之政矣。以不忍人之心行不忍人之政，治天下可运之掌上^②。所以谓人皆有不忍人之心者，今人乍见孺子将入于井，皆有怵惕恻隐之心，非所以内交于孺子之父母也，非所以要誉于乡党朋友也，非恶其声而然也^③。由是观之，无恻隐之心，非人也；无羞恶之心，非人也；无辞让之心，非人也；无是非之心，非人也^④。恻隐之心，仁之端也；羞恶之心，义之端也；辞让之心，礼之端也；是非之心，智之端也^⑤。人之有是四端也，犹其有四体也。有是四端而自谓不能者，自贼者也。谓其君不能者，贼其君者也^⑥。凡有四端于我者，知皆扩而充之矣，若火之始然，泉之始达。苟能充之，足以保四海；苟不充之，不足以事父母^⑦。"

【集注】①天地以生物为心，而所生之物，因各得夫天地生物之心以为心，所以人皆有不忍人之心也。

②言众人虽有不忍人之心，然物欲害之，存焉者寡，故不能察识而推之政事之间。惟圣人全体此心，随感而应，故其所行，无非不忍人之政也。

③怵，音黜。内，读为纳。要，平声。恶，去声，下同。

乍，犹忽也。怵惕，惊动貌。恻，伤之切也。隐，痛之深也。此即所谓不忍人之心也。内，结。要，求。声，名也。言乍见之时，便有此心，随见而发，非由此三者而然也。程子曰："满腔子是恻隐之心。"谢氏曰："人须是识其真心，方乍见孺子入井之时，其心怵惕，乃真心也。非思而得，非勉而中，天理之自然也。内交要誉，恶其声而然，即人欲之私矣。"

④恶，去声，下同。

羞，耻己之不善也。恶，憎人之不善也。辞，解使去己也。让，推以与人也。是，知其善而以为是也。非，知其恶而以为非也。人之所以为心，不外乎是四者，故因论恻隐而悉数之。言人若无此，则不得谓之人，所以明其必有也。

⑤恻隐、羞恶、辞让、是非，情也。仁、义、礼、智，性也。心，统性、情者也。端，绪也。因其情之发，而性之本然可得而见，犹有物在中，而绪见于外也。

⑥四体，四肢，人之所必有者也。自谓不能者，物欲蔽之耳。

⑦扩，音廓。

扩，推广之意。充，满也。四端在我，随处发见。知皆即此推广，而充满其本然之量，则其日新又新，将有不能自已者矣。能由此而遂充之，则四海虽远，亦吾度内，无难保者。苟不充之，则虽事之至近，而不能矣。

此章所论，人之性情，心之体用，本然全具，而各有条理如此。学者于此反求默识而扩充之，则天之所以与我者，可以无不尽矣。程子曰："人皆有是心，惟君子为能扩而充之。不能然者，皆自弃也。然其充与不充，亦在我而已矣。"又曰："四端不言信者，既有诚心为四端，则信在其中矣。"

愚按：四端之信，犹五行之土，无定位，无成名，无专气，而水火金木无不待是以生者，故土于四行无不在，于四时则寄王焉。其理亦犹是也。

【今译】① 天地以使万物生存作为自己的心，而天地所生的物，因为各自得到了天地使万物生存的心来作为自己的心，所以人人都有不忍人之心。

② 意思是众人虽然有不忍人之心，但物欲损害了这个心，能保存下来的很少，所以不能看到并认识它再推广到政治事务之中。只有圣人能完全体会这个心，有所感受就立即反应，所以他实行的，没有不是不忍人的政治。

③ 怵，读黜（chù）。内，读纳（nà）。要，yāo。恶，wù，下同。

乍，忽然的意思。怵惕，受惊的样子。恻，伤害切身。隐，痛的深入。这就是所说的不忍人之心。内，结交。要，追求。声，名誉。说的是突然看到的时候，就有这样的心，随着所看到的而表现出来，不是为了这三种原因才如此的。程子说："满腔子都是恻隐之心。"谢良佐说："人必须认识自己的真心。当他突然见到小孩掉到井里的时候，他的心惊恐，这就是真心。不是思虑后得到的，也不是自我勉励后达到的，是天理的自然表现。'内交''要誉''恶其声'才这样，就是人欲的私念。"

④ 恶，wù，下同。

羞，对自己的不好感到耻辱。恶，憎恨别人的不好。辞，解脱使离开自己。让，推出以给与别人。是，知道什么好而加以肯定。非，知道什么不好而加以否定。人心的活动，不出这四条之外，所以借着论恻隐而一一说到。说人假如没有这些，就不能叫做人，用来说明这些是必定有的东西。

⑤ 恻隐、羞恶、辞让、是非，是情。仁、义、礼、智，是本性。心，包括了性和情。端，头绪，开头。借着人们情欲的表现，从而可以看到性的本来状态，就像有个东西在身体里面，它的头绪露在外面。

⑥ 四体，就是四肢，人所必定有的。自己说不能做到，是受了物欲的蒙蔽。

⑦ 扩，读廓（kuò）。

扩，推广的意思。充，满。四端在我身上，随时表现出来。若懂得在这个基础上加以推广，因而充满它本来应有的量，它就会日日更新，将达到不由自主的程度。能在此基础上进而使它充满，那么四海之内虽然广大，也在我的掌握之内，没有什么是难以保全的。不能去充满它，那就即使身边的事，也做不好。

这一章所论述的，人的性与情，心的体与用，本来的状况全部具备，而各有条理，就像这个样子。求学者对于这个道理，要反省、牢记并且把它扩大充满，那么，上天所赐与我的，就可以无所不尽了。程子说："人都有这样的心，只有君子能推广并把它充满。不能这样做的，都是自暴自弃。然而它的充满还是不充满，也在我自己罢了。"又说："四端没有说信，因为既然有诚心去实行这四端，信也就在其中了。"

熹按：四端中的信，就像五行中的土，没有固定的位置，没有确定的名称，没有单独而专门的气，但水、火、木、金，没有不依赖它而存在的，所以土对于其他四行无所不在，在四季之中寄托它的称王的实际。信的道理也和这个一样。

【第七章】孟子曰："矢人岂不仁于函人哉？矢人惟恐不伤人，函人惟恐伤人。巫、匠亦然。故术不可不慎也①。

孔子曰：'里仁为美。择不处仁，焉得智？'夫仁，天之尊爵也，人之安宅也。莫之御而不仁，是不智也^②。不仁、不智、无礼、无义，人役也。人役而耻为役，由弓人而耻为弓，矢人而耻为矢也^③。如耻之，莫如为仁^④。仁者如射。射者正己而后发，发而不中，不怨胜己者，反求诸己而已矣^⑤。"

【集注】① 函，音含。

函，甲也。恻隐之心，人皆有之，是矢人之心，本非不如函人之仁也。巫者为人祈祝，利人之生。匠者作为棺椁，利人之死。

② 焉，於虔反。夫，音扶。

里有仁厚之俗者，犹以为美。人择所以自处而不于仁，安得为智乎！此孔子之言也。仁、义、礼、智，皆天所与之良贵，而仁者，天地生物之心，得之最先，而兼统四者，所谓"元者，善之长"也，故曰尊爵。在人，则为本心全体之德，有天理自然之安，无人欲陷溺之危。人当常在其中，而不可须臾离者也，故曰安宅。此又孟子释孔子之意，以为仁道之大如此，而自不为之，岂非不智之甚乎？

③ 由，与"犹"同。

以不仁，故不智。不智，故不知礼义之所在。

④ 此亦因人愧耻之心，而引之使志于仁也。不言智、礼、义者，仁该全体，能为仁，则三者在其中矣。

⑤ 中，去声。

为仁由己，而由人乎哉！

【今译】① 函，读含（hán）。

函，盔甲的甲。恻隐之心，人皆有之，这就是说造箭人的心，本来并非就不如造甲人的仁慈。巫者为人祈祷,人活下来对他是有利的。木匠做棺椁,人死对他是有利的。

②焉,yān。夫,读扶(fú)。

乡里有仁厚的风俗,还以此为好。人们选择自己在社会上的位置却不选择仁,怎能算是智呢!这是孔子的话。仁、义、礼、智,都是天赐给人的最宝贵的东西,而仁,是天地使万物生存的心,人最先得到,而兼有和统领这四条,这就是《周易·乾卦》所说的"元,是善举的首领",所以说是尊爵。在人,就是本心所具备的德行的全体,其中有天理自然的安宁,而没有人欲堕落的危险。人应当永远处于其中,而不可有片刻的离开,所以说是安宅。这又是孟子解释孔子的意思,认为仁道的伟大是这个样子,自己若不去实行,岂不是愚昧得很吗?

③由,与"犹"通用。

由于不仁,所以不智。不智,所以不知礼义在何处。

④这里也是借助人们对耻辱感到愧疚的心情,而引导人们使他们志于行仁。不说智、礼、义,因为仁包括了全体。能实行仁,三者也就在其中了。

⑤中,zhòng。

为仁要靠自己,难道能靠别人吗!

【第八章】孟子曰:"子路,人告之以有过则喜①。禹闻善言则拜②。大舜有大焉,善与人同,舍己从人,乐取于人以为善③。自耕、稼、陶、渔以至为帝,无非取于人者④。取诸人以为善,是与人为善者也,故君子莫大乎与人为善⑤。"

【集注】①喜其得闻而改之,其勇于自修如此。周子曰:"仲由喜闻过,令名无穷焉。今人有过，不喜人规，如讳疾而忌医，宁灭其身而无悟也。噫！"程子曰："子路，人告之以有过则喜，亦可谓百世之师矣。"

②《书》曰："禹拜昌言。"盖不待有过，而能屈己以受天下之善也。

③ 舍，上声。乐，音洛。

言舜之所为，又有大于禹与子路者。善与人同，公天下之善而不为私也。己未善，则无所系吝而舍以从人；人有善，则不待勉强而取之于己，此善与人同之目也。"

④ 舜之侧微，耕于历山，陶于河滨，渔于雷泽。

⑤ 与，犹许也，助也。取彼之善，而为之于我，则彼益劝于为善矣，是我助其为善也。能使天下之人皆劝于为善，君子之善，孰大于此。

此章言圣贤乐善之诚，初无彼此之间。故其在人者，有以裕于己；在己者，有以及于人。

【今译】① 高兴的是能够听到从而加以改正，他的勇于自我修养是这个样子。周子说 ❶："仲由喜欢听人讲自己的过错，好名声世代不绝。现在人们有了过错，不喜欢别人规劝，就像掩饰疾病一样地害怕医生，宁可使自身灭亡也不悔悟。唉！"程子说："子路，别人指出他的过失他就高兴，也可算千秋万代的老师了。"

②《尚书·大禹谟》："禹拜昌言。"不等有过错，就能放下架子去接受天下的善言。

③ 舍，shě。乐，音洛（lè）。

说的是舜所做的，又有高于禹和子路的地方。善与人同，把善作为

---

❶　周子：即周敦颐，北宋学者，著有《太极图说》等，被朱熹推尊为宋代理学的开创者。

天下公有的财富而不据为私有。自己尚未达到善,就毫不怜惜地舍弃自己去服从别人;别人有善,不必等待勉强就取来用于自己,这是善与人同的具体做法。

　　④ 舜处境卑贱的时候,曾在历山耕田,在黄河之滨制陶,在雷泽这个地方打渔。

　　⑤ 与,也就是赞许、帮助。取来别人的善而我付诸实行,别人就更加努力行善了,这是我帮助他行善。能让天下人都勤于行善,君子的善,再没有比这个更大的了。

　　这一章讲述圣贤对善言善行乐意听从和实行的诚心,本没有彼此的分别。所以善在别人身上,就能够使自己充分地具有;善在自己身上,也能够送达给别人。

　　【第九章】孟子曰:“伯夷,非其君不事,非其友不友。不立于恶人之朝,不与恶人言。立于恶人之朝,与恶人言,如以朝衣朝冠坐于涂炭。推恶恶之心,思与乡人立,其冠不正,望望然去之,若将浼焉。是故诸侯虽有善其辞命而至者,不受也。不受也者,是亦不屑就已①。柳下惠,不羞污君,不卑小官。进不隐贤,必以其道。遗佚而不怨,厄穷而不悯。故曰:‘尔为尔,我为我。虽袒裼裸裎于我侧,尔焉能浼我哉!’故由由然与之偕而不自失焉,援而止之而止。援而止之而止者,是亦不屑去已②。”

　　孟子曰:“伯夷隘,柳下惠不恭。隘与不恭,君子不由也。”③

　　【集注】① 朝,音潮。恶恶,上去声,下如字。浼,莫罪反。

涂,泥也。乡人,乡里之常人也。望望,去而不顾之貌。浼,污也。屑,赵氏曰:"洁也。"《说文》曰:"动作切切也。"不屑就,言不以就之为洁,而切切于是也。已,语助辞。

②佚,音逸。袒,音但。裼,音锡。裸,鲁果反。裎,音程。"焉能"之"焉",於虔反。

柳下惠,鲁大夫展禽,居柳下,而谥惠也。不隐贤,不枉道也。遗佚,放弃也。厄,困也。悯,忧也。"尔为尔"至"焉能浼我哉",惠之言也。袒裼,露臂也。裸裎,露身也。由由,自得之貌。偕,并处也。不自失,不失其正也。援而止之而止者,言欲去而可留也。

③隘,狭窄也。不恭,简慢也。夷、惠之行,固皆造乎至极之地,然既有所偏,则不能无弊,故不可由也。

【今译】①朝,读潮(cháo)。恶恶,上面的读 wù,下面的读 è。浼,měi。

涂,泥泞。乡人,乡里的普通人。望望,掉头离开的样子。浼,玷污。屑,赵岐注:"洁的意思。"《说文》:"动作急迫也。"不屑就,意思是不认为附就是干净的事,因而就急急忙忙地去做。已,语助词。

②佚,音逸(yì)。袒,读但(dàn)。裼,读锡(xī)。裸,luǒ。裎,读程(chéng)。"焉能"的"焉",yān。

柳下惠,鲁国大夫展禽,居住在柳下,谥号惠。不隐贤,不隐瞒放弃自己的主张。遗佚,被撤免。厄,困顿。悯,忧愁。"尔为尔"到"焉能浼我哉",是柳下惠的话。袒裼,露出胳膊。裸裎,露出身体。由由,悠然自得的样子。偕,共处。不自失,不丢失自己的正确原则。援而止之而止,意思是要离开但可以挽留。

③ 隘，狭窄。不恭，简单而散漫。伯夷、柳下惠的行为，固然都达到了极高的境界，然而既然有所偏颇，就不会没有弊端，所以不可以那样去做。

公孙丑章句下

【集注】凡十四章。自第二章以下,记孟子出处行实为详。

【今译】共十四章。从第二章以下,记述孟子的行踪和出仕与否较为
详细。

【第一章】孟子曰:"天时不如地利,地利不如人和①。
三里之城,七里之郭,环而攻之而不胜。夫环而攻之,必有
得天时者矣;然而不胜者,是天时不如地利也②。城非不高
也,池非不深也,兵革非不坚利也,米粟非不多也,委而去
之,是地利不如人和也③。故曰:域民不以封疆之界,固国
不以山溪之险,威天下不以兵革之利。得道者多助,失道
者寡助。寡助之至,亲戚畔之。多助之至,天下顺之④。以
天下之所顺,攻亲戚之所畔,故君子有不战,战必胜矣⑤。"

【集注】① 天时,谓时日、支干、孤虚、王相之属也。地利,险阻、城池
之固也。人和,得民心之和也。

② 夫,音扶。

三里、七里,城郭之小者。郭,外城环围也。言四面攻围,旷日持久,
必有值天时之善者。

③ 革,甲也。粟,谷也。委,弃也。言不得民心,民不为守也。

④ 域,界限也。

⑤ 言不战则已,战则必胜。

尹氏曰："言得天下者,凡以得民心而已。"

【今译】① 天时,指时日、支干、孤虚、王相之类❶。地利,地形是否险要、城池是否坚固之类。人和,因得民心而团结一致。

② 夫,读扶(fú)。

三里、七里,小城郭。郭,外城。环,包围。指从四面包围进攻,旷日持久,其间必定有碰上吉日的时候。

③ 革,甲胄。粟,谷米。委,抛弃。指不得民心,民众不替他守城。

④ 域,边界的限制。

⑤ 意思是不战则已,战则必胜。

尹焞说:"意思是得天下的人,都不过是得到民心罢了。"

【第二章】孟子将朝王。王使人来曰:"寡人如就见者也,有寒疾,不可以风。朝将视朝,不识可使寡人得见乎?" 对曰:"不幸而有疾,不能造朝。" ①

明日出吊于东郭氏。公孙丑曰:"昔者辞以病,今日吊,或者不可乎?" 曰:"昔者疾,今日愈,如之何不吊?" ②

王使人问疾。医来,孟仲子对曰:"昔者有王命,有采薪之忧,不能造朝。今病小愈,趋造于朝,我不识能至否乎?" 使数人要于路,曰:"请必无归而造于朝!" ③

不得已而之景丑氏宿焉。景子曰:"内则父子,外则

---

❶ 时日、支干、孤虚、王相:都是古代占卜好日子的方法。时日是用历法推算某日出兵是否吉利。支干是据干支纪日推定的吉日。孤虚、王相,占卜方法已经失传。不过,朱熹此处的注释未必正确,因为古代攻城,至少有许多,并不用占卜术选择时日。古代兵书,也很少认为攻城一定要用占卜术选择时日。

君臣，人之大伦也。父子主恩，君臣主敬。丑见王之敬子也，未见所以敬王也。"曰："恶！是何言也！齐人无以仁义与王言者，岂以仁义为不美也？其心曰'是何足与言仁义也'云尔，则不敬莫大乎是。我非尧、舜之道，不敢以陈于王前，故齐人莫如我敬王也。"④景子曰："否，非此之谓也。《礼》曰：'父召，无诺。君命召，不俟驾。'固将朝也，闻王命而遂不果，宜与夫礼若不相似然。"⑤曰："岂谓是与？曾子曰：'晋、楚之富，不可及也。彼以其富，我以吾仁。彼以其爵，我以吾义。吾何慊乎哉？'夫岂不义而曾子言之？是或一道也。天下有达尊三：爵一，齿一，德一。朝廷莫如爵，乡党莫如齿，辅世长民莫如德。恶得有其一，以慢其二哉⑥？故将大有为之君，必有所不召之臣。欲有谋焉，则就之。其尊德乐道，不如是不足与有为也⑦。故汤之于伊尹，学焉而后臣之，故不劳而王。桓公之于管仲，学焉而后臣之，故不劳而霸⑧。今天下地丑德齐，莫能相尚，无他，好臣其所教，而不好臣其所受教⑨。汤之于伊尹，桓公之于管仲，则不敢召。管仲且犹不可召，而况不为管仲者乎⑩？"

【集注】①章内"朝"，并音潮。唯"朝将"之"朝"，如字。造，七到反，下同。

王，齐王也。孟子本将朝王，王不知，而托疾以召孟子，故孟子亦以疾辞也。

②东郭氏，齐大夫家也。昔者，昨日也。或者，疑辞。辞疾而出吊，与孔子不见孺悲，取瑟而歌同意。

③要，平声。

　　孟仲子，赵氏以为孟子之从昆弟，学于孟子者也。采薪之忧，言病不能采薪，谦辞也。仲子权辞以对，又使人要孟子，令勿归而造朝，以实己言。

　　④恶，平声，下同。

　　景丑氏，齐大夫家也。景子，景丑也。恶，叹辞也。景丑所言，敬之小者也。孟子所言，敬之大者也。

　　⑤夫，音扶，下同。

　　《礼》曰："父命呼，唯而不诺。"又曰：君命召，"在官不俟屦，在外不俟车"。言孟子本欲朝王，而闻命中止，似与此礼之意不同也。

　　⑥与，平声。慊，口簟反。长，上声。

　　慊，恨也，少也，或作"嗛"，字书以为口衔物也。然则慊亦但为心有所衔之义。其为快、为足、为恨、为少，则因其事，而所衔有不同耳。孟子言：我之意，非如景子之所言者。因引曾子之言，而云夫此岂是不义，而曾子肯以为言，是或别有一种道理也。达，通也。盖通天下之所尊，有此三者。曾子之说，盖以德言之也。今齐王但有爵耳，安得以此慢于齿德乎？

　　⑦乐，音洛。

　　大有为之君，大有作为，非常之君也。程子曰："古之人所以必待人君致敬尽礼而后往者，非欲自为尊大也，为是故耳。"

　　⑧先从受学，师之也；后以为臣，任之也。

　　⑨好，去声。

　　丑，类也。尚，过也。所教，谓听从于己，可役使者也。所受教，谓己之所从学者也。

　　⑩不为管仲，孟子自谓也。范氏曰："孟子之于齐，处宾师之位，

非当仕有官职者,故其言如此。"

此章见宾师不以趋走承顺为恭,而以责难陈善为敬;人君不以崇高富贵为重,而以贵德尊士为贤,则上下交而德业成矣。

【今译】① 本章内"朝"字,都读潮(cháo)。只有"朝将"的"朝",读本音 zhāo。造,zào,下同。

王,齐王。孟子本来准备朝见齐王,齐王不知道,并托病召孟子,所以孟子也托病不去。

② 东郭氏,齐国一个大夫家。昔,昨天。或者,有所疑虑的用辞。托词有病,却又要出访别人,与孔子托病不见孺悲却又鼓瑟唱歌是同样的意思。

③ 要,yāo。

孟仲子,赵岐认为是孟子的堂兄弟,跟着孟子学习。采薪之忧,意思是有病不能打柴,谦下的用辞。仲子暂且用话应付过去,又派人拦住孟子,要他别回家而上朝去,以表明自己没有说谎。

④ 恶,wū,下同。

景丑氏,齐国一个大夫家。景子,即景丑。恶,感叹用词。景丑所说的,是小敬。孟子所说的,是大敬。

⑤ 夫,读扶(fú),下同。

根据《礼记·玉藻》:"父亲喊自己,答应'唯'而不答应'诺'。"又说,君主召见,"在朝廷上办公时,不等穿好鞋;在外时,不等驾好车"。意思是批评孟子本来要朝见齐王,听到齐王召见的命令后又不去了,似乎不符合这里所说的君臣之礼。

⑥ 与,yú。慊,qiàn。长,zhǎng。

慊,遗憾、不足,也写作"嗛",字典认为是口中衔物的意思。不过慊也有心中含有什么念头的意思。它可以当快意、满足、怨恨、不满足等意思,要根据具体情况,心中含有的也不相同。孟子说他的意思,不是像景子所说的那样。因此引用曾子的话,说明这并不是不义,曾子能够这样说,可能另有一番道理。达,通行。是说天下所尊贵的东西,通共有这三样。曾子的说法,指的是德行。现在齐王所有的不过只是爵位罢了,怎可以此怠慢长者和有德之人?

⑦ 乐,读洛(lè)。

大有为之君,大有作为、不平常的君主。程子说:"古人之所以一定要等待君主恭恭敬敬、以礼相待的时候才去,不是要自高自大,而是因为这个原因。"

⑧ 先跟着他学习,是拜师。后把他作为臣子,是任用他为官。

⑨ 好,hào。

丑,相类似。尚,超过。所教,指听从自己,可以指使的人。所受教,指自己曾跟着学习的人。

⑩ 不为管仲,孟子说自己不做管仲那样的人。范祖禹说:"孟子对于齐国,处于宾客、师傅的地位,不是应当出仕和有官职的人,所以他如此说。"

这一章说的是宾客和师傅不以听话顺从、随叫随到为恭敬,而以批评君主错误、劝告君主行善为恭敬;君主不以高贵、富有为尊贵,而以崇尚德行、尊重士人为贤明,那样君臣就可以互相促进,从而增进德行,建立功业了。

【第三章】陈臻问曰:"前日于齐,王馈兼金一百而不受;于宋,馈七十镒而受;于薛,馈五十镒而受。前日之不受是,则今日之受非也;今日之受是,则前日之不受非也。夫子必居一于此矣。"①

　　孟子曰:"皆是也②。当在宋也,予将有远行。行者必以赆,辞曰:'馈赆。'予何为不受③?当在薛也,予有戒心。辞曰:'闻戒,故为兵馈之。'予何为不受④?若于齐,则未有处也。无处而馈之,是货之也。焉有君子而可以货取乎⑤?"

【集注】①陈臻,孟子弟子。兼金,好金也,其价兼倍于常者。一百,百镒也。

　　②皆适于义也。

　　③赆,徐刃反。

　　赆,送行者之礼也。

　　④"为兵"之"为",去声。

　　时人有欲害孟子者,孟子设兵以戒备之。薛君以金馈孟子为兵备,辞曰:"闻子之有戒心也。"

　　⑤焉,於虔反。

　　无远行戒心之事,是未有所处也。取,犹致也。

　　尹氏曰:"言君子之辞受取予,唯当于理而已。"

【今译】①陈臻,孟子弟子。兼金,品质优良的好金,价格数倍于平常的金。一百,一百镒❶。

　　②都是合乎义的。

---

❶　镒:重量单位。《康熙字典》:"汉以前以镒名金,汉以后以斤名金也。"也就是说,秦朝以前,一镒,就是汉以后的一斤。一斤为十六两。一镒,一般认为是二十两。

③赆，jìn。

赆，送给旅行者的礼物和路费。

④"为兵"的"为"，读wèi。

当时有人要杀害孟子，孟子准备武器加以防备。薛国君主送金钱给孟子买武器，并且说："听说您要防备坏人。"

⑤焉，yān。

没有远途旅行和防备坏人的事，是没有什么正当理由。取，招来。

尹焞说："意思是君子的推辞、接受、拿取和给予，只有合乎理才可以。"

【第四章】孟子之平陆，谓其大夫曰："子之持戟之士，一日而三失伍，则去之否乎？"曰："不待三。"①"然则子之失伍也亦多矣。凶年饥岁，子之民，老羸转于沟壑，壮者散而之四方者，几千人矣。"曰："此非距心之所得为也。"②曰："今有受人之牛羊而为之牧之者，则必为之求牧与刍矣。求牧与刍而不得，则反诸其人乎？抑亦立而视其死与？"曰："此则距心之罪也。"③

他日，见于王，曰："王之为都者，臣知五人焉。知其罪者，惟孔距心。"为王诵之。王曰："此则寡人之罪也。"④

【集注】①去，上声。

平陆，齐下邑也。大夫，邑宰也。戟，有枝兵也。士，战士也。伍，行列也。去之，杀之也。

②几，上声。

子之失伍，言其失职，犹士之失伍也。距心，大夫名。对言此乃王之失政使然，非我所得专为也。

③为，去声。"死与"之"与"，平声。

牧之，养之也。牧，牧地也。刍，草也。孟子言，若不得自专，何不致其事而去。

④见，音现。"为王"之"为"，去声。

为都，治邑也。邑有先君之庙，曰都。孔大夫，姓也。为王诵其语，欲以风晓王也。

陈氏曰："孟子一言，而齐之君臣举知其罪，固足以兴邦矣，然而齐卒不得为善国者，岂非说而不绎，从而不改故邪？"

【今译】①去，qǔ。

平陆，齐国的小城镇。大夫，地方长官。戟，有枝的矛。士，战士。伍，行列。去之，杀死。

②几，jǐ。

子之失伍，意思是他的失职，就像战士的离队。距心，大夫的名字。回答说这是王的失政所造成的，不是我所可以做主处理的。

③为，wèi。"死与"的"与"，yú。

牧之，养之也。牧，牧地。刍，草。孟子说，如果不能独立做主，为什么不辞职而去。

④见，读 xiàn。"为王"的"为"，读 wèi。

为都，治理城邑。城邑中有已故君主的庙，叫都。孔，大夫的姓。向齐王复述了孔距心的话，目的是讽喻齐王使他明白。

陈旸说**❶**："孟子一句话，使齐国君臣都知道了自己的罪过，本来是

---

❶　陈旸：字晋之，北宋学者，著有《孟子解义》。

足以振兴国家的,然而齐国终究没有成为治理良好的国家,难道不是喜欢却不能推行、听从但不改正的原因吗?"

【第五章】孟子谓蚳鼃曰:"子之辞灵丘而请士师,似也,为其可以言也。今既数月矣,未可以言与?"① 蚳鼃谏于王而不用,致为臣而去②。齐人曰:"所以为蚳鼃,则善矣;所以自为,则吾不知也。"③公都子以告④。曰:"吾闻之也:有官守者,不得其职则去。有言责者,不得其言则去。我无官守,我无言责也,则吾进退,岂不绰绰然有余裕哉?"⑤

【集注】①蚳,音迟。鼃,乌花反。为,去声。与,平声。

蚳鼃,齐大夫也。灵丘,齐下邑。似也,言所为近似有理。可以言,谓士师近王,得以谏刑罚之不中者。

②致,犹还也。

③为,去声。

讥孟子道不行而不能去也。

④公都子,孟子弟子也。

⑤官守,以官为守者。言责,以言为责者。绰绰,宽貌。裕,宽意也。孟子居宾师之位,未尝受禄,故其进退之际宽裕如此。尹氏曰:"进退久速,当于理而已。"

【今译】①蚳,读迟(chí)。鼃,wā。为,wèi。与,yú。

蚳鼃,齐国大夫。灵丘,齐国的小城镇。似也,意思是所做的近似有理。可以言,指士师接近君王,能够对刑罚中不合理的东西提出建议。

②致,就是交还,即辞职。

③为,wèi。

讥讽孟子自己的主张不被采纳, 却不能辞别离去。

④ 公都子, 孟子的弟子。

⑤ 官守, 以职责为守护对象的人。言责, 以批评、建议为职责的人。绰绰, 宽大的样子。裕, 宽大的意思。孟子处于宾客和师傅的地位, 不曾享受俸禄, 所以他求进、求退都能这样的从容。

尹焞说:"进退的快慢, 合乎理就是了。"

【第六章】孟子为卿于齐, 出吊于滕。王使盖大夫王驩为辅行。王驩朝暮见, 反齐、滕之路, 未尝与之言行事也①**。公孙丑曰:"齐卿之位, 不为小矣。齐、滕之路, 不为近矣。反之而未尝与言行事, 何也?"曰:"夫既或治之, 予何言哉?"**②

【集注】① 盖, 古盍反。见, 音现。

盖, 齐下邑也。王驩, 王嬖臣也。辅行, 副使也。反, 往而还也。行事, 使事也。

② 夫, 音扶。

王驩盖摄卿以行, 故曰齐卿。夫既或治之, 言有司已治之矣。孟子之待小人, 不恶而严如此。

【今译】① 盖, gě。见, 读现(xiàn)。

盖, 齐国的小城镇。王驩, 齐王的宠臣。辅行, 副使。反, 往返。行事, 出使的事。

② 夫, 读扶(fú)。

王驩是以代理卿的身份出使, 所以说是齐卿。夫既或治之, 意思是有关部门已办妥了。孟子对待小人, 不表现出憎恶而非常严厉, 就像这个样子。

【第七章】孟子自齐葬于鲁。反于齐，止于嬴。充虞请曰："前日不知虞之不肖，使虞敦匠事。严，虞不敢请。今愿窃有请也：木若以美然。"①曰："古者棺椁无度。中古棺七寸，椁称之。自天子达于庶人。非直为观美也，然后尽于人心②。不得，不可以为悦；无财，不可以为悦。得之为有财。古之人皆用之，吾何为独不然③？且比化者，无使土亲肤，于人心独无恔乎④？吾闻之也：君子不以天下俭其亲⑤。"

【集注】① 孟子仕于齐，丧母，归葬于鲁。嬴，齐南邑。充虞，孟子弟子，尝董治作棺之事者也。严，急也。木，棺木也。以、已通。以美，太美也。

② 称，去声。

度，厚薄尺寸也。中古，周公制礼时也。椁称之，与棺相称也。欲其坚厚久远，非特为人观视之美而已。

③ 不得，谓法制所不当得。得之为有财，言得之而又为有财也。或曰：为，当作"而"。

④ 比，必二反。恔，音效。

比，犹为也。化者，死者也。恔，快也。言为死者不使土亲近其肌肤，于人子之心岂不快然无所恨乎？

⑤ 送终之礼，所当得为而不自尽，是为天下爱惜此物，而薄于吾亲也。

【今译】① 孟子在齐国做官，母亲去世，回鲁国埋葬母亲。嬴，齐国南部城镇。充虞，孟子弟子，曾主持做棺木的事。严，紧急。木，棺木。以，和"已"通用。以美，太美的意思。

② 称，chèn。

度，厚薄的尺寸。中古，周公制礼的时代。椁称之，即与棺木相称。为的是让棺椁坚固耐久，不只是为了让别人看着好看。

③ 不得，指按制度规定所不该得到的。得之为有财，意思是按规定该得到并且又有财力。有人认为，"为"应当是"而"字。

④ 比，bǐ。恔，读效（xiào）。

比，意思是为了。化者，死者。恔，感到安慰。说的是为了使死者的肌肤不被泥土侵污，对于做儿子的心，岂不是会感到安慰而无所遗憾吗？

⑤ 送终的礼制，所允许做的而不尽力做到，那是为了天下而爱惜这些财物，却对我的亲人刻薄了。

【第八章】沈同以其私问曰："燕可伐与？"孟子曰："可。子哙不得与人燕，子之不得受燕于子哙。有仕于此，而子悦之，不告于王而私与之吾子之禄爵。夫士也，亦无王命而私受之于子，则可乎？何以异于是？"①

齐人伐燕。或问曰："劝齐伐燕，有诸？"曰："未也。沈同问：'燕可伐与？'吾应之曰：'可。'彼然而伐之也。彼如曰'孰可以伐之'，则将应之曰：'为天吏，则可以伐之。'今有杀人者，或问之曰'人可杀与'，则将应之曰：'可。'彼如曰'孰可以杀之'，则将应之曰：'为士师，则可以杀之。'今以燕伐燕，何为劝之哉？"②

【集注】①"伐与"之"与"，平声，下"伐与""杀与"同。夫，音扶。

沈同，齐臣。以私问，非王命也。子哙、子之事，见前篇。诸侯土地人民，受之天子，传之先君，私以与人，则与者受者皆有罪也。仕，为官也。士，即从仕之人也。

②天吏，解见上篇。言齐无道，与燕无异，如以燕伐燕也。《史记》亦谓孟子劝齐伐燕，盖传闻此说之误。

杨氏曰："燕固可伐矣，故孟子曰'可'。使齐王能诛其君，吊其民，何不可之有？乃杀其父兄，虏其子弟，而后燕人畔之。乃以是归咎孟子之言，则误矣。"

【今译】①"伐与"的"与"，读yú，下面的"伐与""杀与"都与此相同。夫，读扶（fú）。

沈同，齐国臣子。以私问，不是齐王的命令。子哙、子之的事情，见上一篇。诸侯的土地和人民，是从天子那里接受的，是从以前做君主的父祖那里传下来的。私自给了别人，给与者和接受者都是有罪的。仕，做官。士，即做官的人。

②天吏，其解释见上篇。意思是齐国无道，和燕国没有区别，就像是用另一燕国讨伐这个燕国。《史记》也说孟子劝齐国讨伐燕国，是对这件事的误传。

杨时说："燕国固然可以讨伐，所以孟子说'可以'。假若齐王能杀掉燕国君主，安抚燕国百姓，有什么不可以呢？但齐国要杀燕人的父兄，掳掠燕人的子弟，后来燕人就反叛了。若以此归咎于孟子的话，就错了。"

【第九章】燕人畔。王曰："吾甚惭于孟子。"①陈贾曰："王无患焉。王自以为与周公孰仁且智？"王曰："恶！是何言也？"曰："周公使管叔监殷，管叔以殷畔。知而使之，是不仁也；不知而使之，是不智也。仁、智，周公未之尽也，而况于王乎？贾请见而解之。"②

见孟子，问曰："周公何人也？"曰："古圣人也。"曰："使管叔监殷，管叔以殷畔也，有诸？"曰："然。"曰："周公知其将畔而使之与？"曰："不知也。""然则圣人且有过与？"曰："周公，弟也；管叔，兄也。周公之过，不亦宜乎③？且古之君子，过则改之；今之君子，过则顺之。古之君子，其过也如日月之食，民皆见之；及其更也，民皆仰之。今之君子，岂徒顺之，又从为之辞④。"

【集注】①齐破燕后二年，燕人共立太子平为王。

②恶、监，皆平声。

陈贾，齐大夫也。管叔，名鲜，武王弟，周公兄也。武王胜商杀纣，立纣子武庚，而使管叔与弟蔡叔、霍叔监其国。武王崩，成王幼，周公摄政。管叔与武庚畔，周公讨而诛之。

③与，平声。

言周公乃管叔之弟，管叔乃周公之兄。然则周公不知管叔之将畔而使之，其过有所不免矣。或曰周公之处管叔，不如舜之处象，何也？游氏曰："象之恶已著，而其志不过富贵而已，故舜得以是而全之。若管叔之恶则未著，而其志、其才皆非象比也。周公讵忍逆探其兄之恶而弃之邪！周公爱兄，宜无不尽者。管叔之事，圣人之不幸也。舜诚信而喜象，周公诚信而任管叔，此天理人伦之至，其用心一也。"

④更，平声。

顺，犹遂也。更，改也。辞，辩也。更之则无损于明，故民仰之。

顺而为之辞，则其过愈深矣。责贾不能勉其君以迁善改过，而教之以遂非文过也。

林氏曰："齐王惭于孟子，盖羞恶之心有不能自已者。使其臣有能因是心而将顺之，则义不可胜用矣。而陈贾鄙夫，方且为之曲为辩说，而沮其迁善改过之心，长其饰非拒谏之恶，故孟子深责之。然此书记事散出而无先后之次，故其说必参考而后通。若以第二篇十章、十一章置之前章之后，此章之前，则孟子之意不待论说而自明矣。"

【今译】① 齐国占领燕国以后第二年，燕人共同拥立太子平为王。

② 恶，wū。监，jiān。

陈贾，齐国大夫。管叔，名鲜，武王的弟弟，周公的兄长。武王灭商杀了纣王，立纣王的儿子武庚做诸侯，而让管叔和他的弟弟蔡叔、霍叔监督武庚。周武王死，周成王年幼，周公执政。管叔和武庚发动叛乱，周公去讨伐并且杀了他们。

③ 与，yú。

意思是周公是管叔的弟弟，管叔是周公的哥哥，因此周公不知道管叔将来会叛乱而派他去，这样的过失是难免的。有人说周公对管叔的处理，不如舜对象的处理，为什么呢？游酢说："象的恶迹已暴露无遗，他的志向也不过是富贵罢了，所以舜得以保全他。像管叔这样恶迹还没有暴露，他的才能和志向又远不是象所能比拟的，周公怎忍心去测度哥哥处心作恶而舍弃他呢？周公爱兄长，应是没有不尽心的。管叔的事，是圣人的不幸。舜真诚而守信地喜欢象，周公也真诚而守信地喜欢管叔，这是天理人伦都做到了顶点，他们的用心是一样的。"

④ 更，gēng。

顺，意思是随顺。更，改正。辞，辩解。改正了就无损于光明，所以民众仰望着。随顺并且还为过错辩护,过错就更加严重。这是责备陈贾不能督促自己的君主迁善改过,却教他坚持错误文饰过失。

林之奇说:"齐王觉得愧于孟子,这是由于羞恶之心有无法抑制的。假如他的臣子有人能借这样的心加以引导、发展,那么道义就会大大发扬。但陈贾这个庸劣的家伙,却还替齐王转弯抹角地进行辩护,从而阻碍他迁善改过的心,助长他文饰过错、拒绝劝告的恶,所以孟子严厉责备他。然而这书的记事,都是独立成章而没有先后的次序,所以其中的说法必须考证才能通晓。如果把第二篇第十章、十一章放在前一章后头,这一章前头,那么孟子的意思,不用解释就明白了。"

【第十章】孟子致为臣而归①。王就见孟子,曰:"前日愿见而不可得,得侍同朝,甚喜。今又弃寡人而归,不识可以继此而得见乎?"对曰:"不敢请耳,固所愿也。"②

他日,王谓时子曰:"我欲中国而授孟子室,养弟子以万钟,使诸大夫国人皆有所矜式,子盍为我言之?"③时子因陈子而以告孟子,陈子以时子之言告孟子④。孟子曰:"然。夫时子恶知其不可也?如使予欲富,辞十万而受万,是为欲富乎⑤?季孙曰:'异哉子叔疑!使己为政,不用,则亦已矣,又使其子弟为卿。人亦孰不欲富贵?而独于富贵之中,有私龙断焉。'⑥古之为市者,以其所有易其所无者,有司者治之耳。有贱丈夫焉,必求龙断而登之,以左右望而罔市利。人皆以为贱,故从而征之。征商,自此贱丈夫始矣⑦。"

【集注】①孟子久于齐而道不行,故去也。

②朝，音潮。

③为，去声。

时子，齐臣也。中国，当国之中也。万钟，谷禄之数也。钟，量名，受六斛四斗。矜，敬也。式，法也。盍，何不也。

④陈子，即陈臻也。

⑤夫，音扶。恶，平声。

孟子既以道不行而去，则其义不可以复留。而时子不知，则又有难显言者。故但言设使我欲富，则我前日为卿尝辞十万之禄，今乃受此万钟之馈，是我虽欲富，亦不为此也。

⑥龙，音垄。

此孟子引季孙之语也。季孙、子叔疑，不知何时人。龙断，冈垄之断而高也，义见下文。盖子叔疑者，尝不用，而使其子弟为卿，季孙讥其既不得于此，而又欲求得于彼，如下文贱丈夫登龙断者之所为也。孟子引此以明道既不行，复受其禄，则无以异此矣。

⑦孟子释龙断之说如此。治之，谓治其争讼。左右望者，欲得此而又取彼也。罔，谓罔罗取之也。从而征之，谓人恶其专利，故就征其税。后世缘此，遂征商人也。

程子曰：“齐王所以处孟子者，未为不可，孟子亦非不肯为国人矜式者，但齐王实非欲尊孟子，乃欲以利诱之，故孟子拒而不受。”

【今译】①孟子久在齐国，但他的主张不被采纳，所以离开了。

②朝，读潮（cháo）。

③为，wèi。

时子，齐国的臣。中国，城市的中部。万钟，俸禄的数量。钟，量词，一钟六斛四斗。矜，尊敬。式，榜样。盍，何不的意思。

④ 陈子,即陈臻。

⑤ 夫,读扶(fú)。恶,wū。

孟子既然因为主张得不到贯彻而离开,按道理已经是无法挽留。但时子不懂这个道理,于是又有难以明言的。所以只说,假如我想富贵,那么我前些天做卿,曾辞去了十万的俸禄,现在才给我一万钟的馈赠。即使我想富贵,也不这样干。

⑥ 龙,读垄(lǒng)。

这是孟子引用季孙的话。季孙、子叔疑,不知他们是哪个时期的人。龙断,断而高的冈与垄,意义见下文。子叔疑曾经被免职,却又让自己的亲属做卿,季孙讥讽他既然得不到这个,却又想从那里得到些什么,就像下文那种地位低的人登上龙断的所作所为一样。孟子引用这个,用来说明道既然行不通,又接受人家的俸禄,就和这个下流人没有区别了。

⑦ 孟子对龙断的解释就是如此。治之,指处理有关争讼的事。左右望,是想得到这个又想得到那个。罔,指用网罗去获取。从而征之,指人们憎恨他独自得到利益,所以去征他的税。后世因此就征收商人们的税了。

程子说:"齐王用来对待孟子的,未尝不可以,孟子也并非不肯做人们的榜样,但齐王并不是真想尊崇孟子,而是用利来引诱孟子,所以孟子拒绝而不接受。"

【第十一章】孟子去齐,宿于昼^①。有欲为王留行者,坐而言。不应,隐几而卧^②。客不悦,曰:"弟子齐宿而后敢言,夫子卧而不听,请勿复敢见矣。"曰:"坐。我明语子。昔

者鲁缪公无人乎子思之侧，则不能安子思。泄柳、申详无
人乎缪公之侧，则不能安其身③。子为长者虑，而不及子思。
子绝长者乎？长者绝子乎④？"

【集注】①昼，如字。或曰当作"画"，音获。下同。

　　昼，齐西南近邑也。

　　②为，去声，下同。隐，於靳反。

　　隐，凭也。客坐而言，孟子不应而卧也。

　　③齐，侧皆反。复，扶又反。语，去声。

　　齐宿，齐戒越宿也。缪公尊礼子思，常使人候伺道达诚意于其侧，
乃能安而留之也。泄柳，鲁人。申详，子张之子也。缪公尊之不如子思，
然二子义不苟容。非有贤者在其君之左右维持调护之，则亦不能安其
身矣。

　　④长，上声。

　　长者，孟子自称也。言齐王不使子来而子自欲为王留我，是所以为
我谋者不及穆公留子思之事，而先绝我也。我之卧而不应，岂为先绝
子乎！

【今译】①昼，读本字 zhòu。有人说，昼应当是"画"字❶，读 huò。
下同。

　　昼，齐国西南部的边境城镇。

　　②为，wèi，下同。隐，yǐn，

　　隐，靠着。客人坐着说话，孟子不理睬，而趴在几案上睡觉。

　　③齐，zhāi。复，fù。语，yù。

---

❶　"昼"字繁体为"晝"，"画"字繁体为"畫"，近似易混。

齐宿，斋戒过夜。鲁缪公尊敬优待子思，经常派人去伺候并且嘘寒问暖，才能使子思安心留下。泄柳，鲁国人。申详，子张的儿子。鲁缪公对他们的尊敬和优待不如子思，但他们二人坚持道义不随声附和。假若没有贤明者在他君主的左右调解、维护他们，也不能使他们自身安全。

④长，zhǎng。

长者，孟子自称。意思是齐王没有派你来，你却自愿替齐王挽留我，这是用来为我谋划的赶不上鲁缪公对待子思的事，从而先拒绝我。我不理你而睡觉，哪里是先拒绝你呢！

【第十二章】孟子去齐。尹士语人曰："不识王之不可以为汤、武，则是不明也。识其不可，然且至，则是干泽也。千里而见王，不遇故去，三宿而后出昼，是何濡滞也？士则兹不悦。"① 高子以告 ②。曰："夫尹士恶知予哉？千里而见王，是予所欲也。不遇故去，岂予所欲哉？予不得已也 ③。予三宿而出昼，于予心犹以为速。王庶几改之！王如改诸，则必反予 ④。夫出昼而王不予追也，予然后浩然有归志。予虽然，岂舍王哉？王由足用为善。王如用予，则岂徒齐民安？天下之民举安。王庶几改之！予日望之 ⑤。予岂若是小丈夫然哉？谏于其君而不受，则怒，悻悻然见于其面，去则穷日之力而后宿哉？"⑥ 尹士闻之，曰："士诚小人也。"⑦

【集注】①语，去声。

尹士，齐人也。干，求也。泽，恩泽也。濡滞，迟留也。

②高子，亦齐人，孟子弟子也。

③夫,音扶,下同。恶,平声。

见王,欲以行道也。今道不行,故不得已而去,非本欲如此也。

④所改,必指一事而言,然今不可考矣。

⑤浩然,如水之流不可止也。杨氏曰:"齐王天资朴实,如好勇、好货、好色、好世俗之乐,皆以直告,而不隐于孟子,故足以为善。若乃其心不然,而谬为大言以欺人,是人终不可与入尧舜之道矣,何善之能为!"

⑥悻,形顶反。见,音现。

悻悻,怒意也。穷,尽也。

⑦此章见圣贤行道济时汲汲之本心、爱君泽民惓惓之余意。李氏曰:"于此见君子忧则违之之情,而荷蒉者所以为果也。"

【今译】①语,yù。

尹士,齐国人。干,追求。泽,恩泽。濡滞,迟缓、停留。

②高子,也是齐国人,孟子弟子。

③夫,读扶(fú),下同。恶,wū。

见王,是想推行自己的道。现在道不能推行,所以不得已离开了,不是本心愿意这样做。

④齐王要改什么,必定是某一件事,但现在无法考证了。

⑤浩然,像水的奔流一样不可阻止。杨时说:"齐王天生朴实,如好勇、好货、好色、好世俗音乐,都以真情告诉孟子而不隐瞒,所以足以向善。假若他的心不是如此,而是胡说一些大话来欺骗人,那就是别人终究没有办法帮他进入尧舜之道了,哪里还能向善呢?"

⑥悻,xìng。见,读现(xiàn)。

悻悻,怒冲冲。穷,用尽。

⑦ 这一章可见圣贤行道救世的迫切心情、爱君为民的深切情意。李郁说："从这里可以见到君子有忧虑就避开的心情,而那荷蒉者所以那么果断。" ❶

【第十三章】孟子去齐,充虞路问曰:"夫子若有不豫色然。前日虞闻诸夫子曰:'君子不怨天,不尤人。'"① 曰:"彼一时,此一时也 ②。五百年必有王者兴,其间必有名世者 ③。由周而来,七百有余岁矣。以其数则过矣,以其时考之,则可矣 ④。夫天未欲平治天下也,如欲平治天下,当今之世,舍我其谁也? 吾何为不豫哉 ⑤?"

【集注】① 路问,于路中问也。豫,悦也。尤,过也。此二句实孔子之言,盖孟子尝称之以教人耳。

② 彼,前日。此,今日。

③ 自尧、舜至汤,自汤至文、武,皆五百余年而圣人出。名世,谓其人德业闻望可名于一世者为之辅佐,若皋陶、稷、契、伊尹、莱朱、太公望、散宜生之类。

④ 周,谓文、武之间。数,谓五百年之期。时,谓乱极思治可以有为之日。于是而不得一有所为,此孟子所以不能无不豫也。

⑤ 夫,音扶。舍,上声。

言当此之时,而使我不遇于齐,是天未欲平治天下也。然天意未可知,而其具又在我,我何为不豫哉? 然则孟子虽若有不豫然者,而实未尝不豫也。盖圣贤忧世之志,乐天之诚,有并行而不悖者,于此见矣。

---

❶ 荷蒉者:参见本书《论语集注·宪问》第四十二章。"有忧虑就避开",原文"忧则违之"出自《周易·乾卦》。

【今译】① 路问，在路上相问。豫，喜悦。尤，责备。这两句本是孔子的话，是孟子曾经借用来教育人的。

② 彼，以前。此，今天。

③ 从尧、舜到汤，从汤到文王、武王，都是五百多年出了圣人。名世，指德行、功绩、声名、威望都足以天下闻名的人做王者的辅佐，如皋陶、稷、契、伊尹、莱朱、太公望、散宜生等人。

④ 周，指文王、武王时代。数，指五百年的期限。时，指乱到极点、盼望治理、可以大有作为的时代。在这样的时代却不能有任何作为，这样孟子就不可能没有不悦的心情。

⑤ 夫，读扶（fú）。舍，shě。

意思是当这个时代，却使我和齐王主张难合，是天没有想让天下太平啊！不过天意尚不能知晓，但具备这种条件的又是我，我又为什么不愉悦呢？所以孟子虽然好像是有不愉悦的样子，其实却不曾不愉悦。圣贤为世人忧虑的志向，愉快服从天命的真诚，可以并行不悖，在这里就看得很清楚了。

【第十四章】孟子去齐，居休。公孙丑问曰："仕而不受禄，古之道乎？"① 曰："非也。于崇，吾得见王。退而有去志，不欲变，故不受也② 。继而有师命，不可以请。久于齐，非我志也③ 。"

【集注】① 休，地名。

② 崇，亦地名。孟子始见齐王，必有所不合，故有去志。变，谓变其去志。

③ 师命，师旅之命也。国既被兵，难请去也。

孔氏曰："仕而受禄,礼也。不受齐禄,义也。义之所在,礼有时而变。公孙丑欲以一端裁之,不亦误乎!"

【今译】① 休,地名。

② 崇,也是地名。孟子刚见到齐王的时候,必然有不投合的地方,所以有离开的打算。变,指改变离开的打算。

③ 师命,战争的动员令。国家既然卷入了战争,就难以请求离开。

孔文仲说:"做官受禄,这是礼。不接受齐国的俸禄,是义。义在什么地方,礼也将会跟着改变。公孙丑企图用一把尺子来衡量,不就错了吗!"

滕文公章句上

【集注】凡五章。

【今译】共五章。

　　【第一章】滕文公为世子，将之楚，过宋而见孟子①。孟子道性善，言必称尧、舜②。世子自楚反，复见孟子。孟子曰："世子疑吾言乎？夫道一而已矣③。成覸谓齐景公曰：'彼丈夫也，我丈夫也，吾何畏彼哉？'颜渊曰：'舜何人也？予何人也？有为者亦若是！'公明仪曰：'文王，我师也。周公岂欺我哉？'④今滕，绝长补短，将五十里也，犹可以为善国。《书》曰：'若药不瞑眩，厥疾不瘳。'"⑤

【集注】①世子，太子也。

　　②道，言也。性者，人所禀于天以生之理也，浑然至善，未尝有恶。人与尧、舜，初无少异，但众人汨于私欲而失之，尧、舜则无私欲之蔽而能充其性尔。故孟子与世子言，每道性善，而必称尧、舜以实之，欲其知仁义不假外求，圣人可学而至，而不懈于用力也。门人不能悉记其辞，而撮其大旨如此。程子曰："性，即理也。天下之理，原其所自，未有不善。喜怒哀乐未发，何尝不善？发而中节，即无往而不善。发不中节，然后为不善。故凡言善恶，皆先善而后恶；言吉凶，皆先吉而后凶；言是非，皆先是而后非。"

　　③复，扶又反。夫，音扶。

时人不知性之本善，而以圣贤为不可企及，故世子于孟子之言不能无疑，而复来求见，盖恐别有卑近易行之说也。孟子知之，故但告之如此，以明古今圣愚本同一性。前言已尽，无复有他说也。

④觇，古苋反。

成觇，人姓名。彼，谓圣贤也。有为者亦若是，言人能有为，则皆如舜也。公明，姓；仪，名，鲁贤人也。文王我师也，盖周公之言。公明仪亦以文王为必可师，故诵周公之言而叹其不我欺也。孟子既告世子以道无二致，而复引此三言以明之，欲世子笃信力行，以师圣贤，不当复求他说也。

⑤瞑，莫甸反。眩，音县。

绝，犹截也。《书》，《商书·说命》篇。瞑眩，愦乱。言滕国虽小，犹足为治，但恐安于卑近，不能自克，则不足以去恶而为善也。

愚按：孟子之言性善，始见于此，而详具于《告子》之篇。然默识而旁通之，则七篇之中，无非此理。其所以扩前圣之未发，而有功于圣人之门。程子之言，信矣。

【今译】① 世子，就是太子。

② 道，言说。性，人从天那里禀受而来并因此有了生命的理，是完全彻底的善，不曾有恶。人们和尧、舜本来没有任何差异，但是众人被私欲迷惑因而失去了，尧、舜却没有私欲的蒙蔽，因而能充实自己的本性。所以孟子与世子谈话，每当说到性善，就必定举出尧、舜为例加以证明，目的是让太子知道追求仁义不必借助外力，要做圣人可以通过学而达到❶，从而不懈怠地努力追求。弟子们不能完全记下孟子的话，仅

❶ 学：程朱认为学的主要目的和内容是学做人，直到做贤人、圣人。

如此概括了大意。程子说："人性，就是天理。天下的理，追溯它的来源，没有不善的。喜怒哀乐没有表现出来的时候，哪里有不善！表现出来都合乎规定，就没有不善的行为。表现出来不合乎规定，然后才称为不善。所以凡是论述善恶，都是先善后恶；论述吉凶，都是先吉后凶；论述是非，都是先是后非。"

③复，fù。夫，读扶（fú）。

当时人们不知道人性本善，而认为圣贤是高不可攀的，所以世子对孟子的话不能没有怀疑，因而又来求见，是觉得可能还有别的简单易行的办法。孟子知道世子的来意，所以只对他讲了这些，以阐明从古到今圣人和愚人都是一样的本性。前面的话已经说尽了，再没有别的可说了。

④觊，jiàn。

成觊，姓成名觊的人。彼，指圣贤。有为者亦若是，说的是人能有为，就会像舜一样。公明，姓；仪，名，鲁国的贤人。文王我师也，是周公的话。公明仪也认为文王必定是可以效法的，所以诵念周公的话，并且慨叹周公并没有欺骗我们。孟子既然对世子说了道没有第二种，又引用这三句话来说明，目的是要世子切实相信，努力实行，以圣贤为榜样，不应再去寻求其他说法。

⑤瞑，míng。眩，读县（xuàn）。

绝，意思是裁、截。《书》，《尚书·商书·说命》篇。瞑眩，昏迷。意思是滕国虽然小，还是完全可以治理好的，只是怕安于身边的事，不能自我克制，就不能够弃恶向善了。

熹按：孟子讲性善，这里是开始，至于详细论述，则在《告子》篇中。不过认真思索，触类旁通，那么七篇之中，没有不是这个理的。他以此扩大了以前圣人所没有说过的，并且有功于圣人的思想体系。程子的话是真实可信的。

【第二章】滕定公薨。世子谓然友曰："昔者孟子尝与我言于宋，于心终不忘。今也不幸至于大故，吾欲使子问于孟子，然后行事。"①

然友之邹，问于孟子。孟子曰："不亦善乎！亲丧固所自尽也。曾子曰：'生，事之以礼；死，葬之以礼，祭之以礼，可谓孝矣。'诸侯之礼，吾未之学也，虽然，吾尝闻之矣。三年之丧，齐疏之服，飦粥之食，自天子达于庶人，三代共之。"②

然友反命，定为三年之丧。父兄百官皆不欲，曰："吾宗国鲁先君莫之行，吾先君亦莫之行也，至于子之身而反之，不可。且《志》曰：'丧祭从先祖。'"曰："吾有所受之也。"③

谓然友曰："吾他日未尝学问，好驰马试剑。今也父兄百官不我足也，恐其不能尽于大事，子为我问孟子。"然友复之邹问孟子。孟子曰："然，不可以他求者也。孔子曰：'君薨，听于冢宰，歠粥，面深墨，即位而哭。百官有司，莫敢不哀，先之也。上有好者，下必有甚焉者矣。君子之德，风也。小人之德，草也。草尚之风必偃。'是在世子。"④

然友反命，世子曰："然，是诚在我。"五月居庐，未有命戒。百官族人，可谓曰知。及至葬，四方来观之，颜色之戚，哭泣之哀，吊者大悦⑤。

【集注】① 定公，文公父也。然友，世子之傅也。大故，大丧也。事，谓丧礼。

② 齐，音资。疏，所居反。飦，诸延反。

当时诸侯莫能行古丧礼，而文公独能，以此为问，故孟子善之。又言：父母之丧，固人子之心所自尽者。盖悲哀之情，痛疾之意，非自外至，宜乎文公于此有所不能自已也。但所引曾子之言，本孔子告樊迟者，岂曾子尝诵之以告其门人欤？三年之丧者，子生三年，然后免于父母之怀，故父母之丧必以三年也。齐，衣下缝也。不缉曰斩衰，缉之曰齐衰。疏，粗也。粗，布也。飦，糜也。丧礼，三日始食粥，既葬，乃疏食。此古今贵贱通行之礼也。

③ 父兄，同姓老臣也。滕与鲁，俱文王之后，而鲁祖周公为长兄，弟宗之，故滕谓鲁为宗国也。然谓二国不行三年之丧者，乃其后世之失，非周公之法本然也。《志》，记也。引《志》之言而释其意，以为所以如此者，盖为上世以来有所传受，虽或不同，不可改也。然《志》所言，本谓先王之世旧俗所传，礼文小异，而可以通行者耳，不谓后世失礼之甚者也。

④ 好、为，皆去声。复，扶又反。歠，川悦反。

不我足，谓不以我满足其意也。然者，然其不我足之言。不可他求者，言当责之于己。冢宰，六卿之长也。歠，饮也。深墨，甚黑色也。即，就也。尚，加也，《论语》作"上"，古字通也。偃，伏也。孟子言：但在世子自尽其哀而已。

⑤ 诸侯五月而葬。未葬，居倚庐于中门之外。居丧不言，故未有命令教戒也。"可谓曰知"，疑有阙误。或曰：皆谓世子之知礼也。

林氏曰："孟子之时，丧礼既坏，然三年之丧，恻隐之心，痛疾之意，出于人心之所固有者，初未尝亡也。唯其溺于流俗之弊，是以丧其良心而不自知耳。文公见孟子而闻性善尧、舜之说，则固有以启发其良心矣，是以至此而哀痛之诚心发焉。及其父兄百官皆不欲行，则亦反躬自责，悼其前行之不足以取信，而不敢有非其父兄百官之心。虽其资质有过人者，而学问之力亦不可诬也。及其断然行之，而远近见闻无不悦服，则以人心之所同然者自我发之，而彼之心悦诚服，亦有所不期然而然者。人性之善，岂不信哉？"

【今译】① 定公，滕文公的父亲。然友，世子的师傅。大故，大丧。事，指丧礼。

② 齐，读资（zī）。疏，shū。飦，zhān。

当时的诸侯没人能实行古代丧礼，唯有滕文公能实行，为这件事向孟子请教，所以孟子称赞他。孟子又说：父母去世，本来就是儿子应当尽心的时候。悲哀的情感，伤痛的心境，不是从外面来的，滕文公此时难以控制自己的情感是很自然的。但他所引用的曾子的话，本是孔子告诉樊迟的话，是不是曾子经常念诵它以教诲弟子们呢？三年之丧的制度，是由于儿子生下三年，然后才能离开父母的怀抱，所以父母的丧礼，也必须是三年。齐，衣服的下缝。不缝边的叫斩衰，缝边的叫齐衰。疏，粗的意思。粗，就是粗布。飦，糜粥。丧礼规定，三天后才食粥，安葬后才吃粗饭。这是古今贵贱通行的丧礼。

③ 父兄，同姓的老臣。滕与鲁国，都是周文王的后代，鲁国的祖先周公年长，作弟弟的尊崇他，所以滕国称鲁国为宗国。然而说这两个国家都不实行三年之丧，乃是后代的失礼，不是周公法度本来的样子。《志》，历史记载。引《志》上的话来说明自己的意见，认为之所以如此，是由于历代以来有所传授，虽然与规定不同，也不可以更改。然而

《志》上所说，本来是指先王时代所传下来的旧俗，礼仪上虽小有差异，但可以通行，不是说后代如此严重失礼也可以。

④ 好，hào。为，wèi。复，fù。歠，chuò。

不我足，意思是说我不能满足他们的心意。然，肯定世子所说"不我足"的话是实际情况。不可他求，意思是应当要求自己。冢宰，六卿的首领。歠，饮。深墨，深黑色。即，就。尚，加于其上，《论语》中写作"上"，古字通用。偃，仆伏。孟子说：只在世子自己尽哀就是。

⑤ 诸侯五个月后埋葬。未葬时，世子住在中门之外临时搭起的倚庐里。守丧期间不讲话，所以没有什么命令教诫之类。"可谓曰知"，这一句可能有缺文。有人认为，这说的都是世子如何知礼。

林之奇说："孟子时代，丧礼已经破坏，然而三年的丧礼，恻隐的心情，伤痛的情感，那出于人心所固有的，并没有丧失。只是由于陷入流俗各种弊病的包围之中，所以丧失了自己的良心还不自知。滕文公见过孟子，听到过性善和尧、舜之道的道理，这就有可能启发了他的良心，所以到这时那哀痛的诚心就表现出来了。等到他的父兄、百官都不愿实行，就反省自责，悔恨自己以前的行为不足以取信于人，但不敢有责备父兄和百官的心。虽然滕文公有过人的天分，但学问的力量，也是不可抹杀的。等到他果断地实行，并且无论远近的人，凡是见到听到的无不心悦诚服，就是由于那人心所共同认可的东西从我开始了，而别人的心悦诚服，也有那没期望如此而果然如此的。人性本善，难道不是真的吗？"

【第三章】滕文公问为国①。孟子曰："民事不可缓也。《诗》云：'昼尔于茅，宵尔索绹。亟其乘屋，其始播百谷。'②

民之为道也，有恒产者有恒心，无恒产者无恒心。苟无恒心，放辟邪侈，无不为已。及陷乎罪，然后从而刑之，是罔民也。焉有仁人在位，罔民而可为也③？是故贤君必恭俭礼下，取于民有制④。阳虎曰：'为富不仁矣，为仁不富矣。'⑤夏后氏五十而贡，殷人七十而助，周人百亩而彻，其实皆什一也。彻者，彻也；助者，藉也⑥。龙子曰：'治地莫善于助，莫不善于贡。'贡者，校数岁之中以为常。乐岁，粒米狼戾，多取之而不为虐，则寡取之；凶年，粪其田而不足，则必取盈焉。为民父母，使民盻盻然，将终岁勤动，不得以养其父母，又称贷而益之。使老稚转乎沟壑，恶在其为民父母也⑦？夫世禄，滕固行之矣⑧。《诗》云：'雨我公田，遂及我私。'惟助为有公田。由此观之，虽周亦助也⑨。设为痒序学校以教之：痒者，养也；校者，教也；序者，射也。夏曰校，殷曰序，周曰痒，学则三代共之，皆所以明人伦也。人伦明于上，小民亲于下⑩。有王者起，必来取法，是为王者师也⑪。《诗》云：'周虽旧邦，其命维新。'文王之谓也。子力行之，亦以新子之国。"⑫

使毕战问井地。孟子曰："子之君将行仁政，选择而使子，子必勉之！夫仁政，必自经界始。经界不正，井地不均，穀禄不平，是故暴君污吏必慢其经界。经界既正，分田制禄，可坐而定也⑬。夫滕，壤地褊小，将为君子焉，将为野人焉。无君子莫治野人，无野人莫养君子⑭。请野九一而助，国中什一使自赋⑮。卿以下必有圭田，圭田五十亩⑯。余夫二十五亩⑰。死徙无出乡，乡田同井，出入相友，守望相助,疾病相扶持,则百姓亲睦^⑱。方里而井,井九百亩,其中为公田。八家皆私百亩,同养公田。公事毕,然后敢治私事,所以别野人也^⑲。此其大略也。若夫润泽之,则在君与子矣^⑳。"

【集注】① 文公以礼聘孟子,故孟子至滕,而文公问之。

② 绹,音陶。亟,纪力反。

民事,谓农事。《诗》,《豳风·七月》之篇。于,往取也。绹,绞也。亟,急也。乘,升也。播,布也。言农事至重,人君不可以为缓而忽之。故引《诗》言治屋之急如此者,盖以来春将复始播百谷,而不暇为此也。

③ 音、义并见前篇。

④ 恭则能以礼接下,俭则能取民以制。

⑤ 阳虎,阳货,鲁季氏家臣也。天理人欲不容并立。虎之言此,恐为仁之害于富也。孟子引之,恐为富之害于仁也。君子小人,每相反而已矣。

⑥ 彻,敕力反。藉,子夜反。

此以下乃言制民常产与其取之之制也。夏时一夫受田五十亩,而每夫计其五亩之入以为贡。商人始为井田之制,以六百三十亩之地画为九区,区七十亩。中为公田,其外八家各授一区。但借其力以助耕公田,而不复税其私田。周时一夫授田百亩。乡遂用贡法,十夫有沟。都鄙用助法,八家同井。耕则通力而作,收则计亩而分,故谓之彻,其实皆什一者。贡法固以十分之一为常数,惟助法乃是九一,而商制不可考。周制则公田百亩中,以二十亩为庐舍,一夫所耕公田,实计十亩。通私田百亩,为十一分而取其一,盖又轻于什一矣。窃料商制亦当似此,而以十四亩为庐舍,一夫实耕公田七亩,是亦不过什一也。彻,通也,均也。藉，借也。

⑦乐，音洛。盻，五礼反，从目从兮。或音普莧反者，非。养，去声。恶，平声。

龙子，古贤人。狼戾，犹狼籍，言多也。粪，壅也。盈，满也。盻，恨视也。勤动，劳苦也。称，举也。贷，借也。取物于人，而出息以偿之也。益之，以足取盈之数也。稚，幼子也。

⑧夫，音扶。

孟子尝言，文王治岐，耕者九一，仕者世禄，二者王政之本也。今世禄滕已行之，惟助法未行，故取于民者无制耳。盖世禄者，授之土田，使之食其公田之入。实与助法相为表里，所以使君子野人各有定业，而上下相安者也。故下文遂言助法。

⑨雨，于付反。

《诗》，《小雅·大田》之篇。雨，降雨也。言愿天雨于公田，而遂及私田，先公而后私也。当时助法尽废，典籍不存，惟有此诗可见周亦用助，故引之也。

⑩庠以养老为义，校以教民为义，序以习射为义，皆乡学也。学，国学也。共之，无异名也。伦，序也。父子有亲，君臣有义，夫妇有别，长幼有序，朋友有信，此人之大伦也。庠序学校，皆以明此而已。

⑪滕国褊小，虽行仁政，未必能兴王业。然为王者师，则虽不有天下，而其泽亦足以及天下矣。圣贤至公无我之心，于此可见。

⑫《诗》，《大雅·文王》之篇。言周虽后稷以来旧为诸侯，其受天命而有天下，则自文王始也。子，指文公，诸侯未逾年之称也。

⑬夫，音扶。

毕战，滕臣。文公因孟子之言，而使毕战主为井地之事，故又使之来问其详也。井地，即井田也。经界，谓治地分田，经画其沟途封植之界也。此法不修，则田无定分，而豪强得以兼并，故井地有不均。赋无定法，而贪暴得以多取，故穀禄有不平。此欲行仁政者之所以必从此始，而暴君污吏则必欲慢而废之也。有以正之，则分田制禄，可不劳而定矣。

⑭夫，音扶。养，去声。

言滕地虽小，然其间亦必有为君子而仕者，亦必有为野人而耕者，是以分田制禄之法不可偏废也。

⑮此分田制禄之常法，所以治野人使养君子也。野，郊外都鄙之地也。九一而助，为公田而行助法也。国中，郊门之内乡遂之地也。田不井授，但为沟洫，使什而自赋其一，盖用贡法也。周所谓彻法者，盖如此。以此推之，当时非惟助法不行，其贡亦不止什一矣。

⑯此世禄常制之外又有圭田，所以厚君子也。圭，洁也，所以奉祭祀也。不言世禄者，滕已行之，但此未备耳。

⑰程子曰："一夫，上父母，下妻子，以五口八口为率，受田百亩。如有弟，是余夫也。年十六，别受田二十五亩。俟其壮而有室，然后更受百亩之田。"

愚按：此百亩常制之外，又有余夫之田，以厚野人也。

⑱死，谓葬也。徙，谓徙其居也。同井者，八家也。友，犹伴也。守望，防寇盗也。

⑲养，去声。别，彼列反。

此详言井田形体之制，乃周之助法也。公田以为君子之禄，而私田野人之所受。先公后私，所以别君子野人之分也。不言君子，据野人而言，省文耳。上言野及国中二法，此独详于治野者，国中贡法当时已行，但取之过于什一尔。

⑳夫，音扶。

井地之法，诸侯皆去其籍，此特其大略而已。润泽，谓因时制宜，使合于人情，宜于土俗，而不失乎先王之意也。

吕氏曰：“子张子慨然有意三代之治，论治人先务，未始不以经界为急；讲求法制，粲然备具。要之，可以行于今，如有用我者，举而措之耳。尝曰：‘仁政必自经界始。贫富不均，教养无法，虽欲言治，皆苟而已。世之病难行者，未始不以驱夺富人之田为辞。然兹法之行，悦之者众。苟处之有术，期以数年，不刑一人而可复。所病者，特上之未行耳。’乃言曰：‘纵不能行之天下，犹可验之一乡。’方与学者议古之法：买田一方，画为数井。上不失公家之赋役，退以其私。正疆界，分宅里，立敛法，广储蓄，兴学校，成礼俗，救灾恤患，厚本抑末，足以推先王之遗法，明当今之可行。有志未就而卒。”

愚按：丧礼、经界两章，见孟子之学，识其大者。是以虽当礼法废坏之后，制度节文不可复考，而能因略以致详，推旧而为新，不屑屑于既往之迹，而能合乎先王之意，真可谓命世亚圣之才矣。

【今译】①滕文公以礼聘请孟子，所以孟子到了滕国，文公就向孟子请教。

②绹，读陶（táo）。亟，jí。

民事，指农事。《诗》，《诗经·豳风·七月》篇。于，去拿取。绹，绞。亟，急。乘，登上。播，播种。意思是农事至关重要，君主不可以把它当作可以缓办的事而加以忽略。所以引用《诗经》说这样急于修屋，是因为来年春天马上就要开始播种百谷，那时就没有工夫修屋了。

③读音和意义都参见前篇的解释。

④恭敬就能以礼对待下属，节俭就能有限制地收取赋税。

⑤阳虎，即阳货，鲁国季氏的家臣。天理人欲，不能并存。阳虎这

样说，是恐怕行仁危害了致富；孟子引用它，是恐怕求富危害了仁义。君子和小人，常常相反就是了。

⑥彻，chè。藉，jiè。

这以下是论述如何安排人民有稳定的产业和收取赋税的标准。夏代一个农夫分田五十亩，每个农夫按五亩的收入交税，称为贡。商代开始实行井田制，把六百三十亩的土地划分为九个区，每区七十亩。中间是公田，周围八家每家一区。只征调他们的人力到公田助耕，而不再对私田收税。周代一个农夫授田百亩。乡里用贡法，十个农夫有一条排灌的水沟。城镇附近用助法，八家共享一个井。耕作时共同劳动，收获时按亩分成，所以叫做彻，其实都是十分之一的税率。贡法本来是以十分之一税率为常数，只有助法才是九分之一，而商代的制度则无法考证。周代制度，公田一百亩中，有二十亩是宅院❶，一个农夫所耕种的公田，实际只有十亩。加上私田一百亩，等于十一分之一的税率，这就比十分之一又减轻了。我想商代的制度也应当如此，以十四亩公田为宅院，一个农夫实际耕公田七亩，也不超过十分之一。彻，就是通用，就是均平。藉，借的意思。

⑦乐，读洛（lè）。盻，xì，从目从兮。有人说应读普觅反，不对。养，yàng。恶，wū。

龙子，古代贤人。狼戾，也就是狼藉，形容粮食多。粪，施肥。盈，数量足够。盻，仇恨的目光。勤动，劳苦。称，举。贷，借。拿别人东西，偿还时出利息。益之，添够交税的数。稚，幼子。

⑧夫，读扶（fú）。

---

❶ 依朱熹说，每家二亩半作宅院，种桑麻。八家共二十亩。

孟子曾经说过,周文王治理岐山,耕田的按九分之一交税,做官的世代有俸禄,这两条是王道仁政的根本。现在世禄制滕国已经实行了,只有助法没有实行,所以收取赋税没有一定标准。所谓世禄,就是给他一部分土地,让他拿取这块土地上公田的收入。这与助法相为表里,为的是使君子、小人都有固定的职业,从而上下相安,所以下文就讲助法。

⑨ 雨,yù。

《诗》,《诗经·小雅·大田》篇。雨,降雨。说的是盼望天给公田里下雨,接着再下到我的私田里,这是先公后私。当时助法完全被废弃了,典籍也散失不存,只有这首诗,还可看出周代也用助法,所以加以引用。

⑩ 庠的意思是养老,校的意思是教民,序的意思是练习射箭,都是乡学。学,是国学。共之,没有不同的名称。伦,次序。父子有亲情,君臣有道义,夫妇有区别,长幼有次序,朋友有信誉,这是人的大伦。庠序学校,都是为了发扬这个大伦罢了。

⑪ 滕国狭小,即使行仁政,也未必能振兴王业。然而给王者当老师,那么即使得不到天下,他的恩泽也足以达到四面八方。圣贤那大公无私的心肠,在这里就可以看到了。

⑫《诗》,《诗经·大雅·文王》篇。说的是周朝虽然从后稷以来都是古老的诸侯国,但它接受天命统治天下,则是从文王开始的。子,指滕文公,诸侯继位不到一年时的称呼。

⑬ 夫,读扶(fú)。

毕战,滕国的臣子。滕文公听了孟子的话,就让毕战主持井田的事,所以又派毕战来询问详细情况。井地,就是井田。经界,指管理和分配土地时,经营、策划田里的沟渠、道路,封土或植树确定边界。这个办法不讲究,田地就没有固定的划分,而豪强可以兼并土地,所以井地有分配不均的。赋税没有一定的法制,贪婪、残暴的官吏就可以多收,所以谷米俸禄就会不平。所以要行仁政的必须从这里开始,而暴君污吏也就必然要消极抵制甚至废弃它们。如果有办法确定下来,那么分配田地,制订俸禄标准,可以不必劳苦就确定了。

⑭ 夫,读扶(fú)。养,yàng。

意思是滕国面积虽然狭小,但也必然有作为君子而出仕的,也必然有作为农夫而耕田的,所以分配田地、制订俸禄的办法,都不可偏废。

⑮ 这是分配田地、制订俸禄的普遍法则,用来治理农夫使他们供养君子。野,郊外边远的地方。九一而助,为耕种公田而实行助法。国中,郊门以内乡间的土地。这些耕地不分为井田,只是开挖沟渠,让耕种者按十分之一交税,也就是实行贡法。周代所谓的彻法就是如此。按这个方法推想,当时不仅助法没有实行,而且贡法也不只收十分之一。

⑯ 这是在世禄规定的制度之外又有圭田,这是为了优待君子。圭,洁净,为了供给祭礼的费用。这里不说世禄,因为滕国已经实行,只是没有实行圭田制。

⑰ 程子说:"一个农夫,加上父母、妻子、儿女,以五口或八口为标准,分田百亩。如有弟弟,就是'余夫'。年满十六岁,就分田二十五亩。等他长大并且娶妻以后,再分足一百亩田地。"

熹按:这是在百亩的正常规定以外,又有"余夫"所分得的田地,这是为了优待农夫。

⑱ 死,指埋葬死者。徙,指迁徙住处。同井,八家。友,相伴的意思。守望,防备强盗。

⑲ 养,yàng。别,bié。

这里详细讲说了井田的形态和制度，这是周代的助法。公田用来作为君子的俸禄，私田乃是农夫所分到的。先公后私，用以区别君子和农夫的份额。不说君子，从农夫这方面说，是为了节省文字。上一段说了边远地区和国中这两套办法，这里仅仅讲了管理边远地区的办法，因为国中的贡法，当时已经实行，只是税率要高于十分之一。

⑳　夫，读扶（fú）。

井田的办法，诸侯们都销毁了自己典籍，这里也只是个大概罢了。润泽，指因时制宜，使合乎人情，适应风俗，不违背先王的意愿。

吕大临说："子张雄心勃勃有意恢复三代时的治国之道，他论述治国要优先做的，没有不把确定田界放在前面的；他讲求法制，也明确而完备。其要领是说，这些都可以在今天实行，如果有人用我，我就把这些拿出来付诸实行。他曾说过：'仁政必须从田界开始。贫富不均平，教养没有好办法，虽然想把国家治理好，也都是苟且而已。世人眼中那难办的事，没人不承认是夺取富人田地这件事。然而推行这个办法，却是喜悦的人多。假如方法得当，可以期待在几年以后，不处罚一人就可以恢复，所忧虑的只是君主不去实行罢了。'于是他说：'即使不能在普天下推行，但还可以在一乡之中取得验证。'他还和学者们讨论古代的办法：买一方块田地，划为几个井。对上不少出国家的赋税和劳役，然后经营自己的私事。确定田界，分配宅院，建立交税的办法，增加粮食储备，兴办学校，养成礼仪风俗，救济受灾的，抚恤有困难的，提倡和奖励务农，抑制经商等末业，足以推行先王遗留的办法，证明当今也可以实行。有志向但没有完成就去世了。"

熹按：丧礼、经界这两章，可以考见孟子的学问，认识他学问中主要的东西。所以即使在礼制、法度被破坏之后，制度、措施都无法考证，却能从那粗略之中推演出详情，从旧办法中推出新办法，不琐琐细细地拘泥于已往的陈迹，能合乎先王的意图，真是著名的亚圣之才。

【第四章】有为神农之言者许行，自楚之滕，踵门而告文公曰："远方之人，闻君行仁政，愿受一廛而为氓。"文公与之处。其徒数十人，皆衣褐，捆屦、织席以为食①。陈良之徒陈相与其弟辛，负耒耜而自宋之滕，曰："闻君行圣人之政，是亦圣人也。愿为圣人氓。"②陈相见许行而大悦，尽弃其学而学焉。

陈相见孟子，道许行之言曰："滕君，则诚贤君也；虽然，未闻道也。贤者与民并耕而食，饔飧而治。今也滕有仓廪府库，则是厉民而以自养也，恶得贤？"③孟子曰："许子必种粟而后食乎？"曰："然。""许子必织布而后衣乎？"曰："否。许子衣褐。""许子冠乎？"曰："冠。"曰："奚冠？"曰："冠素。"曰："自织之与？"曰：'否。以粟易之。"曰："许子奚为不自织？"曰："害于耕。"曰："许子以釜甑爨，以铁耕乎？"曰："然。""自为之与？"曰："否。以粟易之。"④"以粟易械器者，不为厉陶冶；陶冶亦以其械器易粟者，岂为厉农夫哉？且许子何不为陶冶，舍皆取诸其宫中而用之？何为纷纷然与百工交易？何许子之不惮烦？"曰："百工之事，固不可耕且为也。"⑤

"然则治天下独可耕且为与？有大人之事，有小人之事。且一人之身，而百工之所为备。如必自为而后用之，是率天下而路也。故曰：或劳心，或劳力。劳心者治人，劳

力者治于人；治于人者食人，治人者食于人，天下之通义
也⑥。当尧之时，天下犹未平，洪水横流，泛滥于天下，草
木畅茂，禽兽繁殖，五谷不登，禽兽逼人，兽蹄鸟迹之道交
于中国。尧独忧之，举舜而敷治焉。舜使益掌火，益烈山
泽而焚之，禽兽逃匿。禹疏九河，瀹济、漯，而注诸海；决
汝、汉，排淮、泗，而注之江，然后中国可得而食也。当是时
也，禹八年于外，三过其门而不入，虽欲耕，得乎⑦？后稷
教民稼墙，树艺五谷，五谷熟而民人育。人之有道也，饱食、
暖衣、逸居而无教，则近于禽兽。圣人有忧之，使契为司徒，
教以人伦：父子有亲，君臣有义，夫妇有别，长幼有序，朋
友有信。放勋曰：‘劳之来之，匡之直之，辅之翼之，使自
得之，又从而振德之。’圣人之忧民如此，而暇耕乎⑧？尧
以不得舜为己忧，舜以不得禹、皋陶为己忧。夫以百亩之
不易为己忧者，农夫也⑨。分人以财谓之惠，教人以善谓之
忠，为天下得人者谓之仁。是故以天下与人易，为天下得
人难⑩。孔子曰：‘大哉尧之为君！惟天为大，惟尧则之。
荡荡乎！民无能名焉。君哉舜也！巍巍乎！有天下而不与
焉。’尧、舜之治天下，岂无所用其心哉？亦不用于耕耳⑪。
吾闻用夏变夷者，未闻变于夷者也。陈良，楚产也，悦周公、
仲尼之道，北学于中国。北方之学者，未能或之先也。彼
所谓豪杰之士也。子之兄弟事之数十年，师死而遂倍之⑫。
昔者孔子没，三年之外，门人治任将归，入揖于子贡，相向
而哭，皆失声，然后归。于贡反，筑室于场，独居三年，然后
归。他日，子夏、子张、子游以有若似圣人，欲以所事孔子

事之，强曾子。曾子曰：'不可。江汉以濯之，秋阳以暴之，皭皭乎不可尚已⑬！'今也南蛮䴖舌之人，非先王之道。子倍子之师而学之，亦异于曾子矣⑭。吾闻出于幽谷迁于乔木者，未闻下乔木而入于幽谷者⑮。《鲁颂》曰：'戎狄是膺，荆舒是惩。'周公方且膺之，子是之学，亦为不善变矣⑯。"

"从许子之道，则市贾不贰，国中无伪。虽使五尺之童适市，莫之或欺。布帛长短同，则贾相若。麻缕丝絮轻重同，则贾相若。五谷多寡同，则贾相若。屦大小同，则贾相若。"⑰曰："夫物之不齐，物之情也。或相倍蓰，或相什伯，或相千万，子比而同之，是乱天下也。巨屦小屦同贾，人岂为之哉？从许子之道，相率而为伪者也，恶能治国家？"⑱

【集注】①衣，去声。捆，音阃。

神农，炎帝神农氏，始为耒耜教民稼穑者也。为其言者，史迁所谓农家者流也。许，姓。行，名也。踵门，足至门也。仁政，上章所言井地之法也。廛，民所居也。氓，野人之称。褐，毛布，贱者之服也。捆，扣掔之欲其坚也。以为食，卖以供食也。程子曰："许行所谓神农之言，乃后世称述上古之事，失其义理者耳，犹阴阳医方称黄帝之说也。"

②陈良，楚之儒者。耜，所以起土。耒，其柄也。

③饔，音雍。飧，音孙。恶，平声。

饔飧，熟食也。朝曰饔，夕曰飧，言当自炊爨以为食，而兼治民事也。厉，病也。许行此言，盖欲阴坏孟子分别君子野人之法。

④衣，去声。与，平声。

釜，所以煮。甑，所以炊。爨，然火也。铁，耜属也。此语八反，皆孟子问而陈相对也。

⑤舍，去声。

此孟子言而陈相对也。械器，釜甑之属也。陶为甑者，冶为釜铁者。舍，止也。或读属上句。舍，谓作陶冶之处也。

⑥与，平声。食，音嗣。

此以下皆孟子言也。路，谓奔走道路无时休息也。治于人者，见治于人也。食人者，出赋税以给公上也。食于人者，见食于人也。此四句皆古语，而孟子引之也。君子无小人则饥，小人无君子则乱。以此相易，正犹农夫陶冶以粟与械器相易，乃所以相济而非所以相病也。治天下者，岂必耕且为哉？

⑦瀹，音药。济，子礼反。漯，佗合反。

天下犹未平者，洪荒之世，生民之害多矣，圣人迭兴，渐次除治，至此尚未尽平也。洪，大也。横流，不由其道而散溢妄行也。泛滥，横流之貌。畅茂，长盛也。繁殖，众多也。五谷，稻、黍、稷、麦、菽也。登，成熟也。道，路也。兽蹄鸟迹交于中国，言禽兽多也。敷，布也。益，舜臣名。烈，炽也。禽兽逃匿，然后禹得施治水之功。疏，通也，分也。九河，曰徒骇，曰太史，曰马颊，曰覆釜，曰胡苏，曰简，曰洁，曰钩盘，曰鬲津。瀹，亦疏通之意。济、漯，二水名。决、排，皆去其壅塞也。汝、汉、淮、泗，亦皆水名也。据《禹贡》及今水路，惟汉水入江耳，汝、泗则入淮，而淮自入海。此谓四水皆入于江，记者之误也。

⑧契，音薛。别，彼列反。长、放，并上声。劳、来，并去声。

言水土平，然后得以教稼穑。衣食足，然后得以施教化。后稷，官名，弃为之。然言教民，则亦非并耕矣。树，亦种也。艺，殖也。契，亦舜臣名也。司徒，官名也。人之有道，言其皆有秉彝之性也。然无教，则亦放逸怠惰而失之。故圣人设官而教以人伦，亦因其固有者而道之

耳。《书》曰："天叙有典，敕我五典五惇哉。"此之谓也。放勋，本史臣
赞尧之辞，孟子因以为尧号也。德，犹惠也。尧言劳者劳之，来者来之，
邪者正之，枉者直之，辅以立之，翼以行之，使自得其性矣，又从而提撕
警觉以加惠焉，不使其放逸怠惰而或失之。盖命契之辞也。

⑨　夫，音扶。易，去声。

易，治也。尧、舜之忧民，非事事而忧之也，急先务而已。所以忧
民者，其大如此，则不惟不暇耕，而亦不必耕矣。

⑩　为、易，并去声。

分人以财，小惠而已。教人以善，虽有爱民之实，然其所及亦有限
而难久。惟若尧之得舜，舜之得禹、皋陶，乃所谓为天下得人者，而其
恩惠光大，教化无穷矣，此其所以为仁也。

⑪　与，去声。

则，法也。荡荡，广大之貌。君哉，言尽君道也。巍巍，高大之貌。
不与，犹言不相关，言其不以位为乐也。

⑫　此以下责陈相倍师而学许行也。夏，诸夏礼义之教也。变夷，
变化蛮夷之人也。变于夷，反见变化于蛮夷之人也。产，生也。陈良生
于楚，在中国之南，故北游而学于中国也。先，过也。豪杰，才德出众
之称。言其能自拔于流俗也。倍，与"背"同。言陈良用夏变夷，陈相
变于夷也。

⑬　任，平声。强，上声。暴，蒲木反。皜，音杲。

三年，古者为师心丧三年，若丧父而无服也。任，担也。场，冢上
之坛场也。有若似圣人，盖其言行气象有似之者，如《檀弓》所记子游
谓有若之言似夫子之类是也。所事孔子，所以事夫子之礼也。江、汉
水多，言濯之洁也。秋日燥烈，言暴之干也。皜皜，洁白貌。尚，加也。

言夫子道德明著，光辉洁白，非有若所能仿佛也。或曰：此三语者，孟子赞美曾子之辞也。

⑭ 鴃，亦作"鶪"，古役反。

鴃，博劳也，恶声之鸟。南蛮之声似之，指许行也。

⑮《小雅·伐木》之诗云："伐木丁丁，鸟鸣嘤嘤。出自幽谷，迁于乔木。"

⑯《鲁颂·閟宫》之篇也。膺，击也。荆，楚本号也。舒，国名，近楚者也。惩，艾也。按：今此诗为僖公之颂，而孟子以周公言之，亦断章取义也。

⑰ 贾，音价，下同。

陈相又言许子之道如此。盖神农始为市井，故许行又托于神农，而有是说也。五尺之童，言幼小无知也。许行欲使市中所粥之物，皆不论精粗美恶，但以长短轻重多寡大小为价也。

⑱ 夫，音扶。菲，音师，又山绮反。比，必二反。恶，平声。

倍，一倍也。蓰，五倍也。什、伯、千、万，皆倍数也。比，次也。孟子言物之不齐，乃其自然之理，其有精粗，犹其有大小也。若大屦小屦同价，则人岂肯为其大者哉？今不论精粗，使之同价，是使天下之人皆不肯为其精者，而竞为滥恶之物以相欺耳。

【今译】① 衣，yì。捆，读阃（kǔn）。

神农，炎帝神农氏，发明耒耜❶、教人民种地的人。为其言，是司马迁所说的农家之流❷。许，姓。行，名。踵门，脚走到了门前。仁政，就

---

❶　耒耜（lěi sì）：古代耕地的农具，后来被犁代替。

❷　司马迁：西汉时代的历史学家、文学家，著《史记》，所以又称史迁。

是上一章所说的井田制。廛，民居。氓，耕田者。褐，粗毛布，地位低下的人所穿。捆，扎紧、结牢使其坚实。以为食，卖掉换粮食吃。程子说："许行所说的神农之言，是后世称说上古的事，失掉义理的言论，就像阴阳家、医家、方士假托黄帝之言一样。"

②陈良，楚国的儒者。耜，用来翻土。耒，是耜的柄。

③饔，读雍（yōng）。飧，读孙（sūn）。恶，wū。

饔、飧，熟食。早饭叫饔，晚饭叫飧。意思是应当自己做饭吃，并且兼顾治国。厉，病、危害。许行这话，是为了暗中破坏孟子分别君子和农夫的主张。

④衣，yì。与，yú。

釜，煮饭的。甑，蒸饭的。爨，燃火。铁，犁杖。这一段八问八答，都是孟子问、陈相回答。

⑤舍，shè。

这是孟子论述而陈相回答。械器，釜甑之类。陶用来造甑。冶用来造釜和犁头。舍，终止。或和上句连读。舍，指作制陶、冶炼的场所。

⑥与，yú。食，读嗣（sì）。

这以下都是孟子的话。路，指在道路上奔波，得不到休息。治于人，就是被别人治理。食人，就是交纳赋税供给上边的需要。食于人，就是由别人供给饮食。这四句都是古话，被孟子所引用。君子若离开小人就要饿肚子，小人没有君子就秩序混乱。以此相互交易，正像农夫和陶匠、铁匠之间用粮食换器械一样，这是互相补益而不是互相妨害。治天下的人，难道必须种田陶冶吗？

⑦瀹，读药（yuè）。济，jǐ。漯，tà。

天下犹未平，是说在洪荒时代❶，民众们的灾害多了，圣人接连兴起，逐渐除害、治理，到尧的时代还没有完全平息。洪，大。横流，不走水道而溢到别处乱流。泛滥，横流的样子。畅茂，高大而茂盛。繁殖，众多。五谷，指稻、麦、黍、稷（谷）、菽（豆）五类。登，成熟。道，路。兽蹄鸟迹交于中国，指禽兽众多。敷，发布。益，舜的臣子名。烈，炽烧。禽兽逃匿，然后大禹可以进行治水的工作。疏，疏通、分别。九河，指徒骇、太史、马颊、覆釜、胡苏、简、洁、钩盘、鬲津。瀹，也是疏通的意思。济、漯，两条河名。决、排，都是除去堵塞。汝、汉、淮、泗，也都是河名。据《禹贡》和今天的水路，只有汉水流入长江，汝、泗流入淮河，而淮河自己入海。这里说四条河都流入长江，是记载的错误。

⑧契，读薛（xiè）。别，bié。长，zhǎng。放，fǎng。劳，lào。来，lài。

意思是除去了洪水，然后才可以教人民种地；衣食充足，然后才可以进行教化。后稷，官名，弃做这个官。说了他教民，就不是同时还要亲自耕种。树，也是种。艺，繁殖、生长。契，也是舜的臣子的名字。司徒，官名。人之有道，意思是人都有禀受于天的本性。但是若没有教化，就也会放荡懒惰从而丢掉它。所以圣人设置了官职，用人伦来教化百姓，也是借助他固有的东西加以引导。《尚书·皋陶谟》："天给了我们永恒的秩序，我们要教人们诚笃地遵守这五种秩序。"说的就是这个意思。放勋，本来是史官赞颂尧的话，孟子据此认为这是尧的号。德，也就是恩惠。尧说，劳力的让他们劳动，来投靠的要进行安抚，邪恶的要加以纠正，走歪道的让他们正直，要帮助他们自立，协助他们实行，使他们

❶　洪荒之世：中国古人所说的混沌初开的蒙昧时代。

都恢复自己的本性，又进而告诫、激励他们并施以恩惠，不让他们因放荡懒惰而失去了本性。这是给契的命令。

⑨　夫，读扶（fú）。易，yì。

易，治理。尧、舜关心人民，不是事事忧心，而是关心那重要的。他们关心人民，是这样的大事，不仅没有余力种地，而且也不必种地。

⑩　为，wèi。易，yì。

分给人财物，是小恩惠罢了。教人向善，虽然有爱民的实事，但是这样做的效果也有限，并且难以持久。只有像尧的得到舜，舜的得到禹、皋陶，才是所说的为天下得到贤人的，他们的恩惠广大，教化无穷，这就是他们用来行仁的做法。

⑪　与，yù。

则，效法。荡荡，广大的样子。君哉，意思是尽到了君道。巍巍，高大的样子。不与，意思是不相干，说他们不以得到君位为快乐。

⑫　这以下责备陈相背叛老师而向许行学习。夏，指诸夏的礼仪教化❶。变夷，改变蛮夷之人。变于夷，被蛮夷之人所改变。产，生。陈良生在楚国，在中原南部，所以北上游学，在中原一带学习。先，超过。豪杰，德才出众的称呼。意思是他能够出类拔萃高于世俗。倍，与"背"同义。意思是陈良用中原的礼仪教化去改变蛮夷，而陈相却是被蛮夷所改变了。

⑬　任，rén。强，qiǎng。暴，pù。皜，读杲（gǎo）。

三年的意思是，古代要在心里为老师服丧三年，就像丧父，但不穿孝服。任，担子。场，墓上的坛场。有若似圣人，是说他的言行风度有

---

❶　诸夏：中原地区。

像圣人的地方，就像《礼记·檀弓》所记子游说有若的话像孔子之类。所事孔子，用来事奉孔子的礼节。长江、汉水水大，说的是在那里边洗东西能洗得洁白。秋天的阳光强烈，说的是晒东西晒得干。皓皓，洁白的样子。尚，复加。这是说孔子道德明亮显著，光辉洁白，不是有若所能够比拟的。一种说法认为，这三句话，是孟子赞美曾子的话。

⑭ 鴃，也写作"鴂"，jué。

鴃，伯劳，叫声难听的鸟。南蛮的声音像伯劳，指许行。

⑮ 《诗经·小雅·伐木》篇："伐木丁丁，鸟鸣嘤嘤。出自幽谷，迁于乔木。"

⑯ 《诗经·鲁颂·閟宫》篇。膺，打击。荆，楚国本来的国号。舒，国名，在楚国附近。惩，惩处。按：今天认为这诗是鲁僖公的诗，而孟子说是周公所说，也是断章取义。

⑰ 贾，读价（jià），下同。

陈相又说，许行之道是这样的。由于神农最早创办市场，所以许行又托于神农，因而有了这些说法。五尺之童，指幼小无知。许行要让市场上所卖的货物，不论质量好坏，只按长短、轻重、多少、大小论价。

⑱ 夫，读扶（fú）。蓰，读师（shī），又读 xǐ。比，bǐ。恶，wū。

倍，一倍。蓰，五倍。什、伯、千、万，都是倍数。比，并列。孟子说，物与物不同，乃是物的自然之理，质量有精粗，就像体积有大小一样。如果大鞋小鞋价格相同，那么人还怎会愿意做大的呢？现在不论质量好坏，都让他们价格相同，这会使天下人都不肯做那质量好的，从而竞相制造伪劣产品互相欺骗。

【第五章】墨者夷之，因徐辟而求见孟子。孟子曰："吾固愿见。今吾尚病，病愈，我且往见。夷子不来！"①

他日又求见孟子。孟子曰："吾今则可以见矣。不直，则道不见；我且直之。吾闻夷子墨者，墨之治丧也，以薄为其道也。夷子思以易天下，岂以为非是而不贵也？然而夷子葬其亲厚，则是以所贱事亲也。"②

徐子以告夷子。夷子曰："儒者之道，古之人'若保赤子'，此言何谓也？之则以为爱无差等，施由亲始。"徐子以告孟子。孟子曰："夫夷子，信以为人之亲其兄之子，为若亲其邻之赤子乎？彼有取尔也。赤子匍匐将入井，非赤子之罪也。且天之生物也，使之一本，而夷子二本故也③。盖上世尝有不葬其亲者。其亲死，则举而委之于壑。他日过之，狐狸食之，蝇蚋姑嘬之。其颡有泚，睨而不视。夫泚也，非为人泚，中心达于面目。盖归反虆梩而掩之。掩之诚是也，则孝子仁人之掩其亲，亦必有道矣④。"

徐子以告夷子。夷子怃然为间，曰："命之矣！"⑤

【集注】①辟，音壁，又音闢。

墨者，治墨翟之道者。夷，姓。之，名。徐辟，孟子弟子。孟子称疾，疑亦托辞，以观其意之诚否。

②"不见"之"见"，音现。

又求见，则其意已诚矣，故因徐辟以质之如此。直，尽言以相正也。庄子曰："墨子生不歌，死无服，桐棺三寸而无椁。"❶是墨之治丧，以薄

─────────────

❶　参见《庄子·天下》篇。

为道也。易天下，谓移易天下之风俗也。夷子学于墨氏而不从其教，其心必有所不安者，故孟子因以诘之。

③夫，音扶，下同。匍，音蒲。匐，蒲北反。

若保赤子，《周书·康诰》篇文。此儒者之言也，夷子引之，盖欲援儒而入于墨，以拒孟子之非己。又曰"爱无差等，施由亲始"，则推墨而附于儒，以释己所以厚葬其亲之意，皆所谓遁辞也。孟子言，人之爱其兄子与邻之子，本有差等。《书》之取譬，本为小民无知而犯法，如赤子无知而入井耳。且人物之生，必各本于父母而无二，乃自然之理，若天使之然也。故其爱由此立，而推以及人，自有差等。今如夷子之言，则是视其父母本无异于路人，但其施之之序，姑自此始耳，非二本而何哉？然其于先后之间，犹知所择，则又其本心之明，有终不得而息者，此其所以卒能受命而自觉其非也。

④蚋，音汭。嘬，楚怪反。泚，此礼反。睨，音诣。为，去声。虆，力追反。梩，力知反。

因夷子厚葬其亲而言此，以深明一本之意。上世，谓太古也。委，弃也。壑，山水所趋也。蚋，蚊属。姑，语助声，或曰蝼蛄也。嘬，攒共食之也。颡，额也。泚泚然，汗出之貌。睨，邪视也。视，正视也。不能不视，而又不忍正视，哀痛迫切，不能为心之甚也。非为人泚，言非为他人见之而然也。所谓一本者，于此见之，尤为亲切。盖惟至亲故如此，在他人，则虽有不忍之心，而其哀痛迫切不至若此之甚矣。反，覆也。虆，土笼也。梩，土轝也。于是归而掩覆其亲之尸，此葬埋之礼所由起也。此掩其亲者，若所当然，则孝子仁人所以掩其亲者，必有其道，而不以薄为贵矣。

⑤怃，音武。间，如字。

怃然，茫然自失之貌。为间者，有顷之间也。命，犹教也。言孟子已教我矣。盖因其本心之明以攻其所学之蔽，是以吾之言易入，而彼之惑易解也。

【今译】① 辟，读壁（bì），或闢（pì）。

墨者，信奉墨翟之道的。夷，姓。之，名。徐辟，孟子弟子。孟子说自己有病，也可能是托词，以观察夷之是否有诚意。

② "不见" 的 "见"，读现（xiàn）。

又要求拜见，就表明他是诚心诚意的了，所以孟子从徐辟这里问了这些话。直，尽言相纠正。庄子说："墨子在世时不唱歌，死后不服丧，桐木棺材厚三寸，没有椁。"这说明墨家对待丧事，是主张薄葬的。易天下，指改变天下的风俗。夷子信奉墨子学说却不服从教义，他的心必定有不安宁的地方，所以孟子就这件事询问。

③ 夫，读扶（fú），下同。匍，读蒲（pú）。匐，fú。

"若保赤子"，《尚书·康诰》中的一句话。这是儒者的话，夷子引用它，是要把儒家思想纳入墨家的学说，以拒斥孟子对自己的批评。又说 "爱没有区别，实行就从亲属开始"，就是推广墨子的命题附着于儒家学说，以解释自己厚葬父母的原因，都是掩饰过错的话。孟子说，人对于兄长儿子的爱和对于邻居儿子的爱，本来是有区别的。《尚书》中所用的比喻，本意是要说明普通民众因为无知而触犯法律，就像婴儿因无知而掉到井里一样。况且人和物的出生，必然都是来自父母而不是来自别的，这是自然之理，好像是上天的安排。所以爱就由此产生，并且由自己推想别人，自然会有差别和等级。现在像夷子所说的，就是把父母和过路人看得没有什么区别，只是实行的顺序，姑且从父母开始罢了，这不是认为自己有两个来源又是什么❶？然而他对待二者的先后，还知道有所选择，这就说明他本心中的光明，还有那终究无法熄灭的东西，这也是他最后能接受教诲而认识到自己错误的原因。

④ 蚋，读汭（ruì）。嘬，chuài。泚，cǐ。睨，nì。为，wèi。虆，lèi。梩，sì。

因为夷子厚葬父母而说了这一番话，以深刻说明一个本原的意思。上世，指太古。委，抛弃。壑，山上的水流所流经的地方。蚋，蚊子一类。姑，语助词，有人以为是蝼蛄。嘬，凑在一起共同吃。颡，额。泚泚然，出汗的样子。睨，邪视。视，正视。不能不看，又不忍心正视，哀痛非常迫切，心里难以忍受得非常厉害。非为人泚，意思是不是因为别人见到了才这样的。所说的一个本原，在此时看来，就更加亲切。这是只有对最亲爱的人才如此，若对于别人，那就虽然有不忍的心，但那哀痛迫切不至于如此厉害。反，覆盖。虆，土笼子。梩，土车。于是回来掩埋、覆盖自己父母的尸体，这是葬埋的礼仪产生的根源。这里掩埋亲人的事，好像是理所当然，那么孝子仁人用来掩埋亲人的，必有一定的方式，而不以薄葬为可贵。

⑤ 怃，读武（wǔ）。间，读jiàn。

怃然，茫然自失的样子。为间，停了一会儿。命，与教诲同义。意思是孟子已教诲我了。这是借着他本心的光明来攻击他所学的错误，所以我的话容易被听进去，而对方的疑惑也容易解除。

---

❶ 即既来自父母，又来自其他。

滕文公章句下

【集注】凡十章。

【今译】共十章。

　　【第一章】陈代曰："不见诸侯,宜若小然。今一见之,大则以王,小则以霸。且《志》曰:'枉尺而直寻。'宜若可为也。"① 孟子曰:"昔齐景公田,招虞人以旌。不至,将杀之。志士不忘在沟壑,勇士不忘丧其元。孔子奚取焉? 取非其招不往也。如不待其招而往,何哉② ? 且夫枉尺而直寻者,以利言也。如以利,则枉寻直尺而利,亦可为与③ ? 昔者赵简子使王良与嬖奚乘,终日而不获一禽。嬖奚反命曰:'天下之贱工也。' 或以告王良。良曰:'请复之。' 强而后可。一朝而获十禽。嬖奚反命曰:'天下之良工也。' 简子曰:'我使掌与女乘。' 谓王良,良不可,曰:'吾为之范我驰驱,终日不获一;为之诡遇,一朝而获十。《诗》云:"不失其驰,舍矢如破。" 我不贯与小人乘,请辟。'④ 御者且羞与射者比。比而得禽兽,虽若丘陵,弗为也。如枉道而从彼,何也? 且子过矣,枉己者,未有能直人者也⑤ 。"

【集注】① 王,去声。

　　陈代,孟子弟子也。小,谓小节也。枉,屈也。直,伸也。八尺曰寻。枉尺直寻,犹屈己一见诸侯,而可以致王霸,所屈者小,所伸者大也。

② 丧，去声。

田，猎也。虞人，守苑囿之吏也。招大夫以旌，招虞人以皮冠。元，首也。志士固穷，常念死无棺椁，弃沟壑而不恨；勇士轻生，常念战斗而死，丧其首而不顾也。此二句，乃孔子叹美虞人之言。夫虞人，招之不以其物，尚守死而不往，况君子，岂可不待其招而自往见之邪！此以上告之以不可往见之意。

③ 夫，音扶。与，平声。

此以下正其所称枉尺直寻之非。夫所谓枉小而所伸者大则为之者，计其利耳。一有计利之心，则虽枉多伸少而有利，亦将为之邪？甚言其不可也。

④ 乘，去声。强，上声。女，音汝。为，去声。舍，上声。

赵简子，晋大夫赵鞅也。王良，善御者也。嬖奚，简子幸臣。与之乘，为之御也。复之，再乘也。强而后可，嬖奚不肯，强之而后肯也。一朝，自晨至食时也。掌，专主也。范，法度也。诡遇，不正而与禽遇也。言奚不善射，以法驰驱则不获，废法诡遇而后中也。《诗》，《小雅·车攻》之篇。言御者不失其驰驱之法，而射者发矢皆中而力，今嬖奚不能也。贯，习也。

⑤ 比，必二反。

比，阿党也。若丘陵，言多也。

或曰："居今之世，出处去就不必一一中节。欲其一一中节，则道不得行矣。"杨氏曰："何其不自重也！枉己，其能直人乎！古之人宁道之不行，而不轻其去就，是以孔、孟虽在春秋战国之时，而进必以正，以至终不得行而死也。使不恤其去就而可以行道，孔、孟当先为之矣，孔、孟岂不欲道之行哉！"

【今译】① 王，wàng。

陈代，孟子弟子。小，指小节。枉，屈弯。直，伸直。八尺叫寻。枉尺直寻，意思是委屈自己一下而见到诸侯，就可以成就王业或霸业，所委屈的是小节，所"伸直"的是大业。

② 丧，sàng。

田，打猎。虞人，守护猎场的官吏。招大夫用旌旗，招虞人用皮冠。元，头。志士安于穷困，经常准备着死时没有棺椁，被扔在沟壑也无怨恨。勇士不爱惜生命，经常准备着战斗而死，抛却头颅而不顾惜。这两句，乃是孔子赞叹虞人的话。那个虞人，君主不用招他的信物招他，尚且守死而不去，何况君子，怎可不等招请就主动去求见君主呢！这以上是向陈代讲述不可去见的道理。

③ 夫，读扶（fú）。与，yú。

这以下纠正陈代所说的"枉尺直寻"的错误。平素所说屈弯小的而使大的伸直，这样的事可做，是出于利害的计较。一旦有计较利害的心，那么即使屈弯的多而伸直的少，但对自己有利，也要去干吗？这是深入说明这样做不可以。

④ 乘，shèng。强，qiǎng。女，读汝（rǔ）。为，wèi。舍，shě。

赵简子，晋国大夫赵鞅。王良，优秀的驭手。嬖奚，赵简子的宠臣。与之乘，替他驭车。复之，再乘。强而后可，嬖奚不肯，强迫他们同意了。一朝，从早晨起来到吃饭的时候。掌，专门主管。范，法度。诡遇，不合乎驭车规范而和禽兽碰上了。意思是奚箭法不行，按规范行车就不能猎获，抛弃法度去瞎撞才射中了。《诗》，《诗经·小雅·车攻》篇。说的是驭手不违背驾驶规范，因而射手每发必中且有力，现在嬖奚是做不到这一点的。贯，习惯。

⑤比，bǐ。

比，阿谀依附。若丘陵，形容多。

有人说："处在今天这样的世道，出仕隐居，或去或留，不必一一合乎规范。要一一合乎规范，道就无法推行了。"杨时说："多么不自重啊！屈弯自己哪能让别人正直呢？古代的人宁可使道不能推行，也不轻率地对待去留，所以孔、孟虽然处在春秋战国时代，进取也一定要走正道，直到道终究得不到推行而死。假如不重视去留问题而可以行道，孔、孟就会先做出榜样了，孔、孟难道不想让道得以推行吗？"

【第二章】景春曰："公孙衍、张仪岂不诚大丈夫哉？一怒而诸侯惧，安居而天下熄。"①孟子曰："是焉得为大丈夫乎？子未学礼乎？丈夫之冠也，父命之。女子之嫁也，母命之，往送之门，戒之曰：'往之女家，必敬必戒，无违夫子。'以顺为正者，妾妇之道也②。居天下之广居，立天下之正位，行天下之大道。得志，与民由之；不得志，独行其道。富贵不能淫，贫贱不能移，威武不能屈。此之谓大丈夫③。"

【集注】① 景春，人姓名。公孙衍、张仪，皆魏人。怒，则说诸侯使相攻伐，故诸侯惧也。

② 焉，於虔反。冠，去声。"女家"之"女"，音汝。

加冠于首曰冠。女家，夫家也。妇人内夫家，以嫁为归也。夫子，夫也。女子从人，以顺为正道也。盖言二子阿谀苟容，窃取权势，乃妾妇顺从之道耳，非丈夫之事也。

③ 广居，仁也。正位，礼也。大道，义也。与民由之，推其所得于

人也。独行其道，守其所得于己也。淫，荡其心也。移，变其节也。屈，挫其志也。

何叔京曰："战国之时，圣贤道否，天下不复见其德业之盛，但见奸巧之徒得志横行，气焰可畏，遂以为大丈夫。不知由君子观之，是乃妾妇之道耳，何足道哉！"

【今译】① 景春，人的姓名。公孙衍、张仪，都是魏国人。他们发怒，就游说诸侯让他们互相攻打，所以诸侯害怕他们。

② 焉，yān。冠，guàn。"女家"的"女"，读汝（rǔ）。

把冠戴在头上叫冠。女家，丈夫的家。妇女被丈夫家迎娶，把嫁当作归家。夫子，丈夫。女子跟了别人，以顺从为正道。这是说那二位阿谀奉承，苟且安身，窃取权势，是妻妾的顺从之道，不是丈夫的作为。

③ 广居，指仁。正位，指礼。大道，指义。与民由之，把自己所得到的推广到别人。独行其道，自己坚持自己所得到的。淫，心思放荡。移，改变节操。屈，放弃志向。

何叔京说❶："战国时代，圣贤之道行不通，天下再见不到圣贤德业的隆盛，只见奸巧之徒得志横行，气焰可畏，就认为是大丈夫。不知道在君子看来，这都是妻妾之道，有什么可说的呢！"

【第三章】周霄问曰："古之君子仕乎？"孟子曰："仕。《传》曰：'孔子三月无君，则皇皇如也。出疆必载质。'公明仪曰：'古之人三月无君则吊。'"①

"三月无君则吊，不以急乎？"②曰："士之失位也，犹

---

❶ 何叔京：何镐，字叔京，南宋学者，朱熹的朋友，著有《论语说》。

诸侯之失国家也。《礼》曰：'诸侯耕助，以供粢盛。夫人蚕缲，以为衣服。牺牲不成，粢盛不洁，衣服不备，不敢以祭。惟士无田，则亦不祭。'牲杀、器皿、衣服不备，不敢以祭，则不敢以宴，亦不足吊乎？"③

"出疆必载质，何也？"④曰："士之仕也，犹农夫之耕也。农夫岂为出疆舍其耒耜哉？"⑤

曰："晋国亦仕国也，未尝闻仕如此其急。仕如此其急也，君子之难仕，何也？"曰："丈夫生而愿为之有室，女子生而愿为之有家。父母之心，人皆有之。不待父母之命、媒妁之言，钻穴隙相窥，逾墙相从，则父母、国人皆贱之。古之人未尝不欲仕也，又恶不由其道。不由其道而往者，与钻穴隙之类也。"⑥

【集注】①传，直恋反。质，与"贽"同，下同。

周霄，魏人。无君，谓不得仕而事君也。皇皇，如有求而弗得之意。出疆，谓失位而去国也。质，所执以见人者，如士则执雉也。出疆载之者，将以见所适国之君而事之也。

②周霄问也。以、已通，太也。后章放此。

③盛，音成。缲，素刀反。皿，武永反。

礼曰：诸侯为藉百亩，冕而青纮，躬秉耒以耕，而庶人助以终亩。收而藏之御廪，以供宗庙之粢盛。使世妇蚕于公桑蚕室，奉茧以示于君，遂献于夫人。夫人副袆受之，缲三盆手，遂布于三宫世妇，使缲以为黼黻文章，而服以祀先王、先公。又曰："士有田则祭，无田则荐。"黍稷曰粢，在器曰盛。牲杀，牲必特杀也。皿，所以覆器者。

④周霄问也。

⑤ 为，去声。舍，上声。

⑥ 为，去声。妁，音酌。隙，去逆反。恶，去声。

晋国，解见首篇。仕国，谓君子游宦之国。霄意以孟子不见诸侯为难仕，故先问古之君子仕否，然后言此以风切之也。男以女为室，女以男为家。妁，亦媒也。言为父母者，非不愿其男女之有室家，而亦恶其不由道。盖君子虽不洁身以乱伦，而亦不徇利而忘义也。

【今译】① 传，zhuàn。质，同"贽"，下同。

周霄，魏国人。无君，指不得做官去侍奉君主。皇皇，就像追求什么却得不到的样子。出疆，指失去官位而离开国家。质，拿着用作拜见人时的礼物，比如士拜访某人拿雉（野鸡）。出疆要带着，是将要用它去拜见所到国的君主以求做官事君。

② 这是周霄的提问。以，和"已"通用，意思是太。下一章与此类似。

③ 盛，读成（chéng）。缫，sāo。皿，mǐn。

礼制规定，诸侯有一百亩亲自耕种的藉田，戴着系有青带的冕，亲自掌耒耜耕作，庶人则帮助君主，直到耕种完毕。收获的粮食藏在君主的粮仓里，准备作宗庙的祭品。让世妇们在君主专用的蚕室中养蚕 ❶，把蚕茧让君主看过，然后就献给夫人。夫人穿上礼服接受。夫人缫丝三下，然后就分给三宫的世妇们，让她们继续完成缫丝工作，准备制作礼服，在祭祀先王先公时穿上 ❷。又说："士有祭田的就大祭，没有祭田

---

❶ 世妇：宫中女官。中国古代，天子、诸侯宫中，除了正妻以外，还有世妇等许多女官。

❷ 这段话是朱熹对《礼记·祭义》中部分内容的转述。

的仅实行荐新礼 ❶ 。"黍和稷（谷子）叫粢，放在器皿里叫盛。牲杀，献祭的牲畜必须专门宰杀。皿，用来覆盖器的。

④ 这是周霄的问话。

⑤ 为，wèi。舍，shě。

⑥ 为，wèi。妁，读酌（zhuó）。隙，xì。恶，wù。

晋国，解释见前篇。仕国，指君子可来做官的国家。周霄以为孟子不拜见诸侯是由于出仕困难，所以先问古代君子出仕吗，然后说这些以委婉劝说和批评孟子。男以女为室，女以男为家。妁，也是媒。意为做父母的，不是不愿儿女有室有家，但讨厌不守规矩。所以君子虽然不会为了清高就败坏君臣大伦，但也不会为了追求利益就忘了道义。

【第四章】彭更问曰："后车数十乘，从者数百人，以传食于诸侯，不以泰乎？"孟子曰："非其道，则一箪食不可受于人。如其道，则舜受尧之天下，不以为泰。子以为泰乎？"①曰："否。士无事而食，不可也。"②曰："子不通功易事，以羡补不足，则农有余粟，女有余布。子如通之，则梓、匠、轮、舆皆得食于子。于此有人焉，入则孝，出则悌，守先王之道，以待后之学者，而不得食于子。子何尊梓、匠、轮、舆而轻为仁义者哉？"③曰："梓、匠、轮、舆，其志将以求食也。君子之为道也，其志亦将以求食与？"曰："子何以其志为哉？其有功于子，可食而食之矣。且子食志乎？食功乎？"曰："食志。"④曰："有人于此，毁瓦画墁，其志将以求食也，则子食之乎？"曰："否。"曰："然则子非食志

---

❶　这段话出于《礼记·王制》。荐新：用四季的时鲜食物献祭。

也,食功也。"⑤

【集注】① 更,平声。乘、从,皆去声。传,直恋反。箪,音丹。食,音嗣。

彭更,孟子弟子也。泰,侈也。

② 言不以舜为泰,但谓今之士无功而食人之食,则不可也。

③ 羡,延面反。

通功易事,谓通人之功而交易其事。羡,余也。有余,言无所贸易而积于无用也。梓人、匠人,木工也。轮人、舆人,车工也。

④ 与,平声。"可食而食""食志""食功"之"食",皆音嗣,下同。

孟子言,自我而言,固不求食。自彼而言,凡有功者则当食之。

⑤ 墁,武安反。"子食"之"食",亦音嗣。

墁,墙壁之饰也。毁瓦画墁,言无功而有害也。既曰食功,则以士为无事而食者,真尊梓匠轮舆而轻为仁义者矣。

【今译】① 更,gēng。乘,shèng。从,zòng。传,zhuàn。箪,读丹(dān)。食,读嗣(sì)。

彭更,孟子弟子。泰,奢侈。

② 意思是不认为舜奢侈,只说今天的士人无功而接受人家的供养,是不对的。

③ 羡,xiàn。

通功易事,指统一衡量他们的功绩,使他们相互交换产品。羡,盈余。有余,说的是假若没有贸易,剩余的就是无用之物。梓人、匠人,木工。轮人、舆人,造车的工人。

④ 与,yú。"可食而食""食功""食志"的"食",都读嗣(sì),下同。

孟子说,从我这方面说,自然不是求食。从他那方面说,有功的就应该供养。

⑤墁，màn。"子食"的"食"，也读嗣（sì）。

墁，涂饰墙壁。毁瓦画墁，意为无功而有害的事。既然说供养有功的，那么认为士是不做事而受人供养，真是尊重木工、车工而轻视行仁义之道的士啊。

【第五章】万章问曰："宋，小国也。今将行王政，齐、楚恶而伐之，则如之何？"①孟子曰："汤居亳，与葛为邻。葛伯放而不祀。汤使人问之曰：'何为不祀？'曰：'无以供牺牲也。'汤使遗之牛羊。葛伯食之，又无以祀。汤又使人问之曰：'何为不祀？'曰：'无以供粢盛也。'汤使亳众往为之耕，老弱馈食。葛伯率其民，要其有酒食黍稻者夺之，不授者杀之。有童子以黍肉饷，杀而夺之。《书》曰：'葛伯仇饷。'此之谓也②。为其杀是童子而征之，四海之内皆曰：'非富天下也，为匹夫匹妇复仇也。'③汤始征，自葛载。十一征而无敌于天下。东面而征，西夷怨。南面而征，北狄怨。曰：'奚为后我？'民之望之，若大旱之望雨也。归市者弗止，芸者不变。诛其君，吊其民，如时雨降，民大悦。《书》曰：'徯我后，后来其无罚。'④'有攸不为臣，东征，绥厥士女。匪厥玄黄，绍我周王见休，惟臣附于大邑周。'其君子实玄黄于匪，以迎其君子；其小人箪食壶浆，以迎其小人。救民于水火之中，取其残而已矣⑤。《太誓》曰：'我武惟扬，侵于之疆，则取于残，杀伐用张，于汤有光。'⑥不行王政云尔。苟行王政，四海之内皆举首而望之，欲以为君。齐、楚虽大,何畏焉^⑦?"

【集注】①恶,去声。

万章,孟子弟子。宋王偃尝灭滕,伐薛,败齐、楚、魏之兵,欲霸天下,疑即此时也。

②遗,唯季反。盛,音成。"往为"之"为",去声。"馈食""酒食"之"食",音嗣。要,平声。饷,式亮反。

葛,国名。伯,爵也。放而不祀,放纵无道,不祀先祖也。亳众,汤之民。其民,葛民也。授,与也。饷,亦馈也。《书》,《商书·仲虺之诰》也。仇饷,言与饷者为仇也。

③为,去声。

非富天下,言汤之心,非以天下为富而欲得之也。

④载,亦始也。十一征,所征十一国也。余已见前篇。

⑤食,音嗣。

按《周书·武成篇》载武王之言,孟子约其文如此。然其辞时与今《书》文不类,今姑依此文解之。有所不为臣,谓助纣为恶而不为周臣者。匪,与"筐"同。玄黄,币也。绍,继也,犹言事也。言其士女以匪盛玄黄之币,迎武王而事之也。商人而曰"我周王",犹《商书》所谓"我后"也。休,美也。言武王能顺天休命,而事之者皆见休也。臣附,归服也。孟子又释其意,言商人闻周师之来,各以其类相迎者,以武王能救民于水火之中,取其残民者诛之,而不为暴虐耳。君子,谓在位之人。小人,谓细民也。

⑥《太誓》,《周书》也。今《书》文亦小异。言武王威武奋扬,侵彼纣之疆界,取其残贼,而杀伐之功因此张大,比于汤之伐桀又有光焉。引此以证上文"取其残"之义。

⑦ 宋实不能行王政，后果为齐所灭，王偃走死。

尹氏曰："为国者能自治而得民心，则天下皆将归往之，恨其征伐之不早也，尚何强国之足畏哉！苟不自治，而以强弱之势言之，是可畏而已矣。"

【今译】 ① 恶 wù。

万章，孟子弟子。宋王偃曾灭掉滕国，讨伐薛国，打败了齐、楚、魏三国的军队，要称霸天下，大约就是这个时期。

② 遗，wèi。盛，读成（chéng）。"往为"的"为"，读wèi。"馈食""酒食"的"食"，读嗣（sì）。要，yāo。饷，xiǎng。

葛，国名。伯，爵位。放而不祀，放荡无道，不祭祖先。亳众，汤的臣民。其民，葛国百姓。授，给与。饷，也是馈赠。《书》，《尚书·仲虺之诰》篇。仇饷，意思是把馈赠礼物的人当仇敌。

③ 为，wèi。

非富天下，这是说商汤的心，不是把天下当作财富而力求得到它。

④ 载，也是开始。十一征，征讨了十一国。其余的已见于前篇。

⑤ 食，读嗣（sì）。

《尚书·武成》篇载有周武王的话，孟子这里是概述。但文字与今天的本子有些不同，现在暂且根据这里的文字加以解释。有所不为臣，指助纣为虐，而不做周朝臣子的。匪，同"筐"。玄黄，指丝帛等礼物。绍，继承，与事奉同义。说的是他们的士人男女用竹筐盛着玄色黄色的丝帛等，迎接周武王并事奉他。商朝的人却说"我周王"，就像《尚书·商书》中夏朝各诸侯国百姓所说"我后"一样 ❶。休，美好。说的是武王

---

❶ 后：古汉语原字，不是简化字，字义为"君主"。

能顺承上天的美好命令,所以事奉他的也都显得美好。臣附,归服。孟子又解释这话的意思,说商朝的人民听说周朝的军队要来,士人、百姓都分别表示欢迎,因为周武王能把人民从水深火热之中拯救出来,杀掉那些残害百姓的人,并且不做那些暴虐的事。君子,指有官职的。小人,指普通百姓。

⑥《太誓》,《尚书·周书》中的一篇。现存《太誓》的文字和这里也小有不同。说的是武王的威武大大发扬,攻进了纣王统治下的疆土,杀掉那残害民众的坏人,因而那讨伐、杀戮的功业得以发扬扩充,和汤伐桀的事业相比更具光辉。引用这段文字以证实上文"取其残"的意义。

⑦ 宋国实在不能实行王政,后来果然被齐国消灭,宋王偃逃走后死亡。

尹焞说:"治国的人能自己治理得好并且得到民心,那么天下人都将归服他,埋怨他不早点进行征伐,这样还怕什么强国呢?假如自己治理得不好,而用力量强弱进行对比,强国是很可怕的。"

【第六章】孟子谓戴不胜曰:"子欲子之王之善与?我明告子。有楚大夫于此,欲其子之齐语也,则使齐人傅诸?使楚人傅诸?"曰:"使齐人傅之。"曰:"一齐人傅之,众楚人咻之,虽日挞而求其齐也,不可得矣。引而置之庄岳之间数年,虽日挞而求其楚,亦不可得矣①。子谓薛居州,善士也,使之居于王所。在于王所者,长幼卑尊,皆薛居州也,王谁与为不善?在王所者,长幼卑尊,皆非薛居州也,王谁与为善?一薛居州,独如宋王何②?"

【集注】① 与，平声。咻，音休。

戴不胜，宋臣也。齐语，齐人语也。傅，教也。咻，讙也。齐，齐语也。庄岳，齐街里名也。楚，楚语也。此先设譬以晓之也。

② 长，上声。

居州，亦宋臣。言小人众而君子独，无以成正君之功。

【今译】① 与，yú。咻，读休（xiū）。

戴不胜，宋国的臣子。齐语，齐国语言。傅，教。咻，起哄。齐，指齐国语言。庄岳，齐国街道名。楚，楚国语言。这里先设了个比喻以让对方明白。

② 长，zhǎng。

居州，也是宋国的臣子。意思是小人多而君子只有一个，无法成就端正君主的功业。

【第七章】公孙丑问曰："不见诸侯何义？"孟子曰："古者不为臣不见①。段干木逾垣而辟之，泄柳闭门而不内，是皆已甚。迫，斯可以见矣②。阳货欲见孔子，而恶无礼。大夫有赐于士，不得受于其家，则往拜其门。阳货矙孔子之亡也，而馈孔子蒸豚。孔子亦矙其亡也，而往拜之。当是时，阳货先，岂得不见③？曾子曰：'胁肩谄笑，病于夏畦。'子路曰：'未同而言，观其色赧赧然，非由之所知也。'由是观之，则君子之所养可知已矣④。"

【集注】① 不为臣，谓未仕于其国者也。此不见诸侯之义也。

② 辟，去声。内，与"纳"同。

段干木，魏文侯时人。泄柳，鲁缪公时人。文侯、缪公欲见此二人，而二人不肯见之，盖未为臣也。已甚，过甚也。迫，谓求见之切也。

③"欲见"之"见"，音现。恶，去声。瞰，音勘。

此又引孔子之事，以明可见之节也。欲见孔子，欲召孔子来见己也。恶无礼，畏人以己为无礼也。受于其家，对使人拜受于家也。其门，大夫之门也。瞰，窥也。阳货于鲁为大夫，孔子为士，故以此物，及其不在而馈之，欲其来拜，而见之也。先，谓先来加礼也。

④胁，虚业反。赧，奴简反。

胁肩，竦体；谄笑，强笑，皆小人侧媚之态也。病，劳也。夏畦，夏月治畦之人也。言为此者，其劳过于夏畦之人也。未同而言，与人未合而强与之言也。赧赧，惭而面赤之貌。由，子路名。言非己所知，甚恶之之辞也。孟子言，由此二言观之，则二子之所养可知，必不肯不俟其礼之至而辄往见之也。

此章言圣人礼义之中正。过之者，伤于迫切而不洪；不及者，沦于污贱而可耻。

【今译】①不为臣，指没在那个国家做官，这是孟子不去求见诸侯的道理所在。

②辟，bì。内，同"纳"。

段干木，魏文侯时代的人。泄柳，鲁缪公时代的人。魏文侯、鲁缪公想见他们，他们不肯见，因为还没有出仕做文侯、缪公的臣。已甚，过分。迫，指求见的迫切。

③"欲见"的"见"，读现（xiàn）。恶，去声。瞰，读勘（kàn）。

这里又引用孔子的事，以说明可见的限度。欲见孔子，想召孔子来拜见自己。恶无礼，怕别人说自己已无礼。受于其家，在自己家里对使者礼拜接受。其门，大夫的门。瞰，窥视。阳货对于鲁国是大夫，孔子是士，所以阳货用这个东西,等孔子不在家时去送给他,想让孔子来回拜,因而可会见孔子。先,指先来送礼。

④胁,xié。赧,nǎn。

胁肩,耸肩并收缩身体;谄笑,强笑,都是小人献媚的姿态。病,劳苦。夏畦,夏季在田里修治菜畦的人。说的是这样做,劳苦程度超过了夏天炎热时在田里修治菜畦的人。未同而言,和人意见还没有投合就强与人家说话。赧赧,惭愧而脸红的样子。由,子路的名。说不是自己所知道的,是非常讨厌时的用语。孟子说,从这两句话来看,他们两个人的修养也就可以知道了,他们一定不肯不等礼节周到就直接去拜见诸侯。

这一章说的是圣人实行礼仪的中正。过分的,会伤于迫切求见而胸怀不够宽洪;达不到的,又会沦于卑污下贱而显得可耻 **❶**。

【第八章】戴盈之曰:"什一,去关市之征,今兹未能。请轻之,以待来年,然后已,何如?"①孟子曰:"今有人日攘其邻之鸡者,或告之曰:'是非君子之道。'曰:'请损之,月攘一鸡,以待来年,然后已。'②如知其非义,斯速已矣,何待来年③!"

【集注】①去,上声。

盈之,亦宋大夫也。什一,井田之法也。关市之征,商贾之税也。已,止也。

②攘,如羊反。

---

❶　过分的:指过分清高不是礼仪的中正。达不到的:是达不到礼仪的中正。

攘，物自来而取之也。损，减也。

③知义理之不可而不能速改，与月攘一鸡何以异哉？

【今译】①去，qǔ。

盈之，也是宋国的大夫。什一，井田制的税率。关市之征，对商人所征的税。已，停止。

②攘，rǎng。

攘，东西自己跑来而据为己有❶。损，减少。

③知道义理不允许而不能迅速改正，与每月攘一鸡有什么区别？

【第九章】公都子曰："外人皆称夫子好辩，敢问何也？"孟子曰："予岂好辩哉？予不得已也①。天下之生久矣，一治一乱②。当尧之时，水逆行，泛滥于中国。蛇龙居之，民无所定。下者为巢，上者为营窟。《书》曰：'洚水警余。'洚水者，洪水也③。使禹治之。禹掘地而注之海，驱蛇龙而放之菹。水由地中行，江、淮、河、汉是也。险阻既远，鸟兽之害人者消，然后人得平土而居之④。尧、舜既没，圣人之道衰，暴君代作。坏宫室以为污池，民无所安息。弃田以为园囿，使民不得衣食。邪说暴行又作。园囿、污池、沛泽多而禽兽至。及纣之身，天下又大乱⑤。周公相武王，诛纣伐奄，三年讨其君，驱飞廉于海隅而戮之。灭国者五十，驱虎、豹、犀、象而远之。天下大悦。《书》曰：'丕显哉！文王谟。丕承哉！武王烈。佑启我后人，咸以正无缺。'⑥

---

❶　攘物的物，此处指鸡。鸡自己跑来而据为己有，与偷有别。

世衰道微，邪说暴行有作，臣弑其君者有之，子弑其父者有之[7]。孔子惧，作《春秋》。《春秋》，天子之事也。是故孔子曰：'知我者其惟《春秋》乎！罪我者其惟《春秋》乎！'[8] 圣王不作，诸侯放恣，处士横议。杨朱、墨翟之言盈天下。天下之言，不归杨，则归墨。杨氏为我，是无君也。墨氏兼爱，是无父也。无父无君，是禽兽也。公明仪曰：'庖有肥肉，厩有肥马，民有饥色，野有饿莩，此率兽而食人也。'杨、墨之道不息，孔子之道不著，是邪说诬民，充塞仁义也。仁义充塞，则率兽食人，人将相食[9]。吾为此惧，闲先圣之道，距杨、墨，放淫辞，邪说者不得作。作于其心，害于其事；作于其事，害于其政。圣人复起，不易吾言矣[10]。昔者禹抑洪水而天下平，周公兼夷狄、驱猛兽而百姓宁，孔子成《春秋》而乱臣贼子惧[11]。《诗》云：'戎狄是膺，荆舒是惩，则莫我敢承。'无父无君，是周公所膺也[12]。我亦欲正人心，息邪说，距诐行，放淫辞，以承三圣者。岂好辩哉？予不得已也[13]。能言距杨、墨者，圣人之徒也[14]。"

【集注】① 好，去声，下同。

② 治，去声。

生，谓生民也。一治一乱，气化盛衰，人事得失，反覆相寻，理之常也。

③ 泽，音降，又胡贡、胡工反。

水逆行，下流壅塞，故水倒流而旁溢也。下，下地。上，高地也。营窟，穴处也。《书》，《虞书·大禹谟》也。泽水，泽洞无涯之水也。警，戒也。此一乱也。

④菹，侧鱼反。

掘地，掘去壅塞也。菹，泽生草者也。地中，两涯之间也。险阻，谓水之泛滥也。远，去也。消，除也。此一治也。

⑤坏，音怪。行，去声，下同。沛，蒲内反。

暴君，谓夏太康、孔甲、履癸，商武乙之类也。宫室，民居也。沛，草木之所生也。泽，水所钟也。自尧、舜没至此，治乱非一，及纣，而又一大乱也。

⑥相，去声。奄，平声。

奄，东方之国，助纣为虐者也。飞廉，纣幸臣也。五十国，皆纣党，虐民者也。《书》，《周书·君牙》之篇。丕，大也。显，明也。谟，谋也。承，继也。烈，光也。佑，助也。启，开也。缺，坏也。此一治也。

⑦"有作"之"有"，读为又，古字通用。

此周室东迁之后又一乱也。

⑧胡氏曰："仲尼作《春秋》，以寓王法，惇典庸礼，命德讨罪，其大要皆天子之事也。知孔子者，谓此书之作，遏人欲于横流，存天理于既灭，为后世虑至深远也。罪孔子者，以谓无其位而托二百四十二年南面之权，使乱臣贼子禁其欲而不得肆，则戚矣。"

愚谓：孔子作《春秋》以讨乱贼，则致治之法垂于万世，是亦一治也。

⑨横、为，皆去声。莩，皮表反。

杨朱但知爱身，而不复知有致身之义，故无君；墨子爱无差等，而视其至亲无异众人，故无父。无父无君，则人道灭绝，是亦禽兽而已。公明仪之言，义见首篇。充塞仁义，谓邪说遍满，妨于仁义也。孟子引仪之言，以明杨、墨道行，则人皆无父无君，以陷于禽兽，而大乱将起，是亦率兽食人，而人又相食也。此又一乱也。

⑩ 为，去声。复，扶又反。

闲，卫也。放，驱而远之也。作，起也。事，所行。政，大体也。孟子虽不得志于时，然杨、墨之害，自是灭息，而君臣父子之道，赖以不坠，是亦一治也。程子曰："杨、墨之害，甚于申、韩。佛氏之害，甚于杨、墨。盖杨氏为我，疑于义；墨氏兼爱，疑于仁；申、韩则浅陋易见。故孟子止辟杨、墨，为其惑世之甚也。佛氏之言近理，又非杨、墨之比，所以为害尤甚。"

⑪ 抑，止也。兼，并之也。总结上文也。

⑫ 说见上篇。承，当也。

⑬ 行、好，皆去声。

诐、淫，解见前篇。辞者，说之详也。承，继也。三圣，禹、周公、孔子也。盖邪说横流，坏人心术，甚于洪水猛兽之灾，惨于夷狄篡弑之祸，故孟子深惧而力救之。再言"岂好辩哉？予不得已也"，所以深致意焉。然非知道之君子，孰能真知其所以不得已之故哉！

⑭ 言苟有能为此距杨、墨之说者，则其所趋正矣，虽未必知道，是亦圣人之徒也。孟子既答公都子之问，而意有未尽，故复言此。盖邪说害正，人人得而攻之，不必圣贤。如《春秋》之法，乱臣贼子，人人得而诛之，不必士师也。圣人救世立法之意，其切如此。若以此意推之，则不能攻讨而又唱为不必攻讨之说者，其为邪诐之徒，乱贼之党，可知矣。

尹氏曰："学者于是非之原，毫厘有差，则害流于生民，祸及于后世，故孟子辩邪说如是之严，而自以为承三圣之功也。当是时，方且以'好辩'目之，是以常人之心而度圣贤之心也。"

【今译】① 好，hào，下同。

② 治，zhì。

生，指人类社会产生。一治一乱，气化的盛衰❶，人事的得失，反复不断，是理的正常状况。

③ 泽，读 jiàng，又读 hòng、hōng。

水逆行，下流淤塞，所以河水倒流而向两旁溢出。下，下洼地。上，高地。营窟，穴居。《书》，《尚书·大禹谟》。泽水，弥漫无际的水。警，告诫的意思。这是一乱。

④ 菹，zū。

掘地，掘去壅塞。菹，长有草的沼泽。地中，两岸之间。险阻，指泛滥的洪水。远，离开了。消，除去。这是一治。

⑤ 坏，读怪（guài）。行，xìng，下同。沛，pèi。

暴君，指夏代的太康、孔甲、履癸，商代的武乙之类。宫室，民居。沛，草木生长的地方。泽，水所聚的地方。从尧、舜去世后到这时，治乱多次反复，到纣王时，又是一个大乱。

⑥ 相，xiàng。奄，yān。

奄，东方的诸侯国，是助纣为虐的国家。飞廉，纣的宠臣。五十国，都是纣的同伙，害民的家伙。《书》，《尚书·君牙》篇。丕，大。显，鲜明。谟，谋划。承，继承。烈，光辉。佑，帮助。启，开导。缺，坏。这是又一治。

⑦ "有作"的"有"，读又（yòu），古代二字（有、又）通用。

这是周王室东迁以后的又一次大乱。

---

❶ 气化：指万物。古人认为一切事物都是由气化生、化育而成的，包括国家治乱这样的事。

⑧ 胡安国说❶："孔子作《春秋》,以寄寓王道的政治理想,整修典籍,制订礼仪,任命有德者,讨伐有罪者,其中重要的部分都是天子的行为。了解孔子的,认为《春秋》的制作,是为了遏制人欲的横流,保存已被抛弃的天理,为后世谋划思虑是非常的深远啊! 怪罪孔子的,认为孔子没有君主的职位却担负起二百四十二年间南面听治的权力,使乱臣、贼子都禁绝自己的欲望而不能放纵,从而忧愁和悲伤。"

我认为,孔子作《春秋》以讨伐乱臣贼子,达到天下大治的办法也就留传千秋万代,这也是一次大治。

⑨ 横,hèng。为,wèi。莩,piǎo。

杨朱只知爱惜自身,而不知还有可献身的道义,所以无视君主。墨子主张爱没有差别,从而把父母亲属和别人同样看待,所以无视父母。无父无君,就人道灭绝,这就是禽兽罢了。公明仪的话,意义见第一篇。充塞仁义,指邪说到处充满,妨害了仁义。孟子援引公明仪的话,用以说明假若杨、墨之道流行,那么人就都将无视父母、君主,从而沦为禽兽,大乱就要到来了,这也等于驱赶禽兽去吃人,而人与人又互相吞吃。这是又一乱。

⑩ 为,wèi。复,fù。

闲,捍卫。放,驱逐到远方。作,兴起。事,所作所为。政,大原则。虽然孟子当时不得志,但杨、墨之道,却从此销声匿迹,而君臣父子之道,则赖有孟子而没有泯灭。这又是一治。程子说:"杨、墨的危害,比申、韩严重❷。佛教的危害,又比杨、墨严重。杨朱的'为我'会使人误

---

❶ 胡安国:南宋初年学者,胡寅之父。

❷ 申不害、韩非:战国时代法家的代表人物,后世常合称"申韩"。

认为是义，墨家的'兼爱'会使人误认为是仁，申、韩则比较浅显，容易识别，所以孟子只抨击杨、墨，因为他们扰乱世道人心比较严重。佛家的话接近于理，又不是杨、墨能够比拟的，所以它的危害就更加大了。"

⑪ 抑，止息。兼，兼并。这是总结上文。

⑫ 解释参见上篇。承，抵挡。

⑬ 行，xìng。好，hào。

诐、淫，解释参见前篇。辞，指一种理论、学说。承，继承。三圣，禹、周公、孔子。邪说流行，毒害人心，比洪水猛兽的灾难还要严重，比夷狄入侵、乱臣篡权弑君的惨祸更加厉害，所以孟子极其忧虑并努力拯救人心。再说一遍"岂好辩哉？予不得已也"，是用来深深地向世人表达这个意思。然而假若不是精通先王之道的君子，谁能真正理解孟子所以不得已的原因呢！

⑭ 这是说，假如一个人能发表这种抨击杨、墨的言论，那么他的方向就是正确的，虽然他未必精通先王之道，但那也是圣人的门徒。孟子回答了公都子的问题以后，觉得有些话还没有说完，所以又说了这句话。邪说危害正道，人人都可以抨击，不一定非圣贤不可。就像《春秋》的办法，乱臣贼子，人人可以讨伐，不一定非法官不可。圣人拯救世道建立法度的心意，是这样的迫切。假如根据这个道理推论，那不能抨击讨伐且又提倡不必攻击讨伐言论的，他们是邪说的拥护者，又是乱臣贼子的同党，也就可以知道了。

尹焞说："学者在是非的本原处有毫厘的误差，那危害就会流传到百姓那里，灾难就会遗留到后世，所以孟子辨别邪说是这样的严格，并且自认为是继承了三位圣人的功业。这个时候，却还在用'好辩'的眼光看待孟子，这是用平常人的心来度量圣贤的心啊！"

【第十章】匡章曰："陈仲子岂不诚廉士哉？居於陵，三日不食，耳无闻，目无见也。井上有李，螬食实者过半矣。匍匐往将食之，三咽，然后耳有闻，目有见。"①孟子曰："于齐国之士，吾必以仲子为巨擘焉。虽然，仲子恶能廉？充仲子之操，则蚓而后可者也②。夫蚓，上食槁壤，下饮黄泉。仲子所居之室，伯夷之所筑与？抑亦盗跖之所筑与？所食之粟，伯夷之所树与❶？抑亦盗跖之所树与？是未可知也③。"

曰："是何伤哉？彼身织屦，妻辟纑，以易之也。"④曰："仲子，齐之世家也。兄戴，盖禄万钟。以兄之禄为不义之禄而不食也，以兄之室为不义之室而不居也，辟兄离母，处于於陵。他日归，则有馈其兄生鹅者，己频顣曰：'恶用是鶂鶂者为哉？'他日，其母杀是鹅也，与之食之。其兄自外至，曰：'是鶂鶂之肉也。'出而哇之⑤。以母则不食，以妻则食之；以兄之室则弗居，以於陵则居之，是尚为能充其类也乎？若仲子者，蚓而后充其操者也⑥。"

【集注】①於，音乌，下"於陵"同。螬，音曹。咽，音宴。

匡章、陈仲子，皆齐人。廉，有分辨，不苟取也。於陵，地名。螬，蛴螬虫也。匍匐，言无力，不能行也。咽，吞也。

②擘，薄厄反。恶，平声。蚓，音引。

巨擘，大指也。言齐人中有仲子，如众小指中有大指也。充，推而满之也。操，所守也。蚓，丘蚓也。言仲子未得为廉也。必若满其所守之志，则惟丘蚓之无求于世，然后可以为廉耳。

❶　"伯夷"，原误作"百夷"，据《四书大全·孟子集注大全》改。

③夫，音扶。与，平声。

槁壤，干土也。黄泉，浊水也。抑，发语辞也。言蚓无求于人而自足，而仲子未免居室、食粟，若所从来或有非义，则是未能如蚓之廉也。

④辟，音壁。绰，音卢。

辟，绩也。绰，练麻也。

⑤盖，音阁。辟，音避。频，与"颦"同。顣，与"蹙"同，子六反。恶，平声。鶂，鱼一反。哇，音蛙。

世家，世卿之家。兄名戴，食采于盖，其入万钟也。归，自於陵归也。己，仲子也。鶂鶂，鹅声也。频顣而言，以其兄受馈为不义也。哇，吐之也。

⑥言仲子以母之食、兄之室为不义，而不食不居，其操守如此。至于妻所易之粟，於陵所居之室，既未必伯夷之所为，则亦不义之类耳。今仲子于此则不食不居，于彼则食之居之，岂为能充满其操守之类者乎？必其无求自足，如丘蚓然，乃为能满其志，而得为廉耳。然岂人之所可为哉？

范氏曰："天之所生，地之所养，惟人为大。人之所以为大者，以其有人伦也。仲子辟兄离母，无亲戚君臣上下，是无人伦也。岂有无人伦而可以为廉哉？"

【今译】①於，读乌（wū），下一个"於陵"的"於"，与此相同。螬，读曹（cáo）。咽，读宴（yàn）。

匡章、陈仲子，都是齐国人。廉，能区分该与不该，不随便接受馈赠。於陵，地名。螬，蛴螬虫。匍匐，意思是他没有力气，不能行走。咽，吞食。

②擘，bò。恶，wū。蚓，读引（yǐn）。

巨擘，大拇指。意思是齐人中有个仲子，就像许多小指中有个大拇指。充，推到极点、盈满处。操，所坚持的。蚓，蚯蚓。说的是仲子不能称为廉。如果一定要满足他坚守的志向，就只有像蚯蚓那样无求于世，然后才可以称为廉洁。

③夫，读扶（fú）。与，yú。

槁壤，干土。黄泉，混浊的水。抑，发语词。意思是蚯蚓可以无求于人而自满自足，但仲子却不免要住房吃饭，假如粮食、房屋的来源是不义的，那就无法像蚯蚓一样廉洁了。

④辟，读壁（bì）。纑，读卢（lú）。

辟，搓麻线。纑，把麻线煮白。

⑤盖，读阁（gě）。辟，读避（bì）。频，同"颦"。顣，同"蹙"，cù。恶，wū。鶂，yì。哇，wā。

世家，世卿之家。哥哥名戴，食邑在盖地，每年收入万钟粮。归，从於陵回家。己，指仲子。鶂鶂，鹅叫声。皱起眉头说话，认为哥哥接受馈赠是不义。哇，呕吐。

⑥说的是仲子认为母亲做的饭、哥哥住的房是不义之物，所以不吃不住，他的操守是如此。至于妻子所换来的粮，在於陵所住的屋子，既然未必都是伯夷所生产出来的，那就也是不义的东西。现在仲子对这一种就不吃不住，对那一种就又吃又住，哪里能是满足他坚持操守的一类呢？只有他无所需求，自我满足，像蚯蚓那样，才能满足他的志向，从而可称为廉洁。然而，那岂是人可以做到的吗？

范祖禹说："天所生的，地所养的，只有人最伟大。人之所以伟大，因为人有人伦。仲子躲避兄长，离开母亲，不顾亲情君臣上下，是没有人伦的做法。哪有不顾人伦的人可以称为廉洁呢！"

离娄章句上

【集注】凡二十八章。

【今译】共二十八章。

　　【第一章】孟子曰："离娄之明，公输子之巧，不以规矩，不能成方员。师旷之聪，不以六律，不能正五音。尧、舜之道，不以仁政，不能平治天下①。今有仁心仁闻而民不被其泽，不可法于后世者，不行先王之道也②。故曰：徒善不足以为政，徒法不能以自行③。《诗》云：'不愆不忘，率由旧章。'遵先王之法而过者，未之有也④。圣人既竭目力焉，继之以规矩准绳，以为方员平直，不可胜用也；既竭耳力焉，继之以六律，正五音，不可胜用也；既竭心思焉，继之以不忍人之政，而仁覆天下矣⑤。故曰：为高必因丘陵，为下必因川泽。为政不因先王之道，可谓智乎⑥？是以惟仁者宜在高位。不仁而在高位，是播其恶于众也⑦。上无道揆也，下无法守也，朝不信道，工不信度，君子犯义，小人犯刑，国之所存者幸也⑧。故曰：城郭不完，兵甲不多，非国之灾也；田野不辟，货财不聚，非国之害也。上无礼，下无学，贼民兴，丧无日矣⑨。《诗》曰：'天之方蹶，无然泄泄。'⑩泄泄，犹沓沓也⑪。事君无义，进退无礼，言则非先王之道者，犹沓沓也⑫。故曰：责难于君谓之恭，陈善闭邪谓之敬，

吾君不能谓之贼 ⑬。"

【集注】① 离娄，古之明目者。公输子，名班，鲁之巧人也。规，所以为员之器也；矩，所以为方之器也。师旷，晋之乐师，知音者也。六律，截竹为筩，阴阳各六，以节五音之上下。黄钟、大簇、姑洗、蕤宾、夷则、无射为阳，大吕、夹钟、仲吕、林钟、南吕、应钟为阴也。五音，宫、商、角、徵、羽也。范氏曰："此言治天下不可无法度。仁政者，治天下之法度也。"

② 闻，去声。

仁心，爱人之心也。仁闻者，有爱人之声闻于人也。先王之道，仁政是也。范氏曰："齐宣王不忍一牛之死，以羊易之，可谓有仁心。梁武帝终日一食蔬素，宗庙以面为牺牲，断死刑必为之涕泣，天下知其慈仁，可谓有仁闻。然而宣王之时，齐国不治；武帝之末，江南大乱，其故何哉？有仁心仁闻而不行先王之道故也。"

③ 徒，犹空也。有其心无其政，是谓徒善。有其政无其心，是谓徒法。程子尝言："为政须要有纲纪文章，谨权审量，读法平价，皆不可阙。"而又曰："必有《关雎》《麟趾》之意，然后可以行《周官》之法度。"正谓此也。

④《诗》，《大雅·假乐》之篇。愆，过也。率，循也。章，典法也。所行不过差、不遗忘者，以其循用旧典故也。

⑤ 胜，平声。

准，所以为平。绳，所以为直。覆，被也。此言古之圣人，既竭耳目心思之力，然犹以为未足以遍天下，及后世，故制为法度以继续之，则其用不穷，而仁之所被者广矣。

⑥ 丘陵本高，川泽本下，为高下者因之，则用力少而成功多矣。邹

氏曰："自章首至此，论以仁心、仁闻行先王之道。"

⑦ 仁者，有仁心、仁闻而能扩而充之，以行先王之道者也。播恶于众，谓贻患于下也。

⑧ 朝，音潮。

此言不仁而在高位之祸也。道，义理也。揆，度也。法，制度也。道揆，谓以义理度量事物而制其宜。法守，谓以法度自守。工，官也。度，即法也。君子、小人，以位而言也。由上无道揆，故下无法守。无道揆，则朝不信道，而君子犯义；无法守，则工不信度，而小人犯刑。有此六者，其国必亡，其不亡者，侥幸而已。

⑨ 辟，与"闢"同。丧，去声。

上不知礼，则无以教民；下不知学，则易与为乱。邹氏曰："自'是以惟仁者'至此，所以责其君。"

⑩ 蹶，居卫反。泄，弋制反。

《诗》，《大雅·板》之篇。蹶，颠覆之意。泄泄，怠缓悦从之貌。言天欲颠覆周室，群臣无得泄泄然，不急救正之。

⑪ 沓，徒合反。

沓沓，即泄泄之意。盖孟子时人语如此。

⑫ 非，诋毁也。

⑬ 范氏曰："人臣以难事责于君，使其君为尧、舜之君者，尊君之大也。开陈善道以禁闭君之邪心，惟恐其君或陷于有过之地者，敬君之至也。谓其君不能行善道而不以告者，贼害其君之甚也。"邹氏曰："自《诗》云'天之方蹶'至此，所以责其臣。"

邹氏曰："此章言为治者当有仁心仁闻以行先王之政，而君臣又当各任其责也。"

【今译】① 离娄, 古代视力非常好的人。公输子, 名班, 鲁国的能工巧匠。规, 画圆的工具; 矩, 画方的工具。师旷, 晋国的乐师, 精通音乐的人。六律, 把竹子截成竹管, 六阴六阳共十二枚, 以调节五音的高低。黄钟、太蔟、姑洗、蕤宾、夷则、无射为阳律, 大吕、夹钟、仲吕、林钟、南吕、应钟为阴律。五音, 是宫、商、角、徵、羽。范祖禹说:“这说的是治理天下不能没有法度。仁政, 就是治天下的法度。”

② 闻, wèn。

仁心, 爱人的心。仁闻, 有爱人的声誉, 被很多人知道。先王之道, 就是仁政。范祖禹说:“齐宣王不忍心看着一头牛去死, 用羊替下牛, 可算有仁心。梁武帝每天吃一顿蔬菜素食, 宗庙中用面食代替牛羊作牺牲, 判决一个死刑犯人必定为这个犯人哭泣, 全天下都知道他慈惠仁爱, 可算是有仁闻。然而齐宣王时代, 齐国治理得不好; 梁武帝末期, 江南大乱, 原因是什么呢? 就是有仁心仁闻而不行先王之道的缘故。”

③ 徒, 也就是空。有那样的心却没有那样的政治, 叫做徒善。有那样的政治却没有那样的心, 叫做徒法。程子曾经说过:“行政需要有法度和礼仪, 认真地对待量度标准, 宣传法令, 平抑物价, 都是不可缺少的。”但又说:“必须有《关雎》《麟趾》诗中的心肠, 然后才可以实行《周官》中的法度。”❶ 正是这个原因。

④《诗》,《诗经·大雅·假乐》篇。愆, 过失。率, 遵循。章, 载于

---

❶ 《关雎》《麟趾》都是《诗经》的篇名。《关雎》开头即著名的“关关雎鸠”, 诗中讲述一个君子昼夜思念他爱慕的淑女。《麟趾》, 据说是有人打死了一只麟, 孔子知道后所唱的哀歌。但古人认为是赞扬公子有像麒麟那样的宽厚之德。这两篇都被认为是赞美仁德的诗。《周官》也叫《周礼》, 讲述周代设官分职的制度, 据说是周公所作。

典籍的法度。他所做的不错误，不遗忘，因为他遵循了过去的典章制度。

⑤胜，shēng。

准，确定水平的工具。绳，确定直的工具。覆，覆盖。这是说古代的圣人已经穷尽耳目心思之力，然而还是觉得不足以推行到整个天下，传留到后世，所以又制订了法度以继续自己的功德，这就用之不竭，而仁德的覆盖也就广泛了。

⑥丘陵本来高，川泽本来低，要垒高或挖低的时候借助它们，就会用力少而功效大。邹浩说："从本篇开头到这里，论述用仁心、仁闻推行先王之道。"

⑦仁者，是有仁心、仁闻并且能够扩大、充实，用来实行先王之道的人。播恶于众，指流毒天下。

⑧朝，读潮（cháo）。

这是说不仁的人占据高位造成的祸害。道，就是义理。揆，衡量。法，制度。道揆，指根据义理衡量事情而做出恰当安排。法守，指坚持法度。工，官吏。度，即法令。君子、小人，指针对社会地位而言。由于上面没有道揆，所以下面没有法守。没有道揆，朝廷上就不信道，因而君子违背义理；没有法守，官吏们就不坚持法度，因而小人触犯刑律。有这六条，国家一定灭亡，不灭亡的不过是侥幸罢了。

⑨辟，同"闢"。丧，sàng。

上面不懂得礼，就无法教化人民；下面不知道学习，就容易犯上作乱。邹浩说："从'是以惟仁者'到这里，是用来责备君主的。"

⑩蹶，jué。泄，yì。

《诗》，《诗经·大雅·板》篇。蹶，颠覆的意思。泄泄，松懈听话的样子。这是说天要颠覆周王室，君臣不可以松懈怠惰，而不去立即纠正、挽救。

⑪ 沓，tà。

沓沓，就是泄泄。大概孟子当时的人们这样说。

⑫ 非，诋毁。

⑬ 范祖禹说："做臣子的用困难的事责备君主，使他的君主成为尧、舜之君的做法，是对君主最大的尊重。陈说善道以禁止君主的邪心，唯恐他的君主有可能陷入错误境地的做法，是对君主最高的敬爱。说自己的君主不能行善道，因而不告诉君主善道的做法，是对君主的严重损害。"邹浩说："从《诗》云'天之方蹶'到这里，是用来责备臣子的。"

邹浩说："这一章说的是那些想把国家治理好的人，应当有仁心仁闻来实行先王之政，而君臣又应当各自负起自己的责任。"

【第二章】孟子曰："规矩，方员之至也。圣人，人伦之至也①。欲为君尽君道，欲为臣尽臣道，二者皆法尧、舜而已矣。不以舜之所以事尧事君，不敬其君者也。不以尧之所以治民治民，贼其民者也②。孔子曰：'道二，仁与不仁而已矣。'③暴其民甚，则身弑国亡；不甚，则身危国削。名之曰幽、厉，虽孝子慈孙，百世不能改也④。《诗》云：'殷鉴不远，在夏后之世。'此之谓也⑤。"

【集注】① 至，极也。人伦，说见前篇。规矩尽所以为方员之理，犹圣人尽所以为人之道。

② 法尧、舜以尽君臣之道，犹用规矩以尽方员之极，此孟子所以道性善而称尧、舜也。

③ 法尧、舜，则尽君臣之道而仁矣；不法尧、舜，则慢君贼民而不

仁矣。二端之外，更无他道，出乎此则入乎彼矣，可不谨哉？

④ 幽，暗；厉，虐，皆恶谥也。苟得其实，则虽有孝子、慈孙，爱其祖考之甚者，亦不得废公义而改之。言不仁之祸必至于此，可惧之甚也！

⑤《诗》，《大雅·荡》之篇。言商纣之所当鉴者，近在夏桀之世，而孟子引之，又欲后人以幽、厉为鉴也。

【今译】① 至，极点。人伦，意思参见前一篇。规矩穷尽了用来做方圆的理，就像圣人穷尽了用来做人的道。

② 效法尧、舜以尽君臣之道，就像用规矩以尽方圆之理一样，这是孟子之所以讲性善、主张效法尧、舜的原因。

③ 效法尧、舜，就尽了君臣之道而仁了；不效法尧、舜，就怠慢君主坑害百姓而不仁了。在这两极以外，再没有其他的道，从这一极出来就必然走到另一极，这能不谨慎吗？

④ 幽，黑暗；厉，暴虐，都是坏的谥号。假如符合实际，即使有孝子贤孙，非常热爱他的父亲或先祖，也不能够废除公议而加以改变。这是说不仁的危害必定会到这个地步，可怕得很啊！

⑤《诗》，《诗经·大雅·荡》篇。这是说商纣王应引为鉴戒的，是与他相距不远的夏桀时代，孟子引用这诗，又是想让后人把周幽王、周厉王作为鉴戒 **❶**。

【第三章】孟子曰："三代之得天下也以仁，其失天下也以不仁①。国之所以废兴存亡者亦然②。天子不仁，不保

---

❶ 周幽王和他的爷爷周厉王，是西周末年两个著名的昏庸暴虐的君主。

四海。诸侯不仁，不保社稷。卿大夫不仁，不保宗庙。士庶人不仁，不保四体③。今恶死亡而乐不仁，是犹恶醉而强酒④。"

【集注】① 三代，谓夏、商、周也。禹、汤、文、武以仁得之，桀、纣、幽、厉以不仁失之。

② 国，谓诸侯之国。

③ 言必死亡。

④ 恶，去声。乐，音洛。强，上声。

此承上文之意而推言之也。

【今译】① 三代，指夏、商、周。禹、汤、文王、武王因为仁而得到了天下，桀、纣、周幽王、周厉王因为不仁而失掉了天下。

② 国，指诸侯国。

③ 意思是必然死亡。

④ 恶，wù。乐，读洛（lè）。强，qiǎng。

这是接着上一章的意思进一步展开论述。

【第四章】孟子曰："爱人，不亲，反其仁。治人，不治，反其智。礼人，不答，反其敬①。行有不得者，皆反求诸己。其身正而天下归之②。《诗》云：'永言配命，自求多福③。'"

【集注】①"治人"之"治"，平声。"不治"之"治"，去声。

我爱人而人不亲我，则反求诸己，恐我之仁未至也。智、敬，放此。

② 不得，谓不得其所欲，如不亲、不治、不答是也。反求诸己，谓反其仁、反其智、反其敬也。如此，则其自治益详，而身无不正矣。天下归之，极言其效也。

③解见前篇。

亦承上章而言。

【今译】①"治人"的"治",读 zhī。"不治"的"治",读 zhì。

我爱别人但别人不亲近我,就反省自己,怕我的仁做得还不够好。智、敬与此相类似。

②不得,指得不到自己所期望的,比如不亲、不治、不答之类。反求诸己,指反省自己的仁,反省自己的智,反省自己的敬。这样一来,自己的修养就会更加全面,从而言行就没有不端正的了。天下归之,是极力强调这样做的效果。

③解释请参见前篇。

也是接着上一章而说的。

【第五章】孟子曰:"人有恒言,皆曰'天下国家'。天下之本在国,国之本在家,家之本在身。"①

【集注】①恒,胡登反。

恒,常也。虽常言之,而未必知其言之有序也。故推言之,而又以家本乎身也。此亦承上章而推言之。《大学》所谓"自天子至于庶人,壹是皆以修身为本",为是故也。

【今译】①恒,héng。

恒,常。虽然常说,但未必知道这话有个次序。所以进行推演论说,并且又说家的基础在自身。这也是接着上一章说。《大学》所说"从天子到普通百姓,一律都要以修身为根本",原因就在这里。

【第六章】孟子曰:"为政不难,不得罪于巨室。巨室之

所慕，一国慕之；一国之所慕，天下慕之，故沛然德教溢乎
四海。"①

【集注】①巨室，世臣大家也。得罪，谓身不正而取怨怒也。麦丘邑人
祝齐桓公曰："愿主君无得罪于群臣百姓。"意盖如此。慕，向也，心悦
诚服之谓也。沛然，盛大流行之貌。溢，充满也。盖巨室之心难以力服，
而国人素所取信，今既悦服，则国人皆服，而吾德教之所施，可以无远
而不至矣。此亦承上章而言。盖君子不患人心之不服，而患吾身之不修。
吾身既修，则人心之难服者先服，而无一人之不服矣。

林氏曰："战国之世，诸侯失德，巨室擅权，为患甚矣。然或者不修
其本而遽欲胜之，则未必能胜，而适以取祸。故孟子推本而言，惟务修
德以服其心。彼既悦服，则吾之德教无所留碍，可以及乎天下矣。裴度
所谓'韩弘舆疾讨贼，承宗敛手削地，非朝廷之力能制其死命，特以处
置得宜，能服其心故尔'，正此类也。"

【今译】①巨室，世代为臣的大家。得罪，指自身不端正而招来了怨
恨。麦丘这个地方的人祝愿齐桓公说："希望君主不要得罪群臣百姓。"
意思大概就是这样。慕，向往，心悦诚服的意思。沛然，盛大流行的样
子。溢，充满。因为巨室的心难以被强力征服，并且国内百姓也长期信
任他们，现在他们都已心悦诚服，那么国内百姓也都会服从，因此我的
道德教化的实施，也可以无论多远都能到达了。这也是接着上章来说。
君子不忧虑人心的不服，而忧虑自身的修养不够。我自己已经修养好
了，那些难以服从的人先服了，就没有一个人不服了。

林之奇说："战国时代，诸侯没有德行，世家大臣掌握政权，为害非
常严重。但是如果自己不致力于搞好根本，而想迅速战胜他们，就未必

能够取胜,反而会招来灾祸。所以孟子推论到根本上说,只有致力于修养自己的德行以征服他们的心。他们心悦诚服以后,我的道德教化就没有什么障碍,而可以普及到天下了。裴度所说'韩弘带兵去讨伐叛贼,而王承宗却束手献出土地,不是朝廷的武力能制他于死地,只是由于处置措施得当,能使他心服的缘故'❶,正是这一类事情。"

【第七章】孟子曰:"天下有道,小德役大德,小贤役大贤。天下无道,小役大,弱役强。斯二者天也,顺天者存,逆天者亡①。齐景公曰:'既不能令,又不受命,是绝物也。'涕出而女于吴②。今也小国师大国而耻受命焉,是犹弟子而耻受命于先师也③。如耻之,莫若师文王。师文王,大国五年,小国七年,必为政于天下矣④。《诗》云:'商之孙子,其丽不亿。上帝既命,侯于周服。侯服于周,天命靡常。殷士肤敏,裸将于京。'孔子曰:'仁不可为众也。夫国君好仁,天下无敌。'⑤今也欲无敌于天下,而不以仁,是犹执热而不以濯也。《诗》云:'谁能执热,逝不以濯?'⑥"

【集注】① 有道之世,人皆修德,而位必称其德之大小。天下无道,人不修德,则但以力相役而已。天者,理势之当然也。

② 女,去声。

引此以言小役大、弱役强之事也。令,出令以使人也。受命,听命于人也。物,犹人也。女,以女与人也。吴,蛮夷之国也,景公羞与为昏,而畏其强,故涕泣而以女与之。

---

❶ 裴度:唐代宰相。裴度这番议论,见《新唐书·皇甫镈传》等。

③ 言小国不修德以自强,其般乐怠敖,皆若效大国之所为者,而独耻受其教命,不可得也。

④ 此因其愧耻之心而勉以修德也。文王之政,布在方策,举而行之,所谓师文王也。五年、七年,以其所乘之势不同为差。盖天下虽无道,然修德之至,则道自我行,而大国反为吾役矣。程子曰:"五年、七年,圣人度其时则可矣。然凡此类,学者皆当思其作为如何,乃有益耳。"

⑤ 祼,音灌。夫,音扶。好,去声。

《诗》,《大雅·文王》之篇。孟子引此诗及孔子之言,以言文王之事。丽,数也。十万曰亿。侯,维也。商士,商孙子之臣也。肤,大也。敏,达也。祼,宗庙之祭,以郁鬯之酒灌地而降神也。将,助也。言商之孙子众多,其数不但十万而已。上帝既命周以天下,则凡此商之孙子,皆臣服于周矣。所以然者,以天命不常,归于有德故也。是以商士之肤大而敏达者,皆执祼献之礼,助王祭事于周之京师也。孔子因读此诗,而言有仁者则虽有十万之众,不能当之。故国君好仁,则必无敌于天下也。不可为众,犹所谓难为兄难为弟云尔。

⑥ 耻受命于大国,是欲无敌于天下也。乃师大国而不师文王,是不以仁也。《诗》,《大雅·桑柔》之篇。逝,语辞也。言谁能执持热物而不以水自濯其手乎!

此章言不能自强,则听天所命。修德行仁,则天命在我。

【今译】① 有道的时代,人人都修养自己的德行,职位也一定与他的德行大小相称。天下无道,人们不修养德行,就只以力量大小互相役使罢了。天,是理和形势的必然。

② 女,nǔ。

引用这个例子,以说明弱小服从强大的事。令,发布命令役使别人。

受命，接受命令受别人役使。物，此处指人。女，把女儿嫁给别人。吴，当时认为是"蛮夷之国"❶，齐景公羞于和吴国通婚，但又畏惧吴国的强大，所以流着眼泪把女儿嫁给了人家。

③ 这是说小国若不修养德行以求自强，并且游玩怠惰，也都像效法大国的做法一样，却偏偏耻于接受人们的指使和命令，是办不到的。

④ 这是借着他们的惭愧、耻辱的心情而鼓励他们修养德行。文王的政治，都载于典籍之中，拿过来付诸实行，这就是以文王为师。五年、七年，是根据各自所面临的形势不同而估计的时间长短。天下虽然无道，但修德到了极点，道就会从我这里开始实行，而大国就会反过来听我指使。程子说："五年、七年，圣人估计这样的时间就够了。但是凡是这类事情，求学者还应当考虑到当事人的作为如何，才是有益的。"

⑤ 裸，读灌（guàn）。夫，读扶（fú）。好，hào。

《诗》，《诗经·大雅·文王》篇。孟子引用这首诗和孔子的话，用来论述文王的事。丽，数量。十万叫亿。侯，乃，于是。商士，商代子孙的臣子。肤，大。敏，通达。裸，在宗庙祭祀中，用香酒灌地以邀请神灵降临。将，助。意思是商代子孙众多，其数量超过了十万。上帝既然已经任命周人统治天下，那么凡是商代的子孙，就都臣服于周朝了。之所以如此，是因为天命不是永恒不变的，谁有德就归于谁。所以商代那些英俊而聪慧的士人，都用香酒灌地的礼仪，在周的京城内参加周王的祭祖典礼。孔子因为读了这诗，就说有仁德的人，即使有十万大军，也挡不住他。所以国君如果爱好仁，就必然无敌于天下。不可为众，就像

❶ 蛮夷之国：当时中原一带对周边国家和族群的蔑称，意思相当于今天的"野蛮国家"。

说难以做兄难以做弟的意思。

⑥耻于接受大国的命令,是想无敌于天下,但是却以大国为师而不以文王为师,这是不用仁德。《诗》,《诗经·大雅·桑柔》篇。逝,发语词。意思是谁能在拿热的东西前,先不用凉水浇洗自己的手呢?

这一章说的是如果不能自强,就听从天的命令。修德行仁,天命就在我的身上。

【第八章】孟子曰:"不仁者可与言哉?安其危而利其菑,乐其所以亡者。不仁而可与言,则何亡国败家之有①?有孺子歌曰:'沧浪之水清兮,可以濯我缨。沧浪之水浊兮,可以濯我足。'②孔子曰:'小子听之!清斯濯缨,浊斯濯足矣。自取之也。'③夫人必自侮,然后人侮之;家必自毁,而后人毁之;国必自伐,而后人伐之④。《太甲》曰:'天作孽,犹可违。自作孽,不可活。'此之谓也⑤。"

【集注】①菑,与"灾"同。乐,音洛。

安其危利其菑者,不知其为危菑而反以为安利也。所以亡者,谓荒淫暴虐,所以致亡之道也。不仁之人,私欲固蔽,失其本心,故其颠倒错乱至于如此,所以不可告以忠言,而卒至于败亡也。

②浪,音郎。

沧浪,水名。缨,冠系也。

③言水之清浊,有以自取之也。圣人声入心通,无非至理,此类可见。

④夫,音扶。

所谓自取之者。

⑤解见前篇。

此章言，心存，则有以审夫得失之几；不存，则无以辨于存亡之著。祸福之来，皆其自取。

【今译】① 菑，同"灾"。乐，读洛（lè）。

安其危而利其灾，指不知道那样危险和有灾祸，反而认为安全和有利。所以亡，指荒淫暴虐，是自取灭亡之道。不仁的人，是被私欲所限制和蒙蔽，丢失了本心，所以他颠倒错乱到了这个地步，从而无法忠言相劝，终于导致失败和灭亡。

② 浪，读郎（láng）。

沧浪，河名。缨，帽带。

③ 这是说水的清与浊，往往是自己取来的。圣人听到什么就心领神会，没有不是那非常合理的，从这类事中可以得知。

④ 夫，读扶（fú）。

这就是所说的咎由自取。

⑤ 解释请参见前篇。

这一章说的是，本心存在着，就可以察知得失的苗头和转机；本心不存在，即使生死存亡的现象已经非常显著，也看不出来。祸福的到来，都是自己造成的。

【第九章】孟子曰："桀、纣之失天下也，失其民也。失其民者，失其心也。得天下有道：得其民，斯得天下矣。得其民有道：得其心，斯得民矣。得其心有道：所欲与之聚之，所恶勿施尔也①。民之归仁也，犹水之就下、兽之走圹也②。故为渊驱鱼者，獭也；为丛驱爵者，鹯也；为汤、武驱民者，桀与纣也③。今天下之君有好仁者，则诸侯皆为之驱矣。

虽欲无王，不可得已^④。今之欲王者，犹七年之病求三年之艾也。苟为不畜，终身不得。苟不志于仁，终身忧辱，以陷于死亡^⑤。《诗》云：'其何能淑？载胥及溺。'此之谓也^⑥。"

【集注】① 恶，去声。

民之所欲，皆为致之，如聚敛然。民之所恶，则勿施于民。晁错所谓"人情莫不欲寿，三王生之而不伤。人情莫不欲富，三王厚之而不困。人情莫不欲安，三王扶之而不危。人情莫不欲逸，三王节其力而不尽"❶，此类之谓也。

② 走，音奏。

圹，广野也。言民之所以归乎此，以其所欲之在乎此也。

③ 为，去声。敺，与"驱"同。獭，音闼。爵，与"雀"同。鹯，诸延反。

渊，深水也。獭，食鱼者也。丛，茂林也。鹯，食雀者也。言民之所以去此，以其所欲在彼而所畏在此也。

④ 好、为、王，并去声。

⑤ 王，去声。

艾，草名，所以灸者，干久益善。夫病已深，而欲求干久之艾，固难卒办，然自今畜之，则犹或可及，不然，则病日益深，死日益迫，而艾终不可得矣。

⑥《诗》，《大雅·桑柔》之篇。淑，善也。载，则也。胥，相也。言今之所为，其何能善？则相引以陷于乱亡而已。

---

❶ 晁错：汉初政治家和思想家。这段话见于《汉书·晁错传》："三王臣主俱贤，故合谋相辅，计安天下，莫不本于人情。人情莫不欲寿，三王生而不伤也。人情莫不欲富，三王厚而不困也。人情莫不欲安，三王扶而不危也。人情莫不欲逸，三王节其力而不尽也。其为法令也，合于人情而后行之。"

【今译】① 恶，wù。

民众所盼望的，都要设法让他们得到，好像为自己聚敛财富。民众所厌恶的，就不要强加给他们。晁错说的"人情没有不想长寿的，三王设法让他们生存而不伤害他们。人情没有不愿富有的，三王设法让他们致富而不去困扰他们。人情没有不喜欢安宁的，三王帮助他们而不去危害他们。人情没有不喜欢安逸的，三王节省他们的力气而不把他们弄得筋疲力尽"，就是这类事情。

② 走，读奏（zòu）。

圹，旷野。意思是人民之所以归向这里，因为这里有他们想要的。

③ 为，wèi。敺，同"驱"。獭，读闼（tà）。爵，同"雀"。鹯，zhān。

渊，深水。獭，食鱼的水兽。丛，茂密的树林。鹯，食鸟的猛禽。意思是民众之所以离开此地，是因为他们想要的在彼地，而他们畏惧的在此地。

④ 好，hào。为，wèi。王，wàng。

⑤ 王，wàng。

艾，草名，用来灸人穴位的，干的时间越长效果越好。病已非常重，却想要求得干久的艾，本来就难以马上办到，但从今天就开始储存，那就或许还来得及，不然的话，那病就日益沉重，死的日子愈来愈近，艾也最终得不到。

⑥《诗》，《诗经·大雅·桑柔》篇。淑，善的意思。载，就是则。胥，互相。意思是今天的所作所为，怎么能够向善？不过是相互牵连以陷入乱亡罢了。

【第十章】孟子曰："自暴者，不可与有言也。自弃者，不可与有为也。言非礼义，谓之自暴也。'吾身不能居仁由义'，谓之自弃也①。仁，人之安宅也。义，人之正路也②。旷安宅而弗居，舍正路而不由，哀哉③！"

【集注】① 暴，犹害也。非，犹毁也。自害其身者，不知礼义之为美而非毁之，虽与之言，必不见信也。自弃其身者，犹知仁义之为美，但溺于怠惰，自谓必不能行，与之有为，必不能勉也。程子曰："人苟以善自治，则无不可移者。虽昏愚之至，皆可渐磨而进也。惟自暴者，拒之以不信；自弃者，绝之以不为。虽圣人与居，不能化而入也。此所谓下愚之不移也。"

② "仁宅"，已见前篇。义者，宜也。乃天理之当行，无人欲之邪曲，故曰正路。

③ 舍，上声。

旷，空也。由，行也。

此章言道本固有，而人自绝之，是可哀也。此圣贤之深戒，学者所当猛省也。

【今译】① 暴，危害的意思。非，诋毁。自己危害自身的，是不知礼义的美好而诋毁诽谤它，虽然对他讲，也一定不能让他相信。自己抛弃自身的，还知道仁义是好的，但深陷于懈怠懒惰，自己认为一定行不通，要和他一起做什么，他必然不能努力。程子说："人只要用善行来修养自己，那就没有不能改变的。即使那昏庸愚昧到极点的，也都可以逐渐磨练而有所进步。只有那自暴者，拒绝而不相信；自弃者，背离而不肯去做。即使圣人和他住在一起，也不能让他听进去一点教化。这就是所说的不会改变的下愚。"

② "仁宅" 的说法前篇已经有了。义，就是适宜。这是按照天理所应当做的，没有人欲的歪门邪道，所以说是正路。

③ 舍，shě。

旷，使它空着。由，从这里行走。

这一章论述道本是人固有的，但人自绝于道，是可悲的。这是圣贤深刻的告诫，求学者所应当深刻反省的。

【第十一章】孟子曰："道在尔而求诸远，事在易而求之难。人人亲其亲、长其长，而天下平。"

【集注】尔、迩古字通用。易，去声。长，上声。

亲、长在人为甚尔，亲之、长之，在人为甚易，而道初不外是也。舍此而他求，则远且难，而反失之。但人人各亲其亲，各长其长，则天下自平矣。

【今译】"尔""迩"古字通用。易，yì。长，zhǎng。

亲人、官长近在每个人的身旁，敬爱亲人，尊重官长，每个人都很容易做到，而道也不外就是这些。舍弃这些到别处寻求，就遥远并且困难了，反而会失掉道。只要人人各自敬爱自己的亲人，尊重自己的官长，天下就自然太平了。

【第十二章】孟子曰："居下位而不获于上，民不可得而治也。获于上有道：不信于友，弗获于上矣。信于友有道：事亲弗悦，弗信于友矣。悦亲有道：反身不诚，不悦于亲矣。诚身有道：不明乎善，不诚其身矣①。是故诚者，天之道也；

思诚者，人之道也 ②。至诚而不动者，未之有也；不诚，未有能动者也 ③。”

【集注】① 获于上，得其上之信任也。诚，实也。反身不诚，反求诸身，而其所以为善之心有不实也。不明乎善，不能即事以穷理，无以真知善之所在也。游氏曰：“欲诚其意，先致其知。不明乎善，不诚乎身矣。学至于诚身，则安往而不致其极哉？以内则顺乎亲，以外则信乎友，以上则可以得君，以下则可以得民矣。”

② 诚者，理之在我者皆实而无伪，天道之本然也。思诚者，欲此理之在我者皆实而无伪，人道之当然也。

③ 至，极也。杨氏曰：“动，便是验处，若获乎上，信乎友，悦于亲之类是也。”

此章述《中庸》孔子之言，见思诚为修身之本，而明善又为思诚之本。乃子思所闻于曾子，而孟子所受乎子思者，亦与《大学》相表里，学者宜潜心焉。

【今译】① 获于上，得到上级的信任。诚，真实。反身不诚，反省自身，发现自己用来向善的心有不真实的地方。不明白什么是善，不能就事物本身去穷究它的理，就无法真正知道善在哪里。游酢说：“要想心意诚实，先要有透彻的认识。不明白什么是善，就无法使自己诚心向善。求学到了诚心向善的程度，那么做什么还能达不到它的极致呢？在家里能孝顺父母，在外面能取信于朋友，对上能得到君主的喜欢，对下能得到人民的拥护。”

② 诚，指体现在我身上的理都真实而不虚假，是天道的本来状态。思诚，指追求凡我的言行中所表现出来的理都真实而不虚假，是人道的

应当如此。

③ 至，极点。杨时说："使人感动，就是对诚的证明，就像获得上级的好感，得到朋友的信任，使自己的父母高兴之类。"

这一章传述《中庸》篇中孔子的话，以说明思诚是修身的根本，而明白善又是思诚的根本。这是子思从曾子那里听来，而孟子又从子思那里学到的，也是与《大学》一书互相补充的，求学者应当专心沉思。

【第十三章】孟子曰："伯夷辟纣，居北海之滨，闻文王作，兴曰：'盍归乎来！吾闻西伯善养老者。'太公辟纣，居东海之滨，闻文王作，兴曰：'盍归乎来！吾闻西伯善养老者。'① 二老者，天下之大老也，而归之，是天下之父归之也。天下之父归之，其子焉往②？诸侯有行文王之政者，七年之内，必为政于天下矣③。"

【集注】① 辟，去声。

作、兴，皆起也。盍，何不也。西伯，即文王也。纣命为西方诸侯之长，得专征伐，故称西伯。太公，姜姓，吕氏，名尚。文王发政，必先鳏寡孤独，庶人之老皆无冻馁，故伯夷、太公来就其养，非求仕也。

② 焉，於虔反。

二老，伯夷、太公也。大老，言非常人之老者。天下之父，言齿德皆尊，如众父然。既得其心，则天下之心不能外矣。萧何所谓养民致贤以图天下者❶，其意暗与此合，但其意则有公私之辨，学者又不可以不

---

❶　萧何：西汉的开国元勋，第一任丞相。《汉书·萧何传》载，萧何劝刘邦接受"汉王"的任命时说道："臣愿大王王汉中，养其民，以致贤人，收用巴蜀，还定三秦，天下可图也。"

察也。

③ 七年，以小国而言也。大国五年在其中矣。

【今译】① 辟，bì。

作、兴，都是兴起的意思。盍，何不。西伯，即周文王。商纣王任命周文王做西部诸侯国的首领，可以自行决定征伐的事，所以称为西伯。太公，姓姜，吕氏❶，名尚。文王颁布什么政令，一定优先考虑鳏寡孤独的人，平民中的老者也不会受冻挨饿，所以伯夷、太公来接受供养，不是为了求官做。

② 焉，yān。

二老，指伯夷和姜太公。大老，指不是平常人的老者。天下之父，指年龄和德行都很崇高，好像大家的父亲一样。得到了他们的心，那么天下的心就跑不到别处去了。萧何所说的养育民众，招来贤人以谋取天下，和这个道理十分相合，但二者的意思却有公与私的差别，求学者是不可不弄明白的。

③ 七年，从小国说是要七年❷。大国只要五年就可以了。

【第十四章】孟子曰："求也为季氏宰，无能改于其德，而赋粟倍他日。孔子曰：'求非我徒也，小子鸣鼓而攻之可也。'① 由此观之，君不行仁政而富之，皆弃于孔子者也，况于为之强战？争地以战，杀人盈野；争城以战，杀人盈城，此所谓率土地而食人肉，罪不容于死 ②。故善战者服上刑，

❶ 这里的氏是姓的分支，即吕氏是姜姓的分支。后来氏独立，与姓同等了。

❷ 意思是七年就可称王天下。

连诸侯者次之，辟草莱、任土地者次之③**。”**

【集注】① 求，孔子弟子冉求。季氏，鲁卿。宰，家臣。赋，犹取也。取民之粟倍于他日也。小子，弟子也。鸣鼓而攻之，声其罪而责之也。

② 为，去声。

林氏曰：“富其君者，夺民之财耳，而夫子犹恶之，况为土地之故而杀人，使其肝脑涂地，则是率土地而食人之肉，其罪之大，虽至于死，犹不足以容之也。”

③ 辟，与“闢”同。

善战，如孙膑、吴起之徒。连结诸侯，如苏秦、张仪之类。辟，开垦也。任土地，谓分土授民，使任耕稼之责，如李悝尽地力、商鞅开阡陌之类也。

【今译】① 求，孔子弟子冉求。季氏，鲁国的卿。宰，家臣。赋，收取的意思。收取民众的粮食比以往加倍。小子，弟子。鸣鼓而攻之，声讨而责备他。

② 为，wèi。

林之奇说：“使自己君主富有的，不过是夺取了民众的财产罢了，孔子尚且非常憎恶，何况为争夺土地去杀人，让百姓们肝脑涂地，那就是让土地去吃人的肉，这个罪过的重大，即使把他处死，也不足以抵偿。”

③ 辟，与“开辟”的“辟”（闢）同。

善战，像孙膑、吴起之类。连结诸侯，像苏秦、张仪之类。辟，开垦。任土地，把土地分给民众，让他们负责耕种，像李悝尽地力、商鞅开阡

陌之类 **❶**。

【第十五章】孟子曰："存乎人者，莫良于眸子。眸子不能掩其恶。胸中正，则眸子瞭焉；胸中不正，则眸子眊焉 ①。听其言也，观其眸子，人焉廋哉 ②？"

【集注】①眸，音牟。瞭，音了。眊，音耄。

良，善也。眸子，目瞳子也。瞭，明也。眊者，蒙蒙，目不明之貌。盖人与物接之时，其神在目，故胸中正，则神精而明；不正，则神散而昏。

②焉，於虔反。廋，音搜。

廋，匿也。言亦心之所发，故并此以观，则人之邪正不可匿矣。然言犹可以伪为，眸子则有不容伪者。

【今译】①眸，读牟（móu）。瞭，读了（liǎo）。眊，读耄（mào）。

良，好。眸子，瞳孔。瞭，明亮。眊，昏蒙，眼睛不亮的样子。人和事物相接触的时候，他的精神表现于眼睛，所以心中正派，就精神精纯而眼睛明亮；不正派，就精神分散而眼睛混浊。

②焉，yān。廋，读搜（sōu）。

廋，藏匿。语言也是心灵的表现，所以要与这一起观察，人的邪恶与正直就无法隐藏了。不过语言还可以伪装，眸子就无法伪装了。

---

❶ 孙膑、吴起：战国时代著名军事家。苏秦、张仪：战国时代著名外交家。苏秦最重要的外交活动是主张燕、魏、楚等六国实行南北联合以对付秦国，称"合纵"。张仪最重要的外交活动是主张秦与齐国等实行东西联合以破坏六国合纵，称"连横"。李悝、商鞅：战国时代著名政治家。李悝在魏国奖励务农，鼓励开荒，称"尽地力"；商鞅在秦国实行政治改革，主张废除井田制的地界，称"开阡陌"。

【第十六章】孟子曰："恭者不侮人，俭者不夺人。侮夺人之君，惟恐不顺焉，恶得为恭俭？恭俭岂可以声音笑貌为哉？"①

【集注】① 恶，平声。

惟恐不顺，言恐人之不顺己。声音笑貌，伪为于外也。

【今译】① 恶，wū。

惟恐不顺，意思是恐怕别人不顺从自己。声音笑容脸色，是外部做作出来的伪装。

【第十七章】淳于髡曰："男女授受不亲，礼与？"孟子曰："礼也。"曰："嫂溺则援之以手乎？"曰："嫂溺不援，是豺狼也。男女授受不亲，礼也。嫂溺援之以手者，权也。"①曰："今天下溺矣，夫子之不援，何也？"②曰："天下溺，援之以道。嫂溺，援之以手。子欲手援天下乎？"③

【集注】① 与，平声。援，音爰。

淳于，姓；髡，名，齐之辩士。授，与也。受，取也。古礼，男女不亲授受，以远别也。援，救之也。权，秤锤也，称物轻重而往来以取中者也。权而得中，是乃礼也。

② 言今天下大乱，民遭陷溺，亦当从权以援之，不可守先王之正道也。

③ 言天下溺，惟道可以援之，非若嫂溺可手援也。今子欲援天下，乃欲使我枉道求合，则先失其所以援之之具矣。是欲使我以手援天下乎！

此章言直己守道，所以济时；枉道徇人，徒为失己。

【今译】① 与，yú。援，读爰（yuán）。

淳于，姓；髡，名，是齐国善于雄辩的士人。授，给与。受，拿取。古代礼制，男女之间不亲手给与或接受东西，以严格男女之别。援，援救。权，秤锤，用来称量物的轻重并且确定恰当重量。经过"权"而确定了适当的行为，这就是礼。

② 说的是当今天下大乱，老百姓陷入水深火热之中，也应当经过权衡去援救他们，不可固守先王的正道。

③ 意思是天下陷入水深火热，只有道可以援救他们，不是像嫂嫂陷入水中可以用手去援救的。现在您要援救天下，却要让我歪曲正道去寻求迎合，那就先丢掉了用来援救的工具了。这是想让我用手去援救天下吗？

这一章说的是自己正直坚守正道，为的就是拯救这混乱的时代；歪曲了正道去迎合别人的需要，不过是白白丧失自己而已。

【第十八章】公孙丑曰："君子之不教子，何也？"① 孟子曰："势不行也。教者必以正。以正不行，继之以怒。继之以怒，则反夷矣。'夫子教我以正，夫子未出于正也。'则是父子相夷也。父子相夷，则恶矣②。古者易子而教之③，父子之间不责善。责善则离，离则不祥莫大焉④。"

【集注】① 不亲教也。

② 夷，伤也。教子者本为爱其子也，继之以怒，则反伤其子矣。父既伤其子，子之心又责其父曰："夫子教我以正道，而夫子之身未必自行正道。"则是子又伤其父也。

③ 易子而教，所以全父子之恩而亦不失其为教。

④ 责善，朋友之道也。

王氏曰："父有争子，何也？所谓争者，非责善也，当不义，则争之而已矣！父之于子也如何？曰：当不义，则亦戒之而已矣。"

【今译】① 不亲自教育。

② 夷，伤害。教育孩子本来为的是爱孩子，在孩子不听话时发怒，就反过来伤了孩子。父亲伤了儿子，儿子从心里又责备父亲说："您用正道来教育我，但您自己却未必按正道去做。"这就是儿子又伤害了父亲了。

③ 交换儿子进行教育，为了保全父子间的恩情且不耽误儿子的教育。

④ 督促向善，是朋友交往的正道。

王安石说："父有诤子，是什么道理呢？所说的诤，不是责善，而是父亲有了不义行为时，就要谏诤罢了。父亲对于孩子应如何办呢？回答是：当儿子有不义行为时，就告诫他而已。"

【第十九章】孟子曰："事孰为大？事亲为大。守孰为大？守身为大。不失其身而能事其亲者，吾闻之矣。失其身而能事其亲者，吾未之闻也①。孰不为事？事亲，事之本也。孰不为守？守身，守之本也②。曾子养曾晳，必有酒肉。将彻，必请所与。问有余，必曰：'有。'曾晳死，曾元养曾子，必有酒肉。将彻，不请所与。问有余，曰：'亡矣。'将以复进也。此所谓养口体者也。若曾子，则可谓养志也③。事亲若曾子者，可也④。"

【集注】① 守身，持守其身，使不陷于不义也。一失其身，则亏体辱亲，虽日用三牲之养,亦不足以为孝矣。

②事亲孝,则忠可移于君,顺可移于长。身正,则家齐、国治而天下平。

③养,去声。复,扶又反。

此承上文事亲言之。曾晳,名点,曾子父也。曾元,曾子子也。曾子养其父,每食必有酒肉。食毕将彻去,必请于父曰:"此余者与谁?"或父问此物尚有余否,必曰"有",恐亲意更欲与人也。曾元不请所与,虽有言无,其意将以复进于亲,不欲其与人也。此但能养父母之口体而已。曾子则能承顺父母之志,而不忍伤之也。

④言当如曾子之养志,不可如曾元但养口体。程子曰:"子之身所能为者,皆所当为,无过分之事也。故事亲,若曾子可谓至矣,而孟子止曰可也,岂以曾子之孝为有余哉?"

【今译】①守身,保护好自己的身体,不使自己陷于不义的境地。一旦失身,就会损害自己,辱没父母,即使天天让父母有最好的物质享受,也不能算作孝。

②事奉父母孝顺,这样忠诚就可以转用到对待君主,顺从就可以转用到对待官长。自身端正,家里就有秩序,国家就治理得好,而天下也就太平。

③养,yàng。复,fù。

这里接着上文事奉父母论述。曾晳,名点,曾子的父亲。曾元,曾子的儿子。曾子赡养父亲,每顿必有酒肉。吃完将要撤去时,必向父亲请示:"这剩下的给谁?"或者父亲问这东西还有多余的吗,必定回答说"有",因为考虑到父亲可能会馈赠别人。曾元不加请示,即使还有却说没有,那意思是还想再给父亲吃,不想让父亲送给别人。这是只能

赡养父亲的口与身体罢了。曾子却能顺从父母的心愿，而不忍让父母
伤心。

④ 这是说应当像曾子一样赡养父母的心志，不可像曾元一样只赡
养口和身体。程子说："您自己能做到的，都应当努力去做，没有过分
的事。所以事奉父母，像曾子那样可说是做到极致了，但孟子还仅仅说
'可以'，这难道是说曾子的孝过分了吗？"

【第二十章】孟子曰："人不足与適也，政不足间也。惟
大人为能格君心之非。君仁，莫不仁。君义，莫不义。君正，
莫不正。一正君而国定矣。"①

【集注】① 適，音谪。间，去声。

赵氏曰："適，过也。间，非也。格，正也。"徐氏曰："格者，物之
所取正也。《书》曰：'格其非心。'"

愚谓："间"字上亦当有"与"字。言人君用人之非，不足过谪；行
政之失，不足非间。惟有大人之德，则能格其君心之不正以归于正，而
国无不治矣。大人者，大德之人，正己而物正者也。

程子曰："天下之治乱，系乎人君之仁与不仁耳。心之非即害于政，
不待乎发之于外也。昔者孟子三见齐王而不言事，门人疑之。孟子曰：
'我先攻其邪心。心既正，而后天下之事可从而理也。'夫政事之失，用
人之非，智者能更之，直者能谏之，然非心存焉，则事事而更之后，复有
其事，将不胜其更矣；人人而去之后，复用其人，将不胜其去矣。是以
辅相之职，必在乎格君心之非，然后无所不正。而欲格君心之非者，非
有大人之德，则亦莫之能也。"

【今译】① 適，读谪（zhé）。间，jiàn。

赵岐说：“適，谴责。间，非议。格，纠正。”徐度说 ❶：“格，是被物用作正确标准的东西。《尚书·冏命》说：‘格其非心。’”

我认为，“间”字前面也应当有“与”字。说的是君主用人的过错，不值得谴责；施政的失误，不足以非议。只有大人的德行，才能纠正君主心里不端正的让它归于端正，从而国家就没有治理不好的地方。大人，大德的人，他自己端正并且也使别人端正的人。

程子说：“天下的治乱，决定于君主的仁还是不仁。内心的过错会危害政治，不必等它表现在外部。过去孟子三次见到齐王却不提政事，弟子们都疑惑不解。孟子说：‘我先端正他的邪心，心端正了，然后天下的事就可以跟着治理好了。’那施政的失误，用人的过错，智者能够改正他，正直的人能够批评他，然而倘若不是有那求治求贤的心，就要事事进行纠正，纠正以后还会出错，就会有纠正不完的错事；一个人一个人地去罢免他们，以后他还会用这样的人，就会有罢免不完的坏人。所以肩负辅佐君主责任的人，一定要致力于纠正君主内心的过失，然后就会没有不端正的。而要想纠正君主内心的过失，若没有大德之人的崇高德行，也做不到。”

【第二十一章】孟子曰：“有不虞之誉，有求全之毁。”①

【集注】① 虞，度也。吕氏曰：“行不足以致誉而偶得誉，是谓不虞之誉。求免于毁而反致毁，是谓求全之毁。言毁誉之言未必皆实，修己者不可以是遽为忧喜，观人者不可以是轻为进退。”

【今译】① 虞，测度，预料。吕大临说：“行为不应得到称赞却得到了

❶ 徐度：字孝节，唐代学者。

称赞，这叫做'不虞之誉'。追求免遭诋毁却反而招来了诋毁，这叫做'求全之毁'。这是说毁誉的话未必都符合事实，修养自己的人不可因为这些就或忧或喜，考察别人的人不可因为这些就决定用还是不用。"

【第二十二章】孟子曰："人之易其言也，无责耳矣。"①

【集注】①易，去声。

人之所以轻易其言者，以其未遭失言之责故耳。盖常人之情，无所惩于前，则无所警于后。非以为君子之学，必俟有责而后不敢易其言也。然此岂亦有为而言之与？

【今译】①易，yì。

人之所以说话轻率，是因为他没有因失言受到过责备。一般人的情况是，前面没有受过惩罚，后面就不会有所警惕。并不是主张君子的学问，一定要等到受了责备后才不敢轻率地发表言论。然而这个话是否也是有为而发的呢？

【第二十三章】孟子曰："人之患，在好为人师。"①

【集注】①好，去声。

王勉曰："学问有余，人资于己，不得已而应之可也。若好为人师，则自足而不复有进矣，此人之大患也。"

【今译】①好，hào。

王勉说："学问有了成就，别人从我这里有所吸取，不得已而应答就可以了。如果好为人师，就自满自足而不会再有进步了，这是人的大毛病。"

【第二十四章】乐正子从于子敖之齐①。乐正子见孟子。孟子曰："子亦来见我乎？"曰："先生何为出此言也？"曰："子来几日矣？"曰："昔者。"曰："昔者，则我出此言也，不亦宜乎？"曰："舍馆未定。"曰："子闻之也，舍馆定，然后求见长者乎？"②曰："克有罪。"③

【集注】① 子敖，王驩字。

② 长，上声。

昔者，前日也。馆，客舍也。王驩，孟子所不与言者，则其人可知矣，乐正子乃从之行，其失身之罪大矣，又不早见长者，则其罪又有甚者焉，故孟子姑以此责之。

③ 陈氏曰："乐正子固不能无罪矣，然其勇于受责如此，非好善而笃信之，其能若是乎？世有强辩饰非、闻谏愈甚者，又乐正子之罪人也！"

【今译】① 子敖，王驩的字。

② 长，zhǎng。

昔者，前天。馆，客店。王驩，是孟子所不愿理睬的人，这个人怎么样也就可想而知了，乐正子却跟着他走，他失身的罪过是大的，又不能及时谒见长者，那么他的罪过就更加严重了，所以孟子姑且以此责备他。

③ 陈旸说："乐正子固然不能说无罪，但他能这样勇敢地接受责备，如果不是好善并切实信道的人，能做到这些吗？世上有强词夺理、闻过饰非、听到批评就更加强词掩饰的人，这又是乐正子的罪人了。"

【第二十五章】孟子谓乐正子曰："子之从于子敖来，徒餔啜也。我不意子学古之道，而以餔啜也！”①

【集注】①餔，博孤反。啜，昌悦反。

徒，但也。餔，食也。啜，饮也。言其不择所从，但求食耳。此乃正其罪而切责之。

【今译】①餔，bū。啜，chuò。

徒，仅仅。餔，吃饭。啜，饮酒。说的是他不选择跟什么人，只是为了找一口饭吃罢了。这里就明确指出他的罪过并加以谴责。

【第二十六章】孟子曰：“不孝有三，无后为大①。舜不告而娶，为无后也，君子以为犹告也②。”

【集注】①赵氏曰：“于礼，有不孝者三事，谓阿意曲从，陷亲不义，一也；家贫亲老，不为禄仕，二也；不娶无子，绝先祖祀，三也。三者之中，无后为大。”

②“为无”之“为”，去声。

舜告焉，则不得娶，而终于无后矣。告者，礼也；不告者，权也。犹告，言与告同也。盖权而得中，则不离于正矣。

范氏曰：“天下之道，有正有权。正者，万世之常；权者，一时之用。常道人皆可守，权非体道者不能用也。盖权出于不得已者也。若父非瞽瞍，子非大舜，而欲不告而娶，则天下之罪人也。”

【今译】①赵岐说：“按礼制，被认为不孝的事有三件，即百依百顺，使父母陷入不义，是第一件；家里贫穷，父母年迈，却不去出仕挣得俸禄，是第二件；不娶妻而没有儿子，断绝祖先的祭祀，是第三件。三条之中，没有儿子是最大的不孝。”

②"为无"的"为"，wèi。

舜向父母请示，就不可能娶妻，最终将没有儿子。请示，是礼制的规定；不请示，是临时的权变。犹告，意思是和请示过了是一样的。经过权衡找到正确的途径，就不会背离正道。

范祖禹说："天下的道，有正规的，有权变的。正规的，是千秋万代永恒的法则；权变的，仅是暂时的应用。永恒的道人人都可以坚持，而权变，若不是对道有深刻体会，就不能应用。权变往往是出于不得已的情况。如果父亲不是瞽瞍，儿子不是伟大的舜，却想不请示父母就娶妻，那就是普天下的罪人了。"

【第二十七章】孟子曰："仁之实，事亲是也。义之实，从兄是也①。智之实，知斯二者弗去是也。礼之实，节文斯二者是也。乐之实，乐斯二者，乐则生矣，生则恶可已也。恶可已，则不知足之蹈之、手之舞之②。"

【集注】① 仁主于爱，而爱莫切于事亲；义主于敬，而敬莫先于从兄。故仁义之道，其用至广，而其实不越于事亲从兄之间。盖良心之发，最为切近而精实者。有子以孝弟为为仁之本，其意亦犹此也。

② "乐斯""乐则"之"乐"，音洛。恶，平声。

斯二者，指事亲从兄而言。知而弗去，则见之明而守之固矣。节文，谓品节文章。乐则生矣，谓和顺从容无所勉强。事亲从兄之意，油然自生，如草木之有生意也。既有生意，则其畅茂条达，自有不可遏者，所谓"恶可已"也。其又盛，则至于手舞足蹈而不自知矣。

此章言事亲从兄，良心真切。天下之道，皆原于此。然必知之明而守之固，然后节之密而乐之深也。

【今译】① 仁的核心是爱,爱没有比事奉父母更要紧的;义的核心是敬,敬没有比服从兄长更重要的。所以仁义之道,它的应用十分广泛,但它的内容却没超出事奉父母、服从兄长之外。所以良心的表现,最切近、精微和确实。有子把孝悌作为行仁的根本,意思也是如此。

② “乐斯”“乐则”的“乐”,读洛(lè)。恶,wū。

斯二者,指事奉父母、服从兄长而言。懂得了并且能坚持而不抛弃,就是认识明确,保持牢固。节文,指类别节奏和外部修饰。乐则生矣,指随和顺从,从容不迫,没有什么勉强。事奉父兄的意愿油然而生,就像草木有了生气。既有生气,它枝条茂盛,自然有不可遏止的东西,这就是所说的“恶可已”。它进一步茂盛,就会不知不觉地手舞足蹈起来。

这一章说的是事奉父兄,良心真诚而切实。天下的道,本原都在这里。但是必须认识清楚,坚持牢固,然后节制就会严格并且快乐也会深刻。

【第二十八章】孟子曰:“天下大悦而将归己。视天下悦而归己犹草芥也,惟舜为然。不得乎亲,不可以为人。不顺乎亲,不可以为子①。舜尽事亲之道而瞽瞍厎豫,瞽瞍厎豫而天下化,瞽瞍厎豫而天下之为父子者定,此之谓大孝②。”

【集注】① 言舜视天下之归己如草芥,而惟欲得其亲而顺之也。得者,曲为承顺以得其心之悦而已。顺,则有以谕之于道,心与之一而未始有违,尤人所难也。为人,盖泛言之。为子,则愈密矣。

② 瞽瞍,舜父名。厎,致也。豫,悦乐也。瞽瞍至顽,尝欲杀舜,至是而厎豫焉,《书》所谓“不格奸”“亦允若”是也。盖舜至此,而有以顺乎亲矣。是以天下之为子者,知天下无不可事之亲,顾吾所以事之

者，未若舜耳，于是莫不勉而为孝，至于其亲亦厎豫焉，则天下之为父者，亦莫不慈，所谓化也。子孝父慈，各止其所，而无不安其位之意，所谓定也。为法于天下，可传于后世，非止一身一家之孝而已，此所以为大孝也。

李氏曰："舜之所以能使瞽瞍厎豫者，尽事亲之道，共为子职，不见父母之非而已。昔罗仲素语此云：'只为天下无不是底父母。'了翁闻而善之曰：'惟如此，而后天下之为父子者定。'彼臣弑其君、子弑其父者，常始于见其有不是处耳。"

【今译】① 说的是舜把天下人都拥护自己视为草芥，而只想得到父母的喜爱并顺从他们。得，指千方百计地听话顺从以求得他们内心的喜悦。顺，就有必要使父母明白正道，心和父母一致而不加违背，尤其是人们所难以做到的。"为人"是泛指。"为子"就更加贴近了。

② 瞽瞍，舜的父亲的名字。厎，达到。豫，喜悦和快乐。瞽瞍极其顽劣，曾想杀舜，到现在就厎豫了，就是《尚书》所说的"不格奸""亦允若" ❶。舜到此时，也就有可能顺从父亲了。所以天下做儿子的，知道天下没有不可事奉的父母，只是自己事奉父母，还未能像舜那样，于是就没有不努力行孝，直到自己的父母也能厎豫的，那么天下做父亲的，也就没有不慈爱的，这就是所说的化。儿子孝顺，父亲慈爱，各人都找到自己的位置，而没有不安于位的意思，这就是所说的定。为天下人做一个榜样，可以流传后世，不仅是一人一家的孝顺就完了，这就是

---

❶　"不格奸"：出自《尚书·尧典》。"亦允若"：出自《尚书·大禹谟》。二句的意思是说，舜用德行感化父亲瞽瞍，使他不至于构成罪恶（不格奸），并且也能信任和听从舜（亦允若）。

被称为大孝的原因。

　　李侗说："舜之所以能使瞽瞍厎豫，不过是尽到事奉父母该做的一切，作为儿子，不看见父母的错误罢了。过去罗仲素说到这件事时发议论道 ❶：'只因为天下没有不对的父母。' 陈了翁听到后赞赏说 ❷：'只有如此，天下做父做子的才能安定。' 那臣子弑君、儿子杀父的事件，往往是开始于见到君、父有错误的地方。"

---

❶　罗仲素：即罗从彦，字仲素。北宋末年学者，曾师从杨时、程颐，著有《论语解》《孟子解》《中庸说》等。

❷　陈了翁：即陈瓘，字莹中，北宋末年学者。

离娄章句下

【集注】凡三十三章。

【今译】共三十三章。

　　【第一章】孟子曰："舜生于诸冯，迁于负夏，卒于鸣条，东夷之人也①。文王生于岐周，卒于毕郢，西夷之人也②。地之相去也千有余里，世之相后也千有余岁，得志行乎中国，若合符节③。先圣后圣，其揆一也④。"

【集注】①诸冯、负夏、鸣条，皆地名，在东方夷服之地。

　　②岐周，岐山下周旧邑，近畎夷。毕郢，近丰镐，今有文王墓。

　　③得志行乎中国，谓舜为天子，文王为方伯，得行其道于天下也。符节，以玉为之，篆刻文字而中分之，彼此各藏其半，有故，则左右相合以为信也。若合符节，言其同也。

　　④揆，度也。其揆一者，言度之，而其道无不同也。

　　范氏曰："言圣人之生，虽有远近先后之不同，然其道则一也。"

【今译】①诸冯、负夏、鸣条，都是地名，在东方夷服地区❶。

　　②岐周，岐山下周国的旧地，接近畎夷。毕郢，接近丰镐，现存有周文王墓。

---

❶ 夷服：据《周礼·职方氏》，周代以王都为中心，向外按距离远近，以五百里为等差，分别称为侯服、甸服、男服、采服、卫服、蛮服、夷服、镇服、藩服九类地区。服，服从王室，即中央政权。夷服是九服之一。

③ 得志行乎中国,指舜作为天子,文王作为方伯,得以把自己的道推行到天下。符节,用玉做成,篆刻上文字,然后从中间分开,彼此各藏一半,有事的时候,两半相合作为凭信。若合符节,形容他们的相同。

④ 揆,测度。其揆一,意思是测度、衡量他们,他们的道没有什么不同。范祖禹说:"说的是圣人的出现,虽然有先后远近的不同,但他们的道是一样的。"

【第二章】子产听郑国之政,以其乘舆济人于溱、洧①。孟子曰:"惠而不知为政②。岁十一月徒杠成,十二月舆梁成,民未病涉也③。君子平其政,行辟人可也,焉得人人而济之④? 故为政者,每人而悦之,日亦不足矣⑤。"

【集注】① 乘,去声。溱,音臻。洧,荣美反。

子产,郑大夫公孙侨也。溱、洧,二水名也。子产见人有徒涉此水者,以其所乘之车载而渡之。

② 惠,谓私恩小利。政,则有公平正大之体,纲纪法度之施焉。

③ 杠,音江。

杠,方桥也。徒杠,可通徒行者。梁,亦桥也。舆梁,可通车舆者。周十一月,夏九月也。周十二月,夏十月也。夏令曰:"十月成梁。"盖农功已毕,可用民力,又时将寒冱,水有桥梁,则民不患于徒涉,亦王政之一事也。

④ 辟,与"闢"同。焉,於虔反。

辟,辟除也,如《周礼·阍人》"为之辟"之辟。言能平其政,则出行之际,辟除行人,使之避己,亦不为过。况国中之水,当涉者众,岂能悉以乘舆济之哉!

⑤ 言每人皆欲致私恩以悦其意，则人多日少，亦不足于用矣。诸葛武侯尝言："治世以大德不以小惠。"得孟子之意矣。

【今译】① 乘，shèng。溱，读臻（zhēn）。洧，wěi。

子产，郑国大夫公孙侨。溱、洧，两条河的名字。子产见有人徒步淌水过河，就用自己乘坐的车渡他们过河。

② 惠，指私恩小利。政，有公平正大的内涵和法令制度的措施。

③ 杠，读江（jiāng）。

杠，方木桥 ❶。徒杠，可通行徒步过河的。梁，也是桥。舆梁，可通行车辆的。周代十一月，相当于夏代的九月。周代十二月，相当于夏代的十月。夏代的月令说："十月成梁。" ❷因为农活已经结束，可以使用民力，加上天气一天天寒冷，河上有了桥梁，百姓们过河就不感到困难了，这也是实行王道仁政的一项内容。

④ 辟，同"闢"。焉，yān。

辟，清道避人，如《周礼》中守门人在宫内有人出入时让别人回避的回避 ❸。说的是政治措施恰当，在出行的时候，清除行人，让他们回避自己，也不算过分。何况一个国家的河流，要过的人很多，难道用自己的车能把他们全都渡来渡去吗？

⑤ 说的是对每个人都想用自己所施的恩惠让他们高兴，那么众人

---

❶ 一说是独木桥。

❷ 《国语·周语中》："故夏令曰：九月除道，十月成梁。"夏令：当是夏代的月令。月令，古人对每个月该做什么的安排。

❸ 见《周礼·天官冢宰·阍人》："阍人掌守王宫之中门之禁……凡外内命妇出入，则为之避。"

多而自己生命短促，也是不够用的。诸葛武侯曾经说过 ❶："治理国家靠大功德，不靠小恩小惠。"这是领会了孟子的意思的。

【第三章】孟子告齐宣王曰："君之视臣如手足，则臣视君如腹心。君之视臣如犬马，则臣视君如国人。君之视臣如土芥，则臣视君如寇雠。"①

王曰："礼，为旧君有服。何如斯可为服矣？"② 曰："谏行言听，膏泽下于民；有故而去，则君使人导之出疆，又先于其所往；去三年不反，然后收其田里。此之谓三有礼焉。如此，则为之服矣 ③。今也为臣，谏则不行，言则不听，膏泽不下于民；有故而去，则君搏执之，又极之于其所往；去之日，遂收其田里，此之谓寇雠。寇雠何服之有 ④？"

【集注】①孔氏曰："宣王之遇臣下，恩礼衰薄，至于昔者所进，今日不知其亡，则其于群臣，可谓邈然无敬矣，故孟子告之以此。手足腹心，相待一体，恩义之至也。如犬马，则轻贱之，然犹有豢养之恩焉。国人，犹言路人，言无怨无德也。土芥，则践踏之而已矣，斩艾之而已矣。其贱恶之，又甚矣。寇雠之报，不亦宜乎！"

②为，去声，下"为之"同。

《仪礼》曰：以道去君而未绝者，服齐衰三月。王疑孟子之言太甚，故以此礼为问。

③导之出疆，防剽掠也。先于其所往，称道其贤，欲其收用之也。三年而后收其田禄里居，前此犹望其归也。

---

❶ 诸葛武侯：即诸葛亮，三国时代蜀国丞相，封武乡侯。这话亦见于《资治通鉴》卷七十五等。

④ 极,穷也,穷之于其所往之国,如晋锢栾盈也。

潘兴嗣曰:"孟子告齐王之言,犹孔子对定公之意也。而其言有迹,不若孔子之浑然也。盖圣贤之别如此。"杨氏曰:"君臣以义合者也,故孟子为齐王深言报施之道,使知为君者不可不以礼遇其臣耳。若君子之自处,则岂处其薄乎!孟子曰:'王庶几改之,予日望之。'君子之言,盖如此。"

【今译】① 孔文仲说:"齐宣王对待臣子,既少恩,又无礼,至于不久前提拔任用的,今天都不知跑到哪里去了,他对于群臣,可算是冷漠而没有敬意的了,所以孟子这样告诉他。手足腹心,互相依赖是一个整体,这是恩义到了极点。像狗和马,这就轻视了,不过还有豢养的恩情。国人,也就是路人,意思是无怨恨也无恩德。土芥,那就任意践踏就是,砍杀就是,轻视和憎恶就更加厉害了。像对待仇敌一样地回报他,不是很自然的吗?"

② 为,wèi。下面"为之"的"为",与此相同。

《仪礼》说:由于正常的原因离开了君主但联系没有断绝的,为君主服丧三个月❶。宣王觉得孟子的话太过分了,所以用这个礼制发问。

③ 导之出疆,为防止路上被人抢劫。先于其所往,是先到他要去的地方称道他的贤能,希望当地能够收留和任用。三年以后收回他的土地、俸禄和住房,因为在此以前还盼望他能回来。

④ 极,窘困,到他所去的国家里窘困他,就像晋国的禁锢栾盈❷。

---

❶ 参见《仪礼·丧服》。这是朱熹转述《仪礼》内容及自己对《仪礼》的理解,不是原文。

❷ 《左传·襄公二十一年》:晋国栾盈无罪而被驱逐,晋国又和诸侯会盟,让各国都不接纳栾盈。

潘兴嗣说❶:"孟子对齐王说的,也是孔子对鲁定公说的。但孟子说得具体,不像孔子说得婉转。圣与贤的区别就在这里。"杨时说:"君臣是用道义结合在一起的,所以孟子向齐王深刻论述了报答和施与的关系,让他知道做君主的不可不以礼对待臣子。若是君子要求自己,哪能做这样刻薄的事呢❷!孟子说:'王大约能够改正,我日夜盼望着。'君子的话,就是如此。"

【第四章】孟子曰:"无罪而杀士,则大夫可以去;无罪而戮民,则士可以徙。"①

【集注】① 言君子当见几而作。祸已迫,则不能去矣。

【今译】① 说的是君子看到苗头就要立即采取行动。大祸临头,就走不了了。

【第五章】孟子曰:"君仁,莫不仁。君义,莫不义。"①

【集注】① 张氏曰:"此章重出。然上篇主言人臣当以正君为急,此章直戒人君,义亦小异耳。"

【今译】① 张琥说❸:"这一章是重复出现的。不过上一篇主要是讲臣子应当以使君主端正为最重要的事,这一章是直接告诫君主,意义也稍有区别。"

【第六章】孟子曰:"非礼之礼,非义之义,大人弗为。"①

---

❶ 潘兴嗣:北宋末年学者,周敦颐的朋友。

❷ 即不会把君主看作路人或仇敌。

❸ 张琥:北宋儒者,曾积极参与王安石变法。

【集注】① 察理不精,故有二者之蔽。大人则随事而顺理,因时而制宜,岂为是哉?

【今译】① 对理辨别不清,所以有这两种弊病。大德之人能随事而顺从理,因时制宜,哪能做这样的事呢?”

【第七章】孟子曰:“中也养不中,才也养不才,故人乐有贤父兄也。如中也弃不中,才也弃不才,则贤不肖之相去,其间不能以寸。”①

【集注】① 乐,音洛。

无过不及之谓中,足以有为之谓才。养,谓涵育熏陶,俟其自化也。贤,谓中而才者也。乐有贤父兄者,乐其终能成己也。为父兄者,若以子弟之不贤遂遽绝之而不能教,则吾亦过中而不才矣。其相去之间,能几何哉?

【今译】① 乐,读洛(lè)。

没有过分和不及叫做中,足以有所作为叫做才。养,指影响熏陶,等他自己变化。贤,指又中又才的人。乐有贤父兄,是高兴他们能让自己最终有所成就。做父兄的,若是因为儿子兄弟不贤就弃绝他们而不进行教育,那么我也过分,因而不中也不才了。这其间的距离,能有多少呢?

【第八章】孟子曰:“人有不为也,而后可以有为。”①

【集注】① 程子曰:“有不为,知所择也。惟能有不为,是以可以有为。无所不为者,安能有所为邪?”

【今译】① 程子说：“有不为，就是知道选择什么。只有能有所不为，才可以有为。无所不为的，怎能有所作为呢？”

【第九章】孟子曰：“言人之不善，当如后患何？”①

【集注】① 此亦有为而言。

【今译】① 这也是有感而发。

【第十章】孟子曰：“仲尼不为已甚者。”①

【集注】① 已，犹太也。杨氏曰：“言圣人所为，本分之外不加毫末。非孟子真知孔子，不能以是称之。”

【今译】① 已，太的意思。杨时说：“意思是圣人的所作所为，在本分之外不加丝毫。若不是孟子真正了解孔子，就不能这样地称赞孔子。”

【第十一章】孟子曰：“大人者，言不必信，行不必果，惟义所在。”①

【集注】① 行，去声。

必，犹期也。大人言行，不先期于信、果，但义之所在，则必从之，卒亦未尝不信、果也。

尹氏曰：“主于义，则信、果在其中矣。主于信、果，则未必合义。”

王勉曰：“若不合于义，而不信不果，则妄人尔！”

【今译】① 行，xìng。必，预期的意思。大人物的言行，不事先预期信和果❶，只要是义所在的地方，就必定跟上去，最终也不会没有信和果。

---

❶ 信：说的话兑现。果：办的事达到预期效果。

尹焞说："以义为主导,信和果就在其中了。以信和果为主导,则未必能合乎义。"王勉说:"如果不合乎义,又不信不果,那就是妄人。"

【第十二章】孟子曰："大人者,不失其赤子之心者也。"①

【集注】① 大人之心,通达万变。赤子之心,则纯一无伪而已。然大人之所以为大人,正以其不为物诱,而有以全其纯一无伪之本然,是以扩而充之,则无所不知,无所不能,而极其大也。

【今译】① 大人物的心,四通八达,千变万化。赤子之心,就是纯洁专一而没有虚伪罢了。然而伟大人物之所以成为伟大人物,正因为他不受外物的引诱,而能够保全他纯洁专一没有虚伪的本然状态,所以扩大并且充满,就无所不知,无所不能,从而使它的伟大达到极点。

【第十三章】孟子曰："养生者不足以当大事,惟送死可以当大事。"①

【集注】① 养,去声。

事生固当爱敬,然亦人道之常耳。至于送死,则人道之大变。孝子之事亲,舍是无以用其力矣,故尤以为大事,而必诚必信,不使少有后日之悔也。

【今译】① 养,yàng。

事奉在世的父母固然应当亲爱和尊敬,然而那也是人都应当做的。至于送死,则是人生的重大变故。孝子对父母的事奉,除此以外就没有尽力的地方了,所以尤其当作大事,从而一定真诚、信实,不给以后留下丝毫悔恨的地方。

【第十四章】孟子曰：“君子深造之以道，欲其自得之也。自得之，则居之安。居之安，则资之深。资之深，则取之左右逢其原。故君子欲其自得之也。”①

【集注】①造，七到反。

造，诣也。深造之者，进而不已之意。道，则其进为之方也。资，犹藉也。左右，身之两旁，言至近而非一处也。逢，犹值也。原，本也，水之来处也。言君子务于深造而必以其道者，欲其有所持循，以俟夫默识心通，自然而得之于己也。自得于己，则所以处之者安固而不摇。处之安固，则所藉者深远而无尽。所藉者深，则日用之间取之至近，无所往而不值其所资之本也。

程子曰：“学不言而自得者，乃自得也。有安排布置者，皆非自得也。然必潜心积虑，优游厌饫于其间，然后可以有得。若急迫求之，则是私己而已，终不足以得之也。”

【今译】①造，zào。

造，到某处去。深造，前进而不停止。道，就是他前进和行为的方式。资，借助的意思。左右，身体的两边，说的是非常近而且不只一处。逢，遇到。原，本原，水的来源处。说的是君子力求不断前进并且必定根据正道的原因，为的是使君子有所遵循，以求达到心领神会，自然有所自得。自己有所得，那用来安身的原则就安稳坚固而不动摇。安身原则稳当坚固，那所借助的就深远而没有穷尽。所借助的深远，那么在日用之间取于身旁的东西，无论到哪里，都能遇到它所依赖的根本。

程子说：“求学不作声而自得的，是真正的自得。有所安排布置，都不是自得。然而必须埋头潜心积虑，在其中逍遥漫游吃饱喝足，然后才可以有所自得。如果急迫地追求，就是自己有私心罢了，终究不会有什么收获。"

【第十五章】孟子曰："博学而详说之，将以反说约也。"①

【集注】① 言所以博学于文而详说其理者，非欲以夸多而斗靡也，欲其融会贯通，有以反而说到至约之地耳。盖承上章之意而言，学非欲其徒博，而亦不可以径约也。

【今译】① 说的是广博地学习文献知识，并且详细探讨其中的理，其目的不是为了炫耀博学，争强斗胜，而是为了融会贯通，然后返回并领会那最扼要、简约的地方。这是接着上章的论述来说，学问不是仅仅为了渊博，但是也不可以直接到达简约。

【第十六章】孟子曰："以善服人者，未有能服人者也。以善养人，然后能服天下。天下不心服而王者，未之有也。"①

【集注】① 王，去声。

服人者，欲以取胜于人。养人者，欲其同归于善。盖心之公私小异，而人之向背顿殊。学者于此，不可以不审也。

【今译】① 王，wàng。

服人，想要胜过别人。养人，想要和别人一同到达善的境界。人心的为公为私稍有区别，人们的向背马上就会做出不同反应。求学者在这里，是不可不慎重的。

【第十七章】孟子曰："言无实不祥。不祥之实，蔽贤者当之。"①

【集注】① 或曰："天下之言,无有实不祥者,惟蔽贤为不祥之实。"或曰："言而无实者不祥,故蔽贤为不祥之实。"二说不同,未知孰是。疑或有阙文焉。

【今译】① 一说："天下的言论没有真正是对国家社会不利的,只有压制贤才是真正危害国家的。"另一说是："没有实际根据的言论是对国家社会不利的言论,所以压制贤才就是危害国家的实际表现。"两种解释不同,不知谁对谁错。我怀疑这一章可能有缺文。

【第十八章】徐子曰:"仲尼亟称于水,曰:'水哉,水哉!'何取于水也?"①

孟子曰:"原泉混混,不舍昼夜,盈科而后进,放乎四海。有本者如是,是之取尔②。苟为无本,七八月之间雨集,沟浍皆盈;其涸也可立而待也。故声闻过情,君子耻之③。"

【集注】① 亟,去吏反。

亟,数也。"水哉!水哉",叹美之辞。

② 舍、放,皆上声。

原泉,有原之水也。混混,涌出之貌。不舍昼夜,言常出不竭也。盈,满也。科,坎也。言其进以渐也。放,至也。言水有原本,不已而渐进,以至于海,如人有实行,则亦不已而渐进,以至于极也。

③ 浍,古外反。涸,下各反。闻,去声。

集,聚也。浍,田间水道也。涸,干也。如人无实行,而暴得虚誉,不能长久也。声闻,名誉也。情,实也。耻者,耻其无实而将不继也。林氏曰:"徐子之为人,必有躐等干誉之病,故孟子以是答之。"

　　邹氏曰："孔子之称水,其旨微矣。孟子独取此者,自徐子之所急者言之也。夫子尝以闻达告子张矣。达者,有本之谓也。闻,则无本之谓也。然则学者其可以不务本乎!"

【今译】①亟,qì(气)。

亟,屡次。"水哉!水哉",赞叹的话。

②舍,shě。放,fǎng。

原泉,有源的水。混混,即滚滚,水涌出的样子。不舍昼夜,意思是一直涌出而不枯竭。盈,充满。科,坑洼。说的是水的前进是逐渐的。放,到达。说的是水有源泉,不停地逐渐前进直到流入大海,就像人有实际的善行,也会不停地逐渐前进直到极点。

③浍,kuài。涸,hé。闻,wèn。

集,集中。浍,田间的渠道。涸,干枯。就像人没有实际的善行,却骤然得到虚假的声誉,是不能长久的。声闻,名誉。情,真实情况。耻,对于这种不符合实际并且难以持久的虚名感到羞耻。林之奇说:"徐辟的为人,一定有不切实努力却去追求虚名的毛病,所以孟子这样回答他。"

邹浩说:"孔子称赞水,意思很深刻。孟子仅仅讲了这一点,是从对徐辟最需要的角度出发的。孔子曾经对子张讲什么叫做闻达。达,指的就是有根本。闻,指的就是没有根本。那么学者怎么可以不致力于根本呢?"

　　【第十九章】孟子曰:"人之所以异于禽兽者几希,庶民去之,君子存之①。舜明于庶物,察于人伦,由仁义行,非行仁义也②。"

【集注】① 几希，少也。庶，众也。人物之生，同得天地之理以为性，同得天地之气以为形，其不同者，独人于其间得形气之正，而能有以全其性，为少异耳。虽曰少异，然人物之所以分，实在于此。众人不知此而去之，则名虽为人，而实无以异于禽兽。君子知此而存之，是以战兢惕厉，而卒能有以全其所受之正也。

② 物，事物也。明，则有以识其理也。人伦，说见前篇。察，则有以尽其理之详也。物理固非度外，而人伦尤切于身，故其知之有详略之异。在舜，则皆生而知之也。"由仁义行，非行仁义"，则仁义已根于心，而所行皆从此出，非以仁义为美，而后勉强行之，所谓安而行之也。此则圣人之事，不待存之而无不存矣。

尹氏曰："'存之'者，君子也。'存'者，圣人也。君子所存，存天理也。'由仁义行'，存者能之。"

【今译】① 几希，很少的意思。庶，群众。人和物的出生，都一样地得到了天地之理作为自己的本性，一样地得到了天地之气作为自己的形体，所不同的，是只有人得到了正气并且形体端正，从而有可能保全自己的本性，和动物有这么一点小差别。虽说差别不大，但人和物的区别，也就在这里。大多数人不懂得这一点，因而丢掉了，因此他们虽然名义上也叫做人，但实际上却和禽兽没有差别。君子懂得这一点，从而把本性保持下来，所以谨慎小心、警惕勉励，最终能够把所禀受的天理保持完整。

② 物，事物。明，就是能够认识它的理。人伦，解释已见前篇。察，就有可能穷尽理的细节。物理固然不在视野之外，但人伦对于自身却最为密切，所以他的知也有详与略的不同。对于舜，这都是他生而知之的事情。"由仁义行，非行仁义"，是仁义已在心里扎根，从而一切行为

都从仁义出发，不是由于仁义美好，然后勉强去做。这就是所说的安心于此因而这样去做。这是圣人的事业，不必去着意保存，却没有不存留的。

尹焞说："能'存之'的，是君子。已经'存'了的，是圣人。君子所存的，是存天理。'由仁义行'，那已经'存'了的圣人能够做到。"

【第二十章】孟子曰："禹恶旨酒而好善言①。汤执中，立贤无方②。文王视民如伤，望道而未之见③。武王不泄迩，不忘远④。周公思兼三王，以施四事。其有不合者，仰而思之，夜以继日；幸而得之，坐以待旦⑤。"

【集注】①恶、好，皆去声。

《战国策》曰："仪狄作酒，禹饮而甘之，曰：'后世必有以酒亡其国者。'遂疏仪狄而绝旨酒。"《书》曰："禹拜昌言。"

②执，谓守而不失。中者，无过不及之名。方，犹类也。立贤无方，惟贤则立之于位，不问其类也。

③而，读为如，古字通用。

民已安矣，而视之犹若有伤。道已至矣，而望之犹若未见。圣人之爱民深而求道切如此。不自满足，终日乾乾之心也。

④泄，狎也。迩者，人所易狎而不泄；远者，人所易忘而不忘，德之盛、仁之至也。

⑤三王，禹也、汤也、文武也。四事，上四条之事也。时异势殊，故其事或有所不合，思而得之，则其理初不异矣。坐以待旦，急于行也。

此承上章言舜，因历叙群圣以继之，而各举其一事，以见其忧勤惕厉之意。盖天理之所以常存，而人心之所以不死也。

程子曰："孟子所称，各因其一事而言，非谓武王不能执中立贤，汤却泄迩忘远也。人谓各举其盛，亦非也，圣人亦无不盛。"

【今译】① 恶，wù。好，hào。

《战国策·魏策二》说："仪狄造酒，大禹饮后觉得很甘美，就说：'后世必有因喝酒而亡国的。'于是就疏远仪狄并戒绝饮酒。"《尚书·大禹谟》道："大禹拜谢良言。"

② 执，指坚守而不丢失。中，没有过分和不及的概念。方，也就是类。立贤无方，只要是贤人，就让他处在一定的岗位上，而不问他的品级族类。

③ 而，读为"如"，古字通用。

民众已经安定了，但看他们还像是遭受了什么伤害。得道已经到了顶点，但仰望着道好像还没有看见。圣人的爱民深切、求道迫切就是如此。不自我满足，终日里兢兢业业的心肠啊。

④ 泄，意思是打趣逗乐。身边的，人容易逗乐子却不找他们寻开心；远处的，人容易遗忘却不忘，这是道德的高尚、仁爱的极点。

⑤ 三王，大禹、商汤、文王和武王。四事，以上所说的四类事。时代不同，形势变化，所以他们的事迹或许有所不同，细想以后就会发现，其中的理却没有差别。坐以待旦，是急于实行。

上一章说到舜，这一章就接着一个一个地说历代的圣人，每人只举出了一件事，以说明他们勤恳忧民、严格自律的心意。这是天理之所以能够永远存在、人心之所以永不泯灭的根源啊！

程子说："孟子所称赞的，各借助一件事来说，不是说周武王就不能执中、立贤，而汤就泄迩、忘远。有人认为这是各举出一件突出的事，也不对，圣人没有哪一件是不突出的。"

【第二十一章】孟子曰："王者之迹熄而《诗》亡，《诗》亡然后《春秋》作①。晋之《乘》，楚之《梼杌》，鲁之《春秋》，一也②。其事则齐桓、晋文，其文则史。孔子曰：'其义则丘窃取之矣。'"③

【集注】① 王者之迹熄，谓平王东迁，而政教号令不及于天下也。《诗》亡，谓《黍离》降为"国风"而"雅"亡也。《春秋》，鲁史记之名。孔子因而笔削之。始于鲁隐公之元年，实平王之四十九年也。

② 乘，去声。梼，音逃。杌，音兀。

乘，义未详。赵氏以为兴于田赋乘马之事。或曰取记载当时行事而名之也。梼杌，恶兽名。古者因以为凶人之号，取记恶垂戒之义也。《春秋》者，记事者必表年以首事，年有四时，故错举以为所记之名也。古者列国皆有史官，掌记时事。此三者，皆其所记册书之名也。

③ 春秋之时，五霸迭兴，而桓、文为盛。史，史官也。窃取者，谦辞也。《公羊传》作"其辞则丘有罪焉尔"，意亦如此。盖言断之在己，所谓"笔则笔，削则削，游夏不能赞一辞"者也。尹氏曰："言孔子作《春秋》，亦以史之文载当时之事也。而其义，则定天下之邪正，为百王之大法。"

此又承上章历叙群圣，因以孔子之事继之。而孔子之事莫大于《春秋》，故特言之。

【今译】① 王者之迹熄，指周平王东迁，政令、教化不能再推行到天下了。《诗》亡，指《黍离》降格为"国风"，"雅"诗消亡❶。《春秋》，鲁国

---

❶ 《诗经》中的诗，分"风（国风）""雅""颂"三类。《黍离》，是《诗经·国风》类"王风"的第一篇。《王风》是东周王畿内的诗篇。王畿内的诗篇，本该称"雅"，《黍离》成为"王风"，表明"雅"类灭亡，王畿内的诗篇也降为国风了。

史记的名称。孔子根据这个史记而加以笔、削❶。它的记事开始于鲁隐公元年,也就是周平王四十九年(前722)。

② 乘,shèng。梼,读逃(táo)。杌,读兀(wù)。

乘的意义,不清楚。赵岐认为是源于让百姓交租税、出兵车(乘)的事情。也有人说,其根据是所记载的乃是当时人们的行为。梼杌,一种凶恶的野兽,古者借用作凶人的称号,取记下恶人恶事留给后人作为鉴戒的意义。《春秋》,记事的人一定要表明年代记下当年第一件事,每年有四季,所以从中错开挑出两季用作记事的名字。古代各国都有史官,负责记录时事。这三种,都是史官记事册的名字。

③ 春秋时代,五霸相继兴起,其中齐桓公、晋文公最强盛。史,史官。窃取,谦虚话《春秋公羊传》写作"其辞则丘有罪焉尔",意思一样。说的是如何判断则在于自己,也就是所说的"笔则笔,削则削,子游、子夏他们都提不出一条建议"。尹焞说:"说的是孔子作《春秋》,也是用史官文体记载当时的事情。但它的意义,却是确定天下的邪与正,作为千秋万代的标准。"

这又接着上一章历数群圣的事往下说,并用孔子的事迹接上去。而孔子的事业没有比作《春秋》更伟大的,所以特别提出。

【第二十二章】孟子曰:"君子之泽,五世而斩。小人之泽,五世而斩①。予未得为孔子徒也,予私淑诸人也②。"

【集注】① 泽,犹言流风余韵也。父子相继为一世,三十年亦为一世。斩,绝也。大约君子、小人之泽,五世而绝也。杨氏曰:"四世而缌,服

---

❶ 笔:记载。削:删除。

之穷也。五世袒免，杀同姓也。六世，亲属竭矣。服穷，则遗泽寖微，故五世而斩。”

②私，犹窃也。淑，善也。李氏以为方言是也。人，谓子思之徒也。自孔子卒至孟子游梁时，方百四十余年，而孟子已老。然则孟子之生，去孔子未百年也。故孟子言，予虽未得亲受业于孔子之门，然圣人之泽尚存，犹有能传其学者，故我得闻孔子之道于人，而私窃以善其身。盖推尊孔子而自谦之辞也。

此又承上三章，历叙舜、禹至于周、孔，而以是终之。其辞虽谦，然其所以自任之重，亦有不得而辞者矣。

【今译】① 泽，指传统和它对后世的影响。从父到子算一世，三十年也算一世。斩，断绝。君子、小人的传统和影响，大致经过五世就断绝了。杨时说：“四世穿缌麻丧服，这是丧服的终点。五世不穿丧服而只露出左臂和不戴冠，是同姓亲属的结束。六世就没有亲属关系了。服丧终止，他传留的恩泽衰微，所以五世断绝。”

② 私，私自。淑，善，推崇。李郁认为这是方言。人，指子思等人。从孔子死到孟子游说梁国，刚一百四十多年，而孟子已到老年。那么孟子出生时，距离孔子去世不到百年。所以孟子说，我虽然没赶上亲自在孔子门下学习，但圣人的传统影响还在，还有能传授圣人学问的人，所以我能够从别人那里学到孔子之道，并私自用来使自己向善。这是推尊孔子自谦的话。

这又承接上面三章，历叙舜、禹，直到周公、孔子，并以这一章结束。虽然用语谦虚，然而孟子给自己肩上加的重担，也是有无法推辞的意思在内的。

【第二十三章】孟子曰："可以取，可以无取，取伤廉。可以与，可以无与，与伤惠。可以死，可以无死，死伤勇。"①

【集注】① 先言"可以"者，略见而自许之辞也。后言"可以无"者，深察而自疑之辞也。过取固害于廉，然过与亦反害其惠，过死亦反害其勇，盖过犹不及之意也。林氏曰："公西华受五秉之粟，是伤廉也。冉子与之，是伤惠也。子路之死于卫，是伤勇也。"

【今译】① 先说"可以"，是粗略看了一下而对自己许可的用语。后说"可以无"，是深入考察以后自己产生了怀疑的用语。过分的拿取固然危害廉洁，但过分的给与也反过来伤害恩惠，超过应该的界限去死反过来也伤害勇敢的品德，这都是过分和不及一样的意思。林之奇说："公西华接受五秉的米谷，是危害廉洁。冉求给他，是危害恩惠。子路在卫国动乱中死去，是危害了勇的品德。"

【第二十四章】逢蒙学射于羿，尽羿之道，思天下惟羿为愈己，于是杀羿。孟子曰："是亦羿有罪焉。"公明仪曰："宜若无罪焉。"曰："薄乎云尔，恶得无罪①？郑人使子濯孺子侵卫，卫使庾公之斯追之。子濯孺子曰：'今日我疾作，不可以执弓。吾死矣夫！'问其仆曰：'追我者谁也？'其仆曰：'庾公之斯也。'曰：'吾生矣！'其仆曰：'庾公之斯，卫之善射者也，夫子曰"吾生"，何谓也？'曰：'庾公之斯学射于尹公之他，尹公之他学射于我。夫尹公之他，端人也，其取友必端矣。'庾公之斯至，曰：'夫子何为不执弓？'曰：'今日我疾作，不可以执弓。'曰：'小人学射于尹公之他，尹公之他学射于夫子，我不忍以夫子之道反害夫子，虽然，今日之事，君事也，我不敢废。'抽矢扣轮，去其金，发乘矢而后反。"②

【集注】① 逢，薄江反。恶，平声。

羿，有穷后羿也。逢蒙❶，羿之家众也。羿善射，篡夏自立，后为家众所杀。愈，犹胜也。薄，言其罪差薄耳。

② 他，徒河反。"矣夫""夫尹"之"夫"，并音扶。去，上声。乘，去声。

之，语助也。仆，御也。尹公他，亦卫人也。端，正也。孺子以尹公正人，知其取友必正，故度庾公必不害己。小人，庾公自称也。金，镞也。扣轮出镞，令不害人，乃以射也。乘矢，四矢也。孟子言，使羿如子濯孺子得尹公他而教之，则必无逢蒙之祸。然夷羿篡弑之贼，蒙乃逆俦，庾斯虽全私恩，亦废公义，其事皆无足论者，孟子盖特以取友而言耳。

【今译】① 逢，páng。恶，wū。

羿，有穷国的国王，叫羿。逢蒙，羿家里的臣仆。羿善射，他推翻了夏朝自立为天子，后来被他家的臣仆杀害。愈，胜过。薄，说他的罪不过只是小一点罢了。

② 他，tā。"矣夫""夫尹"的"夫"，都读扶（fú）。去，qǔ。乘，shèng。

之，语助词。仆，驭手。尹公他，也是卫国人。端，正派。孺子认为尹公是正派人，知道他交朋友也一定找正派的，所以估计庾公必然不会杀害自己。小人，庾公自称。金，箭头。扣轮甩掉箭头，让箭射不死人，

❶ 逢蒙，也作"逢蒙"，均读 páng。

再发射。乘矢,四箭。孟子说,假如羿能像子濯孺子得到尹公之他那样的人做学生,就一定不会有逢蒙的灾难。然而平心而论,羿是篡弑君主的贼臣,逢蒙也是叛逆者的同类,庾公之斯虽然保全了私恩,却废掉了公义,这些事都不值得评论,孟子仅仅是从交友这一点来说罢了。

【第二十五章】孟子曰:"西子蒙不洁,则人皆掩鼻而过之①。虽有恶人,齐戒沐浴,则可以事上帝②。"

【集注】① 西子,美妇人。蒙,犹冒也。不洁,污秽之物也。掩鼻,恶其臭也。

② 齐,侧皆反。

恶人,丑貌者也。

尹氏曰:"此章戒人之丧善,而勉人以自新也。"

【今译】① 西子❶,美女。蒙,盖着,顶着。不洁,肮脏的东西。掩鼻,厌恶她臭。

② 齐,zhāi。

恶人,丑陋的人。

尹焞说:"这一章告诫人们不要丧失了善,并勉励人们改过自新。"

【第二十六章】孟子曰:"天下之言性也,则故而已矣。故者以利为本①。所恶于智者,为其凿也。如智者若禹之行水也,则无恶于智矣。禹之行水也,行其所无事也。如智者亦行其所无事,则智亦大矣②。天之高也,星辰之远也,苟求其故,千岁之日至,可坐而致也③。"

---

❶ 西子:即西施,越国美女。

【集注】① 性者，人物所得以生之理也。故者，其已然之迹，若所谓天下之故者也。利，犹顺也，语其自然之势也。言事物之理，虽若无形而难知，然其发见之已然，则必有迹而易见。故天下之言性者，但言其故，而理自明，犹所谓善言天者必有验于人也。然其所谓故者，又必本其自然之势，如人之善，水之下，非有所矫揉造作而然者也。若人之为恶，水之在山，则非自然之故矣。

② 恶、为，并去声。

天下之理，本皆利顺，小智之人务为穿凿，所以失之。禹之行水，则因其自然之势而导之，未尝以私智穿凿而有所事，是以水得其润下之性而不为害也。

③ 天虽高，星辰虽远，然求其已然之迹，则其运有常，虽千岁之久，其日至之度可坐而得，况于事物之近，若因其故而求之，岂有不得其理者，而何以穿凿为哉！必言日至者，造历者以上古十一月甲子朔夜半冬至为历元也。

程子曰："此章专为智而发。"愚谓：事物之理，莫非自然，顺而循之，则为大智。若用小智而凿以自私，则害于性，而反为不智。程子之言，可谓深得此章之旨矣。

【今译】① 性，人和物因得到它而有了生命的理。故，过去的事迹，就像所说的天下之故就是。利，意思是顺，指的是自然的趋势。这是说事物的理，虽然无形无象难以知晓，但是它过去的那些表现，却必然有痕迹并且容易发现。所以天下讨论人性的人，只要论述了过去的事迹，理就自然明白，就像善于谈论天意、天道的人必须在人世取得验证一样。然而他所说的故，又一定要根据事物的自然趋势，就像人的向善、水的流下，不是那经过矫揉造作表现出来的东西。像人的作恶、水的上山，就不是自然的"故"。

②恶，wù。为，wèi。

天下的理，本来都是顺利的，小聪明的人着意加以穿凿，所以失掉了。大禹治水，就是借着水的自然趋势加以引导，不曾用个人的小聪明去穿凿做什么事，所以水得到了自己润下的本性而不再害人。

③天虽然高，星辰虽然远，然而若寻找他们过去的痕迹，那么会发现它们的运行是有规律的，即使一千年那样久远，那冬至、夏至的度数，也可以坐着求得，何况那些切近的事物，若是根据它已往的事迹来寻求，哪里会求不到它的理呢，又何必用得着穿凿呢？一定要说"日至"，是因为历法专家把上古十一月甲子朔夜半冬至作为历法的起始日。

程子说："这一章是针对智而发的议论。"我认为，事物的理，没有不是自然的，顺应并遵循它，就是大智慧。如果用小智慧穿凿而自以为得意，就危害本性，从而反过来成为不智。程子的话，可算是深刻领会了这一章的宗旨。

【第二十七章】公行子有子之丧，右师往吊。入门，有进而与右师言者，有就右师之位而与右师言者①。孟子不与右师言，右师不悦，曰："诸君子皆与驩言，孟子独不与驩言，是简驩也②。"孟子闻之，曰："礼，朝廷不历位而相与言，不逾阶而相揖也。我欲行礼，子敖以我为简，不亦异乎③？"

【集注】①公行子，齐大夫。右师，王驩也。

②简，略也。

③朝，音潮。

是时齐卿大夫以君命吊,各有位次。若周礼,凡有爵者之丧礼,则职丧莅其禁令,序其事,故云朝廷也。历,更涉也。位,他人之位也。右师未就位而进与之言,则右师历己之位矣。右师已就位而就与之言,则己历右师之位矣。孟子、右师之位又不同阶,孟子不敢失此礼,故不与右师言也。

【今译】① 公行子,齐国大夫。右师,就是王驩。

② 简,疏忽,怠慢。

③ 朝,读潮(cháo)。

这时齐国的卿大夫根据君主的命令去吊丧,各有自己的位置。据周代礼制,凡有爵位者的丧礼,由职丧去执行各种禁令,安排各种事物的程序❶,所以称"朝廷"。历,越过。位,别人的位置。右师没有就位就走上前去交谈,是右师越到自己的位。右师已就位而自己走过去与右师交谈,是自己越到右师的位。孟子和右师的位又不是同一等阶,孟子不愿违背该礼制,所以不与右师交谈。

【第二十八章】孟子曰:"君子所以异于人者,以其存心也。君子以仁存心,以礼存心①。仁者爱人,有礼者敬人②。爱人者,人恒爱之。敬人者,人恒敬之③。有人于此,其待我以横逆,则君子必自反也:我必不仁也,必无礼也,此物奚宜至哉④?其自反而仁矣,自反而有礼矣,其横逆由是也,君子必自反也:我必不忠⑤。自反而忠矣,其横逆由是也,君子曰:'此亦妄人也已矣。如此,则与禽兽奚择哉?

---

❶ 参见《周礼·春官·职丧》。职丧:专门管理丧事的官员。

于禽兽又何难焉？'⑥是故君子有终身之忧，无一朝之患也。乃若所忧则有之：舜，人也；我，亦人也。舜为法于天下，可传于后世，我由未免为乡人也，是则可忧也。忧之如何？如舜而已矣。若夫君子所患，则亡矣。非仁无为也，非礼无行也。如有一朝之患，则君子不患矣⑦。"

【集注】①以仁礼存心，言以是存于心而不忘也。

②此仁礼之施。

③恒，胡登反。

此仁礼之验。

④横，去声，下同。

横逆，谓强暴不顺理也。物，事也。

⑤由，与"犹"同，下放此。

忠者，尽己之谓。我必不忠，恐所以爱敬人者，有所不尽其心也。

⑥难，去声。

奚择，何异也。又何难焉，言不足与之校也。

⑦夫，音扶。

乡人，乡里之常人也。君子存心不苟，故无后忧。

【今译】①以仁礼存心，说的是把这些存在心里而不忘记。

②这是仁与礼的应用。

③恒，héng。

这是仁与礼的效验。

④横，hèng，下同。

横逆，指强暴不顺理。物，事情。

⑤ 由,同"犹",下同。

忠,尽自己的心。我必不忠,意思是恐怕用来爱、敬别人的,有不尽心的地方。

⑥ 难,nàn。

奚择,有什么区别。又何难焉,意思是不值得和他们较量。

⑦ 夫,读扶(fú)。

乡人,乡里平常的人。君子的心不苟且,所以没有后忧。

【第二十九章】禹、稷当平世,三过其门而不入。孔子贤之^①。颜子当乱世,居于陋巷,一箪食,一瓢饮,人不堪其忧,颜子不改其乐。孔子贤之^②。

孟子曰:"禹、稷、颜回同道^③。禹思天下有溺者,由己溺之也;稷思天下有饥者,由己饥之也,是以如是其急也^④。禹、稷、颜子,易地则皆然^⑤。今有同室之人斗者,救之,虽被发缨冠而救之,可也^⑥。乡邻有斗者,被发缨冠而往救之,则惑也,虽闭户可也^⑦。"

【集注】① 事见前篇。

② 食,音嗣。乐,音洛。

③ 圣贤之道,进则救民,退则修己,其心一而已矣。

④ 由,与"犹"同。

禹、稷身任其职,故以为己责而救之急也。

⑤ 圣贤之心无所偏倚,随感而应,各尽其道,故使禹、稷居颜子之地,则亦能乐颜子之乐;使颜子居禹、稷之任,亦能忧禹、稷之忧也。

⑥ 不暇束发而结缨往救,言急也。以喻禹、稷。

⑦ 喻颜子也。

此章言圣贤心无不同,事则所遭或异,然处之各当其理,是乃所以为同也。尹氏曰:"当其可之谓时,前圣后圣,其心一也,故所遇皆尽善。"

【今译】① 事迹见于前篇。

② 食,读嗣(sì)。乐,读洛(lè)。

③ 圣贤之道,出仕就救济人民,隐退就修养自身,他们的心是一样的。

④ 由,同"犹"。

禹、稷担任那个职务,所以将其当作自己的责任,因而急切地去拯救他们。

⑤ 圣贤的心没有什么偏倚,随外物的刺激而做出相应的反应,各自尽到各自的道,所以如果让禹、稷处于颜子的地位,就也能以颜子的快乐为快乐;如果让颜子担负禹和稷的责任,就也能以禹、稷的忧虑为忧虑。

⑥ 不等束好头发戴上帽子就去救助,说的是情况紧急。这是比喻禹和稷。

⑦ 这是比喻颜子。

这一章说的是圣贤的心没有什么不同,但碰到的事可能有所区别,然而处理的方式又各自符合各自的理,这就是他们的相同之处。尹焞说:"处事恰当合理就是适时,前圣后圣,他们的心是一样的,所以无论碰到什么都会处理得尽善尽美。"

【第三十章】公都子曰:"匡章,通国皆称不孝焉。夫子与之游,又从而礼貌之,敢问何也?"①

孟子曰："世俗所谓不孝者五：惰其四支，不顾父母之养，一不孝也。博弈，好饮酒，不顾父母之养，二不孝也。好货财，私妻子，不顾父母之养，三不孝也。从耳目之欲，以为父母戮，四不孝也。好勇斗很，以危父母，五不孝也。章子有一于是乎②？夫章子，子父责善而不相遇也③。责善，朋友之道也。父子责善，贼恩之大者④。夫章子，岂不欲有夫妻子母之属哉？为得罪于父，不得近。出妻屏子，终身不养焉。其设心以为不若是，是则罪之大者。是则章子已矣⑤。"

【集注】①匡章，齐人。通国，尽一国之人也。礼貌，敬之也。

②好、养、从，皆去声。很，胡恳反。

戮，羞辱也。很，忿戾也。

③夫，音扶。

遇，合也。相责以善而不相合，故为父所逐也。

④贼，害也。朋友当相责以善，父子行之，则害天性之恩也。

⑤"夫章"之"夫"，音扶。为，去声。屏，必并反。养，去声。

言章子非不欲身有夫妻之配，子有子母之属，但为身不得近于父，故不敢受妻子之养，以自责罚。其心以为不如此，则其罪益大也。

此章之旨，于众所恶而必察焉，可以见圣贤至公至仁之心矣。杨氏曰："章子之行，孟子非取之也，特哀其志，而不与之绝耳。"

【今译】①匡章，齐国人。通国，全国的人。礼貌，对人尊敬。

②好，hào。养，yàng。从，zòng。很，hěn。

戮，羞辱。很，愤怒、乖僻。

③夫，读扶（fú）。

遇，合得来。以善相互责备因而合不来，所以被父亲驱逐。

④ 贼，危害。朋友应当以善相互责备，父子之间实行这个，就伤害了天性中的恩惠。

⑤ "夫章"的"夫"，读扶（fú）。为，wèi。屏，bǐng。养，yàng。

说的是章子并非不愿自身有夫妻配偶，儿子有母子的联系，但是因为自身不能接近父亲，所以不敢受妻子的奉养，以此责罚自己。他的心以为若不如此，那罪过就更大了。

这一章的宗旨是说，对于大家都厌恶的一定要经过考察，由此可见圣人那极端公正、极端仁慈的心。杨时说："章子的行为，孟子并不觉得可取，只是同情他的心意，从而不和他绝交。"

【第三十一章】曾子居武城，有越寇。或曰："寇至，盍去诸？"曰："无寓人于我室，毁伤其薪木。"寇退，则曰："修我墙屋，我将反。"寇退，曾子反。左右曰："待先生如此其忠且敬也，寇至则先去以为民望，寇退则反，殆于不可。"沈犹行曰："是非汝所知也。昔沈犹有负刍之祸，从先生者七十人，未有与焉。"① 子思居于卫，有齐寇。或曰："寇至，盍去诸？"子思曰："如伋去，君谁与守？"②

孟子曰："曾子、子思同道。曾子，师也，父兄也。子思，臣也，微也。曾子、子思易地则皆然。"③

【集注】① 与，去声。

武城，鲁邑名。盍，何不也。左右，曾子之门人也。忠、敬，言武城之大夫事曾子忠诚恭敬也。为民望，言使民望而效之。沈犹行，弟子姓名也。言曾子尝舍于沈犹氏时，有负刍者作乱，来攻沈犹氏，曾子率其弟子去之,不与其难。言师、宾不与臣同。

② 言所以不去之意如此。

③ 微,犹贱也。尹氏曰:"或远害,或死难,其事不同者,所处之地不同也。君子之心不系于利害,惟其是而已,故易地则皆能为之。"

孔氏曰:"古之圣贤,言行不同,事业亦异,而其道未始不同也。学者知此,则因所遇而应之。若权衡之称物,低昂屡变,而不害其为同也。"

【今译】① 与,yù。

武城,鲁国的城邑。盍,何不。左右,曾子的门人。忠、敬,意思是武城的大夫对待曾子忠诚恭敬。为民望,意思是让民众看见作为榜样。沈犹行,弟子的姓名。意思是曾子曾经住在沈犹行家里,当时有个叫负刍的人作乱,来攻打沈犹行,曾子率领弟子们离开了,不和他们共患难。这是说师长、宾客和臣属不同。

② 说不离开的原因就是如此。

③ 微,地位低贱。尹焞说:"一个远去避害,一个誓死赴难,他们的做法不同,那是由于所处的地位不同。君子的心不计较利害,只看如何正确就是了,所以换一个处境,都能那样做。"

孔文仲说:"古代的圣贤,言行不同,事业也不一样,但他们的道却没有不同。求学者知道这一点,就可以根据所碰到的情况而采取不同的行动,就像权衡称量物品,高低总在变化,却不妨碍是同一个标准。"

【第三十二章】储子曰:"王使人瞷夫子,果有以异于人乎?"孟子曰:"何以异于人哉?尧、舜与人同耳。"①

【集注】① 瞷,古苋反。

储子,齐人也。瞷,窃视也。圣人亦人耳,岂有异于人哉!

【今译】① 瞯，kàn。

储子，齐国人。瞯，窥视。圣人也是人罢了，哪有什么和别人不同的？

【第三十三章】齐人有一妻一妾而处室者，其良人出，则必餍酒肉而后反。其妻问所与饮食者，则尽富贵也。其妻告其妾曰："良人出，则必餍酒肉而后反，问其与饮食者，尽富贵也，而未尝有显者来。吾将瞯良人之所之也。"蚤起，施从良人之所之，遍国中无与立谈者。卒之东郭墦间，之祭者乞其余；不足，又顾而之他，此其为餍足之道也。其妻归，告其妾曰："良人者，所仰望而终身也。今若此！"与其妾讪其良人，而相泣于中庭。而良人未之知也，施施从外来，骄其妻妾 ①。

由君子观之，则人之所以求富贵利达者，其妻妾不羞也，而不相泣者，几希矣 ②。

【集注】① 施，音迤，又音异。墦，音燔。施施，如字。

章首当有"孟子曰"字，阙文也。良人，夫也。餍，饱也。显者，富贵人也。施，邪施而行，不使良人知也。墦，冢也。顾，望也。讪，怨詈也。施施，喜悦自得之貌。

② 孟子言，自君子而观，今之求富贵者，皆若此人耳。使其妻妾见之，不羞而泣者少矣，言可羞之甚也。

赵氏曰："言今之求富贵者，皆以枉曲之道、昏夜乞哀以求之，而以骄人于白日，与斯人何以异哉！"

【今译】① 施，音迤（yǐ），或音异（yì）。墦，读燔（fán）。施施，读

shī shī。

章首应当有"孟子曰"三字,有缺文。良人,丈夫。餍,吃饱。显者,富贵人。施,斜着走,不让丈夫看见。墦,坟冢。顾,望。讪,怨恨咒骂。施施,喜悦自得的样子。

② 孟子说,从君子看来,今天那些求富贵的人,都是这一类人。假如让他的妻妾看见了,不感到羞耻而哭泣是很少的,意思是非常可耻。

赵岐说:"说的是今天求富贵的人,都是用歪门邪道、半夜里哀求人家所求得的,却在白天里盛气凌人,和这个人有什么区别!"

万章章句上

【集注】凡九章。

【今译】共九章。

　　【第一章】万章问曰："舜往于田，号泣于旻天。何为其号泣也？"孟子曰："怨慕也。"①

　　万章曰："'父母爱之，喜而不忘。父母恶之，劳而不怨。'然则舜怨乎？"曰："长息问于公明高曰：'舜往于田，则吾既得闻命矣。号泣于旻天、于父母，则吾不知也。'公明高曰：'是非尔所知也。'夫公明高以孝子之心，为不若是恝。我竭力耕田，共为子职而已矣。父母之不我爱，于我何哉②？帝使其子九男二女，百官牛羊仓廪备，以事舜于畎亩之中。天下之士多就之者，帝将胥天下而迁之焉。为不顺于父母，如穷人无所归③。天下之士悦之，人之所欲也，而不足以解忧。好色，人之所欲，妻帝之二女，而不足以解忧。富，人之所欲，富有天下，而不足以解忧。贵，人之所欲，贵为天子，而不足以解忧。人悦之、好色、富贵，无足以解忧者，惟顺于父母可以解忧④。人少，则慕父母；知好色，则慕少艾；有妻子，则慕妻子；仕则慕君，不得于君则热中。大孝，终身慕父母。五十而慕者，予于大舜见之矣⑤。"

【集注】① 号，平声。

舜往于田，耕历山时也。仁覆闵下，谓之旻天。号泣于旻天，呼天而泣也。事见《虞书·大禹谟》篇。怨慕，怨己之不得其亲而思慕也。

② 恶，去声。夫，音扶。憝，苦八反。共，平声。

长息，公明高弟子。公明高，曾子弟子。于父母，亦《书》辞，言呼父母而泣也。憝，无愁之貌。于我何哉，自责不知己有何罪耳，非怨父母也。杨氏曰：“非孟子深知舜之心，不能为此言。盖舜惟恐不顺于父母，未尝自以为孝也。若自以为孝，则非孝矣。”

③ 为，去声。

帝，尧也。《史记》云：“二女妻之，以观其内；九男事之，以观其外。”又言：“一年所居成聚，二年成邑，三年成都。”是天下之士就之也。胥，相视也。迁之，移以与之也。如穷人之无所归，言其怨慕迫切之甚也。

④ 孟子推舜之心如此，以解上文之意。极天下之欲不足以解忧，而惟顺于父母可以解忧。孟子真知舜之心哉！

⑤ 少、好，皆去声。

言常人之情，因物有迁，惟圣人为能不失其本心也。艾，美好也。《楚辞》《战国策》所谓幼艾，义与此同。不得，失意也。热中，躁急心热也。言五十者，舜摄政时年五十也。五十而慕，则其终身慕可知矣。

此章言舜不以得众人之所欲为己乐，而以不顺乎亲之心为己忧。非圣人之尽性，其孰能之？

【今译】① 号，háo。

舜往于田，是在历山耕田的时期。以仁爱的情怀普遍关心和怜悯着世人，叫做旻天。号泣于旻天，呼喊着天而哭泣。这件事《尚书·大禹谟》中有记载。怨慕，怨恨自己得不到父母的欢心而思念父母。

②恶，wù。夫，读扶（fú）。怼，jiá。共，gōng。

长息，公明高弟子。公明高，曾子弟子。于父母，也是《尚书》中的话，是说呼喊着父母而哭泣。怼，无忧无虑的样子。于我何哉，自责不知自己有什么罪，不是怨恨父母。杨时说："若不是孟子深知舜的心，不能讲这个话。舜是惟恐不顺从父母，不曾自认为是孝。如果自认为是孝，就不是孝了。"

③为，wèi。

帝，就是尧。《史记·五帝本纪》载：尧把两个女儿嫁给舜，以观察他如何处理家内事务；让九个儿子去事奉舜，以观察他如何处理外部事务。又说：舜居住的地方，一年内就聚了不少人，两年就成了小镇，三年就成了大城❶。这是天下的士民都去归附于他。胥，去察看。迁之，转让给他。如穷人之无所归，说的是舜的怨恨自己、思念父母极其迫切。

④孟子推断舜的心是这样的，以解释上文的意思。得到了天下人所想得到的一切，不足以解除自己的忧虑，而只有得到父母的喜爱，才可以解忧。孟子是真正懂得舜的心啊！

⑤少，shào。好，hào。

这是说一般人的情感，是随着事物转移的，只有圣人才能不失去自己的本心。艾，美丽。《楚辞》《战国策》中所说的"幼艾"，和这个意义相同。不得，失意的意思。热中，由于急躁而心中发热。说五十，是说舜主持国政时已经五十岁了。五十还思念父母，那么他终身都思念父母也就可想而知。

这一章说舜不把得到大家所想得到的东西作为快乐，而把得不到

❶　朱熹引《史记》的话是转述，不是原文。

父母的欢心作为自己的忧愁。若不是圣人尽了自己的本性,还有谁能够做到?

【第二章】万章问曰:"《诗》云:'娶妻如之何?必告父母。'信斯言也,宜莫如舜。舜之不告而娶,何也?"孟子曰:"告则不得娶。男女居室,人之大伦也。如告,则废人之大伦,以怼父母,是以不告也。"①

万章曰:"舜之不告而娶,则吾既得闻命矣。帝之妻舜而不告,何也?"曰:"帝亦知告焉则不得妻也。"②

万章曰:"父母使舜完廪,捐阶,瞽瞍焚廪。使浚井,出,从而掩之。象曰:'谟盖都君咸我绩。牛羊,父母。仓廪,父母。干戈,朕。琴,朕。弤,朕。二嫂,使治朕栖。'象往入舜宫,舜在床琴。象曰:'郁陶思君尔。'忸怩。舜曰:'惟兹臣庶,汝其于予治。'不识舜不知象之将杀己与?"曰:"奚而不知也?象忧亦忧,象喜亦喜。"③曰:"然则舜伪喜者与?"曰:"否。昔者有馈生鱼于郑子产,子产使校人畜之池。校人烹之,反命曰:'始舍之,圉圉焉。少则洋洋焉,攸然而逝。'子产曰:'得其所哉!得其所哉!'校人出,曰:'孰谓子产智?予既烹而食之,曰:得其所哉,得其所哉。'故君子可欺以其方,难罔以非其道。彼以爱兄之道来,故诚信而喜之,奚伪焉?"④

【集注】① 怼,直类反。

《诗》,《齐国风·南山》之篇也。信,诚也,诚如此诗之言也。怼,雠怨也。舜父顽母嚚,常欲害舜。告则不听其娶,是废人之大伦,以雠怨于父母也。

②妻，去声。

以女为人妻曰妻。程子曰：“尧妻舜而不告者，以君治之而已，如今之官府治民之私者亦多。”

③弤，都礼反。忸，女六反。怩，音尼。与，平声。

完，治也。捐，去也。阶，梯也。掩，盖也。按《史记》曰“使舜上涂廪，瞽瞍从下纵火焚廪。舜乃以两笠自捍而下去，得不死。后又使舜穿井。舜穿井为匿空旁出。舜既入井，瞽瞍与象共下土实井，舜从匿空中出去”，即其事也。象，舜异母弟也。谟，谋也。盖，盖井也。舜所居三年成都，故谓之都君。咸，皆也。绩，功也。舜既入井，象不知舜已出，欲以杀舜为己功也。干，盾也。戈，戟也。琴，舜所弹五弦琴也。弤，雕弓也。象欲以舜之牛羊仓廪与父母，而自取此物也。二嫂，尧二女也。栖，床也，象欲使为己妻也。象往舜宫，欲分取所有，见舜坐在床弹琴，盖既出即潜归其宫也。郁陶，思之甚而气不得伸也。象言已思君之甚，故来见尔。忸怩，惭色也。臣庶，谓其百官也。象素憎舜，不至其宫，故舜见其来而喜，使之治其臣庶也。孟子言舜非不知其将杀己，但见其忧则忧，见其喜则喜。兄弟之情，自有所不能已耳。万章所言，其有无不可知，然舜之心，则孟子有以知之矣，他亦不足辩也。程子曰：“象忧亦忧，象喜亦喜，人情天理，于是为至。”

④与，平声。校，音效，又音教。畜，许六反。

校人，主池沼小吏也。圉圉，困而未舒之貌。洋洋，则稍纵矣。攸然而逝者，自得而远去也。方，亦道也。罔，蒙蔽也。欺以其方，谓诳之以理之所有；罔以非其道，谓昧之以理之所无。象以爱兄之道来，所谓欺之以其方也。舜本不知其伪，故实喜之，何伪之有！

此章又言舜遭人伦之变,而不失天理之常也。

【今译】① 怼,duì。

《诗》,《诗经·齐风·南山》篇。信,真实,真像这诗所说的那样。怼,怨仇。舜的父亲顽劣,母亲经常吵闹,常常要杀死舜。请示,父母就不准他娶妻,这就抛弃了人伦中最重要的,并且和父母结下了怨仇。

② 妻,qì。

把女儿给别人做妻子,叫妻。程子说:"尧把女儿嫁给舜而不告诉舜的父母,是以君主的身份主持舜的婚事,今天的官府主持民间私事的也很多。"

③ 弤,dǐ。忸,niǔ。怩,音(ní)。与,yú。

完,修建。捐,撤去。阶,阶梯。掩,掩盖、掩埋。据《史记·五帝本纪》:"让舜上去给仓库涂泥,瞽瞍从下面放火烧了仓库,舜就用两个斗笠护身从上面下来离开了,没被烧死。后来又让舜打井。舜在井壁上挖了一个可以旁出的洞口。舜打井越打越深,瞽瞍和象一起从上面用土填井,舜从旁出的洞口中逃走。"就是这件事。象,舜的异母弟。谟,谋划。盖,填井。舜住的地方三年成都邑,所以称舜为都君。咸,都是。绩,功劳。舜下到了井下,象不知舜已经出来,想把杀舜当作自己的功劳。干,盾牌。戈,戟。琴,舜所弹的五弦琴。弤,雕弓。象想把舜的牛羊仓库给父母,而自己拿这些东西。二嫂,尧的两个女儿。栖,床,象要让两个嫂子做自己的妻子。象到舜的宫中,要分取舜的家产,见舜活着坐在床和琴旁边,是由于舜逃出井后,就偷偷回到了自己的家。郁陶,思念得非常厉害以致喘不过气来。象说,自己想念舜非常厉害,所以来相见。忸怩,惭愧的样子。臣庶,指自己的百官。象一向憎恨舜,不到舜的宫中去,所以舜见象来非常高兴,让他治理自己的臣子。孟子说，舜并非不知道象要杀自己，但是看见他忧愁就忧愁，看见他高兴就高兴，兄弟的情谊，自有那不能自主的情况。万章所说的，舜到底是知还是不知，是难以测度的，然而舜的心情，却是孟子能够知道的，其他也就不值得辨别了。程子说："象忧自己也忧愁，象喜自己也喜欢，人情和天理，到这一步达到了极致。"

④ 与，yú。校，读效（xiào），又读教（jiào）。畜，xù。

校人，主管池塘沼泽的小官吏。圉圉，困懒而未舒展的样子。洋洋，开始活跃。攸然而逝，灵活自如地游远了。方，即正常方式。罔，蒙蔽。欺以其方，指用可能有的合理情况骗人；罔以非其道，指用不可能有的、不合理的情况蒙人。象以爱兄的正常方式而来，这就是所说的"欺以其方"。舜本来不知道他是伪装，所以是真的高兴，哪里是装出来的呢！

这一章又说舜遭受人伦的变故，而不背离那永恒的天理。

【第三章】万章问曰："象日以杀舜为事，立为天子，则放之，何也？"孟子曰："封之也。或曰放焉。"①

万章曰："舜流共工于幽州，放驩兜于崇山，杀三苗于三危，殛鲧于羽山，四罪而天下咸服，诛不仁也。象至不仁，封之有庳。有庳之人奚罪焉？仁人固如是乎？在他人则诛之，在弟则封之。"曰："仁人之于弟也，不藏怒焉，不宿怨焉，亲爱之而已矣。亲之欲其贵也，爱之欲其富也。封之有庳，富贵之也。身为天子，弟为匹夫，可谓亲爱之乎？"②

"敢问或曰放者，何谓也？"曰："象不得有为于其国，天子使吏治其国，而纳其贡税焉，故谓之放。岂得暴彼民哉？虽然，欲常常而见之，故源源而来。'不及贡，以政接于有庳'，此之谓也。"③

【集注】① 放，犹置也。置之于此，使不得去也。万章疑舜何不诛之，孟子言舜实封之，而或者误以为放也。

② 庳，音鼻。

流，徙也。共工，官名。驩兜，人名。二人比周，相与为党。三苗，国名，负固不服。杀，杀其君也。殛，诛也。鲧，禹父名。方命圮族，治水无功，皆不仁之人也。幽州、崇山、三危、羽山、有庳，皆地名也。或曰：今道州鼻亭，即有庳之地也。未知是否。万章疑舜不当封象，使彼有庳之民无罪而遭象之虐，非仁人之心也。藏怒，谓藏匿其怒。宿怨，谓留畜其怨。

③ 孟子言，象虽封为有庳之君，然不得治其国。天子使吏代之治，而纳其所收之贡税于象，有似于放，故或者以为放也。盖象至不仁，处之如此，则既不失吾亲爱之心，而彼亦不得虐有庳之民也。源源，若水之相继也。来，谓来朝觐也。"不及贡，以政接于有庳"，谓不待及诸侯朝贡之期，而以政事接见有庳之君。盖古书之辞，而孟子引以证源源而来之意，见其亲爱之无已如此也。

吴氏曰："言圣人不以公义废私恩，亦不以私恩害公义。舜之于象，仁之至，义之尽也。"

【今译】① 放，如同放置。把他放置在那里，让他不得离开。万章不理解舜为什么不杀象，孟子说舜实际上是封象为诸侯，有人误认为是放逐。

② 庳，读鼻（bí）。

流，流放。共工，官名。驩兜，人名。二人勾结，结成死党。三苗，国名，顽固不服从。杀，杀他们的君主。殛，诛杀。鲧，大禹父亲的名字。他违抗命令，残害好人，治水又没有功劳，他们都是不仁的人。幽州、崇山、三危、羽山、有庳，都是地名。有人说：湖南道州鼻亭，就是有庳的故地。不知是不是。万章认为舜不应当把象封为诸侯，让有庳地方的百姓无辜而受象的虐待，这不是仁人的心肠。藏怒，指把怒藏起来。宿怨，指把怨恨留在心里。

③孟子说，象虽然被封为有庳的君主，但不允许他治理国家，天子派遣官吏代替他治理，只把收来的租税上交给象，有些像流放，所以有人认为是放逐。象不仁到极点，这样处理，既不失掉我亲爱弟弟的心，也使他不得残害有庳的民众。源源，好像水的相接不断。来，指来朝觐。"不及贡，以政接于有庳"，指不等到诸侯朝贡的日子，就以政事的名义来接待象这个有庳的君主。这是古书上的话，孟子引用它来证明源源而来的意思，可见他对弟弟是这样的亲爱不止。

吴棫说："这是说圣人不用公义废除私恩，也不以私恩危害公义。舜对于象，是做到了仁的极点、义的尽头。"

【第四章】咸丘蒙问曰："语云：'盛德之士，君不得而臣，父不得而子。'舜南面而立，尧帅诸侯北面而朝之，瞽瞍亦北面而朝之。舜见瞽瞍，其容有蹙。孔子曰：'于斯时也，天下殆哉！岌岌乎！'不识此语诚然乎哉？"孟子曰："否。此非君子之言，齐东野人之语也。尧老而舜摄也。《尧典》曰：'二十有八载，放勋乃徂落，百姓如丧考妣。三年，四海遏密八音。'孔子曰：'天无二日，民无二王。'舜既为天子矣，又帅天下诸侯以为尧三年丧，是二天子矣。"①

咸丘蒙曰："舜之不臣尧，则吾既得闻命矣。《诗》云：'普天之下，莫非王土。率土之滨，莫非王臣。'而舜既为天子矣，敢问瞽瞍之非臣，如何？"曰："是诗也，非是之谓也。劳于王事，而不得养父母也。曰：'此莫非王事，我独贤劳也。'故说诗者不以文害辞，不以辞害志；以意逆志，是为得之。如以辞而已矣，《云汉》之诗曰：'周余黎民，靡有孑遗。'信斯言也，是周无遗民也②。孝子之至，莫大乎尊亲。尊亲之至，莫大乎以天下养。为天子父，尊之至也。以天下养，养之至也。《诗》曰：'永言孝思，孝思维则。'此之谓也③。《书》曰：'祗载见瞽瞍，夔夔齐栗，瞽瞍亦允若。'是为父不得而子也④。"

【集注】① 朝，音潮。岌，鱼及反。

咸丘蒙，孟子弟子。语者，古语也。蹙，频蹙，不自安也。岌岌，不安貌也。言人伦乖乱，天下将危也。齐东，齐国之东鄙也。孟子言，尧但老不治事，而舜摄天子之事耳。尧在时，舜未尝即天子位，尧何由北面而朝乎？又引《书》及孔子之言以明之。《尧典》，《虞书》篇名，今此文乃见于《舜典》。盖古书二篇或合为一耳。言舜摄位二十八年而尧死也。徂，升也。落，降也。人死则魂升而魄降，故古者谓死为徂落。遏，止也。密，静也。八音，金、石、丝、竹、匏、土、革、木，乐器之音也。

② 不臣尧，不以尧为臣，使北面而朝也。《诗》，《小雅·北山》之篇也。普，遍也。率，循也。此诗今毛氏序云："役使不均，己劳于王事，而不得养其父母焉。"其诗下文亦云："大夫不均，我从事独贤。"乃作诗者自言天下皆王臣，何为独使我以贤才而劳苦乎？非谓天子可臣其

父也。文，字也。辞，语也。逆，迎也。《云汉》，《大雅》篇名也。孑，独立之貌。遗，脱也。言说《诗》之法，不可以一字而害一句之义，不可以一句而害设辞之志，当以己意迎取作者之志，乃可得之。若但以其辞而已，则如《云汉》所言，是周之民真无遗种矣。惟以意逆之，则知作诗者之志在于忧旱，而非真无遗民也。

③ 养，去声。

言瞽瞍既为天子之父，则当享天下之养，此舜之所以为尊亲养亲之至也，岂有使之北面而朝之理乎！《诗》，《大雅·下武》之篇。言人能长言孝思而不忘，则可以为天下法则也。

④ 见，音现。齐，侧皆反。

《书》，《大禹谟》篇也。祗，敬也。载，事也。夔夔齐栗，敬谨恐惧之貌。允，信也。若，顺也。言舜敬事瞽瞍，往而见之，敬谨如此。瞽瞍亦信而顺之也。孟子引此，而言瞽瞍不能以不善及其子，而反见化于其子，则是所谓父不得而子者，而非如咸丘蒙之说也。

【今译】① 朝，读潮（cháo）。岌，jí。

咸丘蒙，孟子弟子。语，古语。蹙，皱眉，内心不安的样子。岌岌，不安定的样子。说的是人伦颠倒混乱，天下要危险了。齐东，齐国东部边远地区。孟子说，尧只是老了不管事，而让舜代行天子的事。尧在世时，舜没有登上天子的位置，尧怎能面朝北像臣子一样朝拜舜呢？又援引《尚书》和孔子的话来加以证明。《尧典》，《尚书·虞书》中的一篇。现在这段文字则见于《舜典》。大约本是两篇古书，当时合成了一篇。说的是舜代理天子之位二十八年后尧死。徂，上升。落，下降。人死，灵魂上升，体魄下降，所以古人把死称为徂落。遏，制止。密，寂静。八音，金、石、丝、竹、匏、土、革、木八类乐器的声音。

② 不臣尧，不把尧当作臣子，让他面向北方朝拜舜。《诗》,《诗经·小雅·北山》篇。普,普遍。率,沿着。这首诗现存的毛氏序说:"对人的使用不公平,自己为天子效劳,而不能够赡养父母。"这诗的下文也是说:"大夫处事不公正,让我干的事太多。"这是作诗者自己说天下都是王的臣子,为什么单让我因贤才而过分劳苦呢? 不是说天子可以把自己的父亲当作臣子。文,文字。辞,语言。逆,推理。《云汉》,《诗经·大雅》中的一篇。孑,孤独站立的样子。遗,遗漏。意思是对《诗》的解释,不可因为一个字危害了一句话的意思,也不可因为一句话危害了创作的意图,应当用自己的意思去推知作者的心,才可以解得正确。如果只是死抠字面意思,那就像《云汉》一诗所说的,周国的民众真的一个也不剩了。只有根据对诗人动机的推测,才知道作诗者的动机在于忧虑旱灾,而不是真的没有一个人了。

③ 养,yàng。

意思是瞽瞍既然做了天子的父亲,就应当受到天下人的赡养,这是舜对父亲尊敬和养育的最高点,哪有让父亲面向北来朝拜自己的道理呢!《诗》,《诗经·大雅·下武》篇。说的是人若能永远地保持着孝顺的思想而不忘记,就可以做天下人的榜样。

④ 见,读现（xiàn）。齐,zhāi。

《书》,《尚书·大禹谟》。祗,尊敬。载,对待。夔夔齐栗,尊敬谨慎恐惧的样子。允,信任。若,顺从。说的是舜恭敬地对待瞽瞍,去见瞽瞍,是这样的尊敬和谨慎,瞽瞍也信任并顺从了。孟子说这话,用来说明瞽瞍不能用不善对待自己的儿子,却反而被儿子所感化,这就是所说的"父不得而子",而并不像咸丘蒙对这话的解释。

【第五章】万章曰："尧以天下与舜，有诸？"孟子曰："否。天子不能以天下与人。"①

"然则舜有天下也，孰与之？"曰："天与之。"②

"天与之者，谆谆然命之乎？"③曰："否。天不言，以行与事示之而已矣。"④

曰："以行与事示之者如之何？"曰："天子能荐人于天，不能使天与之天下。诸侯能荐人于天子，不能使天子与之诸侯。大夫能荐人于诸侯，不能使诸侯与之大夫。昔者尧荐舜于天而天受之，暴之于民而民受之。故曰：天不言，以行与事示之而已矣。"⑤

曰："敢问荐之于天而天受之，暴之于民而民受之，如何？"曰："使之主祭而百神享之，是天受之。使之主事而事治，百姓安之，是民受之也。天与之，人与之，故曰：天子不能以天下与人⑥。舜相尧二十有八载，非人之所能为也，天也。尧崩，三年之丧毕，舜避尧之子于南河之南。天下诸侯朝觐者，不之尧之子而之舜。讼狱者，不之尧之子而之舜。讴歌者，不讴歌尧之子而讴歌舜。故曰：天也。夫然后之中国，践天子位焉。而居尧之宫，逼尧之子，是篡也，非天与也⑦。《泰誓》曰：'天视自我民视，天听自我民听。'此之谓也⑧。"

【集注】①天下者，天下之天下，非一人之私有故也。

②万章问，而孟子答也。

③谆，之淳反。

万章问也。谆谆，详语之貌。

④ 行,去声,下同。

行之于身谓之行,措诸天下谓之事。言但因舜之行事,而示以与之之意耳。

⑤ 暴,步卜反,下同。

暴,显也。言下能荐人于上,不能令上必用之。舜为天人所受,是因舜之行与事,而示之以与之之意也。

⑥ 治,去声。

⑦ 相,去声。朝,音潮。夫,音扶。

南河,在冀州之南,其南即豫州也。讼狱,谓狱不决而讼之也。

⑧ 自,从也。天无形,其视听皆从于民之视听。民之归舜如此,则天与之可知矣。

【今译】① 天下,是天下人的天下,不是一人的私有财产。

② 这是万章问而孟子回答。

③ 谆,zhūn。

这是万章的提问。谆谆,详细告诉的样子。

④ 行,xìng,下同。

自己身体力行叫做行,实施于天下叫做事。说的是只是根据舜的行为,就表示出给他的意思。

⑤ 暴,pù,下同。

暴,显露。是说下面能向上面推荐人,不能让上面一定用这个人。舜被天和人所接受,是由于舜的行为和事迹,而表示出给他的意思。

⑥ 治,zhì。

⑦ 相,xiàng。朝,读潮(cháo)。夫,读扶(fú)。

南河在冀州之南,它的南面就是豫州。讼狱,指没有判决而仍在争讼的案子。

⑧ 自，来自。上天无形，他的视和听都是来自于民众的视和听。民众归附舜到了这种程度，就可以知道是上天给与他的。

【第六章】万章问曰："人有言：'至于禹而德衰，不传于贤而传于子。'有诸？"孟子曰："否，不然也。天与贤，则与贤；天与子，则与子。昔者舜荐禹于天。十有七年，舜崩。三年之丧毕，禹避舜之子于阳城。天下之民从之，若尧崩之后不从尧之子而从舜也。禹荐益于天。七年，禹崩。三年之丧毕，益避禹之子于箕山之阴。朝觐讼狱者不之益而之启，曰：'吾君之子也。'讴歌者不讴歌益而讴歌启，曰：'吾君之子也。'①丹朱之不肖，舜之子亦不肖。舜之相尧，禹之相舜也，历年多，施泽于民久。启贤，能敬承继禹之道。益之相禹也，历年少，施泽于民未久。舜、禹、益，相去久远。其子之贤不肖，皆天也，非人之所能为也。莫之为而为者，天也。莫之致而至者，命也②。匹夫而有天下者，德必若舜、禹，而又有天子荐之者，故仲尼不有天下③。继世以有天下，天之所废，必若桀、纣者也，故益、伊尹、周公不有天下④。伊尹相汤以王于天下。汤崩，太丁未立，外丙二年，仲壬四年。太甲颠覆汤之典刑，伊尹放之于桐。三年，太甲悔过，自怨自艾，于桐处仁迁义三年，以听伊尹之训己也，复归于亳⑤。周公之不有天下，犹益之于夏、伊尹之于殷也⑥。孔子曰：'唐、虞禅，夏后、殷、周继，其义一也。'"⑦

【集注】① 朝，音潮。

阳城、箕山之阴,皆嵩山下深谷中可藏处也。启,禹之子也。杨氏曰:"此语孟子必有所受,然不可考矣。但云天与贤则与贤,天与子则与子,可以见尧、舜、禹之心,皆无一毫私意也。"

②"之相"之"相",并去声。

尧舜之子皆不肖,而舜禹之为相久,此尧舜之子所以不有天下而舜禹有天下也。禹之子贤,而益相不久,此启所以有天下而益不有天下也。然此皆非人力所为而自为,非人力所致而自至者。盖以理言之谓之天,自人言之谓之命,其实则一而已。

③孟子因禹益之事,历举此下两条以推明之,言仲尼之德虽无愧于舜禹,而无天子荐之者,故不有天下。

④继世而有天下者,其先世皆有大功德于民,故必有大恶如桀纣,则天乃废之。如启及大甲、成王,虽不及益、伊尹、周公之贤圣,但能嗣守先业,则天亦不废之。故益、伊尹、周公虽有舜禹之德,而亦不有天下。

⑤相、王,皆去声。艾,音义。

此承上文,言伊尹不有天下之事。赵氏曰:"太丁,汤之太子,未立而死。外丙立二年,仲壬立四年,皆太丁弟也。太甲,太丁子也。"程子曰:"古人谓岁为年。汤崩时,外丙方二岁,仲壬方四岁,惟太甲差长,故立之也。"二说未知孰是。颠覆,坏乱也。典刑,常法也。桐,汤墓所在。艾,治也,《说文》云:"芟草也。"盖斩绝自新之意。亳,商所都也。

⑥此复言周公所以不有天下之意。

⑦禅,音擅。

禅,授也。或禅或继,皆天命也,圣人岂有私意于其间哉?

尹氏曰:"孔子曰:唐、虞禅,夏后、殷、周继,其义一也。孟子曰:

天与贤则与贤，天与子则与子。知前圣之心者，无如孔子。继孔子者，孟子而已矣。"

【今译】 ① 朝，读潮（cháo）。

阳城和箕山的北面，都是嵩山下头深谷中可藏匿的地方。启，禹的儿子。杨时说："这话孟子必定是有所传授，然而无法考证了。只说天给与贤人就给与贤人，天给与儿子就给与儿子，就可看出尧、舜、禹的心，都没有一丝一毫的私意。"

② "之相"的"相"，都读 xiàng。

尧舜的儿子都不是好儿子，但舜禹担任辅相时间长久，这是尧舜的儿子之所以得不到天下而舜禹却得到了天下的原因。禹的儿子有德有才，但益做相的时间不长，这是启能得到天下而益得不到天下的原因。然而这些都不是别人的力量所做的，而是自己做的；不是别人的力量所能办到的，而是自己办到的。从理这方面说就是天，从人这方面说就叫做命，其实是一个东西。

③ 孟子借着禹和益的事，列举以下两条进行推论和说明，说孔子的德行，虽然无愧于舜和禹，但没有天子把他推荐给上帝，所以没有成为统治天下的天子。

④ 继承上一代统治天下的，他们的先辈都是对人民有大功大德的人，所以一定要有那恶劣得像桀、纣这样的人，天才会废弃他。像启，以及太甲、成王，虽然没有益、伊尹、周公那样贤圣，但是能保持先辈的基业，上天也不会废掉他们。所以益、伊尹、周公虽然有舜、禹那样的德行，但也没有得到天下。

⑤ 相，xiàng。王，wàng。艾，读乂（yì）。

这也是承接上文讲伊尹没得到天下的事。赵岐说："太丁，是汤的太子，没等立为天子就死了。外丙做了二年天子，仲壬做了四年，都是太丁的弟弟。太甲，太丁的儿子。"程子说："古人把岁称为年。汤死的时候，外丙才二岁，仲壬才四岁，只有太甲年龄较大，所以立太甲为天子。"两种说法不知谁对。颠覆，败坏和混乱。典刑，法律常规。桐，汤的墓地所在地。艾，治理，《说文解字》说是"割草"，即斩断过去、改过自新的意思。亳，商的都城。

⑥ 这里再次说明周公之所以没有得到天下的原因。

⑦ 禅，读擅（shàn）。

禅，授与。或是禅让，或是继位，都是天命，圣人哪里有私意掺杂在其中呢？

尹焞说："孔子说过：唐尧、虞舜禅让，夏朝君主、商朝、周朝实行继承，道理是一样的。孟子说：天给贤人就给贤人，天给儿子就给儿子。懂得前圣心意的，没人能像孔子那样。继承孔子的，也就是孟子而已。"

【第七章】万章问曰："人有言'伊尹以割烹要汤'，有诸？"① 孟子曰："否，不然。伊尹耕于有莘之野，而乐尧、舜之道焉。非其义也，非其道也，禄之以天下弗顾也，系马千驷弗视也。非其义也，非其道也，一介不以与人，一介不以取诸人②。汤使人以币聘之，嚣嚣然曰：'我何以汤之聘币为哉？我岂若处畎亩之中，由是以乐尧、舜之道哉？'③ 汤三使往聘之。既而幡然改曰：'与我处畎亩之中，由是以乐尧、舜之道，吾岂若使是君为尧、舜之君哉？吾岂若使是民为尧、舜之民哉？吾岂若于吾身亲见之哉④？天之生此民也，使先知觉后知，使先觉觉后觉也。予，天民之先觉者也；予将以斯道觉斯民也。非予觉之而谁也？'⑤思天下之民，匹夫匹妇有不被尧、舜之泽者，若己推而内之沟中。其自任以天下之重如此，故就汤而说之以伐夏救民⑥。吾未闻枉己而正人者也，况辱己以正天下者乎？圣人之行不同也，或远或近，或去或不去，归洁其身而已矣⑦。吾闻其以尧、舜之道要汤，未闻以割烹也⑧。《伊训》曰：'天诛造攻自牧宫，朕载自亳⑨。'"

【集注】① 要，平声，下同。

要，求也。按《史记》："伊尹欲行道以致君而无由，乃为有莘氏之媵臣，负鼎俎，以滋味说汤，致于王道。"盖战国时有为此说者。

② 乐，音洛。

莘，国名。乐尧舜之道者，诵其诗，读其书，而欣慕爱乐之也。驷，四匹也。介，与"草芥"之"芥"同。言其辞受取与，无大无细，一以道义而不苟也。

③ 嚣，五高反，又户骄反。

嚣嚣，无欲自得之貌。

④ 幡然，变动之貌。于吾身亲见之，言于我之身亲见其道之行，不徒诵说向慕之而已也。

⑤ 此亦伊尹之言也。知，谓识其事之所当然。觉，谓悟其理之所以然。觉后知后觉，如呼寐者而使之寤也。言天使者，天理当然，若使之也。程子曰："予天民之先觉，谓我乃天生此民中，尽得民道而先觉者也。既为先觉之民，岂可不觉其未觉者？及彼之觉，亦非分我所有以予之也，皆彼自有此理，我但能觉之而已。"

⑥ 推，吐回反。内，音纳。说，音税。

《书》曰："昔先正保衡,作我先王。曰:'予弗克俾厥后为尧舜,其心愧耻,若挞于市。'一夫不获,则曰'时予之辜'。"孟子之言,盖取诸此。是时夏桀无道,暴虐其民,故欲使汤伐夏以救之。徐氏曰:"伊尹乐尧舜之道,尧舜揖逊,而伊尹说汤以伐夏者,时之不同,义则一也。"

⑦行,去声。

辱己甚于枉己,正天下难于正人。若伊尹以割烹要汤,辱己甚矣,何以正天下乎?远,谓隐遁也。近,谓仕近君也。言圣人之行,虽不必同,然其要归,在洁其身而已。伊尹岂肯以割烹要汤哉?

⑧林氏曰:"以尧舜之道要汤者,非实以是要之也。道在此,而汤之聘自来耳。犹子贡言:'夫子之求之,异乎人之求之也。'"

愚谓:此语亦犹前章所论父不得而子之意。

⑨《伊训》,《商书》篇名。孟子引以证伐夏救民之事也。今《书》"牧宫"作"鸣条"。造、载,皆始也。伊尹言始攻桀无道,由我始其事于亳也。

【今译】① 要,yāo,下同。

要,要求。据《史记·殷本纪》:"伊尹想用尧舜之道去辅佐君主而没有见到君主的途径,就去做有莘氏的奴仆,带着炊具,用调味的道理游说商汤,使汤实行了王道。"战国时代有这样的说法。

② 乐,读洛(lè)。

莘,国名。乐尧舜之道的意思是,读他们的诗,看他们的书,并且喜欢、向往和感到快乐。驷,四匹马。介,与"草芥"的"芥"相同。说他无论是推辞还是接受,拿取还是给与,不管是大还是小,一律根据道义而不苟且从事。

③ 嚣,xiāo。

嚣嚣，无所欲求、自得其乐的样子。

④幡然，变动的样子。于吾身亲见之，意思是我在世期间亲自见到道的推行，不只是诵读、讲说和向往而已。

⑤这也是伊尹的话。知，指能认识事物的应当如此。觉，悟得事物之所以如此的理。觉后知后觉，就像喊醒睡觉的人让他起床一样。说是天使他这么做，是天理应当如此，好像指示他一样。程子说："予天民之先觉，意思是我在天生的这些民众中，是完全得到了民道因而最先觉悟的人。既然成了先觉的百姓，怎可不去让那没有觉悟的也觉悟？等到他觉悟了，也不是分走了我所具有的去给他，都是他本有这个理，我只是能让他觉悟罢了。"

⑥推，tuī。内，读纳（nà）。说，读税（shuì）。

《尚书·说命下》载："过去伊尹辅佐我们的先王，他说：'我不能让自己的君主成为尧舜，心里就惭愧羞耻，好像在大街上挨打。'有一个人不能正常生活，就说'这是我的罪过'。"孟子的话，根据就在这里。当时夏桀无道，残酷地虐待他的人民，所以要让汤讨伐夏朝以拯救民众。徐度说："伊尹以尧舜之道为乐，尧舜恭敬谦逊地把天下让给别人，但伊尹却鼓动汤去讨伐夏朝，时势不同，但合乎义是一样的。"

⑦行，音 xìng。

使自己受辱，比改变主张更为严重；纠正天下，比纠正别人更加困难。假若伊尹用割肉、烹调的道理去谋求商汤的信任，那是严重地侮辱自己，怎么能够纠正天下呢？远，指隐退远去。近，指出仕到君主身边。说的是圣人的行为不一定相同，但他们的宗旨和归宿，在于保持自身的清白和高尚罢了。伊尹怎肯用割肉、烹调的道理去寻求商汤的信任呢？

⑧林之奇说："用尧舜之道去寻求商汤的信任，不是真的用这个去

要求商汤。道在我这里，而商汤自然要来聘用的。就像子贡说：'孔子的求得，也和别人的求得是不一样的。'"

我认为，这一章与上一章所说的父亲不可以把他当成儿子的道理一样。

⑨《伊训》，《尚书·商书》中的一篇。孟子引用这一篇以论证讨伐夏朝拯救民众的事。今存《尚书》中，"牧宫"作"鸣条"。造、载，都是起始的意思。伊尹说开始讨伐无道的夏桀，是由我在亳这个地方发动的。

【第八章】万章问曰："或谓孔子于卫主痈疽，于齐主侍人瘠环，有诸乎？"孟子曰："否，不然也。好事者为之也①。于卫主颜雠由。弥子之妻与子路之妻，兄弟也。弥子谓子路曰：'孔子主我，卫卿可得也。'子路以告。孔子曰：'有命。'孔子进以礼，退以义，得之不得曰'有命'。而主痈疽与侍人瘠环，是无义无命也②。孔子不悦于鲁、卫，遭宋桓司马，将要而杀之，微服而过宋。是时孔子当厄，主司城贞子，为陈侯周臣③。吾闻观近臣，以其所为主；观远臣，以其所主。若孔子主痈疽与侍人瘠环，何以为孔子④？"

【集注】①痈，於容反。疽，七余反。好，去声。

主，谓舍于其家，以之为主人也。痈疽，疡医也。侍人，奄人也。瘠，姓。环，名。皆时君所近狎之人也。好事，谓喜造言生事之人也。

②雠，如字，又音犨。

颜雠由，卫之贤大夫也，《史记》作"颜浊邹"。弥子，卫灵公幸臣弥子瑕也。徐氏曰："礼主于辞逊，故进以礼义；主于断制，故退以义。

难进而易退者也，在我者，有礼义而已，得之不得，则有命存焉。"

③要，平声。

不悦，不乐居其国也。桓司马，宋大夫向䰅也。司城贞子，亦宋大夫之贤者也。陈侯，名周。按《史记》："孔子为鲁司寇，齐人馈女乐以间之，孔子遂行。适卫月余，去卫适宋。司马䰅欲杀孔子，孔子去至陈，主于司城贞子。"孟子言，孔子虽当厄难，然犹择所主，况在齐卫无事之时，岂有主痈疽、侍人之事乎！

④近臣，在朝之臣。远臣，远方来仕者。君子小人各从其类，故观其所为主与其所主者，而其人可知。

【今译】①痈，yōng。疽，jū。好，hào。

主，指住在他家，以他为主人。痈疽，治疮疡的外科医生。侍人，阉人。瘠，姓。环，名。都是当时的君主亲近和玩弄的人物。好事，指喜欢造谣生事的人。

②雠，chóu，又音犨（chōu）。

颜雠由，卫国的贤明大夫，《史记》中写作"颜浊邹"。弥子，卫灵公的幸臣弥子瑕。徐度说："礼的核心是谦逊，所以进取要以礼。义的核心是恰当安排和正确判断，所以隐退要以义。进取困难而隐退容易，我自己所有的，就是礼义罢了，能否实现，那就要看天命如何了。"

③要，yāo。

不悦，不愿住在那个国家。桓司马，宋国大夫向䰅。司城贞子，也是宋国大夫中的贤者。陈侯，名周。据《史记·孔子世家》："孔子做鲁国司寇，齐人送给鲁国女子乐队以破坏鲁国政治，孔子就离开了鲁国。到卫国住了一个多月，离开卫国到宋国去。宋国司马向䰅要杀孔子，孔子离开宋国到了陈国，住在司城贞子家里。"孟子说，孔子虽然遭受了许多阻碍和磨难,但还是选择寄宿的人家,何况在齐国、卫国都没有什么磨难的情况下,哪里会有寄宿于痈疽、侍人家里的事呢?

④ 近臣,在朝的臣子。远臣,远方来求官的人。君子小人各自随他们的同类,所以观察他让什么人寄宿,或者他寄宿于什么人家,他这个人怎么样也就可以知道了。

【第九章】万章问曰:"或曰:'百里奚自鬻于秦养牲者,五羊之皮,食牛,以要秦穆公。'信乎?"孟子曰:"否,不然。好事者为之也①。百里奚,虞人也。晋人以垂棘之璧与屈产之乘假道于虞以伐虢,宫之奇谏,百里奚不谏②。知虞公之不可谏而去,之秦,年已七十矣,曾不知以食牛干秦穆公之为污也,可谓智乎? 不可谏而不谏,可谓不智乎?知虞公之将亡而先去之,不可谓不智也。时举于秦,知穆公之可与有行也而相之,可谓不智乎? 相秦而显其君于天下,可传于后世,不贤而能之乎? 自鬻以成其君,乡党自好者不为,而谓贤者为之乎③?"

【集注】① 食,音嗣。好,去声,下同。

百里奚,虞之贤臣。人言其自卖❶于秦养牲者之家,得五羊之皮而为之食牛,因以干秦穆公也。

② 屈,求勿反。乘,去声。

虞、虢,皆国名。垂棘之璧,垂棘之地所出之璧也。屈产之乘,屈地所生之良马也。乘,四匹也。晋欲伐虢,道经于虞,故以此物借道,

---

❶ 卖,他本作"鬻"。

其实欲并取虞。宫之奇,亦虞之贤臣。谏虞公,令勿许,虞公不用,遂为晋所灭。百里奚知其不可谏,故不谏而去之。

③ 相,去声。

自好,自爱其身之人也。孟子言,百里奚之智如此,必知食牛以干主之为污;其贤又如此,必不肯自鬻以成其君也。然此事当孟子时已无所据,孟子直以事理反覆推之,而知其必不然耳。

范氏曰:"古之圣贤未遇之时,鄙贱之事不耻为之。如百里奚为人养牛,无足怪也。惟是人君不致敬尽礼,则不可得而见,岂有先自污辱以要其君哉?庄周曰:'百里奚爵禄不入于心,故饭牛而牛肥,使穆公忘其贱而与之政。'❶亦可谓知百里奚矣!伊尹、百里奚之事,皆圣贤出处之大节,故孟子不得不辩。"尹氏曰:"当时好事者之论,大率类此,盖以其不正之心度圣贤也。"

【今译】① 食,读嗣(sì)。好,hào,下同。

百里奚,虞国的贤臣。有人说他把自己卖给秦国养牲畜的人家,得了五张羊皮,给人家喂牛,借此去进见和游说秦穆公。

② 屈,qū。乘,shèng。

虞、虢,都是国名。垂棘之璧,垂棘这个地方所出的玉璧。屈产之乘,屈地所出产的良马。乘,四匹马。晋国要讨伐虢国,路过虞国,所以用这两件东西借路,其实也想同时灭掉虞国。宫之奇,也是虞国的贤臣。他建议虞国君主不要答应,虞君不听,就被晋国消灭了。百里奚知道虞君听不进别人的话,所以没提建议就离开了。

③ 相,xiàng。

---

❶《庄子·田子方》:"百里奚爵禄不入于心,故饭牛而牛肥,使穆公忘其贱,与之政也。"

自好，自爱的人。孟子说，百里奚是这样的有智慧，必然知道通过喂牛去接近秦穆公是一种很下贱的工作；他又是如此的贤德，必然不会卖掉自身以成就他的君主。然而这事在孟子时代已经无据可查，孟子直接用事理反复推敲，从而知道必然不是这样。

范祖禹说："古代圣贤在没有遇到贤明君主的时候，鄙贱的事也去做，而且不以为耻。像百里奚替人养牛，也不奇怪。只是由于君主若不对他们恭敬尽礼，就见不到他们，哪有先使自己遭受耻辱并以此来接近和有求于君主呢？庄周说：'百里奚把爵位和俸禄不放在心上，所以喂牛牛就肥，使秦穆公忘记了他的卑贱而把国政交给了他。'这也可以说是了解百里奚的。伊尹、百里奚的事情，都是圣贤出仕、隐退的大节，所以孟子不得不争辩。"尹焞说："当时好造谣生事者的议论，大都与此类似，也都是用他们自己那不端正的心来猜度圣贤罢了。"

万章章句下

【**集注**】凡九章。

【**今译**】共九章。

【**第一章**】孟子曰："伯夷，目不视恶色，耳不听恶声。非其君不事，非其民不使。治则进，乱则退。横政之所出，横民之所止，不忍居也。思与乡人处，如以朝衣朝冠坐于涂炭也。当纣之时，居北海之滨，以待天下之清也。故闻伯夷之风者，顽夫廉，懦夫有立志①。伊尹曰：'何事非君？何使非民？'治亦进，乱亦进。曰：'天之生斯民也，使先知觉后知，使先觉觉后觉。予，天民之先觉者也。予将以此道觉此民也。'思天下之民，匹夫匹妇有不与被尧、舜之泽者，若己推而内之沟中，其自任以天下之重也②。柳下惠，不羞污君，不辞小官。进不隐贤，必以其道。遗佚而不怨，厄穷而不悯。与乡人处，由由然不忍去也。'尔为尔，我为我，虽袒裼裸裎于我侧，尔焉能浼我哉？'故闻柳下惠之风者，鄙夫宽，薄夫敦③。孔子之去齐，接淅而行。去鲁，曰：'迟迟吾行也。'去父母国之道也。可以速而速，可以久而久，可以处而处，可以仕而仕，孔子也④。"

孟子曰："伯夷，圣之清者也。伊尹，圣之任者也。柳下惠，圣之和者也。孔子，圣之时者也⑤。孔子之谓集大成。

集大成也者，金声而玉振之也。金声也者，始条理也。玉振之也者，终条理也。始条理者，智之事也。终条理者，圣之事也⑥。智，譬则巧也。圣，譬则力也。由射于百步之外也，其至，尔力也；其中，非尔力也⑦。"

【集注】① 治，去声，下同。横，去声。朝，音潮。

横，谓不循法度。顽者无知觉。廉者有分辨。懦，柔弱也。余并见前篇。

② 与，音预。

何事非君，言所事即君。何使非民，言所使即民。无不可事之君，无不可使之民也。余见前篇。

③ 鄙，狭陋也。敦，厚也。余见前篇。

④ 浙，先历反。

接，犹承也。浙，渍米水也。渍米将炊，而欲去之速，故以手承水取米而行，不及炊也。举此一端，以见其久速仕止各当其可也。或曰："孔子去鲁，不税冕而行，岂得为迟？"杨氏曰："孔子欲去之意久矣，不欲苟去，故迟迟其行也。膰肉不至，则可以微罪行矣，故不税冕而行，非速也。"

⑤ 张子曰："无所杂者，清之极；无所异者，和之极。勉而清，非圣人之清；勉而和，非圣人之和。所谓圣者，不勉不思而至焉者也。"孔氏曰："任者，以天下为己责也。"

愚谓：孔子仕止久速，各当其可，盖兼三子之所以圣者而时出之，非如三子之可以一德名也。或疑伊尹出处合乎孔子，而不得为"圣之时"，何也？程子曰："终是任底意思在。"

⑥ 此言孔子集三圣之事而为一大圣之事，犹作乐者集众音之小成而为一大成也。成者，乐之一终，《书》所谓"箫韶九成"是也。金，钟属。声，宣也，如声罪致讨之声。玉，磬也。振，收也，如"振河海而不泄"之振。始，始之也。终，终之也。条理，犹言脉络，指众音而言也。智者，知之所及。圣者，德之所就也。盖乐有八音，金、石、丝、竹、匏、土、革、木。若独奏一音，则其一音自为始终，而为一小成，犹三子之所知偏于一，而其所就亦偏于一也。八音之中，金、石为重，故特为众音之纲纪。又金始振而玉终诎然也，故并奏八音，则于其未作而先击镈钟以宣其声，俟其既阕而后击特磬以收其韵。宣以始之，收以终之。二者之间，脉络贯通，无所不备，则合众小成而为一大成，犹孔子之知无不尽而德无不全也。金声玉振，始终条理，疑古《乐经》之言，故兒宽云："惟天子建中和之极，兼总条贯，金声而玉振之。"亦此意也。

⑦ 中，去声。

此复以射之功力发明圣智二字之义，见孔子巧力俱全而圣智兼备。三子则力有余而巧不足，是以一节虽至于圣，而智不足以及乎时中也。

此章言三子之行，各极其一偏。孔子之道，兼全于众理。所以偏者，由其蔽于始，是以缺于终。所以全者，由其知之至，是以行之尽。三子犹春夏秋冬之各一其时，孔子则太和元气之流行于四时也。

【今译】① 治，zhì，下同。横，hèng。朝，读潮（cháo）。

横，指不遵守法度。顽，没有知觉。廉，有所分辨。懦，柔弱。其他的都参考前篇。

② 与，读预（yù）。

何事非君，意思是所事奉的就是君主。何使非民，意思是所使役的就是民众。也就是说没有不可以事奉的君主,也没有不可以役使的百姓。其余的见于前篇。

③ 鄙,狭隘固陋。敦,厚道。其余见前篇解释。

④ 浙,xī。

接,承接的意思。浙,淘米的水。淘了米要做饭,但想马上就离开,所以用手承水取出米来就走,来不及做饭了。举这个例子,以说明孔子的久留、速去、出仕、不出仕,都恰当地符合那个"可以"。有人说:"孔子离开鲁国,没有脱掉礼服就走,怎可说是迟缓?"杨时说:"孔子想离开已经有很久了,但不愿意随便就走,所以迟迟没有启程。到鲁君不分发祭肉的事件发生,才得以因微小的罪过而出走,所以不脱礼服就走,不是离开的迅速。"

⑤ 张子说:"没有混杂,是清的极点;没有异议,是和的极点。由勉励而达到的清,不是圣人的清;由勉励而达到的和,不是圣人的和。所说的圣,是不用勉励、不加思索而达到的人。"孔文仲说:"任,就是把治理天下作为自己的职责。"

我认为,孔子的出仕、不出仕、久留、速去,都恰当地符合那个"可以",是兼有这三位作为圣人的素质并且在适当的时候表现出来,不是像这三位可以用某一方面的德行成就自己的名声。有人认为伊尹的出仕或不出仕与孔子一样,却不被认为是"圣之时者",为什么呢?程子说:"归根到底是由于他那个'担任'的愿望忘不了。"

⑥ 这一段说孔子集中了三位圣人的德业,从而成就了一位大圣的德业,就像音乐创作,集合许多乐音的小完成,造就了一个大完成。成,是乐曲的一个终结,《尚书·益稷》篇所说的"箫韶九成"就是这个意思。金,钟的一类。声,宣扬,和"声讨"的"声"同义。玉,磬类。振,

收敛，和"振河海而不泄"❶的"振"同义。始，使开始。终，使结束。条理，就像脉络，指所有的乐音而言。智者，是认识能够达到。圣者，是道德能够成就。乐音共有八类：金、石、丝、竹、匏、土、革、木。若独奏一类乐器（一音），这一音就自己从始到终，作为一次小完成，就像那三位所知道的都偏于某一方面，所成就的也偏于某一方面一样。八类乐音之中，金、石最为重要，所以突出出来成为其他乐音的基准和法则。又因为金属乐器一打击就音声飞扬，而玉石乐器余音短而收敛迅速，所以八类乐器协奏的时候，在乐曲开始以前，就先击打大钟使乐音发扬，等到乐曲暂停，然后击打独磬使余韵收敛。乐音发扬使乐曲开始，余韵收敛使乐曲终结。始终之间，脉络贯通，无所不备，就集合许多小的完成造就了一个大的完成，就像孔子的知没有不穷尽、孔子的德没有不圆满一样。金声玉振，始终条理，可能是古代《乐经》的话，所以兒宽说❷："只有天子才可建立中和的标准，统综贯通，金声而玉振。"也是这个意思。

⑦中，zhòng。

这一段又用射箭的技巧和力量进一步说明智、圣两个字的意义，以显现孔子技巧和力量全有，圣和智兼备。那三位则是力量有余而技巧不足，所以他们虽然在某一方面达到了圣，但智慧却不足以使他们达到时中。

这一章论述那三位的言行，各自在某一方面达到了极点。孔子的道，是兼备了所有的理。偏于某一方面的原因，是因为开始不能全知，

❶ 振河海而不泄：语出《中庸》。意为收纳江河和大海的水而不泄漏。
❷ 兒宽：西汉学者。也写作"倪宽"。

所以结束有所欠缺。兼备一切的原因，是由于知穷尽了一切，所以行就达到了极点。那三位就像春夏秋冬各自适应于一个季节，孔子则是太和元气四季流行不断。

【第二章】北宫锜问曰："周室班爵禄也，如之何？"①孟子曰："其详不可得闻也。诸侯恶其害己也，而皆去其籍。然而轲也尝闻其略也②。天子一位，公一位，侯一位，伯一位，子、男同一位，凡五等也。君一位，卿一位，大夫一位，上士一位，中士一位，下士一位，凡六等③。天子之制，地方千里，公、侯皆方百里，伯七十里，子、男五十里，凡四等。不能五十里，不达于天子，附于诸侯，曰附庸④。天子之卿受地视侯，大夫受地视伯，元士受地视子、男⑤。大国地方百里，君十卿禄，卿禄四大夫，大夫倍上士，上士倍中士，中士倍下士，下士与庶人在官者同禄，禄足以代其耕也⑥。次国地方七十里，君十卿禄，卿禄三大夫，大夫倍上士，上士倍中士，中士倍下士，下士与庶人在官者同禄，禄足以代其耕也⑦。小国地方五十里，君十卿禄，卿禄二大夫，大夫倍上士，上士倍中士，中士倍下士，下士与庶人在官者同禄，禄足以代其耕也⑧。耕者之所获，一夫百亩。百亩之粪，上农夫食九人，上次食八人，中食七人，中次食六人，下食五人。庶人在官者，其禄以是为差⑨。"

【集注】①锜，鱼绮反。

北宫，姓；锜，名，卫人。班，列也。

②恶，去声。去，上声。

当时诸侯兼并僭窃,故恶周制妨害己之所为也。

③ 此班爵之制也。五等通于天下,六等施于国中。

④ 此以下,班禄之制也。不能,犹不足也。小国之地不足五十里者,不能自达于天子;因大国以姓名通,谓之附庸,若春秋邾仪父之类是也❶。

⑤ 视,比也。徐氏曰:"王畿之内,亦制都鄙受地也。"元士,上士也。

⑥ 十,十倍之也。四,四倍之也。倍,加一倍也。徐氏曰:"大国君田三万二千亩,其入可食二千八百八十人。卿田三千二百亩,可食二百八十八人。大夫田八百亩,可食七十二人。上士田四百亩,可食三十六人。中士田二百亩,可食十八人。下士与庶人在官者田百亩,可食九人至五人。庶人在官,府史胥徒也。"

愚按:君以下所食之禄,皆助法之公田,藉农夫之力以耕而收其租。士之无田与庶人在官者,则但受禄于官,如田之入而已。

⑦ 三,谓三倍之也。徐氏曰:"次国君田二万四千亩,可食二千一百六十人。卿田二千四百亩,可食二百十六人。"

⑧ 二,即倍也。徐氏曰:"小国君田一万六千亩,可食千四百四十人。卿田一千六百亩,可食百四十四人。"

⑨ 食,音嗣。

获,得也。一夫一妇佃田百亩,加之以粪,粪多而力勤者,为上农,其所收可供九人。其次用力不齐,故有此五等。庶人在官者,其受禄不同,亦有此五等也。

---

❶ 邾仪父:邾国国君,字仪父。邾国是鲁国的附庸,约位于现在山东邹城市。

愚按：此章之说，与《周礼》《王制》不同，盖不可考，阙之可也。程子曰："孟子之时，去先王未远，载籍未经秦火，然而班爵禄之制已不闻其详。今之礼书，皆掇拾于煨烬之余，而多出于汉儒一时之傅会，奈何欲尽信而句为之解乎！然则其事固不可一一追复矣。"

【今译】① 锜，qí。

北宫，姓；锜，名，卫国人。班，系列。

② 恶，wù。去，qǔ。

当时的诸侯互相兼并，僭号窃权，所以憎恶周代的制度妨害了自己的作为。

③ 这是爵位系列的制度。五等是天下通行的，六等是诸侯国内实行的。

④ 从这里往后，是俸禄系列的制度。不能，意思是不足。小国的土地不到五十里的，其资格不足以自己上达于天子，就借助大国来通报自己的姓名，叫做附庸，像春秋时代邾仪父之类就是。

⑤ 视，和他相等。徐度说："王畿以内，从都城到边远地区也有一套配给土地的制度。"元士，即上士。

⑥ 十，十倍于的意思。四，四倍于的意思。倍，加一倍的意思。徐度说："大国的君主有地三万二千亩，收入可供养二千八百八十人。卿有地三千二百亩，可供养二百八十八人。大夫有地八百亩，可供养七十二人。上士有地四百亩，可供养三十六人。中士有地二百亩，可供养十八人。下士和庶人在官府服务的有地一百亩，可供养九到五人。庶人在官府服务的，就是各种文书、助手、衙役之类。"

熹按：君主以下所得到的俸禄，都是助法中的公田，由农夫耕种而自己收取田租。没有土地的士和庶人在官府服务的，就只从官府接受俸禄,相当于在田野里耕作的收入罢了。

⑦ 三,指三倍于。徐度说:"次一等的国君有地二万四千亩,可供养二千一百六十人。卿有地二千四百亩,可供养二百一十六人。"

⑧ 二,即加倍。徐度说:"小国君主有地一万六千亩,可供养一千四百四十人。卿有地一千六百亩,可供养一百四十四人。"

⑨ 食,读嗣(sì)。

获,获得。一夫一妻租田一百亩,并且施用粪肥,肥料多并且勤劳的,是上等农夫,每年的收获可以供养九口人。以下由于勤劳程度不同,所以分为这样五等。庶人在官府服务的,他们得到的俸禄不同,也有这样五等。

熹按:这一章的说法,和《周礼》《礼记·王制》的说法不同,已无法考证,可以搁置不问。程子说:"孟子时代离先王不远,各种文献还未遭秦始皇焚烧,然而爵禄系列的制度已经难知详情。今天的礼书,都是拣拾灰烬中的残余,并且多数出于汉代儒者当时的附会,为什么要深信不疑并且逐字逐句地给它作注解呢!那些事是根本无法一一复原它们的原貌的。"

【第三章】万章问曰:"敢问友。"孟子曰:"不挟长,不挟贵,不挟兄弟而友。友也者,友其德也,不可以有挟也①。孟献子,百乘之家也,有友五人焉:乐正裘,牧仲,其三人则予忘之矣。献子之与此五人者友也,无献子之家者也,此五人者亦有献子之家,则不与之友矣②。非惟百乘之家为然也,虽小国之君亦有之。费惠公曰:'吾于子思,则师之矣。吾于颜般,则友之矣。王顺、长息则事我者也。'③

非惟小国之君为然也，虽大国之君亦有之。晋平公之于亥唐也，入云则入，坐云则坐，食云则食。虽疏食菜羹，未尝不饱，盖不敢不饱。然终于此而已矣，弗与共天位也，弗与治天职也，弗与食天禄也。士之尊贤者也，非王公之尊贤也④。舜尚见帝，帝馆甥于贰室，亦飨舜，迭为宾主，是天子而友匹夫也⑤。用下敬上，谓之贵贵。用上敬下，谓之尊贤。贵贵、尊贤，其义一也⑥。"

【集注】① 挟者，兼有而恃之之称。

② 乘，去声，下同。

孟献子，鲁之贤大夫仲孙蔑也。张子曰："献子忘其势，五人者忘人之势。不资其势而利其有，然后能忘人之势。若五人者有献子之家，则反为献子之所贱矣。"

③ 费，音秘。般，音班。

惠公，费邑之君也。师，所尊也。友，所敬也。事我者，所使也。

④ "疏食"之"食"，音嗣。"平公""王公"下，诸本多无"之"字，疑阙文也。

亥唐，晋贤人也。平公造之，唐言入，公乃入，言坐乃坐，言食乃食也。疏食，粝饭也。不敢不饱，敬贤者之命也。

范氏曰："位曰天位，职曰天职，禄曰天禄。言天所以待贤人，使治天民，非人君得专者也。"

⑤ 尚，上也。舜上而见于帝尧也。馆，舍也。礼，妻父曰外舅。谓我舅者，吾谓之甥。尧以女妻舜，故谓之甥。贰室，副宫也。尧舍舜于副宫，而就飨其食。

⑥ 贵贵、尊贤，皆事之宜者。然当时但知贵贵，而不知尊贤，故孟

子曰："其义一也。"

此言朋友人伦之一，所以辅仁，故以天子友匹夫而不为诎，以匹夫友天子而不为僭。此尧舜所以为人伦之至，而孟子言必称之也。

【今译】① 挟，具有并且仗恃的意思。

② 乘，shèng，下同。

孟献子，鲁国贤明的大夫仲孙蔑。张子说："献子忘记了自己的权势，那五人也忘了献子的权势。不想借助人家的权势而加以利用，然后才能忘记人家的权势。假若这五个人心里忘不了献子的地位，就反过来会被献子所轻贱。"

③ 费，读秘（mì）。般，读班（bān）。

惠公，费地的君主。师，所尊敬的。友，所敬爱的。事我者，即听我使唤的。

④ "疏食"的"食"，读嗣（sì）。"平公""王公"之下，其他本子大多没有"之"字，可能有缺文。

亥唐，晋国的贤人。晋平公去拜访他，他说进来吧，晋平公才进去；他说坐下吧，晋平公才坐下；他说吃饭吧，晋平公才吃饭。疏食，即粗饭。不敢不饱，是尊重贤者的命令。

范祖禹说："把地位叫天位，把职责叫天职，把俸禄叫天禄。这是说，上天用来给与贤人的，是让他治理天民，不是人间君主所能专用的。"

⑤ 尚，就是上。舜上进而受到帝尧的接见。馆，安排住处。依礼制，妻子的父亲称舅父。称我为舅父，我就称他为外甥❶。尧把女儿嫁给舜，

---

❶　原文见《尔雅·释亲》："妻之父为外舅。""谓我舅者，我谓之甥也。"

所以称舜为甥。贰室，即别宫。尧在别宫接见舜，并在那里设宴招待。

⑥ 崇敬尊贵者、尊重贤明者，都是正确的。但是当时只知道崇敬尊贵者，却不知尊重贤明者，所以孟子说："这两件事的意义是一样的。"

这一章说的是朋友是人伦之一，是用来辅助仁德的，所以天子和匹夫交朋友也不算降低身份，匹夫和天子交朋友也不算僭越。这是尧舜之所以达到人伦的顶点，而孟子言必称尧舜的原因。

【第四章】万章问曰："敢问交际何心也？"孟子曰："恭也。"①

曰："却之却之为不恭，何哉？"曰："尊者赐之，曰'其所取之者，义乎？不义乎'，而后受之，以是为不恭，故弗却也。"②

曰："请无以辞却之，以心却之，曰'其取诸民之不义也'，而以他辞无受，不可乎？"曰："其交也以道，其接也以礼，斯孔子受之矣。"③

万章曰："今有御人于国门之外者，其交也以道，其馈也以礼，斯可受御与？"曰："不可。《康诰》曰：'杀越人于货，闵不畏死，凡民罔不譈。'是不待教而诛者也。殷受夏，周受殷，所不辞也，于今为烈，如之何其受之？"④

曰："今之诸侯取之于民也，犹御也。苟善其礼际矣，斯君子受之。敢问何说也？"曰："子以为有王者作，将比今之诸侯而诛之乎？其教之不改而后诛之乎？夫谓非其有而取之者盗也，充类至义之尽也。孔子之仕于鲁也，鲁人猎较，孔子亦猎较。猎较犹可，而况受其赐乎？"⑤

曰："然则孔子之仕也，非事道与？"曰："事道也。""事道奚猎较也？"曰："孔子先簿正祭器，不以四方之食供簿正。"

曰："奚不去也？"曰："为之兆也。兆足以行矣，而不行，而后去，是以未尝有所终三年淹也[6]。孔子有见行可之仕，有际可之仕，有公养之仕。于季桓子，见行可之仕也。于卫灵公，际可之仕也。于卫孝公，公养之仕也[7]。"

【集注】① 际，接也。交际，谓人以礼仪币帛相交接也。

② 却，不受而还之也。再言之，未详。万章疑交际之间有所却者，人便以为不恭，何哉？孟子言：尊者之赐，而心窃计其所以得此物者未知合义与否。必其合义，然后可受。不然，则却之矣。所以却之为不恭也。

③ 万章以为彼既得之不义，则其馈不可受，但无以言辞间而却之，直以心度其不义而托于他辞以却之，如此可否邪？交以道，如馈赆、闻戒、周其饥饿之类。接以礼，谓辞命恭敬之节。孔子受之，如受阳货烝豚之类也。

④ 与，平声。譈，《书》作"憝"，徒对反。

御，止也。止人而杀之，且夺其货也。国门之外，无人之处也。万章以为苟不问其物之所从来，而但观其交接之礼，则设有御人者，用其御得之货，以礼馈我，则可受之乎？《康诰》，《周书》篇名。越，颠越也。今《书》"闵"作"暋"，无"凡民"二字。譈，怨也。言杀人而颠越之，因取其货，闵然不知畏死，凡民无不怨之。孟子言，此乃不待教戒而当即诛者也，如何而可受之乎！"殷受"至"为烈"十四字，语意不伦。李氏以为此必有断简或阙文者，近之。而愚意其直为衍字耳，然不可考，姑阙之可也。

⑤比，去声。夫，音扶。较，音角。

比，连也。言今诸侯之取于民，固多不义，然有王者起，必不连合而尽诛之，必教之不改而后诛之。则其与御人之盗不待教而诛者不同矣。夫御人于国门之外，与非其有而取之，二者固皆不义之类，然必御人乃为真盗。其谓非有而取为盗者，乃推其类，至于义之至精至密之处，而极言之耳，非便以为真盗也。然则今之诸侯，虽曰取非其有，而岂可遽以同于御人之盗也哉！又引孔子之事，以明世俗所尚犹或可从，况受其赐，何为不可乎！猎较，未详。赵氏以为田猎相较，夺禽兽以祭。孔子不违，所以小同于俗也。张氏以为猎而较所获之多少也。二说未知孰是。

⑥与，平声。

此因孔子事而反覆辩论也。事道者，以行道为事也。"事道，奚猎较也？"万章问也。先簿正祭器，未详。徐氏曰："先以簿书正其祭器，使有定数，而不以四方难继之物实之。夫器有常数，实有常品，则其本正矣。彼猎较者，将久而自废矣。"未知是否也。兆，犹卜之兆，盖事之端。孔子所以不去者，亦欲小试行道之端，以示于人，使知吾道之果可行也。若其端既可行，而人不能遂行之，然后不得已而必去之，盖其去虽不轻，而亦未尝不决，是以未尝终三年留于一国也。

⑦见行可，见其道之可行也。际可，接遇以礼也。公养，国君养贤之礼也。季桓子，鲁卿季孙斯也。卫灵公，卫侯元也。孝公，《春秋》《史记》皆无之，疑出公辄也。因孔子仕鲁，而言其仕有此三者。故于鲁，则兆足以行矣而不行，然后去。而于卫之事，则又受其交际问馈而不却之一验也。

尹氏曰："不闻孟子之义，则自好者为於陵仲子而已。圣贤辞受进退,惟义所在。"

　　愚按:此章文义多不可晓,不必强为之说。

【今译】① 际,接触。交际,指人以礼仪、礼物相互交往接触。

　　② 却,不接受并且退还回去。重复"却之",不知什么意思。万章疑惑交际之间,若有不接受对方礼物的事,别人就认为是不恭敬,是什么原因呢? 孟子说:"尊贵者赏赐给自己的,自己心里却暗自思忖他得到这样的物品不知道是不是合乎义。一定是合乎义的,然后才肯接受,不然就退回去。因此,退回去是不恭敬的。"

　　③ 万章认为,他的得到既然是不义的,那么他的馈赠就不可以接受,可不必用言语拒绝并且退还礼物,只在心里觉得这是不义之物,从而用其他的理由加以拒绝,这样是否可以呢? 交以道,如赠送路费、帮助置办防身武器、救济饥寒之类。接以礼,指言语谦逊、礼貌周到之类。孔子受之,比如接受阳货馈赠的蒸小猪之类。

　　④ 与,yú。譈,《尚书》中写作"憝",duì。

　　御,制止、拦截。拦截别人并且杀死人家,又抢去人家的财物。国门之外,指无人的地方。万章认为,假如不问这件物品从何而来,而仅仅看他交往之间是否合乎礼,那么,若是有拦路抢劫的把抢来的财物以礼赠送给我,就可以接受吗?《康诰》,《尚书·周书》中的一篇。越,翻倒。现在《尚书》中"闵"写作"憝",没有"凡民"二字。譈,怨恨。意思是杀了人并且翻倒人家,以掠取人家的财物,凶残不知道怕死,民众没有不怨恨他的。孟子说,这样的人应该不必进行教育就把他杀掉,又怎么可以接受他的礼物呢? "殷受"至"为烈"十四字,意思和前后不连贯。李郁认为这里必定有断简或缺文,是接近事实的。我认为这只是衍文罢了,只是无法考查清楚,暂时阙疑。

⑤比,bì。夫,读扶（fú）。较,读角（jué）。

比,接连。意思是当今的诸侯从人民那里取来的,固然有许多是不义的,然而若有王者兴起,必然不会一个接连一个地将他们全部杀掉,必然是经过教育还不悔改的然后再杀。这与对待拦路抢劫的盗贼不必教育就可杀掉是不同的。那在城外拦路抢劫的,和收取自己不该拥有的,二者固然都是不义一类,但必须是直接拦路抢劫才是真正的盗贼。那把收取自己不该有的称为盗贼,只是以类推论,到达义理的最精密之处而着重加以强调,并不是认为他是真正的盗贼。那么今天的诸侯,虽然说收取了他们不该拥有的,又怎么可以直接等同于拦路抢劫的盗贼呢？又援引孔子的事,以说明世俗所崇尚的尚且可以去做,况且接受诸侯的赏赐,有什么不可以呢？猎较,不知是什么意思。赵岐认为是打猎时相互较量,夺取别人猎获的禽兽献祭。孔子不违背这种风俗,也是稍微和世俗调和的意思。张琥认为是打猎并且比较猎物的多少。两种说法不知谁对。

⑥与,yú。

这一段是借助孔子的事迹反复辩明和论述。事道,就是以行道为事。"事道,奚猎较也？"是万章的问话。先簿正祭器,不知是什么意思。徐度说:"先根据簿书（文献典籍）正确地确定祭器,让祭器有一个确定的数量,不用远处难得的物品去充实祭器。若祭器数量固定,其中的祭品固定,这就在根本上正确了。那些猎较的行为,时间久了就会自动消失。"不知他说的对不对。兆,就像占卜时的兆,这里指事情的开端。孔子之所以不离开,只是想尝试一下行道的开端,以向人们展示,使他们知道我的道是必然可以实行的。若是它的开端已经表明是可行的,但人们却不能加以实行,然后不得已而坚决离开。因此,孔子的离开虽然并不轻率，但也没有不坚决，所以没有在一个国家逗留到三年的。

⑦ 见行可，见到自己的道是可行的。际可，以礼相接待。公养，国君养贤的礼。季桓子，鲁卿季孙斯。卫灵公，卫国的君主卫元。孝公，《春秋》《史记》的记载都没有这个人，可能是指卫出公卫辄。因为孔子出仕于鲁国，因而说他出仕有这样三次。所以在鲁国，从开头的情况来看，道足以实行却没能实行，然后就离开了。而在卫国的情况，则又是交际之间接受馈赠而不拒绝的一个验证。

尹焞说："听不到孟子的教导，洁身自好的人不过是做个於陵仲子罢了 ❶。圣贤的拒绝、接受、出仕、隐退，只看义在哪里。"

熹按：这一章的文字大多读不懂，不必勉强解说。

【第五章】孟子曰："仕非为贫也，而有时乎为贫。娶妻非为养也，而有时乎为养①。为贫者，辞尊居卑，辞富居贫②。辞尊居卑，辞富居贫，恶乎宜乎？ 抱关击柝③。孔子尝为委吏矣，曰：'会计当而已矣。'尝为乘田矣，曰：'牛羊茁壮长而已矣。'④位卑而言高，罪也。立乎人之本朝，而道不行，耻也⑤。"

【集注】① 为、养，并去声，下同。

仕，本为行道，而亦有家贫亲老或道与时违而但为禄仕者。如娶妻，本为继嗣，而亦有为不能亲操井臼而欲资其馈养者。

② 贫富，谓禄之厚薄。盖仕不为道已非出处之正，故其所居但当如此。

❶ 於陵仲子：即陈仲子，齐国人，隐士，因去齐适楚居于於陵，故称於陵仲子。史称穷不苟求，不义之食不食。

③恶，平声。柝，音托。

柝，夜行所击木也。盖为贫者虽不主于行道，而亦不可以苟禄，故惟抱关击柝之吏，位卑禄薄，其职易称，为所宜居也。李氏曰："道不行矣，为贫而仕者，此其律令也。若不能然，则是贪位慕禄而已矣。"

④委，乌伪反。会，工外反。当，丁浪反。乘，去声。茁，阻刮反。长，上声。

此孔子之为贫而仕者也。委吏，主委积之吏也。乘田，主苑囿刍牧之吏也。茁，肥貌。言以孔子大圣，而尝为贱官，不以为辱者，所谓为贫而仕，官卑禄薄而职易称也。

⑤朝，音潮。

以出位为罪，则无行道之责；以废道为耻，则非窃禄之官。此为贫者之所以必辞尊富而宁处贫贱也。

尹氏曰："言为贫者不可以居尊，居尊者必欲以行道。"

【今译】①为，wèi；养，yàng，下同。

出仕本是为了行道，但也有家里贫穷、父母衰老，所行的道和时尚可能是违背的，只是为了俸禄而出仕的情况。比如娶妻，本是为了传宗接代，但也有因为自己不能亲自打水舂米，要借娶妻来照料自己生活的。

②贫富，指俸禄的厚薄。出仕不是为了行道已经不是出仕或隐退的正道，所以只应做这样的选择。

③恶，wū。柝，读托（tuò）。

柝，守夜人所敲击的木棒。贫穷而出仕虽然主要不是为了行道，但也不可以贪图俸禄，所以只有看门击柝之类的小吏，地位低下，俸禄微薄，这样的职务容易和自己相称，是适合自己的官位。李郁说："道无法实行了,那些因为贫穷而出仕的人,这是他们的法律和命令。假若不能如此,就是贪图禄位罢了。"

④ 委,wěi。会,kuài。当,dàng。乘,shèng。苗,zhuó。长,zhǎng。

这是孔子因为贫穷而出仕的。委吏,掌管出纳的官吏。乘田,掌管猎场放牧的官吏。苗,肥壮的样子。说的是以孔子这样的大圣人却曾做低贱的官吏,并不感到耻辱,就是所说的因为贫穷而出仕,做小官,俸禄少,从而容易称职的情况。

⑤ 朝,读潮(cháo)。

以超越自己的职位为罪过,就没有行道的责任;以道不能推行为耻辱,就不是贪图禄位的官。这是贫穷而出仕的人之所以必须辞去高官厚禄而宁愿处于卑下薄俸的原因。

尹焞说:"这说的是因为贫穷而出仕的人不可以处于高位,处于高位的必须想要行道。"

【第六章】万章曰:"士之不托诸侯,何也?"孟子曰:"不敢也。诸侯失国,而后托于诸侯,礼也。士之托于诸侯,非礼也。"①万章曰:"君馈之粟,则受之乎?"曰:"受之。""受之何义也?"曰:"君之于氓也,固周之。"②

曰:"周之则受,赐之则不受,何也?"曰:"不敢也。"曰:"敢问其不敢何也?"曰:"抱关击柝者,皆有常职以食于上。无常职而赐于上者,以为不恭也。"③

曰:"君馈之,则受之,不识可常继乎?"曰:"缪公之于子思也,亟问,亟馈鼎肉。子思不悦。于卒也,摽使者出诸大门之外,北面稽首再拜而不受。曰:'今而后知君之犬马畜伋。'盖自是台无馈也。悦贤不能举,又不能养也,可谓悦贤乎?"④

曰:"敢问国君欲养君子,如何斯可谓养矣?"曰:"以君命将之,再拜稽首而受。其后廪人继粟,庖人继肉,不以君命将之。子思以为鼎肉,使己仆仆尔亟拜也,非养君子之道也⑤。尧之于舜也,使其子九男事之,二女女焉,百官牛羊仓廪备,以养舜于畎亩之中,后举而加诸上位,故曰:王公之尊贤者也⑥。"

【集注】①托,寄也,谓不仕而食其禄也。古者诸侯出奔他国,食其廪饩,谓之寄公。士无爵土,不得比诸侯。不仕而食禄,则非礼也。

②周,救也。视其空乏,则周恤之,无常数,君待民之礼也。

③赐,谓予之禄,有常数,君所以待臣之礼也。

④亟,去声,下同。摽,音杓。使,去声。

亟,数也。鼎肉,熟肉也。卒,末也。摽,麾也。数以君命来馈,当拜受之。非养贤之礼,故不悦。而于其末后复来馈时,麾使者出,拜而辞之。犬马畜伋,言不以人礼待己也。台,贱官,主使令者。盖缪公愧悟,自此不复令台来致馈也。举,用也。能养者未必能用,况又不能养乎!

⑤初以君命来馈,则当拜受。其后有司各以其职继续所无,不以君命来馈,不使贤者有亟拜之劳也。仆仆,烦猥貌。

⑥下"女"字,去声。

能养能举,悦贤之至也,惟尧舜为能尽之,而后世之所当法也。

【今译】①托,寄托,指不做官而吃人家的俸禄。古代诸侯出逃到别国,受人家的供养，叫做寄公。士没有爵位和土地，不能和诸侯相比。不做官却吃人家的俸禄，是违背礼制的。

②周，救济。看到他断粮，就救济他，没有固定的数量，这是君主对待民众的礼。

③赐，指给俸禄，有固定的数量，这是君主用来对待臣子的礼。

④亟，qì，下同。摽，读杓（biāo）。使，shì。

亟，屡次。鼎肉，熟肉。卒，最后。摽，挥手示意。屡次以君主的命令来送礼，每次都应当行礼后接受。不是对待贤人的礼仪，所以不高兴。在使者最后来送礼时，就挥手赶使者出门，并且行礼后加以辞谢。犬马畜伋，意思是不用对待人的礼仪对待自己。台，小官，掌管传达命令。大概鲁缪公惭愧醒悟，从此不再让台来送礼了。举，任用。能养士的不一定能用士，何况连养也不能呢！

⑤起初以君主的命令来送礼物，应当行礼后加以接受。以后有关部门就各按自己的职责来馈赠所缺乏的东西，不再以君主的命令来，为的是不让贤人有屡次行礼的劳苦。仆仆，烦琐畏缩的样子。

⑥"女女"后一个"女"字，读去声 nǚ。

能供养又能任用，是礼遇贤者的极致，只有尧舜能充分做到这一点，后世应当效法。

【第七章】万章曰："敢问不见诸侯，何义也？"孟子曰："在国曰市井之臣，在野曰草莽之臣，皆谓庶人。庶人不传质为臣，不敢见于诸侯，礼也。"①

万章曰："庶人，召之役，则往役；君欲见之，召之，则不往见之，何也？"曰："往役，义也。往见，不义也②。且君之欲见之也，何为也哉？”曰：“为其多闻也，为其贤也。”曰：“为其多闻也，则天子不召师，而况诸侯乎？为其贤也，则吾未闻欲见贤而召之也③。缪公亟见于子思，曰：‘古千乘之国以友士，何如？’子思不悦，曰：‘古之人有言，曰：事之云乎？岂曰：友之云乎？’子思之不悦也，岂不曰：‘以位，则子，君也；我，臣也，何敢与君友也？以德，则子事我者也，奚可以与我友？’千乘之君求与之友，而不可得也，而况可召与④？齐景公田，招虞人以旌，不至，将杀之。‘志士不忘在沟壑，勇士不忘丧其元。’孔子奚取焉？取非其招不往也⑤。”

曰：“敢问招虞人何以？”曰：“以皮冠。庶人以旃，士以旂，大夫以旌⑥。以大夫之招招虞人，虞人死不敢往。以士之招招庶人，庶人岂敢往哉？况乎以不贤人之招招贤人乎⑦？欲见贤人而不以其道，犹欲其入而闭之门也。夫义，路也；礼，门也。惟君子能由是路，出入是门也。《诗》云：‘周道如底，其直如矢。君子所履，小人所视。’⑧”

万章曰：“孔子‘君命召，不俟驾而行’，然则孔子非与？”曰：“孔子当仕有官职，而以其官召之也。”⑨

【集注】①质，与“贽”同。

传，通也。质者，士执雉，庶人执鹜，相见以自通者也。国内莫非君臣，但未仕者与执贽在位之臣不同，故不敢见也。

②往役者，庶人之职。不往见者，士之礼。

③为，并去声。

④亟、乘，皆去声。“召与”之“与”，平声。

孟子引子思之言而释之，以明不可召之意。

⑤丧，息浪反。说见前篇。

⑥皮冠，田猎之冠也。事见《春秋传》。然则皮冠者，虞人之所有事也，故以是招之。庶人，未仕之臣。"通帛曰旃。"士，谓已仕者。"交龙为旗"。"析羽而注于旗干之首曰旌"❶。

⑦欲见而召之，是不贤人之招也。以士之招招庶人，则不敢往。以不贤人之招招贤人，则不可往矣。

⑧夫，音扶。底，《诗》作"砥"，之履反。

《诗》，《小雅·大东》之篇。底，与"砥"同，砺石也，言其平也。矢，言其直也。视，视以为法也。引此以证上文"能由是路"之义。

⑨与，平声。

孔子方仕而任职，君以其官名召之，故不俟驾而行。徐氏曰："孔子、孟子，易地则皆然。"

此章言不见诸侯之义最为详悉。更合陈代、公孙丑所问者而观之，其说乃尽。

【今译】①质，同"贽"。

传，通报。质，士拿野鸡，庶人拿野鸭，相见时借此通报自己。在国内的没有不是君臣关系的，但没有出仕的人和可以拿着礼物去见君主的在位臣子不同，所以不敢去见君主。

②去服役，是庶人的职责。不去拜见君主，是士人坚持的礼。

③为，都读 wèi。

④亟，qì。乘，shèng。"召与"的"与"，yú。

---

❶ 参见《周礼·春官·司常》。

孟子援引子思的话并加以解释，以说明不可召唤士人的道理。

⑤ 丧，sàng，意义见前篇。

⑥ 皮冠，打猎时戴的冠。此事参见《左传·昭公二十年》。皮冠是表示与虞人有关的事务，所以用它去招虞人。庶人，没有出仕的臣。"纯用赤色帛不加装饰叫旃"。士，指已经做官的。"画有龙的叫旂"。"用羽毛装饰旗杆顶的叫旌"。

⑦ 想会见而用召唤的办法，是召唤不贤之人的方式。用招士的方式招庶人，则不敢前往；用招不贤人的方式招贤人，则不可前往。

⑧ 夫，读扶（fú）。底，《诗经》中作"砥"，dǐ。
《诗》，《诗经·小雅·大东》篇。底，同"砥"，磨刀石，形容路的平坦。矢，形容路的端直。视，注视着作为效法的榜样。引这首诗以证明上文"能由是路"的意思。

⑨ 与，yú。

孔子正在出仕任职期间，君主用他的官名召唤他，所以不等驾好车就走。徐度说："孔子、孟子，换个位置都会那样做。"

这一章论述不见诸侯的道理最为详细。再结合陈代、公孙丑所问的来考察，孟子不见诸侯的道理才算完备。

【第八章】孟子谓万章曰："一乡之善士，斯友一乡之善士。一国之善士，斯友一国之善士。天下之善士，斯友天下之善士①。以友天下之善士为未足，又尚论古之人。颂其诗，读其书，不知其人，可乎？是以论其世也。是尚友也②。"

【集注】① 言己之善盖于一乡，然后能尽友一乡之善士。推而至于一国、天下皆然，随其高下以为广狭也。

② 尚，"上"同，言进而上也。颂，"诵"通。论其世，论其当世行事之迹也。言既观其言，而不可以不知其为人之实，是以又考其行也。夫能友天下之善士，其所友众矣，犹以为未足，又进而取于古人，是能进其取友之道，而非止为一世之士矣。

【今译】① 意思是自己的善行能得到一乡的公认，然后能和一乡所有的善士为友。推广到一国和整个天下也是这样，随着德行的高低，所交往的广泛程度也有不同。

② 尚，与"上"相同，说的是前进向上。颂，和"诵"相通。论其世，评论他当时行事的踪迹。意思是在了解他的言论之后，就不可以不知道他为人的事实，所以又考察他的行为。若能和天下所有的善士交朋友，他所交的朋友可就多了，但还是觉得不足，又进一步向古人学习，这是能够把交友的方式推向前进，从而不只是一世之士了。

【第九章】齐宣王问卿。孟子曰："王何卿之问也？"王曰："卿不同乎？"曰："不同。有贵戚之卿，有异姓之卿。"王曰："请问贵戚之卿。"曰："君有大过则谏，反覆之而不听则易位。"① 王勃然变乎色②。曰："王勿异也。王问臣，臣不敢不以正对。"③ 王色定，然后请问异姓之卿。曰："君有过则谏，反覆之而不听则去。"④

【集注】① 大过，谓足以亡其国者。易位，易君之位，更立亲戚之贤者。盖与君有亲亲之恩，无可去之义。以宗庙为重，不忍坐视其亡，故不得已而至于此也。

② 勃然，变色貌。

③ 孟子言也。

④ 君臣义合,不合则去。

此章言大臣之义。亲疏不同,守经行权,各有其分。贵戚之卿,小过非不谏也,但必大过而不听,乃可易位。异姓之卿,大过非不谏也,虽小过而不听,已可去矣。然三仁贵戚,不能行之于纣,而霍光异姓,乃能行之于昌邑,此又委任权力之不同,不可以执一论也。

【今译】① 大过,指足以亡国的过失。易位,变更他做君主的职位,重新拥立亲属中贤能的人。因为他和君主有亲属关系,不可以离开君主。以宗庙为重,不忍坐视他的败亡,所以不得已而这样做。

② 勃然,变了脸色的样子。

③ 这是孟子的话。

④ 君臣以义相结合,合不来就离开。

这一章讲作大臣的方式。由于亲疏关系的不同,坚持原则还是灵活权变,各有自己的职分。贵戚做卿,君主有小过错不是不批评,但一定是君主有了大过失并且不接受批评,才可以撤换他做君主的资格。异姓人做卿,君主有大过失不是不批评,而是说即使有小过错但不听批评,就已经可以离开了。然而殷朝的三位仁人作为贵戚,却无法对纣王这样做,而霍光作为异姓大臣,却能在昌邑王身上实行❶,这又是因为信任程度、权力大小有所不同,不可以死守某一种说法。

---

❶ 汉昭帝死,霍光等拥立昌邑王为帝。由于昌邑王无道,霍光就废除了昌邑王,另立汉宣帝。

告子章句上

【集注】凡二十章。

【今译】共二十章。

　　【第一章】告子曰:"性,犹杞柳也。义,犹桮棬也。以人性为仁义,犹以杞柳为桮棬。"① 孟子曰:"子能顺杞柳之性而以为桮棬乎? 将戕贼杞柳,而后以为桮棬也? 如将戕贼杞柳而以为桮棬,则亦将戕贼人以为仁义与? 率天下之人而祸仁义者,必子之言夫!"②

【集注】① 桮,音杯。棬,丘圆反。

　　性者,人生所禀之天理也。杞柳,杞柳。桮棬,屈木所为,若巵匜之属。告子言人性本无仁义,必待矫揉而后成,如荀子性恶之说也。

　　② 戕,音墙。与,平声。夫,音扶。

　　言如此,则天下之人皆以仁义为害性而不肯为,是因子之言而为仁义之祸也。

【今译】① 桮,读杯(bēi)。棬,quān。

　　性,人生所禀受的天理。杞柳,杞柳。桮棬,用弯曲的木料做成,像酒杯、水杓之类。告子认为人性中本没有仁义,必须经过"矫直"或"弯曲"以后才成,和荀子性恶论同义。

　　② 戕,读墙(qiāng)。与,yú。夫,读扶(fú)。

　　意思是说假如这样的话,天下人就都会认为仁义是危害本性的,从而不肯去行仁义，这是借助您的话来危害仁义的啊！

【第二章】告子曰："性犹湍水也，决诸东方则东流，决诸西方则西流。人性之无分于善不善也，犹水之无分于东西也。"① 孟子曰："水信无分于东西。无分于上下乎？人性之善也，犹水之就下也。人无有不善，水无有不下②。今夫水，搏而跃之，可使过颡；激而行之，可使在山。是岂水之性哉？其势则然也。人之可使为不善，其性亦犹是也③。"

【集注】① 湍，他端反。

湍，波流潆回之貌也。告子因前说而小变之，近于杨子"善恶混"之说。

② 言水诚不分东西矣，然岂不分上下乎？性即天理，未有不善者也。

③ 夫，音扶。搏，补各反。

搏，击也。跃，跳也。颡，额也。水之过额、在山，皆不就下也，然其本性未尝不就下，但为搏激所使而逆其性耳。

此章言性本善，故顺之而无不善；本无恶，故反之而后为恶，非本无定体，而可以无所不为也。

【今译】① 湍，tuān。

湍，水流回旋的样子。告子引申前说又稍加变动，和扬雄的"善恶混"说法相近。

② 意思是水的本性确实不是一定要向东或向西，不过水难道不是一定要向上或向下吗？人的本性就是天理，没有不善的。

③ 夫，读扶（fú）。搏，bó。

搏,打击。跃,跳跃。颡,前额。水跳过额头,流到山上,都不是往下流,但是它的本性却不是不向下的,只是由于打击、阻拦的迫使,才违背了自己的本性。

这一章讲人性本善,所以顺其本性就没有不善;人性本来无恶,所以违逆本性之后才有了恶,不是本来没有一定,可以无所不为。

【第三章】告子曰:"生之谓性。"① 孟子曰:"生之谓性也,犹白之谓白与?"曰:"然。""白羽之白也,犹白雪之白;白雪之白,犹白玉之白与?"曰:"然。"② "然则犬之性犹牛之性,牛之性犹人之性与?"③

【集注】① 生,指人物之所以知觉运动者而言。告子论性,前后四章,语虽不同,然其大指不外乎此,与近世佛氏所谓"作用是性"者略相似。

② 与,平声,下同。

白之谓白,犹言凡物之白者同谓之白,更无差别也。白羽以下,孟子再问而告子曰"然",则是谓凡有生者同是一性矣。

③ 孟子又言,若果如此,则犬牛与人皆有知觉,皆能运动,其性皆无以异矣。于是告子自知其说之非,而不能对也。

愚按:性者,人之所得于天之理也。生者,人之所得于天之气也。性,形而上者也。气,形而下者也。人物之生,莫不有是性,亦莫不有是气。然以气言之,则知觉运动,人与物若不异也。以理言之,则仁义礼智之禀,岂物之所得而全哉?此人之性所以无不善,而为万物之灵也。告子不知性之为理,而以所谓气者当之,是以杞柳、湍水之喻,食色无善无不善之说,纵横缪戾,纷纭舛错,而此章之误乃其本根。所以然者,盖徒知知觉运动之蠢然者,人与物同,而不知仁义礼智之粹然者,人与物异也。孟子以是折之,其义精矣。

【今译】① 生,指人与物(动物)有知觉能运动的原因和根据。告子论述人的本性,前后四章,说法虽然不同,但是基本立场不外乎这一点,和近世佛教所说的"作用就是本性"大体类似。

② 与,yú,下同。

白之谓白,就像说凡是物的白色,同样称为白,再没有什么差别。"白羽"以下,是孟子再问而告子回答说"是的",那就是认为凡有生命的就是一样的本性了。

③ 孟子又说,若真的如此,那么犬、牛和人一样都有知觉,都能运动,他们的本性就都没有差别了。于是告子知道自己说法的错误而无法回答了。

熹按:性,是人从上天那里所得到的理。生命,是人从上天那里所得到的气。性,是形而上的。气,是形而下的。人和物有了生命,就没有不具备这个性的,也没有不具备这个气的。然而若从气这方面说,那么有知觉能运动,人和动物好像没有差别。若从理这方面说,那么仁义礼智的禀赋,动物怎么能全部得到呢? 这一点就决定了人的本性没有不善,并且成为万物之灵。告子不知道本性是理,因而用那叫做气的东西来充当本性,所以才有那杞柳、湍水的比喻,食色、无善无不善的议论,纵横纠结,杂乱错误,而这一章中的错误乃是告子所有错误的本源。之所以如此,都是由于他只知道有知觉、能运动这些低级本能的东西,人和动物是相同的,却不知仁义礼智这种高级精华的东西,人和动物是不同的。孟子用这一点来反驳他,其中的道理非常精辟。

【第四章】告子曰:"食、色,性也。仁,内也,非外也。

义，外也，非内也。"① 孟子曰："何以谓仁内义外也？"曰："彼长而我长之，非有长于我也，犹彼白而我白之，从其白于外也，故谓之外也。"② 曰："异于白马之白也，无以异于白人之白也。不识长马之长也，无以异于长人之长与？且谓长者义乎？长之者义乎？"③ 曰："吾弟则爱之，秦人之弟则不爱也，是以我为悦者也，故谓之内。长楚人之长，亦长吾之长，是以长为悦者也，故谓之外也。"④ 曰："耆秦人之炙，无以异于耆吾炙。夫物则亦有然者也，然则耆炙亦有外与？"⑤

【集注】① 告子以人之知觉运动者为性，故言人之甘食悦色者即其性。故仁爱之心生于内，而事物之宜由乎外。学者但当用力于仁，而不必求合于义也。

② 长，上声，下同。

我长之，我以彼为长也。我白之，我以彼为白也。

③ 与，平声，下同。

张氏曰："上'异于'二字，疑衍。"李氏曰："或有阙文焉。"

愚按：白马白人，所谓彼白而我白之也。长马长人，所谓彼长而我长之也。白马白人不异，而长马长人不同，是乃所谓义也。义不在彼之长，而在我长之之心，则义之非外，明矣。

④ 言爱主于我，故仁在内。敬主于长，故义在外。

⑤ 耆，与"嗜"同。夫，音扶。

言长之耆之，皆出于心也。林氏曰："告子以食色为性，故因其所明者而通之。"

自篇首至此四章，告子之辩屡屈，而屡变其说以求胜，卒不闻其能自反而有所疑也，此正其所谓"不得于言，勿求于心"者，所以卒于卤莽而不得其正也。

【今译】① 告子把人有知觉能运动的生命叫做本性，所以说人的喜欢美食、爱好美色就是他的本性。所以仁爱之心产生于内部，而事物的恰如其分则由外在造成。求学者只须努力求仁，而不必追求合乎义。

② 长，zhǎng，下同。

我长之，我把他作为长者。我白之，我认为它是白的。

③ 与，yú，下同。

张琥说："前面的'异于'二字，可能是衍文。"李郁说："可能有缺文。"

熹按：称他为白马、白人，就是所说的"彼白而我白之"。称他为长马、长人，就是所说的"彼长而我长之"。白马与白人的白没有差别，但长马与长人的长却有不同，这就是所说的义。义不在于他的长，而在于我把他作为长的心，如此，义不是外在的东西，也就非常明白了。

④ 说的是爱的主体在我，所以仁在内部；敬的主体在长，所以义在外部。

⑤ 耆，与"嗜"同义。夫，读扶（fú）。

说的是以谁为长、嗜好什么，都是出自内心。林之奇说："告子把觅食求偶作为本性，所以借助他所明白的东西来说清这个问题。"

从篇首到这里一共四章，告子在辩论中屡次失败，又屡次变更自己的观点以求胜，始终没见他能自我反省因而有所怀疑。这正是他所说的"在言论里所得不到的东西，不必求之于内心"，所以到底还是马马虎虎得不到正确的结论。

【第五章】孟季子问公都子曰："何以谓义内也？"①曰："行吾敬，故谓之内也。"②"乡人长于伯兄一岁，则谁敬？"曰："敬兄。""酌则谁先？"曰："先酌乡人。""所敬在此，所长在彼，果在外，非由内也。"③

公都子不能答，以告孟子。孟子曰："敬叔父乎？敬弟乎？彼将曰'敬叔父'。曰：'弟为尸，则谁敬？'彼将曰'敬弟'。子曰：'恶在其敬叔父也？'彼将曰'在位故也'。子亦曰：'在位故也。庸敬在兄，斯须之敬在乡人。'"④

季子闻之，曰："敬叔父则敬，敬弟则敬，果在外，非由内也。"公都子曰："冬日则饮汤，夏日则饮水，然则饮食亦在外也？"⑤

【集注】① 孟季子，疑孟仲子之弟也。盖闻孟子之言而未达，故私论之。

② 所敬之人虽在外，然知其当敬而行吾心之敬以敬之，则不在外也。

③ 长，上声。

伯，长也。酌，酌酒也。此皆季子问、公都子答。而季子又言，如此，则敬长之心，果不由中出也。

④ 恶，平声。

尸，祭祀所主以象神。虽子弟为之，然敬之当如祖考也。在位，弟在尸位，乡人在宾客之位也。庸，常也。斯须，暂时也。言因时制宜，皆由中出也。

⑤ 此亦上章耆炙之意。

范氏曰："二章问答，大指略同，皆反覆譬喻以晓当世，使明仁义之在内，则知人之性善，而皆可以为尧舜矣。"

【今译】① 孟季子，可能是孟仲子的弟弟。他听到了孟子的话但不明白，所以私下议论。

② 所尊敬的人虽然是在外部，但是知道应该尊敬并且实行我心中的尊敬去尊敬他，就不在外部了。

③ 长，zhǎng。

伯，是长者。酌，敬酒。这都是季子问、公都子答。季子接着又说，这样，就表明尊敬长者的心，果然是不由内部发出的。

④ 恶，wū。

尸，祭祀时作为神主以象征神灵。虽然是子孙或弟弟做尸，但尊敬他应当像尊敬祖先和父亲一样。在位，弟弟在尸的位置，乡人在客人的位置。庸，平素、经常。斯须，暂时。说的是因时制宜，都是由内部发出的。

⑤ 这也是上一章嗜好烤肉的意思。

范祖禹说："这两章的问答，基本意思大致相同，都是反复比喻以让人们明白，使他们知道仁义是在内部，从而懂得人性本善，人人都可以做到像尧舜那样。"

【第六章】公都子曰："告子曰：'性无善无不善也。'①或曰：'性可以为善，可以为不善，是故文、武兴，则民好善；幽、厉兴，则民好暴。'②或曰：'有性善，有性不善，是故以尧为君而有象，以瞽瞍为父而有舜，以纣为兄之子且以为君而有微子启、王子比干。'③今曰'性善'，然则彼皆非与④？"

孟子曰："乃若其情，则可以为善矣，乃所谓善也⑤。

若夫为不善，非才之罪也^⑥。恻隐之心，人皆有之；羞恶之心，人皆有之；恭敬之心，人皆有之；是非之心，人皆有之。恻隐之心，仁也；羞恶之心，义也；恭敬之心，礼也；是非之心，智也。仁、义、礼、智，非由外铄我也，我固有之也，弗思耳矣。故曰：'求则得之，舍则失之。'或相倍蓰而无算者，不能尽其才者也^⑦。《诗》曰：'天生蒸民，有物有则。民之秉夷，好是懿德。'孔子曰：'为此诗者，其知道乎！故有物必有则，民之秉夷也，故好是懿德。'^⑧"

【集注】① 此亦"生之谓性""食色性也"之意。近世苏氏、胡氏之说盖如此。

② 好，去声。

此即湍水之说也。

③ 韩子"性有三品"之说，盖如此。按此文，则微子、比干皆纣之叔父，而《书》称微子为商王元子。疑此或有误字。

④ 与，平声

⑤ 乃若，发语辞。情者，性之动也。人之情，本但可以为善而不可以为恶，则性之本善可知矣。

⑥ 夫，音扶。

才，犹材质，人之能也。人有是性，则有是才；性既善，则才亦善。人之为不善，乃物欲陷溺而然，非其才之罪也。

⑦ 恶，去声。舍，上声。蓰，音师。

恭者，敬之发于外者也。敬者，恭之主于中者也。铄，以火销金之名，自外以至内也。算，数也。言四者之心人所固有，但人自不思而求之耳。所以善恶相去之远，由不思不求而不能扩充以尽其才也。前篇言是四者为仁义礼智之端,而此不言端者,彼欲其扩而充之,此直因用以著其本体,故言有不同耳。

⑧好,去声。

《诗》,《大雅·蒸民》之篇。蒸,《诗》作"烝",众也。物,事也。则,法也。夷,《诗》作"彝",常也。懿,美也。有物必有法,如有耳目则有聪明之德,有父子则有慈孝之心,是民所秉执之常性也,故人之情,无不好此懿德者。以此观之,则人性之善可见,而公都子所问之三说,皆不辩而自明矣。

程子曰:"性,即理也。理,则尧舜至于涂人,一也。才禀于气,气有清浊。禀其清者为贤,禀其浊者为愚。学而知之,则气无清浊,皆可至于善而复性之本,汤、武身之是也。孔子所言下愚不移者,则自暴自弃之人也。"又曰:"论性不论气不备,论气不论性不明,二之则不是。"张子曰:"形而后有气质之性。善反之,则天地之性存焉。故气质之性,君子有弗性者焉。"

愚按:程子此说"才"字,与孟子本文小异。盖孟子专指其发于性者言之,故以为才无不善。程子兼指其禀于气者言之,则人之才固有昏明强弱之不同矣,张子所谓气质之性是也。二说虽殊,各有所当。然以事理考之,程子为密。盖气质所禀虽有不善,而不害性之本善。性虽本善,而不可以无省察矫揉之功,学者所当深玩也。

【今译】① 这也是"生之谓性""食色性也"的意思。近世苏轼、胡宏的说法也是如此。

② 好,hào。

这就是"性如湍水"的说法。

③ 韩子"性有三品"的说法就是如此。根据这篇文字,则微子、比

干都是纣的叔父，但《尚书》说微子是商王长子。这里可能有错字。

④与，yú。

⑤乃若，发语词。情，是性的发动。人的情，本是只可以为善而不可以为恶，由此可知性本来是善的。

⑥夫，读扶（fú）。

才，就是木材和质料，人的才能。人有这个性，就有这个才；本性既然是善，那么才也就是善。人的为恶，乃是由于物欲引诱的结果，不是他的才的罪过。

⑦恶，wù。舍，shě。葰，读师（shī）。

恭，表现于外部的敬。敬，在心中作为主宰的恭。铄，用火销熔金属，是个从外到内的过程。算，数。说的是这四条都是人心所固有的，只是人自己不思考寻求罢了。造成善与恶强烈反差、悬殊的原因，是由于不思考，不寻求，因而不能推广、充实以竭尽自己才智的缘故。前面说过这四条是仁义礼智的开端，在这里却不说是开端，原因是在前面是希望人们能推广和充实这四个方面，这里是直接借助它的应用以显明它的自体，所以语言有所不同。

⑧好，hào。

《诗》，《诗经·大雅·烝民》篇。烝，《诗经》写作"烝"，指民众。物，就是事。则，法则。夷，《诗经》写作"彝"，恒常的意思。懿，美好。有物就必有一定的法则，比如有了耳目，就有聪、明的性质，有了父子，就有慈爱和孝顺的心，这是民众所秉受、具有的恒常的本性，所以人的情，没有不爱好这样的美德的。由此看来，人性的本善就可以见到了，而公都子所问的三点，也都不用辩说就自然明白了。

程子说："性，就是理。理，从尧、舜到普通人都是一样的。才，禀受于气。气有清有浊。禀受了清气的就是贤，禀受了浊气的就是愚。由求学而达到知，那么无论禀受的气是清还是浊，都可以到达善而复原性的本然状态，商汤、周武王亲自做的就是这样。孔子所说的改变不了的下愚，是那自暴自弃的人。"又说："论述本性而不论述气，不全面；论述气而离开了性，说不明白，把气和性分离是不对的。"张子说："成形以后有了气质之性。善于返归，就能保存住天地之性。所以对于气质之性，君子是不把它看作本性的。"

熹按：程子这里对"才"字的解说，与孟子本文小有不同。孟子仅仅指从本性发出的东西，所以认为才没有不善的，程子则兼指从气所禀受来的东西，这样人的才就有昏明强弱的不同了，也就是张子所说的气质之性。两种说法虽然不同，但各有所适应的领域。不过若根据事理加以考察，程子的说法比较严密、贴切。气质所禀受的虽然有不善的成分，但不妨碍人性的本善。人性虽然本来是善的，但不可以没有反省和修养的工夫，求学者应当深刻玩味才是。

【第七章】孟子曰："富岁子弟多赖，凶岁子弟多暴。非天之降才尔殊也，其所以陷溺其心者然也①。今夫麰麦，播种而耰之，其地同，树之时又同，浡然而生，至于日至之时，皆熟矣。虽有不同，则地有肥硗，雨露之养、人事之不齐也②。故凡同类者，举相似也，何独至于人而疑之？圣人与我同类者③。故龙子曰：'不知足而为屦，我知其不为蒉也。'屦之相似，天下之足同也④。口之于味，有同耆也。易牙，先得我口之所耆者也。如使口之于味也，其性与人殊，若犬、马之与我不同类也，则天下何耆皆从易牙之于味也？至于味，天下期于易牙，是天下之口相似也⑤。惟耳亦然。至于声，天下期于师旷，是天下之耳相似也⑥。惟目亦然。至于子都，天下莫不知其姣也。不知子都之姣者，无目者也⑦。故曰：口之于味也，有同耆焉；耳之于声也，有同听焉；目之于色也，有同美焉。至于心，独无所同然乎？心之所同然者何也？谓理也，义也。圣人先得我心之所同然耳。故理、义之悦我心，犹刍豢之悦我口⑧。"

【集注】① 富岁，丰年也。赖，藉也。丰年衣食饶足，故有所赖藉而为善。凶年衣食不足，故有以陷溺其心而为暴。

②夫，音扶。麰，音牟。穋，音忧。硗，苦交反。

麰，大麦也。穋，覆种也。日至之时，谓当成熟之期也。硗，瘠薄也。

③圣人亦人耳，其性之善无不同也。

④屦，音匮。

屦，草器也。不知人足之大小而为之屦，虽未必适中，然必似足形，不至成蒉也。

⑤耆，与"嗜"同，下同。

易牙，古之知味者。言易牙所调之味，则天下皆以为美也。

⑥师旷，能审音者也。言师旷所和之音，则天下皆以为美也。

⑦姣，古卯反。

子都，古之美人也。姣，好也。

⑧然，犹可也。草食曰刍，牛羊是也。谷食曰豢，犬豕是也。程子曰："在物为理，处物为义，体用之谓也。孟子言'人心无不悦理义'者，但圣人则先知先觉乎此耳，非有以异于人也。"程子又曰："理义之悦我心，犹刍豢之悦我口，此语亲切有味。须实体察得理义之悦心真犹刍豢

之悦口,始得。"

【今译】①富岁,丰收年。赖,凭借。丰收年衣食充足,所以有所凭借,从而行善。灾荒年衣食不足,所以就可能诱使人们的心做出暴行。

②夫,读扶（fú）。麰,读牟（móu）。耰,读忧（yōu）。硗,qiāo。麰,大麦。耰,覆盖种子。日至之时,指到了成熟的日子。硗,瘠薄。

③圣人也是人,他本性的善良,和别人是没有差别的。

④蒉,读匮（kuì）。蒉,草筐。不知人脚的大小去做鞋,虽然未必合适,但必然是像脚的形状,不至于做成草筐。

⑤耆,与"嗜"同义,以下均如此。易牙,古代精通调味的人。说的是易牙所调出的味,天下人都认为是美的。

⑥师旷,能辨别乐音的人。说的是师旷所调和的音乐,天下人都认为是美的。

⑦姣,jiāo。子都,古代的美貌者。姣,美好。

⑧然,也就是认可。吃草的动物称刍,比如牛羊。吃粮食的叫豢,比如狗猪。程子说:"在物自身的叫做理,依理来安排事物叫做义,这是体与用的关系。孟子说'人心没有不喜欢理义'的,但是圣人是先知先觉到这一点的,并不是和别人有什么不同。"程子又说:"理义使我心中喜悦,就像刍豢可我的口,这话亲切有味。必须切实体会到理义的使心喜悦真像刍豢的可口,才算有所获得。"

【第八章】孟子曰:"牛山之木尝美矣。以其郊于大国也,斧斤伐之，可以为美乎？是其日夜之所息，雨露之所润，非无萌蘖之生焉，牛羊又从而牧之，是以若彼濯濯也。人见其濯濯也，以为未尝有材焉，此岂山之性也哉①？虽存乎人者，岂无仁义之心哉？其所以放其良心者，亦犹斧斤之于木也，旦旦而伐之，可以为美乎？其日夜之所息，平旦之气，其好恶与人相近也者几希，则其旦昼之所为，有梏亡之矣。梏之反覆，则其夜气不足以存。夜气不足以存，则其违禽兽不远矣。人见其禽兽也，而以为未尝有才焉者，是岂人之情也哉②？故苟得其养，无物不长；苟失其养，无物不消③。孔子曰：'操则存，舍则亡；出入无时，莫知其乡。'惟心之谓与④？"

【集注】①蘖，五割反。

牛山，齐之东南山也。邑外谓之郊。言牛山之木，前此固尝美矣，今为大国之郊，伐之者众，故失其美耳。息，生长也。日夜之所息，谓气化流行未尝间断，故日夜之间，凡物皆有所生长也。萌，芽也。蘖，芽之旁出者也。濯濯，光洁之貌。材，材木也。言山木虽伐，犹有萌蘖，而牛羊又从而害之，是以至于光洁而无草木也。

②好、恶，并去声。

良心者，本然之善心，即所谓仁义之心也。平旦之气，谓未与物接之时清明之气也。好恶与人相近，言得人心之所同然也。几希，不多也。梏，械也。反覆，展转也。言人之良心虽已放失，然其日夜之间，亦必有所生长。故平旦未与物接，其气清明之际，良心犹必有发见者。但其发见至微，而旦昼所为之不善，又已随而梏亡之，如山木既伐，犹有萌蘖，而牛羊又牧之也。昼之所为，既有以害其夜之所息，夜之所息，又不能胜其昼之所为,是以展转相害,至于夜气之生日以寖薄,而不足以存其仁义之良心,则平旦之气亦不能清,而所好恶遂与人远矣。

③长,上声。

山木、人心,其理一也。

④舍,音捨。与,平声。

孔子言,心,操之则在此,舍之则失去。其出入无定时,亦无定处如此。孟子引之,以明心之神明不测、得失之易而保守之难,不可顷刻失其养。学者当无时而不用其力,使神清气定,常如平旦之时,则此心常存,无适而非仁义矣。程子曰:“心岂有出入,亦以操舍而言耳。操之之道,敬以直内而已。”

愚闻之师曰:“人,理义之心未尝无,惟持守之即在尔。若于旦昼之间,不至梏亡,则夜气愈清。夜气清,则平旦未与物接之时,湛然虚明气象自可见矣。”孟子发此夜气之说,于学者极有力,宜熟玩而深省之也。

【今译】①蘖,niè。

牛山,齐国东南方的山。城外叫郊。说的是牛山上的树木,此前本是很茂盛的,现在处在大国的郊外,砍伐的人多,所以失去了它的茂盛。息,生长。日夜之所息,指气的生长化育流行不断,所以日夜之间,一切物都会有所生长。萌,萌芽。蘖,旁生的分枝。濯濯,光亮洁白的样子。材,树木。意思是山上的树木虽被砍伐,但还有萌芽和分蘖,但又被牛羊所啃咬践踏,以致变得光秃干净而没有草木。

②好,hào。恶,wù。

良心,本来的善心,也就是所说的仁义之心。平旦之气,指没有和事物接触时候的那种清明之气。好恶与人相近,说的是得到了人心共同认可的东西。几希，不多的意思。梏，刑具限制。反复，轮番辗转。
说的是人的良心虽然已经丢失，但它在日夜之间，也必定有所生长。所
以在清晨还没有与事物接触，人的气还很清明的时候，良心也必定会有
所发现。但是这个发现非常小，而白天所作所为的不善，又跟着把它压
制直到死亡，就像山上的树木遭到砍伐，还有萌芽分蘖，接着又放牧牛
羊啃吃一样。白天的所为，既有可能危害夜里所生长的，夜里所生长的，
又不能战胜白天的所为，所以就轮换反复地互相危害，以致夜气的产
生一天天淡薄，从而不足以保存那仁义的良心，而平旦之气也不能够清
明，他的好恶因此与人相距遥远了。

③长，zhǎng。

山上的树和人的心，那道理是一样的。

④舍，读捨（shě）。与，yú。

孔子说，人的心，操持和保守它，它就在这里；舍弃不管，它就会失
去。它的出入没有一定时节，也没有一定处所，就是这样的。孟子引用
这段话，以说明心的神明不可测度，失去容易，保持困难，不可片刻失
去养护。求学者应当无论什么时候都要用力加以养护，从而使心的神
清明、气安定，永远像清晨时分那样，那么这颗心就永远存在，所到之
处没有不是仁义的。程子说："心怎能有出入，说的只是操守还是舍弃
罢了。操守它的办法，就是以恭敬的态度使内心正直罢了。"

我听老师说过❶："人，理义的心不会没有，只要保持坚守它就存
在。若在清晨和白天，不至于压制使它消亡，那么夜气就愈加清明。夜
气清明，那么在清晨没有和事物接触的时候，那种清澈、虚灵的光明气

---

❶　老师：朱熹的老师李侗。

象自然就可以看见。"孟子提出的这种夜气的说法,对学者极有帮助,应当反复玩味并深刻省察。

【第九章】孟子曰:"无或乎王之不智也①。虽有天下易生之物也,一日暴之,十日寒之,未有能生者也。吾见亦罕矣,吾退而寒之者至矣,吾如有萌焉何哉②?今夫弈之为数,小数也,不专心致志,则不得也。弈秋,通国之善弈者也。使弈秋诲二人弈。其一人专心致志,惟弈秋之为听。一人虽听之,一心以为有鸿鹄将至,思援弓缴而射之,虽与之俱学,弗若之矣。为是其智弗若与?曰:非然也③。"

【集注】①或,与"惑"同,疑怪也。王,疑指齐王。

②易,去声。暴,步卜反。见,音现。

暴,温之也。我见王之时少,犹一日暴之也。我退,则谄谀杂进之日多,是十日寒之也。虽有萌蘖之生,我亦安能如之何哉!

③夫,音扶。缴,音灼。射,食亦反。"为是"之"为",去声。"若与"之"与",平声。

弈,围棋也。数,技也。致,极也。弈秋,善弈者,名秋也。缴,以绳系矢而射也。

程子为讲官,言于上曰:"人主一日之间,接贤士大夫之时多,亲宦官宫妾之时少,则可以涵养气质而熏陶德性。"时不能用,识者恨之。范氏曰:"人君之心,惟在所养。君子养之以善则智,小人养之以恶则愚。然贤人易疏,小人易亲,是以寡不能胜众,正不能胜邪。自古国家治日常少,而乱日常多,盖以此也。"

【今译】①或,同"惑",疑惑、奇怪的意思。王,可能指齐王。

②易，yì。暴，pù。见，读现（xiàn）。

暴，温暖他。我见王的时间很少，就像用一天去温暖他。我退下后，阿谀谄媚纷纭杂进给王的日子多，就像用十天去冷冻他。虽然他有善的萌芽产生，我又能拿它怎么样呢！

③夫，读扶（fú）。缴，读灼（zhuó）。射，shè。"为是"的"为"，读wèi。"若与"的"与"，读yú。

弈，围棋。数，技巧。致，极其。弈秋，围棋高手，名秋。缴，用绳拴在箭上射出。

程子做讲官，对皇上说："君主在一天里，接触贤士大夫的时间多，亲近宦官妃子的时间少，就可以涵养气质，熏陶德性。"当时不被皇帝采纳，有见识的人深感遗憾。范祖禹说："君主的心，只在如何养护。君子用善去养它，就明智；小人用恶去养它，就愚昧。但是贤人容易被疏远，小人容易得亲近，所以寡不能敌众，正不能战胜邪恶。自古以来国家太平的日子总是少，混乱的日子总是多，大概就是因为这个。"

【第十章】孟子曰："鱼，我所欲也。熊掌，亦我所欲也。二者不可得兼，舍鱼而取熊掌者也。生，亦我所欲也。义，亦我所欲也。二者不可得兼，舍生而取义者也①。生亦我所欲，所欲有甚于生者，故不为苟得也。死亦我所恶，所恶有甚于死者，故患有所不辟也②。如使人之所欲莫甚于生，则凡可以得生者，何不用也？使人之所恶莫甚于死者，则凡可以辟患者，何不为也③？由是则生，而有不用也。由是则可以辟患，而有不为也④。是故所欲有甚于生者，所恶有甚于死者。非独贤者有是心也，人皆有之，贤者能勿丧耳⑤。一箪食，一豆羹，得之则生，弗得则死。嘑尔而与之，行道之人弗受；蹴尔而与之，乞人不屑也⑥。万钟则不辨礼义而受之，万钟于我何加焉？为宫室之美、妻妾之奉、所识穷乏者得我与⑦？乡为身死而不受，今为宫室之美为之；乡为身死而不受，今为妻妾之奉为之；乡为身死而不受，今为所识穷乏者得我而为之，是亦不可以已乎！此之谓失其本心⑧。"

【集注】① 舍，上声。

鱼与熊掌皆美味，而熊掌尤美也。

② 恶、辟，皆去声，下同。

释所以舍生取义之意。得，得生也。欲生恶死者，虽众人利害之常情，而欲恶有甚于生死者，乃秉彝义理之良心，是以欲生而不为苟得，恶死而有所不避也。

③ 设使人无秉彝之良心，而但有利害之私情，则凡可以偷生免死者，皆将不顾礼义而为之矣。

④ 由其必有秉彝之良心，是以其能舍生取义如此。

⑤ 丧，去声。

羞恶之心，人皆有之。但众人汩于利欲而忘之，惟贤者能存之而不丧耳。

⑥ 食，音嗣。嘑，呼故反。蹴，子六反。

豆，木器也。嘑，咄啐之貌。行道之人，路中凡人也。蹴，践踏也。乞人，丐乞之人也。不屑，不以为洁也。言虽欲食之急而犹恶无礼，有宁死而不食者。是其羞恶之本心，欲恶有甚于生死者，人皆有之也。

⑦ 为，去声。与，平声。

万钟于我何加,言于我身无所增益也。所识穷乏者得我,谓所知识之穷乏者感我之惠也。上言人皆有羞恶之心,此言众人所以丧之。由此三者,盖理义之心虽曰固有,而物欲之蔽,亦人所易昏也。

⑧乡、为,并去声。"为之"之"为",并如字。

言三者身外之物,其得失比生死为甚轻。乡为身死犹不肯受嘑蹴之食,今乃为此三者,而受无礼义之万钟,是岂不可以止乎!本心,谓羞恶之心。

此章言羞恶之心,人所固有。或能决死生于危迫之际,而不免计丰约于宴安之时,是以君子不可顷刻而不省察于斯焉。

【今译】①舍,shě。

鱼与熊掌都是美味,但熊掌更美。

②恶,wù;辟,bì,下同。

解释舍生取义的道理。得,得以活命。喜欢生命厌恶死亡,虽然是大众趋利避害的常情,但喜欢和厌恶有超过生存和死亡的,那就是禀受于天的义理的良心,所以喜欢生命但不苟且以求活命,厌恶死亡但在有的时候却并不逃避。

③假如人没有禀受于天的良心,而只有利害的私情,那么凡是可以偷生免死的事,就都会不顾礼义地去做了。

④由于人必定有禀受于天的良心,所以能这样地舍生取义。

⑤丧,sàng。

羞恶的心,是人人都有的,但是普通人被利欲所诱惑而忘掉了,只有贤人能保留住它而不丢失。

⑥食,读嗣(sì)。嘑,hù。蹴,cù。

豆,木器。嘑,呵斥的样子。行道之人,路上的普通人。蹴,践踏。

乞人，乞丐。不屑，不认为是干净的。意思是说虽然急欲求食但还是憎恶无礼，甚至有宁死也不肯吃的人。这就证明那羞恶的本心，喜欢和厌恶有比生存和死亡更强烈的东西，这是人人都具有的。

⑦ 为，wèi。与，yú。

万钟于我何加，意思是对自己没有什么益处。所识穷乏者得我，指所认识的处于贫穷困境的人们感谢我给他们的恩惠。上一段讲人都有羞恶之心，这里说众人为什么丢掉了。由这三条看来，理义之心虽然是人固有的，但物欲的蒙蔽，也很容易使人糊涂。

⑧ 乡，xiàng。为，wèi。“为之”的“为”，都读 wéi。

说的是这三条都是身外之物，它们的得失同生死相比是件很小的事。刚才即使死亡也不肯接受呵斥后所给的或被践踏过的食物，现在为了这三条，却接受那违背礼义的万钟俸禄，这难道还不应该停止吗！本心，指羞恶之心。

这一章讲的是羞恶之心，是人所固有的。可能他在生死紧迫的情况下能正确决断，却免不了在太平无事的情况下计较多还是少，所以君子片刻也不可以不反省检查这一点。

【第十一章】孟子曰："仁，人心也。义，人路也①。舍其路而弗由，放其心而不知求，哀哉②！人有鸡犬放，则知求之；有放心而不知求③。学问之道无他，求其放心而已矣④。"

【集注】① 仁者，心之德，程子所谓"心如谷种，仁则其生之性"是也。然但谓之仁，则人不知其切于己，故反而名之曰人心，则可以见其为此身酬酢万变之主，而不可须臾失矣。义者，行事之宜，谓之人路，则可以见其为出入往来必由之道,而不可须臾舍矣。

② 舍,上声。

"哀哉"二字,最宜详味,令人惕然有深省处。

③ 程子曰:"心至重,鸡犬至轻。鸡犬放则知求之,心放则不知求,岂爱其至轻而忘其至重哉? 弗思而已矣!"

愚谓:上兼言仁义,而此下专论求放心者。能求放心,则不违于仁,而义在其中矣。

④ 学问之事,固非一端,然其道则在于求其放心而已。盖能如是,则志气清明,义理昭著,而可以上达。不然,则昏昧放逸,虽曰从事于学,而终不能有所发明矣。故程子曰:"圣贤千言万语,只是欲人将已放之心约之,使反复入身来,自能寻向上去,下学而上达也。"此乃孟子开示切要之言,程子又发明之,曲尽其指,学者宜服膺而勿失也。

【今译】① 仁,是心的德性,也就是程子说的"心如谷种,仁就是使心萌发的本性"。然而若仅仅说他是仁,那么人就不知道它与自己关系的密切,所以反过来说它就是人心,就可以看出它是自己处理各种事务的主宰,而不可以有片刻丢失。义,就是行为的恰当,叫做人的路,就因此看出它是人处世行事必经的大道,而不可以有片刻舍弃。

② 舍,shě。

"哀哉"这两个字,最应该详细地体会、玩味,它会使人猛然有惊醒领会之处。

③ 程子说:"心是最重要的,鸡、犬是最轻贱的。鸡、犬丢了就知道去找,心丢了却不知道找回,难道是喜爱那最轻贱的而忘记那最重要的吗? 只是不认真思考罢了。"

我认为,前面是兼论仁义,从此以后是专论"求放心"。能"求放心”，就不违背仁并且义也就在其中了。

　　④ 学问的事，固然不是只有一个头绪，但学问的途径，也就是在于求放心罢了。只要能这样做，就志气清澈明亮，义理昭然显著，因而可以不断提高、上进。不然的话，就糊涂放纵，虽说也从事于学问，却终究不会有所发现。所以程子说：“圣贤千言万语，只是要人把已经放失的心约束起来，让它返回到自身中来，就自然能找到提高上进的途径，下学而上达。”这是孟子向人们指明的至关重要的言论，程子又加以阐发和说明，委婉详尽地表达了孟子的意思，求学者应该遵循、牢记而不要把它丢掉。

　　【第十二章】孟子曰：“今有无名之指，屈而不信，非疾痛害事也。如有能信之者，则不远秦、楚之路，为指之不若人也 ①。指不若人，则知恶之；心不若人，则不知恶，此之谓不知类也 ②。”

【集注】① 信，与“伸”同。为，去声。

　　　　无名指，手之第四指也。

　　　　② 恶，去声。

　　　　不知类，言其不知轻重之等也。

【今译】① 信，同“伸”。为，wèi。

　　　　无名指，手的第四指。

　　　　② 恶，wù。

　　　　不知类，意思是不知轻重的等级。

　　【第十三章】孟子曰：“拱把之桐、梓，人苟欲生之，皆知所以养之者。至于身，而不知所以养之者。岂爱身不若桐、梓哉？弗思甚也！"①

【集注】① 拱，两手所围也。把，一手所握也。桐、梓，二木名。

【今译】① 拱，双手所围拢的。把，一手所握住的。桐、梓，两种树名。

【第十四章】孟子曰："人之于身也，兼所爱。兼所爱，则兼所养也。无尺寸之肤不爱焉，则无尺寸之肤不养也。所以考其善不善者，岂有他哉？于己取之而已矣①。体有贵贱，有小大，无以小害大，无以贱害贵。养其小者为小人，养其大者为大人②。今有场师，舍其梧、槚，养其樲、棘，则为贱场师焉③。养其一指，而失其肩背，而不知也，则为狼疾人也④。饮食之人，则人贱之矣，为其养小以失大也⑤。饮食之人无有失也，则口腹岂适为尺寸之肤哉⑥？"

【集注】① 人于一身，固当兼养，然欲考其所养之善否者，惟在反之于身，以审其轻重而已矣。

② 贱而小者，口腹也；贵而大者，心志也。

③ 舍，上声。槚，音贾。樲，音贰。

场师，治场圃者。梧，桐也；槚，梓也，皆美材也。樲、棘，小枣，非美材也。

④ 狼善顾，疾则不能，故以为失肩背之喻。

⑤ 为，去声。

饮食之人，专养口腹者也。

⑥ 此言若使专养口腹而能不失其大体，则口腹之养，躯命所关，不但为尺寸之肤而已。但养小之人，无不失其大者，故口腹虽所当养，而

终不可以小害大、贱害贵也。

【今译】① 人对于全身，本来应当普遍养护，不过要想考察自己所养护的是好还是不好，只在于回头考察自身，以审查所养护的是否重要就是了。

② 轻贱并且渺小的，是口和腹；尊贵并且伟大的，是心和志。

③ 舍，shě。槚，jiǎ。樲，读 èr（贰）。

场师，园丁。梧，梧桐；槚，梓，都是好木材。樲、棘，小枣树，不是好木材。

④ 狼善于回头看，跑得快就不能了，所以作为忘却肩背的人的比喻。

⑤ 为，wèi。

饮食之人，只知养护口腹的人。

⑥ 这是说假如他专门养护口腹，又能不忘身体中那重要的部分，那么对于口腹的养护，也是生命攸关的事，不只是为那一小块皮肤而已。但是养护小部位的人，没有不忘记那重要部分的，所以口腹虽然也应当养护，但终究不可以小害大，以贱害贵。

【第十五章】公都子问曰："钧是人也，或为大人，或为小人，何也？"孟子曰："从其大体为大人。从其小体为小人。"①

曰："钧是人也，或从其大体，或从其小体，何也？"曰："耳目之官不思，而蔽于物，物交物，则引之而已矣。心之官则思，思则得之，不思则不得也。此天之所与我者，先立乎其大者，则其小者弗能夺也。此为大人而已矣。"②

【集注】① 钧，同也。从，随也。大体，心也。小体，耳目之类也。

② 官之为言，司也。耳司听，目司视，各有所职而不能思，是以蔽于外物。既不能思而蔽于外物，则亦一物而已。又以外物交于此物，其引之而去，不难矣。心则能思，而以思为职。凡事物之来，心得其职，则得其理，而物不能蔽。失其职，则不得其理，而物来蔽之。此三者，皆天之所以与我者，而心为大。若能有以立之，则事无不思，而耳目之欲不能夺之矣，此所以为大人也。然"此天"之"此"，旧本多作"比"，而赵注亦以比方释之，今本既多作"此"，而注亦作"此"，乃未详孰是。但作"比"字，于义为短，故且从今本云。

范浚《心箴》曰："茫茫堪舆，俯仰无垠。人于其间，渺然有身。是身之微，太仓稊米。参为三才，曰惟心耳。往古来今，孰无此心？心为形役，乃兽乃禽。惟口耳目，手足动静，投间抵隙，为厥心病。一心之微，众欲攻之。其与存者，呜呼几希。君子存诚，克念克敬。天君泰然，百体从令。"

【今译】① 钧，同样。从，随从。大体，指心。小体，耳目之类。

② 官的意思是司、主管。耳主管听，目主管视，各有自己的职务而不能思考，所以被外物支配。既然不能思考而被外物支配，那就也是一个物罢了。又用外物来和这个物交往，它被引诱而跟着走是不困难的。心却是能思考的，并且以思考为职责。凡是事物要到来了，心得以行使职责，就得到事物的理，因而物不能把心支配。心失掉自己的职责，就得不到事物的理，物来了就能把心支配。这三样，都是上天用来赋与我的，但心是占据主要位置的。如果能够把心的主宰作用建立起来，那么对于事物就没有不去思考的，耳目的欲望就夺不走心的支配地位，这就使他成为伟大的人。不过"此天"的"此"字，旧本多写作"比"，赵岐

注也解释为"比方",现在的本子既然多写作"此",集注也按"此"字解释,但不知哪个正确。不过作比方解释,意义肤浅,所以暂且根据现在的本子。

范浚《心箴》说❶:"茫茫天地,无边无际。其中有人,渺小一身。渺小的程度,如沧海一粟。和天地并列为三才,只因为心的缘故。往古来今,谁没有心? 心作物的奴隶,就是兽就是禽。只是这口和耳目,还有那手脚动静,钻空子投机,危害着心的德性。心是这样微小,欲望却都来进攻,心若还想存在,几乎没有可能。君子保持真诚,念念不忘毕恭毕敬。天君舒适自然❷,全身都服从它的命令。"

【第十六章】孟子曰:"有天爵者,有人爵者。仁、义、忠、信,乐善不倦,此天爵也。公卿大夫,此人爵也①。古之人修其天爵,而人爵从之②。今之人修其天爵,以要人爵;既得人爵,而弃其天爵,则惑之甚者也,终亦必亡而已矣③。"

【集注】① 乐,音洛。

天爵者,德义可尊,自然之贵也。

② 修其天爵,以为吾分之所当然者耳。人爵从之,盖不待求之而自至也。

③ 要,音邀。

要,求也。修天爵以要人爵,其心固已惑矣,得人爵而弃天爵,则其惑又甚焉,终必并其所得之人爵而亡之也。

---

❶　范浚:字茂明,南宋初年学者。

❷　天君:指心。《荀子·天论》:"心居中虚,以治五官,夫是之谓天君。"

【今译】① 乐,读洛（lè）。

天爵,德性道义值得尊敬,是自然的尊贵。

② 修其天爵,认为这是我本分所应当做的事。人爵从之,即不用追求就自然到来了。

③ 要,读邀（yāo）。

要,要求。修天爵以要求人爵,心本来已经迷惑了。得到人爵就抛弃天爵,这迷惑就又深了,终究必然连同他得到的人爵一起灭亡完事。

【第十七章】孟子曰:"欲贵者,人之同心也。人人有贵于己者,弗思耳①。人之所贵者,非良贵也。赵孟之所贵,赵孟能贱之②。《诗》云:'既醉以酒,既饱以德。'言饱乎仁义也,所以不愿人之膏粱之味也。令闻广誉施于身,所以不愿人之文绣也③。"

【集注】① 贵于己者,谓天爵也。

② 人之所贵,谓人以爵位加己而后贵也。良者,本然之善也。赵孟,晋卿也。能以爵禄与人而使之贵,则亦能夺之而使之贱矣。若良贵,则人安得而贱之哉!

③ 闻,去声。

《诗》,《大雅·既醉》之篇。饱,充足也。愿,欲也。膏,肥肉。粱,美谷。令,善也。闻,亦誉也。文绣,衣之美者也。仁义充足,而闻誉彰著,皆所谓良贵也。

尹氏曰:"言在我者重,则外物轻。"

【今译】① 贵于己者,指天爵。

② 人之所贵,指别人把爵位给了自己然后才尊贵。良,是本然的

善。赵孟,晋国的卿。能把爵禄给人而让他尊贵,就也能把爵禄夺回而让他卑贱。若是本然的贵,人又怎能让他卑贱!

③ 闻,wèn。

《诗》,《诗经·大雅·既醉》篇。饱,充足。愿,愿望。膏,肥肉。粱,高级的谷米。令,好的。闻,也是赞誉。文绣,高级的衣服。仁义充足从而声誉显著,都是所说的良贵。

尹焞说:“这说的是我本来具有的东西被看得贵重的话,外在的事物就会被看得轻贱。”

【第十八章】孟子曰:“仁之胜不仁也,犹水胜火。今之为仁者,犹以一杯水救一车薪之火也;不熄,则谓之水不胜火,此又与于不仁之甚者也①,亦终必亡而已矣②。”

【集注】① 与,犹助也。仁之能胜不仁,必然之理也。但为之不力,则无以胜不仁,而人遂以为真不能胜,是我之所为有以深助于不仁者也。

② 言此人之心亦且自怠于为仁,终必并与其所为而亡之。

赵氏曰:“言为仁不至,而不反诸己也。”

【今译】① 与,也就是帮助。仁能战胜不仁,是必然的理。但实行不用力,就不能战胜不仁,于是就有人认为真的不能战胜,这就是我的行为大大地帮助了不仁。

② 意思是这个人的心懒于行仁,终究必定连同他所做的一切都灭亡。

赵岐说:“说的是行仁不尽力,又不反省自己的情况。”

【第十九章】孟子曰:“五谷者,种之美者也。苟为不熟,不如荑稗。夫仁,亦在乎熟之而已矣。”①

【集注】①荑,音蹄。稗,蒲卖反。夫,音扶。

荑稗,草之似谷者,其实亦可食,然不能如五谷之美也。但五谷不熟,则反不如荑稗之熟。犹为仁而不熟,则反不如为他道之有成。是以为仁必贵乎熟,而不可徒恃其种之美。又不可以仁之难熟而甘为他道之有成也。

尹氏曰:“日新而不已,则熟。”

【今译】①荑,读蹄(tí)。稗,bài。夫,读扶(fú)。

荑稗,像是谷子的草,它的果实也可以吃,但不如五谷好吃。但是五谷若是不熟,那反而不如已经成熟的荑稗。就像行仁不成熟,反而不如其他行为有所成效。所以行仁的一定要以成熟为可贵,而不可仅仅仗着种子的优良。又不可因为仁的难以成熟,就甘愿去从事其他行为以求有所成就。

尹焞说:“天天不断进步,就会成熟。”

【第二十章】孟子曰:“羿之教人射,必志于彀;学者亦必志于彀①。大匠诲人,必以规矩;学者亦必以规矩②。”

【集注】①彀,古候反。

羿,善射者也。志,犹期也。彀,弓满也。满而后发,射之法也。学,谓学射。

②大匠,工师也。规矩,匠之法也。

此章言事必有法,然后可成。师舍是,则无以教;弟子舍是,则无以学。曲艺且然,况圣人之道乎!

【今译】① 彀，gòu。

羿，优秀的射手。志，期望的意思。彀，拉满弓。拉满再发射，是射箭的要领。学，指学射箭。

② 大匠，工程师。规矩，是匠人的法度。

这一章说的是任何事都有个方法，然后才能够成功。老师离开了这个，就没法教人；弟子离开了这个，就没法学习。小技巧尚且如此，何况圣人之道呢！

告子章句下

【集注】凡十六章。

【今译】共十六章。

　　【第一章】任人有问屋庐子曰："礼与食孰重？"曰："礼重。"①"色与礼孰重？"②曰："礼重。"曰："以礼食，则饥而死；不以礼食，则得食，必以礼乎？亲迎，则不得妻；不亲迎，则得妻，必亲迎乎！"③屋庐子不能对。明日之邹，以告孟子。孟子曰："于答是也何有④？不揣其本而齐其末，方寸之木可使高于岑楼⑤。金重于羽者，岂谓一钩金与一舆羽之谓哉⑥？取食之重者，与礼之轻者而比之，奚翅食重？取色之重者，与礼之轻者而比之，奚翅色重⑦？往应之曰：'紾兄之臂而夺之食，则得食；不紾，则不得食，则将紾之乎？逾东家墙而搂其处子，则得妻；不搂，则不得妻，则将搂之乎？'"⑧

【集注】①任，平声。

　　任，国名。屋庐子，名连，孟子弟子也。

　　②任人复问也。

　　③迎，去声。

　　④于，如字。

　　何有，不难也。

⑤揣,初委反。

本,谓下。末,谓上。方寸之木至卑,喻食色。岑楼,楼之高锐似山者,至高,喻礼。若不取其下之平,而升寸木于岑楼之上,则寸木反高,岑楼反卑矣。

⑥钩,带钩也。金本重,而带钩小,故轻,喻礼有轻于食色者。羽本轻,而一舆多,故重,喻食色有重于礼者。

⑦翅,与"啻"同,古字通用,施智反。

礼食亲迎,礼之轻者也。饥而死以灭其性,不得妻而废人伦,食色之重者也。奚翅,犹言何但,言其相去悬绝,不但有轻重之差而已。

⑧紾,音轸。搂,音娄。

紾,戾也。搂,牵也。处子,处女也。此二者,礼与食色皆其重者,而以之相较,则礼为尤重也。

此章言义理事物,其轻重固有大分,然于其中,又各自有轻重之别。圣贤于此错综斟酌,毫发不差,固不肯枉尺而直寻,亦未尝胶柱而调瑟,所以断之,一视于理之当然而已矣。

【今译】①任,rén。

任,国名。屋庐子,名连,孟子的弟子。

②任国人又问。

③迎,yìng。

④于,读 yú。

何有,不难。

⑤揣,chuǎi。

本,指下部。末,指上部。方寸之木非常低矮,比喻食、色。岑楼,高耸如山的楼,非常高,比喻礼。如果不从下部取平,那么把方寸大小的木头放到高楼顶上,这一寸之木反而高了,而高耸如山的楼反而低了。

⑥钩,衣带钩。金属本来是重的,但是带钩小,所以就轻了,比喻礼有轻于食色的地方。羽毛本来是轻的,但是一车羽毛很多,所以就重了,比喻食色有比礼重的地方。

⑦翅,同"啻",古字通用,读chì。

礼食和亲迎,是礼中较轻而不重要的。饥饿而死使性命消灭,得不到妻子而废弃人伦,是食色之中重要的内容。奚翅,意思是哪里只是,这说的是二者相距遥远,不只是轻重的差别而已。

⑧紾,读轸(zhěn)。搂,读娄(lǒu)。

紾,施暴。搂,拉扯。处子,处女。这两条,在礼与食色之中都是重要的,但两相比较,礼就更为重要。

这一章说的是义理和事物,二者的轻重固然有基本的区别,然而在二者之中,又各自有轻重的分别。圣贤在这种地方,相互比较衡量,一丝一毫也不会出差错,固然不肯使一尺弯曲而使一寻正直,但也不胶柱鼓瑟,用以判断的根据,完全根据理的应当如此罢了。

【第二章】曹交问曰:"人皆可以为尧舜,有诸?"孟子曰:"然。"①

"交闻文王十尺,汤九尺,今交九尺四寸以长,食粟而已,如何则可?"②曰:"奚有于是?亦为之而已矣。有人于此,力不能胜一匹雏,则为无力人矣。今曰举百钧,则为有力人矣。然则举乌获之任,是亦为乌获而已矣。夫人岂以不胜为患哉?弗为耳③。徐行后长者谓之弟,疾行先长者谓之不弟。夫徐行者，岂人所不能哉？所不为也。尧、舜之道，孝弟而已矣^④。子服尧之服，诵尧之言，行尧之行，是尧而已矣。子服桀之服，诵桀之言，行桀之行，是桀而已矣^⑤。"

曰："交得见于邹君，可以假馆，愿留而受业于门。"^⑥曰："夫道，若大路然，岂难知哉？人病不求耳。子归而求之，有余师。"^⑦

【集注】① 赵氏曰："曹交，曹君之弟也。"人皆可以为尧舜，疑古语，或孟子所尝言也。

② 曹交问也。食粟而已，言无他材能也。

③ 胜，平声。

匹字本作"鴄"，鸭也，从省作"匹"。《礼记》说匹为鹜是也。乌获，古之有力人也，能举移千钧。

④ 后，去声。长，上声。先，去声。夫，音扶。

陈氏曰："孝弟者，人之良知、良能，自然之性也。尧舜，人伦之至，亦率是性而已，岂能加毫末于是哉！"杨氏曰："尧舜之道，大矣，而所以为之，乃在夫行止疾徐之间，非有甚高难行之事也，百姓盖日用而不知耳。"

⑤ 之、行，并去声。

言为善为恶，皆在我而已。详曹交之问，浅陋粗率，必其进见之时，礼貌、衣冠、言动之间多不循礼，故孟子告之如此两节云。

⑥ 见，音现。

假馆而后受业，又可见其求道之不笃。

⑦ 夫，音扶。

言道不难知，若归而求之事亲、敬长之间，则性分之内，万理皆备，随处发见，无不可师，不必留此而受业也。

曹交事长之礼既不至，求道之心又不笃，故孟子教之以孝弟，而不容其受业。盖孔子余力学文之意，亦不屑之教诲也。

【今译】① 赵岐说："曹交，曹国君主的弟弟。"人皆可以为尧舜，可能是古语，也可能是孟子曾经说过。

② 这是曹交的问话。食粟而已，意思是没有其他才能。

③ 胜，shēng。

匹字本来写作"鴄"，鸭子，省略后写作"匹"，《礼记》说匹就是野鸭就是指此。乌获，古代的大力士，能举起千钧。

④ 后，hòu。长，zhǎng。先，xiàn。夫，读扶（fú）。

陈旸说："孝弟，是人的良知、良能，自然的本性。尧舜做到了人伦的顶点，也就是遵循这个性罢了，又哪能在本性之上增加一丝一毫呢？"杨时说："尧舜之道，是伟大的，而用在实行方面，也就是在于行止的快慢之间，并没有什么过高、难行的事，百姓只是天天应用而不了解罢了。"

⑤ 之，zhì。行，音 xìng。

说的是行善还是为恶，都在于我自己罢了。详细研究曹交的问话，浅陋粗率，必定是他晋见孟子的时候，礼貌、衣冠、言语动作之间有许多不遵理义的地方，所以孟子才告诉他这两段话。

⑥ 见，读现（xiàn）。

要找到房子住然后才来受教育，又可见他求道的诚意不足。

⑦ 夫，读扶（fú）。

说的是道并不难了解，如果回去在事奉父母、尊敬兄长之间去寻求,那么在自己的本性职分之内,万理都已具备,随时随地都可以发现,没有不可以为自己所效法的,没有必要留在这里接受教育。

曹交事奉长上的礼节已经不够,求道的心又不真诚,所以孟子用孝悌教导他,但不接纳他做弟子。这是孔子行有余力再去学文的意思,也是不屑于教诲他的意思。

【第三章】公孙丑问曰:"高子曰:'《小弁》,小人之诗也。'"孟子曰:"何以言之?"曰:"怨。"① 曰:"固哉,高叟之为诗也! 有人于此,越人关弓而射之,则己谈笑而道之,无他,疏之也。其兄关弓而射之,则己垂涕泣而道之,无他,戚之也。《小弁》之怨,亲亲也。亲亲,仁也。固矣夫,高叟之为诗也!"②

曰:"《凯风》何以不怨?"③ 曰:"《凯风》,亲之过小者也。《小弁》,亲之过大者也。亲之过大而不怨,是愈疏也。亲之过小而怨,是不可矶也。愈疏,不孝也。不可矶,亦不孝也④。孔子曰:'舜其至孝矣! 五十而慕。'"⑤

【集注】① 弁,音盘。

高子,齐人也。《小弁》,《小雅》篇名。周幽王娶申后,生太子宜臼。又得褒姒,生伯服,而黜申后,废宜臼。于是宜臼之傅为作此诗,以叙其哀痛迫切之情也。

② 关,与"弯"同。射,食亦反。夫,音扶。

固,谓执滞不通也。为,犹治也。越,蛮夷国名。道,语也。亲亲之心,仁之发也。

③《凯风》,《邶风》篇名。卫有七子之母,不能安其室,七子作此

以自责也。

④矶，音机。

矶，水激石也。不可矶，言微激之而遽怒也。

⑤言舜犹怨慕，《小弁》之怨，不为不孝也。

赵氏曰："生之膝下，一体而分。喘息呼吸，气通于亲。当亲而疏，怨慕号天。是以《小弁》之怨，未足为愆也。"

【今译】①弁，读盘（pán）。

高子，齐国人。《小弁》，《诗经·小雅》中的一篇。周幽王娶了申后，生下太子宜臼。后来又得到美女褒姒，生了伯服，因而废除了申后，废除了宜臼。于是宜臼的师傅就作了这首诗，以表达他哀痛迫切的心情。

②关，同"弯"。射，shè。夫，读扶（fú）。

固，指顽固偏执不通达。为，研究。越，蛮夷的国名。道，对别人说。亲亲之心，是仁的萌发。

③《凯风》，《诗经·邶风》中的一篇。卫国有位七个孩子的母亲，不能安于寡居的情况，七个孩子作这首诗以自我责备。

④矶，读机（jī）。

矶，水冲激石头。不可矶，说的是他一触即怒。

⑤意思是说舜尚且有怨慕的心情，《小弁》的哀怨，不算不孝。

赵岐说："生下孩子在身旁，是从父母身上分化出来的。喘息呼吸，气息和父母相通。应当亲近反而疏远，于是哀怨思念呼喊上天。所以《小弁》的哀怨，算不上什么过错。"

【第四章】宋牼将之楚。孟子遇于石丘①。曰："先生将何之？"② 曰："吾闻秦、楚构兵，我将见楚王说而罢之。楚王不悦，我将见秦王说而罢之。二王我将有所遇焉。"③ 曰："轲也请无问其详，愿闻其指。说之将何知？"曰："我将言其不利也。"曰："先生之志则大矣，先生之号则不可④。先生以利说秦、楚之王，秦、楚之王悦于利，以罢三军之师，是三军之士乐罢而悦于利也。为人臣者怀利以事其君，为人子者怀利以事其父，为人弟者怀利以事其兄，是君臣、父子、兄弟终去仁义，怀利以相接，然而不亡者，未之有也⑤。先生以仁义说秦、楚之王，秦、楚之王悦于仁义而罢三军之师，是三军之士乐罢而悦于仁义也。为人臣者怀仁义以事其君，为人子者怀仁义以事其父，为人弟者怀仁义以事其兄，是君臣、父子、兄弟去利，怀仁义以相接也，然而不王者，未之有也。何必曰利⑥？"

【集注】① 轻，口茎反。

宋，姓。轻，名。石丘，地名。

② 赵氏曰："学士年长者，故谓之先生。"

③ 说，音税。

时宋轻方欲见楚王，恐其不悦，则将见秦王也。遇，合也。按《庄子》书有宋钘者，禁攻寝兵，救世之战，上说下教，强聒不舍。《疏》云："齐宣王时人。"以事考之，疑即此人也。

④ 徐氏曰："能于战国扰攘之中而以罢兵息民为说，其志可谓大矣。然以利为名，则不可也。"

⑤ 乐，音洛，下同。

⑥ 王，去声。

此章言休兵息民，为事则一，然其心有义利之殊，而其效有兴亡之异。学者所当深察而明辨之也。

【今译】① 轻，kēng。

宋，姓。轻，名。石丘，地名。

② 赵岐说："学者中年长的，所以称为先生。"

③ 说，读税（shuì）。

当时宋轻正要去见楚王，恐怕楚王不高兴，就去见秦王。遇，投合。《庄子·天下》篇中说有个叫宋钘的，主张停止攻伐取消军备，把世界从战争中拯救出来，对上游说对下宣传，强行在人家耳边说个不停。《庄子疏》说❶："宋钘是齐宣王时代的人。"从他的事迹考察，宋钘可能就是这个宋轻。

④ 徐度说："能在战国那混乱的时代，以停止战争让人民休息作为自己的主张，其志向可算是大的了。然而用利进行号召，就不好了。"

⑤ 乐，读洛（lè），下同。

⑥ 王，wàng。

这一章讲停战养民，目的一样，但出发点有义、利之分，其效果就有兴和亡的不同。求学者应当深入观察并清楚地加以辨别。

【第五章】孟子居邹。季任为任处守，以币交，受之而不报。处于平陆，储子为相，以币交，受之而不报①。他日由邹之任，见季子；由平陆之齐，不见储子。屋庐子喜曰："连得间矣。"② 问曰："夫子之任见季子，之齐不见储子，为其

---

❶ 《庄子疏》：唐代成玄英著。

为相与？"③曰："非也。《书》曰：'享多仪，仪不及物曰不享，惟不役志于享。'④为其不成享也⑤。"屋庐子悦。或问之，屋庐子曰："季子不得之邹，储子得之平陆。"⑥

【集注】①任，平声。相，去声，下同。

赵氏曰："季任，任君之弟。任君朝会于邻国，季任为之居守其国也。储子，齐相也。"不报者，来见则当报之，但以币交，则不必报也。

②屋庐子知孟子之处此必有义理，故喜得其间隙而问之。

③"为其"之"为"，去声，下同。与，平声。

言储子但为齐相，不若季子摄守君位，故轻之邪？

④《书》，《周书·洛诰》之篇。享，奉上也。仪，礼也。物，币也。役，用也。言虽享，而礼意不及其币，则是不享矣，以其不用志于享故也。

⑤孟子释《书》意如此。

⑥徐氏曰："季子为君居守，不得往他国以见孟子，则以币交而礼意已备。储子为齐相，可以至齐之境内而不来见，则虽以币交，而礼意不及其物也。"

【今译】①任，rén。相，xiàng，下同。

赵岐说："季任，任国国君的弟弟。任国君主到邻国会盟，季任替国君在国内留守。储子，齐国的相。"不回报的原因是，如果人来会见，应当回报，只送了礼物，就不必回报。

②屋庐子知道孟子这样处理必有义理，所以很高兴能有机会向孟子请教。

③"为其"的"为"，wèi，下同。与，yú。

说的是储子仅是齐国宰相，不像季任代理国君，因此才轻视储子吗？

④《书》，《尚书·洛诰》篇。享，侍奉上级。仪，礼仪。物，礼物。役，使用。意思是虽然侍奉，但致礼的心意赶不上礼物的众多，就是不侍奉，因为他的心思不在侍奉上头。

⑤孟子这样解释《尚书》的意思。

⑥徐度说："季子替君主留守，不可以到别国去见孟子，那么送去礼物，那致礼的心意已经具备。储子是齐国宰相，可以到齐国的境内却不去拜见，那么虽然送来了礼物，但致礼的意思却赶不上礼物。"

【第六章】淳于髡曰："先名实者，为人也。后名实者，自为也。夫子在三卿之中，名实未加于上下而去之，仁者固如此乎？"①孟子曰："居下位，不以贤事不肖者，伯夷也。五就汤，五就桀者，伊尹也。不恶污君，不辞小官者，柳下惠也。三子者不同道，其趋一也。一者何也？曰：仁也。君子亦仁而已矣，何必同？"②

曰："鲁缪公之时，公仪子为政，子柳、子思为臣，鲁之削也滋甚。若是乎贤者之无益于国也！"③曰："虞不用百里奚而亡，秦穆公用之而霸。不用贤则亡，削何可得与？"④

曰："昔者王豹处于淇，而河西善讴。绵驹处于高唐，而齐右善歌。华周、杞梁之妻善哭其夫，而变国俗。有诸内必形诸外。为其事而无其功者，髡未尝睹之也。是故无贤者也，有则髡必识之。"⑤曰："孔子为鲁司寇，不用；从而祭，燔肉不至，不税冕而行。不知者以为为肉也，其知者以为为无礼也。乃孔子则欲以微罪行，不欲为苟去。君子之所为，众人固不识也。"⑥

【集注】①先、为，皆去声。

名，声誉也。实，事功也。言以名实为先而为之者，是有志于救民者也。以名实为后而不为者，是欲独善其身者也。名实未加于上下，言上未能正其君，下未能济其民也。

②恶、趋，并去声。

仁者，无私心而合天理之谓。杨氏曰："伊尹之就汤，以三聘之勤也。其就桀也，汤进之也，汤岂有伐桀之意哉！其进伊尹以事之也，欲其悔过迁善而已。伊尹既就汤，则以汤之心为心矣。及其终也，人归之，天命之，不得已而伐之耳。若汤初求伊尹即有伐桀之心，而伊尹遂相之以伐桀，是以取天下为心也。以取天下为心，岂圣人之心哉！"

③公仪子，名休，为鲁相。子柳，泄柳也。削地，见侵夺也。髡讥孟子虽不去，亦未必能有为也。

④与，平声。

百里奚事，见前篇。

⑤华，去声。

王豹，卫人，善讴。淇，水名。绵驹，齐人，善歌。高唐，齐西邑。华周、杞梁二人，皆齐臣，战死于莒。其妻哭之哀，国俗化之，皆善哭。髡以此讥孟子仕齐无功，未足为贤也。

⑥税，音脱。"为肉""为无"之"为"，去声。

按《史记》，孔子为鲁司寇，摄行相事。齐人闻而惧，于是以女乐遗鲁君。季桓子与鲁君往观之，怠于政事。子路曰："夫子可以行矣。"孔子曰："鲁今且郊，如致燔于大夫，则吾犹可以止。"桓子卒受齐女乐，郊又不致燔俎于大夫，孔子遂行。孟子言以为为肉者固不足道，以为为无礼，则亦未为深知孔子者。盖圣人于父母之国，不欲显其君相之失，又不欲为无故而苟去，故不以女乐去而以燔肉行。其见几明决而用意忠厚，固非众人所能识也。然则孟子之所为，岂髡之所能识哉！

尹氏曰："淳于髡未尝知仁，亦未尝识贤也，宜乎其言若是。"

【今译】① 先，xiàn；为，wèi。

名，声誉。实，建功立业。说的是把名实当作追求的目标，是志在救世救民。不看重名实因而也不去追求，是要独善其身。名实未加于上下，意思是对上不能使君主端正，对下未能救助民众。

② 恶，wù。趋，qù。

仁者，指没有私心而合乎天理。杨时说："伊尹跟随商汤，因为汤三次殷勤聘请。他追随桀，是商汤的推荐，商汤哪里有伐桀的心呢！他推荐伊尹去事奉桀，是希望桀能悔过迁善而已。伊尹既然跟随了汤，也就以汤的意志为自己的意志。到了最后，人民归附汤，上天又任命汤，不得已于是去讨伐桀。假如汤寻求伊尹之初就有伐桀的心，伊尹也就帮助商汤去伐桀，这就是以夺取天下为自己的志愿。以夺取天下为自己的志愿，哪里是圣人的愿望呢？"

③ 公仪子，名休，是鲁国的相。子柳，是泄柳。削，土地被人侵掠夺走。淳于髡讥笑孟子即使不离开，也未必能有什么作为。

④ 与，yú。

百里奚，其事迹见前篇。

⑤ 华，huà。

王豹，卫国人，善于唱歌。淇，河流名。绵驹，齐国人，善于唱歌。高唐，齐国西部城镇。华周、杞梁，二人都是齐国的臣子，在莒国战死。他们的妻子哭得悲哀，国内的风俗受了感化，因而也善于哭泣。淳于髡用这些事例讥笑孟子在齐国做官没有功业，算不上什么贤人。

⑥ 税，读脱（tuō）。"为肉""为无"的"为"，都读 wèi。

据《史记·孔子世家》，孔子做鲁国司寇，代理宰相。齐人听到后感到害怕，于是把一支女子乐队送给鲁国国君。季桓子和鲁君去观看，不理朝政。子路说："夫子可以离开了。"孔子说："鲁国就要举行郊祭，如果把祭肉分给大夫，那么我还可以不走。"季桓子最终接受了齐国的女子乐队，郊祭又不把祭肉分给大夫，于是孔子就出走了。孟子说，那些认为孔子仅是为了一块肉的，固然不足道，认为孔子是由于鲁君无礼而出走的，也不是对孔子有深刻了解的人。圣人对于自己的父母之国，不愿暴露君主、宰相的过失，又不愿无缘无故就随便离开，所以不因为女子乐队出走，而由于祭肉的事离开。他看到苗头能明确决断，用意又非常忠厚，本不是普通大众所能理解的。那么孟子的所作所为，又哪里是淳于髡所能理解的呢？

尹焞说："淳于髡不知道什么是仁，也不知道什么是贤，难怪他会这样说。"

【第七章】孟子曰："五霸者，三王之罪人也。今之诸侯，五霸之罪人也。今之大夫，今之诸侯之罪人也①。天子适诸侯曰巡狩，诸侯朝于天子曰述职。春省耕而补不足，秋省敛而助不给。入其疆，土地辟，田野治，养老尊贤，俊杰在位，则有庆，庆以地。入其疆，土地荒芜，遗老失贤，掊克在位，则有让。一不朝则贬其爵，再不朝则削其地，三不朝则六师移之。是故天子讨而不伐，诸侯伐而不讨。五霸者，搂诸侯以伐诸侯者也。故曰：五霸者，三王之罪人也②。五霸，桓公为盛。葵丘之会诸侯，束牲、载书而不歃血。初命曰：'诛不孝，无易树子，无以妾为妻。'再命曰：'尊贤育才，以彰有德。'三命曰：'敬老慈幼，无忘宾旅。'四命曰：'士无世官，官事无摄，取士必得，无专杀大夫。'五命曰：'无曲防，无遏籴，无有封而不告。'曰：'凡我同盟之人，既盟之后，言归于好。'今之诸侯皆犯此五禁，故曰：今之诸侯，五霸之罪人也③。长君之恶其罪小，逢君之恶其罪大。今之大夫，皆逢君之恶，故曰：今之大夫，今之诸侯之罪人也④。"

【集注】①赵氏曰："五霸，齐桓、晋文、秦穆、宋襄、楚庄也。三王，夏禹、商汤、周文武也。"丁氏曰："夏昆吾，商大彭、豕韦，周齐桓、晋文，谓之五霸。"

②朝，音潮。辟，与"闢"同。治，去声。

庆，赏也，益其地以赏之也。掊克，聚敛也。让，责也。移之者，诛其人而变置之也。讨者，出命以讨其罪，而使方伯、连帅帅诸侯以伐之也。伐者，奉天子之命声其罪而伐之也。搂，牵也。五霸牵诸侯以伐诸侯，不用天子之命也。自"入其疆"至"则有让"，言巡狩之事。自"一不朝"至"六师移之"，言述职之事。

③歃，所洽反。籴，音狄。好，去声。

按《春秋传》："僖公九年葵丘之会，陈牲而不杀。读书加于牲上，壹明天子之禁。"树，立也。已立世子，不得擅易。初命三事，所以修身正家之要也。宾，宾客也。旅，行旅也。皆当有以待之，不可忽忘也。士世禄而不世官，恐其未必贤也。官事无摄，当广求贤才以充之，不可以阙人废事也。取士必得，必得其人也。无专杀大夫，有罪则请命于天子,而后杀之也。无曲防,不得曲为堤防,壅泉激水,以专小利,病邻国也。无遏籴,邻国凶荒,不得闭籴也。无有封而不告者,不得专封国邑而不告天子也。

④ 长,上声。

君有过不能谏,又顺之者,长君之恶也。君之过未萌,而先意导之者,逢君之恶也。

林氏曰:"邵子有言:'治《春秋》者,不先治五霸之功罪,则事无统理,而不得圣人之心。春秋之间,有功者未有大于五霸,有过者亦未有大于五霸,故五霸者,功之首,罪之魁也。'"孟子此章之义,其亦若此也与?然五霸得罪于三王,今之诸侯得罪于五霸,皆出于异世,故得以逃其罪。至于今之大夫,宜得罪于今之诸侯,则同时矣,而诸侯非惟莫之罪也,乃反以为良臣而厚礼之。不以为罪,而反以为功,何其谬哉!

【今译】① 赵岐说:"五霸:齐桓公、晋文公、秦穆公、宋襄公、楚庄王。三王:夏禹、商汤、周文王和周武王。"丁公著说❶:"夏代的昆吾,商朝的大彭、豕韦,周朝的齐桓公、晋文公,叫做五霸。"

② 朝,读潮(cháo)。辟,与"闢"同❷。治,zhì。

庆,赏赐,即扩大他的土地以进行赏赐。搰克,聚敛。让,责备。移之,杀掉那个人再换上一个。讨,发布命令指责他的罪过,从而使各方诸侯的首领率领诸侯们去讨伐他。伐,奉天子的命令,声明他的罪过去攻伐他。搂,带领。五霸率领诸侯去攻伐诸侯,不等天子的命令。从

❶ 丁公著:唐代学者,著《孟子手音》等。
❷ "开辟"的"辟"的繁体字,通常写作"闢"。

"入其疆"到"则有让",说的是巡狩的事。从"一不朝"到"六师移之",
说的是述职的事。

③ 歃,shà。籴,读狄(dí)。好,hào。

据《春秋穀梁传·僖公九年》:"诸侯在葵丘会盟,陈列了牲畜但不
宰杀,把文书放在牲畜身上,明确表明这是天子的禁令。"树,树立。已
经树立了太子,不能随便换掉。开头禁做的这三件事,是用来修身正家
的关键问题。宾,宾客。旅,行路人。这些人都应当进行招待,不可忽
视或遗忘。士有世禄而没有世官,怕的是他们的后代未必贤能。官事
无摄,就应当广泛地寻求贤才来充当,不可以空缺误事。取士必得,即
必定要得到贤士。无专杀大夫,大夫有罪应请示天子以后再杀。无曲
防,不得修建不正当的堤防,以致堵塞泉源、拦断河水,从而垄断水的
小利,危害邻国。无遏籴,邻国饥荒,不得阻止别人买粮。无有封而不
告者,不得私自封建城邑而不向天子报告。

④ 长,zhǎng。

君主有过错而不能谏止,又顺从君主,是助长君主的恶行。君主的
过失还没有萌生,先摸透了君主的心思,从而引导君主干坏事,这是迎
合君主的恶德。

林之奇说:"邵子说过❶:'研究《春秋》的,不先研究五霸的功罪,
事情就没有头绪和条理,从而不能明白圣人的心。春秋时期,论功劳,
没有大于五霸的;论罪过,也没有大于五霸的,所以五霸是功臣的领
袖,也是罪犯的魁首。'"孟子这一章的意思,大约也是如此吧。然而五
霸得罪于三王,今天的诸侯得罪于五霸,都是出于不同的时代,所以能

❶ 邵子:即邵雍,字尧夫,北宋学者,著有《皇极经世书》等。

够逃避惩罚。至于当今的大夫，他们得罪于今天的诸侯，却是同时的，但诸侯们不仅不治他们的罪，反而认为他们是贤臣而加以优待。不认为他们有罪，反而认为他们有功，这是多么荒谬的事啊！

【第八章】鲁欲使慎子为将军①。孟子曰："不教民而用之，谓之殃民。殃民者，不容于尧、舜之世②。一战胜齐，遂有南阳，然且不可③。"慎子勃然不悦，曰："此则滑厘所不识也。"④曰："吾明告子：天子之地方千里；不千里，不足以待诸侯。诸侯之地方百里；不百里，不足以守宗庙之典籍⑤。周公之封于鲁，为方百里也；地非不足，而俭于百里。太公之封于齐也，亦为方百里也；地非不足也，而俭于百里⑥。今鲁方百里者五，子以为有王者作，则鲁在所损乎？在所益乎⑦？徒取诸彼以与此，然且仁者不为，况于杀人以求之乎⑧？君子之事君也，务引其君以当道，志于仁而已⑨。"

【集注】① 慎子，鲁臣。

② 教民者，教之礼义，使之入事父兄，出事长上也。用之，使之战也。

③ 是时鲁盖欲使慎子伐齐，取南阳也，故孟子言，就使慎子善战有功如此，且犹不可。

④ 滑，音骨。

滑厘，慎子名。

⑤ 待诸侯，谓待其朝觐聘问之礼。宗庙典籍，祭祀、会同之常制也。

⑥ 二公有大勋劳于天下，而其封国不过百里。俭，止而不过之意也。

⑦ 鲁地之大，皆并吞小国而得之。有王者作，则必在所损矣。

⑧ 徒,空也。言不杀人而取之也。

⑨ 当道,谓事合于理。志仁,谓心在于仁。

【今译】① 慎子,鲁国的臣子。

② 教民,教育民众懂得礼义,使他们知道在家里事奉父兄,到外面事奉长上。用之,让他们作战。

③ 这时鲁国大概想让慎子讨伐齐国,夺取南阳,所以孟子说,即使慎子善战建立了这样的功勋,尚且不可以。

④ 滑,读骨(gǔ)。

滑厘,慎子的名字。

⑤ 待诸侯,指诸侯来朝觐聘问时以礼相待。宗庙典籍,祭祀、会盟时稳定不变的制度。

⑥ 二公对天下有大功劳,但他们的封国也不过百里。俭,制止而不超过的意思。

⑦ 鲁国土地的扩大,都是吞并小国得到的。有王者兴起,必定减少他们的土地。

⑧ 徒,空,仅仅。指不杀人而夺取土地。

⑨ 当道,指事情合于理。志仁,指心在于仁。

【第九章】孟子曰:"今之事君者曰:'我能为君辟土地,充府库。'今之所谓良臣,古之所谓民贼也。君不乡道,不志于仁,而求富之,是富桀也①。'我能为君约与国,战必克。'今之所谓良臣,古之所谓民贼也。君不乡道,不志于仁,而求为之强战,是辅桀也②。由今之道,无变今之俗,虽与之天下,不能一朝居也③。"

【集注】① 为，去声。辟，与"闢"同。乡，与"向"同，下皆同。

辟，开垦也。

② 约，要结也。与国，和好相与之国也。

③ 言必争夺而至于危亡也

【今译】① 为，wèi。辟，与"闢"同。乡，同"向"，以下均同。

辟，开垦。

② 约，邀请结盟。与国，和好相与结交的国家。

③ 意思是必定要闹到争夺而至于危亡。

【第十章】白圭曰："吾欲二十而取一，何如？"① 孟子曰："子之道，貉道也②。万室之国，一人陶，则可乎？"曰："不可，器不足用也。"③ 曰："夫貉，五谷不生，惟黍生之。无城郭、宫室、宗庙、祭祀之礼，无诸侯币帛饔飧，无百官有司，故二十取一而足也④。今居中国，去人伦，无君子，如之何其可也⑤？陶以寡，且不可以为国，况无君子乎⑥？欲轻之于尧、舜之道者，大貉小貉也。欲重之于尧、舜之道者，大桀小桀也⑦。"

【集注】① 白圭，名丹，周人也。欲更税法，二十分而取其一分。林氏曰："按《史记》，白圭能薄饮食，忍嗜欲，与童仆同苦乐。乐观时变，人弃我取，人取我与，以此居积致富。其为此论，盖欲以其术施之国家也。"

② 貉，音貊。

貉，北方夷狄之国名也。

③ 孟子设喻以诘圭，而圭亦知其不可也。

④ 夫，音扶。

北方地寒,不生五谷,黍早熟,故生之。饔飧,以饮食馈客之礼也。

⑤ 无君臣祭祀交际之礼,是去人伦。无百官有司,是无君子。

⑥ 因其辞以折之。

⑦ 什一而税,尧舜之道也。多则桀,寡则貉。今欲轻重之,则是小貉、小桀而已。

【今译】① 白圭,名丹,周天子的臣。他想变改税法,依二十分之一的税率收税。林之奇说:"根据《史记》,白圭能够吃粗茶淡饭,压制自己的嗜欲,和奴仆们同甘苦。喜欢观察时局的变化,别人抛弃的他就拿来,别人拿取时他却给与,用这种办法屯积致富。他发表这番言论,是要将他的方法在全国推行。"

② 貉,读貊(mò)。

貉,北方夷狄的一个国名。

③ 孟子假设了这个比喻以质问白圭,白圭也知道这样做不行。

④ 夫,读扶(fú)。

北方土地寒冷,不生五谷,黍成熟得早,所以能够生长。饔飧,用酒饭招待客人的礼节。

⑤ 没有君臣、祭祀、交际的礼仪,是抛弃人伦。没有百官和办事部门,是没有君子。

⑥ 借助他的话来反驳他。

⑦ 税率十分之一,是尧舜之道。税率高于十分之一就是桀,低于十分之一就是貉。现在想轻点或是想重点,就是小貉、小桀而已。

【第十一章】白圭曰:"丹之治水也,愈于禹。"① 孟子曰:"子过矣。禹之治水,水之道也②。是故禹以四海为壑。

今吾子以邻国为壑③。水逆行,谓之洚水。洚水者,洪水也,仁人之所恶也。吾子过矣④。"

【集注】① 赵氏曰:"当时诸侯有小水,白圭为之筑堤,壅而注之他国。"

② 顺水之性也。

③ 壑,受水处也。

④ 恶,去声。

水逆行者,下流壅塞,故水逆流。今乃壅水以害人,则与洪水之灾无异矣。

【今译】① 赵岐说:"当时诸侯国有小水灾,白圭因此修筑堤防,堵塞洪水,让水流到别的国家。"

② 随顺水的本性。

③ 壑,容纳水的地方。

④ 恶,wù。

水逆行的情况,是由于下游堵塞,所以水就倒流。现在却堵塞水路以害人,那就与洪水没有差别了。

【第十二章】孟子曰:"君子不亮,恶乎执?"①

【集注】① 恶,平声。

亮,信也,与"谅"同。恶乎执,言凡事苟且,无所执持也。

【今译】① 恶,wū。

亮,信用,同"谅"。恶乎执,意思是遇事就苟且偷安,没有操守。

【第十三章】鲁欲使乐正子为政。孟子曰:"吾闻之,喜而不寐。"①公孙丑曰:"乐正子强乎?"曰:"否。""有知虑乎?"曰:"否。""多闻识乎?"曰:"否。"② "然则奚为喜而不寐?"③曰:"其为人也好善。"④ "好善足乎?"⑤曰:"好善优于天下,而况鲁国乎⑥? 夫苟好善,则四海之内,皆将轻千里而来告之以善⑦。夫苟不好善,则人将曰:'訑訑,予既已知之矣。'訑訑之声音颜色,距人于千里之外。士止于千里之外,则谗谄面谀之人至矣。与谗谄面谀之人居,国欲治,可得乎⑧?"

【集注】① 喜其道之得行。

② 知,去声。

此三者皆当世之所尚,而乐正子之所短,故丑疑而历问之。

③ 丑问也。

④ 好,去声,下同。

⑤ 丑问也。

⑥ 优,有余裕也。言虽治天下,尚有余力也。

⑦ 夫,音扶,下同。

轻,易也,言不以千里为难也。

⑧ 訑,音移。治,去声。

訑訑,自足其智、不嗜善言之貌。君子、小人,迭为消长。直谅、多闻之士远,则谗谄、面谀之人至,理势然也。

此章言为政不在于用一己之长,而贵于有以来天下之善。

【今译】① 高兴自己的道得以推行。

② 知,zhì(智)。

这三条都是当时所崇尚的,却是乐正子的短处,所以公孙丑产生疑问并一件件地询问。

③ 公孙丑的问话。

④ 好，hào，下同。

⑤ 公孙丑的问话。

⑥ 优，有余力。意思是即使治理天下，也有余力。

⑦ 夫，读扶（fú），下同。

轻，轻易。意思是不以千里为难事。

⑧ 訑，读移（yí）。治，zhì。

訑訑，以自己的智慧为满足，不喜欢听良言的样子。君子和小人，此消彼长。正直守信、博学多闻的贤士疏远了，进谗献媚、当面奉承的人就来了，这是必然的道理和趋势。

这一章讲施政不在于用一己之长，可贵的是汇集天下的善。

【第十四章】陈子曰："古之君子何如则仕？"孟子曰："所就三，所去三①。迎之致敬以有礼，言将行其言也，则就之；礼貌未衰，言弗行也，则去之②。其次，虽未行其言也，迎之致敬以有礼，则就之；礼貌衰，则去之③。其下，朝不食，夕不食，饥饿不能出门户。君闻之，曰：'吾大者不能行其道，又不能从其言也。使饥饿于我土地，吾耻之。'周之，亦可受也，免死而已矣④。"

【集注】① 其目在下。

② 所谓"见行可"之仕，若孔子于季桓子是也。受女乐而不朝，则去之矣。

③ 所谓"际可"之仕，若孔子于卫灵公是也。故与公游于囿，公仰

视蜚雁，而后去之。

④ 所谓"公养"之仕也。君之于民，固有周之之义，况此又有悔过之言，所以可受。然未至于饥饿不能出门户，则犹不受也。其曰"免死而已"，则其所受亦有节矣。

【今译】① 具体内容下面讲。

② 这就是所说的"见行可"之仕，比如孔子对于季桓子就是这样。季桓子接受女乐不理朝政，孔子就离开了。

③ 这就是所说的"际可"之仕，比如孔子对卫灵公就是这样。所以他和卫灵公一起到猎场游玩，灵公仰天看飞雁，孔子就离开了。

④ 这就是所说的"公养"之仕。君主对于臣民，本来就有周济的义务，何况这里又有悔过的言论，所以可以接受。但不到饿得走不出门，还是不能接受。孟子说"免死而已"，他的接受也是有限度的。

【第十五章】孟子曰："舜发于畎亩之中。傅说举于版筑之间。胶鬲举于鱼盐之中。管夷吾举于士。孙叔敖举于海。百里奚举于市①。故天将降大任于是人也，必先苦其心志，劳其筋骨，饿其体肤，空乏其身，行拂乱其所为，所以动心忍性，曾益其所不能②。人恒过，然后能改。困于心，衡于虑，而后作。征于色，发于声，而后喻③。入则无法家拂士，出则无敌国外患者，国恒亡④。然后知生于忧患而死于安乐也⑤。"

【集注】① 说，音悦。

舜耕历山，三十登庸。说筑傅岩，武丁举之。胶鬲遭乱，鬻贩鱼盐，文王举之。管仲囚于士官，桓公举以相国。孙叔敖隐处海滨，楚庄王举之为令尹。百里奚事,见前篇。

②曾,与"增"同。

降大任,使之任大事也,若舜以下是也。空,穷也。乏,绝也。拂,戾也,言使之所为不遂,多背戾也。动心忍性,谓竦动其心,坚忍其性也。然所谓性,亦指气禀食色而言耳。程子曰:"若要熟也,须从这里过。"

③衡,与"横"同。

恒,常也,犹言大率也。横,不顺也。作,奋起也。征,验也。喻,晓也。此又言中人之性,常必有过,然后能改。盖不能谨于平日,故必事势穷蹙,以至困于心,横于虑,然后能奋发而兴起。不能烛于几微,故必事理暴著,以至验于人之色,发于人之声,然后能警悟而通晓也。

④拂,与"弼"同。

此言国亦然也。法家,法度之世臣也。拂士,辅弼之贤士也。

⑤乐,音洛。

以上文观之,则知人之生,全出于忧患,而死亡,由于安乐矣。

尹氏曰:"言困穷拂郁,能坚人之志而熟人之仁。以安乐失之者多矣。"

【今译】①说,读悦(yuè)。

舜在历山耕田,三十岁被提拔任用。傅说在傅岩筑墙,武丁提拔了他。胶鬲遭遇乱世,贩卖鱼盐,文王提拔了他。管仲被狱官囚禁,桓公提拔他做了相国。孙叔敖在海边隐居,楚庄王提拔他做了令尹。百里奚的事迹,见上篇。

②曾,同"增"。

降大任,让他担任大事,就像舜以及傅说、管仲等人那样。空,穷贫。乏,钱粮断绝。拂,背离,意思是让他想做的事做不成,总是背离。

动心忍性，意思是让他内心激动，坚强他的本性。不过这里所说的本性，也是指气禀和食色而言。程子说："如果想要成熟，就必须经过这些考验。"

③ 衡，同"横"。

恒，常常，意思是大多如此。横，不顺。作，奋发起来。征，检验。喻，明白。这里说的是中等人的性情，必是常常有过错，然后才能改正。由于平日不能谨慎，所以一定要到事势窘迫，甚至心中焦虑，束手无策，然后才奋发而兴起。不能看到苗头，所以必定要事理显著暴露，直至表现到人的脸色，从人嘴里明白说出，然后才能惊醒并且彻底明白。

④ 拂，同"弼"。

这里说国家也是一样。法家，持守法度的世臣。拂士，辅弼的贤士。

⑤ 乐，读洛（lè）。

从上文来看，就可知人的生命的保全是出于忧患，而死亡则是由于安乐。

尹焞说："说的是困穷愁忧，能使人志向坚定，仁德成熟。因安乐而失志丧身的人多了。"

【第十六章】孟子曰："教亦多术矣。予不屑之教诲也者，是亦教诲之而已矣。"①

【集注】① 多术，言非一端。屑，洁也。不以其人为洁，而拒绝之，所谓不屑之教诲也。其人若能感此，退自修省，则是亦我教诲之也。

尹氏曰："言或抑或扬，或与或不与，各因其材而笃之，无非教也。"

【今译】① 多术，说的是方法不只一种。屑，洁净。不认为那人是清白的，从而拒绝他，这就是所说的不屑之教诲。那人若能因此感悟，回去自我反省、修养，那就也是我教诲的结果。

尹焞说："说的是或是抑制或是表扬，或是交往或是不交往，各因他们的才能加以引导，没有什么不是教诲。"

尽心章句上

【集注】凡四十六章。

【今译】共四十六章。

【第一章】孟子曰："尽其心者，知其性也。知其性，则知天矣[①]。存其心，养其性，所以事天也[②]。夭寿不贰，修身以俟之，所以立命也[③]。"

【集注】[①] 心者，人之神明，所以具众理而应万事者也。性，则心之所具之理。而天，又理之所从以出者也。人有是心，莫非全体。然不穷理，则有所蔽，而无以尽乎此心之量。故能极其心之全体而无不尽者，必其能穷夫理而无不知者也。既知其理，则其所从出，亦不外是矣。以《大学》之序言之，知性则"物格"之谓，尽心则"知至"之谓也。

[②] 存，谓操而不舍。养，谓顺而不害。事，则奉承而不违也。

[③] 夭寿，命之短长也。贰，疑也。不贰者，"知天"之至，修身以俟死，则事天以终身也。立命，谓全其天之所付，不以人为害之。

程子曰："心也，性也，天也，一理也。自理而言谓之天，自禀受而言谓之性，自存诸人而言谓之心。"张子曰："由太虚，有天之名。由气化，有道之名。合虚与气，有性之名。合性与知觉，有心之名。"

愚谓：尽心知性而知天，所以造其理也。存心养性以事天，所以履其事也。不知其理，固不能履其事，然徒造其理而不履其事，则亦无以有诸己矣。知天，而不以夭寿贰其心，智之尽也。事天，而能修身以俟死,仁之至也。智有不尽,固不知所以为仁;然智而不仁,则亦将流荡不法,而不足以为智矣。

【今译】① 心,是人的精神,是具有一切理、可应一切事的存在。性,是心所具有的理。天,又是理所由以产生的根源。人有这个心,没有不是全体具备的。然而若不去彻底地弄清那个理,就会有所障蔽,从而无法穷尽这心的容量。所以能把心的全体彻底无遗漏地穷尽了的,就必定能穷尽那个理并且无所不知。既然知晓了理,那么理从何而来也就因此而知晓了。根据《大学》的次序来说,知性说的是"物格",尽心说的是"知至"。

② 存,指保持而不丢弃。养,指随顺而不危害。事,指事奉遵从而不违背。

③ 夭寿,生命的短长。贰,怀疑。不贰,"知天"到了顶点,修养自己直到死亡,就是事奉上天直到生命的终结。立命,指保全天所赋予自己的,不以人为的因素去危害它。

程子说:"心、性、天,都是一个理。从理这个角度讲叫做天,从禀受这个角度讲叫做性,从存在于人的身上这个角度讲叫做心。"张子说:"从极端清虚(太虚)说,叫做天。从气化生物说,叫做道。综合气和清虚,叫做性。综合性与知觉,叫做心。"

我认为,尽心、知性从而知天,为的是达到那个理。存心、养性以事天,为的是实践那个事。不知那个理,固然不能实践那个事,然而只是达到了那个理而不能实践那个事,那也没有办法使那个理成为自己的东西。知天,并且不因寿命的长短有贰心,是极端的智;事天,并且能修养自己直到死亡,是最高的仁。智达不到极端,固然不能知晓怎样行仁,然而假若智而不仁,那也将放荡而不守法度,从而算不上智了。

【第二章】孟子曰："莫非命也，顺受其正①。是故知命者不立乎岩墙之下②。尽其道而死者，正命也③。桎梏死者，非正命也④。"

【集注】① 人物之生，吉凶祸福，皆天所命。然惟莫之致而至者，乃为正命。故君子修身以俟之，所以顺受乎此也。

② 命，谓正命。岩墙，墙之将覆者。知正命，则不处危地以取覆压之祸。

③ 尽其道，则所值之吉凶，皆莫之致而至者矣。

④ 桎梏，所以拘罪人者。言犯罪而死，与立岩墙之下者同，皆人所取，非天所为也。

此章与上章，盖一时之言，所以发其末句未尽之意。

【今译】① 人和物的生存，他们的吉凶祸福，都是上天的命令。然而只有不去招致而自然到来的，才是正命。所以君子修养自己以听凭天命，为的是顺从地接受这个正命。

② 命，指正命。岩墙，将要倒塌的墙。知道正命，就不处于危险的地方以遭受被砸被压的灾难。

③ 完全按做人之道行事，那么所遭遇的吉凶，就都是没去招致就自然到来的正命了。

④ 桎梏，用以拘限罪犯的刑具。说的是因犯罪而死，和站在危墙之下被砸死相同，都是人自找的，不是上天所命的。

这章与上一章，大概是同时讲的话，这一章是发挥上章最后一句没有说完的意思。

【第三章】孟子曰："求则得之，舍则失之，是求有益于得也,求在我者也^①。求之有道,得之有命,是求无益于得也,求在外者也^②。"

【集注】① 舍,上声。

在我者,谓仁义礼智,凡性之所有者。

② 有道,言不可妄求。有命,则不可必得。在外者,谓富贵利达,凡外物皆是。

赵氏曰:"言为仁由己,富贵在天。如不可求,从吾所好。"

【今译】① 舍,shě。

在我者,指仁义礼智,人性中所具有的一切。

② 有道,意思是不可任意追求。有命,就是不能够必定得到。在外者,指富贵腾达,一切外在的东西都是。

赵岐说:"说的是求仁在于自己,富贵在于天命。如果追求不来,那就做自己想做的。"

【第四章】孟子曰:"万物皆备于我矣^①。反身而诚,乐莫大焉^②。强恕而行,求仁莫近焉^③。"

【集注】① 此言理之本然也。大则君臣父子,小则事物细微,其当然之理,无一不具于性分之内也。

② 乐,音洛。

诚,实也。言反诸身,而所备之理,皆如恶恶臭、好好色之实。然则其行之不待勉强而无不利矣。其为乐,孰大于是!

③ 强,上声。

强,勉强也。恕,推己以及人也。反身而诚,则仁矣。其有未诚,则是犹有私意之隔而理未纯也。故当凡事勉强,推己及人,庶几心公理得,而仁不远也。

此章言万物之理具于吾身,体之而实,则道在我而乐有余。行之以恕,则私不容而仁可得。

【今译】① 这说的是理的本来状态。大到君臣父子,小到微小的事物,那本来如此的理,没有不具备于人性本分之内的。

② 乐,读洛(lè)。

诚,真实。说的是反省自身,可见所具备的理,都像憎恶恶臭、喜好美色一样真实,那么他的行为不用勉强就没有不顺利的。这样的快乐,还有什么能超过它!

③ 强,qiǎng。

强,勉强。恕,由自己推想到别人。要求自身言行真诚,就做到了仁,假如有不真实的,就是还有私意的阻隔,理尚未纯净。所以应当事事勉励,由自己推想到别人,差不多就可以处心公正,得到天理,而离仁也就不远了。

这一章讲万物的理都在我自己身上,体会到它的真实,道就在我自己,快乐无比。由自己推广到别人而加以实行,私意就难以存在,仁德就可以得到。

【第五章】孟子曰:“行之而不著焉,习矣而不察焉,终身由之而不知其道者,众也。”①

【集注】① 著者,知之明。察者,识之精。言方行之而不能明其所当然,既习矣而犹不识其所以然,所以终身由之而不知其道者,多也。

【今译】① 著,认识得清楚。察,识别得精细。说的是刚刚实行时还不能明白那应当如此的情况,经常如此却还不明白那是为什么如此,所以终生都是按照道去做却不知他所遵从的道的人，是很多的。

【第六章】孟子曰："人不可以无耻。无耻之耻，无耻矣。"①

【集注】① 赵氏曰："人能耻己之无所耻，是能改行从善之人，终身无复有耻辱之累矣。"

【今译】① 赵岐说："人能对自己的无耻态度感到羞耻，是能弃恶从善的人，终身就再不会有耻辱的牵累了。"

【第七章】孟子曰："耻之于人大矣①**。为机变之巧者，无所用耻焉**②**。不耻不若人，何若人有**③**？"**

【集注】① 耻者，吾所固有羞恶之心也。存之则进于圣贤，失之则入于禽兽，故所系为甚大。

② 为机械变诈之巧者，所为之事皆人所深耻，而彼方且自以为得计，故无所用其愧耻之心也。

③ 但无耻一事不如人，则事事不如人矣。或曰："不耻其不如人，则何能有如人之事。"其义亦通。或问："人有耻不能之心，如何？"程子曰："耻其不能而为之，可也。耻其不能而掩藏之，不可也。"

【今译】① 耻，是我所固有的羞耻之心。保持它，就可以不断进步而成为圣贤；丢掉它，就会进入禽兽的行列，所以关系非常重大。

② 喜欢耍弄阴谋诡计投机取巧的人，所办的那些事都是别人所深深感到耻辱的，但他却还自以为得计，所以那愧耻的心对他是没有用的。

③ 只要对一件事不如人不感到羞耻，就会事事不如人。有人解释

为："自己不如人而不感到羞耻,还哪能有如人的事。"也能说得通。有人会问："有人对于能力不足而感到羞耻,怎么样?"程子回答:"因能力不足感到羞耻而努力去做,是可以的。因能力不足感到羞耻从而加以掩盖,那是不可以的。"

【第八章】孟子曰:"古之贤王好善而忘势,古之贤士何独不然? 乐其道而忘人之势。故王公不致敬尽礼,则不得亟见之。见且犹不得亟,而况得而臣之乎?"①

【集注】① 好,去声。乐,音洛。亟,去吏反。

言君当屈己以下贤,士不枉道而求利。二者势若相反,而实则相成,盖亦各尽其道而已。

【今译】① 好,hào。乐,读洛（lè）。亟,qì。

说的是君主应当委屈自己以尊敬贤士,士不歪曲自己的道去谋求私利。二者的趋势好像是相反的,其实是相成的,也就是各自尽自己的道罢了。

【第九章】孟子谓宋句践曰:"子好游乎? 吾语子游①。人知之,亦嚣嚣;人不知,亦嚣嚣②。"曰:"何如斯可以嚣嚣矣?"曰:"尊德乐义,则可以嚣嚣矣③。故士穷不失义,达不离道④。穷不失义,故士得己焉。达不离道,故民不失望焉⑤。古之人,得志,泽加于民;不得志,修身见于世。穷则独善其身,达则兼善天下⑥。"

【集注】① 句,音钩。好、语,皆去声。

宋,姓。句践,名。游,游说也。

② 赵氏曰："嚣嚣,自得无欲之貌。"

③ 乐,音洛。

德,谓所得之善。尊之,则有以自重,而不慕乎人爵之荣。义,谓所守之正。乐之,则有以自安,而不徇乎外物之诱矣。

④ 离,力智反。

言不以贫贱而移,不以富贵而淫,此尊德乐义见于行事之实也。

⑤ 得己,言不失己也。民不失望,言人素望其兴道致治,而今果如所望也。

⑥ 见,音现。

见,谓名实之显著也。此又言士"得己"、"民不失望"之实。

此章言内重而外轻,则无往而不善。

【今译】 ① 句,读钩(gōu)。好,hào。语,yù。

宋,姓。句践,名。游,游说。

② 赵岐说:"嚣嚣,自得、无欲的样子。"

③ 乐,读洛(lè)。

德,指所得的善。尊德,就有所自重,而不垂涎高官厚禄的荣耀。义,指所坚守的端正。乐之,就有所自安,而不陷于外物的诱惑。

④ 离,lí。

意思是不因为贫贱而动摇,不由于富贵而放纵,这是尊德乐义在行动上的实际表现。

⑤ 得己,意思是不失掉自我。民不失望,说的是人们早就盼望他振兴正道达到天下大治,今天果然实现了人们的期望。

⑥ 见,读现(xiàn)。

见,指名与实的显明昭著。这又论述了士的"得己"、"民不失望"

的实际表现。

这一章说的是重视内在修养而不重视外在的东西，就无处不是善的。

【第十章】孟子曰："待文王而后兴者，凡民也。若夫豪杰之士，虽无文王犹兴。"①

【集注】①夫，音扶。

兴者，感动奋发之意。凡民，庸常之人也。豪杰，有过人之才智者也。盖降衷、秉彝，人所同得，惟上智之资无物欲之蔽，为能无待于教，而自能感发以有为也。

【今译】①夫，读扶（fú）。

兴，感动奋发的意思。凡民，普通人。豪杰，有过人才智的人。上天的赋予，人的禀受，各人所得是相同的，只是上智的天资没有物欲的障蔽，因而能不等教诲，自己就能感动奋发而有所作为。

【第十一章】孟子曰："附之以韩、魏之家，如其自视欿然，则过人远矣。"①

【集注】①欿，音坎。

附，益也。韩、魏，晋卿，富家也。欿然，不自满之意。尹氏曰："言有过人之识，则不以富贵为事。"

【今译】①欿，读坎（kǎn）。

附，增益。韩、魏，都是晋国的卿，富家。欿然，不自满的意思。尹焞说："指有超出常人的见识，就不把富贵看在眼里。"

【第十二章】孟子曰："以佚道使民，虽劳不怨。以生道杀民,虽死不怨杀者。"①

【集注】① 程子曰:"以佚道使民,谓本欲佚之也,播谷乘屋之类是也。以生道杀民,谓本欲生之也,除害去恶之类是也。盖不得已而为其所当为,则虽咈民之欲,而民不怨。其不然者,反是。"

【今译】① 程子说:"以佚道使民,指本意在于让百姓们安逸,如种谷、修房之类的事。以生道杀民,指本意在于让百姓们生存,如除恶除害之类的事。当不得已去做他所应当做的,即使违背人民的某些愿望,人民也不怨恨。如果不是这样,情况就会相反。"

【第十三章】孟子曰:"霸者之民,驩虞如也。王者之民,皞皞如也①。杀之而不怨,利之而不庸,民日迁善而不知为之者②。夫君子所过者化,所存者神,上下与天地同流,岂曰小补之哉③?"

【集注】① 皞,胡老反。

驩虞,与"欢娱"同。皞皞,广大自得之貌。程子曰:"驩虞,有所造为而然,岂能久也? 耕田凿井,帝力何有于我? 如天之自然,乃王者之政。"杨氏曰:"所以致人驩虞,必有违道干誉之事。若王者则如天,亦不令人喜,亦不令人怒。"

② 此所谓皞皞如也。庸,功也。丰氏曰:"因民之所恶而去之,非有心于杀之也,何怨之有! 因民之所利而利之,非有心于利之也,何庸之有! 辅其性之自然,使自得之,故民日迁善,而不知谁之所为也。"

③ 夫,音扶。

君子,圣人之通称也。所过者化,身所经历之处,即人无不化,如舜之耕历山而田者逊畔，陶河滨而器不苦窳也。所存者神，心所存主处，便神妙不测，如孔子之"立斯立，道斯行，绥斯来，动斯和"，莫知其所以然而然也。是其德业之盛，乃与天地之化同运并行，举一世而甄陶之。非如霸者，但小小补塞其罅漏而已。此则王道之所以为大，而学者所当尽心也。

【今译】 ① 皡，hào。

驩虞，就是欢娱。皡皡，舒畅自得的样子。程子说："欢娱，是有所造作努力才达到的，岂能长久？耕田打井这类事，上帝的力量与此有什么相干？只有像天对万物那样的自然，才是王者的政治。"杨时说："用来使人欢娱的努力，必有违背正道、追求荣誉的事。若是王者，就像天一样，也不让人们欢喜，也不让人们怨怒。"

② 这就是所说的"皡皡如也"。庸，以为功。丰稷说 ❶："人民所憎恶的就把它除掉，并不是存心杀人，有什么怨恨的！对人民有利的就让他们获利，并不是存心给他们利益，有什么功劳显摆！辅助他们本性的自然状态，使他们自得，所以民众天天向善，却不知是谁的作用。"

③ 夫，读扶（fú）。

君子，是圣人的通称。所过者化，亲身所经历的地方，人们没有不受感化的，就像舜在历山耕田时，耕田的人都谦让地界；在黄河边制陶，陶匠们再不造低劣的陶器。所存者神，心中所存的主宰存在，就神妙莫测，就像孔子的"立斯立，道斯行，绥斯来，动斯和" ❷，不知其所以

---

❶ 丰稷：字相之，北宋学者，著有《孟子注》等。

❷ 见《论语·子张》："夫子之得邦家者，所谓立之斯立，道之斯行，绥之斯来，动之斯和。其生也荣，其死也哀。如之何其可及也？"

然而然。这是他的道德功业的隆盛,和天地的化育一起运动,并肩前行,把整个世界熏陶了、塑造了。不是像霸者那样,仅仅堵补一些小的漏洞而已。这才是王道伟大之处,也是求学者应当尽心的地方。

【第十四章】孟子曰:"仁言,不如仁声之入人深也^①。善政,不如善教之得民也^②。善政民畏之,善教民爱之。善政得民财,善教得民心^③。"

【集注】① 程子曰:"仁言,谓以仁厚之言加于民。仁声,谓仁闻,谓有仁之实而为众所称道者也。此尤见仁德之昭著,故其感人尤深也。"

② 政,谓法度禁令,所以制其外也。教,谓道德齐礼,所以格其心也。

③ 得民财者,百姓足而君无不足也。得民心者,不遗其亲,不后其君也。

【今译】① 程子说:"仁言,指用仁厚之言去教导人民。仁声,指仁的声誉,说的是有仁德的事实而被大众所称道的。这里尤其可见仁德的显著,所以对人的感化也就特别深。"

② 政,指法度禁令,用来从外部加以限制。教,指道德礼仪,用来端正人心。

③ 得民财,百姓富足,君主就不会不富足。得民心,人民就不会抛弃父母,也不会把君主的事放在后头。

【第十五章】孟子曰:"人之所不学而能者,其良能也。所不虑而知者,其良知也^①。孩提之童,无不知爱其亲也;及其长也,无不知敬其兄也^②。亲亲,仁也。敬长,义也。

无他，达之天下也 ③。"

【集注】 ① 良者，本然之善也。程子曰："良知、良能，皆无所由，乃出于天，不系于人。"

② 长，上声，下同。

孩提，二三岁之间，知孩笑、可提抱者也。爱亲敬长，所谓良知良能者也。

③ 言亲亲敬长，虽一人之私，然达之天下无不同者，所以为仁义也。

【今译】 ① 良，是本来固有的善。程子说："良知良能，没别的由来，都是来自于天，与人没有关系。"

② 长，zhǎng，下同。

孩提，两三岁左右，懂得笑、可以提抱的婴儿。爱亲敬长，就是所说的良知良能。

③ 说的是亲近父母、尊敬兄长，虽然是个人的私事，然而普天之下没有不是这样的，所以被称为仁义。

【第十六章】 孟子曰："舜之居深山之中，与木石居，与鹿豕游，其所以异于深山之野人者几希。及其闻一善言，见一善行，若决江河，沛然莫之能御也。" ①

【集注】 ① 行，去声。

居深山，谓耕历山时也。盖圣人之心，至虚至明。浑然之中，万理毕具。一有感触，则其应甚速，而无所不通。非孟子造道之深，不能形容至此也。

【今译】 ① 行，xìng。

居深山,指在历山耕田的时期。圣人的心,极端的虚灵明察。在完全天然的情况下,具备了所有的理。一旦有所感触,它的反应极其迅速,并且无所不通。若不是孟子得道深刻,不能形容到这个地步。

【第十七章】孟子曰:"无为其所不为,无欲其所不欲,如此而已矣。"①

【集注】① 李氏曰:"有所不为、不欲,人皆有是心也。至于私意一萌,而不能以礼义制之,则为所不为、欲所不欲者多矣。能反是心,则所谓扩充其羞恶之心者,而义不可胜用矣,故曰:'如此而已矣!'"

【今译】① 李郁说:"有所不愿做、不想要的,这样的心人人都有。至于私心一旦萌发,却不能用礼义加以制止,那么做自己不愿做的、要自己不想要的事就多了。能返归不为、不欲的心,即所谓扩充自己羞恶之心的人,义就会用不完了,所以说是'如此而已矣'。"

【第十八章】孟子曰:"人之有德慧术知者,恒存乎疢疾①。独孤臣孽子,其操心也危,其虑患也深,故达②。"

【集注】① 知,去声。疢,丑刃反。

德慧者,德之慧。术知者,术之知。疢疾,犹灾患也。言人必有疢疾,则能动心忍性,增益其所不能也。

② 孤臣,远臣;孽子,庶子,皆不得于君亲而常有疢疾者也。达,谓达于事理,即所谓德慧术知也。

【今译】① 知,zhì。疢,chèn。

德慧,德行的智慧。术知,巧妙的智能。疢疾,意思是灾难。说的是人必有灾难,才能使心思奋发,意志坚强,增益自己所缺少的才能。

② 孤臣，被疏远的臣。孽子，非正妻所生的儿子。他们都是君主和父母不喜欢并且常有灾难的。达，指通达事理，就是所说的"德慧术知"。

【第十九章】孟子曰："有事君人者，事是君则为容悦者也①。有安社稷臣者，以安社稷为悦者也②。有天民者，达可行于天下而后行之者也③。有大人者，正己而物正者也④。"

【集注】① 阿徇以为容，逢迎以为悦，此鄙夫之事，妾妇之道也。

② 言大臣之计安社稷，如小人之务悦其君，眷眷于此而不忘也。

③ 民者，无位之称。以其全尽天理，乃天之民，故谓之天民。必其道可行于天下，然后行之。不然，则宁没世不见知而不悔，不肯小用其道以徇于人也。张子曰："必功覆斯民然后出，如伊、吕之徒。"

④ 大人，德盛而上下化之，所谓"见龙在田，天下文明"者。

此章言人品不同，略有四等。容悦佞臣不足言。安社稷则忠矣，然犹一国之士也。天民，则非一国之士矣，然犹有意也。无意无必，惟其所在而物无不化，唯圣者能之。

【今译】① 阿谀卑顺陪笑脸，迎合讨好装喜悦，这是卑贱者的勾当，做奴做妾的规矩。

② 说的是大臣谋划怎样使社稷稳固，就像小人力求讨好君主，念念不忘这件事。

③ 民，对没有官职者的称呼。因为他完全尽到了天理，就是上天的民，所以叫做"天民"。必然是他的道可在天下推行时，他才去推行。不然的话，就宁可埋没一生不被人知也不悔恨，不肯为迎合别人而把自己的道只用那么一点。张子说："必然是功业能普及到天下百姓然后

才出仕行道，就像伊尹、姜太公等人。"

④ 大人，道德隆盛因而国家上下都被感化，这就是所说的"见龙在田，天下文明"❶。

这一章讲的是人品不同，大体可分为四等。"容悦"的佞臣不足道。安定社稷是忠臣，不过还只是一个诸侯国级的士人。天民就不是诸侯国级的士，不过还是有意去做。无意，也没有必然的期望，只要是他所在的地方就没人不受感化，只有圣人能够做到。

【第二十章】孟子曰："君子有三乐，而王天下不与存焉 ①。父母俱存，兄弟无故，一乐也 ②。仰不愧于天，俯不怍于人，二乐也 ③。得天下英才而教育之，三乐也 ④。君子有三乐，而王天下不与存焉 ⑤。"

【集注】① 乐，音洛。王、与，皆去声，下并同。

② 此人所深愿而不可必得者，今既得之，其乐可知。

③ 程子曰："人能克己，则仰不愧，俯不怍，心广体胖，其乐可知。有息，则馁矣。"

④ 尽得一世明睿之才，而以所乐乎己者教而养之，则斯道之传得之者众，而天下后世将无不被其泽矣。圣人之心所愿欲者，莫大于此。今既得之，其乐为何如哉！

⑤ 林氏曰："此三乐者，一系于天，一系于人。其可以自致者，惟不愧不怍而已。学者可不勉哉！"

【今译】① 乐，读洛（lè）。王，wàng。与，yù。下面的"王""与"均同。

---

❶　语出《周易·乾卦》。

② 这是人们所深切盼望而不能必然得到的，现在既然得到了，那种快乐是可想而知的。

③ 程子说："人能克制自己，就仰不愧天，俯不怍人，心广体胖，那种快乐也是可想而知的。若有停止，快乐就会衰退了。"

④ 全部得到了一个时代聪明睿智的贤才，并以自己所快乐的教育、培养他们，那么这个道的传授就会有众多的人得到，天下、后世都将会蒙受他的恩泽。圣人的心所盼望的，没有比这更大的了。现在既然得到了，那种快乐将会是什么样子呢？

⑤ 林之奇说："这三种快乐，一面关系着天，一面关系着人。那可由自己把握而达到的，只有'不愧不怍'这一条。求学者能不勉励吗！"

【第二十一章】孟子曰："广土众民，君子欲之，所乐不存焉①。中天下而立，定四海之民，君子乐之，所性不存焉②。君子所性，虽大行不加焉，虽穷居不损焉，分定故也③。君子所性，仁、义、礼、智根于心。其生色也，睟然见于面，盎于背，施于四体。四体不言而喻④。"

【集注】① 乐，音洛，下同。

地辟民聚，泽可远施，故君子欲之，然未足以为乐也。

② 其道大行，无一夫不被其泽，故君子乐之。然其所得于天者，则不在是也。

③ 分，去声。

分者，所得于天之全体，故不以穷达而有异。

④ 睟，音粹。见，音现。盎，乌浪反。

上言所性之分与所欲所乐不同，此乃言其蕴也。仁义礼智，性之四德也。根，本也。生，发见也。睟然，清和润泽之貌。盎，丰厚盈溢之意。施于四体，谓见于动作威仪之间也。喻，晓也。四体不言而喻，言四体不待吾言而自能晓吾意也。盖气禀清明，无物欲之累，则性之四德，根本于心，其积之盛，则发而著见于外者，不待言而无不顺也。程子曰："睟面盎背，皆积盛致然。四体不言而喻，惟有德者能之。"

此章言君子固欲其道之大行，然其所得于天者，则不以是而有所加损也。

【今译】① 乐，读洛（lè），下同。

土地开辟，民众归聚，恩泽就可以施加到远方，所以君子愿意这样，但不足以感到快乐。

② 他的道大大推行，没有一人不蒙受他的恩泽，所以君子是快乐的。但是君子从上天那里得到的，并不在这里。

③ 分，fèn。

分，是从上天那里得到的全部，所以不因为穷困富贵而有什么差别。

④ 睟，读粹（cuì）。见，读现（xiàn）。盎，àng。

前面讲了本性中的内容定分和所欲求的、所快乐的不同，这里说的是本性中所蕴含的内容。仁义礼智，是本性的四种德性。根，也是本。生，表现出来。睟然，纯洁和蔼又滋润的样子。盎，丰厚满盈横溢的意思。施于四体，指表现于动作风度之中。喻，告诉使其明白。四体不言而喻，意思是四肢不等我说，就自然能明白我的意思。那禀气清纯因而明澈的人，没有物欲的牵累，这样本性的四种德性就植根在心里，当积累达到丰盛时，就萌发并表现于外部，不必教诲就会一切顺利。程子说："睟面、盎背，都是积累丰盛的结果。四体不言而喻，只有德高的人能够做到。"

这一章说的是君子当然希望他的道能够大大推行，然而他从上天那里得到的，却不会因此而有所增减。

【第二十二章】孟子曰："伯夷辟纣，居北海之滨，闻文王作，兴曰：'盍归乎来？吾闻西伯善养老者。'大公辟纣，居东海之滨，闻文王作，兴曰：'盍归乎来？吾闻西伯善养老者。'天下有善养老，则仁人以为己归矣①。五亩之宅，树墙下以桑，匹妇蚕之，则老者足以衣帛矣。五母鸡，二母彘，无失其时，老者足以无失肉矣。百亩之田，匹夫耕之，八口之家足以无饥矣②。所谓西伯善养老者，制其田里，教之树、畜，导其妻子，使养其老。五十非帛不暖，七十非肉不饱，不暖不饱，谓之冻馁。文王之民，无冻馁之老者，此之谓也③。"

【集注】① 辟，去声，下同。大，他盖反。

己归，谓己之所归。余见前篇。

② 衣，去声。

此文王之政也。一家养母鸡五，母彘二也。余见前篇。

③ 田，谓百亩之田。里，谓五亩之宅。树，谓耕桑。畜，谓鸡彘也。

赵氏曰："善养老者，教导之使可以养其老耳，非家赐而人益之也。"

【今译】① 辟，bì，下同。大，读 tài（太）。

己归，自己的归宿。其余参考前面的解释。

② 衣，yì。

这是周文王的政策。一家养五只母鸡，两只母猪。其余参考前面的解释。

③ 田,指百亩之田。里,指五亩之宅。树,指耕田养蚕。畜,指喂鸡喂猪。赵岐说:"善养老者,意思是教育他、引导他,让他们可以养老,不是挨家挨户地给东西让他们富裕。"

【第二十三章】孟子曰:"易其田畴,薄其税敛,民可使富也①。食之以时,用之以礼,财不可胜用也②。民非水火不生活。昏暮叩人之门户,求水火,无弗与者,至足矣。圣人治天下,使有菽粟如水火。菽粟如水火,而民焉有不仁者乎③?"

【集注】① 易、敛,皆去声。

易,治也。畴,耕治之田也。

② 胜,音升。

教民节俭,则财用足矣。

③ 焉,於虔反。

水火,民之所急,宜其爱之,而反不爱者,多故也。尹氏曰:"言礼义生于富足。民无常产,则无常心矣。"

【今译】① 易,yì。敛,liàn。

易,治理。畴,耕种的田地。

② 胜,读升(shēng)。

教育民众节俭,使用时就会感到财物充足。

③ 焉,yān。

水火,是民众所迫切需要的,他们应该吝惜却不吝惜,是由于多的缘故。尹焞说:"说的是礼义产生于富足。民众没有稳定的财产,就没有稳定的心。"

【第二十四章】孟子曰："孔子登东山而小鲁，登太山而小天下。故观于海者难为水，游于圣人之门者难为言^①。观水有术，必观其澜。日月有明，容光必照焉^②。流水之为物也，不盈科不行。君子之志于道也，不成章不达^③。"

【集注】① 此言圣人之道大也。东山，盖鲁城东之高山。而太山，则又高矣。此言所处益高，则其视下益小。所见既大，则其小者不足观也。难为水、难为言，犹仁不可为众之意。

② 此言道之有本也。澜，水之湍急处也。明者，光之体；光者，明之用也。观水之澜，则知其源之有本矣。观日月于容光之隙无不照，则知其明之有本矣。

③ 言学当以渐，乃能至也。成章，所积者厚，而文章外见也。达者，足于此而通于彼也。

此章言圣人之道大而有本，学之者必以其渐，乃能至也。

【今译】① 这一章讲圣人之道伟大。东山，鲁国都城东面的高山。但泰山比它更高。这说的是站得愈高，看下面的东西就愈小。所见既然很大，那些小的就不值得看了。难为水、难为言，就像难以把众人看作仁人一样。

② 这一段说的是道有根本。澜，水流湍急的地方。明，是光的自体；光，是明的应用。观看水的波澜，就知道水是有本源的。在光线能进入的一切地方观察到日月的光明无不照耀，就知道日月的光明是有本源的。

③ 说的是学习应当渐进，才能学好。成章，积累丰厚，言论风度就会表现在外面。达，此处丰足因而通到彼处。

这一章说的是圣人之道伟大而有本原,学道者必须循序渐进才能学到。

【第二十五章】孟子曰:"鸡鸣而起,孳孳为善者,舜之徒也①。鸡鸣而起,孳孳为利者,跖之徒也②。欲知舜与跖之分,无他,利与善之间也③。"

【集注】① 孳孳,勤勉之意。言虽未至于圣人,亦是圣人之徒也。

② 跖,盗跖也。

③ 程子曰:"言间者,谓相去不远,所争毫末耳。善与利,公私而已矣。才出于善,便以利言也。"

杨氏曰:"舜跖之相去远矣,而其分,乃在利善之间而已,是岂可以不谨!然讲之不熟,见之不明,未有不以利为义者,又学者所当深察也。"或问:"难鸣而起,若未接物,如何为善?"程子曰:"只主于敬,便是为善。"

【今译】① 孳孳,勤奋勉励的意思。意思是虽然没有成为圣人,也是圣人一类的人。

② 跖,就是盗跖❶。

③ 程子说:"间的意思,是相距不远,差别非常微小。善与利,也就是公与私罢了。刚刚从善中出来,马上就会把利放在心上。"

杨时说:"舜与跖的距离是遥远的,但是二者的分别,只是在于利与善之间罢了,这难道可以不谨慎!然而如果不熟悉有关的知识,认识

---

❶ 盗跖:《庄子》书中的强盗领袖。说他是孔子朋友柳下季的弟弟,随从他的有九千人,"横行天下,侵暴诸侯","驱人牛马,取人妇女。贪得忘亲,不顾父母兄弟","万民苦之"。

又不明确,没有不把为利当作为义的,这又是求学者所应当深刻体察的。"有人问:"鸡鸣而起,若还没有应接事物,怎样向善?"程子说:"只要以敬畏为主宰,就是为善。"

【第二十六章】孟子曰:"杨子取为我,拔一毛而利天下,不为也 ①。墨子兼爱,摩顶放踵利天下,为之 ②。子莫执中,执中为近之。执中无权,犹执一也 ③。所恶执一者,为其贼道也,举一而废百也 ④。"

【集注】① "为我"之"为",去声。

杨子,名朱。取者,仅足之意。取为我者,仅足于为我而已,不及为人也。列子称其言曰"伯成子高不以一毫利物"是也。

② 放,上声。

墨子,名翟。兼爱,无所不爱也。摩顶,摩突其顶也。放,至也。

③ 子莫,鲁之贤者也。知杨、墨之失中也,故度于二者之间而执其中。近,近道也。权,秤锤也,所以称物之轻重而取中也。执中而无权,则胶于一定之中而不知变,是亦执一而已矣。程子曰:"中字最难识,须是默识心通。且试言:一厅,则中央为中。一家,则厅非中而堂为中。一国,则堂非中而国之中为中。推此类可见矣。"又曰:"中,不可执也。识得,则事事物物皆有自然之中,不待安排。安排者则不中矣。"

④ 恶、为,皆去声。

贼,害也。为我害仁,兼爱害义,执中者害于时中,皆举一而废百者也。

此章言道之所贵者,中。中之所贵者,权。杨氏曰:"禹、稷三过其门而不入,苟不当其可,则与墨子无异。颜子在陋巷不改其乐,苟不当其可,则与杨氏无异。子莫执为我、兼爱之中而无权,乡邻有斗而不知闭户,同室有斗而不知救之,是亦犹执一耳,故孟子以为贼道。禹、稷、颜回,易地则皆然,以其有权也。不然,则是亦杨、墨而已矣。"

【今译】① "为我" 的 "为",wèi。

杨子,名朱。取,仅仅满足于此的意思。取为我,仅仅满足于我而已,不再有为人的打算。列子说,他讲过 "伯成子高不用一丝一毫去帮助别人",就是这个意思❶。

② 放,fǎng。

墨子,名翟。兼爱,没有不爱的。摩顶,磨伤磕碰头顶。放,到达。

③ 子莫,鲁国的贤人。他知道杨、墨二人都偏颇失中,所以在他们二者之间衡量,把握他们的中。近,接近道。权,秤锤,用来称量物的轻重而确定中的。掌握住中而没有权衡,就被粘在一个确定的中位却不懂得变化,这也是固执一面罢了。程子说:"中字最难弄懂,必须心领神会。比如说:一个大厅,中部就是中。再扩大到一家,厅就不是中而堂是中了。再扩大到一国,堂也不是中,而是国的中部为中。以此类推,就可知什么是中了。"又说:"中也不可执着。认识到这一点,就知事事物物都有个自然的中,不等人去安排。由人安排的,就不是中了。"

④ 恶,wù。为,wèi。

贼,危害。"为我"危害了仁,"兼爱"危害了义,"执中"危害了随时的中,都是坚持一条而废弃了百条。

---

❶ 《列子·杨朱》篇:"杨朱曰:'伯成子高不以一毫利物,舍国而隐耕。'"伯成子高,大禹时代的隐士。杨朱称赞他,以他为榜样。列子引用杨朱的话,是要说明杨朱是只为自己、不为别人着想的人。

这一章说的是道所宝贵的是中，中所宝贵的是权。杨时说："禹、稷多次路过自己的家门都不进去，假如不是真正应当如此，就和墨子没有差别。颜子在陋巷不改变自己的快乐，假如不是真正应当如此，就和杨朱没有差别。子莫坚持在'为我''兼爱'之间取中却没有权变，乡邻有斗殴的不知道关门，同室有斗殴的不知道援救，这也是偏执一面，所以孟子认为这是危害道的。禹、稷、颜回，换一下处境也都如此，因为他们有所权变。不然，那就也是一个杨、墨罢了。"

【第二十七章】孟子曰："饥者甘食，渴者甘饮，是未得饮食之正也，饥渴害之也。岂惟口腹有饥渴之害？人心亦皆有害①。人能无以饥渴之害为心害，则不及人不为忧矣②。"

【集注】①口腹为饥渴所害，故于饮食不暇择，而失其正味。人心为贫贱所害，故于富贵不暇择，而失其正理。

②人能不以贫贱之故而动其心，则过人远矣。

【今译】①口腹被饥渴所逼迫，所以对于饮食就来不及选择，从而失去了饮食的正常味道。人心被贫贱所逼迫，所以对于富贵就来不及选择，从而失去了正确的道理。

②人若能不因为贫贱的原因动摇自己的心，那就超过别人很多了。

【第二十八章】孟子曰："柳下惠不以三公易其介。"①

【集注】①介，有分辨之意。柳下惠进不隐贤，必以其道。遗佚不怨，厄穷不悯。直道事人，至于三黜，是其介也。

此章言柳下惠和而不流，与孔子论夷、齐不念旧恶，意正相类，皆圣贤微显阐幽之意也。

【今译】①介，有所区分、辨别的意思。柳下惠出仕做官不隐瞒自己的主张，一定要按自己的道去做。被罢黜也不怨恨，处于穷困也不装出可怜相。用直道去事奉别人，以致多次被罢官，这就是他的介。

这一章说柳下惠随和而不流荡，与孔子论述伯夷、叔齐不念旧恶的意思十分相似，都是圣贤对深奥微妙的道理的阐述。

【第二十九章】孟子曰："有为者辟若掘井，掘井九轫而不及泉，犹为弃井也。"①

【集注】①辟，读作譬。轫，音刃，与"仞"同。

八尺曰仞。言凿井虽深，然未及泉而止，犹为自弃其井也。

吕侍讲曰："仁不如尧，孝不如舜，学不如孔子，终未入于圣人之域，终未至于天道，未免为半涂而废，自弃前功也。"

【今译】①辟，读譬（pì）。轫，读刃（rèn），同"仞"。

八尺为仞。说的是挖井虽然深，然而没到泉源就停止了，这就还是自己抛弃了自己的井。

吕希哲说❶："仁做不到像尧那样，孝做不到像舜那样，学问做不到像孔子那样，终究没有达到圣人境界，终究没有达到天道，这就免不了是半途而废，自弃前功。"

【第三十章】孟子曰："尧、舜，性之也。汤、武，身之也。五霸，假之也①。久假而不归，恶知其非有也②。"

【集注】①尧、舜天性浑全，不假修习。汤修身体道，以复其性。五霸

---

❶　吕希哲：字原明，北宋学者。

则假借仁义之名,以求济其贪欲之私耳。

②恶,平声。

归,还也。有,实有也。言窃其名以终身,而不自知其非真有。或曰:"盖叹世人莫觉其伪者。"亦通。旧说久假不归即为真有,则误矣。

尹氏曰:"性之者,与道一也。身之者,履之也。及其成功,则一也。五霸,则假之而已,是以功烈如彼其卑也。"

【今译】①尧、舜的天性纯洁完整,不必借助修养练习。商汤和周武王修养自己,体会大道,以复归本性。五霸就是假借仁义的名称,以求有助于他们贪欲的私念。

②恶,wū。

归,归还。有,实际具有。意思是假借仁义的名度过一生,而不自知自己并不是真的具有。另一解释是:"这是叹息世人觉察不出他们的虚伪。"也说得通。过去解释为久借不还就是真有。这样解释就错了。

尹焞说:"性之,与道本是一体。身之,即亲自实践。至于他们都获得成功,则是一样的。五霸,不过是假借罢了,所以功业光辉才那样微小。"

【第三十一章】公孙丑曰:"伊尹曰:'予不狎于不顺。'放太甲于桐,民大悦。太甲贤,又反之,民大悦①。贤者之为人臣也,其君不贤,则固可放与②?"孟子曰:"有伊尹之志,则可。无伊尹之志,则篡也。"③

【集注】①"予不狎于不顺",《太甲》篇文。狎,习见也。不顺,言太甲所为不顺义理也。余见前篇。

②与,平声。

③ 伊尹之志,公天下以为心,而无一毫之私者也。

【今译】① "予不狎于不顺",是《尚书·太甲》篇中的文字。狎,司空见惯。不顺,指太甲的所作所为不合乎义理。其他的参见以前的解释。

② 与,yú。

③ 伊尹的志向,把天下的公道作为自己的心愿,而没有一毫的私念。

【第三十二章】公孙丑曰:"《诗》曰:'不素餐兮。'君子之不耕而食,何也?"孟子曰:"君子居是国也,其君用之,则安富尊荣;其子弟从之,则孝弟忠信。'不素餐兮',孰大于是?"①

【集注】① 餐,七丹反。

《诗》,《魏国风·伐檀》之篇。素,空也。无功而食禄,谓之"素餐"。此与告陈相、彭更之意同。

【今译】① 餐,cān。

《诗》,《诗经·魏风·伐檀》篇。素,白、空。无功而享受俸禄,叫做"素餐"。这与告诉陈相、彭更的意思一样。

【第三十三章】王子垫问曰:"士何事?"① 孟子曰:"尚志。"② 曰:"何谓尚志?"曰:"仁义而已矣。杀一无罪,非仁也。非其有而取之,非义也。居恶在?仁是也。路恶在?义是也。居仁由义,大人之事备矣。"③

【集注】① 垫,丁念反。

垫,齐王之子也。上则公卿大夫,下则农工商贾,皆有所事。而士居其间,独无所事,故王子问之也。

②尚,高尚也。志者,心之所之也。士既未得行公卿大夫之道,又不当为农工商贾之业,则高尚其志而已。

③恶,平声。

非仁非义之事,虽小不为。而所居所由,无不在于仁义,此士所以尚其志也。大人,谓公卿大夫。言士虽未得大人之位,而其志如此,则大人之事体用已全。若小人之事,则固非所当为也。

【今译】①垫,diàn。

垫,齐王的孩子。上面是公卿大夫,下面是农工商贾,都有自己的事。士在二者中间,却没有自己的事,所以王子这样发问。

②尚,高尚。志,心所指向的地方。士一面不可能实行公、卿、大夫们的道,又不应做农、工、商、贾所做的事,那么就高尚自己的志向罢了。

③恶,wū。

非仁非义的事,即使小也不做。所安身所遵循的,没有不在于仁义的,这就是士用来高尚其志的内容。大人,指公、卿、大夫。说的是士虽然没有得到大人的职位,但他的志向如此,那么大人的事,从体到用也就全部具备。若是小人之事,那本来就不是士人所应当做的。

【第三十四章】孟子曰:"仲子,不义与之齐国而弗受,人皆信之。是舍箪食豆羹之义也。人莫大焉亡亲戚、君臣、上下。以其小者信其大者,奚可哉?"①

【集注】①舍,音捨。食,音嗣。

仲子,陈仲子也。言仲子设若非义而与之齐国,必不肯受,齐人皆信其贤，然此但小廉耳。其辟兄、离母，不食君禄，无人道之大伦，罪莫大焉，岂可以小廉信其大节，而遂以为贤哉？

【今译】舍，读捨（shě）。食，读嗣（sì）。

　　仲子，陈仲子。说假设把整个齐国以不义的方式送给仲子，仲子必然不肯接受，齐国人都相信他的贤德，不过这只是小廉洁。他躲避兄长，离开母亲，不食君主的俸禄，没有人道的大伦，其罪过是非常大的。怎么可以用小的廉洁相信他的大节，并且就认为他是贤德的呢？

　　【第三十五章】桃应问曰："舜为天子，皋陶为士，瞽瞍杀人，则如之何？"①孟子曰："执之而已矣。"②"然则舜不禁与？"③曰："夫舜恶得而禁之？夫有所受之也。"④"然则舜如之何？"⑤曰："舜视弃天下，犹弃敝蹝也；窃负而逃，遵海滨而处，终身欣然，乐而忘天下。"⑥

【集注】① 桃应，孟子弟子也。其意以为舜虽爱父，而不可以私害公。皋陶虽执法，而不可以刑天子之父。故设此问，以观圣贤用心之所极，非以为真有此事也。

　　② 言皋陶之心，知有法而已，不知有天子之父也。

　　③ 与，平声。

　　桃应问也。

　　④ 夫，音扶。恶，平声。

　　言皋陶之法有所传受，非所敢私，虽天子之命，亦不得而废之也。

　　⑤ 桃应问也。

　　⑥ 蹝，音徙。訢，与欣同。乐，音洛。

　　蹝，草履也。遵，循也。言舜之心，知有父而已，不知有天下也。

孟子尝言，舜视天下犹草芥，而惟顺于父母可以解忧，与此意互相发。

此章言，为士者但知有法，而不知天子父之为尊。为子者但知有父，而不知天下之为大。盖其所以为心者，莫非天理之极、人伦之至。学者察此而有得焉，则不待较计论量，而天下无难处之事矣。

【今译】① 桃应，孟子的弟子。他的意思是舜虽然爱自己的父亲，却不可以私害公。皋陶虽然执掌刑法，却不可以处罚天子的父亲。所以假设了这样一个问题，以探讨圣贤用心的极限，并非认为真有这样的事。

② 说的是皋陶的心，只知有法律而已，不知道还有什么天子的父亲。

③ 与，yú。

这是桃应的问话。

④ 夫，读扶（fú）。恶，wū。

说的是皋陶的法律是有所传授的，不敢私自更改，即使天子的命令也不能抛弃法律。

⑤ 这是桃应的问话。

⑥ 蹝，读徙（xǐ）。䜣，即"欣"，读 xīn。乐，读洛（lè）。

蹝，草鞋。遵，遵循。说的是舜的心，只知有父亲而已，不知道还有天下。孟子说过，舜把天下看得就像草芥一样，而只有得到父母欢心才可以解忧，与这里的意思可互相说明。

这一章说的是做官的只知有法律，而不知天子父亲的尊贵。做儿子的只知有父亲，而不知天下的广大。他们的心这样去想，没有不是天理的极点、人伦的最高处。求学者能弄清这一点并有所心得，就不必等待反复衡量，天下不会有难以处理的事。

【第三十六章】孟子自范之齐，望见齐王之子，喟然叹曰："居移气，养移体。大哉居乎！夫非尽人之子与？"①孟子曰②："王子宫室、车马、衣服，多与人同。而王子若彼者，其居使之然也。况居天下之广居者乎③？鲁君之宋，呼于垤泽之门。守者曰：'此非吾君也，何其声之似我君也？'此无他，居相似也④。"

【集注】①夫，音扶。与，平声。

范，齐邑。居，谓所处之位。养，奉养也。言人之居处所系甚大。王子，亦人子耳，特以所居不同，故所养不同，而其气、体有异也。

②张、邹皆云：羡文也。

③广居，见前篇。尹氏曰："睟然见于面，盎于背，居天下之广居者然也。"

④呼，去声。

垤泽，宋城门名也。孟子又引此事为证。

【今译】①夫，读扶（fú）。与，yú。

范，齐国的城镇。居，指所处的地位。养，奉养。说的是人的社会地位关系重大。王子，也是人的儿子，只是由于地位的不同，所以奉养不同，因而他的气质、体质也和别人不同。

②张琥、邹浩二人都认为是多余的文字。

③广居，见以前的解释。尹焞说："慈祥滋润表现于脸面，充盈于肩背，把天下的仁德作为自己安身立命的地位的人是这样的。"

④呼，hù。

垤泽，宋国城门的名字。孟子又援引此事作为证据。

【第三十七章】孟子曰："食而弗爱，豕交之也。爱而不敬，兽畜之也①。恭敬者，币之未将者也②。恭敬而无实，君子不可虚拘③。"

【集注】① 食，音嗣。畜，许六反。

交，接也。畜，养也。兽，谓犬马之属。

② 将，犹奉也。《诗》曰："承筐是将。"程子曰："恭敬虽因威仪币帛而后发见，然币之未将时，已有此恭敬之心，非因币帛而后有也。"

③ 此言当时诸侯之待贤者，特以币帛为恭敬，而无其实也。拘，留也。

【今译】① 食，读嗣（sì）。畜，xù。

交，接待。畜，养活。兽，指狗马之类。

② 将，也就是奉送。《诗经·小雅·鹿鸣》："承筐是将。"程子说："恭敬虽然是借助于礼貌礼物然后才表现出来的，然而在未送礼物之前，已经有了这恭敬的心，并不是因为礼物才有的。"

③ 这说的是当时诸侯对待贤者，只是用礼物来表示恭敬，却没有诚心诚意。拘，扣留。

【第三十八章】孟子曰："形、色，天性也。惟圣人然后可以践形。"①

【集注】① 人之有形有色，无不各有自然之理，所谓天性也。践，如"践言"之"践"。盖众人有是形，而不能尽其理，故无以践其形。惟圣人有是形，而又能尽其理，然后可以践其形而无歉也。

程子曰："此言圣人尽得人道而能充其形也。盖人得天地之正气而生，与万物不同。既为人，须尽得人理，然后称其名。众人有之而不知，贤人践之而未尽,能充其形,惟圣人也。"杨氏曰:"天生蒸民,有物有则。物者,形色也。则者,性也。各尽其则,则可以践形矣。"

【今译】① 人的有形体、脸色,每一样都各有自己的自然之理,这就是所说的天性。践,和"践言"的"践"同义。众人有这样的形,却不能完全弄清它的理,所以没有可能付诸实行。只有圣人既有这样的形,又能完全弄清形的理,然后才可以付诸实践,而没有不足的地方。

程子说:"这说的是圣人得到了全部做人的道理并且能充实自己的形体。人得到了天地间的正气而生存,和万物不同。既然成为人,就须完全弄清人的理,然后才能和人这个名称相称。众人有这个理却自己不知道,贤人能付诸实践但未能完全弄清,能够充满自己形体的,只有圣人。"杨时说:"天生下民众,每件事都有它的规则。物,是形体和颜色。则,是它的本性。各自完全弄清自己的规则,则可以付诸实践了。"

【第三十九章】齐宣王欲短丧。公孙丑曰:"为期之丧,犹愈于已乎?"① 孟子曰:"是犹或纾其兄之臂,子谓之姑徐徐云尔,亦教之孝弟而已矣。"②

王子有其母死者,其傅为之请数月之丧。公孙丑曰:"若此者,何如也?"③ 曰:"是欲终之而不可得也,虽加一日愈于已,谓夫莫之禁而弗为者也。"④

【集注】① 已,犹止也。

② 纾,之忍反。

纾,戾也。教之以孝弟之道,则彼当自知兄之不可戾而丧之不可短矣。孔子曰:"子生三年,然后免于父母之怀。予也有三年之爱于其父母乎!"所谓教之以孝弟者如此。盖示之以至情之不能已者,非强之也。

③为，去声。

陈氏曰："王子所生之母死，厌于嫡母而不敢终丧。其傅为请于王，欲使得行数月之丧也。时又适有此事，丑问：如此者，是非何如？"按《仪礼》，公子为其母练冠，麻衣，縓缘。既葬，除之。疑当时此礼已废，或既葬而未忍即除，故请之也。

④夫，音扶。

言王子欲终丧而不可得，其傅为请，虽止得加一日，犹胜不加。我前所讥，乃谓夫莫之禁而自不为者耳。

此章言三年通丧天经地义，不容私意有所短长。示之至情，则不肖者有以企而及之矣

【今译】①已，就是停止。

②绐，zhēn。

绐，施暴。用孝悌的道理教导他，他自然会懂得不可对兄长施暴，丧期不可缩短。孔子说："孩子生下三年，然后可以脱离父母的怀抱。宰予也得到过父母三年的爱抚吧！"❶ 所谓用孝悌教导他就是如此。这是向他展示那真实感情的难以抑制，不是强制他。

③为，wèi。

陈耆卿说❷："王子的生身母亲死亡，由于嫡母的缘故不敢服丧满期。他的师傅替他向齐王请求，想让他再延长数月丧期。当时又恰好碰到这件事，公孙丑问：这样的情况，是非如何？"根据《仪礼》：公子

---

❶ 见《论语·阳货》。

❷ 据《四库提要·四书纂笺》，下面所引的话见于陈耆卿著《孟子纪蒙》。陈耆卿，字寿老，宋代学者，叶适弟子。

为自己的生母戴孝帽,穿麻布孝衣,浅红色缘边。丧事完毕即除去。可能当时这个礼已被废除,也可能是丧事完毕后不忍心立即除去丧服,所以要请示。

④ 夫,读扶(fú)。

说的是王子想服丧满期却做不到,他的师傅替他请示,即使仅仅加上一天,也比不加强。我前面所谴责的,是指那种没有禁令而自己不去做的情况。

这一章讲三年这种通行的丧制天经地义,不容许私自增加或缩短。给人们出示崇高的感情,不守礼的人就有了应努力达到的目标。

【第四十章】孟子曰:"君子之所以教者五①。有如时雨化之者②,有成德者,有达财者③,有答问者④,有私淑艾者⑤。此五者,君子之所以教也⑥。"

【集注】① 下文五者,盖因人品高下,或相去远近、先后之不同。

② 时雨,及时之雨也。草木之生,播种封殖,人力已至而未能自化,所少者,雨露之滋耳。及此时而雨之,则其化速矣。教人之妙,亦犹是也,若孔子之于颜、曾是已。

③ 财,与"材"同。此各因其所长而教之者也。成德,如孔子之于冉、闵。达财,如孔子之于由、赐。

④ 就所问而答之,若孔、孟之于樊迟、万章也。

⑤ 艾,音义。

私,窃也。淑,善也。艾,治也。人或不能及门受业,但闻君子之道于人,而窃以善治其身,是亦君子教诲之所及,若孔、孟之于陈亢、夷之是也。孟子亦曰:"予未得为孔子徒也,予私淑诸人也。"

⑥圣贤施教,各因其材,小以成小,大以成大,无弃人也。

【今译】①下文的五条,是根据人品高下,或者关系远近、认识先后的不同。

②时雨,及时的雨。草木的生长,播种管理,人力已经尽到了但不能正常发育,所缺少的,就是雨露的滋润。赶上这时候下雨,它们的发育就迅速了。教导人的妙处,也是这样,就像孔子对待颜回、曾参一样。

③财,同"材"。这是根据各自的特长而教导。成德,就像孔子对待冉伯牛、闵子骞。达材,就像孔子对待子路、子贡。

④就他提出的问题而回答,就像孔子对于樊迟,孟子对于万章。

⑤艾,读义(yì)。

私,私下。淑,善。艾,治理。有的人不可能亲身受教,只是从别人那里听说了君子之道,并私下以此来修养自己,这也是君子的教诲所达到的地方,就像孔子对于陈亢、孟子对于夷之就是。孟子也说:"我没有能够做孔子弟子,我私淑于他。"

⑥圣贤实行教育,根据各人的才能,小材成小器,大材成大器,不遗漏人才。

【第四十一章】公孙丑曰:"道则高矣,美矣,宜若登天然,似不可及也。何不使彼为可几及而日孳孳也?"①孟子曰:"大匠不为拙工改废绳墨,羿不为拙射变其彀率②。君子引而不发,跃如也。中道而立,能者从之③。"

【集注】①几,音机。

②为,去声。彀,古候反。率,音律。

彀率,弯弓之限也。言教人者皆有不可易之法,不容自贬以徇学者之不能也。

③ 引，引弓也。发，发矢也。跃如，如踊跃而出也。因上文彀率而言君子教人，但授以学之之法，而不告以得之之妙，如射者之引弓而不发矢。然其所不告者，已如踊跃而见于前矣。中者，无过不及之谓。中道而立，言其非难，非易。能者从之，言学者当自勉也。

此章言道有定体，教有成法，卑不可抗，高不可贬，语不能显，默不能藏。

【今译】① 几，读机（jī）。

② 为，wèi。彀，gòu。率，读律（lǜ）。

彀率，弓弯的程度。说的是教育人的都有不可更改的法度，不容许自己降低标准以迎合那能力差的求学者。

③ 引，拉弓。发，放箭。跃如，好像要突然射出。从上文的彀率讲到君子教人，只教给他学习的方法，不教他怎样可以学到的妙处，就像射箭的人拉满弓却不放箭。但是他所不告诉的，已经像要射出而显现在面前了。中，没有超过也没有不及的概念。中道而立，说的是那不困难，也不容易。能者从之，说的是学者应当自我勉励。

这一章说的是道有一定的体，教人有一定的规则，低的不可拔高，高的不可压低，告诉不可直露，沉默不能隐瞒。

【第四十二章】孟子曰："天下有道，以道殉身。天下无道，以身殉道①。未闻以道殉乎人者也②。"

【集注】① 殉，如"殉葬"之"殉"，以死随物之名也。身出，则道在必行；道屈，则身在必退，以死相从而不离也。

② 以道从人，妾妇之道。

【今译】① 殉，和"殉葬"的"殉"同义，以死来随从某人或某物的概念。身体出仕，道就必定得到推行；道受挫折，身体就必然引退，以死相从而不分离。

② 以道去迎合别人，是做妾做奴的处事之道。

【第四十三章】公都子曰："滕更之在门也，若在所礼。而不答，何也？"① 孟子曰："挟贵而问，挟贤而问，挟长而问，挟有勋劳而问，挟故而问，皆所不答也。滕更有二焉。"②

【集注】① 更，平声。

赵氏曰："滕更，滕君之弟，来学者也。"

② 长，上声。

赵氏曰："二，谓挟贵、挟贤也。"尹氏曰："有所挟，则受道之心不专，所以不答也。"

此言君子虽诲人不倦，又恶夫意之不诚者。

【今译】① 更，gēng。

赵岐说："滕更，滕君的弟弟，来求学的人。"

② 长，zhǎng。

赵岐说："二，指仗恃尊贵、仗恃贤能。"尹焞说："有所仗恃，学道的心就不专，所以不回答。"

这里说的是君子虽然诲人不倦，但憎恶心不诚的人。

【第四十四章】孟子曰："于不可已而已者，无所不已。于所厚者薄，无所不薄也 ①。其进锐者，其退速 ②。"

【集注】① 已，止也。不可止，谓所不得不为者也。所厚，所当厚者也。

此言不及者之弊。

②进锐者,用心太过,其气易衰,故退速。

三者之弊,理势必然,虽过、不及之不同,然卒同归于废弛。

【今译】①已,停止。不可止,指那不得不做的事。所厚,那应当厚待的。这是批评"不及"者的流弊。

②进锐者,指用心太过分,勇气就容易衰减,所以后退也迅速。

三者的弊病,是理势的必然,虽然有过分和不及的区别,但最终都归于放弃。

【第四十五章】孟子曰:"君子之于物也,爱之而弗仁。于民也,仁之而弗亲。亲亲而仁民,仁民而爱物。"①

【集注】①物,谓禽兽草木。爱,谓取之有时,用之有节。程子曰:"仁,推己及人,如老吾老以及人之老。于民则可,于物则不可。统而言之,则皆仁。分而言之,则有序。"杨氏曰:"其分不同,故所施不能无差等,所谓理一而分殊者也。"尹氏曰:"何以有是差等?一本故也,无伪也。"

【今译】①物,指禽兽草木。爱,指获取有一定时间,使用有一定节制。程子说:"仁,就是由自己推广到别人,如将尊敬自家的老人推广到尊敬别家的老人。对于民众是可以的,对于物是不可以的。整体而言,都是仁。分别来说,就有个先后的次序。"杨时说:"他们的本分不同,因此所施与的就不能没有差别和等级,这也就是所说的理一分殊。"尹焞说:"为什么有这样的差别等级?因为是一个本原,不虚伪。"

【第四十六章】孟子曰:"知者无不知也,当务之为急。仁者无不爱也,急亲贤之为务。尧、舜之知而不遍物,急先务也。尧、舜之仁不遍爱人，急亲贤也^①。不能三年之丧，而缌小功之察；放饭流歠，而问无齿决，是之谓不知务^②。"

【集注】①"知者"之"知"，并去声。

知者固无不知，然常以所当务者为急，则事无不治，而其为知也大矣。仁者固无不爱，然常急于亲贤，则恩无不洽，而其为仁也博矣。

②饭，扶晚反。歠，昌悦反。

三年之丧，服之重者也。缌麻，三月；小功，五月，服之轻者也。察，致详也。放饭，大饭；流歠，长歠，不敬之大者也。齿决，啮断干肉，不敬之小者也。问，讲求之意。

此章言君子之于道，识其全体，则心不狭；知所先后，则事有序。丰氏曰："智不急于先务，虽遍知人之所知，遍能人之所能，徒弊精神，而无益于天下之治矣。仁不急于亲贤，虽有仁民爱物之心，小人在位，无由下达，聪明日蔽于上，而恶政日加于下，此孟子所谓不知务也。"

【今译】①"知者"的"知"，都读 zhì。

智者固然无所不知，然而总是把应当做的事先做了，事就没有办不好的，因而他的智慧也就大了。仁者固然无所不爱，然而总是把亲近贤人当作迫切的事，那么恩泽就会无处不充满，从而他的仁行也就更加广博了。

②饭，fàn。歠，chuò。

三年之丧，是服丧中较重的。缌麻，三个月；小功，五个月，是服丧中较轻的。察，详细弄清。放饭，狼吞虎咽❶；流歠，一口气喝完，是较

---

❶ 《礼记·曲礼上》："毋放饭。"郑玄注认为是把手里的剩饭放入盛饭的容器内，别人嫌这样做不干净。

大的不尊敬。齿决，咬断干肉，是不尊敬中的小事。问，讲求的意思。

　　这一章说的是君子对于道，认识了全体，心就不狭隘；知道哪先哪后，办事就有次序。丰稷说："智慧若不能使人办那应当先办的，即使知道别人知道的一切，能做别人所做的一切，也只是白白操心，无益于天下的治理。仁如果不把亲贤放在首位，即使有仁民爱物的心，小人在位，也会让你无法贯彻下去，聪明天天被隔蔽在上头，恶劣的政治天天被加在百姓头上，这就是孟子所说的不会办事。"

尽心章句下

【集注】凡三十八章。

【今译】共三十八章。

　　【第一章】孟子曰："不仁哉，梁惠王也！仁者以其所爱及其所不爱，不仁者以其所不爱及其所爱。"①公孙丑曰："何谓也？""梁惠王以土地之故，糜烂其民而战之，大败，将复之，恐不能胜，故驱其所爱子弟以殉之，是之谓以其所不爱及其所爱也。"②

【集注】①亲亲而仁民，仁民而爱物，所谓以其所爱及其所不爱也。

　　②"梁惠王"以下，孟子答辞也。糜烂其民，使之战斗，糜烂其血肉也。复之，复战也。子弟，谓太子申也。以土地之故及其民，以民之故及其子，皆以其所不爱及其所爱也。

　　此承前篇之末三章之意，言仁人之恩自内及外，不仁之祸由疏逮亲。

【今译】①亲爱亲属而仁爱百姓，仁爱百姓而爱惜百物，这就是所说的用自己所爱的推广到所不爱的。

　　②"梁惠王"以下，是孟子的答词。糜烂其民，让百姓们去战斗，使他们血肉糜烂的意思。复之，再战的意思。子弟，指梁惠王的太子申。因争夺土地祸及他的百姓，因百姓的缘故祸及他的儿子，都是以他所不爱的连累到他所爱的。

这是接上篇最后三章的意思,说仁人的恩惠从内到外,不仁者造的祸灾由疏及亲。

【第二章】孟子曰:"《春秋》无义战。彼善于此,则有之矣①。征者,上伐下也。敌国不相征也②。"

【集注】①《春秋》每书诸侯战伐之事,必加讥贬,以著其擅兴之罪,无有以为合于义而许之者。但就中彼善于此者则有之,如召陵之师之类是也。

②征,所以正人也。诸侯有罪,则天子讨而正之,此春秋所以无义战也。

【今译】①《春秋》每当讲到诸侯们作战的事,必定进行批评,以著明他们擅自兴兵的罪过,没有人认为他们是为了正义而战,因而加以赞许的。但其中那个比这个好一点的情形是有的,譬如召陵之战一类❶。

②征,是用来端正人的。诸侯有罪,天子就去声讨并加以纠正,所以春秋时代是没有义战的。

【第三章】孟子曰:"尽信《书》,则不如无《书》①。吾于《武成》,取二三策而已矣②。仁人无敌于天下。以至仁伐至不仁,而何其血之流杵也③?"

【集注】① 程子曰:"载事之辞,容有重称而过其实者,学者当识其义而已。苟执于辞,则时或有害于义,不如无书之愈也。"

---

❶ 召陵之战:《左传·僖公四年》载,齐桓公率诸侯讨伐楚国,指责楚国不向周王室进贡祭祀用的茅草等罪,楚国服罪,并在召陵和诸侯订立盟约。召陵,古代注者都认为在今天河南省郾城县东三十五里处。

②《武成》，《周书》篇名，武王伐纣，归而记事之书也。策，竹简也。取其二三策之言，其余不可尽信也。程子曰："取其奉天伐暴之意、反政施仁之法而已。"

③ 杵，舂杵也。或作"卤"，楯也。《武成》言，武王伐纣，纣之"前徒倒戈，攻于后以北，血流漂杵"。孟子言，此则其不可信者。然《书》本意，乃谓商人自相杀，非谓武王杀之也。孟子之设是言，惧后世之惑且长不仁之心耳。

【今译】① 程子说："记事的文字，会有夸张而言过其实的，求学者应当懂得他要说明什么。假如死抠字眼，有时就会妨害对它的本义的理解，这还不如没有书好呢。"

②《武成》，《尚书·周书》中的一篇，是武王伐纣归来后所做的记录。策，竹简。只采纳其中两三片竹简中的记载，其余是不可完全相信的。程子说："采纳的是遵奉天命讨伐强暴的意思、改变暴政施行仁德的做法而已。"

③ 杵，舂米的杵。有的写作"卤"，即盾牌。《武成》篇说，武王伐纣，纣的部队，"前面的倒戈，攻击后面的以败逃，血流成河，能漂起舂杵"。孟子说，这话是不可信的。然而《尚书》的本意，只是说商朝人自相残杀，没说是武王杀死的。孟子说这一番话，是害怕后世人们疑惑，并且助长不仁的心思罢了。

【第四章】孟子曰："有人曰：'我善为陈，我善为战。'大罪也①。国君好仁，天下无敌焉②。南面而征北狄怨，东面而征西夷怨，曰：'奚为后我？'③武王之伐殷也，革车三百两，虎贲三千人④。王曰：'无畏！宁尔也，非敌百姓也。'若崩厥角稽首⑤。征之为言正也，各欲正己也，焉用战⑥？"

【集注】①陈，去声。

制行伍曰陈，交兵曰战。

②好，去声。

③此引汤之事以明之。解见前篇。

④两，去声。贲，音奔。

又以武王之事明之也。两，车数，一车两轮也。千，《书序》作"百"。

⑤《书·泰誓》文与此小异。孟子之意，当云王谓商人曰："无畏我也，我来伐纣，本为安宁汝，非敌商之百姓也。"于是商人稽首至地，如角之崩也。

⑥焉，於虔反。

民为暴君所虐，皆欲仁者来正己之国也。

【今译】①陈，zhèn（阵）。

排列队伍叫列阵，相互厮杀叫战斗。

②好，hào。

③这是援引商汤的事来说明。解释见于前篇。

④两，liàng。贲，读奔（bēn）。

又用周武王的事来说明。两，车的数量，一车有两个轮子。千，《古文尚书序》写作"百"。

⑤《尚书·太誓》的文字与此大同小异。孟子的意思应当是说，武王告诉商朝的人："你们不必怕我，我来伐纣，本是要让你们安宁的，并不是与商朝的百姓为敌。"于是商朝人磕头碰到地面发出响声，好像角

的崩裂。

　　⑥焉，yān。

　　民众被暴君残害，都盼望仁者来匡正自己的国家。

【第五章】孟子曰："梓匠轮舆能与人规矩，不能使人巧。"①

【集注】①尹氏曰："规矩法度，可告者也。巧，则在其人。虽大匠，亦末如之何也已。盖下学可以言传，上达必由心悟。庄周所论斫轮之意，盖如此。"

【今译】①尹焞说："规矩和方法，是可以告诉别人的。要做到巧妙，就要靠本人了。即使大木匠，也是没有办法的。作为基础的'下学'是可以言传的，高深微妙的'上达'就一定要由心悟了。庄周所说造车轮的意思，就是如此❶。"

【第六章】孟子曰："舜之饭糗茹草也，若将终身焉。及其为天子也，被袗衣，鼓琴，二女果，若固有之。"①

【集注】①饭，上声。糗，去久反。茹，音汝。袗，之忍反。果，《说文》作"婐"，乌果反。

　　饭，食也。糗，干糒也。茹，亦食也。袗，画衣也。二女，尧二女也。果，女侍也。言圣人之心，不以贫贱而有慕于外，不以富贵而有动于中，

---

❶ 《庄子·天道》说：齐桓公在堂上读书，匠人在堂下造车轮。造轮者问桓公："读的什么书？"桓公说："圣人之书。"造轮人说："书上写的都是圣人的糟粕，圣人那深奥微妙的东西是写不到书上的。就像我造车轮，尺寸规矩可以告诉别人，但如何把车轮造得好，那深奥微妙的精巧之处，是无法告诉别人的。"

随遇而安，无预于己，所性分定故也。

【今译】①饭，fǎn。糗，qiǔ。茹，读汝（rǔ）。袗，zhěn。果，《说文》写作"婐"，读 wǒ。

饭，吃东西。糗，干粮。茹，也是吃。袗，锦绣有画的衣服。二女，尧的两个女儿。果，女侍。说的是圣人的心，不因贫贱就羡慕外物，也不因富贵就触动内心，随遇而安，与己无关，这是安于本性中应有之物的缘故。

【第七章】孟子曰："吾今而后知杀人亲之重也。杀人之父，人亦杀其父。杀人之兄，人亦杀其兄。然则非自杀之也，一间耳。"①

【集注】①间，去声。

言"吾今而后知"者，必有所为而感发也。一间者，我往彼来，间一人耳，其实与自害其亲无异也。范氏曰："知此，则爱敬人之亲，人亦爱敬其亲矣。"

【今译】①间，jiàn。

说"我从今而后开始知道了"，必定是有感而发的话。一间，我往彼来，隔了一个人罢了，其实和自己害自己的父兄没有两样。范祖禹说："知道这一点，那么你爱敬别人的亲属，别人也会爱敬你自己的亲属。"

【第八章】孟子曰："古之为关也，将以御暴①。今之为关也，将以为暴②。"

【集注】①讥察非常。

②征税出入。

范氏曰："古之耕者什一，后世或收大半之税，此以赋敛为暴也。文王之囿与民同之，齐宣王之囿为阱国中，此以园囿为暴也。后世为暴，不止于关。若使孟子用于诸侯，必行文王之政，凡此之类，皆不终日而改也。"

【今译】① 盘查不正常的情况。

② 征收出入关税。

范祖禹说："古代种田的税率是十分之一，后世甚至收去大半，这是用赋税行暴。文王的园林，和百姓共用，齐宣王的园林却是国土内的陷阱，这是以园林为暴。后世所行的暴政，不仅仅是关隘。假如孟子被诸侯任用，必定会推行文王的政治，凡是像以关隘行暴之类的事，都会在不到一天之内加以改除。"

【第九章】孟子曰："身不行道，不行于妻子。使人不以道，不能行于妻子。"①

【集注】① 身不行道者，以行言之。不行者，道不行也。使人不以道者，以事言之。不能行者，令不行也。

【今译】① 身不行道，说的是他的行为。不行，道不能推行。使人不以道，说的是处事。不能行，是命令得不到执行。

【第十章】孟子曰："周于利者，凶年不能杀。周于德者，邪世不能乱。"①

【集注】① 周，足也。言积之厚，则用有余。

【今译】① 周，丰足。说的是积累丰厚，用起来就有余地。

【第十一章】孟子曰："好名之人，能让千乘之国。苟非其人，箪食豆羹见于色。"①

【集注】①好、乘、食，皆去声。见，音现。

好名之人，矫情干誉，是以能让千乘之国。然若本非能轻富贵之人，则于得失之小者，反不觉其真情之发见矣。盖观人不于其所勉，而于其所忽，然后可以见其所安之实也。

【今译】①好，hào。乘，shèng。食，sì。见，读现（xiàn）。

好名的人，扭曲情感去追逐荣誉，所以能把千乘之国让给别人。然而如果不是本来能轻视富贵的人，那么对于小的得失，反而不自觉地把他的真情表现于脸色。观察人不在他所自我勉励的地方，而在他所忽视的地方，然后可以看出他到底安于什么。

【第十二章】孟子曰："不信仁贤，则国空虚①。无礼义，则上下乱②。无政事，则财用不足③。"

【集注】①空虚，言若无人然。

②礼义，所以辨上下，定民志。

③生之无道，取之无度、用之无节故也。

尹氏曰："三者以仁贤为本。无仁贤，则礼义政事，处之皆不以其道矣。"

【今译】①空虚，就像没有人一样。

②礼义，用来辨别上下、安定民心。

③无生财之道，收取没有制度、使用没有节制的缘故。

尹焞说："这三条都以仁人贤士为根本。没有仁人贤士，那么礼义、政事,都不会处理得合乎正道。"

【第十三章】孟子曰:"不仁而得国者,有之矣。不仁而得天下,未之有也。"①

【集注】① 言不仁之人,骋其私智,可以盗千乘之国,而不可以得丘民之心。邹氏曰:"自秦以来,不仁而得天下者有矣,然皆一再传而失之,犹不得也。所谓得天下者,必如三代而后可。"

【今译】① 说的是不仁的人逞他的小聪明,可以盗走千乘之国,但得不到百姓们的心。邹浩说:"从秦朝以来,不仁者得到天下的事是有的,但都是传了一两代就丢掉了,和没有得到一样。所说的得天下,一定要像夏商周三代那样才行。"

【第十四章】孟子曰:"民为贵,社稷次之,君为轻①。是故得乎丘民而为天子,得乎天子为诸侯,得乎诸侯为大夫②。诸侯危社稷,则变置③。牺牲既成,粢盛既洁,祭祀以时,然而旱干水溢,则变置社稷④。"

【集注】① 社,土神。稷,谷神。建国,则立坛壝以祀之。盖国以民为本,社稷亦为民而立,而君之尊又系于二者之存亡,故其轻重如此。

② 丘民,田野之民,至微贱也,然得其心,则天下归之。天子,至尊贵也,而得其心者,不过为诸侯耳,是民为重也。

③ 诸侯无道,将使社稷为人所灭,则当更立贤君,是君轻于社稷也。

④ 盛,音成。

祭祀不失礼,而土谷之神不能为民御灾捍患,则毁其坛壝而更置之,亦"年不顺成,八蜡不通"之意,是社稷虽重于君,而轻于民也。

【今译】① 社,土神。稷,谷神。建立一个国家,就修筑神坛来祭祀它们。国以人民为根本,社稷又是为人民修建的。君主的尊贵,又决定于二者的存亡,所以它们的或重或轻是这样的关系。

② 丘民,田野中的民,是最卑贱的,然而若得到他们的心,就天下归附。天子,是最尊贵的了,可是得到天子的欢心,不过做一个诸侯罢了,这就是"民为重"的原因。

③ 诸侯无道,会使社稷被人毁灭,就会再立一个贤明的君主,这是君主轻于社稷。

④ 盛,读成(chéng)。

祭祀不失礼,但土谷之神却不能为民众消除天灾,就毁掉它们的神坛重新修筑,也就是"年不顺成,八蜡不通"❶的意思,所以社稷虽然比君重要,但比民轻。

【第十五章】孟子曰:"圣人,百世之师也,伯夷、柳下惠是也。故闻伯夷之风者,顽夫廉,懦夫有立志;闻柳下惠之风者,薄夫敦,鄙夫宽。奋乎百世之上。百世之下,闻者莫不兴起也。非圣人而能若是乎?而况于亲炙之者乎?"①

【集注】① 兴起,感动奋发也。亲炙,亲近而熏炙之也。余见前篇。

【今译】① 兴起,感动而奋发。亲炙,亲近而受熏炙。其余见前篇解释。

【第十六章】孟子曰:"仁也者,人也。合而言之,道也。"①

---

❶ 语出《礼记·郊特牲》。意为某一方年成不好,该方的八蜡之神不得与其他各方的八蜡之神一道享受祭祀。八蜡为:先啬、司啬、农、邮表畷、猫虎、坊、水庸、昆虫。

【集注】 ① 仁者，人之所以为人之理也。然仁，理也；人，物也。以仁之理合于人之身而言之，乃所谓道者也。程子曰："《中庸》所谓'率性之谓道'是也。"

或曰：外国本"人也"之下有"义也者宜也，礼也者履也，智也者知也，信也者实也"，凡二十字。今按：如此，则理极分明，然未详其是否也。

【今译】 ① 仁，是人之所以为人的理。然而仁是理，人是个物。以仁的理和人身相结合而言，就是所说的道。程子说："《中庸》所说的'率性之谓道'就是如此。"

另一说：外国有一版本，"人也"之后有"义也者宜也，礼也者履也，智也者知也，信也者实也"，共二十字。今按：若如此，条理就极为分明，但不知这个版本对不对。

【第十七章】孟子曰："孔子之去鲁，曰：'迟迟吾行也。'去父母国之道也。去齐，接淅而行，去他国之道也。"①

【集注】 ① 重出。

【今译】 ① 本章是重复出现。

【第十八章】孟子曰："君子之戹于陈、蔡之间，无上下之交也。"①

【集注】 ① 君子，孔子也。戹，与"厄"同。君臣皆恶，无所与交也。

【今译】 ① 君子，指孔子。戹，同"厄"。陈、蔡的君臣都不好，没有交上朋友。

【第十九章】貉稽曰："稽大不理于口。"①孟子曰："无

伤也。士憎兹多口②。《诗》云：'忧心悄悄，愠于群小。'
孔子也。'肆不殄厥愠，亦不陨厥问。'文王也③。"

【集注】①貉，音陌。

赵氏曰："貉，姓。稽，名。为众口所讪。"理，赖也。今按：《汉书》
"无俚"，《方言》亦训赖❶。

②赵氏曰："为士者，益多为众口所讪。"按此，则"憎"当从土。
今本皆从心，盖传写之误。

③《诗》，《邶风·柏舟》及《大雅·绵》之篇也。悄悄，忧貌。愠，
怒也。本言卫之仁人见怒于群小，孟子以为孔子之事可以当之。肆，发
语辞。陨，坠也。问，声问也。本言太王事昆夷，虽不能殄绝其愠怒，
亦不自坠其声问之美。孟子以为文王之事可以当之。尹氏曰："言人
顾自处如何，尽其在我者而已。"

【今译】①貉，读陌（mò）。

赵岐说："貉是姓，稽是名。被许多人所讥嘲。"理，依赖。今按：
《汉书》中"无俚"的"俚"，《方言》也认为其意思是"依赖"。

②赵岐说："作为一个士人，会增多被人诽谤的事。"据赵岐，则
"憎"字当从土，为"增"。现在的本子都从心，为"憎"，是传写中的错误。

③《诗》，《诗经·邶风·柏舟》及《诗经·大雅·绵》篇。悄悄，忧
虑的样子。愠，怒。本义是说卫国的仁人惹怒了小人们，孟子认为孔子
的事可以与这诗说的相当。肆，发语词。陨，坠落。问，名声。本义是

---

❶ 《汉书·季布传·赞》："其画无俚之至耳。"注：苏林曰：俚，赖也。晋灼曰："扬
　雄《方言》曰：'俚，聊也。'"许慎曰："赖也。"《四库全书》本考证："'其画无
　俚之至耳'，《史记》作'其计无复之耳'。"

说周太王事奉昆夷，虽然不能绝灭他的愤怒，但也不自损自己的美好名声。孟子认为文王的事可以与此诗所说的相当。尹焞说："说的是人看看自己做人处事如何，尽自己的力量做好应做的事。"

【第二十章】孟子曰："贤者以其昭昭，使人昭昭。今以其昏昏，使人昭昭。"①

【集注】① 昭昭，明也。昏昏，闇也。尹氏曰："《大学》之道，在自昭明德，而施于天下国家。其有不顺者，寡矣。"

【今译】① 昭昭，明白。昏昏，糊涂。尹焞说："《大学》的为学之道，在于自己显明光明的德行，推行于天下国家。那不顺从的人，就很少了。"

【第二十一章】孟子谓高子曰："山径之蹊间，介然用之而成路。为间不用，则茅塞之矣。今茅塞子之心矣。"①

【集注】① 介，音戛。

径，山路也。蹊，人行处也。介然，倏然之顷也。用，由也。路，大路也。为间，少顷也。茅塞，茅草生而塞之也。言理义之心，不可少有间断也。

【今译】① 介，读戛（jiá）。

径，小路。蹊，人行的地方。介然，偶然一刻。用，经由。路，大路。为间，短时期。茅塞，茅草丛生而堵塞。说的是行理义的心，不可以有丝毫的间断。

【第二十二章】高子曰："禹之声，尚文王之声。"① 孟子曰："何以言之？"曰："以追蠡。"② 曰："是奚足哉？城门之轨，两马之力与？"③

【集注】①尚，加尚也。丰氏曰："言禹之乐，过于文王之乐。"

②追，音堆。蠡，音礼。

丰氏曰："追，钟纽也，《周礼》所谓旋虫是也。蠡者，啮木虫也。言禹时钟在者，钟纽如虫啮而欲绝，盖用之者多，而文王之钟不然，是以知禹之乐过于文王之乐也。"

③与，平声。

丰氏曰："奚足，言此何足以知之也。轨，车辙迹也。两马，一车所驾也。城中之涂容九轨，车可散行，故其辙迹浅。城门惟容一车，车皆由之，故其辙迹深。盖日久车多所致，非一车两马之力能使之然也。言禹在文王前千余年，故钟久而纽绝；文王之钟则未久，而纽全，不可以此而议优劣也。"

此章文义本不可晓，旧说相承如此，而丰氏差明白，故今存之，亦未知其是否也。

【今译】①尚，更高。丰稷说："说的是大禹的音乐，比文王的更高更美妙。"

②追，读堆（duī）。蠡，读礼（lǐ）。

丰稷说："追，钟纽，就是《周礼》所说的'旋虫'。蠡，啃食木材的虫。说大禹时代的钟存在至今的，钟纽像虫咬一样快断了，大概用的人多，但文王时代的钟不是这样，因此可知大禹时代的音乐高于文王时代的音乐。"

③与，yú。

丰稷说："奚足，说据此怎么能够下判断。轨，车辙的痕迹。两马，

一辆车上所驾的马。城里的路可容纳九轨,车可以散开行走,所以辙迹
浅。城门只容一辆车,车都从这里走,所以辙迹深。这是因为天长日久
车走的多所造成的,不是一辆车两匹马的力量能造成的。意思是大禹
在文王之前一千多年,所以钟用久了钟纽就坏;文王的钟时间不长,所
以钟纽完好,不可以据此就判定优劣。"

　　这一章的意思本来难以说清,过去都如此解说,丰稷的说法还算比
较明白,所以引用于此,但也不知他说的对否。

　　【第二十三章】齐饥。陈臻曰:"国人皆以夫子将复为发
棠,殆不可复?"① 孟子曰:"是为冯妇也。晋人有冯妇者,
善搏虎,卒为善士。则之野,有众逐虎。虎负嵎,莫之敢撄。
望见冯妇,趋而迎之。冯妇攘臂下车。众皆悦之,其为士者
笑之。"②

【集注】① 复,扶又反。

　　先时齐国尝饥,孟子劝王发棠邑之仓以赈贫穷。至此又饥,陈臻问,
言齐人望孟子复劝王发棠,而又自言恐其不可也。

　　② 手执曰搏。卒为善士,后能改行为善也。之,适也。负,依也。
山曲曰嵎。撄,触也。笑之,笑其不知止也。疑此时齐王已不能用孟子,
而孟子亦将去矣,故其言如此。

【今译】① 复,fù。

　　过去齐国曾闹饥荒,孟子劝齐王打开棠邑的粮仓救济穷人。现在
又闹饥荒,陈臻问,说齐国人盼望孟子再劝齐王打开棠邑的粮仓,但又
说恐怕不可以再这样做。

　　② 徒手叫搏。卒为善士,以后改变了行为做善事。之,到某处去。

负，依托。嵎，山的弯曲处。撄，触犯。笑之，笑他不知停止。可能这时齐王已不能用孟子，而孟子也要离开，所以这样说。

【第二十四章】 孟子曰："口之于味也，目之于色也，耳之于声也，鼻之于臭也，四肢之于安佚也，性也。有命焉，君子不谓性也①。仁之于父子也，义之于君臣也，礼之于宾主也，智之于贤者也，圣人之于天道也，命也。有性焉，君子不谓命也②。"

【集注】 ① 程子曰："五者之欲，性也。然有分，不能皆如其愿，则是命也。不可谓我性之所有，而求必得之也。"

愚按：不能皆如其愿，不止为贫贱。盖虽富贵之极，亦有品节限制，则是亦有命也。

② 程子曰："仁义礼智天道，在人则赋于命者。所禀有厚薄清浊，然而性善可学而尽，故不谓之命也。"张子曰："晏婴知矣，而不知仲尼，是非命邪！"

愚按：所禀者厚而清，则其仁之于父子也至，义之于君臣也尽，礼之于宾主也恭，智之于贤否也哲。圣人之于天道也，无不吻合，而纯亦不已焉。薄而浊则反是。是皆所谓命也。或曰："者"当作"否"。"人"，衍字。更详之。

愚闻之师曰："此二条者，皆性之所有而命于天者也。然世之人以前五者为性，虽有不得，而必欲求之；以后五者为命，一有不至，则不复致力，故孟子各就其重处言之，以伸此而抑彼也。张子所谓'养则付命于天，道则责成于己'，其言约而尽矣。"

【今译】 ① 程子说："五种欲望，是本性。然而有定分，不能完全满足愿望，这就是命。不可因为这是我本性所有，就要求一定得到它。"

熹按：不能都如愿，不单是指贫贱。即使富贵已极，也有品级官阶的限制，就是说也是有命的。

② 程子说："仁义礼智是天道，在人就是赋予自己的命。人的禀受有清有浊有厚有薄，然而由于性善可以通过学习全部达到，所以不说它是命。"张子说："晏婴是智者，但不了解孔子，这难道不是命吗？"

熹按：所禀受于天的厚而且清，他对于父子的仁就会达到极致，对于君臣的义就会做得极尽，对于宾主之间的礼就会做到恭，在贤与不贤之间的智慧就会明哲。圣人对于天道，没有不吻合的，并且其精纯也里外如一。禀受薄而且浊，就与此相反。这都是所说的命。一说："者"应当作"否"，"人"是衍文。值得研究。

我听老师说过："这两条，都是本性所有而由上天所命的。但是世人都把前五项作为本性，虽然有得不到的，也拼命追求；把后五项当作命，一旦做不到，就不再努力，所以孟子各就那严重的地方论说，以发扬这一方面而抑制另一方面。张子所说'物质需求就听命于天，努力学道就责成自己'，这话简约而详尽。"

【第二十五章】浩生不害问曰："乐正子，何人也？"孟子曰："善人也，信人也。"① "何谓善？何谓信？"② 曰："可欲之谓善③。有诸己之谓信④。充实之谓美⑤。充实而有光辉之谓大⑥。大而化之之谓圣⑦。圣而不可知之之谓神⑧。乐正子，二之中，四之下也⑨。"

【集注】① 赵氏曰："浩生，姓。不害，名。齐人也。"

② 不害问也。

③ 天下之理,其善者必可欲,其恶者必可恶。其为人也,可欲而不可恶,则可谓善人矣。

④ 凡所谓善,皆实有之,如恶恶臭,如好好色,是则可谓信人矣。

张子曰:"志仁无恶之谓善,诚善于身之谓信。"

⑤ 力行其善,至于充满而积实,则美在其中,而无待于外矣。

⑥ 和顺积中而英华发外❶,美在其中而畅于四支,发于事业❷,则德业至盛而不可加矣。

⑦ 大而能化,使其大者泯然无复可见之迹,则不思不勉,从容中道,而非人力之所能为矣。张子曰:"大,可为也;化,不可为也,在熟之而已矣。"

⑧ 程子曰:"圣不可知,谓圣之至妙,人所不能测,非圣人之上又有一等神人也。"

⑨ 盖在善信之间,观其从于子敖,则其"有诸己"者或未实也。张子曰:"颜渊、乐正子皆知好仁矣。乐正子志仁无恶而不致于学,所以但为善人信人而已。颜子好学不倦,合仁与智,具体圣人,独未至圣人之止耳。"

程子曰:"士之所难者,在'有诸己'而已。能有诸己,则居之安,资之深,而美且大可以驯致矣。徒知'可欲之善',而若存若亡而已,则能不受变于俗者,鲜矣。"尹氏曰:"自'可欲之善'至于'圣而不可知之神',上下一理,扩充而至于神,则不可得而名矣。"

---

❶ 《礼记·乐记》:"和顺积中而英华发外,唯乐不可以为伪。"

❷ 《周易·坤卦》:"君子黄中通理,正位居体,美在其中而畅于四支,发于事业,美之至也。"

【今译】① 赵岐说："浩生,是姓。不害,是名。齐国人。"

② 这是不害的问。

③ 天下的理,那善的必然愿意得到,那恶的必然令人讨厌。作为人,都想得到而不惹人讨厌,就可说是善人。

④ 凡是所说的善,都是真实存在的,如讨厌恶臭,喜欢美色,这样就可被称为信人。

张子说："立志行仁而没有恶叫做善,使善真实地存在于自身叫做信。"

⑤ 努力行善,直到充满而积累得实成,那么美就在其中,而不必借助外部因素。

⑥ 和顺充满在胸中,光辉表现于外部,美在胸中,而通达到四肢,表现于事业,他的道德事业就极端隆盛而无以复加了。

⑦ 大而能化,使自己的伟大泯藏再没有可见的痕迹,就不用思索,不用勉励,从容地完全合道,这不是人为努力所能做到的。张子说："大,可以追求做到;化,就不是靠努力可达到的,在于使仁成熟罢了。"

⑧ 程子说："圣不可知,指圣的极端神妙,是常人所无法测度的,不是在圣人之上又有一种神人。"

⑨ 在善与信之间,从他跟随子敖这一点看来,他的"有诸己"可能还不够扎实。张子说："颜渊、乐正子都是知道好仁的。乐正子志于行仁没有恶行却不致力于求学,所以只能做个善人、信人罢了。颜子则好学不倦,结合仁与智,已具备了圣人的各项品质,仅仅还没有达到圣人的那种地步罢了。"

程子说："对士人来说,困难的是做到'有诸己'。能有诸己,就居处安宁,凭借深厚,从而那美和大就可以进一步追求而得到了。仅仅知道'可欲之谓善',也只是若有若无罢了,那样的话,能够不被世俗所改变的人,是很少见的。"尹焞说:"从'可欲之谓善'到'圣而不可知之之谓神',上下是一个理,加以扩充达到了神妙的地步,就无法叫出它的名称了。"

【第二十六章】孟子曰:"逃墨必归于杨,逃杨必归于儒。归,斯受之而已矣^①。今之与杨、墨辩者,如追放豚,既入其苙,又从而招之^②。"

【集注】① 墨氏务外而不情,杨氏太简而近实,故其反正之渐,大略如此。归斯受之者,悯其陷溺之久,而取其悔悟之新也。

② 放豚,放逸之豕豚也。苙,阑也。招,罥也,羁其足也。言彼既来归,而又追咎其既往之失也。

此章见圣贤之于异端,拒之甚严,而于其来归,待之甚恕。拒之严,故人知彼说之为邪;待之恕,故人知此道之可反,仁之至,义之尽也。

【今译】① 墨家刻意追求外在行为高尚而不近人情,杨朱太简约但近于实际,所以逐渐返归正道的过程,大致如此。归斯受之,怜悯他沉沦的时间长久,而欢迎他的悔悟自新。

② 放豚,逃走的猪。苙,猪圈。招,牵挂,拴住腿。说的是他既来归附,就要追究他以往的过失。

这一章可见圣人对于异端,拒斥非常严厉,然而一旦他来投奔,对待又非常宽容。拒斥严厉,所以大家都知道他的学说是邪说;对待宽容,所以人人都知道可以返归儒者之道,这是仁至义尽啊!

【第二十七章】孟子曰:"有布缕之征、粟米之征、力役之征。君子用其一，缓其二。用其二而民有殍，用其三而父子离。"①

【集注】① 征赋之法，岁有常数。然布缕取之于夏，粟米取之于秋，力役取之于冬，当各以其时。若并取之，则民力有所不堪矣。今两税三限之法，亦此意也。尹氏曰："言民为邦本，取之无度，则其国危矣。"

【今译】① 赋税的征收，每年有定额。然而布和缕在夏季征收，粟米在秋季征收，民力在冬季征用，应当各按自己的季节。如果一齐征收，民力就会不堪承受。今天"两税三限"的税法，也是这个意思❶。尹焞说："说的是民众是国家的根本，如果取用没有限度，国家就危险了。"

【第二十八章】孟子曰："诸侯之宝三：土地，人民，政事。宝珠玉者，殃必及身。"①

【集注】① 尹氏曰："言宝得其宝者安，宝失其宝者危。"

【今译】① 尹焞说："说的是爱宝而得到了宝贝的就安宁，爱宝却失掉了他的宝贝的就危亡。"

【第二十九章】盆成括仕于齐。孟子曰："死矣盆成括！"盆成括见杀。门人问曰："夫子何以知其将见杀？"曰："其为人也小有才，未闻君子之大道也，则足以杀其躯而已矣。"①

【集注】① 盆成，姓。括，名也。恃才妄作，所以取祸。徐氏曰："君子

---

❶ 两税：指夏、秋两税。三限：指将当时境内分为河北、山西一带，开封、中原一带，江南、四川一带等三区，依气候差别，规定三个区不同的完税期限，称"三限"。参阅《宋史·食货志》。

道其常而已。括有死之道焉，设使幸而获免，孟子之言犹信也。"

【今译】① 盆成，是姓。括，是名。仗着有才就胡作非为，所以招来祸端。徐度说："君子论述的是常规的情况。盆成括有被杀的道理，即使他侥幸避免了，孟子的话也是正确的。"

【第三十章】孟子之滕，馆于上宫。有业屦于牖上，馆人求之弗得①。或问之曰："若是乎从者之廋也？"曰："子以是为窃屦来与？"曰："殆非也。夫子之设科也，往者不追，来者不拒。苟以是心至，斯受之而已矣。"②

【集注】① 馆，舍也。上宫，别宫名。业屦，织之有次业而未成者。盖馆人所作，置之牖上而失之也。

② 从、为，去声。与，平声。夫子，如字，旧读为扶余者，非。

或问之者，问于孟子也。廋，匿也。言子之从者，乃匿人之物如此乎！孟子答之，而或人自悟其失，因言此从者固不为窃屦而来，但夫子设置科条以待学者，苟以向道之心而来，则受之耳，虽夫子，亦不能保其往也。门人取其言有合于圣贤之指，故记之。

【今译】① 馆，住旅馆。上宫，国王别墅的名字。业屦，织了一些但还没有编织成的。这是旅馆主人所编的，放在窗台上丢失了。

② 从，zòng。为，wèi。与，yú。"夫子"的"夫"，读 fū，旧读为"扶余"，是不对的。

或问之，是问孟子。廋，藏匿。说您的随从们，就这样藏匿别人的东西吗？孟子回答了，而问者觉得自己错怪了人，就说这些随从固然不是为偷屦而来，但是夫子您设置科目来对待求学的人，只要他抱着求道的心而来，您就接受了他，这样，即使夫子您，也不能保证他以后如何。

门人们觉得问者有些话合乎圣人的教导,是可取的,所以记了下来。

【第三十一章】孟子曰:"人皆有所不忍,达之于其所忍,仁也。人皆有所不为,达之于其所为,义也^①。人能充无欲害人之心,而仁不可胜用也。人能充无穿逾之心,而义不可胜用也^②。人能充无受尔汝之实,无所往而不为义也^③。士未可以言而言,是以言餂之也。可以言而不言,是以不言餂之也。是皆穿逾之类也^④。"

【集注】① 恻隐羞恶之心,人皆有之,故莫不有所不忍不为,此仁义之端也。然以气质之偏,物欲之蔽,则于他事或有不能者,但推所能达之于所不能,则无非仁义矣。

② 胜,平声。

充,满也。穿,穿穴。逾,逾墙。皆为盗之事也。能推所不忍以达于所忍,则能满其无欲害人之心,而无不仁矣。能推其所不为以达于所为,则能满其无穿逾之心,而无不义矣。

③ 此申说上文充无穿逾之心之意也。盖"尔汝",人所轻贱之称,人虽或有所贪昧隐忍而甘受之者,然其中心必有惭忿而不肯受之之实。人能即此而推之,使其充满无所亏缺,则无适而非义矣。

④ 餂,音忝。

餂,探取之也。今人以舌取物曰餂,即此意也。便佞隐默,皆有意探取于人,是亦穿逾之类。然其事隐微,人所忽易,故特举以见例。明必推无穿逾之心,以达于此而悉去之,然后为能充其无穿逾之心也。

【今译】① 恻隐、羞恶之心,是人人都具有的,所以人人都有那不能忍受、不愿去做的事,这是仁和义的开端。然而因所禀受的气质的偏颇、物欲的蒙蔽,对于其他的事可能有那忍心、愿干的,只要推广他那不忍、不为到达他那忍心、愿干的,就没有不是仁义的了。

②胜,shēng。

充,盈满。穿,挖洞。逾,跳墙。这些都是偷盗行为。能推广他那不忍到达他所忍心的,就能充满他那不想害人的心,从而就没有不仁的了。能推广他那不为的事到达他所愿干的,就能充满他那不愿挖洞跳墙的心,从而没有不义的了。

③这是进一步论述上文关于充满那不愿挖洞跳墙的心的意思。“尔汝”是轻贱的称呼,有人可能因为贪欲昧心而甘愿默默忍受的,但是他的内心深处必然有惭愧忿恨不肯忍受的真性情。人若能把这种真性情加以推广,使它充满自己的心而没有亏缺,就无往而不是义了。

④餂,读忝(tiǎn)。

餂,试探着去获取。现在人们用舌头取东西叫餂(舔),就是这个意思。或花言巧语,或沉默不言,都是有意从别人那里试探着获取点什么,也是挖洞跳墙一类。然而这类事隐蔽不显著,人们容易忽略,所以特别提出来作为例子。说明必须推广那不想挖洞跳墙的心,到达这类事情并抛弃这类做法,然后才能够充满他那不愿挖洞跳墙的心。

【第三十二章】孟子曰:“言近而指远者,善言也。守约而施博者,善道也。君子之言也,不下带而道存焉①。君子之守,修其身而天下平②。人病舍其田而芸人之田,所求于人者重,而所以自任者轻③。”

【集注】①施,去声。

古人视不下于带,则带之上,乃目前常见至近之处也。举目前之近事, 而至理存焉, 所以为"言近而指远"也。

② 此所谓守约而施博也。

③ 舍, 音捨。

此言不守约而务博施之病。

【今译】① 施, shì。

古人看别人不看腰带以下, 腰带以上, 就是眼前常见的最近的地方。举出眼前的近事, 却包含着至深的理, 这就是那"言近而指远"。

② 这是所说的"守约而施博"。

③ 舍, 读捨（shě）。

这说的是不"守约"却力求"博施"的流弊。

【第三十三章】孟子曰:"尧、舜, 性者也。汤、武, 反之也 ①。动容周旋中礼者, 盛德之至也。哭死而哀, 非为生者也。经德不回, 非以干禄也。言语必信, 非以正行也 ②。君子行法, 以俟命而已矣 ③。"

【集注】① 性者, 得全于天, 无所污坏, 不假修为, 圣之至也。反之者, 修为以复其性, 而至于圣人也。程子曰:"性之, 反之, 古未有此语, 盖自孟子发之。"吕氏曰:"无意而安行, 性也; 有意利行而至于无意, 复性者也。尧、舜不失其性, 汤、武善反其性, 及其成功则一也。"

② 中、为、行, 并去声。

细微曲折, 无不中礼, 乃其盛德之至。自然而中, 而非有意于中也。经, 常也。回, 曲也。三者亦皆自然而然, 非有意而为之也。皆圣人之事, 性之之德也。

③ 法者, 天理之当然者也。君子行之, 而吉凶祸福有所不计。盖

虽未至于自然而已，非有所为而为矣。此反之之事。董子所谓"正其义不谋其利，明其道不计其功"，正此意也。

程子曰："动容周旋中礼者，盛德之至。行法以俟命者，'朝闻道，夕死可矣'之意也。"吕氏曰："法由此立，命由此出，圣人也。行法以俟命，君子也。圣人性之，君子，所以复其性也。"

【今译】① 性者，从天那里得到了全部，无所染污败坏，不借助修养人为，这是圣人的极点。反之者，通过修养来恢复自己的本性，而达到圣人地步。程子说："性之、反之，古代没有这话，是由孟子发明的。"吕大临说："不是故意勉励就安然地实行仁义，是性者。因为有利而有意实行，达到不是故意的境界，是复性者。尧、舜不丢失自己的性，汤、武善于返归自己的性，至于获得成功，他们是一样的。"

② 中，zhòng。为，wèi。行，xìng。

细微曲折的地方，没有不合乎礼的，这是德行隆盛的极点。这是自然而然的合乎，不是有意安排的合乎。经，恒常。回，曲折。三者也都是自然而然，不是有意安排要这样做的。这些都是圣人的事业，性之者的德行。

③ 法，是天理的应当如此。君子照此去做，吉凶祸福置之度外。虽然还没有达到自然的境界，但已经不是故意安排而做的了。这是反之者的事业。董仲舒所说"正其义不谋其利，明其道不计其功"，正是这个意思。

程子说："动容周旋中礼，是盛德之至。行法以俟命，即'朝闻道而夕死'的意思。"吕大临说："法由他建立，命由他发出，这是圣人。实行法规以接受天命，这是君子。圣人是性之者，君子是能够复其性者。"

【第三十四章】孟子曰："说大人则藐之，勿视其巍巍然①。堂高数仞，榱题数尺，我得志弗为也。食前方丈，侍妾数百人，我得志弗为也。般乐饮酒，驱骋田猎，后车千乘，我得志弗为也。在彼者，皆我所不为也；在我者，皆古之制也，吾何畏彼哉②？"

【集注】①说，音税。藐，音眇。

赵氏曰："大人，当时尊贵者也。藐，轻之也。巍巍，富贵高显之貌。藐焉而不畏之，则志意舒展，言语得尽也。"

②榱，楚危反。般，音盘。乐，音洛。乘，去声。

榱，桷也。题，头也。食前方丈，馔食列于前者，方一丈也。此皆其所谓"巍巍然"者。我虽得志，有所不为，而所守者，皆古圣贤之法，则彼之巍巍者，何足道哉！

杨氏曰："《孟子》此章，以己之长方人之短，犹有此等气象。在孔子，则无此矣。"

【今译】①说，读税（shuì）。藐，读眇（miǎo）。

赵岐说："大人，当时的尊贵者。藐，轻视他。巍巍，富贵显要高高在上的样子。轻视而不畏惧，就能思想舒展，把自己的意见表达得充分。"

②榱，cuì。般，读盘（pán）。乐，读洛（lè）。乘，shèng。

榱，方木的椽子。题，椽头。食前方丈，放在面前的菜肴，可摆一丈见方。这都是所说的"巍巍然"。我即使得志，也不这么做，况且我所坚持的，都是古代圣贤的法度，那么他的巍巍然，又有什么可称道的呢！

杨时说："《孟子》这一章，是以自己的长处比人家的短处，尚且有这样的气象。在孔子，就没有这些。"

【第三十五章】孟子曰："养心莫善于寡欲。其为人也寡欲，虽有不存焉者，寡矣。其为人也多欲，虽有存焉者，寡矣。"①

【集注】① 欲，如口鼻耳目四支之欲，虽人之所不能无，然多而不节，未有不失其本心者，学者所当深戒也。程子曰："所欲不必沉溺，只有所向便是欲。"

【今译】① 欲，就像口鼻耳目四肢的欲望，虽然是人所不能没有的，但是如果太多而不加节制，就没有不丢失本心的，求学者应当引起深刻警惕。程子说："所欲求的不一定都是深陷到里头，只要是心意指向就是欲。"

【第三十六章】曾晳嗜羊枣，而曾子不忍食羊枣①。公孙丑问曰："脍炙与羊枣孰美？"孟子曰："脍炙哉！"公孙丑曰："然则曾子何为食脍炙而不食羊枣？"曰："脍炙所同也，羊枣所独也。讳名不讳姓，姓所同也，名所独也。"②

【集注】① 羊枣，实小黑而圆，又谓之羊矢枣。曾子以父嗜之，父没之后，食必思亲，故不忍食也。

② 肉聶而切之为脍。炙，炙肉也。

【今译】① 羊枣，果实小黑而圆形，又叫羊矢枣❶。曾子因为父亲爱吃，父亲死后，吃这东西时总会想到父亲，所以不忍心吃。

---

❶ 羊枣：柿树未经嫁接时的果实，北京人叫"黑枣"，洛阳人叫"软枣"，不是枣类。

②按住细切的肉叫胏。炙，烤肉。

【第三十七章】万章问曰："孔子在陈，曰：'盍归乎来？吾党之士狂简，进取不忘其初。'孔子在陈，何思鲁之狂士？"①孟子曰："孔子'不得中道而与之，必也狂狷乎！狂者进取，狷者有所不为也'。孔子岂不欲中道哉？不可必得，故思其次也。"②

"敢问何如斯可谓狂矣？"③曰："如琴张、曾晳、牧皮者，孔子之所谓狂矣。"④

"何以谓之狂也？"⑤曰："其志嘐嘐然，曰：'古之人，古之人！'夷考其行，而不掩焉者也⑥。狂者又不可得，欲得不屑不洁之士而与之，是狷也，是又其次也⑦。孔子曰：'过我门而不入我室，我不憾焉者，其惟乡原乎！乡原，德之贼也。'"曰："何如斯可谓之乡原矣？"⑧曰："'何以是嘐嘐也？言不顾行，行不顾言，则曰：古之人，古之人。行何为踽踽凉凉？生斯世也，为斯世也，善斯可矣。'阉然媚于世也者，是乡原也⑨。"

万章曰："一乡皆称原人焉，无所往而不为原人，孔子以为德之贼，何哉？"⑩曰："非之无举也，刺之无刺也，同乎流俗，合乎污世，居之似忠信，行之似廉洁，众皆悦之，自以为是，而不可与入尧、舜之道，故曰德之贼也⑪。孔子曰：'恶似而非者：恶莠，恐其乱苗也。恶佞，恐其乱义也。恶利口，恐其乱信也。恶郑声，恐其乱乐也。恶紫，恐其乱朱也。恶乡原，恐其乱德也。'⑫君子反经而已矣。经正，则

庶民兴;庶民兴,斯无邪慝矣⑬。"

【集注】① 盍,何不也。狂简,谓志大而略于事。进取,谓求望高远。不忘其初,谓不能改其旧也。此语与《论语》小异。

② 獧,音绢。

"不得中道"至"有所不为",据《论语》,亦孔子之言,然则"孔子"字下当有"曰"字。《论语》"道"作"行","獧"作"狷"。有所不为者,知耻自好,不为不善之人也。"孔子岂不欲中道"以下,孟子言也。

③ 万章问。

④ 琴张,名牢,字子张。子桑户死,琴张临其丧而歌,事见《庄子》。虽未必尽然,要必有近似者。曾晳,见前篇。季武子死,曾晳倚其门而歌,事见《檀弓》。又"言志异乎三子者之撰",事见《论语》。牧皮,未详。

⑤ 万章问。

⑥ 嘐,火交反。行,去声。

嘐嘐,志大言大也。重言"古之人",见其动辄称之,不一称而已也。夷,平也。掩,覆也。言平考其行而不能覆其言也。程子曰:"曾晳言志,而夫子与之,盖与圣人之志同,便是尧、舜气象也。特行有不掩焉耳。此所谓狂也。"

⑦ 此因上文所引,遂解所以思得狷者之意。狂,有志者也。狷,有守者也。有志者能进于道,有守者不失其身。屑,洁也。

⑧ 乡原,非有识者。原,与"愿"同。《荀子》"原悫"字皆读作愿,谓谨愿之人也。故乡里所谓愿人,谓之乡原。孔子以其似德而非德,故以为德之贼。过门不入而不恨之,以其不见亲就为幸,深恶而痛绝之也。万章又引孔子之言而问也。

⑨ 行,去声。踽,其禹反。閹,音奄。

踽踽，独行不进之貌。凉凉，薄也，不见亲厚于人也。乡原讥狂者曰：何用如此嘐嘐然，行不掩其言，而徒每事必称古人邪！又讥獧者曰：何必如此踽踽凉凉无所亲厚哉？人既生于此世，则但当为此世之人，使当世之人皆以为善，则可矣！此乡原之志也。阉，如"奄人"之"奄"，闭藏之意也。媚，求悦于人也。孟子言，此深自闭藏，以求亲媚于世，是乡原之行也。

⑩ 原，亦谨厚之称，而孔子以为德之贼，故万章疑之。

⑪ 吕侍讲曰："言此等之人，欲非之则无可举，欲刺之则无可刺也。"流俗者，风俗颓靡，如水之下流，众莫不然也。污，浊也。非忠信而似忠信，非廉洁而似廉洁。

⑫ 恶，去声。莠，音有。

孟子又引孔子之言以明之。莠，似苗之草也。佞，才智之称。其言似义而非义也。利口，多言而不实者也。郑声，淫乐也。乐，正乐也。紫，间色。朱，正色也。乡原不狂不獧，人皆以为善，有似乎中道，而实非也，故恐其乱德。

⑬ 反，复也。经，常也，万世不易之常道也。兴，兴起于善也。邪慝，如乡原之属是也。世衰道微，大经不正，故人人得为异说以济其私，而邪慝并起，不可胜正。君子于此，亦复其常道而已。常道既复，则民兴于善，而是非明白，无所回互，虽有邪慝，不足以惑之矣。

尹氏曰："君子取夫狂獧者，盖以狂者志大，而可与进道；獧者有所不为，而可与有为也。所恶于乡原而欲痛绝之者，为其似是而非，惑人之深也。绝之之术无他焉，亦曰反经而已矣。"

【今译】① 盍，何不。狂简，指志大才疏办不成事。进取，指目标高远。不忘其初，指不会改变他一贯的操守。这些话和《论语》多少有些出入。

② 獧,读绢（juàn）。

"不得中道"到"有所不为",据《论语·子路》篇,也是孔子的话,因此"孔子"下面应当有个"曰"字。《论语·子路》篇"道"作"行","獧"作"狷"。有所不为,知道什么是耻辱的,从而洁身自好,不去做那不好的人。"孔子岂不欲中道"以下,是孟子的话。

③ 万章的问话。

④ 琴张,名牢,字子张。子桑户死,琴张对着他的尸体唱歌。事迹见《庄子·大宗师》。虽未必完全属实,但必有近似的行为。曾皙,事见前篇。季武子死,曾皙靠着他家的门唱歌,其事迹见《礼记·檀弓》。曾皙谈自己的志向又和其他几个人不同,事迹见《论语·先进》篇。牧皮,事迹不详。

⑤ 万章的问话。

⑥ 嘐,xiāo。行,音 xìng。

嘐嘐,有大志,说大话。重复说"古之人",是说明他们动辄就抬出古人,不是说一两次就完了。夷,平心。掩,覆盖。说平心考察他们的行为,就不能和他的话相称了。程子说:"曾皙言志,得到孔子赞许,大概他和圣人的志向相同,也就是尧、舜的风度气象。只是行为和他的话不相称,这就是所说的狂。"

⑦ 这是根据上文所援引的话,来解释孔子愿和狷者交往的意思。狂,是有志者。狷,是有操守者。有志者能进步而得道,有操守者不失身于人。屑,洁净。

⑧ 乡人,不是有见识的人。原,同"愿"。《荀子》中"原悫"的"原"都读愿,指那种谨慎老实的人。所以乡里所说的愿人,叫做乡原。孔子因为这种人貌似有德而实际不是德,所以认为他是德之贼。这种人经

过自己的门而不来拜访，自己并不怨恨，把不见他亲自登门看作自己的幸运，这是深恶痛绝的意思。这一段是万章引孔子的话来发问。

⑨ 行，音xìng。踽，jǔ。阉，读奄（yǎn）。

踽踽，独自行走不见前进的样子。凉凉，淡漠，对人不亲热，不厚道。乡原讥讽狂者说：何必这样说大话，行为和言论不相称，只是逢事就空谈古人？又讥讽狷者说：何必这样孤独淡漠，对什么事都不热心？人既然生在这个时代，就应当做这个时代的人，让这个时代的人都说好就可以了。这是乡原的志向。阉，阉割的阉，闭藏的意思。媚，讨好别人。孟子说，这种深藏不露，以求亲近讨好世人，是乡原的行为。

⑩ 原，也是谨慎厚道的概念，孔子却认为他是德之贼，所以万章怀疑。

⑪ 吕希哲说："说的是对这种人，要批评他却没什么可批评的，要讥刺他又没有什么可讽刺的。"流俗，风俗颓靡，好像水往下流，大家都是如此。污，混浊。不忠信却貌似忠信，不廉洁却貌似廉洁。

⑫ 恶，wù。莠，读有（yǒu）。

孟子又引孔子的话加以说明。莠，像禾苗的草。佞，有才智的概念。他的话好像义但其实不是义。利口，说了很多但不是实话。郑声，淫荡的音乐。乐，中正的音乐。紫，间色。朱，正色。乡原不狂也不狷，大家都认为他是好人，有些地方好像是中道，但其实不是，所以怕他扰乱德行。

⑬ 反，复归。经，恒常，万世不变的常道。兴，振作起来向善。邪慝，比如乡原之类。世风衰败，大道隐晦，大经不端正，所以人人可以用标新立异的学说来支持自己的私心，从而邪慝之人纷纷出现，难以一一纠正。君子在这种时候，也就是恢复常道罢了。常道恢复以后，民众就会

振作起来向善，从而是非明白，不歪曲掩盖，虽然有邪慝之人，也不足以迷惑世人。

尹焞说："君子觉得狂狷有可取之处，大概因为狂者志向远大，因而可以一起进入大道；狷者有所不为，因而可以和他一起有所作为。讨厌乡原并且要加以痛绝，因为他似是而非，严重地迷惑了世人。痛绝的办法没有别的，也就是复归那万世不变的常道罢了。"

【第三十八章】孟子曰："由尧、舜至于汤，五百有余岁。若禹、皋陶，则见而知之。若汤，则闻而知之①。由汤至于文王，五百有余岁。若伊尹、莱朱，则见而知之。若文王，则闻而知之②。由文王至于孔子，五百有余岁。若太公望、散宜生，则见而知之。若孔子，则闻而知之③。由孔子而来至于今，百有余岁。去圣人之世，若此其未远也。近圣人之居，若此其甚也。然而无有乎尔，则亦无有乎尔④！"

【集注】① 赵氏曰："五百岁而圣人出，天道之常。然亦有迟速，不能正五百年，故言有余也。"尹氏曰："知，谓知其道也。"

② 赵氏曰："莱朱，汤贤臣。"或曰即仲虺也，为汤左相。

③ 散，素亶反。

散，氏。宜生，名。文王贤臣也。子贡曰："文、武之道，未坠于地，在人。贤者识其大者，不贤者识其小者，莫不有文、武之道焉。夫子焉不学？"此所谓闻而知之也。

④ 林氏曰："孟子言，孔子至今时未远，邹鲁相去又近，然而已无有见而知之者矣，则五百余岁之后，又岂复有闻而知之者乎。

愚按：此言虽若不敢自谓已得其传，而忧后世遂失其传，然乃所以自见其有不得辞者，而又以见夫天理民彝不可泯灭，百世之下，必将有神会而心得之者耳，故于篇终历序群圣之统，而终之以此，所以明其传之有在，而又以俟后圣于无穷也。其旨深哉！

有宋元丰八年，河南程颢伯淳卒。潞公文彦博题其墓，曰"明道先生"。而其弟颐正叔序之曰："周公没，圣人之道不行。孟轲死，圣人之学不传。道不行，百世无善治。学不传，千载无真儒。无善治，士犹得以明夫善治之道，以淑诸人，以传诸后。无真儒，则天下贸贸焉莫知所之，人欲肆而天理灭矣。先生生乎千四百年之后，得不传之学于遗经，以兴起斯文为己任，辨异端，辟邪说，使圣人之道焕然复明于世。盖自孟子之后，一人而已。然学者于道不知所向，则孰知斯人之为功？不知所至，则孰知斯名之称情也哉？"

【今译】① 赵岐说："五百年有圣人出现，是天道的常规。不过也有快慢，不是恰好五百年，所以说'有余'。"尹焞说："知，指了解、知晓他们的道。"

② 赵岐说："莱朱，是汤的贤臣。"也有人说就是仲虺，汤的左相。

③ 散，sǎn。

散，姓氏。宜生，名。周文王的贤臣。子贡说："周文王、武王的道，并没有失传，散在人间。贤者了解大的方面，不贤者了解小的方面，没有地方没有文、武之道。夫子哪里不学呢？"❶这就是所说的闻而知之。

④ 林之奇说："孟子说，孔子离今天的时代不远，邹国和鲁国相距又很近，然而已经没有见而知之的人了，那么五百多年以后，又怎能再有闻而知之的人呢？"

---

❶ 见《论语·子张》。

熹按：这些话，虽然不敢自称已得到孔子的真传，但忧虑后世就要失传，也就是因此觉得自己有不可推卸的责任，并且又因此发现了天理人伦的不可泯灭，百世以后，必将有心领神会而得到传承的人。所以在篇末，一一列举众位圣人的传统，并以此作为结束，用以说明道的传授还在，希望后世的圣人能世世代代传留下去。孟子的寓意是非常深远的啊！

宋朝元丰八年（1085），河南程颢字伯淳逝世，潞公文彦博题写他的墓碑❶，为"明道先生"。他的弟弟程颐字正叔作序说："周公去世后，圣人之道得不到实行。孟轲死后，圣人的学问得不到传授。道不能实行，百世没有好的政治。学问不能传授，千年没有真儒。没有好的政治，士人还可以弄清好的治国之道，以私淑以前的圣人，以传授后世学者。没有真儒，天下人就都要迷迷糊糊不知往哪里走，人欲横流而天理泯灭了。先生生于孔子一千四百年之后，从遗留的经典里得到了孔子已经失传的学问，以振兴'斯文'作为自己的责任，辨别异端，批判邪说，使圣人之道在人世间重放光明。从孟子以后，也就是他一个人罢了。然而求学者求道不知向哪里走，又怎知这个人的功在何处呢？不知求道要达到什么目标，又哪里知道这样的称许和他的实际是相符合的呢？"

❶　文彦博：字宽夫，北宋大臣。

中庸章句

中庸章句序 ❶

《中庸》何为而作也？子思子忧道学之失其传而作也。盖自上古圣神继天立极，而道统之传有自来矣。其见于经，则"允执厥中"者，尧之所以授舜也。"人心惟危，道心惟微；惟精惟一，允执厥中"者，舜之所以授禹也。尧之一言，至矣，尽矣。而舜复益之以三言者，则所以明夫尧之一言，必如是而后可庶几也。

盖尝论之：心之虚灵知觉，一而已矣。而以为有人心、道心之异者，则以其或生于形气之私，或原于性命之正，而所以为知觉者不同，是以或危殆而不安，或微妙而难见耳。然人莫不有是形，故虽上智不能无人心；亦莫不有是性，故虽下愚不能无道心。二者杂于方寸之间，而不知所以治之，则危者愈危，微者愈微，而天理之公，卒无以胜夫人欲之私矣！精，则察夫二者之间而不杂也；一，则守其本心之正而不离也。从事于斯，无少间断，必使道心常为一身之主，而人心每听命焉。则危者安，微者著，而动静云为，自无过不及之差矣。

夫尧、舜、禹，天下之大圣也。以天下相传，天下之大事也。以天下之大圣行天下之大事，而其授受之际，丁宁

---

❶ 《中庸》是《小戴礼记》中的一篇，朱熹把它编入"四书"。

告戒，不过如此。则天下之理，岂有以加于此哉！自是以来，圣圣相承，若成汤、文、武之为君，皋陶、伊、傅、周、召之为臣，既皆以此而接夫道统之传，若吾夫子，则虽不得其位，而所以继往圣，开来学，其功反有贤于尧舜者。然当是时，见而知之者，惟颜氏、曾氏之传得其宗。及曾氏之再传，而复得夫子之孙子思，则去圣远而异端起矣。子思惧夫愈久而愈失其真也，于是推本尧、舜以来相传之意，质以平日所闻父师之言，更互演绎，作为此书，以诏后之学者。盖其忧之也深，故其言之也切；其虑之也远，故其说之也详。其曰"天命""率性"，则道心之谓也。其曰"择善固执"，则精、一之谓也。其曰"君子时中"，则执中之谓也。世之相后千有余年，而其言之不异，如合符节。历选前圣之书，所以提挈纲维，开示蕴奥，未有若是其明且尽者也。自是而又再传，以得孟氏，为能推明是书，以承先圣之统。及其没，而遂失其传焉，则吾道之所寄，不越乎言语文字之间；而异端之说，日新月盛，以至于老、佛之徒出，则弥近理而大乱真矣。然而尚幸此书之不泯，故程夫子兄弟者出，得有所考，以续夫千载不传之绪；得有所据，以斥夫二家似是之非。盖子思之功于是为大，而微程夫子，则亦莫能因其语而得其心也。惜乎其所以为说者不传，而凡石氏之所辑录，仅出于其门人之所记，是以大义虽明，而微言未析。至其门人所自为说，则虽颇详尽而多所发明，然倍其师说而淫于老、佛者，亦有之矣。

　　熹自蚤岁即尝受读，而窃疑之，沉潜反复，盖亦有年。

一旦恍然似有以得其要领者，然后乃敢会众说而折其衷。既为定著章句一篇，以俟后之君子，而一二同志复取石氏书，删其繁乱，名以《辑略》，且记所尝论辩取舍之意，别为《或问》，以附其后。然后此书之旨，支分节解，脉络贯通，详略相因，巨细毕举。而凡诸说之同异得失，亦得以曲畅旁通，而各极其趣。虽于道统之传不敢妄议，然初学之士或有取焉，则亦庶乎升高行远之一助云尔。

　　　　　　淳熙己酉春三月戊申新安朱熹序

【今译】《中庸》是为什么而作的呢？是子思子忧虑道学失传而作的。自从上古圣人神智继承上天创立规则，道统的传授就有了源头。见于儒经，"允执厥中"这句话❶，就是尧用来传授给舜的。"人心惟危，道心惟微，惟精惟一，允执厥中"这四句话❷，是舜用来传授给禹的。尧的一句话，已经是说到顶了，说到底了。而舜又加了三句，是为了说明尧的这句话，必须如此才有希望做到。

　　我是这样理解的：心的虚灵知觉，只是一个罢了。说它有人心、道心的区别，是由于它或者产生于属于个人的形体、气质，或者根源于纯正的本性天命，因此那支配知觉的东西也就有了差别，所以它或者是危险而不安分，或者是隐微而难以呈现。然而，谁也不能没有这个形体，所以即使上智也不能没有人心；而无论谁都有这个本性，所以即使下愚也不能没有道心。二者混杂于那个方寸之地，若不知如何治理它们，就会使危险的更加危险，隐微的更加隐微，大公无私的天理将永远无法

---

❶　允执厥中：见《论语·尧曰》篇。

❷　四句话见《古文尚书·舜典》。

战胜那自私的人欲了! 精审, 就能辨明二者的区别而不使它们混杂; 专一, 就能保持自己本心的纯正而不分离。这样做, 从不间断, 一定会使道心总是作为一身的主宰, 而人心就事事听从命令了。于是危险者安宁了, 隐微者显著了, 而那动与静、说与做, 自然也就没有过与不及的偏差了。

像尧、舜、禹, 是作了天子的大圣人啊! 以天下相传, 是天下的大事啊! 以作为天子的大圣人行天下的大事, 而在他们交接之际, 叮咛告诫, 不过如此。那么, 天下的道理, 还有比这更高的吗? 从此以后, 圣人和圣人互相传承接受。像成汤、文王、武王作为君主, 皋陶、伊尹、傅说、周公、召公作为大臣, 都已经用这几句话来接续道统的传授。像我们夫子, 则是虽然没有得到应有的天子之位, 可是他用来继承以往的圣人, 开创和指示后来学者的东西, 那功业反而有超过尧和舜的。然而在那个时代, 见到并且了解这一点的, 只有颜渊、曾参的传授得了夫子的正宗。等到曾参再往下传, 又得到夫子的孙子子思, 那就离圣人遥远而异端也兴起了。子思害怕时间愈久就愈会失去圣人传授的本来面貌, 于是根据尧、舜以来圣圣相传的意思加以推演, 并对照平素所听到的祖、父和老师的言论, 重新编排、组织, 著了这本书, 用以诏示后来的求学者。由于他的忧虑深邃, 所以他的言辞恳切; 由于他想的远大, 所以论说详尽。其中所说的"天命""率性", 指的就是道心; "择善固执", 指的就是精审、专一; "君子时中", 指的就是执中。时代先后相距一千多年, 可是他们言论的相同, 就像是符节的相合。遍观前代圣人的著作, 能够提纲挈领、开示蕴含的深奥, 没有像《中庸》这样明白和详尽的。从子思再往下传, 得到了孟子, 他能推广、阐明这部书, 以接续先圣道统。到他死后, 先圣的道统就失传了。从而使我们儒者之道的寄托，仅仅停留于言语、文字之中；而异端的理论却日新月盛，一直到道教、佛教的信徒们出现，就更加近似合理，从而极大地扰乱了圣人传授的本来面貌。然而值得庆幸的是这本书还没有亡佚，所以程氏兄弟出现，得以有所参考，以接续那千年失传的道统；得以有所根据，以斥责道、佛二家那似乎正确的错误言论。所以在这件事上，子思的功劳最大，但是，假若没有程夫子，也不能根据他的话而得知他的心。可惜的是，他们那些说法的根据、缘由没有传留下来，而且凡是石氏所收集的❶，仅仅是根据弟子们的记录，所以虽然意义的大体明确，但话中的微妙却未能得到剖析。到了他们的学生各人自成一说，虽然非常详尽，并且多有发挥和阐明，但是违背师说从而混同于道教、佛教的人，也是有的。

我从小就跟人学过《中庸》，心里总有些不明白的，潜心沉思，反复琢磨，也经过了许多年。突然有一天恍然大悟，好像是得到了《中庸》的要领，然后才敢于融会众说并加以综合、折中❷。当我写定了一篇《中庸章句》，并等待后来的君子阅读、批评的时候，有一两个志同道合的人又拿来石氏的书，删除那冗长混乱之处，命名为《辑略》，并且又记下我平日和他们讨论、辩难、或取或舍的意思，另外编成《或问》，附在《中庸章句》之后。这样一来，《中庸》这部书的宗旨就章节分明，思路贯通，详略相配，大义、微言也都全部明朗了。那各种解说的异同和得失，也能或曲折或流畅地和其他解说互相印证，使它们的意图都能充分地体现出来。虽然不敢说这与道统的传授有什么关系，但对于初

❶　石氏：石𡒉，字子重，南宋学者，朱熹的朋友，著有《中庸集解》等。
❷　确定众说之中哪些是正确的，叫折中。参阅《史记·孔子世家》"折中于夫子"索隐。

学者或许会有些用处，对于那些想继续攀登、继续前进的人们或许也会有一点帮助。

　　　　　　　淳熙己酉年（1189）春三月戊申日新安朱熹序

中庸章句

【章句】中者，不偏不倚、无过不及之名。庸，平常也。

子程子曰："不偏之谓中，不易之谓庸。中者，天下之正道；庸者，天下之定理。此篇乃孔门传授心法。子思恐其久而差也，故笔之于书，以授孟子。其书始言一理，中散为万事，末复合为一理。放之，则弥六合；卷之，则退藏于密。其味无穷，皆实学也。善读者玩索而有得焉，则终身用之，有不能尽者矣。"

【今译】中，是不偏不倚，不过分，也没有不及的概念。庸，平常的意思。

程子说："不偏就是中，不变就是庸。中，是天下的正道；庸，是天下的定理。本篇是孔门传授的心法。子思恐怕传授日久会发生偏差，所以用笔写成了书，传授给孟子。这书开始时讲了一个理，中间分散为各种各样的事，最终又合为一个理。打开就布满天地四方，卷起则密藏在心里。它的意味没有穷尽，并且都是实学。善于读这部书的，体会、深究且有了收获，即使终生使用，也还有用不完的。

【第一章】天命之谓性，率性之谓道，修道之谓教①。道也者，不可须臾离也，可离非道也。是故君子戒慎乎其所不睹，恐惧乎其所不闻②。莫见乎隐，莫显乎微，故君子慎其独也③。喜怒哀乐之未发，谓之中。发而皆中节，谓之和。中也者，天下之大本也。和也者，天下之达道也④。致中和，天地位焉，万物育焉⑤。

【章句】① 命，犹令也。性，即理也。天以阴阳五行化生万物，气以成形，而理亦赋焉，犹命令也。于是人物之生，因各得其所赋之理，以为健顺五常之德，所谓性也。率，循也。道，犹路也。人物各循其性之自然，则其日用事物之间，莫不各有当行之路，是则所谓道也。修，品节之也。性道虽同，而气禀或异，故不能无过不及之差。圣人因人物之所当行者而品节之，以为法于天下，则谓之教，若礼乐刑政之属是也。

盖人知己之有性，而不知其出于天；知事之有道，而不知其由于性；知圣人之有教，而不知其因吾之所固有者裁之也。故子思于此首发明之，而董子所谓"道之大原出于天"，亦此意也❶。

② 离，去声。

道者，日用事物当行之理，皆性之德而具于心。无物不有，无时不然，所以不可须臾离也。若其可离，则（为外物而非道矣），岂率性之

---

❶ 自"盖人知己之有性"至"亦此意也"，元本作"盖人之所以为人，道之所以为道，圣人之所以为教，原其所自，无一不本于天而备于我。学者知之，则其于学知所用力，而自不能已矣，故子思于此首发明之，读者所宜深体而默识也"。中华书局本从元本。明代《四书大全·中庸章句大全》将二者对比以后说道："今以后来本校之，疏密浅深，大有间矣。然'无一不本于天而备于我'，此语亦包括要切。《或问》所谓'其本皆出乎天而实不外乎我'，与此语无异，是仍存之于《或问》中矣。他本多依元本，惟祝氏附录从定本耳。盖尝论之，前圣如舜，首言道言教，而未言命性。至商汤君臣，始言天之明命。又曰上帝降衷于民，若有恒性，克绥厥猷，虽包涵命性道教之意，未始别白融贯言之。至孔子传《易》，曰各正性命，一阴一阳之谓道，继善成性，习教事，教思无穷。然言命自命，性自性，道、教亦然。至子思子，始言性本于命，道率乎性，教修乎道。发前圣未发之蕴，以示后世学者于无穷。朱子于此三言，既逐字逐句剖析于先，复融贯会通于后。元本含蓄未尽，至定本，则尽发子思之意，无复余蕴，故今一遵定本云。"今存《四库全书》本，所依即所谓定本。本译本所依，即《四库全书》本。

谓哉 **❶**！是以君子之心常存敬畏，虽不见闻，亦不敢忽，所以存天理之本然，而不使离于须臾之顷也。

③见，音现。

隐，暗处也。微，细事也。独者，人所不知而己所独知之地也。言幽暗之中，细微之事，迹虽未形，而几则已动，人虽不知而己独知之，则是天下之事，无有著见明显而过于此者。是以君子既常戒惧，而于此尤加谨焉，所以遏人欲于将萌，而不使其滋长于隐微之中，以至离道之远也。

④乐，音洛。"中节"之"中"，去声。

喜怒哀乐，情也。其未发，则性也。无所偏倚，故谓之中。发皆中节，情之正也。无所乖戾，故谓之和。大本者，天命之性。天下之理，皆由此出，道之体也。达道者，循性之谓，天下古今之所共由，道之用也。此言性情之德，以明道不可离之意。

⑤致，推而极之也。位者，安其所也。育者，遂其生也。自戒惧而约之，以至于至静之中无少偏倚，而其守不失，则极其中而天地位矣。自谨独而精之，以至于应物之处无少差谬，而无适不然，则极其和而万物育矣。盖天地万物本吾一体，吾之心正，则天地之心亦正矣；吾之气顺，则天地之气亦顺矣，故其效验至于如此。此学问之极功，圣人之能事，初非有待于外，而修道之教亦在其中矣。是其一体一用，虽有动静之殊，然必其体立，而后用有以行，则其实亦非有两事也。故于此合而言之，以结上文之意。

---

❶ 《中庸章句大全》："新安陈氏曰：元本作'则为外物而非道矣'，两句宜兼存之云。""若其可离，则为外物而非道矣，岂率性之谓哉"，如此尤为明备。

【今译】① 命，如同下令。性，就是理。天用阴阳五行化生万物，气因此成为形质，理也就同时赋予了，如同命令一般。于是人和物的出生，借助各自得到的天所赋予的理，用来形成了乾健、坤顺、五常具备的德行，这就是所说的本性。率，因循。道，就像是路。人和物各自因循自己本性的自然禀赋，那么他在日用事物之间，就无不具有各自应当按此行走的路，这就是所说的道。修，根据种类加以节制。本性和道虽然相同，但禀受的气总是有所区别，所以不能没有过分与不及的偏差。圣人根据人和物所应当行走的道并依照品类加以节制，给天下人订出一个规则，就叫做教，也就是礼仪、音乐、刑罚、政令之类。

　　一般人知道自己有个本性，但不知本性是来自上天；知道事物各有自己的道路，但不知这道路是出于本性；知道圣人有教导训令，但不知这教导训令是根据我所固有的本性加以剪裁制作的结果。所以子思子在这里首先阐明了这一点，董仲舒所说的"道最伟大的本原来自上天"，也是这个意思。

　　② 离，lí。

　　道，就是日常生活中应该如何去做的那个理，都是本性所存在于人心之中的那些性质。没有哪个物不具有，没有哪个时刻不如此，所以不可能有片刻的分离。假若可以分离，（那就是外边的物，而不是道了），哪里还有"率性"一说呢！所以君子的心里永远保持着敬畏，虽然看不见听不着，也不敢忽视，以此保持天理的本来状态，而不让天理有片刻的脱离。

　　③ 见，音现（ xiàn）。

　　隐，暗处。微，小事。独，别人不知而只有自己知道的地方。说的是幽暗之中，细小之事，痕迹虽然没有形成，但苗头却已经出现，别人虽然不知道,但自己是清楚的,那么天下的事,也就没有比这一类更加显著和鲜明的了。所以君子已经是时刻警惕畏惧,而在这里尤其小心谨慎,以此遏制那将要萌芽的人欲,而不让它在隐秘难见的地方偷偷地滋长,以至于离道愈来愈远。

④ 乐,音洛(lè)。"中节"的"中",读 zhòng。

喜、怒、哀、乐,是情。它们没有发作时,是性。没有偏倚,所以叫做中。发作以后都合规则,是端正的情。无所违背,所以叫做和。大本,就是天命之性。天下的理,都由这里发出,这就是道的本体。达道,就是顺循本性,是天下从古到今所共同遵守的,这是道的用。这一节讲的是性、情的内容,以说明道不可以分离的意思。

⑤ 致,推到极点的意思。位,安于它们处所的意思。育,完成它们的生命过程。从警惕恐惧因而约束自己,到在极端寂静之中没有一点偏倚,自己所保持的没有丧失,就是达到了中的极点,从而天地得以安于自己的处所。从独处谨慎并精心辨察,到应接事物时没有一点偏差和错误,从而到处通达,就是达到了和的顶点,从而万物得以完成自己的生命。天地万物和我本是一体,我的心端正,天地之心也就端正了;我的气顺畅,天地之气也就顺畅了,所以它的效验能到如此地步。这是学问的最高功夫,圣人最伟大的事业,本不是要等待外面的因素,而修道的教育也在其中了。因此,它的体和用虽然有动静的不同,但是必须在它的本体建立以后,效用才可能发挥出来,那么它的实际存在也就不是有两个东西。所以在这里合起来论述,以总结上文的意思。

【章末】右第一章。子思述所传之意以立言。首明道之本原出于天,而不可易;其实体备于己,而不可离。次言存养省察之要。终言圣神功化之极。盖欲学者于此反求诸身而自得之，以去夫外诱之私，而充其本然之善，杨氏所谓一篇之体要是也。

其下十章，盖子思引夫子之言，以终此章之义。

【今译】上面是第一章。子思阐述老师所传的意思以建立理论。首先指明道的本原出于天，是不可改变的；道的实体全部存在于自身，是无法分离的。其次论述保持、养护、反省、明察的要领。最后讲述圣人神智功业造化的极致。其目的，是希望求学者能在这个问题上反过来求助于自身，从而自己去获得，借以摆脱外部引诱激起的私念，而扩充那本来具有的善性，也就是杨时所说的一篇的纲要。

下面十章，是子思引用夫子的话，以穷尽这一章所说的内容。

【第二章】仲尼曰："君子中庸，小人反中庸①。君子之中庸也，君子而时中；小人之中庸也，小人而无忌惮也②。"

【章句】① 中庸者，不偏不倚，无过不及，而平常之理，乃天命所当然，精微之极致也。唯君子为能体之，小人反是。

② 王肃本作"小人之反中庸也"，程子亦以为然，今从之。

君子之所以为中庸者，以其有君子之德，而又能随时以处中也。小人之所以反中庸者，以其有小人之心，而又无所忌惮也。盖中无定体，随时而在，是乃平常之理也。君子知其在我，故能戒谨不睹，恐惧不闻，而无时不中。小人不知有此，则肆欲妄行，而无所忌惮矣。

【今译】① 中庸，就是不偏不倚，没有过分，也没有不及的，是平常的理，乃是上天所命的应当如此、精密微妙的顶点。只有君子能体会它，小人则与此相反。

② 王肃本作"小人之反中庸也"❶,程子也认为这样才对,本书采纳这个意见。

君子之所以要实行中庸,因为他有君子的德行,又能随时处于中的立场。小人之所以反中庸,因为他有小人之心,而又无所忌讳和畏惧。由于中没有固定的自体,它随时存在,就是那平常的理。君子知道它就在自己身上,所以能在别人看不见的地方保持警惕和谨慎,对于别人听不到的也保持恐惧的心理,从而没有任何时候不中。小人不知道有这样的修养,于是就放纵欲望,任意妄为,从而无所畏惧和忌讳了。

【章末】右第二章。此下十章,皆论中庸,以释首章之义。文虽不属,而意实相承也。变和言庸者,游氏曰"以性情言之,则曰中和;以德行言之,则曰中庸"是也。然中庸之中,实兼中和之义。

【今译】上面是第二章。(以下十章,都是论述中庸,以解释第一章的意义,文字虽然不连贯,意思实际是相互衔接的。把"和"变成"庸",如游氏所说,是"以性情立论,就说中和;以德行立论,就说中庸"。不过"中庸"的"中",其实已包括了中、和二者的意义。)

【第三章】子曰:"中庸其至矣乎! 民鲜能久矣!"①

【章句】① 鲜,上声,下同。

过则失中,不及则未至,故惟中庸之德为至。然亦人所同得,初无难事,但世教衰,民不兴行,故鲜能之,今已久矣。《论语》无"能"字。

【今译】① 鲜,xiǎn,下同。

过分就失去了中,不及就还没有达到,所以只有中庸这种德行最高

---

❶ 王肃:三国曹魏人,儒家学者。

尚。不过也是人人都共同具有的,本没有什么难做到的,只是由于世上教化衰退,民众不能振兴这种行为,所以很少有人能达到了,到现在已有很长时间了。《论语》中这句话没有"能"字❶。

【章末】右第三章。

【今译】上面是第三章。

【第四章】子曰:"道之不行也,我知之矣,知者过之,愚者不及也。道之不明也,我知之矣,贤者过之,不肖者不及也①。人莫不饮食也,鲜能知味也②。"

【章句】①"知者"之"知",去声。

道者,天理之当然,中而已矣。知愚、贤不肖之过不及,则生禀之异而失其中也。知者知之过,既以道为不足行,愚者不及知,又不知所以行,此道之所以常不行也。贤者行之过,既以道为不足知,不肖者不及行,又不求所以知,此道之所以常不明也。

②道不可离,人自不察,是以有过不及之弊。

【今译】①"知者"之"知",读 zhì(智)。

道,天理的应当如此,也就是中。智与愚、贤与不肖的过分和不及,是生来禀受的不同而丧失了中。智者懂得的过分多,并认为道不值得去实行,愚者懂得的不够,又不知如何去行道,所以道就总是得不到实行。贤者行道太过分,并认为道是不值得去认识的,不肖者的行为达不到道的标准,又不求如何去认识道,所以道就总是不能明白。

②道与人是不可分离的,人们自己不认真察辨,因此才有过分和

---

❶　见《论语·雍也》篇。

不及的毛病。

【章末】右第四章。

【今译】上面是第四章。

【第五章】子曰："道其不行矣夫！"①

【章句】① 夫，音扶。

由不明，故不行。

【今译】① 夫，读扶（fú）。

由于不明白，所以不实行。

【章末】右第五章。（此章承上章，而举其不行之端，以起下章之意。）

【今译】上面是第五章。（本章承接上章，且提出道不被实行的话头，以引起下章的意思。）

【第六章】子曰："舜其大知也与！舜好问而好察迩言，隐恶而扬善，执其两端，用其中于民，其斯以为舜乎！"①

【章句】① 知，去声。与，平声。好，去声。

舜之所以为大知者，以其不自用而取诸人也。迩言者，浅近之言，犹必察焉，其无遗善可知。然于其言之未善者，则隐而不宣；其善者，则播而不匿。其广大光明又如此，则人孰不乐告以善哉？两端，谓众论不同之极致。盖凡物皆有两端，如小大厚薄之类。于善之中又执其两端，而量度以取中，然后用之，则其择之审，而行之至矣。然非在我之权度精切不差，何以与此！此知之所以无过不及，而道之所以行也。

【今译】① 知，zhì（智）。与，yú。好，hào。

　　舜之所以成为大智，因为他不自以为是，采纳别人的意见。迩言，浅近的言论，尚且一定要察明，他的不遗漏任何善言也就可想而知了。然而对于别人那些不够善的话，则藏在心里而不告诉别人；那些善的，则努力传播而不藏匿。他又是如此的光明正大，谁不乐意把善言告诉他呢？两端，指众多不同言论中的极端。一切事物都有两个极端，如大小、厚薄之类。在善言之中又掌握它的两个极端，加以衡量而采纳中间，然后实行，那他就做到了选择的精审，而实行起来就会达到至善了。然而，假如不是掌握在我手里的那种衡量精密不差，又如何能到这个地步！这就是智者之所以没有过分和不及，而道能得到实行的原因。

【章末】右第六章。

【今译】上面是第六章。

　　【第七章】子曰："人皆曰'予知'，驱而纳诸罟擭陷阱之中，而莫之知辟也。人皆曰'予知'，择乎中庸，而不能期月守也。"①

【章句】①"予知"之"知"，去声。罟，音古。擭，胡化反。阱，才性反。辟，与"避"同。期，居之反。

　　罟，网也。擭，机槛也。陷阱，坑坎也。皆所以掩取禽兽者也。择乎中庸，辨别众理，以求所谓中庸，即上章好问、用中之事也。期月，匝一月也。言知祸而不知辟以况能择而不能守，皆不得为知也。

【今译】①"予知"的"知"，读 zhì（智）。罟，读 gǔ。擭，huò。阱，jǐng。辟，同"避"。期，jī。

罟，网。擭，带机关的栅栏。陷阱，就是坑坎。这些都是用来诱捕野兽的。选择了中庸，辨别各种各样的理，以寻求所要的中庸，也就是上一章"好问""用中"一类的事。期月，一月。用知道祸患却不知道避开来比喻虽然能够选择中庸却不能保持，都不能算是智。

【章末】右第七章。（承上章大知而言，又举不明之端，以起下章也。）

【今译】上面是第七章。（承接上章"大智"而言，又提出不明白的话头，以引起下章。）

【第八章】子曰："回之为人也，择乎中庸，得一善，则拳拳服膺而弗失之矣。"①

【章句】① 回，孔子弟子颜渊名。拳拳，奉持之貌。服，犹著也。膺，胸也。奉持而著之心胸之间，言能守也。颜子盖真知之，故能择能守如此。此行之所以无过不及，而道之所以明也。

【今译】① 回，孔子弟子颜渊的名字。拳拳，尊奉、持守的样子。服，加著的意思。膺，胸膛。尊奉、持守并且放在自己心里，指能够保持。因为颜子是真正懂得了中庸，所以才能够如此选择和保持。这是实行起来没有过分和不及，道也能彰明的原因。

【章末】右第八章。

【今译】上面是第八章。

【第九章】子曰："天下国家可均也，爵禄可辞也，白刃可蹈也，中庸不可能也。"①

【章句】① 均，平治也。三者亦知仁勇之事，天下之至难也。然皆倚于一偏,故资之近而力能勉者,皆足以能之。至于中庸,虽若易能❶,然非义精仁熟而无一毫人欲之私者不能及也。三者难而易,中庸易而难。此民之所以鲜能也。

【今译】① 均,就是平定和治理。这三件也是智、仁、勇的事业,是普天之下最难办到的事。但都偏向于一边,因此借助方便并且努力去做,都能够做到。至于中庸,虽然说容易做到,但若不是精通、熟练于仁义并且没有一丝一毫人欲的私念,是达不到的。这三件事,说难,又容易。中庸,说容易,又难。这是民众很少有人能够做到的原因。

【章末】右第九章。(亦承上章以起下章。)

【今译】上面是第九章。(也是承接上章以引起下章。)

【第十章】子路问强①。子曰:"南方之强与? 北方之强与? 抑而强与②? 宽柔以教,不报无道,南方之强也,君子居之③。衽金革,死而不厌,北方之强也,而强者居之④。故君子和而不流,强哉矫! 中立而不倚,强哉矫! 国有道,不变塞焉,强哉矫! 国无道,至死不变,强哉矫⑤!"

【章句】① 子路,孔子弟子仲由也。子路好勇,故问强。

② 与,平声。

抑,语辞。而,汝也。

③ 宽柔以教,谓含容巽顺以诲人之不及也。不报无道,谓横逆之来,直受之而不报也。南方风气柔弱,故以含忍之力胜人为强,君子之

---

❶ 自"然皆倚于一篇"至"虽若易能",元本作"然不必其合于中庸,则质之近似者皆能以力为之。若中庸,则虽不必皆如三者之难"。

道也。

④ 衽，席也。金，戈兵之属。革，甲冑之属。北方风气刚劲，故以果敢之力胜人为强，强者之事也。

⑤ 此四者，汝之所当强也。矫，强貌，《诗》曰"矫矫虎臣"是也。倚，偏著也。塞，未达也。国有道，不变未达之所守。国无道，不变平生之所守也。此则所谓中庸之不可能者，非有以自胜其人欲之私，不能择而守也。君子之强，孰大于是？夫子以是告子路者，所以抑其血气之刚而进之以德义之勇也。

【今译】① 子路，孔子的弟子仲由。子路好勇，所以问什么是强。

② 与，yú。

抑，语气词。而，你。

③ 宽柔以教，指温和谦顺地教诲别人不及的地方。不报无道，指面临蛮横，只有忍受而不回击。南方风气柔弱，所以以含容忍受的能力超过别人为强，这是君子之道。

④ 衽，席子。金，戈矛之类。革，甲冑之类。北方风气刚劲，所以以勇敢果断的能力战胜别人为强，这是强者的做法。

⑤ 这四条，才是你所应当具备的强。矫，强悍的样子，《诗经·泮水》"矫矫虎臣"的"矫"就是强悍。倚，偏靠一边。塞，没有飞黄腾达。国家有道，也不改变没有飞黄腾达时的操守。国家无道，不改变平生一贯的操守。这就是所说的中庸不可能做到，因为若是不能战胜自己人欲的私念，就不能选择中庸而加以保持。君子的强，哪有比这个更大的？夫子之所以要用这个道理告诫子路，为的是抑制他的刚强血气，使他进入那以道德仁义为勇的境界。

【章末】右第十章。

【今译】上面是第十章。

　　【第十一章】子曰："素隐行怪，后世有述焉，吾弗为之矣①。君子遵道而行，半途而废，吾弗能已矣②。君子依乎中庸，遁世不见知而不悔，唯圣者能之③。"

【章句】① 素，按《汉书》当作"索"，盖字之误也。索隐行怪，言深求隐僻之理，而过为诡异之行也。然以其足以欺世而盗名，故后世或有称述之者。此知之过而不择乎善，行之过而不用其中，不当强而强者也，圣人岂为之哉！

　　② 遵道而行，则能择乎善矣。半途而废，则力之不足也。此其知虽足以及之，而行有不逮，当强而不强者也。已，止也。圣人于此，非勉焉，而不敢废。盖至诚无息，自有所不能止也。

　　③ 不为索隐行怪，则依乎中庸而已。不能半途而废，是以遁世不见知而不悔也。此中庸之成德，知之尽，仁之至，不赖勇而裕如者。正吾夫子之事，而犹不自居也，故曰"唯圣者能之"而已。

【今译】① 素，据《汉书》当作"索"，大概是个错字。索隐行怪，指深钻暗昧生僻的道理，做出过分诡异的行为。然而由于它足以欺世盗名，所以后世也有称赞和传播的。这是智的过分而不选择善，行为的过分而不能应用中，不应该强而逞强的人，圣人怎肯这样做呢！

　　② 遵循道去行动，就能选择善了。半途而废，是因为力量不足。这是他的智慧虽然足以达到，但行动跟不上，应当强而不强的人。已，停止。圣人到这里，不是勉强，却不能放弃。因为极端的诚不会止息，自然就不会停止。

③ 不做索隐行怪的事，就是按照中庸行事了。不能半途而废，所以隐居遁世不为人知晓也不悔恨。这是成熟了的中庸之德，是智的极点，仁的顶端，不依赖勇而绰绰有余的。这正是我们夫子的所作所为，但他仍然不以此自居，所以说是"只有圣人才能做到"。

【章句】右第十一章。（子思所引夫子之言，以明首章之义者止此。盖此篇大旨，以知仁勇三达德为入道之门。故于篇首即以大舜、颜渊、子路之事明之。舜，知也。颜渊，仁也。子路，勇也。三者废其一，则无以造道而成德矣。余见第二十章。）

【今译】上面是第十一章。（子思援引孔子的话，以阐明第一章的意义到此为止。这一篇的宗旨，是以智、仁、勇三个通行的德行作为入道的门径。所以在篇首就用大舜、颜渊、子路的事迹说明这个道理。舜，代表智。颜渊，代表仁。子路，代表勇。三者丢了其中一个，就无法达到道而成就德行。其余见第二十章。）

【第十二章】君子之道费而隐①。夫妇之愚，可以与知焉，及其至也，虽圣人亦有所不知焉。夫妇之不肖，可以能行焉，及其至也，虽圣人亦有所不能焉。天地之大也，人犹有所憾，故君子语大，天下莫能载焉；语小，天下莫能破焉②。《诗》云："鸢飞戾天，鱼跃于渊。"言其上下察也③。君子之道，造端乎夫妇，及其至也，察乎天地④。

【章句】① 费，符未反。

费，用之广也。隐，体之微也。

② 与，去声。

君子之道，近自夫妇居室之间，远而至于圣人天地之所不能尽，其大无外，其小无内，可谓费矣。然其理之所以然，则隐而莫之见也。盖可知可能者，道中之一事，及其至，而圣人不知不能。则举全体而言，圣人固有所不能尽也。侯氏曰："圣人所不知，如孔子问礼问官之类；所不能，如孔子不得位、尧舜病博施之类。"

愚谓：人所憾于天地，如覆载、生成之偏，及寒暑、灾祥之不得其正者。

③鸢，余专反。

《诗》，《大雅·旱麓》之篇。鸢，鸱类。戾，至也。察，著也。子思引此诗，以明化育流行，上下昭著，莫非此理之用，所谓费也。然其所以然者，则非见闻所及，所谓隐也。故程子曰："此一节，子思吃紧为人处，活泼泼地，读者其致思焉。"

④结上文。

【今译】①费，fèi。

费，应用广泛。隐，自体的难以发现。

②与，yù。

君子之道，近，从夫妇家庭居室之中；远，直到圣人、天地都无法穷尽，大到没有任何东西在它以外，小到没有任何东西在它之内，这可算是"费"了。然而，那之所以如此的理，就暗昧而难以被发现了。那些可以认识、可以达到的，是道的一个方面罢了。至于那最高深的地方，即使圣人也不认识、达不到。那么就全体而言，圣人也会有不能穷尽的。侯氏说："圣人所不知道的，如孔子问礼、问官之类。所做不到的，如孔子没有职位、尧舜为广泛施与而发愁之类。"

我认为，人对天地有感到遗憾的地方，如覆盖、承载、化生、育成的有所偏重，以及寒暑灾祸中那些不正常的现象。

③ 鸢,读 yuān。

《诗》,《诗经·大雅·旱麓》篇。鸢,鹰类。戾,到的意思。察,显著。子思引这首诗以说明化生、育成的变化迁流,上下昭著,没有不是这个理的作用,也就是所说的费。然而之所以如此,就不是耳目所能感知的,也就是所说的隐。所以程子说:"这一节,是子思要告诉人们的关键之处,生动活泼,读者应当深思。"

④ 总结上文。

【章末】右第十二章。子思之言,盖以申明首章道不可离之意也。其下八章,杂引孔子之言以明之。

【今译】上面是第十二章。子思的话,大概是用来阐明第一章"道不可离"的意思。以下八章,多方面援引孔子的话加以证明。

【第十三章】子曰:"道不远人。人之为道而远人,不可以为道①。《诗》云:'伐柯伐柯,其则不远。'执柯以伐柯,睨而视之,犹以为远。故君子以人治人,改而止②。忠恕违道不远,施诸己而不愿,亦勿施于人③。君子之道四,丘未能一焉:所求乎子,以事父未能也;所求乎臣,以事君未能也;所求乎弟,以事兄未能也;所求乎朋友,先施之未能也。庸德之行,庸言之谨,有所不足,不敢不勉,有余不敢尽;言顾行,行顾言,君子胡不慥慥尔④!"

【章句】① 道者率性而已,固众人之所能知能行者也,故常不远于人。若为道者厌其卑近,以为不足为,而反务为高远难行之事,则非所以为道矣。

② 睨,研计反。

《诗》,《豳风·伐柯》之篇。柯,斧柄。则,法也。睨,邪视也。言人执柯伐木以为柯者。彼柯长短之法,在此柯耳。然犹有彼此之别,故伐者视之,犹以为远也。若以人治人,则所以为人之道各在当人之身,初无彼此之别。故君子之治人也,即以其人之道还治其人之身。其人能改,即止不治。盖责之以其所能知能行,非欲其远人以为道也,张子所谓"以众人望人,则易从"是也。

③尽己之心为忠,推己及人为恕。违,去也,如《春秋传》齐师"违谷七里"之违,言自此至彼相去不远,非背而去之之谓也。道即其不远人者是也。"施诸己而不愿,亦勿施于人",忠恕之事也。以己之心度人之心,未尝不同,则道之不远于人者可见。故己之所不欲,则勿以施之于人,亦不远人以为道之事,张子所谓"以爱己之心爱人,则尽仁"是也。

④子、臣、弟、友,四字绝句。

求,犹责也。道不远人,凡己之所以责人者,皆道之所当然也,故反之以自责而自修焉。庸,平常也。行者,践其实。谨者,择其可。德不足而勉,则行益力;言有余而切,则谨益至。谨之至,则言顾行矣;行之力,则行顾言矣。慥慥,笃实貌。言君子之言行如此,岂不慥慥乎!赞美之也。凡此皆不远人以为道之事,张子所谓"以责人之心责己,则尽道"是也。

【今译】① 道,就是循顺本性罢了,本是众人能够认识能够实行的,所以永远不远离人。若是那些致力于道的人嫌道低浅,认为不值得去做,反而一定要追求那高远难行的事,这就不是致力于道了。

② 睨,读 nì。

《诗》,《诗经·豳风·伐柯》篇。柯,斧柄。则,法则。睨,邪视。

说的是人拿着斧子伐木想做一把斧柄。要做的那把斧柄的长短规则，都在这把斧柄上。不过还是有彼此的分别，所以在伐木人看来，做斧柄的规则还是太遥远。若是以人治理人，那些如何做人的道理，也都分别在那些当事人身上，本没有彼此的分别。所以君子的治理人事，就是用那人固有的做人之道反过来施与那人自身。那人能够改过，就停止，不再施与。也就是用他自己能够认识、能够实行的去责令他实行，不是要求他一定要脱离众人很远才是道，张子说"以众人期望人，就容易听从"，就是这个道理。

③ 尽了自己的心是忠，从自己推广到别人是恕。违，距离，如《春秋左传·哀公二十七年》"违谷七里"的违，指由此到彼相距不远，不是违背而离开的意思。道，就是那离人不远的东西。"施诸己而不愿，亦勿施于人"，这是忠恕之事。以己之心度人之心，未尝不同，那道不远离人的性质也就可以见到了。所以自己所不想要的，就不要施加在别人身上，也是不远离人以行道的事业，张子说"以爱己之心爱人，就全是仁人"，就是这个意思。

④ "子""臣""弟""友"，这四个字下断句。

求，就是责成。道离人不远，凡是自己用于责成别人的，都是道所应当如此的，所以要反过来责成自己而进行自我修养。庸，平常。行，实际去做。谨，选择那可以的。德行不足而自我勉励，实行起来就会更加努力；言辞有余却说得少，就更加接近谨慎的顶点。谨慎到了顶点，言辞就顾及到了实行；实行努力，实行就顾及到了言辞。慥慥，笃实的样子。说的是君子的言行如此，难道不笃实吗！这是赞扬的话。凡是这些，都是不远离人而致力于道的事，也就是张子所说的"用责成别人的心责成自己，就处处是道"。

【章末】右第十三章。(道不远人者,夫妇所能;丘未能一者,圣人所不能,皆"费"也。而其所以然者,则至隐存焉。下章放此。)

【今译】上面是第十三章。(道不远人的意思是,普通的夫妇都能达到;丘未能一的意思是,圣人所达不到的,都是"费"。事情之所以如此,那是由于极端暗昧难见者的存在。下一章与此类似。)

【第十四章】君子素其位而行,不愿乎其外^①。素富贵,行乎富贵;素贫贱,行乎贫贱;素夷狄,行乎夷狄;素患难,行乎患难,君子无入而不自得焉^②。在上位不陵下,在下位不援上,正己而不求于人则无怨。上不怨天,下不尤人^③。故君子居易以俟命,小人行险以徼幸^④。子曰:"射有似乎君子,失诸正鹄,反求诸其身。"^⑤

【章句】①素,犹见在也。言君子但因见在所居之位而为其所当为,无慕乎其外之心也。

②难,去声。

此言"素其位而行"也。

③援,平声。

此言"不愿乎其外"也。

④易,去声。

易,平地也。居易,"素位而行"也。俟命,"不愿乎外"也。徼,求也。幸,谓所不当得而得者。

⑤正,音征。鹄,工毒反。

画布曰正,栖皮曰鹄,皆侯之中、射之的也。子思引此孔子之言,以结上文之意。

【今译】① 素，就是现在。说的是君子只是根据现在所处的地位做那该做的事，没有羡慕除此以外的那些事物的心思。

② 难，nàn。

这说的是"素其位而行"。

③ 援，yuán。

这说的是"不愿乎其外"。

④ 易，yì。

易，平地。居易，就是"素位而行"。俟命，就是"不愿乎外"。徼，追求。幸，指不应当得到而得到。

⑤ 正，读征（zhēng）。鹄，gǔ。

画布作靶叫正，蒙皮作靶叫鹄，都是箭靶的中央，射击的目标。子思引用孔子这句话，以总结上文的意思。

【章末】右第十四章。（子思之言也。凡章首无"子曰"字者，放此。）

【今译】上面是第十四章。（这一章是子思的话。每一章开头，凡是没有"子曰"二字的，都是如此。）

【第十五章】君子之道，辟如行远必自迩，辟如登高必自卑①。《诗》曰："妻子好合，如鼓瑟琴。兄弟既翕，和乐且耽。宜尔室家，乐尔妻帑。"② 子曰："父母其顺矣乎！"③

【章句】① 辟、譬同。

② 好，去声。耽，《诗》作"湛"，亦音耽。乐，音洛。

《诗》，《小雅·常棣》❶之篇。鼓瑟琴，和也。翕，亦合也。耽，亦

――――――――――――――

❶ "常棣"，《四库全书》本作"棠棣"。据《四书大全·中庸章句大全》改。

乐也。帑，子孙也。

　　③ 夫子诵此诗而赞之曰："人能和于妻子、宜于兄弟如此，则父母其安乐之矣。"子思引《诗》及此语，以明行远自迩、登高自卑之意。

【今译】① 辟，同"譬"。

　　② 好，hào。耽，《诗经》作"湛"，也读耽。乐，音洛（lè）。

《诗》，《诗经·小雅·常棣》篇。鼓瑟琴，和谐的意思。翕，也是合。耽，也是快乐。帑，子孙。

　　③ 夫子朗诵这首诗并赞美说："人能够和妻子和睦、兄弟相安到如此地步，父母就安乐了。"子思援引《诗经》和孔子的话，以说明行远是从近处开始、登高是从低处开始的道理。

【章末】右第十五章。

【今译】上面是第十五章。

　　【第十六章】子曰："鬼神之为德，其盛矣乎①！视之而弗见，听之而弗闻，体物而不可遗②。使天下之人齐明盛服，以承祭祀。洋洋乎！如在其上，如在其左右③。《诗》曰：'神之格思，不可度思！矧可射思！'④ 夫微之显，诚之不可掩如此夫⑤。"

【章句】① 程子曰："鬼神，天地之功用，而造化之迹也。"张子曰："鬼神者，二气之良能也。"

　　愚谓：以二气言，则鬼者阴之灵也，神者阳之灵也；以一气言，则至而伸者为神，反而归者为鬼，其实一物而已。为德，犹言性情功效。

　　② 鬼神无形与声，然物之终始，莫非阴阳合散之所为，是其为物之

体,而物所不能遗也。其言"体物",犹《易》所谓"干事"。

③ 齐,侧皆反。

齐之为言齐也,所以齐不齐而致其齐也。明,犹洁也。洋洋,流动充满之意。能使人畏敬奉承,而发见昭著如此,乃其体物而不可遗之验也。孔子曰:"其气发扬于上,为昭明焄蒿凄怆,此百物之精也,神之著也。"正谓此尔。

④ 度,待洛反。射,音亦,《诗》作"斁"。

《诗》,《大雅·抑》之篇。格,来也。矧,况也。射,厌也。言厌怠而不敬也。思,语辞。

⑤ 夫,音扶。

诚者,真实无妄之谓。阴阳合散,无非实者,故其发见之不可掩如此。

【今译】① 程子说:"鬼神,是天地的功用,造物者的踪迹。"张子说:"鬼神,是阴阳二气固有的能力。"

我认为,就阴阳二气说,鬼就是阴气的灵,神就是阳气的灵;就一气说,到来而伸展的是神,返回而复归的是鬼❶,其实是同一个存在物。为德,如同说性情、功效之类❷。

② 鬼神无形无声,但事物的开始和终结,没有不是由阴阳的聚散所造成的,所以鬼神就是物的自体,它体现于物中并且没有遗漏。这里说的"体物",就像《周易》的"干事"❸。

---

❶ 朱熹认为,阴阳也只是一气,运动起来就是阳,静止下来就是阴。
❷ 这里的德,指对象的性质。如性之德,即是指本性有什么性质、特点,如善、恶等等。
❸ 《周易·乾卦》"贞者事之干也","贞固足以干事"。干,骨干。干事,作事物的主宰。

③齐，zhāi（斋）。

斋（齐）的意思就是齐，为的是把不整齐的变齐，从而使事物达到整齐。明，也就是清洁。洋洋，流动充满的意思。能让人敬畏拥护，并且显现昭著到如此地步，就是它体现于事物之中而不能被遗漏的证明。孔子说："死者的气腾飞高扬到天上，成为神灵和光明。发出的气或香或臭，令人闻到后悲哀伤感，这是百物的精华，是神的显露。"❶说的正是这个意思。

④度，读 duó。射，读亦（yì），《诗经》中作"斁"。

《诗》，《诗经·大雅·抑》篇。格，来的意思。矧，何况。射，厌倦，指厌倦懈怠而不虔敬。思，语助词。

⑤夫，读扶（fú）。

诚，真实无妄的意思。阴阳聚散，没有不是实实在在的，所以它的发露显现不可能掩饰。

【章末】右第十六章。（不见不闻，隐也。体物如在，则亦费矣。此前三章，以其费之小者而言。此后三章，以其费之大者而言。此一章，兼费隐、包小大而言。）

【今译】上面是第十六章。（不见、不闻，就是隐。体现于事物之中如在眼前，就是费。此前三章，讲的是费之小的情况。此后三章，讲的是费之大的情况。这一章，则包括了费和隐、大和小两个方面。）

【第十七章】子曰："舜其大孝也与！德为圣人，尊为天子，富有四海之内。宗庙飨之，子孙保之①。故大德必得其

---

❶　语出《礼记·祭义》。

位,必得其禄,必得其名,必得其寿^②。故天之生物,必因其材而笃焉。故栽者培之,倾者覆之^③。《诗》曰:'嘉乐君子,宪宪令德! 宜民宜人,受禄于天。保佑命之,自天申之!'^④故大德者必受命^⑤。"

【章句】① 与,平声。

子孙,谓虞思、陈胡公之属。

② 舜年百有十岁。

③ 材,质也。笃,厚也。栽,植也。气至而滋息为培,气反而游散则覆。

④《诗》,《大雅·假乐》之篇。假,当依此作"嘉"。宪,当依《诗》作"显"。申,重也。

⑤ 受命者,受天命为天子也。

【今译】① 与,yú。

子孙,指虞思、陈胡公等人❶。

② 舜活了一百一十岁。

③ 材,质料。笃,厚实。栽,种植。气来滋养生长就培,气归去游散就覆灭。

④《诗》,《诗经·大雅·假乐》篇。假,当根据这里所引用的作"嘉"。宪,应当根据《诗经》作"显"。申,重视。

⑤ 受命,接受上天的命令作天子。

【章末】右第十七章。(此由庸行之常,推之以极其至,见道之用广也。

---

❶ 虞思:姓虞名思,夏代人。陈胡公:姓妫名满,周武王封他为陈胡公。他们都是舜的后代。

而其所以然者,则为体微矣。后二章亦此意。)

【今译】上面是第十七章。(这一章由庸行的平常状况,推广开来以达到它的极点,可以见到道的应用的广泛。道之所以如此,是由于它的自体隐微难见。以下两章也是这个意思。)

【第十八章】子曰:"无忧者,其惟文王乎! 以王季为父,以武王为子,父作之,子述之 ①。武王缵大王、王季、文王之绪,壹戎衣而有天下,身不失天下之显名。尊为天子,富有四海之内。宗庙飨之,子孙保之 ②。武王末受命,周公成文、武之德,追王大王、王季,上祀先公以天子之礼。斯礼也,达乎诸侯大夫,及士庶人。父为大夫,子为士,葬以大夫,祭以士。父为士,子为大夫,葬以士,祭以大夫。期之丧,达乎大夫。三年之丧,达乎天子。父母之丧,无贵贱,一也 ③。"

【章句】① 此言文王之事。《书》言"王季其勤王家"。盖其所作,亦积功累仁之事也。

② 大,音泰,下同。

此言武王之事。缵,继也。大王,王季之父也。《书》云:"大王肇基王迹。"《诗》云:"至于大王,实始翦商。"绪,业也。戎衣,甲胄之属。"壹戎衣",《武成》文,言一着戎衣以伐纣也。

③ "追王"之"王",去声。

此言周公之事。末,犹老也。追王,盖推文、武之意,以及乎王迹之所起也。先公,组绀以上至后稷也。上祀先公以天子之礼,又推大王、王季之意,以及于无穷也。制为礼法以及天下,使葬用死者之爵,祭用生者之禄。丧服自期以下，诸侯绝，大夫降。而父母之丧，上下同之，推己以及人也。

【今译】① 这里讲的是周文王的事迹。《尚书·武成》说："王季创立王业的基础。"王季所做的一切，也是积累功德仁义之类的事。

② 大，读泰（tài），下同。

这说的是武王的事。缵，继承。太王，王季的父亲。《尚书·武成》说："太王开始奠定了王业的基础。"《诗经·鲁颂·閟宫》："到了太王，实际已着手推翻商朝。"❶ 绪，事业。戎衣，甲胄之类。"壹戎衣"，《尚书·武成》篇中的话，说的是一律穿上军衣去讨伐纣王。

③ "追王"的"王"，读 wàng。

这讲的是周公的事。末，这里指老。追王，推测文王、武王的意思，以追溯到王业开始兴起的地方。先公，组绀以上直到后稷。往上，用天子的礼仪祭祀先公，又推测太王、王季的意思，以追溯到无穷尽的世代。制订了礼仪制度，推广到天下，使葬礼用死者本人的爵位，祭礼用主祭者本人的爵位。服丧一年以下的，做诸侯的可以不服丧，大夫缩短服丧期限。至于为父母服丧，上下都一样，这是由自己推广到别人。

【章末】右第十八章。

【今译】上面是第十八章。

【第十九章】子曰："武王、周公，其达孝矣乎①！夫孝者，善继人之志，善述人之事者也②。春秋修其祖庙，陈其宗器，设其裳衣，荐其时食③。宗庙之礼，所以序昭穆也。

---

❶　此诗原文为："实维大王，居岐之阳，实始翦商。"

序爵，所以辨贵贱也。序事，所以辨贤也。旅酬下为上，所以逮贱也。燕毛，所以序齿也④。践其位，行其礼，奏其乐，敬其所尊，爱其所亲，事死如事生，事亡如事存，孝之至也⑤。郊社之礼，所以事上帝也。宗庙之礼，所以祀乎其先也。明乎郊社之礼、禘尝之义，治国其如示诸掌乎⑥！"

【章句】①达，通也。承上章而言武王、周公之孝，乃天下之人通谓之孝，犹孟子之言"达尊"也。

②上章言武王缵大王、王季、文王之绪以有天下，而周公成文、武之德以追崇其先祖，此继志述事之大者也。下文又以其所制祭祀之礼通于上下者言之。

③祖庙，天子七，诸侯五，大夫三，适士二，官师一。宗器，先世所藏之重器，若周之赤刀、大训、天球、河图之属也。裳衣，先祖之遗衣服，祭则设之，以授尸也。时食，四时之食，各有其物，如春行羔、豚、膳膏香之类是也。

④昭，如字。为，去声。

宗庙之次，左为昭，右为穆，而子孙亦以为序。有事于太庙，则子姓兄弟群昭群穆咸在，而不失其伦焉。爵，公、侯、卿、大夫也。事，宗祝有司之职事也。旅，众也。酬，导饮也。旅酬之礼，宾弟子、兄弟之子各举觯于其长，而众相酬。盖宗庙之中，以有事为荣，故逮及贱者，使亦得以申其敬也。燕毛，祭毕而燕，则以毛发之色别长幼，为坐次也。齿，年数也。

⑤践，犹履也。其，指先王也。所尊、所亲，先王之祖考子孙臣庶也。始死谓之死，既葬则曰反而亡焉，皆指先王也。此结上文两节，皆继志述事之意也。

⑥郊祭天,社祭地。不言后土者,省文也。禘,天子宗庙之大祭,追祭太祖之所自出于太庙,而以太祖配之也。尝,秋祭也。四时皆祭,举其一耳。礼必有义,对举之互文也。示,与"视"同。视诸掌,言易见也。此与《论语》文意大同小异,记有详略耳。

【今译】①达,通的意思。接着上章论述武王和周公的孝,是天下人都承认的孝,就像是孟子所说的"达尊"。

②上一章讲武王继承太王、王季、文王的事业而得到了天下,而周公完成文王、武王的功德,追溯尊崇自己历代的祖先,这是继承遗志、完成未竟之业中最重要的事。下文又用他所制订的祭祀礼仪中上下所通行的进行论述。

③祖庙,天子七座,诸侯五座,大夫三座,適士二座,官师一座。宗器,祖先保存下来的重要器物,如周代的赤刀、大训、天球、河图之类❶。裳衣,祖先生前的衣服,祭祀时要拿出来给尸穿上❷。时食,四季时鲜食品,各有不同,如春天的羊羔、小猪、牛油饭之类❸。

④昭,读 zhāo。为,wèi。

宗庙的次序,左为昭,右为穆,子孙也以此为次序。在太庙祭祀时,子孙、兄弟这众多的昭穆全部参加而不乱次序。爵,就是公、侯、卿、大夫等。事,宗庙管理者及有关部门的职事。旅,众人。酬,劝饮。旅酬之礼,宾客中年轻辈分晚的和兄弟们的晚辈各各举起酒杯向长者劝酒,从而众人互相劝酒。一般来说,宗庙以有祭祀活动为荣耀,所以地位低

---

❶ 《尚书·顾命》篇载,周成王死,周康王继位。在继位大典上,陈列着许多宝物,其"赤刀、大训、弘璧、琬琰在西序,大玉、夷玉、天球、河图在东序"。

❷ 古代祭祀时,用一位活人象征被祭的死者,称尸。

❸ 据郑众《周礼注·庖人》,膏香,即牛脂。膳膏香,即用牛油拌饭。

的人也能参加,使他们也能表达自己的敬意。燕毛,祭祀完毕可以自由活动时,就根据头发的颜色分别长幼,排坐次。齿,年龄。

⑤ 践,此处指登上。其,指先王。所尊、所亲,是先王的父祖、子孙、臣民。刚死叫做死,埋葬以后则认为是返归,称亡,都是指先王。这是总结以上两节,都是继承遗志和未竟之业的意思。

⑥ 郊,祭祀天;社,祭祀地。不说祭后土,是文字上的省略。禘,天子家的宗庙大祭,在太庙中追祭太祖所来自的那个祖先,以太祖配享❶。尝,秋天的祭祀。四时都祭祀,这是举例。礼一定有自己的意义,礼、义对偶,是行文的技巧。示,同"视"。视诸掌,指容易明白。这里与《论语》的意思大同小异❷,后人的记述有详有略。

【章末】右第十九章。

【今译】上面是第十九章。

【第二十章】哀公问政①。子曰:"文武之政,布在方策。其人存,则其政举;其人亡,则其政息②。人道敏政,地道敏树。夫政也者,蒲卢也③。故为政在人,取人以身,修身以道,修道以仁④。仁者人也,亲亲为大;义者宜也,尊贤为大。亲亲之杀,尊贤之等,礼所生也⑤。在下位不获乎上,民不可得而治矣⑥!故君子不可以不修身;思修身,不可以不事亲;思事亲,不可以不知人;思知人,不可以不知天⑦。"

天下之达道五,所以行之者三,曰:君臣也,父子也,

---

❶ 配享:陪同享受祭祀。
❷ 参看《论语·八佾》第十一章。

夫妇也，昆弟也，朋友之交也。五者天下之达道也。知、仁、勇三者，天下之达德也，所以行之者，一也⑧。或生而知之，或学而知之，或困而知之，及其知之，一也。或安而行之，或利而行之，或勉强而行之，及其成功，一也⑨。

子曰："好学近乎知，力行近乎仁，知耻近乎勇⑩。知斯三者，则知所以修身；知所以修身，则知所以治人；知所以治人，则知所以治天下国家矣⑪。"

凡为天下国家有九经，曰：修身也，尊贤也，亲亲也，敬大臣也，体群臣也，子庶民也，来百工也，柔远人也，怀诸侯也⑫。修身则道立，尊贤则不惑，亲亲则诸父昆弟不怨，敬大臣则不眩，体群臣则士之报礼重，子庶民则百姓劝，来百工则财用足，柔远人则四方归之，怀诸侯则天下畏之⑬。

齐明盛服，非礼不动，所以修身也；去谗远色，贱货而贵德，所以劝贤也；尊其位，重其禄，同其好恶，所以劝亲亲也；官盛任使，所以劝大臣也；忠信重禄，所以劝士也；时使薄敛，所以劝百姓也；日省月试，既禀称事，所以劝百工也；送往迎来，嘉善而矜不能，所以柔远人也；继绝世，举废国，治乱持危，朝聘以时，厚往而薄来，所以怀诸侯也⑭。凡为天下国家有九经，所以行之者一也⑮。

凡事豫则立，不豫则废。言前定则不跲，事前定则不困，行前定则不疚，道前定则不穷⑯。在下位不获乎上，民不可得而治矣；获乎上有道：不信乎朋友，不获乎上矣。信乎朋友有道：不顺乎亲，不信乎朋友矣。顺乎亲有道：反诸身不诚，不顺乎亲矣。诚身有道：不明乎善，不诚乎身矣^⑰。诚者，天之道也；诚之者，人之道也。诚者不勉而中，不思而得，从容中道，圣人也。诚之者，择善而固执之者也^⑱。

博学之，审问之，慎思之，明辨之，笃行之^⑲。有弗学，学之弗能，弗措也；有弗问，问之弗知，弗措也；有弗思，思之弗得，弗措也；有弗辨，辨之弗明，弗措也；有弗行，行之弗笃，弗措也。人一能之己百之，人十能之己千之^⑳。果能此道矣，虽愚必明，虽柔必强^㉑。

【章句】① 哀公，鲁君，名蒋。

② 方，版也。策，简也。息，犹灭也。有是君，有是臣，则有是政矣。

③ 夫，音扶。

敏，速也。蒲卢，沈括以为蒲苇是也。以人立政，犹以地种树，其成速矣。而蒲苇又易生之物，其成尤速也。言人存政举，其易如此。

④ 此承上文"人道敏政"而言也。为政在人，《家语》作"为政在于得人"，语意尤备。人，谓贤臣。身，指君身。道者，天下之达道。仁者，天地生物之心而人得以生者，所谓"元者，善之长"也。言人君为政在于得人，而取人之则又在修身。能仁其身，则有君有臣，而政无不举矣。

⑤ 杀，去声。

人，指人身而言。具此生理，自然便有恻怛、慈爱之意，深体味之可见。宜者，分别事理，各有所宜也。礼，则节文斯二者而已。

⑥ 郑氏曰："此句在下，误重在此。"

⑦ "为政在人，取人以身"，故不可以不修身。"修身以道，修道以仁"，故思修身不可以不事亲。欲尽亲亲之仁，必由尊贤之义，故又当知人。亲亲之杀，尊贤之等，皆天理也，故又当知天。

⑧ 知,去声。

达道者,天下古今所共由之路,即《书》所谓"五典"、《孟子》所谓"父子有亲,君臣有义,夫妇有别,长幼有序,朋友有信"是也。知,所以知此也。仁,所以体此也。勇,所以强此也。谓之达德者,天下古今所同得之理也。一,则诚而已矣。达道虽人所共由,然无是三德,则无以行之。达德虽人所同得,然一有不诚,则人欲间之,而德非其德矣。程子曰:"所谓诚者,止是诚实此三者。三者之外,更别无诚。"

⑨ 强,上声。

知之者之所知,行之者之所行,谓达道也。以其分而言,则所以知者,知也;所以行者,仁也;所以至于知之成功而一者,勇也。以其等而言,则生知安行者知也,学知利行者仁也,困知勉行者勇也。盖人性虽无不善,而气禀有不同者,故闻道有蚤莫,行道有难易,然能自强不息,则其至一也。吕氏曰:"所入之途虽异,而所至之域则同,此所以为中庸。若乃企生知安行之资为不可几及,轻困知勉行,谓不能有成,此道之所以不明不行也。"

⑩ "子曰"二字,衍文。好、"近乎知"之"知",并去声。

此言未及乎达德而求以入德之事。通上文三知为知,三行为仁,则此三近者,勇之次也。吕氏曰:"愚者自是而不求,自私者徇人欲而忘返,懦者甘为人下而不辞,故好学非知,然足以破愚;力行非仁,然足以忘私;知耻非勇,然足以起懦。"

⑪ 斯三者,指"三近"而言。人者,对己之称。"天下国家",则尽乎人矣。言此以结上文"修身"之意,起下文"九经"之端也。

⑫ 经,常也。体,谓设以身处其地而察其心也。子,如父母之爱其子也。柔远人,所谓"无忘宾旅"者也。此列九经之目也。吕氏曰:"天

下国家之本在身，故修身为九经之本。然必亲师取友，然后修身之道进，故尊贤次之。道之所进莫先其家，故亲亲次之。由家以及朝廷，故敬大臣、体群臣次之。由朝廷以及其国，故子庶民、来百工次之。由其国以及天下，故柔远人、怀诸侯次之。此九经之序也。”视群臣犹吾四体，视百姓犹吾子，此视臣视民之别也。

⑬ 此言九经之效也。道立，谓道成于己而可为民表，所谓“皇建其有极”是也。不惑，谓不疑于理。不眩，谓不迷于事。敬大臣则信任专，而小臣不得以间之，故临事而不眩也。来百工，则通功易事，农末相资，故财用足。柔远人，则天下之旅皆悦而愿出于其途，故四方归。怀诸侯，则德之所施者博，而威之所制者广矣，故曰天下畏之。

⑭ 齐，侧皆反。去，上声。远、好、恶、敛，并去声。既，许气反。禀，彼锦、力锦二反。称，去声。朝，音潮。

此言九经之事也。官盛任使，谓官属众盛，足任使令也。盖大臣不当亲细事，故所以优之者如此。忠信重禄，谓待之诚而养之厚，盖以身体之，而知其所赖乎上者如此也。既，读曰饩。饩禀，稍食也。称事，如《周礼·稾人职》曰“考其弓弩，以上下其食”是也。往则为之授节以送之，来则丰其委积以迎之。朝，谓诸侯见于天子。聘，谓诸侯使大夫来献。《王制》：“比年一小聘，三年一大聘，五年一朝。”厚往薄来，谓燕赐厚而纳贡薄。

⑮ 一者，诚也。一有不诚，则是九者皆为虚文矣。此九经之实也。

⑯ 跲，其劫反。行，去声。

凡事，指达道、达德、九经之属。豫，素定也。跲，踬也。疚，病也。此承上文，言凡事皆欲先立乎诚，如下文所推是也。

⑰ 此又以在下位者推言素定之意。反诸身不诚，谓反求诸身，而

所存、所发未能真实而无妄也。不明乎善,谓未能察于人心、天命之本然,而真知至善之所在也。

⑱ 中,并去声。从,七容反。

此承上文诚身而言。诚者,真实无妄之谓,天理之本然也。诚之者,未能真实无妄而欲其真实无妄之谓,人事之当然也。圣人之德,浑然天理,真实无妄,不待思勉而从容中道,则亦天之道也。未至于圣,则不能无人欲之私,而其为德不能皆实。故未能不思而得,则必择善,然后可以明善;未能不勉而中,则必固执,然后可以诚身,此则所谓人之道也。不思而得,生知也;不勉而中,安行也。择善,学知以下之事。固执,利行以下之事也。

⑲ 此诚之之目也。学问思辨,所以择善而为知,学而知也。笃行,所以固执而为仁,利而行也。程子曰:"五者废其一,非学也。"

⑳ 君子之学,不为则已,为则必要其成,故常百倍其功。此困而知、勉而行者也,勇之事也。

㉑ 明者,择善之功;强者,固执之效。吕氏曰:"君子所以学者,为能变化气质而已。德胜气质,则愚者可进于明,柔者可进于强;不能胜之,则虽有志于学,亦愚不能明、柔不能立而已矣。盖均善而无恶者,性也,人所同也。昏明强弱之禀不齐者,才也,人所异也。诚之者,所以反其同而变其异也。夫以不美之质求变而美,非百倍其功不足以致之。今以卤莽灭裂之学,或作或辍,以变其不美之质,及不能变,则曰天质不美,非学所能变,是果于自弃,其为不仁甚矣。"

【今译】① 哀公,鲁国君主,名蒋。

② 方,木板。策,竹简。息,此处指熄灭。有这样的君,有这样的臣,就有这样的政治。

③夫，读扶（fú）。

敏，迅速。蒲卢，沈括认为就是蒲草和芦苇❶。根据人道所创立的政治，就像因地制宜去种树，它的成功非常迅速。而蒲苇又是容易生长的东西，它的成长尤其迅速。说的是那人存在，那由他实行的政治也会顺利贯彻，事情就是这样的容易。

④这是接着上文"人道敏政"而言。为政在人，《孔子家语》作"为政在于得人"，意思更加明确。人，指贤臣。身，指君主自身。道，是天下通行的道。仁，是天地生育万物的慈爱之心，人的生命之源，也就是《周易》所说的"元者，善之长"❷。说的是君主治理国家在于得到贤臣，而选择人的标准又在于修身。自身能够行仁，心里就会有君臣尊卑的观念，政治就不会搞不好了。

⑤杀，shài。

人，指人身。人具备这许多与生俱来的人生之理，自然就会有同情、慈爱之心，深刻体会就能知道。宜，分别事物之理，各有所适宜的。礼，就是为"亲亲""尊尊"规定的外在形式。

⑥郑玄说："这一句在下头，放在这里是错的，并且和下一句重复。"

⑦"为政在人，取人以身"，所以不可以不修身。"修身以道，修道以仁"，所以要想修身，不可以不好好事奉父母。要尽到亲亲的仁心❸，必定从尊贤开始，所以又应当知人。亲亲厚薄的递减，尊崇贤人的等级，

---

❶　沈括：北宋思想家、科学家，著有《梦溪笔谈》等。

❷　见《周易·乾卦》。意思是："元，是善举的首领。"朱熹引这句话，意在说明，仁，是一切行政措施得当的根据和保障。

❸　把自己的爱首先给予有血缘关系的亲属。亲属之中，又按血缘关系的远近，把爱分为若干等级，这样的伦理、政治原则，叫"亲亲"。

都是天理，所以又应当知天。

⑧ 知，zhì（智）。

达道，天下从古到今所共同遵循的路，就是《尚书》中所说的"五典"❶，孟子所说的"父子有亲，君臣有义，夫妇有别，长幼有序，朋友有信"❷。智，就是要知这个；仁，就是要体会这个；勇，就是要加强这个。把它叫做达德，因为这是天下古今所共同得到的理。一，就是个诚实罢了。达道虽然是人所共同遵循的，假若没有这三样德行，就无法去实行。达德虽然是人所共同得到的，假若稍有不诚，人欲就乘机侵入，德就不是他所得到的德了。程子说："所谓诚，就是诚实对待这三项。这三项之外，再没有别的诚。"

⑨ 强，qiǎng。

"知之"者所知的，"行之"者所行的，叫做达道。从它们的差别说，知道的根据，是智；行道的根据，是仁；使其达到"知之"，使其成功并且始终如一的，是勇。从它们的高下等级说，那生知、安行的是智，学知、利行的是仁，困知、勉行的是勇❸。因为虽然人性没有不善，而人的气禀却有所不同，所以闻道有早晚，行道有难易，不过若能自强不息，能够到达则是一样的。吕大临说："所进入的道路虽然不同，而所到达的领域则相同，这因此叫中庸。假如期望生知、安行的资质觉得达不到，轻视困知、勉行，认为那样不能成功，这是道不彰明、不被实行的原因。"

⑩ "子曰"二字是衍文。好，hào。"近乎知"的"知"，读 zhì。

---

❶　五典：指五常，也称五教，即父义、母慈、兄友、弟恭、子孝，见《尚书·舜典》。

❷　见《孟子·滕文公上》。

❸　生知：生而知之。安行：乐于实行。学知：学而后知。利行：觉得有利而实行。困知：受困才学习而有知。勉行：努力实行。

这是说还没有达到达德而要求进入达德的事。这里把上文的三种知都叫做智，三种行都叫做仁，那么这三种"近"，就是次一等的勇。吕大临说："愚人到这里就不再追求，自私的人迷恋人欲而忘记回头，懦弱的人甘愿低人一头而不想改变，所以好学虽然不是智，但足以破除愚昧；力行虽然不是仁，但足以忘掉私欲；知耻虽然不是勇，但足以使懦弱者振奋。"

⑪ 斯三者，指"三近"。人，是和己相对的称呼。"天下国家"，说的也都是人。讲这件事以总结上文"修身"的意思，引起下文"九经"的话题。

⑫ 经，就是常，永恒。体，指设身处地去考察别人的心。子，像父母爱子女一样。柔远人，就是所说的"无忘宾旅"❶。这是开列的九经条目。吕大临说："天下国家的根本在自身，所以修身为九经之本。但是必须亲近老师，选择朋友，然后修身才能有所进步，所以其次就是尊贤。修身的进步，没有早于在自家实行的，所以其次就是亲亲。由家推广到朝廷，所以其次就是尊敬大臣，体察群臣。由朝廷推广到全国，所以接着是爱民如子，感招百工❷。由自己的国推广到天下，所以接着是怀柔远人和诸侯。这就是九经的顺序。"看待群臣像自己的四肢，看待百姓像自己的子女，这是看待群臣和看待百姓的差别。

⑬ 这说的是九经的效果。道立，也就是道在自己身上已经完成并可以作民众的表率，就是所说的"皇建其有极"❸。不惑，指对理不再怀

---

❶ 见《孟子·告子下》："敬老慈幼，无忘宾旅。"朱熹注："宾，宾客也。旅，行旅也。皆当有以待之，不可忽忘也。"

❷ 百工：各种有技术的人。

❸ 《尚书·洪范》："五，皇极。皇建其有极。"指为民众建立规范。

疑。不眩,指临事不迷乱。尊重大臣并且充分信任,小臣就无法离间,所以临事就不迷乱。感招来百工,就可以使各种技术互相交换、补充,农与作为末的百工互相补充,所以财用充足。怀柔远人,天下的商旅就都愿意走在这个国家的道路上,所以四方归服。怀柔诸侯,所施的德行就广博,威力所制约的范围也广大,所以说天下敬畏他。

⑭ 齐,读 zhāi。去,qù。远,yuàn。好,hào。恶,wù。敛,liàn。既,读 xì。禀,读 bǐng 和 lǐn。称,chèn。朝,读潮(cháo)。

这一节讲的是九经的事。官盛任使,指官署人员众多,足以胜任各种使命。由于大臣不应亲自做小事,所以要这样优待他们。忠信重禄,指对待大臣真诚,奉养大臣丰厚。由于设身处地体察,所以知道臣子们所依赖君主的就是这些。既,读饩(xì)。饩禀,最后一顿饭。称事,如《周礼·夏官·槀人》的职责:"考其弓弩,以上下其食。"❶往,就授给他们符节并且送行;来朝,就准备充足的物资来迎接他们。朝,指诸侯去见天子。聘,指诸侯派遣大夫来献礼。《礼记·王制》:"比年一小聘❷,三年一大聘,五年一朝。"厚往薄来,指私下赏赐丰厚而纳贡菲薄。

⑮ 一,就是诚。一有不诚,九经就都成了虚文。这是九经的实际内容。

⑯ 跲,jiá。行,xìng。

凡事,指达道、达德、九经之类。豫,平素就决定了。跲,跌跤。疚,悔恨。这一节接续上文,说的是无论什么事都应先树立诚心,就像下文推论的那样。

---

❶ 《周礼·夏官·槀人》:"乘其事,试其弓弩,以下上其食而诛赏。"意思是,考察下属的工作,比试他们的箭法,根据考试的优劣进行奖罚。

❷ 比年:每年。

⑰ 这里又用在下位的处境推论素定的意思。反诸身不诚,指回头反省自身,所保持、所发出的东西不能真实无妄。不明乎善,指未能明了人心、天命的本来面貌,真正知道什么是至善。

⑱ 中,zhòng。从,cóng。

这是接着上文诚身说的。诚,真实无妄的意思,天理的本来状况。诚之,还没有做到真实无妄,但盼望自己能做到真实无妄的意思,是人事中的应当如此。圣人的德行,是完美无缺的天理。真实无妄,即不用思考、勉励而从容自然地就合乎道,也就是天之道。没到圣人的地步,就不能没有人欲的私念,他的德行就不会全部真实。所以假如不能不加思索就得到,就必须选择善,然后可以明白善;不能不加勉励就合乎道,就必须牢固地坚持,然后可使自己做到诚,这就是所说的人之道。不加思索就得到,是生知;不加勉励就相合,是安行。择善,是学知以下的事;牢固坚持,是利行以下的事。

⑲ 这是"诚之"的条目。学、问、思、辨,目的在于选择善而达到知,是学知。笃行,目的是牢固坚持而实行仁,是利行。程子说:"五者缺了一个,就不是学。"

⑳ 君子的求学,不做则已,做就必须要求成功,所以他总是付出百倍的努力。这是处困境而求知,勉励以后而行动,是勇一类的事。

㉑ 明,是选择善的功效;强,是牢固坚持的结果。吕大临说:"君子求学的原因,因为学能改变气质罢了。德行战胜气质,愚笨者就可以变聪明,柔弱者可以变刚强;不能战胜气质,虽然有志于求学,愚笨也不能聪明,柔弱也不能自立就是了。那纯善无恶的,是本性,是人们相同的;愚笨、聪明、刚强、柔弱的禀受不一样,是天资,是人们不一样的。诚之,就是要复归于那个相同的,变化那个不同的。要把那天资不

好的材质变成好的,不付出百倍的努力,是不可能做到的。现在人们要用那马马虎虎、一知半解的学问,学一阵停一阵,来改变那天资不好的材质,结果不能改变,就说是天资不好,不是求学所能改变的,这是自暴自弃,这种行为的不仁性质是非常严重的。"

【章末】右第二十章。(此引孔子之言,以继大舜、文、武、周公之绪,明其所传之一致,举而措之,亦犹是耳。盖包费隐,兼小大,以终十二章之意。章内语诚始详。而所谓诚者,实此篇之枢纽也。又按:《孔子家语》亦载此章,而其文尤详。"成功一也"之下,有:"公曰:子之言美矣!至矣!寡人实固,不足以成之也。"故其下复以"子曰"起答辞。今无此问辞,而犹有"子曰"二字,盖子思删其繁文以附于篇,而所删有不尽者,今当为衍文也。"博学之"以下,《家语》无之,意彼有阙文,抑此或子思所补也欤?)

【今译】上面是第二十章。(这是援引孔子的话,以继承大舜、文王、武王、周公的事业,阐明他们相传的一致,拿来付诸实践,也就是如此了。这是包括费和隐、大和小,以完成第十二章的意思。这一章开始详细论述诚。而所说的诚,实际是这一篇的核心。又按:《孔子家语》也载有此章,那里的文字尤其详尽。"成功一也"之后,有:"公曰:子之言美矣!至矣!寡人实固,不足以成之也。"所以下面又以"子曰"开始,以引起答辞。这里没有这句问辞,却还有"子曰"二字,这是由于子思删去了烦琐的文字附在篇中,但删去时没删干净,现在应当视为衍文。"博学之"以下,《孔子家语》没有,我想可能是《孔子家语》有缺文,或者这些字是子思补上的呢?)

【第二十一章】自诚明,谓之性。自明诚,谓之教。诚则明矣,明则诚矣^①。

【章句】① 自,由也。德无不实,而明无不照者,圣人之德,所性而有者也,天道也。先明乎善,而后能实其善者,贤人之学,由教而入者也,人道也。诚则无不明矣,明则可以至于诚矣。

【今译】① 自,由来。德行没有不实的,明智没有不照耀的,是圣人的德行,这是他本性中就有的,是天道。先明白善,而后才能充实这个善,是贤人的求学,这是由教育而达到的,是人道。诚,就可以无所不明;明,就可以达到诚。

【章末】右第二十一章。子思承上章夫子天道、人道之意而立言也。自此以下十二章,皆子思之言,以反覆推明此章之意。

【今译】上面是第二十一章。子思接着上章夫子关于天道、人道的思想立论。由此往下十二章,都是子思的话,是用来反复阐明本章的意思的。

【第二十二章】唯天下至诚,为能尽其性;能尽其性,则能尽人之性;能尽人之性,则能尽物之性;能尽物之性,则可以赞天地之化育;可以赞天地之化育,则可以与天地参矣^①。

【章句】① 天下至诚,谓圣人之德之实,天下莫能加也。尽其性者,德无不实,故无人欲之私,而天命之在我者,察之,由之,巨细精粗,无毫发之不尽也。人物之性亦我之性,但以所赋形气不同而有异耳。能尽之者,谓知之无不明,而处之无不当也。赞,犹助也。与天地参,谓与天地并立为三也。此自诚而明者之事也。

【今译】① 天下至诚,指圣人德行的真实,天下再没能超过他的。尽其性的意思是，德没有不实，所以没有人欲的私念，而那由于上天命令而赋予我的东西，被明察，被遵从，大小精粗，没有一丝一毫不被充分发挥出来。人、物的本性，也是我的本性，只是由于所赋予的形体气质不同而有所差别。能尽的意思是，认识达到了无所不知，行动达到了完全恰当。赞，也就是帮助。与天地参，指与天地并立为三。这是从诚达到明的事业。

【章末】右第二十二章。（言天道也。）

【今译】上面是第二十二章。（论述天道问题。）

【第二十三章】其次致曲。曲能有诚，诚则形，形则著，著则明，明则动，动则变，变则化。唯天下至诚为能化①。

【章句】① 其次，通大贤以下，凡诚有未至者而言也。致，推致也。曲，一偏也。形者，积中而发外。著，则又加显矣。明，则又有光辉发越之盛也。动者，诚能动物。变者，物从而变。化，则有不知其所以然者。盖人之性无不同，而气则有异，故惟圣人能举其性之全体而尽之。其次则必自其善端发见之偏而悉推致之，以各造其极也。曲无不致，则德无不实，而形著动变之功，自不能已。积而至于能化，则其至诚之妙，亦不异于圣人矣。

【今译】① 其次，包括从大贤以下所有没能达到至诚的人。致，推动使其改变。曲，偏向一边。形，积蓄在心中而表现在外面。著，就是更加明显。明，就是又有了光辉显露之盛。动，是诚能感动事物。变，是物随之发生改变。化，就是有那不知道什么原因的改变。人的本性没有不同，但气有差异，所以只有圣人能把本性的全部充分发挥出来。次一等的，就必须从自己那为善的苗头表现出来的偏差全力推动使其改变，以求各自都达到那标准境界。偏差全部扭转，德就没有不真实的，而表现、显著、感动、变化的功夫，自然也不能就此停歇。积累直到能感化别人，那么他那至诚的神妙，也和圣人没有差别了。

【章末】右第二十三章。（言人道也。）

【今译】上面是第二十三章。（论述人道问题。）

【第二十四章】至诚之道，可以前知。国家将兴，必有祯祥。国家将亡，必有妖孽。见乎蓍龟，动乎四体。祸福将至：善，必先知之；不善，必先知之。故至诚如神 [①]。

【章句】见，音现。

祯祥者，福之兆。妖孽者，祸之萌。蓍所以筮，龟所以卜。四体，谓动作威仪之间，如执玉高卑、其容俯仰之类。凡此，皆理之先见者也。然唯诚之至极而无一毫私伪留于心目之间者，乃能有以察其几焉。神，谓鬼神。

【今译】见，读现（xiàn）。

祯祥，是福的前兆。妖孽，是灾祸的萌芽。蓍，用来筮卦的；龟，用来卜吉凶的。四体，指人的动作姿态，如手中拿着玉的高低、弯腰、打拱的姿势等。凡是这一切，都是理自身先显现出来的东西。然而只有那诚到了极点，没有一丝一毫的私念伪善存在于心目之间的人，才有可能明察那祸福的前兆和萌芽。神，指鬼神。

【章末】右第二十四章。（言天道也。）

【今译】上面是第二十四章。（论述天道问题。）

【第二十五章】诚者自成也，而道自道也①。诚者物之终始，不诚无物。是故君子诚之为贵②。诚者非自成己而已也，所以成物也。成己，仁也；成物，知也。性之德也，合外内之道也，故时措之宜也③。

【章句】①"道也"之"道"，音导。

言诚者，物之所以自成；而道者，人之所当自行也。诚以心言，本也；道以理言，用也。

② 天下之物，皆实理之所为，故必得是理，然后有是物。所得之理既尽，则是物亦尽而无有矣。故人之心一有不实，则虽有所为，亦如无有，而君子必以诚为贵也。盖人之心能无不实，乃为有以自成，而道之在我者亦无不行矣。

③ 知，去声。

诚虽所以成己，然既有以自成，则自然及物，而道亦行于彼矣。仁者，体之存；知者，用之发，是皆吾性之固有，而无内外之殊。既得于己，则见于事者，以时措之，而皆得其宜也。

【今译】①"道也"的"道"，读导（dǎo）。

诚，是物成就自身的根据；道，是人应当自己实行的。诚，说的是心，这是根本；道，说的是理，这是应用。

② 天下的物，都是那真实的理所造成的，所以必须得到这个理，然后才有这个物。所得到的这个理已经没有了，这个物也就完全没有了。所以人的心有一点不真实，那么虽然有所作为，也等于没有，所以君子必须把诚作为最宝贵的东西。只要人心能没有不真实的东西，有所作为就必能成功，而那在我心中的道也就没有不能实行的。

③知，zhì。

诚虽然是用来成就自己的，然而它既然能够自己成就，也就会自然地波及事物，而道也就在那里实行了。仁，是自体的存在；知，是应用的发生，都是我本性中固有的，没有内外的区别。自己得到以后，表现于事物的，要根据时势做出安排，就会各得其所。

【章末】右第二十五章。（言人道也。）

【今译】上面是第二十五章。（论述人道问题。）

【第二十六章】故至诚无息①。不息则久，久则征②，征则悠远，悠远则博厚，博厚则高明③。博厚，所以载物也；高明，所以覆物也；悠久，所以成物也④。博厚配地，高明配天，悠久无疆⑤。如此者，不见而章，不动而变，无为而成⑥。天地之道，可一言而尽也：其为物不贰，则其生物不测⑦。天地之道：博也，厚也，高也，明也，悠也，久也⑧。今夫天，斯昭昭之多，及其无穷也，日月星辰系焉，万物覆焉。今夫地，一撮土之多，及其广厚，载华岳而不重，振河海而不泄，万物载焉。今夫山，一卷石之多，及其广大，草木生之，禽兽居之，宝藏兴焉。今夫水，一勺之多，及其不测，鼋鼍、蛟龙、鱼鳖生焉，货财殖焉⑨。《诗》云："维天之命，於穆不已！"盖曰天之所以为天也。"於乎不显，文王之德之纯！"盖曰文王之所以为文也，纯亦不已⑩。

【章句】①既无虚假，自无间断。

②久，常于中也。征，验于外也。

③ 此皆以其验于外者言之，郑氏所谓"至诚之德，著于四方"者是也。存诸中者既久，则验于外者益悠远而无穷矣。悠远，故其积也广博而深厚。博厚，故其发也高大而光明。

④ 悠久，即悠远，兼内外而言之也。本以悠远致高厚，而高厚又悠久也。此言圣人与天地同用。

⑤ 此言圣人与天地同体。

⑥ 见，音现。

见，犹示也。不见而章，以配地而言也。不动而变，以配天而言也。无为而成，以无疆而言也。

⑦ 此以下，复以天地明至诚无息之功用。天地之道，可一言而尽，不过曰"诚"而已。不贰，所以诚也。诚故不息，而生物之多，有莫知其所以然者。

⑧ 言天地之道，诚一不贰，故能各极其盛，而有下文生物之功。

⑨ 夫，音扶。华、藏，并去声。卷，平声。勺，市若反。

昭昭，犹耿耿，小明也。此指其一处而言之。及其无穷，犹十二章"及其至也"之意，盖举全体而言也。振，收也。卷，区也。此四条，皆以发明由其不贰不息，以致盛大而能生物之意。然天地山川，实非由积累而后大，读者不以辞害意可也。

⑩ 於，音乌。乎，音呼。

《诗》，《周颂·维天之命》篇。於，叹辞。穆，深远也。不显，犹言岂不显也。纯，纯一不杂也。引此以明"至诚无息"之意。程子曰："天道不已，文王纯于天道，亦不已。纯，则无二无杂。不已，则无间断先后。"

【今译】① 既然没有虚假，也就自然不会间断。

② 久，永远存在于心中。征，可在外面得到验证。

③ 这说的都是可在外面得到验证的情况，即郑玄说的"至诚的德行，显著于整个天下" ❶。存在于心中的已经永恒，那可在外面得到验证的东西就更加悠远而没有穷尽。悠远，所以它的积累就广博而深厚；广博深厚，所以它的发见就高大而光明。

④ 悠久，就是悠远，包括内外两个方面而言。本来是以悠远而达到高明、博厚，而高明、博厚又是悠久的。这是说圣人和天地有相同的作用。

⑤ 这是说圣人和天地同一自体。

⑥ 见，读现（xiàn）。

见，也就是出示。不显现就彰明，指"配地"而言。不动作就变化，指"配天"而言。不做什么就能成功，指"无疆"而言。

⑦ 从此以下，再用天地说明至诚那永不止息的功用。天地之道，可以用一个字把它说完，不过是个"诚"字罢了。不贰，因此被叫做诚。诚，所以不停息，它产生万物的数量之多，有些是不知道它为什么能如此的。

⑧ 说的是天地之道，至诚、专一而不贰，所以各自都能达到极盛，从而有下文产生各种物的功绩。

⑨ 夫，读扶（fú）。华，huà。藏，zàng。卷，quán。勺，读sháo。

"昭昭"，和"耿耿"同义，小光明，这是指一个地方说。及其无穷，如同十二章"及其至也"的意思，这是就它的全体而言。振，收容。卷，区域。这四条，都是为了说明从天道的不贰、不息，以达到盛大并能产

---

❶ 原文"至诚之德，既著于四方"，见郑玄《礼记注·中庸》。

生万物的思想。不过,天、地、山、川,都不是由积累而后变大的,读者
不可以辞害意。

⑩ 於,读乌(wū)。乎,读呼(hū)。

《诗》,《诗经·周颂·维天之命》篇。於,叹词。穆,深远的意思。
不显,如同说难道不显。纯,纯一不杂。引用这诗以说明"至诚无息"
的意思。程子说:"天道不停息,文王完全遵循天道,也不停息。纯,就
完全单一不混杂。不已,就没有间断和先后。"

【章末】右第二十六章。(言天道也。)

【今译】上面是第二十六章。(论述天道问题。)

【第二十七章】大哉圣人之道①!洋洋乎!发育万物,
峻极于天②。优优大哉!礼仪三百,威仪三千③。待其人
而后行④。故曰苟不至德,至道不凝焉⑤。故君子尊德性
而道问学,致广大而尽精微,极高明而道中庸。温故而知
新,敦厚以崇礼⑥。是故居上不骄,为下不倍;国有道,其
言足以兴;国无道,其默足以容。《诗》曰:"既明且哲,以
保其身。"其此之谓与⑦!

【章句】① 包下文两节而言。

② 峻,高大也。此言道之极于至大而无外也。

③ 优优,充足有余之意。礼仪,经礼也。威仪,曲礼也。此言道之
入于至小而无间也。

④ 总结上两节

⑤ 至德,谓其人。至道,指上两节而言也。凝,聚也,成也。

⑥ 尊者,恭敬奉持之意。德性者,吾所受于天之正理。道,由也。温,

犹焊温之温，谓故学之矣，复时习之也。敦，加厚也。尊德性，所以存
心而极乎道体之大也。道问学，所以致知而尽乎道体之细也。二者修
德凝道之大端也。不以一毫私意自蔽，不以一毫私欲自累，涵泳乎其所
已知，敦笃乎其所已能，此皆存心之属也。析理则不使有毫厘之差，处
事则不使有过不及之谬，理义则日知其所未知，节文则日谨其所未谨，
此皆致知之属也。盖非存心无以致知，而存心者又不可以不致知。故
此五句，大小相资，首尾相应，圣贤所示入德之方，莫详于此，学者宜尽
心焉。

⑦倍，与"背"同。与，平声。

兴，谓兴起在位也。《诗》，《大雅·烝民》之篇。

【今译】①这句话包括下面两节而言。

②峻，高大。这是说道达到了至大，没有例外。

③优优，充足有余的意思。礼仪，基本的大礼。威仪，具体的小礼。
这是说道渗入至小，没有间隙。

④总结上两节。

⑤至德，指至德之人。至道，指上两节而言。凝，聚拢和完成的
意思。

⑥尊，恭敬奉持的意思。德性，我从天那里禀受来的正理。道，由
的意思。温，就像重新加热食物一样的温，指过去曾经学过，又时常练
习。敦，加厚。尊德性，是用来树立志向从而达到那伟大道体的极点。
道问学，是用来致知从而穷尽道体的一切细节。二者是修德、凝道的基
础。不用一丝一毫的个人意志自我蒙蔽，不用一丝一毫的私欲自我拖
累，反复体味、消化自己所已知的，进一步熟练掌握自己已能做到的，
这都是树立志向之类。分析事理不要有丝毫的偏差，处理事务不要有

过分和不及的错误,道理和意义要天天能有所得,节制行为要天天谨慎那以前没能谨慎的,这都是致知之类。一般说来,没有远大志向就没有致知的动力,而树立了远大志向以后又不可以不致知。所以这五句,大小相互补充,首尾相互呼应,圣贤所出示给人的提高道德的方法,没有比这个更详尽的,求学者应当尽心尽意地去体会。

⑦ 倍,同"背"。与,yú。

兴,指兴起而得到某种职位。《诗》,《诗经·大雅·烝民》篇。

【章末】右第二十七章。(言人道也。)

【今译】上面是第二十七章。(论述人道问题。)

【第二十八章】子曰:"愚而好自用,贱而好自专,生乎今之世,反古之道。如此者,裁及其身者也。"①

非天子,不议礼,不制度,不考文②。

今天下车同轨,书同文,行同伦③。

虽有其位,苟无其德,不敢作礼乐焉;虽有其德,苟无其位,亦不敢作礼乐焉④。

子曰:"吾说夏礼,杞不足征也。吾学殷礼,有宋存焉。吾学周礼,今用之,吾从周。"⑤

【章句】① 好,去声。裁,古"灾"字。

以上孔子之言,子思引之。反,复也。

② 此以下子思之言。礼,亲疏贵贱相接之体也。度,品制。文,书名。

③ 行,去声。

今,子思自谓当时也。轨,辙迹之度。伦,次序之体。三者皆同,言天下一统也。

④ 郑氏曰："言作礼乐者，必圣人在天子之位。"

⑤ 此又引孔子之言。杞，夏之后。征，证也。宋，殷之后。三代之礼，孔子皆尝学之而能言其意。但夏礼既不可考证，殷礼虽存，又非当世之法，惟周礼乃时王之制，今日所用。孔子既不得位，则从周而已。

【今译】① 好，hào。栽，古"灾"字。

以上是孔子的话，子思所引用。反，复归。

② 这以下是子思的话。礼，是亲疏贵贱相互关系的规定。度，各类制度。文，书籍。

③ 行，xìng。

今，子思所说的当前。轨，车辙之间的距离。伦，次序的内在关系。三者都相同，指天下统一。

④ 郑玄说："说的是制作礼乐的人，必须是圣人，且居于天子之位。"

⑤ 这里又引用孔子的话。杞，夏的后代。征，证明。宋，殷商的后代。三代的礼，孔子都曾经学过，并能说出它们的意思。但夏礼已经不可考证，殷商的礼制虽然存在，又不是当时的情况，只有周礼是在世王者的制度，是孔子当时正在用的。孔子既然没有职位，就只有依从周朝的制度了 ❶。

【章末】右第二十八章。（承上章"为下不倍"而言，亦人道也。）

【今译】上面是第二十八章。（承接上章"为下不倍"而言，讲的也是人道。）

　　【第二十九章】王天下有三重焉，其寡过矣乎 ①！上焉

---

❶　意思是孔子若有天子之位，就可以自己制礼作乐，不必依从周礼。

者虽善无征，无征不信，不信民弗从；下焉者虽善不尊，不尊不信，不信民弗从②。故君子之道：本诸身，征诸庶民，考诸三王而不谬，建诸天地而不悖，质诸鬼神而无疑，百世以俟圣人而不惑③。质诸鬼神而无疑，知天也；百世以俟圣人而不惑，知人也④。是故君子动而世为天下道，行而世为天下法，言而世为天下则。远之则有望，近之则不厌⑤。《诗》曰："在彼无恶，在此无射。庶几夙夜，以永终誉！"君子未有不如此而蚤有誉于天下者也⑥。

【章句】① 王，去声。

吕氏曰："三重，谓议礼、制度、考文。惟天子得以行之，则国不异政，家不殊俗，而人得寡过矣。"

② 上焉者，谓时王以前，如夏、商之礼虽善，而皆不可考。下焉者，谓圣人在下，如孔子虽善于礼，而不在尊位也。

③ 此"君子"，指王天下者而言。其道，即议礼、制度、考文之事也。本诸身，有其德也。征诸庶民，验其所信从也。建，立也，立于此而参于彼也。天地者，道也。鬼神者，造化之迹也。百世以俟圣人而不惑，所谓圣人复起，不易吾言者也。

④ 知天、知人，知其理也。

⑤ 动，兼言、行而言。道，兼法、则而言。法，法度也。则，准则也。

⑥ 恶，去声。射，音妒，《诗》作"斁"。

《诗》，《周颂·振鹭》之篇。射，厌也。所谓此者，指"本诸身"以下六事而言。

【今译】① 王，wàng。

吕大临说："三重，指议礼、制度、考文。只有天子可以做这些事，从而使国家政策统一，家家习俗一致，人也就可以少犯过错。"

② 上焉者，指当时王者之前，如夏、商的礼虽然好，但都无法考证。下焉者，指圣人在下位，如孔子虽精通礼，却不在尊贵的位置上。

③ 这个"君子"，指称王天下者。他的道，就是议礼、制度、考文一类事。本诸身，因为有议礼等事所需要的德行。征诸庶民，检验民众信任拥护的情况如何。建，就是立，立在这里而使别处有所参照。天地，指道。鬼神，造物主的踪迹。百世以俟圣人而不惑，即所说的再有圣人出现，也不会改变我的话❶。

④ 知天、知人，知道它们的理。

⑤ 动，包括言、行两个方面。道，包括法、则两个方面。法，法令制度。则，准则。

⑥ 恶，wù。射，读妒（dù）❷，《诗经》中作"致"。

《诗》，《诗经·周颂·振鹭》篇。射，讨厌。这里所说的"此"，指"本诸身"以下六件事。

【章末】右第二十九章。（承上章"居上不骄"而言，亦人道也。）

【今译】上面是第二十九章。（承接上章"居上不骄"而言，讲的也是人道。）

【第三十章】仲尼祖述尧、舜，宪章文、武；上律天时，下袭水土①。辟如天地之无不持载，无不覆帱，辟如四时之错

---

❶　语出《孟子·滕文公下》："圣人复起，不易吾言矣。"

❷　射，无读 dù（妒，或妒）的情况，朱熹此说，不知有何根据。可能是笔误。从他指出《诗经》中作"致（yì）"来看，此注似应为"射，音妶（yì）"，盖形近而误。

行，如日月之代明②。万物并育而不相害，道并行而不相悖，小德川流，大德敦化，此天地之所以为大也③。

【章句】① 祖述者，远宗其道。宪章者，近守其法。律天时者，法其自然之运。袭水土者，因其一定之理。皆兼内外、该本末而言也。

② 辟，音譬。帱，徒报反。

错，犹迭也。此言圣人之德。

③ 悖，犹背也。天覆地载，万物并育于其间而不相害。四时日月，错行代明而不相悖。所以不害不悖者，小德之川流。所以并育并行者，大德之敦化。小德者，全体之分。大德者，万殊之本。川流者，如川之流，脉络分明而往不息也。敦化者，敦厚其化，根本盛大而出无穷也。此言天地之道，以见上文取辟之意也。

【今译】① 祖述，时隔久远而崇信他的道。宪章，时隔不远而遵守他的法度。律天时，效法它自然的运行。袭水土，顺循水土确定的理。这些都包括了内外、本末两个方面。

② 辟，读譬（pì）。帱，tāo。

错，指更迭。这里说圣人的德行。

③ 悖，同"背"。天覆盖，地承载，万物都在其中生长而不互相伤害。四季、日月，更迭运行、轮流光明而不互相违背。不伤害、不违背的缘由，是小德的"川流"。一起生长、一起运行的基础，是大德的"敦化"。小德，全体的某个部分。大德，万物的根本。川流，像河川的流动，脉络分明而流动不息。敦化，加厚变化，根本盛大而出生无穷尽。这说的是天地之道，用来说明上文譬喻的意思。

【章末】右第三十章。（言天道也。）

【今译】上面是第三十章。（论述天道。）

　　【第三十一章】唯天下至圣，为能聪明睿知，足以有临
也；宽裕温柔，足以有容也；发强刚毅，足以有执也；齐庄
中正，足以有敬也；文理密察，足以有别也^①。溥博渊泉，
而时出之^②。溥博如天，渊泉如渊。见而民莫不敬，言而民
莫不信，行而民莫不说^③。是以声名洋溢乎中国，施及蛮貊。
舟车所至，人力所通，天之所覆，地之所载，日月所照，霜露
所队，凡有血气者，莫不尊亲，故曰配天^④。

【章句】①知，去声。齐，侧皆反。别，彼列反。
　　聪明睿知，生知之质。临，谓居上而临下也。其下四者，乃仁义礼
知之德。文，文章也。理，条理也。密，详细也。察，明辨也。
　　②溥博，周遍而广阔也。渊泉，静深而有本也。出，发见也。言五
者之德，充积于中，而以时发见于外也。
　　③见，音现。说，音悦。
　　言其充积极其盛，而发见当其可也。
　　④施，去声。队，音坠。
　　"舟车所至"以下，盖极言之。配天，言其德之所及广大如天也。

【今译】①知，读 zhì（智）。齐，zhāi。别，bié。
　　聪明睿智，生知的天资。临，指居高位而临下。以下四条，是仁义
礼智等德行。文，风采。理，条理。密，详细。察，明辨。
　　②溥博，周遍而广阔。渊泉，宁静深邃而有根本。出，出现。说的
是以上五种德行，充满积蓄在心中，到时候就发出显现于外部。
　　③见，读现（xiàn）。说，读悦（yuè）。

说的是他充实积累非常丰盛,而发出显现也在适当的时机。

④ 施,yì(义)。队,读坠(zhuì)。

"舟车所至"以下,是推到极点而言。配天,指他的道德所达到的范围广大如天。

【章末】右第三十一章。(承上章而言小德之川流,亦天道也。)

【今译】上面是第三十一章。(承接上章讲小德的川流,讲的也是天道问题。)

【第三十二章】唯天下至诚,为能经纶天下之大经,立天下之大本,知天地之化育。夫焉有所倚①?肫肫其仁!渊渊其渊!浩浩其天②!苟不固聪明圣知达天德者,其孰能知之③。

【章句】① 夫,音扶。焉,於虔反。

经、纶,皆治丝之事。经者,理其绪而分之;纶者,比其类而合之也。经,常也。大经者,五品之人伦。大本者,所性之全体也。惟圣人之德极诚无妄,故于人伦各尽其当然之实,而皆可以为天下后世法,所谓经纶之也。其于所性之全体,无一毫人欲之伪以杂之,而天下之道千变万化,皆由此出,所谓立之也。其于天地之化育,则亦其极诚无妄者有默契焉,非但闻见之知而已。此皆至诚无妄,自然之功用,夫岂有所倚著于物而后能哉?

② 肫,之纯反。

肫肫,恳至貌,以经纶而言也。渊渊,静深貌,以立本而言也。浩浩,广大貌,以知化而言也。其渊、其天,则非特如之而已。

③ "圣知"之"知",去声。

固，犹实也。郑氏曰："唯圣人能知圣人也。"

【今译】①夫，读扶（fú）。焉，yān。

经、纶，都是缫丝工作。经，找出丝头把丝分开；纶，把同一类的丝合在一起。经，永恒。大经，是五类人伦。大本，本性的全体。只有圣人的德行是极端的真实无妄，所以对于人伦的各个方面，都能充分完成那应当如此的真诚，并且都可以作为天下后世效法的榜样，这就是所说的"经纶"。对于本性这个东西的全体，没有一丝一毫人欲的虚伪夹杂，天下之道千变万化，都从这里出发，这就是所说的立。他对于天地的化生、养育，也是他那极端真诚无妄的心有所默契，不仅仅是闻见之知而已❶。这都是至诚无妄，那自然而然的成效，哪里是依赖于外物然后才能做到的呢？

②肫，zhūn。

肫肫，非常恳切的样子，从经纶方面说。渊渊，宁静幽深的样子，从立本方面说。浩浩，广大的样子，从知化方面说。其渊、其天，那就不只是好像而已。

③"圣知"的"知"，读zhì（智）。

固，也就是实。郑玄说："只有圣人才能理解圣人。"

【章末】右第三十二章。（承上章而言大德之敦化，亦天道也。前章言至圣之德，此章言至诚之道。然至诚之道非至圣不能知，至圣之德非至诚不能为，则亦非二物矣。此篇言圣人天道之极致，至此而无以加矣。）

---

❶ 闻见之知：由耳闻目见所获得的认识。朱熹认为这是次一等的知识。高等的，是所谓"德性之知"或"天德良知"，即不由耳闻目见，是头脑里生来就具有、由上天所赋予的知识。

【今译】上面是第三十二章。（承接上章讲大德的敦化，也是天道。上一章讲至圣的德行，这一章讲至诚之道。不过，至诚之道，不是至圣就不能懂得；至圣的德行，不是至诚就做不到，它们也不是两件东西。这一篇讲圣人、天道的顶点，到此就无以复加了。）

【第三十三章】《诗》曰"衣锦尚䌹"，恶其文之著也。故君子之道，闇然而日章；小人之道，的然而日亡。君子之道：淡而不厌，简而文，温而理，知远之近，知风之自，知微之显，可与入德矣①。《诗》云："潜虽伏矣，亦孔之昭！"故君子内省不疚，无恶于志。君子之所不可及者，其唯人之所不见乎②！《诗》云："相在尔室，尚不愧于屋漏。"故君子不动而敬，不言而信③。《诗》曰："奏假无言，时靡有争。"是故君子不赏而民劝，不怒而民威于钺④。《诗》曰："不显惟德！百辟其刑之。"是故君子笃恭而天下平⑤。《诗》云："予怀明德，不大声以色。"子曰："声色之于以化民，末也。"《诗》曰"德輶如毛"，毛犹有伦。"上天之载，无声无臭"，至矣⑥！

【章句】①衣，去声。䌹，口迥反。恶，去声。闇，於感反。

前章言圣人之德极其盛矣。此复自"下学"立心之始言之，而下文又推之以至其极也。《诗·国风·卫·硕人》《郑》之《丰》皆作"衣锦褧衣"。褧、䌹同，禅衣也。尚，加也。古之学者为己，故其立心如此。"尚䌹"故"闇然"，"衣锦"故有日章之实。淡、简、温，䌹之袭于外也。"不厌"而"文"且"理"焉，锦之美在中也。小人反是。则暴于外而无实以继之，是以"的然"而"日亡"也。远之近，见于彼者由于此也。风之自，著乎外者本乎内也。微之显，有诸内者形诸外也。有为己之心，而又知此三者，则知所谨，而可入德矣。故下文引《诗》言谨独之事。

②恶，去声。

《诗》，《小雅·正月》之篇。承上文言"莫见乎隐，莫显乎微"也。疚，病也。无恶于志，犹言无愧于心。此君子谨独之事也。

③相，去声。

《诗》，《大雅·抑》之篇。相，视也。屋漏，室西北隅也。承上文又言君子之戒谨恐惧，无时不然，不待言动而后敬信，则其"为己"之功益加密矣。故下文引《诗》并言其效。

④假、格同。鈇，音夫。

《诗》，《商颂·烈祖》之篇。奏，进也。承上文而遂及其效，言进而感格于神明之际，极其诚敬，无有言说而人自化之也。威，畏也。鈇，莝斫刀也。钺，斧也。

⑤《诗》，《周颂·烈文》之篇。不显，说见二十六章，此借引以为幽深玄远之意。承上文言天子有"不显"之德，而诸侯法之，则其德愈深而效愈远矣。笃，厚也。笃恭，言不显其敬也。笃恭而天下平，乃圣人至德渊微，自然之应，中庸之极功也。

⑥輶，由、酉二音。

《诗》，《大雅·皇矣》之篇。引之以明上文所谓"不显"之德者，正以其不大声与色也。又引孔子之言，以为声色乃化民之末务，今但言不大之而已，则犹有声色者存，是未足以形容"不显"之妙。不若《烝民》之诗所言"德輶如毛"，则庶乎可以形容矣。而又自以为谓之毛，则犹有可比者，是亦未尽其妙。不若《文王》之诗所言"上天之载，无声无臭"，然后乃为"不显"之至耳。盖声臭有气无形，在物最为微妙，而犹曰无之，故唯此可以形容"不显""笃恭"之妙。非此德之外，又别有是三等，然后为至也。

【今译】① 衣，yì。绡，jiǒng。恶，wù。闇，àn。

上一章讲圣人的德行达到了顶点。这里又从"下学"立志的开始论述**❶**，下文又进一步推进到极点。《诗经·卫风·硕人》和《郑风·丰》都作"衣锦褧衣"。"褧""绡"同**❷**，禅衣。尚，更加。古代学者为己，所以立志如此。"尚绡"所以"闇然"，"衣锦"所以有日加彰明的实际。淡、简、温，绡罩在外面。"不厌"并且又"文"又"理"，是由于锦绣的华美在内部。小人相反。暴露在外面却没有实际的内容做基础，所以"的然"而"日亡"。远之近，表现于彼的其根源在此。风之自，显露在表面的其根本在内。微之显，内里有因而表现在外头。有"为己"**❸**的志向，又知道这三条，就知道应该谨慎的东西，从而可以入德了。所以下文引用《诗经》讲慎独的事。

② 恶，wù。

《诗》，《诗经·小雅·正月》篇。承接上文讲"莫见乎隐，莫显乎微"。疚，悔恨。无恶于志，如同说无愧于心。这些是君子慎独的事。

③ 相，xiàng。

《诗》，《诗经·大雅·抑》篇。相，视的意思。屋漏，居室的西北角。承上文又讲到君子的戒慎恐惧，任何时候都如此，不等有什么言论行动以后才敬畏崇信，那他的"为己"功夫就更加进步了。所以下文引用

---

❶ 下学：初级学问。何晏《论语集解·宪问》引孔安国："下学人事。"

❷ 褧：罩在外面的单衣（禅，dān）。

❸ 为己：为了修养提高自己。与"为人"相对。为人：指做给别人看。与现代汉语的为人、为己含义不同。

《诗》并说明这样做的效果。

④"假""格"同。铁，音夫（fū）。

《诗》，《诗经·商颂·烈祖》篇。奏，进的意思。承接上文而涉及"为己"的效果，说到进而上前感格在神祇面前 ❶，虔诚敬畏到了极点，没有言说人就自动感化。威，畏惧。铁，铡刀。钺，斧头。

⑤《诗》，《诗经·周颂·烈文》篇。不显，意义见第二十六章注，这里借用来作为幽深玄远的意思。承上文阐述天子有"不显"之德，诸侯效法他，他的德也就愈深，而效果也就愈远。笃，切实。笃恭，指他的虔敬不明显。笃恭而天下平，是圣人至德渊深，自然的反应，中庸的最高功效。

⑥辖，读由（yóu）、酉（yǒu）二音。

《诗》，《诗经·大雅·皇矣》篇。引用此诗以说明上文所说的"不显"之德，正因为他不大声厉色。又引用孔子的话，认为声音与脸色是教化民众的辅助手段，现在只说不张大、不严厉而已，那就仍然还使用声音和脸色，还不足以形容"不显"的微妙。不如《烝民》一诗所说"德辖如毛"，差不多就可以形容"不显"之德了。但自己还是认为，叫做毛，就还有可以相比的，这也没有穷尽它的微妙。不如《文王》这首诗所说的"上天的事，听不见也闻不到"，然后才是"不显"的极点。声音、嗅味有气无形，是最为微妙的东西，可是还说连这些也没有，所以只有这话可以形容"不显""笃恭"的微妙。不是这个德以外，又另外有这三个等级，然后才是顶点。

【章末】右第三十三章。子思因前章极致之言，反求其本，复自"下学"

---

❶ 格：至，到来。感格：感动神祇到来。

"为己""谨独"之事推而言之,以驯致乎"笃恭而天下平"之盛。又赞其妙,至于"无声无臭"而后已焉。盖举一篇之要而约言之,其反复丁宁示人之意,至深切矣,学者其可不尽心乎!

【今译】上面是第三十三章。子思在上章已讲到顶点的基础上,反过来探究它们的根本,又从"下学""为己""慎独"等项内容上加以推广,以阐述达到"笃恭而天下平"的盛况。又赞美至诚的神妙,直到"无声无臭"结束全篇。这是对全篇要领的简明概括,其中那反复叮咛教导人们的心意,可说是深切到极点了,求学者难道可以不尽心尽意吗!